리딩 프로이트

리딩 프로이트

Lire FREUD

초판 | 1쇄 2011년 4월 4일
| 4쇄 2024년 12월 30일

지은이 | 장-미셸 키노도즈
옮김이 | 한국임상정신분석연구소CIP

편집주간 | 임말희
발행인 | 송영미, 허준
발행처 | 한국임상정신분석연구소ICP(주)

출판등록 | 2018년 1월 18일 제2018-000015호
주소 | 서울시 서초구 강남대로 525-3 호림빌딩 3층
전화 | 02-743-4313 / 010-4866-7599
팩스 | 0504-345-6982
이메일 | icpkorea2020@gmail.com
홈페이지 | www.icp-korea.net

값 35,000원

ISBN 978-89-94347-10-3 (93180)

파본이나 잘못된 책은 바꿔드립니다.

이 도서의 국립중앙도서관 출판시도서목록(CIP)은 e-CIP 홈페이지(www.nl.go.kr/ecip)에서 이용하실 수 있습니다.
(CIP제어번호: 2011001310)

정신분석을 입체적으로 읽는 신세대 프로이트 교과서

리딩 프로이트

Lire FREUD

장-미셸 키노도즈 지음 | 한국임상정신분석연구소CIP 옮김

한국임상정신분석연구소 ICP
The Institute for Clinical Psychoanalysis

목차

영어판 일러두기

신 정신분석 총서 The New Library of Psychoanalysis는 1987년에 런던의 정신분석 연구소와의 제휴로 출간되었다. 이것은 프로이트의 작업에 대한 많은 초기 번역들, 그리고 영국과 미국의 대표적인 정신분석가들의 저술을 출간했던 국제 정신분석 총서를 이어받은 것이었다.

신 정신분석 총서의 목적은 정신분석이 보다 많이, 보다 폭넓게 알려지도록 촉진하는 것, 그리고 정신분석가들과 다른 분야에서 활동하는 사람들 간의 상호 이해를 증진시키기 위한 장을 제공하는 데 있다.

신 정신분석 총서 교육 시리즈는 정신분석 그리고 사회과학, 철학, 문학, 예술과 같은 인접 학문들을 탐구하는 사람들에 대한 신 정신분석 총서의 목적과 성취들을 연장한 것이다. 정신분석의 중심 주제들을 포괄적이면서도 접근 가능하게 소개하고 있는 각 글은, 지나친 단순화에 빠지지 않으면서도 가장 복잡한 정신분석 개념들을 명확하고 간결한 언어로 표현하고 있다.

런던 정신분석연구소는 영국 정신분석 학회와 함께 저렴한 치료비를 받는 정신분석 치료실을 운영하고 있으며, 정신분석과 관련된 강의와 학술 행사들을 주관하고, 국제 정신분석 학술지를 출판하고 있다. 또한 영국에서 유일하게, 국제정신분석학회 회원이 되는 훈련 과정을 운영한다. 이 단체는 국제적으로 인정되는 훈련 기준과 입회 기준, 전문가적 윤리를 지키며, 지그문트 프로이트가 창시하고 발달시켜온 대로 정신분석을 수행한다. 연구소의 대표적인 회원들 중에는 마이클 발린트, 윌프레드 비온, 로날드 페어베언, 안나 프로이트, 어네스트 존스, 멜라니 클라인, 존 릭맨 그리고 도날드 위니캇이 있다.

편집 노트

제목 표기

책 제목 : 불어 제목은 이탤릭으로 표기하였고, 한국어 번역 제목은 『 』 안에 넣었다.
예) *Psychologie de la vie quotidienne,* 『일상생활의 정신병리학』

논문 제목 : 바탕체를 사용해 불어로 표기하였다. 한국어 번역 제목은 「 」 안에 넣었다.
예) pour introduire le narcissisme, 「자기애에 관하여 」

참고문헌

프로이트의 책이나 논문 제목은 그 글이 처음 출판된 연도를 따랐으며, 출판 연도는 Freud-Bibliographie mit Werkkonkordanz (I. Meyer-Palmedo & Fichter 1989) 와 지그문트 프로이트 전집 표준판을 참조하였다.
예) 『일상생활의 정신병리학』(1910b)
출간된 연도와 프로이트가 그 글을 쓴 연도가 다를 때에는, 출간된 연도를 먼저 표기하고 그 다음에 실제로 저술된 연도를 꺾쇠괄호 안에 넣었다. 예) 『정신분석학 개요』(1940a [1938])

인용문 페이지 번호 표기

인용문의 페이지 번호는 『지그문트 프로이트 전집 표준판The Standard Edition: Complete Psychological Works of Sigmund Freud』을 따랐다.

글상자 안에 넣은 내용들

생애와 역사

논의되고 있는 저술과 관련이 있는 프로이트의 사생활과 그의 제자들에 관한 상세한 전기적 사실들을 역사라는 시간적 맥락 속에서 고려해 본다.

후기 프로이트 학파

논의된 저술과 관련이 있는 후기 프로이트 학파의 이론적 전개를 고찰한다.

새로운 개념

프로이트의 주요 개념들을 변천사적인 측면에서 열거해 놓았다.

프로이트 개념의 발달

프로이트의 주요 개념들 중 수십 년 동안 진화를 거친 개념들에 관한 종적 연구이다. 오이디푸스 콤플렉스와 전이가 대표적인 예이다.

지그문트 프로이트(1856~1939) 연대표

전기적 사실	출판물
1856 : 5월 6일. 프라이베르그(지금의 슬로바키아)에서 출생	
1860 : 야콥 프로이트의 가족이 비엔나에 정착	
1873 : 비엔나 대학 의학부에 입학	
1876~1882 : 비엔나 생리학 연구소의 E. 브뤼케 교수 밑에서 연구	장어 고환의 발견에 관한 논문(1877)
1880 : 요세프 브로이어를 만나다	
1881 : 의학 박사 과정 졸업 _ 브로이어가 안나 O.를 치료하다	
1882 : 마르타 베르나이스와 약혼	
1883~1884 : 코카인의 임상적 용도를 연구	코카인에 관한 논문들(1884)
1885 : 강사(프리바트도젠트)에 임명 _ 파리 살페트리에르 병원의 샤르코 밑에서 연구	
1886 : 비엔나에서 개업 _ 마르타 베르나이스와 결혼	
1887 : 마틸데의 출생 _ 베를린에서 빌헬름 플리스를 만나다	빌헬름 플리스에게 보내는 편지들(1887-1902)
1888 :	1877~1883 : 물고기 신경세포에 관한 논문들
1889 : 마르틴의 출생 _ 프랑스 낭시의 베르넴을 방문하다	1888~1893 : 최면에 관한 기고문들
1890~1891 : 비엔나의 베르가세 19번지로 이사 _ 올리버의 출생	『실어증에 관하여』(1891b)
1892 : 에른스트의 출생	「아동의 편뇌성마비에 관한 임상연구」(1891a)
1893 : 소피의 출생	「예비적 의견 교환(프로이트와 브로이어)」(1893)
1894 :	"방어 신경-정신증" (1894a)
1895 : 안나의 출생 _ 예증적인 꿈('이르마의 주사')	『히스테리 연구』(1895d) _ 「불안 신경증」(1895b)
1896 : 아버지, 야콥 프로이트의 사망 _ 브로이어와 결별	「과학적 심리학을 위한 구상」(1950c [1895])
1897 : 자기-분석의 시작(1896-1902) _ 유혹이론을 버리다	「방어 신경정신증의 추가적 고찰」(1896b)
1898 : 오이디푸스 왕, 햄릿	「신경증의 병인에서 성욕의 역할」(1898a)
1899 :	「차폐 기억」(1899a)
1900 : 도라(이다 바우어)의 분석	『꿈의 해석』(1900a)
1901 : 동생 알렉산더와 함께 로마를 처음 방문	『꿈에 대하여』(1901a)
	『일상생활의 정신병리학』(1901b)
1902 : 수요모임을 창설 _ W. 스테켈과 A. 아들러를 만나다	
1903 : 비엔나 대학 의학부 특별 명예교수에 임명되다	
1904 : 국제적 인정을 받기 시작하다	『농담과 무의식의 관계』(1905c)
1905 : O. 랑크를 만나다	『성욕에 관한 세 편의 에세이』(1905d)
1906 :	「히스테리 사례의 분석('도라')」(1905e)
1907 : C. G. 융, K. 아브라함, M. 아이팅곤을 만나다	『옌젠의 "그라디바"에 나타난 망상과 꿈』(1907a)
1908 : S. 페렌치, E. 존스, H. 작스, P. 페데른을 만나다	
1909 : 비엔나 정신분석학회 _ 개신교 목사인 O. 피스터를 만나다	「5세 소년의 공포증 분석('어린 한스')」(1909b)

1910 : 국제정신분석학회(IPA)를 창설하다	『레오나르도 다빈치와 유년기 기억』(1910C)
1911 : 비엔나 학회 내의 불화 _ 아들러의 탈퇴	「편집증 사례의 자전적 보고에 의한 정신분석적 연구(슈레버)」(1911c)
1912 : "비밀 위원회" 창설 _ 스테켈의 탈퇴	기법에 관한 논문들 (1904-1919)
1913 : 루 안드레아스-살로메를 만나다 _ 융과의 관계를 청산하다	『토템과 타부』(1912-1913)
1914 : 일차세계대전 발발 _ 마르틴과 에른스트가 징집되다	「자기애에 관하여 : 서론」(1914c)
1915 : 페렌치를 분석하다 (1914~1916 세 번에 걸쳐)	초심리학에 관한 논문들 (1915-1917)
1916 : 올리버가 징집되다	정신분석 입문 강의 (1916-1917)
1917 :	
1918 : 세계대전이 끝남 _ 안나 프로이트가 아버지에게 처음 분석을 받다	「유아 신경증의 역사('늑대 인간')」(1918b) 「불안한 낯섦」(1919h)
1919 : 타우스크의 자살 _ 후원자인 A. 폰 프로인트의 죽음	「매 맞는 아이」(1919e) 「여성 동성애의 심리적 원인」(1920a)
1920 : 딸 소피의 죽음 _ 존스가 국제정신분석 학회지를 창간하다	『쾌락 원칙을 넘어서』(1920g)
1921 :	『집단심리학과 자아 분석』(1921c)
1922 :	
1923 : 암으로 첫 수술을 받다	『자아와 이드』(1923b)
1924 : 랑크가 『출생의 외상』을 출간하다	「피학증의 경제적 문제」(1924c)
1925 : 아브라함의 죽음 _ 브로이어의 죽음	
1926 : 70세가 되다 _ 랑크의 탈퇴 _ M. 클라인이 런던으로 이주	『억제, 증후 그리고 불안』(1926d) 『일반인 전문가 분석의 문제』(1926e)
1927 : 인스부르크 회의	『환상의 미래』(1927c)
1928 :	
1929 : 세계적인 경제 불황이 시작되다	
1930 : 어머니가 95세로 타계 _ 프로이트가 괴테상Goethe-Preis을 받다	『문명 속의 불만』(1930a)
1931 : 오스트리아와 독일에서 반유대주의가 고조되다	
1932 : 비스바덴 회의	
1933 : 페렌치의 죽음 _ 히틀러가 권력을 장악하다	『새로운 정신분석 강의』(1933a)
1934 :	
1935 :	현실부정과 자아의 분열에 관한 논문들(1924~1938)
1936 : 프로이트가 80세가 되다 _ R. 롤랑을 만나다	「끝낼 수 있는 분석과 끝낼 수 없는 분석」(1937c)
1937 : 루 안드레아스-살로메가 죽다	「분석에서의 구성」(1937d)
1938 : 존스와 마리 보나파르트 공주의 도움으로 비엔나를 떠나 런던에 정착하다	『모세와 유일신교』(1939a)
1939 : 9월 23일 런던에서 83세의 나이로 타계하다	『정신분석학 개요』(1940a[1938])

서문

개인 및 집단 작업의 성과

『리딩 프로이트』는 개인 및 집단적인 차원에서 오랜 여정의 산물이다. 무엇보다 이 책은 정신분석과 나의 개인적 만남에, 그리고 환자들을 개인적으로 치료했던 전통 정신분석가로서의 나의 오랜 경험에 바탕을 두고 있다. 환자들은 카우치에 누워 대부분 일주일에 네 번의 회기를 가졌다. 임상 경험을 통해 나는 프로이트의 사고들이 환자들과의 매일매일의 작업에 빛을 던져주는 살아있는 이론이라는 것을, 그리고 현대 정신분석가들에게 끊임없이 영감을 주고 있다는 것을 알게 되었다. 내가 현재 후기 프로이트 학파의 다양한 사고의 흐름에 친숙한 것도 『리딩 프로이트』의 토대가 되었다. 나는 유럽의 국제 정신분석 학회지의 편집자로 일하는 과정에서 많은 동료들과 가졌던 접촉 덕분에, 이러한 사고의 다양성과 창조성을 인식할 수 있었다. 독일어에 대한 이해는 내가 『리딩 프로이트』를 저술하도록 만든 또 다른 요인이었다. 프로이트의 글을 원전으로 읽을 때마다 나는 그야말로 간결한 그의 글쓰기에 감탄하게 되는데, 그는 신조어를 피하고 대부분 일상적인 표현을 사용하고 있다. 나는 프로이트의 사고들이 될 수 있는 한 넓은 독자층에 미칠 수 있도록 하기 위해서, 그런 정신을 살려 이 책을 쓰려고 노력하였다. 저자의 사고를 간결한 언어로 명확히 표현하면서도, 사고의 복잡성을 지키는 것은 얼마든지 가능하다. 마지막으로, 『리딩 프로이트』는 프로이트의 저작들을 연대순으로 읽는 데 헌신했던 세미나에서 얻은 결과물이다. 세미나는 1988년에 제네바에 있는 레이몽 드 소쉬르 연구소에서 정신분석가 지망생들을 위한 훈련 과정의 일부로서 시작되었는데, 그 과정은 이 책을 쓰고 있는 지금도 여전히 진행 중이다. 세미나는 형태와 내용 면에서 이 책의 토대가 되는 원 자료들을 제공하고 있기 때문에, 나는 집단의 경험을 언급하는 것이 중요하다고 느낀다.

프로이트를 읽는 다양한 방식

프로이트의 출판물은 본질적으로 그 범위와 복잡성에서 상당히 인상적이다. 그의 정신분석 논문들만 갖고도 대략 24권의 책을 채울 수 있으며, 정신분석 이전의 저술과 편지들을 합하면 모두 백 권이 넘는다. 그처럼 방대한 작업에 대해 우리가 어떻게 전체적인 시각을 가질 수 있을까?

프로이트를 읽는 많은 방식들은 각기 장단점을 갖고 있으며 모두 서로 보완적이다. 우리는 선택적으로, 즉 하나의 논문이나 책을 골라 따로따로 읽을 수도 있고, 한 가지 주제를 골라 그에 관한 논문들을 읽을 수도 있다. 선별적인 접근은 각 논문을 충분히 숙고하는 데 필요한 시간을 들이면서 면밀히 고찰하는 장점이 있는데, 이것은 특히 적절한 접근법이다. 왜냐하면 프로이트의 저술들은 "탈무드적인" 형태의 주해, 즉 각 문장의(심지어 각 단어의) 의미 그리고 그것과 다른 문장들과의 관계를 해석하는 것이 적절하기 때문이다. 그러나 이런 종류의 접근은 독자가 그 계획을 완수하기까지 몇 년이 걸릴 것이다.

프로이트의 주요 정신분석 저술들을 읽는 또 다른 방식은 1895년에 출간된『히스테리 연구』를 시작으로, 그가 죽기 일 년 전인 1938년에 쓰인『정신분석학 개요』까지 연대순으로 읽는 것이다. 하나하나에 너무 많은 시간을 들이지 않고 출간된 순서대로 프로이트의 글을 읽는 것은, 시간이 흐르면서 프로이트의 사고가 어떻게 발달했는지를 파악하게 해 준다. 연대순으로 읽는 장점을 극대화하기 위해, 나는 이런 접근법이 독자에게 각 논문을 상세히 분석하는 것을 허용하지 않음에도 불구하고, 처음부터 시간적 제한이 있어야 한다고 생각한다. 독자가 전체적인 그림을 마음에 그리는 것이 무엇보다도 중요한데, 우리가 프로이트의 저술에 대한 전체적인 그림을 그릴 수 있다면, 이것은 다양한 정신분석 학파들이 종종 어떤 다른 것에 우선해서 특정 측면들을 붙들고 있음을 깨닫는 데 도움이 되기 때문이다. 우리는 세대를 거듭해 내려갈수록 관심의 폭이 좁아지는 경향이 있으며, 똑같이 가치 있는 프로이트 저작들의 다른 측면을 점점 더 외면할 위험이 따르는 것을 볼 수 있다.

선별적 접근과 연대기적 접근이라는 이 두 방식들은 서로 반대되는 것이 아니라 사실 상호보완적이다. 이 방식들은 각기 나름대로, 프로이트 자신의 사물에 대한 관점이 어떻게 변해왔는지, 그가 불확실함을 어떻게 기회로 이용했는지, 그리고 자신의 발견을 더욱 발달시키는 데 어떻게 임상경험을 고려했는지 잘 보여주기 때문이다. 물론 한 사람이 그런 계획에 착수하는 것도 가능한 일이지만, 프로이트의 사고가 어떻게 발달해왔는가에 대한 전체적인 시각을 갖기 위해 방대한 작업을 완수하려면 상당한 시간과 끈기가 요구될 것이다. 내가 그러한 경험이 특히 이런 장기적인 노력들을 좀 더 유지시킬 수 있도록, 독자 모임을 자극할 것이라고 느끼는 이유도 그 때문이다.

『리딩 프로이트』: 독서 길잡이

무모한 계획?

오랫동안 나는 프로이트의 저술들을 총망라한 책을 쓴다는 것은 생각조차 하지 않았다. 더구나 프로이트의 저작들을 연대순으로 탐구할 뿐 아니라 서로 연관 지어 상호작용적으로 보는 세미나 고유의 접근법을, 어떻게 책 지면에 옮겨놓아야 할지 알 수 없었다. 그러던 어느 날, 활자체와 지면 배치 그리고 색채를 모두 동시에 이용해, 프로이트의 저작들에 대한 복합적 접근을 시각적으로 제시할 수 있겠다는 생각이 떠올랐다. 이러한 지면 배치를 통해 나는『리딩 프로이트』의 각 장에, 프로이트의 저작을 공부하는 세미나에서 사용했던 것과 똑같은 패턴을 적용할 수 있었다.

장의 제목

거의 예외 없이, 각 장의 제목은 프로이트의 저작 하나하나에 대한 제목이다. 책과 논문을 구별하기 위해 논문에는 「 」를 사용하였다. 제목 다음에는 글이 최초로 출간된 일자를 표기하였는데, 『프로이트 참고문헌 및 용어 색인』(Myeer-Palmedo와 Fichter 1989)과 『지그문트 프로이트 전집 표준판』에 나오는 연대표를 참조하였다. 실제로 글이 완성된 일자와 출간된 일자가 다를 때에는 통상적인 관행을 따라 출간된 연대는 처음에, 글이 쓰인 연대는 꺽쇠괄호 안에 넣어, 예를 들면 『정신분석학 개요』(1940a [1938])와 같이 표기하였다.

서론

각 장은 프로이트의 저술에 대한 간략한 소개와 함께, 탐구하게 될 주제를 상기시켜주는 도입부를 싣고 있는데, 이것은 독자들에게 그 장의 내용에 대한 윤곽을 제공하고, 그 글을 프로이트의 전체 저작이라는 맥락 안에서 생각해보기 위한 것이다.

생애와 역사

이 부분에서 독자들은, 장에서 논의되고 있는 글과 관련된 프로이트의 개인적 삶에 관한 정보와 아울러, 보다 넓은 역사적 맥락에서 시사하는 바를 얻게 될 것이다. 나는 프로이트의 저작에 어느 정도 영향을 미친 주요 요소들에 대해 언급하였으며, 당시 그의 가장 중요한 제자들에 대한 간략한 전기뿐만 아니라, 중요한 역할을 했던 그의 환자들에 관한 정보 역시 포함시켰다.

원문 찾아보기

참고문헌 : 나는 프로이트의 모든 저술에 『지그문트 프로이트 전집 표준판』(S.E., London: 호가스 출판사 및 정신분석 연구소)을 참조하여 책과 페이지 번호를 표기하였다. 덧붙여, 독자들은 참고문헌에서 참조들이 다양한 『지그문트 프로이트 전집』(Gesammelte Werke, G.W.)의 각 권들과 일치한다는 것을 발견할 것이다.

핵심 끌어내기

어떻게 하면 두 가지 위험을 피하면서, 즉 요약을 하려다 지나치게 단순화하거나, 참고문헌들로 독자를 질리게 하는 백과사전식이 되지 않고 원전을 제시할 수 있을까? 이런 난관에 직면하여, 나는 각 저술을 독자의 호기심을 불러일으키는, 그래서 어쩌면 원전이나 번역본으로 전체 글을 읽도록 유도하는 방식으로 제시하기로 마음을 먹었다. 가능한 한 프로이트가 독일어로 썼던 스타일을 따라, 글의 주된 요점들을 간단한 일상용어로 제시하기로 하였다.

임상적 접근

『리딩 프로이트』를 쓰면서, 나는 프로이트에 대한 나 자신의 글과 그의 저술들을 조명한 다른 논문들에 대해서도 임상적 접근방식을 택하였다. 나는 정신분석이 인간의 마음을 탐구하는 이론과 수단일 뿐만 아니라, 무엇보다도 환자가 다른 수단으로는 제거할 수 없는 무의식적 갈등을 해결할 수 있도록 돕는 임상적, 기술적 접근법이라고 생각한다.

새로운 개념들

각 장의 마지막에, 나는 우리가 공부하고 있는 글에 나오는 가장 중요한 개념들, 프로이트가 당시에 진정한 정신분석 개념의 지위를 부여했던 개념들을 강조하였다.

그러나 개념을 이런 식으로, 프로이트의 발달에서 특정 지점에 싣는다는 것은 문제가 없지 않다. 프로이트의 저작에서 그 개념을 맨 처음 나타났던 시점에 고정시킨다는 것은 상당히 임의적일 수가 있다. 프로이트를 소급적으로 읽으면서 우리는, 그가 그 개념에 해당하는 현상들을 다양한 맥락과 상이한 시점에서 기술하고 있으며, 나중에 가서야 이러한 현상들이 정신분석 개념의 지위를 획득한다는 것을 깨닫게 된다. 예를 들면, "전이"라는 용어는 일찍이 1895년의 『히스테리 연구』에 등장하지만, 10년 후인 1905년에 가서야 ("도라"의 임상 사례에서) 정신분석 개념으로 기술된다.

프로이트 개념의 발달

프로이트의 주요 개념들은 대개 수십 년을 거쳐 발달하였다. 내가 전이나 오이디푸스 콤플렉스 등과 같은 선별된 개념에 별도의 지면을 할애한 것은, 시간이 지나면서 발달해온 과정을 설명하기 위해서다.

후기 프로이트 학파

여기서 나는 그것이 그의 직계 제자들의 것이건 아니면 현재까지 그를 계승해온 주요 분석가들의 것이건, 프로이트의 사고가 발달하는 데 기여했던 기고문들을 강조하였다. 너무 많은 참고문헌으로 독자를 질리게 하지 않기 위해 나는 선별을 주요 기고문에 국한시켰으며, 보다 인간적인 면모를 보여주는 자료를 곁들였다. 후기 프로이트 학파의 발달은, 프로이트가 윤곽을 잡아놓은 정신분석적 사고들이 나중에 어떻게 다른 학파들에 의해 선택되고 이 혁신적 접근들에 의해 향상되는지를 보여준다. 이것을 염두에 두면서, 나는 국제정신분석 학회(IPA)(물론 프로이트가 창설한) 회원인 정신분석가들이 갖고 있는 현대적 사고의 다양성을 강조하려는 목적으로 국제적인 접근을 택하였다.

프로이트의 저술을 연대순으로 읽는 세미나

연대순적, 상관적 그리고 상호작용적 접근

나는 15년이 넘는 세월동안 우리가 성취했던 작업에 대한 이해를 돕기 위해 간단히 이 세미나에 대해 설명하고 싶은데, 이 세미나는 내가 『리딩 프로이트』를 저술하는 준비 작업이 되었기 때문이다. 그러나 나는 우리가 이 세미나를 위해 채택했던 청사진이, 단지 여러 가능한 접근들 중 하나일 뿐이라는 사실을 강조해야겠다. 프로이트의 저술들과 친숙해지는 데는 한 가지 길만 있는 것이 아니며, 가장 편안하게 느껴지는 길을 발견하는 것은 각자에게 달렸기 때문이다.

모험은 1988년에 시작되었는데, 프로이트의 저술들을 연대순으로 읽는 세미나를 이끌 훈련 정신분석가를 찾고 있던 일단의 정신분석가 지망생들이 이 생각을 제시했다. 나는 이 도전에 상당한 흥미를 느꼈는데, 이런 세미나를 주도하면서 나 자신도 매우 많은 것을 배울 것이라고 생각했다. 그때까지 나는 프로이트를 주의 깊게 읽었지만 선별적으로, 그리고 체계적이지 않은 방식으로 읽어왔었다. 하지만 나는 참가자들이 각자 저작을 읽은 다음 자유롭게 자신의 의견을 집단 구성원과 나누는 기존 방식이 썩 내키지 않았다. 나는 모든 참가자가 우리가 공부하고 있는 내용을 여러 각도에서, 전기, 사고의 역사, 후기 프로이트 학파 등의 관점에서 바라봄으로써 새롭게 조명해야 한다는 생각을 갖고 있었다. 나는 우리가 이런 노선을 따라 작업하면 프로이트의 글을 보완하면서 읽을 수 있을 것이라고 느꼈는데, 그것은 그의 글을 연대순으로 공부하는 한편, 상관적이고 상호작용적인 방식으로, 비선형적으로 읽는 이중적인 방식이었다. 나는 그 계획이 매우 마음에 들었고, 잠재적인 참가자들이 내가 제안한 종합적 접근을 기꺼이 수용하는 한, 그 도전은 가치 있을 것이라고 느꼈다.

세미나 세팅의 중요성

나는 점차 연대순으로 읽는 세미나의 세팅이 중요하다는 것을 이해하게 되었고, 세미나의 성공은 부분적으로 그것에 달려있음을 깨닫게 되었다. 예를 들면, 나는 맨 처음 세미나에서 참가자들에게 프로그램이 3년간 지속될 것임을 알려줌으로써, 그들이 무엇을 해야 하고 작업이 얼마나 걸릴지에 대한 이해를 갖는 것이 결정적으로 중요하다고 생각한다. 나는 3년간에 걸쳐 읽을 프로이트의 주요 저술들을 세 부분으로 나누었는데, 이 책에서도 그것을 본보기로 삼았다. 세미나는 한 시간 반 동안 2주에 한 번꼴로 열려, 우리는 일 년에 대략 15번의 모임을 가졌다. 세미나에는 약 16명에서 18명의 사람들이 참가했는데, 세미나는 "닫힌" 그룹이었다. 즉, 세미나가 진행되는 동안은 새 회원을 받아들이지 않았다. 프로그램에 대해 설명한 첫 모임에서 잠정적인 참가자들은, 자신이 무엇을 맡아야 하는지 알 수 있었고, 그처럼 중요한 목표를 위해 즐거운 마음으로 필요한 시간과 노력을 헌신할 준비가 되어 있는지 가늠할 수 있었다.

회원들의 적극적인 참여

또 다른 결정적인 점은 세미나 참가자들이 직접적으로 참여하고 있다고 느끼는 것이었다. 그것은 권위를 갖고 하는 일련의 강의가 아니었으며, 나의 역할은 3년이라는 정해진 기간 동안 그들의 작업을 돕는 것에 국한되는 것이었다. 그런 종류의 참여는 개인적인 작업, 그리고 사고와 발견들을 다른 회원들과 나눈다는 것을 모두 의미했다. 우리가 여정을 함께 해나가면서, 나는 집단이 세미나의 구성에 보다 적극적으로 동참할 것을 요구할수록, 그들은 그것을 보다 환영하고 그것으로부터 더 큰 도움을 얻는다는 것을 깨달았다. 이것은 자주 결석하는 사람의 수가 거의 무시할 만한 수준이었다는 사실이 보여준다. 정말로 참석할 수 없을 때에는, 그것을 즉각 내게 알렸고, 자신이 나누기로 되어 있던 작업을 집단에게 나누어줄 다른 회원들을 물색하고자 노력했다.

개인적인 작업은 다음과 같은 것들이었다.

- **선택된 글을 읽어오기** : 세미나를 갖기 전, 각 참가자는 토론 시간동안 자신의 사고를 나눌 수 있도록 예정된 글을 읽어 온다.
- **번역본을 선택할 자유** : 각 참가자는 자신이 원하는 언어나 번역을 선택할 수 있다. 어떤 참가자는 독일어 원전으로 프로이트를 읽었고, 많은 사람들이 불어 번역본을 읽었다. 어떤 사람은 영어로, 이탈리아어로 혹은 스페인어로 읽었다. 번역이 그토록 다양하다는 것은, 우리가 프로이트의 번역자들이 씨름해야 했던 복잡한 문제에 관해 관심을 기울일 수 있었다는 것을 의미하였다.
- **간단한 비평 작성하기** : 각 참가자들은 다음 제목과 관련하여, 300자 정도의 짧은 비평을 작성한다.
  1. "생애와 역사" : 논의할 논문을 쓸 당시 프로이트의 삶에 대해 간단히 설명함으로써, 그 글을 역사적 맥락에서 바라본다.
  2. "프로이트 개념의 발달" : 논문에서 프로이트가 어떻게 점차 새로운 사고들을 도입하게 되었는가를 보여줌으로써 그의 사고가 발달해온 역사를 밝힌다.
  3. "후기 프로이트 학파" : 역사적이고 국제적인 관점에서 논의되고 있는 논문을 토대로, 후기 프로이트 학파의 발달 중 중요한 것들을 선별한다.
  4. "세미나 의사록" : 세미나에서 논의된 것을 요약하여 다음 모임에서 이 "의사록"을 나누어줄 수 있도록 한다.

각 참가자의 개인 작업을 공유하는 과정은 세미나를 갖는 동안 일어난다. 대개 회기는 새로운 항목들과 더불어, 그리고 내가 방금 기술했던 다양한 주제와 관련된 논평들을 나누는 것으로 시작된다. 그러면 한 참가자가 프로이트의 전기에 관한 자료를 읽어주고, 간략한 논의가 이어진다. 그 다음 다른 참가자는 프로이트의 개념과 관련된 자료들을 읽으면서 논의의 장을 열게 된다.

이것은 대략 45분간 진행되는데, 상당히 활발한 토론이 벌어진다. 만일 토론이 좀처럼 시작되지 않으면, 나는 각 참가자들에게 그 글과 관련해 마음속에 떠오르는 어떤 의문들을 제기하도록 요청한다. 이것은 대체로 논쟁에 다시 불을 당긴다. 세미나의 마지막에 각 참가자는 후기 프로이트 학파의 논문에 관한 자료들을 읽는다. 이것 역시 모든 사람들이 참여하는 토론이 따른다. 어딘가에서(J-M. Quinodoz 1997b), 나는 프로이트의 "매 맞는 아이"에 대해 논의했던 세미나 회기를 상세히 기술하였다. 사실 그 회기는 매우 짧은 시간동안 진행되었지만, 역설적으로 상당히 흥미를 자극하는 것이었는데, 실제 모임을 갖기 전에 각 참가자는 관련된 다양한 이슈에 대해 미리 생각해오고, 자신이 집단과 나누고 싶은 생각들에 관한 간단한 진술을 준비했기 때문이었다.

높은 기대치라는 역동적 요소

나는 참가자들이 개인적으로 대부분의 프로이트의 저술을 읽고, 이에 대해 자신의 생각을 나누고 어떤 주제와 관련된 논평을 쓰기 위해 조사를 하고, 하는 것들이 많은 것을 요구하는 일이었음을 잘 알고 있다. 그들은 이미 많은 일을 하고 있고 자신의 사적이고 가정적인 삶으로도 시간이 부족함에도 불구하고, 세미나 준비에 상당한 시간을 바쳐야 했다. 그것은 결국, 세미나 모임이 즐거운 시간을 나누는 기회일 때만 가능한 일이었다. 더구나 서로를 보다 잘 알기 위해, 우리는 연말이면 각자 음식을 마련해와 나누어 먹는 "부페"를 가졌는데, 그것은 배우자와 파트너도 초대했던 축제였다.

각 참가자에게 적극적인 역할을 요구한 것은, 세미나가 진행됨에 따라 점차 정착되기 시작한 집단 역동에 결정적인 요소였음이 드러났다. 세미나를 만들어나가는 데 있어 이 "추가적인" 참여는 우리가 함께 한 기간 동안 친화적인 순간들을 만들어냈다 – 우리는 이 세미나가 3년간 지속될 것이라는 것을 처음부터 알고 있었다. 사실 세미나는 지식을 늘려주는 그 이상의 것을 제공했는데, 이런 식의 협동 작업은 각 구성원들이(자기 자신을 포함해) 말하려 하는 것을 들을 수 있게 해주었고, 이것은 우리 모두의 개인적 발달을 향상시켜주었기 때문이다. 그것은 프로이트가 말하려 했던 것, 그리고 매우 다양한 가능한 관점들을 보다 열린 눈으로 바라보는 방식이었다.

3년 주기의 두 번째 세미나를 시작하면서 내가 이러한 규칙들을 강요하지 않겠다고 결정했을 때, 나는 이러한 높은 수준의 개인적 참여가 세미나 집단의 적절한 기능을 자극하는 요소였다는 증거를 갖고 있었다. 이차 세미나의 첫 시간에, 한 참가자가 나의 작업 계획을 비판하면서 이의를 제기했고, 그와 같은 "마라톤"(그의 표현)에 참여하지 않겠다는 거부의사를 밝혔다. 당시 아직 세미나의 요구 조건들에 대한 정당성을 확신하지 못하고 있던 나는 그 문제를 표결에 붙였다. 그의 반대는 세미나 회원들 대다수가 그의 주장을 지지하기에 충분했다. 그러므로 나는 아쉽지만 부분별 주제에 관한 짧은 논평을 쓰는 개인적 작업을 그만두는 데 동의했다. 내가 남겨두는 데 성공한 유일한 문서는 세미나 모임의 "의사록"이었다. 그럼에도 불구하고 나는 세미나가 그런 토대 위에서 진행될 것이라고 결정했다. 세미나가 3년 간 진행되는 동안에 가장 힘들었던 것은 종합적인 토론이었는데, 시작하는 것이 어려워졌기 때문이었다. 참가자들이 프로이트의 글들을 주의 깊게 읽었다할지라도, 나는 집단 정신에 뭔가 빠져있다고 느꼈다. 그것은 특히 한 장짜리 논평을 쓰고 그것을 다른 사람들과 나누고 하는 개인적인 노력덕분에, 시간이 흐르면서 형성되어 가는 개인의 생각을, 어떤 방식으로든 정리하는 것이었다. 지금이라면 나는, 순전한 경험부족으로 당시 그랬던 것처럼, 이 지점에서 굴복하지 않을 것 같다.

감사의 말

무엇보다 먼저 나는 "프로이트의 저술들을 연대순으로 읽는 세미나"의 참가자들에게 감사해야 할 것 같다. "생애와 역사" 그리고 "후기 프로이트 학파" 부분에 실린 자료들은 어느 정도 토론에 대한 그들의 활발한 참여, 그리고 15년여의 기간에 걸친 개인적 논평들을 토대로 한 것이다. 나는 그들에 대한 나의 깊은 감사를 전하기 위해, 이 책의 본문 부록에 그들의 이름을 언급하였다. 나는 또한 기꺼이 이 책의 초고를 논평해 준 Hanna Segal, André Haynal, Augustin Jeanneau, Christoph Hering, Juan Manzano와 Paco Palocio에게 감사드리며, 아울러 참고문헌을 작성해 준 Maud Struchen에게도 감사를 드린다. 이 책의 영어 번역에 있어 나는 데이비드 알콘에게 진심으로 감사를 표하는데, 그는 이 책의 품격과 정신을 표현할 언어를 찾아주었다. 나는 또한 루트리지 출판사의 "신 정신분석 총서" 시리즈 편집장인 Dana Birksted-Breen, Anne-Marie Sandler, 그리고 『리딩 프로이트』를 열심히 공부하면서 내게 많은 도움이 되었던 제안을 해 준 익명의 세 독자들에게도 감사를 드린다.

그리고 마지막으로, 처음에 이러한 모험을 시작하도록 용기를 북돋아주었던 아내 Danielle에게 『리딩 프로이트』를 바친다.

끝으로, 나는 독자들이 유쾌한 여행을 하기를 바란다. 물론 여행 안내서를 읽는 것이 실제 여행을 대신하지는 못한다는 말과 함께!

장-미셸 키노도즈
제네바 Cologny에서
2004년 9월

서문

"Psychoanalysis is not dead yet, It will be forever." "정신분석은 아직 죽지 않았고 영원할 것이다."

수년 전 프로이트가 1938~1939 사이 마지막 한 해를 살았던 런던의 생가를 방문했었을 때 역자보다 한발 먼저 방문한 어떤 분이 방명록에 남긴 짧은 글이다.

정신분석가로서 뉴욕이라는 정신분석의 메카에서 환자들과 삶을 엮으면서 산다는 것은 실로 모든 부류의 사람들과 만난다는 것이다. 정신분석은 깊은 자기 성찰 능력이 있는 사람들로부터 병리적으로 불안정한 환자들에 이르기까지 폭넓게 적용될 수 있는 정신치료로서, 사람의 마음을 가장 깊게 이해하는 치료 방법이다.

정신분석은 전성기인 1940년대, 50년대, 60년대를 넘기고 1970년대에 이르면서, 정신과 약물의 진보와 인지행동치료에서 나온 단기 계획화된 치료법들이 보험회사의 이익과 빠른 결과를 좋아하는 현대인들의 기대에 부응하면서 상대적인 퇴락의 시간을 보낸 적이 있었다.

실제로 역자가 치료실에서 만나는 젊은 세대들은 "Psychoanalysis is too deep. Maybe it's not for me." "정신분석적인 치료는 너무 깊은 치료라 내겐 맞지 않을지도 모르겠어요" 라고 토로하기도 한다.

과연 정신분석은 교육을 잘 받고 경제적 형편이 좋은 사람들에게 국한된 구세대의 정신치료법에 불과한 것일까?

치료실에서 환자들과 22년의 세월을 보내면서 역자가 얻게 된 신념이 있다. 약리적인 치료를 포함해서 어떤 정신치료든, 기질적인 병리증세와 심인성 병리 증세 뒤에 있는 환자 개개인의 가장 근원적인 문제가 해결돼야 한다는 것이다. 증세들을 제거하는 데 초점을 맞추는 치료는 임시방편적이고 한 증세만 치료하고자 한다면 치료된 증세는 어느덧 다른 증세로 발전되어 끊어지지 않는 증세들의 사슬만 형성되기 때문이다.

현재 존재하는 모든 정신치료 가운데서 치료자 자신이 환자로서 자신의 깊은 세계들을 탐색하는 과정을 필수 훈련으로 하는 곳은 정신분석 분야밖에 없다. 모든 정신분석가들은 환자를 치료하기 전에 자신 스스로 환자로서 치료 과정을 working through(완결에 근접한 자기 이해와 자기 문제들의 소화 과정) 해야만 한다. 자신에 대한 깊은 이해를 통과한 경험은, 정신치료자가 환자들을 만날 때 환자들의 증세만을 보지 않고 증세 뒤에 도사리고 있는 신경의학적 차원뿐 아니라 깊은 무의식 뒤에서 병리로 위장된 자기 표현을 이해하도록 해준다.

현대에 들어 정신분석은 프로이트가 다루었던 오이디푸스Oedipal 차원 속에 숨어 있는 전오이디푸스preoedipal 차원을 치료해내는 다양한 이론적 이해와 임상적 치료기법을 발전시켰다.

현대에 이르러 정신분석은 해석이라는 전세기적인 기법을 깊게 소화하면서, 동시에 해석적 접근이 불가능한 정신분열병 환자들과 조울증, 경계성 인격, 자기애성 인격, 분열성 인격, 강박신경증, 사회부적응, 중독 환자 등 현대에 존재하는 다양한 병리들을 성공적으로 치료해내는 임상적 성취를 이루었다.

정신분석을 훈련함에 있어 출발점은 환자인데, 환자를 분석의 시각에서 처음으로 이해한 사람은 프로이트다. 프로이트는 많은 경우 정신분석적 임상을 이해하지 못한, 정신분석가로 훈련되지 않은 사람들에 의해 왜곡되게 읽혀 왔다. 그만큼 프로이트가 난해할 수도 있지만, 프로이트 시대의 정치 사회 문화 종교 의학적 상황을 고려하면서 프로이트의 눈으로 프로이트를 읽어나간다면 그의 노력이 얼마나 선구자적인 고단한 작업이었는지 감동하지 않을 수 없다.

『리딩 프로이트』는 프로이트를 이미 잘 알고 있는 독자와, 이제 막 정신분석으로 입문하는 신세대 독자 모두에게 좋은 길잡이가 되어줄 것이다.

그동안 『리딩 프로이트』를 번역하기 위해 역자와 함께 공부한 제자들의 수고에 감사드린다. 역자의 제자들은 한국임상정신분석연구소 ICP(전 PIP 정신분석연구소)에서 정신분석 훈련과정을 마친 정신분석가들과 훈련과정 중에 있는 심리치료사들이다. 이미 불혹, 지천명, 이순의 나이에 정신분석이라는 형체 없는 원리를 붙들고 수도하듯 애를 쓰는 그분들 때문에 역자는 감히 한국임상정신분석연구소를 창설할 수 있었다.

한국임상정신분석연구소 ICP는 한국에서는 처음으로, 미국의 뉴욕에 거점을 두고 있는 NAAP(International Organization for National Association for the Advancement of Psychoanalysis)라는 국제 정신분석 훈련소 연합회와 미국의 정신분석 훈련소를 인준하는 ABAP(American Board of Accreditation for Psychoanalysis)의 기준에 따라 창설되었으며, 2010년에 정신분석 훈련기관으로서 NAAP의 정식 인가를 받았다. ICP는 정통 정신분석에 바탕을 두고 현대 여러 정신분석 사조에 열려 있으면서 환자 중심의 임상정신분석을 지향하고 있다. 국제 기준에 부합하는 훈련과정을 통해 ICP 인준 정신분석가를 배출하는 실천적 임상정신분석의 성과를 이루었으며 이론의 심화과정을 거치면서 한국의 정신문화에 기여하는 정신분석의 장이 되고 있다.

이 책의 번역을 처음으로 제안했던 권금미 선생님, 세미나 스케줄을 일일이 짜고 어려움들을 온몸으로 이겨낸 박영란 선생님, 대표 역자로서 원고 전체를 꼼꼼히 점검해주신 이효숙 선생님, 원본인 불어판 대신 영어판으로 번역하는 데 따른 오류를 줄이기 위해 노력해준 눈출판그룹 임말희 대표, 세미나 내내 연구원들에게 따뜻한 밥을 챙겨주신 명노선 선생님과 역자에 대해 여러모로 응원해주신 최정희 선생님 그리고 정신분석의 가치를 신뢰하며 수년간의 고단한 수련과정을 묵묵히 이어나가는 ICP의 서상봉 이사장님 신현근 교수님과 송영미 소장님, 그리고 모든 제자들에게 고마움을 전한다.

2016년 정초, 한국에서

Benedict Sungho Kim, Ph. D, LP, NCPsyA

Founder, The Institute for Clinical Psychoanalysis

Faculty, Training and Control Analyst, Chinese American Psychoanalytic Alliance

Licensed Psychoanalyst

I

정신분석학의 발견

(1895~1910)

『히스테리 연구』

(프로이트와 브로이어 Freud and Breuer, 1895d)

중요한 발견 : 히스테리 증상은 의미가 있다

우리는 모든 정신분석학의 토대가 된 『히스테리 연구』에서부터 시작할 것이다. 『히스테리 연구』에서 프로이트와 브로이어는 그들이 히스테리 증상을 성공적으로 치료하였다고 말하면서, 이러한 성공에서 이끌어낸 최초의 가설들을 소개하고 있다. 19세기 말엽 히스테리는 매우 흔한 장애였지만 그 고통의 원인이 신체적인 것인지 심리적인 것인지 의문이 제기되고 있었다. 의사들은 이 병의 실제 원인을 발견하는 것이 불가능하다는 사실에 매우 곤란해 하고 있었다. 히스테리성 전환 증상은 의학에 대한 부인할 수 없는 도전이었다. 히스테리 증상들은 이제까지 확인된 어떤 해부학적 손상과도 일치하지 않은 데다 그 증상이 아무 때나 나타났다 사라지곤 했기 때문에 의사들은 때로 이렇게 극적으로 나타나는 증상들을 이해하지 못하고, 대부분이 여성인 이런 환자들을 미쳤거나 꾀병을 부린다고 화를 내면서 거절하게 되었다.

1882년부터 프로이트는 비엔나의 동료인 조셉 브로이어의 성공에 고무되어, 히스테리 증상을 앓는 환자의 치료에서 암시와 최면이 어떤 역할을 하는지 관심을 갖기 시작했다. 10년이 넘는 임상작업의 성과를 보여주는 『히스테리 연구』에서 두 임상가는 다섯 명의 환자들의 치료과정을 상세히 기술하고 있으며, 각기 자신의 가설이 담긴 이론적인 장章을 덧붙이고 있다. 프로이트가 저술한 "히스테리의 정신치료"라는 장이 역사적으로 중요한 이유는 비단 역사적 가치 때문만이 아니라, 카타르시스 요법에서 시작된 정신분석이라는 새로운 훈련의 임상적, 이론적 토대가 담겨 있기 때문이다. 브로이어가 고안하여 1880년부터 1895년까지 사용되었던 "카타르시스 요법"은, 히스테리 증상이 처음 나타났을 때 환자가 과거 외상적 사건에 대한 기억을 회상할 수 있게 하는 일종의 정신치료였다. 브로이어에 이어 프로이트도, 환자들이 점차 그 기억을 회상하게 되고 본래의 사건에 수반되었던 정서들을 강렬하게 재경험하게 되면 증상이 사라진다는 것에 주목하였다.

처음에 프로이트는 브로이어처럼 환자가 그런 병인적인 기억들과 접촉하도록 최면과 암시에 의존했지만 곧 그 기법을 포기하고 접근법을 근본적으로 바꾸었다. 그는 환자에게 마음에 떠오르는 모든 것을 큰 소리로 말하도록 – 자유연상으로 알려진 방법 – 하면, 환자의 사고에 자연스럽게 이어진 길을 따라 그때까지 억압되어 있던 병인적 기억들로 되돌아 갈 수 있을 뿐 아니라, 환자가 문제의 해결을 위해 그러한 기억들과 접촉하는 것을 방해하는 저항들을 확인할 수 있다는 데 주목하였다. 이런 새로운 접근법으로 인해 저항과 전이의 역할, 언어의 상징적 특성, 그리고 마음에서 일어나는 과정에 대해 점점 더 분명히 인식할 수 있었다. 프로이트는 모든 정신분석적 치료의 이러한 전형적 요소들을 이미 『히스테리 연구』 4장에 개괄하고 있다. 소산abreaction이 점차 포기된다 하더라도, 정서적 긴장의 완화는 여전히 모든 정신분석의 중요한 특성이다.

1895년에 제안한 프로이트의 가설이 요즘 시대에 뒤떨어진 것은 아닌가? 이런 이의를 제기한 사람들에게 정신분석은 다른 중요한 발견들, 즉 19세기 말 정신분석과 동시대에 나타났던 모든 종류의 발명들과 똑같은 운명을 겪고 있다고 답할 것이다. 그런 발명들은 시간이 흐르면서 개선되었지만, 글을 쓰는 이 시점에서 새로운 혁명적 발견이 그것들을 대체하지 못하고 있다. 마찬가지로 여기에 서술된 치료적 접근은 오늘날에도 그 가치를 전혀 잃어버리지 않기에, 정신분석의 주요 성과와 프로이트의 저작들을 공부하기 시작할 때는 여전히 『히스테리 연구』에 상당한 관심을 기울이고 있다.

생애와 역사

프로이트의 삶 : 1895년 『히스테리 연구』를 출판할 때까지

1895년, 39세의 프로이트는 결혼해서 여러 명의 자녀들을 두었으며, 이미 연구 분야(신경병리)와 신경학자로서의 임상 실제에서 훌륭한 의료 경력을 쌓고 있었다. 그는 1856년 모라비아의 작은 마을인 프라이베르그에서 유태인 부모 아래 태어났다. 그는 자신이 진보적liberal-minded이고 무신론자라고 주장하지만 여전히 유대주의에 정서적 애착이 있었다. 그의 가족은 세대 간에 약간 복잡한 문제가 있었다. 프로이트의 아버지 야콥은 40세에 둘째 부인 아말리아 나탈슨과 결혼했는데 그녀는 20세의 젊은 여성이었고 야콥의 전처 소생인 두 아들과는 거의 같은 연배였다. 당시 자신이 나이 든 아버지의 아들이기보다는 젊은 부부 – 어머니와 이복형들 중 한 명 – 의 아들이라고 상상했던 어린 프로이트에게 이것은 혼란스러운 일이었다. 8남매의 맏이였던 프로이트는 항상 어머니의 총애를 받았고 그것은 의심의 여지없이 자신이 인생에서 성공할 것이라는 확신을 강화시켜주었다. 1860년에 프로이트의 가족은 비엔나로 이주하였고 그곳에서 프로이트는 의학을 공부하고 실증주의 의사이며 생리학자인 에른스트 브뤼케Ernst Brücke 같은 저명한 교수들 밑에서 연구를 하게 되었다. 바로 에른스트 브뤼케가 빈의 유명한 생리학자이자 의사인 요제프 브로이어Josef Breuer에게 프로이트를 소개한 사람이다. 브로이어는 프로이트보다 14년 연상이었으며, 꽤 오랫동안 히스테리 치료에 관심을 가지고 있었다.

과학적 관점에서 볼 때, 프로이트의 새로운 견해는 동료들의 관심을 받게 된 다양한 연구 기획을 통해 이미 그 가치를 인정받고 있었다. 그는 뇌 세포와 신경 섬유의 형태학적 생리학적 단일체 연구에 관한 선구자였으며, 1891년에 발더Walder가 내놓은 뉴런 이론의 인정되지 않은 발견자였다. 1891년에 출간한 실어증과 소아마비에 대한 프로이트의 논문은 오늘날에도 여전히 그 우수성을 인정받고 있으며, 특히 실어증에 대한 기능적 개념은 당시 통용되던 피질 병소이론cortical localization과 결별하였다. 그는 또한 코카인의 약리학적 효과에 대해 연구했는데 실험 대상에는 자신도 포함되어 있었지만 그 발견에 대한 명성과 인정은 동료들 중 한 명에게로 돌아갔다. 그는 1885년에 객원 강사 Pr.vatdozent 라는 명예직을 얻게 된다.

1882년에 26세의 지그문트는 20세의 마르타 베르나이스Martha Bernays와 사랑에 빠지게 되었고 4년의 약혼 기간 동안 그들은 거의 매일 서로에게 편지를 썼다. 이 서신 왕래에서 프로이트는 자신을 때로 불안하고 열정적이며 독재적인 약혼자로 표현했다. 마르타는 충실하고 사려 깊고, 그녀를 매우 좋아했던 어네스트 존스가 나중에 묘사했듯이 '평범한' 여인이었다. 그들은 프로이트가 개업한 직후인 1886년에 결혼하여 6명의 자녀를 두었다. 1891년에 비엔나의 베르그가세 19번지로 이사한 프로이트 일가는 1938년 나치의 박해를 피해 런던으로 망명할 때까지 거기에서 살았다.

프로이트와 브로이어 : 중요한 공동연구

1882년에 비엔나의 친구이자 동료인 조셉 브로이어에게서 안나 O의 히스테리 증상을 성공적으로 치료했다는 이야기를 들은 프로이트는, 히스테리 환자의 치료에 최면을 사용할 수 있다는 사실에 처음으로 관심을 기울이게 되었다. 1842년에 태어난 브로이어는 정신분석이 탄생하는 데 결정적인 역할을 하였다. 유대 혈통이었던 브로이어는 저명한 생리학자이자 훌륭한 내과 전문의였으며 매우 교양 있는 사람이었다. 그는 철학자인 프란츠 브렌타노와 작곡가인 요하네스 브람스 같은, 비엔나 사교계의 많은 유명 인사들의 친구이자 가정의였다. 프로이트는 1876년부터 1882년까지 자신의 스승이자 저명한 생리학자인 에른스트 브뤼케 밑에서 신경생리학에 대한 몇 가지 연구를 하였는데 그를 통해 브로이어를 소개받았다. 개인 진료실을 낸 후에 몇 명의 환자들에게 브로이어의 기법을 적용한 프로이트는 브로이어의 관찰이 자신의 환자들에게서도 확인된다는 사실에 감명을 받았다. 그러나 프로이트의 탐구 정신은 항상 새로운 발견들을 조심스레 관찰했고 곧 자신의 길을 따를 준비를 하고 있었다.

선구자들 : 샤르코와 베른하임

이런 주제들을 좀 더 배우기 위해 프로이트는 파리의 장-마르탱 샤르코 밑에서 (1885-1886), 그 다음에는 1889년에 낭시의 이폴리트 베른하임Hippolyte Berheim 밑에서 얼마 동안 지내기로 결심한다. 프로이트는 의학계가 안고 있는 히스테리 문제를 해결하려는 시도로 유명해진 샤르코의 강의에 몇 달간 참석하였다. 샤르코는 히스테리가 자궁이상에서 기인하거나 꾀병일 것이라는 고대와 중세로부터 내려오던 가설을 버리고, 이 상태를 명확하게 질병으로 분류하며 연구 주제로 삼았다. 그는 히스테리를 기능성 신경질환 혹은 신경증의 하나로 분류하고 그것을 신체 기관에서 유래한 정신의학적 장애들과 구별하였다. 이런 구별은 신경성 마비에서 관찰되는 척수신경근 장애radicular distribution와는 다르게, 히스테리성 마비가 여러 모양과 형태로 제멋대로 나타나는 것을 관찰하고 난 후에 이루어졌다. 샤르코는 히스테리 장애가 신체적이 아니라 심리적이라는 것을 밝히기 위해 최면 암시hypnotic suggestion를 사용하여 히스테리 증상을 일으키기도 하고 제거하기도 했다. 그는 외상적인 "뇌 기능 손상"이 여성 뿐 아니라 남성에게서도 히스테리의 원인일 것이라는 가설을 세웠다.

그러나 샤르코가 주로 최면 암시를 치료 수단으로 사용한 것이 아니라 입증을 목적으로 했기 때문에, 자신의 기법을 향상시키려던 프로이트는 1889년, 낭시의 베른하임Bernheim을 찾아갔다. 베른하임은 최면이 응시하는 의사의 눈에 끌려들어가는 것이 아니라, 언어를 매개로 한 암시라는 것을 보여주면서 그 접근법을 진정한 심리치료 기법으로 변형시켰고, 프로이트는 비엔나로 돌아오자마자 이 기법을 실행하였다.

『히스테리 연구』 : 15년 만의 성과

프로이트가 브로이어를 설득하여 그들이 1881년부터 관찰한 임상 자료들을 각자의 가설과 함께 한 권의 책으로 모으기까지는 몇 년이 걸렸다. 그들은 카타르시스 요법의 결과에 대한 잠정적 결론으로 「예비적 보고서preliminary Communication」(1893)를 출판함으로써 첫발을 내딛었다. 이 논문은 『히스테리 연구』(1895d)의 첫 장으로 재출간된다.

그러나 그들의 협력은 『히스테리 연구』의 출판으로 마침표를 찍었다. 브로이어가 야망이 없다는 데 실망한 프로이트는 1896년 이후 독자적으로 연구를 계속했다. 브로이어는 성적 요소가 히스테리의 원인으로 중요하다고 확신하지 않은 반면, 프로이트는 이것을 점점 더 강조하게 되었던 것이 두 사람 사이가 벌어진 이유 중 하나였다. 그러나 브로이어는 프로이트가 생각을 발전시켜 나가는 데 계속 관심을 가지고 있었다 – 물론 적당한 거리를 유지한 채로. 프로이트는 브로이어가 1925년에 사망했을 때, 브로이어의 아들인 로버트가 프로이트의 조문 편지에 대하여 보내온 답장을 읽고 깜짝 놀랐다.

히르슈뮐러Hirschmüller(1978)에 의하면, 로버트 브로이어는 프로이트에게 자신의 아버지가 항상 프로이트의 작업에 대해 잘 알고 있었다고 말했다.

원문 찾아보기

페이지 번호는『지그문트 프로이트 전집 표준판』vol.2,1-309를 따른 것이다.

「히스테리 현상의 심리 기제에 대해」(브로이어와 프로이트)

이 첫 번째 장은 1893년에 출간된 "예비적 보고서"이다. 여기서 저자들은 임상 과정의 연속 단계들을 설명하며 예비 가설들을 내놓는다. 일반적으로 그들은 히스테리 증상의 원인, 정확히는 여러 해 전에 히스테리 증상 발작을 처음 촉발시킨 사건을 우연히 발견할 수 있었다고 말한다. 환자가 그에 대한 모든 기억을 잃어버렸기 때문에 단순한 임상 조사만으로는 발단의 시점을 충분히 드러낼 수 없었다. 대체로 증상이 처음 나타난 시기의 기억을 일깨우기 위해서는 환자에게 최면을 걸 필요가 있었다. "최면이 이루어졌을 때 가장 분명하고도 확실하게 연결을 입증할 수 있게 된다"(Freud and Breur 1895d : 3). 심각한 병리가 발생하는 발단은 아동기 사건이었던 경우가 아주 흔했다.

이런 관찰은 히스테리 병인과 외상 신경증 병인 사이의 유사성을 보여준다. 따라서 히스테리 증상의 원인은 "심리적 외상"이라고 할 수 있다. 나중에 심리적 외상과 그에 대한 기억은 "침투한 후 오랫동안 계속 활동하는 병원체agent로 여겨지는 이물질처럼 작용한다"(같은 책 : 6). 브로이어와 프로이트에 따르면 외상의 기억을 회상한 후에 증상이 사라졌다는 것은 그 가설을 확증하는 것이다. 그들은 새로운 치료 기법을 자신들의 언어로 이렇게 설명한다:

> 우선 우리는 매우 놀랍게도, 히스테리 증상을 촉발시킨 사건에 대한 기억을 분명히 밝히고 그에 수반하는 정동affect을 일으키는 데 성공했을 때, 그리고 환자가 가능한 한 상세히 그 사건을 서술하고 정동을 언어로 표현했을 때, 각각의 히스테리 증상이 즉시 그리고 영구적으로 사라진다는 것을 발견하였다(같은 책 : 6).

그들은 회상이 치료 효과를 일으키기 위해서는 본래의 정동을 환자가 재경험할 필요가 있다고 덧붙였다. "정동 없는 회상은 거의 한결같이 아무 결과도 가져오지 않는다"(같은 책 : 6). 이런 관찰을 반복하면서 프로이트와 브로이어의 유명한 말이 나오게 된다. "히스테리 환자는 주로 회상reminiscence으로 고통을 겪는다"(같은 책 : 7).

계속해서 그들은 언어가 "카타르시스" 효과에 결정적인 역할을 한다고 말하는데, 병인적 기억을 지운다는 것은, 그것이 눈물이든 복수하는 행동이든 간에, 정서적 방출을 의미하기 때문이라는 것이다.

> 그러나 언어는 행동을 대신한다. 언어의 도움으로 정동affect은 효과적으로 '소산될abreacted' 수 있다. 다른 사례들에서 말을 한다는 것은, 예컨대 비탄이나 고통스런 비밀을 털어놓는 것(예를 들면 고백)은 그 자체로 적절한 반사작용이다. 행동이나 말이든, 혹은 상황이 가벼운 경우 눈물을 흘리는 것이든 간에, 그런 반응이 일어나지 않는다면 그 사건을 회상할 때마다 본래 정동의 색조가 유지될 것이다(같은 책 : 8).

또한 프로이트와 브로이어는 환자의 기억에 본래 사건에 대한 흔적이 없으며, 이는 대부분의 사례에서 "환자가 잊고 싶어서 의식적 사고에서 의도적으로 억압시키는"(같은 책 : 10) 문제라는 것도 관찰한다. 히스테리 현상은 "의식이 분열splitting of consciousness"된 결과이며, "유사 최면상태hypnoid state"에 있는 것과 관련된 "이중 의식dual consciousness"은 기본적인 히스테리 현상이다. 한마디로, 히스테리 증상은 심각한 외상 – 외상 신경증에서 발생하는 것과 같은 – 이나 힘겨운 억누름suppression(성적 정동이 어떤 역할을 하는)의 결과이며, 그것은 병인적 표상representation군을 "분리"시켜 버린다. 프로이트와 브로이어는 논문을 결론지으며 이렇게 질문한다. 그렇다면 자신들이 기술하는 심리치료 과정은 어떻게 치료 효과를 일으키는가?

> 그것은 질식되어 있던 정동을 언어로 풀려나가게 하여 처음에는 소산되지abreacted 않았던 표상idea의 작용하는 힘을 종식시키고, 또한 그 정동을 정상적으로 의식하게 하거나(가벼운 최면 하에서), 기억 상실증을 수반한 몽유병에서처럼 의사의 암시를 통해 정동을 제거함으로써 연상적 교정 과정이 이루어지게 한다(같은 책 : 17).

「사례 연구」: 카타르시스 요법을 통한 다섯 환자의 성공적 치료

이어서 저자들은 다섯 편의 임상 관찰 보고서를 제시하는데 첫 번째 것만 브로이어가 집필했고, 나머지 네 편은 프로이트가 치료하고 있던 환자들과 관련되어 있다. 여기서는 개략적으로 각 사례를 살펴보면서, 두 의사들의 생각이 각자의 탐구 과정에서 연속적인 단계를 밟아 나가는 것에 초점을 맞추고자 한다.

브로이어의 「Anna O 양」: 전형적 사례

브로이어가 "안나 O" – 그녀의 실제 이름은 베르타 파펜하임이다 – 를 처음 만났을 때 그녀는 21살이었고 심한 기침("신경성 기침tussis nervosa")과 감정의 기복moodiness, 시각 장애, 오른쪽 마비, 환각으로 가득 찬 "부재absence", 다양한 언어장애 등과 같은 여러 히스테리 증상에 시달리고 있었다. 그녀와 자주 긴 이야기를 나누는 과정에서, 브로이어는 증상이 처음 나타났던 기억을 자세히 이야기하는 동시에 그때 느꼈던 강렬한 정서를 다시 경험할 때 증상이 사라지는 것을 알게 되었다. 우연히 이런 관찰을 하고 난 후에 다른 증상에 대해서도 보다 체계적으로 반복해서 실험을 한 브로이어는 안나 O에게 증상들이 처음 나타났던 상황에 대해 질문하고 환자가 그것에 대답할 때 그 증상이 사라진다는 것을 깨닫게 되었다. 브로이어는 다음과 같이 말한다:

> 이 복잡한 사례에서 각각의 증상은 개별적으로 다뤄졌다. 증상이 나타난 모든 사건들은 그 환자가 몸져눕게 되기 전부터 시작하여 증상이 처음 나타나게 된 사건으로 거슬러 올라가면서 역순으로 설명되었다. 이런 것이 이야기되면 증상은 영원히 사라졌다(같은 책: 35).

또한 브로이어는 이 현상이, 환자가 "유사 최면상태hypnoid state"라고 설명한, 자기-최면과 유사하게 의식이 약화된 상태에 있을 때 발생하는 것을 관찰했다. 나중에 브로이어는 자신의 기법을 개선하여 그녀가 자기-최면 상태에 들어갈 때까지 기다리는 대신에 환자에게 최면을 걸어 시간을 절약했다. 안나 O는 이런 치료 과정을 "이야기 치료talking cure"라고 불렀고, 증상이 나타났던 기억을 회상함으로써 소산될 수 있었던 것을 "굴뚝 청소"라고 묘사했다(같은 책: 30).

브로이어는 "줄곧 이야기한" 덕분에(같은 책: 35) 제거된 증상들을 일일이 열거한다. 안나 O의 오른팔 마비를 치료한 것은 분명 가장 중요한 성과였다. 중병이 든 아버지 침대 옆에 앉아 있던 안나는 갑자기 환각 속에서 검은 뱀이 병든 아버지를 물려고 다가오는 것을 보았다. 동시에 그녀는 의자 뒤로 넘겨져 있던 오른팔이 저려서 움직일 수 없다는 것을 깨달았다. 그 첫 발작이 일어난 후에, 오른팔의 마비와 함께 불안을 자극하는 환각이 자주 반복되었다. 게다가 그녀는 영어 외엔 다른 언어로 말을 할 수 없었다. 브로이어는 치료가 끝날 즈음에 안나 O가 뱀 환각이 처음 나타났던 상황을 충분히 설명해주었다고 말한다. 병든 아버지의 침대 맡에 있던 그 극적인 밤에 그녀가 느꼈던 것을 일단 회상할 수 있게 되자, 오른쪽 마비가 사라지고 그녀는 다시 독일어로 말할 수 있었다.

> 그런 상황 재현reproduction 직후에 그녀는 독일어로 말할 수 있었고 이전에 보이던 수많은 장애들로부터 한결 자유로워졌다. 그 후에 그녀는 비엔나를 떠나 잠시 여행을 했지만, 그녀가 자신의 정신적 균형을 완전히 다시 회복하기까지는 상당한 시간이 걸렸다. 그때 이후로 그녀는 완전히 건강해졌다(같은 책: 40-41).

후기 프로이트 학파

안나 O의 치료는 어떻게 끝났는가?

브로이어는 그 환자가 정신적 균형을 완전히 회복하기까지는 상당한 시간이 필요했지만 그 이후로 "그녀는 완전히 건강해졌다"(같은 책 : 41)고 말하면서 자신의 보고를 낙관적으로 끝맺는다. 그 이후의 연구는 그 결론에 의문을 제기한다. 이후에 프로이트는 안나 O 분석의 결말을 다르게 설명하면서 브로이어가 환자의 전이 사랑을 견딜 수 없어 도피하는 바람에 치료가 중단되었다고 말했다. 프로이트가 츠바이크 Zweig에게 보낸 편지에서처럼 "그[브로이어]는 훌륭한 정신적 자산에도 불구하고 파우스트적 야망이 전혀 없었으며 인습적 공포를 느껴 도주했고 환자를 동료에게 맡겼다"(1932년 6월 2일 편지). 어네스트 존스 Enerst Jones(1953-1957)는 프로이트의 전기에 이런 이야기들 중 하나를 싣고 있다. 치료 마지막 날 안나 O의 침대 맡으로 불려간 브로이어는 그녀가 브로이어의 아기를 출산하는 시늉을 하며 히스테리 발작이 극에 달한 것을 보았다. 그는 무사히 빠져 나와 바로 그 다음날 아내와 베니스로 떠났고 그들은 거기서 딸을 임신했다.

그러나 최근의 역사적 연구에서 존스가 널리 퍼트린 설명은 실상 프로이트 자신이 회고적으로 재구성한 것이고 사실과는 다르다는 것이 밝혀졌다. 알프레히트 히르쉬뮬러Albrecht Hirschmuller(1978)는 실제로 브로이어가 카타르시스 치료가 끝난 후에도 계속 안나 O를 치료했다는 것을 보여준다. 그녀는 질병의 일부 증후들이 지속된 데다가 3차 신경통을 앓고 있었다. 브로이어가 이를 몰핀으로 다스려 안나 O는 그것에 중독되고 말았다. 1882년 7월에 브로이어는 크로이츠링엔Kreuzlingen 요양원의 소장인 루드빅 빈스방거에게 안나 O를 보내 치료를 계속해달라고 부탁했다. 그 해 10월 안나 O는 건강이 호전되어 요양원에서 나왔으며 그 이후 프랑크푸르트로 떠나기 전까지 비엔나에 살면서 여러 번 치료를 받았다. 독일에서 그녀는 작가로서 매우 활발히 활동했으며 많은 자선 사업을 벌였다. 이런 최근의 연구에 힘입어 브리톤Britton(2003)은 이 전형적인 사례를 재평가하면서 히스테리 갈등의 특성에 관한 매우 설득력 있는 가설을 제시하고 있다.

정신분석을 비판하는 사람들은 『히스테리 연구』에서 설명하고 있는 환자들의 증상이 완전히 제거되지 않았다는 사실을 들어 프로이트와 브로이어가 속임수를 쓰고 있으며, 안나 O가 꾀병을 앓는 것이라고 비난하면서 정신분석의 타당성에 의문을 제기한다. 브로이어와 프로이트가 열정적으로 임상 사례를 보고하면서 어느 정도 윤색이 된 것은 사실이다. 그것을 출판했다는 것 자체가, 적어도 부분적으로는 자신들의 연구가 피에르 자네 Pierre Janet의 연구보다 앞서 있다는 것을 입증하려는 목적이 있었다. 그러나 나무를 보느라 숲을 보지 못하는 함정에 빠져서는 안 된다. 안나 O의 치료는 별로 성공하지 못했다 하더라도, 카타르시스 요법을 사용한 최초의 성공적 치료 사례이며 프로이트가 정신분석을 발견하게 된 계기로서 역사에 남을 것이다.

프로이트의 「에미 폰 N 부인」 사례 프로이트가 처음으로 카타르시스 요법을 사용하다

브로이어가 안나 O를 치료하면서 카타르시스 요법을 발견했듯이, 프로이트는 "에미 폰 N"을 치료하면서 자유 연상이라는 더 진전된 치료 방법으로 최면을 대치하게 되었다. 41세의 이 환자 – 그녀의 실제 이름은 파니 모저 Fanny Moser였다 – 는 부유한 상인의 미망인으로 슬하에 두 딸을 두었으며 심한 동물 공포증이 있었다. 1889년 5월 1일에 시작되어 6주간 치료가 진행될 때 프로이트는 카타르시스 목적을 가지고 환자와 대화를 나누었다. 그녀가 기억을 회상하도록 자극하기 위해 다사지와 최면이 실행되었다. 그러나 대화하던 중에 프로이트는 환자가 자발적으로 말을 한다면 중요한 순간을 회상할 수 있고, 시켜서가 아니라 스스로 털어놓기만 해도 카타르시스 효과가 일어난다는 것을 관찰했다. 프로이트가 설명한 바, "그녀는 내 방법을 따르고 있는 듯했고, 우리의 대화를 최면을 보완하는 것으로서 아주 거침없고 우연하게 사용하는 것 같았다"(같은 책 : 51). 며칠 후 프로이트의 질문에 짜증이 난 그녀는 자신을 방해하지 말고 "자신이 하고 싶은 말을 [그에게] 하도록 내버려두라고 요구했다(같은 책 : 63). 그 제안을 받아들인 프로이트는 최면을 걸지 않고서도(비록 에미 폰 N 부인과 그 기법을 계속 사용했지만) 필요한 기억을 여전히 회상할 수 있다는 것을 관찰했다. 환자는 종종 프로이트에게 자신이 어떤 기억을 회상하면서 공포를 느낄 때 자신에게 손대지 말라고 하였다. 그녀는 어느 정도 마음이 가라앉기 전에 "가만히 계세요! 아무 말도 하지 마세요! 내게 손대지 마세요"(같은 책 : 51) 라고 말하곤 했다. 프로이트에게 에미 폰 N 부인의 사례는 히스테리 전환 사례라기보다 히스테리 증상이 무엇보다도 심리적(불안, 우울, 공포증)이라는 것을 보여준 사례였다. 프로이트는 성적 요소의 억압이 "다른 어떤 것보다도 외상을 일으키기 쉽기 때문에" 그녀가 히스테리를 일으키는 데 결정적인 역할을 했다고 믿었다(같은 책 : 103).

프로이트의 「루시 R 양」 프로이트가 암시를 위해 점차 최면을 포기하다

1892년 12월에 프로이트는 후각을 상실하고 사방에서 타는 냄새가 나는 등의 환취를 앓고 있는 젊은 영국인 여자 가정교사를 9주 동안 치료하였다. 이런 장애들이 히스테리 증상으로 생각되어 프로이트는 그녀에게 최면을 걸었지만 수포로 돌아간 후에 그 방법을 포기하고 "자유 연상"이라는 방법을 적용하였다. 그는 그녀가 기억을 회상하기 어려울 때마다 환자의 이마에 살짝 손을 올려놓기도 했다.

> 나는 환자의 이마에 손을 올려놓거나 손으로 그녀의 머리를 감싸고는 이렇게 말했다, "내가 손으로 누르면 생각이 날 겁니다. 내가 손을 떼는 순간에 눈앞에 무언가 보이거나 머릿속에 무

언가 떠오를 것입니다. 그것을 포착하세요. 그게 우리가 찾던 겁니다. … 자, 뭐가 보이죠? 당신에게 어떤 것이 떠올랐죠?"(같은 책 110)

그 치료는, 사건에 대한 회상 – 잊어버렸어도 기억 속에 정확하게 저장되어 있는 – 으로부터 히스테리 증상을 일으키는 병인적 결과가 생긴다는 프로이트의 가설을 확인해 주었다. 마음속에는 대체로 성적인 갈등이 있는데, 결코 양립할 수 없는 생각이 "의식에서 의도적으로 억압되어야 하고, 연상적 변형modification에서 배제되어야 한다"(같은 책 : 116)는 사실에서 병인적 결과가 나타난다. 이 사례에서 프로이트가 루시 R 양이 고용주와 비밀스런 사랑에 빠졌다는 것을 발견한 후에 그 증상은 사라졌다. 그녀는 이루어질 가망이 전혀 없기에 그에 대한 사랑을 억압했다는 것을 인정했다.

프로이트의 「카타리나」
간단한 정신분석 치료에 관한 이야기

이 보고서에서 프로이트는 성적 외상이 히스테리 증상을 일으키는 역할을 하고 있다는 것을 간단하지만 훌륭하게 보여주고 있다. 치료는 프로이트와 이 젊은(18세) 여성이 몇 시간 동안 대화를 나누는 형태를 취한다. 상담은 1893년 8월, 휴가 중이던 프로이트가 산길을 걷다가 즉석에서 이루어졌다. 카타리나는 여인숙 주인집 딸이었는데 프로이트가 의사라는 것을 알고 자신을 도와줄 수 있는지 물으면서, 무시무시한 얼굴이 자신을 무섭게 바라보는 모습을 보고 숨이 가빠진다고 말했다. 대화를 하던 중 – 프로이트는 나중에 가능한 한 정확하게 기록하였다 – 카타리나는 자신의 증상이 2년 전에 "삼촌"과 사촌 프란치스카가 성교하는 것을 목격한 다음부터 시작되었다는 것을 기억하였다. 그녀는 그 장면에 몹시 충격을 받았다. 그 기억으로 카타리나는 14살 때 "삼촌"이 자신에게도 몇 차례 성적으로 접근했다는 사실이 떠올랐다. 프로이트는 젊은 여성이 이 사건을 다시 설명한 후에 "히스테리가 상당히 소산abreacted 되어"(같은 책 : 132) 안도감을 느끼는 것을 관찰했다. 프로이트에게 이것은 자신의 명제를 강화하는 것이었다 : "카타리나가 발작이 일어났을 때 겪는 불안은 히스테리성이다. 즉, 성적 외상과 관련된 불안을 재생reproduction 하고 있는 것이다"(같은 책 134). 1924년에 덧붙인 각주에서 프로이트는 문제의 남자는 카타리나의 "삼촌"이 아니라 아버지였다고 밝혔다(같은 책: 134, 각주 2).

프로이트의 「엘리자베스 폰 R 양」
히스테리 사례에 대한 최초의 완전한 분석

프로이트가 설명한 네 번째 사례는 헝가리 태생의 24세의 젊은 여성 "엘리자베스 폰 R"(그녀의 실제 이름은 일로나 바이스였다) 사례인데, 그녀는 1892년 가을부터 1893년 7월까지 그에게 치료를 받았다. 그녀는 2년 이상 다리 통증에 시달려 걸을 때 알 수 없는 어려움을 겪고 있었다. 이런 장애는 그녀가 병든 아버지를 간호하고 있을 때 처음 나타났다. 아버지가 죽은 지 얼마 되지 않아 언니도 병으로 죽었는데, 이 두 사람의 죽음은 그녀의 증상에 결정적인 역할을 했다. 프로이트는 그녀를 치료하는 데 세 단계를 거쳤음을 말해주고 있다. 첫째 단계에서는 환자와 더불어 실제 증상과 증상의 촉발 원인 사이를 연결하기가 거의 불가능했다. 그녀가 최면에 저항했기에 프로이트는 눈을 감고 편안히 누우라고 했다. 그런 노력에도 기대된 치료 효과는 일어나지 않았다. 그때 그는 손으로 그녀의 이마를 살짝 누르면서 마음속에 떠오르는 것을 말하게 하는 기법을 사용했다. 처음으로 떠오른 것은 아버지의 건강 상태가 악화되고 있을 때 젊은 남자와 사랑에 빠졌던 기억이었다. 아버지의 병세가 심각해지면서 그녀는 젊은 남자에 대한 사랑을 단호히 포기했다. 그녀는 이런 내적 갈등이 나타났을 때 처음으로 다리에 통증을 느꼈던 것을 기억했다. 프로이트는 이를 히스테리 전환 기제를 보여주는 예라고 말한다. 자신의 삶에서 사랑의 좌절을 회상하면서 엘리자베스 폰 R 양은 이런 히스테리 전환이 처음으로 나타난 이유를 발견하기에 이르렀다 :

> 그 후에 환자는 고통이 왜 항상 오른쪽 대퇴부의 특정 부위에서 생기는지, 그리고 왜 거기가 가장 고통스러운지 이제 알았다고 말해 나를 놀라게 했다. 매일 아침 심하게 부어오른 아버지의 다리를 이 부위에 올려놓고 붕대를 새로 갈아주었던 것이다(같은 책 : 148).

이런 "소산abreaction"의 기간 중에 환자의 상태가 극적으로 호전되자 프로이트는 이미지나 생각을 회상하는 데 사용한 압박 기법을 확신하게 되었다. 그는 그녀가 아무것도 생각나지 않는다고 – 저항 때문에 – 주장할 때마다 더 이상 꺼리지 않고, 무엇이 마음속에 일어나고 있는지 말하도록 종용했다. "나는 이런 어려운 작업을 진행해가는 중에 기억을 되살리는 과정에서 나타나는 환자의 저항에 더 깊은 의미를 부여하게 되었다"(같은 책 : 154).

치료의 세 번째 단계에 이르러서야 완전히 치료가 되었다. 우연한 계기로 프로이트는 엘리자베스 폰 R 양의 고통 뒤에 숨겨져 있는 "비밀"을 발견할 수 있었다. 어느 회기에 그녀는 옆방에 형부가 병문안을 왔다며 오늘은 그만하자고 하였다. 그렇게 중단되고 나서 그녀가 다시 돌아왔을 때 그녀는 다시 다리에 심한 통증을 느끼고 있었다. 따라서 프로이트는 미스테리의 근원에 도달하게 되었다고 단정했다. 그녀는 형부의 방문으로 언니가 죽었을 즈음에 고통이 처음으로 나타났다는 생각이 들었다. 죽은 언니의 시신이 있는 방으로 걸어 들어갈 때 그녀에게 수치스러운 생각이 마음속을 스치고 지나갔다. 언니의 죽음은 형부가 다시 자유로워졌고 자신이 그의 아내가 될 수 있다는 것을 의미했다! 그녀의 모든 도덕성이 형부에 대한 사랑에 저항했다. 그것이 그녀가 그런 견딜 수 없는 생각을 "억압"하고 의식에서 몰아낸 이유였다. 그런 근거에 따라 전환의 기제가 자유롭게 작용하고 있었다 : "그녀의 고통은" 정신적 흥분을 신체적인 것으로 "성공적으로 전환한 덕분에 생긴 것이다"(같은 책 : 157). 이런 통찰을 통해 치료가 완전해질 수 있었다. 프로이트는 1년 후에 이 환자가 개인 무도회에서 쾌활하게 춤추고 있는 것을 보면서 이를 확인할 수 있었다. 그러나 치료가 성공했다고 해서, 그녀가 비밀을 드러낸 프로이트에게 엄청난 원한을 품는 일을 막을 수는 없었다.

브로이어의 「이론적 고찰」

이론을 설명하고 있는 본 장에서 브로이어는 "예비적 보고서"에서 이미 대략적으로 정리된 몇 가지 가설들을 발전시켰다. 그의 주된 공헌은 "유사 최면 상태hypnoid state"와 관련되며, 의식화되지 못한 무의식적 표상이 병인적 가능성을 지니면서 벌어지는 마음의 분열에 대한 것이다. 브로이어에게 히스테리 장애는 특히, 잘 흥분하고, 자기-최면 – 그가 "마음의 부재"라고 부른 것 – 경향이 있어서 암시가 용이한 사람들에게 나타난다. 그는 또한 이런 환자들에게 특히 히스테리 전환의 경우에 본래 성적인 것을 거절하는 성향이 내재되어 있다는 데 주목했다. "성적 내용이 담긴 무수히 많은 중요한 생각들이 회피되고 전환된다"(같은 책: 245). 그러나 브로이어는 자신이 발견한 카타르시스 요법을 개선하려하지 않고 그것을 적용하는 데 만족한 반면, 프로이트는 그 책의 마지막 장에서 그 방법을 어떻게 발전시켰는지 보여준다. 이로 인해 브로이어가 저술한 이 장은 이론적 가치보다는 역사적인 가치가 있다.

프로이트의 "히스테리 치료"

최면에서 자유연상으로

프로이트는 자신의 임상 경험에서 출발하면서 어떻게 카타르시스 기법을 수정해가게 되었는지, 그리고 브로이어의 치료법의 이점과 단점에 대해 설명하면서, 그것과는 다른 혁신적 치료법을 어떻게 채택하게 되었는지 보여준다. 상당히 중요한 이 장에서, 프로이트가 이미 개략적으로 묘사된 구성 원칙들이 어떻게 정신분석적 방법이 되는지 점점 자세하게 정리하고 있는 것을 볼 수 있다. 1895년에 쓰인 이 논문에서 무의식, 저항, 방어 기제, 전이 등과 같은 새로운 개념들이 발견된다.

이 장을 시작하면서 프로이트는 카타르시스 요법을 시행하기 어려운 한계에 봉착하여 병인적 기억을 회상하도록 촉진하는 보다 효과적인 방법들을 찾기에 이르렀으며, 이런 새로운 기법을 탐구하면서 곧 이전 방법을 대체하게 되었다는 것을 독자들에게 상기시키고 있다. 카타르시스 요법이 실행되려면 상당히 긴 시간이 요구되었다. 최면이 성공적이려면 환자는 의사에 대한 완전한 신뢰를 가지고 있어야 하지만, 모든 환자들이 그런 확신을 가지고 있는 것은 아니었다. 이에 실망한 것과는 별도로, 프로이트는 환자가 최면에 걸리지 않고서도 병인적 기억을 회상할 수 있는 방법을 발견하여 난관을 극복했다. 이것이 프로이트의 훌륭한 아이디어 중 하나이다. 환자를 카우치에 눕히고 눈을 감고 집중하게 하여 새로운 기억을 불러내는 데 – 때로는 그의 쪽에서 상당히 종용한 후에 – 성공했다. 그러나 이 방법은 그에게 엄청난 노력이 요구되었고 그 결과는 천천히 나타났기에 그는 이것이 환자가 "저항"하고 있다는 표지라고 느꼈다. 따라서 프로이트는 표상representation)이 떠오르지 못하도록 방해하는 이런 새로운 난관을 극복해야만 했다.

이런 식으로, 프로이트는 저항과 방어가 병인적 표상이 "자아ego"에 도달하지 못하게 하는 심리 기제임을 발견했다(같은 책 : 269). 그는 그것들의 목표가 검열 과정에 의해 상반된 생각들을 "의식과 기억 바깥으로"(같은 책 : 269) 강제로 몰아내는 것임을 깨달았다 : "따라서 자아에게 혐오스러운 심리 세력은 병인적 생각을 연상하지 못하도록 원천적으로 몰아냈고 이제는 기억으로 돌아오지 못하도록 방해한다"(같은 책 : 269). 프로이트에 따르면, 병인적 표상은 자아 쪽에 억압(같은 책 : 269)과 관련된 억누르는 힘을 자극한다. 그러나 방출되지 않은 정서가 너무 강력하여 환자가 견딜 수 없다면 심리 에너지는 그에 해당하는 신체적인 것으로 전환되고 그리하여 전환 기제에 따라 히스테리 증상이 일어난다.

프로이트의 접근법은 환자가 저항을 극복하도록 치료자가 "종용한다는" 사실에 기반을 두고 있다. 그때 그는 병인적 기억이 출현하도록 촉진하고자 환자의 이마를 압박하는 "작은 기법적 장치"(같은 책 : 270)를 덧붙였다. 그러나 자유 연상법을 발견한 직후 이 기법적 제스쳐 역시 포기했다. 자유 연상법은 점진적으로 발견되어 1892년과 1898년 사이의 어느 시점에 발전했는데 그 이상 정확히 하기는 어렵다. 프로이트는 "에미 폰 N 부인"의 치료에서 환자가 더 자발적으로 자신을 표현하도록 그것을 적용했다고 한다.

『히스테리 연구』 – 와 이 책에 대한 프로이트의 공헌 – 는 새로운 길을 열며 정신분석의 기초를 놓는 임상적, 기법적, 이론적 언급으로 채워져 있다. 이 책에서 프로이트가 소개한 새로운 개념 중 세 가지 개념들, 즉 성성sexuality, 상징, 전이는 보다 자세하게 살펴볼 만하다.

성sexuality의 역할

프로이트는 히스테리 증상이 처음 나타났던 상황의 일반적 특성이 성적 외상이라는 것을 거의 처음부터 발견했지만 처음에는 그것들의 인과관계를 인정하길 꺼렸다. "샤르코 학파를 막 벗어난 나는, 히스테리를 성의 주제와 연결하는 것이 일종의 모욕이라고 생각했다 – 여성 환자들이 그렇듯이"(같은 책 : 260). 그러나 환자들이 질병을 보고하는 데서 성적 외상의 존재를 더 많이 발견할수록 그는 성적 요소가 증상을 촉발하는 원인으로서 결정적인 역할을 한다는 것을 인정하지 않을 수 없었다. 나중에 그는 이런 요소가 히스테리뿐 아니라 모든 신경-정신증에서 어떤 역할을 한다는 것을 깨닫고 그것들을 "성적 신경증"(같은 책 : 261)으로 부르게 된다.

『히스테리 연구』에서는 이러한 혁신적 관점에 대해 거의 말하지 않았지만 프로이트는 당시에 집필한 몇 편의 논문에서 그것에 대해 더 자세히 연구했다. 그는 신경증에서 – 그리고 무엇보다도 히스테리에서－본래의 외상은 항상 초기 아동기에 그리고 사춘기 이전에 경험했던 실제 성적 교류와 연결되어 있다고 주장했다. 프로이트는 단순한 성적 접근에서부터 실제 성적 행위일 수 있는 이런 경험들은 "가장 좁은 의미에서는 성 학대로 묘사된다"고 말한다(Freud 1897b:253). 실제 외상이 환자의 초기 아동기에 발생했다는 생각과 함께 프로이트는 1895년부터 1897년까지 잠시 유지된 가설을 소개했다. 리차드 볼하임Richard Wollheim(1971 : 38)이 언급했듯이, 프로이트가 실제 성적 외상에 대한 이런 관념을 가지고 유아 성욕sexuality－아동들이 성 욕동을 가지고 있다는－을 말하지 않았다는 점은 지적되어야 한다. 프로이트는 임상 관찰을 거듭하면서 곧 이 점에 대해 생각이 변한다. 그 시점 이후로 그는 환자가 다시 설명한 성 시나리오가 실제로 현실에서 일어났었는지 의구심을 갖기 시작했다. 아마 실제로 경험했다기보다 상상되었지 않았을까? 그 이후로 그는 결정적 외상 요인들은 실제 성적 장면보다는 환상과 본능적 욕동에 더 많이 달려있을 것이라고 생각한다. 이 문제는 후에 다시 다뤄질 것이다.

상징과 히스테리 증상

프로이트는 또한 히스테리 증상의 형태에는 상징적 결정론이 있으며 상징화 기제에 의한 히스테리 전환이 가장 분명한 표현이라는 것을 관찰했다. 그는 이런 "상징을 통한 결정"의 몇 가지 예를 든다. 그중 한 예로 한 소녀는 미간에 찌르는 듯한 고통을 느꼈다. 그녀가 할머니의 눈빛이 "너무 날카로워서 자신의 뇌로 곧바로 뚫고 들어갔던"(Freud and Breuer 1895d : 180) 것을 회상했을 때 그 고통이 사라졌다. 브로이어는 "정서와 그것의 반사반응을 결합한 것은 종종 단어나 소리의 연상에 대해 우스꽝스런 작용을 한다"(같은 책 : 209)는 것을 관찰했다. 프로이트는 "아마도 설명이 일단 문자적으로 의미되었기"(같은 책 : 181) 때문에 히스테리 환자는 감정과 신경감응innervation을 묘사할 때는 "단어의 본래 의미"를 회복한다고 주장한다. 그러나 프로이트는 그 시점에서 "기억 관련mnemenic 상징"을 더 이상 조사하지 않았고 이것을 훗날로 미루었다.

전이에 대한 개괄적 생각

히스테리에 대한 이런 초기 논문에서 프로이트가 이미 전이 현상을 묘사하고 있으며 실제로 그 용어를 사용하고 있다는 것이 놀랍다. 그는 환자가 의사를 신뢰한다는 것을 확실히 해야 한다는 관점에서 간접적으로 전이를 언급하기 시작한다. 예를 들면, 카타르시스 요법을 설명하면서 그는 최면이 성공적이려면 환자가 의사에 대한 완전한 확신과 "완전한 동의"(같은 책 : 265)를 해야 한다는 데 주목한다. 프로이트는 어떻게 저항을 감소시키는가에 대한 질문을 제기하면서 "많은 사례에서 의사의 인격은 그것만으로도 저항을 제거할 수 있기 때문에" 주요한 역할을 한다고 주장한다(같은 책 : 283).

프로이트는 특히 압박법이라는 기술적인 장치가 실패한 사례들에서 환자의 저항 이유를 더 자세히 조사하면서, 전이의 개념을 명확히 언급한다. 그는 저항을 인식하지 못하게 하는 두 가지 장애물에 대해 말한다. 하나는 의사에 대한 개인적인 거리감인데, 이 장애물은 극복하기가 그리 어렵지 않다. 그리고 다른 하나는 의사에게 지나치게 애착되는 것에 대한 두려움이다. 이 장애물은 제거하기가 더 어렵다. 그런 다음에 프로이트는 저항을 의식하지 못하게 하는 세 번째 장애물을 덧붙인다.

> 환자가 분석 중에 생긴 고통스러운 생각을 의사라는 인물에게 옮겨놓고 있다는 것을 발견하고 놀라는 일은 분석에서 자주 일어나며 실제로 통상적으로 발생하는 일이다. 의사에게로 전이되는 것은 그릇된 연결을 통해 발생한다(같은 책 : 302).

프로이트는 남자 친구가 자신을 품에 안고 키스해주길 원했던 여자 환자의 사례를 간략하게 보고한다. 언젠가 회기가 끝날 무렵 프로이트에 대해서도 유사한 소망이 일었다 – 그녀는 프로이트가 자신을 안고 키스해주길 원했다. 그녀는 그 생각에 두려워졌다. 프로이트가 장애물을 발견하고 그것을 제거한 후에 치료 작업은 진전될 수 있었다. 프로이트는 이런 현상을 "잘못된 결합" 또는 "그릇된 연결false connection"이라 부른다.

> 이것을 발견한 이후로, 나는 개인적으로 유사한 현상에 관련될 때마다 전이와 그릇된 연결이 다시 한 번 발생했다고 추정할 수 있었다. 이상하게도 환자는 이것이 반복될 때마다 매번 속는다(같은 책 : 303).

후기 프로이트 학파

히스테리, 그 후 100년

오늘 날의 정신분석가들은 히스테리를 어떻게 보고 있는가? 그것은 사라졌는가? 오늘날 그것을 어떻게 진단해야 하는가? 이런 질문들은 1995년 샌프란시스코에서 개최된 국제 정신분석 총회에서 "히스테리, 그 후 100년"이라는 좌담회에 참가한 뉴욕의 에드워드 너세시언Edward Nersessian이 제기한 것들이다. 조애나 타우스Joana M. Tous(1996)의 보고에 따르면, 그런 논쟁은 오늘날 유행하는 다양한 관점을 부각시켰다. 여기서 그런 의문들을 간단히 정리할 것이다.

오늘날 대부분의 정신분석가들은 히스테리가 경계성 병리와 자기애성 병리를 비롯하여 신경증에서부터 정신증에 이르기까지 광범위한 병리 상태를 포함하고 있다는 데 동의할 것이다. 그러나 치료 방법의 관점에서는 두 가지 주요한 사고의 흐름이 있는데, 하나는 프랑스 정신분석가들로 대표되고 다른 하나는 영국학파로 대표된다.

샤스게-스미르젤Janine Chasseguet-Smirgel(파리)은, 정신분석가가 히스테리의 성적 차원을 잊어버린 채 그것이 원초적이고 전성기기적 병리에만 근거하고 있다는 생각에 만족해서는 안 된다고 본다. 그녀는 매우 다양한 원초적 병리 상태라는 인상을 풍기면서 이런 종류의 환자들이 제시하는 그야말로 풍부한 임상 현상에 정신분석가가 종종 당황하게 된다고 인정한다. 샤스게-스미르젤은 오이디푸스 갈등과 죄책감이 어머니를 향한 파괴적 공격과 관련되어 있다는 해석의 중요성을 경시해서는 안 된다고 주장한다. 원초적인 측면에만 관심을 집중하면, 히스테리를 성 정체감 및 오이디푸스 현상과 밀접하게 관련된 임상적 실체로 희석시킬 위험이 있다. 그녀는 자신만이 이런 흐름을 따라 생각하는 것은 아니라고 말한다. 프랑스 학파의 다른 정신분석가들 – 예를 들면, 앙드레 그린과 장 라플랑슈 – 이 같은 관심을 표명했다. 더욱이 샤스게-스미르젤이 보기에, 히스테리는 자궁과 임신이 현실과 환상 모두에 상당히 관련되어 있다는 점에서 "어머니들의 왕국"에 속한다. 이런 이유에서 그녀는 생물학적 요소가 히스테리에 영향을 미친다고 주장한다. 이것들이 과소평가되어서는 안 되는 이유는 히스테리가 신체의 극장에서 상연되고 있는 마음의 병리이기 때문이다. 신체가 맡고 있는 역할을 주장하면서 샤스게-스미르젤은 언어적 고찰에 우선권을 주고 신체의 중요성을 간과하는 정신분석가들과 거리를 둔다.

에릭 브렌만Eric Brenman(런던)은 매우 다른 이론적, 임상적 관점을 가지고 있는데 이는 영국 정신분석가들이 히스테리 문제들을 바라보는 대표적 방식이라 할 수 있다. 브렌만에게 유아는 최초의 대상 관계에서 매우 빠르게 불안에 대한 방어를 세우고, 이런 방어들은 불안이 성인기에 어떻게 다뤄질 것인지를 결정한다. 물론 브렌만은 히스테리에서 성이 중요한 역할을 한다는 것을 인정하지만, 그에게 히스테리의 주요 요인은 원초적 불안을 극복하려는 히스테리 환자의 투쟁이다. 그는 전이에서 환자들이 분석가의 심리적 현실에 어떻게 영향을 미치는가를 보여주고 원초적인 불안들을 어떻게 다루는지 설명한다 – 그는 이것들이 대재앙적 불안으로 그리고 존재가 없는non-existence 위험으로 경험된다고 말한다. 종종 우리는 그런 환자들에게서 분열 기제를 발견하는데, 이런 분열기제는 정신의 삶을 다양한 층들로 나누는 정신 상태를 야기한다. 예를 들면, 히스테리 환자들은 이상화된 대상과 관계하기를 원하지만 그 대상들과 접촉하자마자 즉각 실망하게 된다 – 그로 인해 그들은 끊임없이 한 극단에서 다른 극단으로 치닫게 된다. 브렌만에게 있어 히스테리는 무엇보다도 심각한 정신 장애에 근거해 있다. 이 말은 정신분석이 정신증적 불안을 담아내고 처리하는 능력과 관련해서 지난 100년에 걸쳐 발전해 왔다는 뜻이다. 그 결과, 오늘날 불안을 극복하고 일상생활의 기복을 다루는 수단들이 발전을 거듭할 수 있었다.

"루비는 빨간 색을 싫어한다"

이것은 자클린 샤퍼 Jacqueline Schaeffer(1986)가 자신의 논문에 붙인 제목으로 이 논문에서 히스테리와 성性의 관계를 설명하고 있다. 이 은유는 루비에 대한 광물학자의 정의에서 영감을 받았다. "루비는 빨간 색을 싫어하는 값비싼 광석이다. 루비는 스펙트럼의 다른 모든 색은 흡수하여 담지만 유일하게 빨간 색만은 받아들이지 않는데 이 빨간 색이 우리 눈에 보이는 것이다." 샤퍼는 꼭 루비처럼 히스테리 환자도 "빛을 발한다"고 말한다 (1986 : 925).

> 히스테리 환자가 우리 눈에 보여주고 있는 것-빨간 것, 성에 대한 공포, 즉 외상의 표출-을 어떻게 더 잘 묘사할 수 있는가? … 자아는 가장 위협받고 있는 것뿐 아니라 가장 위협적인 측면을 교묘하게 전면으로 내몰아 모든 사람들이 그런 낯설고, 증오스럽고, 상처입은 것들을 볼 수 있게 한다. 그리고 지금 실제 공격하고 있는 것으로 교묘하게 공격한다. 아마도 루비처럼, 가장 값비싼 것은 매우 잘 숨겨져 있어야 하는가 보다.

새로운 개념들

소산 – 실제적인 성적 외상 – 카타르시스 요법 – 검열 – 전환 – 방어 – 환상 – 자유 연상 – 억압 – 저항 – 외상 – 무의식

『플리스에게 보내는 편지』
(1950a [1887~1902])과 (1985c [1887~1904])

프로이트의 초기 연구들과 자기-분석에 대한 증언

프로이트가 1887년부터 1904년까지 17년 동안 친구인 빌헬름 플리스에게 보낸 편지들은 매우 귀중한 자료의 원천이다. 우리는 개인적이고 전문적인 그의 일상생활에 관해 많은 것을 알게 되었을 뿐 아니라, 특히 생산적이었던 이 시기 동안 그의 사고가 어떻게 발달해 왔는지 그리고 그의 자기 분석이 어떻게 진행되었는지를 엿볼 수 있다. 이 수 많은 편지들 가운데 단지 프로이트의 것만이 남아있는데, 1936년에 마리 보나파르트 공주가 비엔나의 골동품상에서 구입한 것들이다. 그녀는 1950년에 안나 프로이트 그리고 에른스트 크리스와 함께, 신중하게 편집된 168통의 편지들을(모두 283통의 편지 중에서) 『정신분석의 기원』이라는 제목으로 출간하였다. 여기에는 프로이트가 늘 출간을 거절하였던 "과학적 심리학을 위한 구상"이라는 글이 같이 실려 있다. 이 모든 편지들은 안나 프로이트가 죽은 후에, 그리고 비밀유지에 관한 모든 논쟁거리들이 사라질 만큼 충분한 시간이 흐른 후에야 비로소 출간될 수 있었다.

생애와 역사

프로이트와 플리스의 열렬한 우정

프로이트는 1887년에 브로이어로부터 플리스를 소개받았는데 그는 베를린에 있는 이비인후과 전문의였다. 그는 다소 대담한 생물학적, 수학적 이론들에 열중하고 있었으며 믿기 어려울 정도로 자신의 가설들에 자신감을 가지고 있었다. 지금껏 내내 프로이트는 신경증에 대한 그의 성적 병인론 때문에 비엔나 의학계에서 철저한 아웃사이더였다. 그는 플리스를 안심할 수 있는, 터놓고 이야기할 수 있는 사람이라고 느꼈다. 브로이어와의 우정은 수년간 가장 친밀하고 믿을 만한 친구가 되는 플리스와의 우정으로 차츰 바뀌어갔다. 편지를 주고받는 것 외에 가끔씩 그들은 프로이트가 "회의"라고 불렀던 모임을 가졌는데, 그들은 토론회를 통해 가설들을 성찰해 보기도 하고 보다 이론적인 연구 수단을 찾아보기도 했다. 이런 식으로 "친애하는 빌헬름에게" 보내는 편지는 그가 『히스테리 연구』를 준비할 때부터 1900년에 『꿈의 해석』을 출간할 때까지, 줄곧 프로이트의 발견들 그리고 과학적 공헌들과 함께한 관찰자가 되었다. 그러나 1897년부터 이들의 관계는 깨어지기 시작하였다. 프로이트는 점점 그의 친구를 탈-이상화하기 시작했으며 그들이 맺었던 강력한 관계에 보다 덜 의존하게 되었다 – 나중에 프로이트는 그들 관계에 동성애적인 면이 있었음을 인정하게 된다. 자기-분석이 진행됨에 따라 프로이트는 아버지에 대한 증오뿐 아니라, 플리스에게 느꼈던 위장된 증오를 발견하였다. 그들은 1900년에 열린 회의에서 마지막으로 충돌하였다. 프로이트는 주기週期에 관한 플리스의 이론을 비판하였으며, 플리스는 환자에 대한 프로이트의 자료에 자신의 아이디어가 들어 있음을 눈치채고 프로이트를 비난하였다. 관계가 시들해지면서 점차 편지 왕래도 뜸해진 그들은 1906년에 완전히 결별을 고하게 된다. 그 후 프로이트는 플리스의 편지들을 모두 없애버렸으나, 나중에 양성애에 관한 플리스의 생각이 큰 도움이 되었음을 인정하였다.

원문 찾아보기

페이지 번호는 (i) J. Masson이 번역하고 편집한 『빌헬름 플리스에게 보내는 지그문트 프로이트의 편 지』, 1887-1904 Freud, S.(1985c [1887-1904])와 (ii) 『지그문트 프로이트 전집 표준판』 vol.1을 따른 것이다.

언뜻 보면 플리스에게 보내는 프로이트의 편지들은 그리 중요해 보이지 않으나 이미 프로이트의 사고에 친숙한 사람들에게는 더할 나위 없이 중요한 정보의 보고이다. 우리는 히스테리, 신경-정신증, 편집증, 우울증(그가 "멜랑콜리아"라고 불렀던)에 대한 그의 생각이 싹트고 있는 것을 본다. 그가 다루고자 했던 일상적인 문제, 환자들에게 해 주었던 말, 그가 씨름했던 가족 내의 문제들을 하나씩 따라가다 보면, 우리는 갑자기 결정적이었던 직관의 순간들 – 예를 들면 오이디푸스 갈등에 관해 최초로 언급했을 때 – 과 만난다. 나는 독자들이 이 편지들을 자기 나름대로 받아들이기를 진심으로 바라지만, 세 번의 결정적인 순간들은 지적해야 할 필요가 있다고 느낀다. 그것은 프로이트가 유혹 환상의 영향을 발견했을 때, 자기-분석에서 직관적으로 오이디푸스 콤플렉스를 인식했을 때, 그리고 마지막으로 심리학에 "과학적" 토대를 제공했을 수도 있었던 이론을 정교화하려는 시도를 포기했을 때이다.

실제 유혹과 유혹 환상

앞 장에서 지적한 바와 같이, 프로이트는 그의(여성)환자들이 아동기에 실제 유혹을 받았다고 회상하는 것을 들었을 때 (히스테리 증상이 최초로 나타났을 때), 히스테리가 환자와 가까운 성인이 실제로 그녀를 유혹한 데서 비롯되었다고 확신했다. 1893년에 세운 가설인 이 "유혹 이론"은 1897년까지 프로이트의 주된 신념이었다. 한편 그는 신경-정신증을 일반적으로 설명하기 위해 이 가설을 히스테리 너머로 확장시켰다. 그러나 그는 실제 유혹과 현재의 증상들 간에 단순한 인과관계가 있다고 주장하지는 않았다. 그의 이론의 목적은 라플랑슈와 퐁탈리스(1967)가 적절히 지적한 바와 같이 억압이 어떻게 일어나는가를 설명하는 데 있었다. 프로이트가 그 과정은 사춘기에 의해 분리된 두 단계들에서 일어난다고 주장한 것은 그런 이유였다. 처음 단계에서 개인은 성적 성숙이 아직 불충분하기 때문에 어떠한 성적 흥분도 경험할 수 없으며, 따라서 그 장면은 억압되지 않는다. 프로이트에 의하면, 사춘기 이후에 일어나는 두 번째 단계에서 새로운 사건은 초기에 있었던 일에 대한 기억을 다시 불러일으키며, 새로 획득한 성적 성숙으로 인해 개인은 초기 사건보다 훨씬 더 중대한 외상적 충격을 입게 된다. 이때가 기억이 "과거를 거슬러" 혹은 "사후 작용deferred action"으로서 억압되는 순간인데, 이 개념은 이후의 정신분석에서 결정적인 역할을 담당한다.

그러나 점점 더 많은 임상 자료가 쌓이게 되면서 프로이트는 환자들이 이야기했던 유혹 장면들이 진짜인지 의문을 갖기 시작하였다. 1897년 9월 21일에 플리스에게 보낸 유명한 편지에서 그는 "이제 나는 최근 몇 달간 서서히 깨닫게 된 중대한 비밀을 당신에게 즉시 털어놓고 싶습니다. 나는 더 이상 나의 신경증 이론neurotica을 믿지 않습니다"(Freud 1985c [1887-1904] : 264) 라고 쓰고 있다. 프로이트는 마음이 바뀐 몇 가지 이유를 제시했다. 무엇보다 그는 아동에 대한 도착적인 행동들이 그만큼 널리 퍼진 것인가에 의문을 가졌다. 이어서 그는 유혹환상이 이런 종류의 실제 유혹보다 더 결정적인 역할을 한다는 것을 분명히 주장하였다 : "따라서 성적 환상이 불가피하게 부모라는 주제를 붙들고 있는 것은 여전히 해결해야 할 과제입니다"(같은 책 : 264-265). 마침내 그는 실제와 환상, 둘 중에서 어느 것에 더 무게를 두어야 하는지 판단하기 어렵다는 결론에 이른다 : "무의식에서는 실제에 대한 어떤 암시도 없으므로, 우리는 강한 정동과 함께 고도로 리비도가 집중되었던cathected 허구와 진실 사이를 구분할 수 없습니다"(같은 책 : 264).

유아 성욕의 역할

프로이트가 실제보다는 환상이 결정적인 역할을 한다는 결론을 내리고, 그의 초기 가설들을 상당 부분 포기하도록 만든 것은 무엇이었을까? 환자들이 보고하는 기억들과 꿈에 대해 들으면서 – 그리고 자신의 꿈을 분석하면서 – 프로이트는 아동들 역시 성적 내용이 담긴 감정, 감각 그리고 사고들을 갖고 있으며 종종 실제와 환상을 구분하기 어려워한다는 것을 발견하였다 : "이제,

환상들 뒤에 가려진 아동의 성적 삶이 모두 다 드러났습니다"(1914d : 18). 그때까지 생각해 왔던 것과는 반대로, 그 영역은 성인과 청소년들만의 독점적인 특권이 아니었다. 신경증의 원인에 있어 유아 성욕의 중요성을 발견한 것이 초기 이론을 포기하게 만들었음에도 불구하고, 그는 아동이 현실에서 경험한 유혹이 병인적 영향력을 가지며 그로 인한 신경증은 환상의 탓으로만 돌릴 수 없다는 점을 평생 동안 강조하였다. 현재의 상황으로는, 많은 경우 현실에서 실제로 일어났던 것과 환자의 상상에 의한 것을 구분하기가 어렵기 때문에 의문은 환자와 정신분석가 모두에게 여전히 열린 채로 남아 있다.

"유아 성욕"이란 용어는 무엇을 의미하는가? 이 개념은 흔히 오해의 소지가 있기 때문에 처음부터 명확하게 정의할 필요가 있다. 정신분석가들이 의미하는 "유아 성욕"이란 유아기부터 표현되는 생각들과 소망들을 포함하여, 어린 아동에게서 관찰할 수 있는 다양한 성적 행위에만 국한되는 것이 아니다. "유아 성욕"은 사춘기와 청소년기까지 지속되는, 마음과 신체가 겪는 일련의 모든 변형 과정을 포함한다. 그 과정은 유아가 어머니의 젖가슴을 빠는 동안 처음으로 감각이 깨어나면서 시작되며, 각 단계마다 더욱더 조직화되어 성인의 특성인 성기적 성숙에 이르고 여성이나 남성으로서의 성이 결정될 때까지 지속된다. 이 모든 과정 동안 우리가 유아 성욕이라고 부르는 성욕은 가장 넓은 의미의 "성sexuality"이라는 용어를 조직화하는 데 결정적인 역할을 한다. 몇 년 뒤 프로이트는 이미 플리스와의 편지에 담겨 있던 다양한 사고들을 종합하여 『성욕에 관한 세 편의 에세이』(1905d)를 출간한다.

프로이트의 자기분석과 오이디푸스 콤플렉스의 발견

1896년에 아버지가 죽은 후, 프로이트는 대략 1896년부터 1899년까지 지속되었던 자기 자신의 정신분석에 착수하였다. 그의 "자기-분석"—그가 플리스에게 보내는 편지에서 불렀던 것처럼—은 대부분 자신의 꿈들을 토대로 하고 있는데, 이 덕분에 그는 정신적인 삶에서 꿈이 하는 역할뿐 아니라 성욕이 자신의 아동기에 미친 중요성에 대해서도 깨달을 수 있었다:

> 나중에 (두 살에서 두 살 반 사이에) 엄마를 향한 나의 리비도가 깨어났습니다. 즉 엄마와 함께 라이프치히에서 비엔나로 여행하는 동안 우리는 밤을 같이 보낼 것이고, 그러면 틀림없이 엄마의 벗은 몸을 볼 기회가 있을 것이었지요 (Freud 1985c [1887-1904] : 268).

그는 같은 편지(1897년 10월 3일-4일자)에서 계속해서 말한다. "나는 한 살 아래 남동생(몇 달 후에 죽은)을 적대적인 소망과 순수한 아동기 질투심으로 맞이했습니다. 그리고 [···] 그의 죽음은 나에게 (자기-) 비난의 싹을 심어주었습니다"(같은 책 : 268).

일주일 뒤 그는 처음으로 자기분석에서, 그가 10년도 더 지나서야 이름을 붙인 "오이디푸스 콤플렉스"를 발견했다고 썼다(1910h : 171).

> 나의 자기분석은 사실상 현재 나에게 가장 필수적인 것이며 만일 끝을 맺게 된다면 나에게 가장 가치 있는 것이 될 것 같습니다. […] 나는 나 자신의 사례에서도 역시 어머니를 사랑하고 아버지를 시기하는 현상을 발견했으며, 이제 그것이 초기 아동기의 보편적 현상이라고 생각합니다. […] 그렇다면 우리는 오이디푸스 왕이 예정된 운명을 거스른 데서 오는 모든 난관에도 불구하고 권력을 차지한 것을 이해할 수 있습니다(Freud 1985c [1887-1904] : 270 & 272).

그 편지에서 프로이트는 단지 어머니와 아버지의 관계에서 아버지의 자리를 차지하려는 소망을 지닌, 남아에게 일어나는 직접적인 형태의 오이디푸스 콤플렉스에 대해서만 언급했다. 나중에 그는 여아의 직접적인 형태의 오이디푸스 콤플렉스 – 부모들 간의 관계에서 어머니의 자리를 차지하려는 소망을 지닌 – 에 대해서도 설명한다. 그리고 더 나중에는 남아와 여아 모두에게 일어나는 전도된 형태의 오이디푸스 콤플렉스에 대해 계속 설명한다. 모든 개인에게 같은 성을 가진 부모와의 동일시에 토대가 되는 직접적 형태의 오이디푸스 콤플렉스와, 반대 성을 가진 부모와의 동일시에 토대가 되는 전도된 형태의 오이디푸스 콤플렉스가 같이 공존한다는 사실을 발견함으로써, 프로이트는 (『자아와 이드』(1923b)에서) 플리스로부터 빌려온 심리적 양성성에 관한 견해를 환상 자료에 적용시킬 수 있었다. 그러한 견해는 프로이트가, 남성 혹은 여성적인 성 정체성에 있어 해부학적이고 생물학적인 수준뿐 아니라 심리적 차원에까지 미치는 양성성의 역할에 대해 관심을 갖도록 만들었다

비록 프로이트가 자기분석을 통해 자신에 대해 탐구하고 마음의 작용에 대해 가능한 한 완전히 탐구하려고 노력하면서 어느 정도 결정적인 문제들을 탐구할 수 있었지만, 그는 이런 종류의 내적 성찰이 극복할 수 없는 본질적 한계에 부딪친다는 것을 깨달았다. 그는 정신분석가 지망생이 자신의 무의식적 저항을 해결하고 전이 관계의 극복을 경험하기 위해서는, 처음에 다른 정신분석가에게 의지하는 것이 필수적이라고 느꼈다. 프로이트는 계속해서, 일단 분석이 끝나면 모든 분석가는 죽을 때까지 지속되는 자기분석 과정에 착수해야 한다고 말하였다

"초안"

프로이트는 편지들 중 몇 통에 그가 "초안"이라고 부른 것을 곁들였는데, 각기 대문자가 붙어 있다. 이 짧은 글에서 그는 나중에, 때로는 수십 년 후에 다시 되돌아가서 보다 자세히 다루었던 주제들에 관한 초기 생각들을 피력하고 있다. 예를 들면, "초안 E"에서(Freud 1950c [1887-1902] : 189) 그는 불안의 근원에 대해 논의하면서 그것은 방출되지 못한 "신체적인 성적 긴장의 축적"(같은 책 : 191)에 관한 문제라고 말하였다. 이것이 불안에 관한 그의 최초 이론이었으나 그는 곧

1926년에 나온 『억제, 증후 그리고 불안』에서 보여준 바와 같이, 긴장이 너무나 극심해질 때 마음이 불안을 "묶어" 두지 못하게 무력화시키는 또 다른 기제에 생각이 미쳤다. "초안 G"는 멜랑콜리를 다루고 있는데, 그는 정동은 애도를 수반하며 상실한 어떤 것에 대한 갈망과 관련이 있다고 주장하였다. 이것은 "리비도의 상실"(Freud 1985c [1887-1904] : 99)에서 빚어질 수 있다. 그는 계속해서 "이를테면, 심리적 영역에서 안으로의 출혈이 발생"한 것인데, 그 과정은 "체내 출혈"에 비유될 수 있을 것이다(같은 책). 그는 「애도와 멜랑콜리」(1917e [1915])에서 이 주제로 다시 돌아가며, "초안 H"는 방어기제로서의 투사를 다루고 있다.

후기 프로이트 학파

프로이트의 유혹 이론에 대한 논쟁

1984년에 프로이트의 기록물들을 조사해 1985년에 플리스에게 보낸 프로이트의 모든 편지들을 출간했던 제프리 M. 매슨Masson은 『진실에 대한 폭력 : 유혹 이론에 대한 프로이트의 억압』이라는 책을 썼다. 이 책은 논쟁의 여지가 많은, 프로이트가 유혹 이론을 포기한 소위 "진정한" 이유를 다루고 있다. 매슨에 의하면 프로이트가 이론을 포기한 유일한 목적은 진실을 은폐하기 위한 것이었는데, 환상화된 유혹 이론을 고안해 냄으로써 그는 아버지들을 자신들의 딸을 유혹했다는 정당한 비난으로부터 보호할 수 있었다.

오해의 정정 : 유익한 해명

논란이 많은 매슨의 책에 대한 비평문에서, 찰스 핸리(1986)는 그의 주장들이 편향적일 뿐만 아니라 프로이트는 결코 유혹 이론을 완전히 포기한 적이 없음을 보여주었다. 프로이트는 전 생애를 통해 유혹 이론을 언급했으며, 현실에서 실제로 일어났던 일과 문제의 사건에 대한 환상 표상들 사이를 구분하는 것이 쉽지 않음을 강조하였다.

핸리의 해명은 사실상 대부분의 현대 정신분석가들의 의견과 일치한다 : (1) 유난히 강렬한 유아기 환상은 정신 발달에 실제 사건만큼이나 강한 영향을 준다. (2) 실제 사건들은 실제로 일어났던 당시에는 거의 혹은 전혀 영향을 미치지 않지만 – 일반적으로 사춘기 전까지는 – 성적으로 발달하는 시점인 청소년기부터는 강력한 피드백 효과를 낼 수 있다. (3) 분석과정에서 때로는 환자의 연상과 전이에 기초한 재구성이 고도로 리비도가 집중된 환상이나 유아기의 환각적 경험과 일치하는지 판단하기는 어렵다. (4) 분석가가 사건의 파편들, 꿈의 잔재들 등이 실제 사건들과 일치한다고 믿는 것도 무리는 아니지만 사실상 그것들은 환각 혹은 위험한 유아적 소망에 대한 방어의 일부이다. (5) 전능적인 유아적 소망과 공격적 환상들을 갖고 있는 환자는 또한 병의 원인이 된 실제 유혹 상황들을 경험했을 수 있다. (6) 분석가의 과제는, 환자가 과거에 무엇이 환상에 속하고 무엇이 실제로 일어났던 것인지를 구별하도록 돕는 것이다.

새로운 개념들

실제 유혹 – 불안 – 양성애 – 멜랑콜리(우울증) – 심리적 양성애 – 유혹 환상 – 유혹 이론 – 자기-분석

「과학적 심리학을 위한 구상」
(1950c [1895])

수량화된 과학적 자료에 기초한 정신분석의 시도

프로이트가 친구인 플리스에게 보낸 편지들 가운데서 프로이트가 "자연과학이 될 심리학"(1950a [1887-1902] : 295)을 제시할 의도가 있었음을 증명해주는 미출간 원고가 발견되었는데, 이 것은 그가 결코 포기하지 않았던 야망이었다. 이 "구상"이라는 원고는 그의 주된 작업은 아니었지만 두 가지 점에서 흥미를 끈다. 우선은 독자가 마음의 작용에 관한 프로이트의 혁신적이고 근본적인 사고들의 초기단계들을 엿볼 수 있다는 점인데, 이러한 독창적 가설들은 나중에 정신분석의 발달에 상당한 공헌을 한다. 둘째는 이 "구상"의 집필이 프로이트에게 정신분석에 과학적 기초를 제공하려는 어떠한 의도도 난관에 봉착하고 만다는 것을 입증해주었다는 점이다. 그가 이 논문의 출간을 줄곧 거부한 것은 이 때문이었다. 하지만 이 글은 그의 사고가 발전하는 데 뚜렷한 흔적을 남겼는데, 천재적 발상이라고 부를 수 있는 이런 독특한 접근법을 포기함으로써 그는 정신분석을 자체의 고유한 분야로 확립시켰기 때문이다.

원문 찾아보기

페이지 번호는 『지그문트 프로이트 전집 표준판』 vol. 1, 283-397을 따른 것이다,

미완성 원고 곳곳의 탁월한 통찰들

「과학적 심리학을 위한 구상」에서 프로이트는 뉴런(1892년에 발견된)과 시냅스 전달과 같은 신경생리학, 그리고 히스테리를 치료한 최근의 경험에서 얻은 임상적 관찰 자료들로부터 빌려온 생각들을 나란히 놓고, 어떤 과감한 사고들을 추론해 낸다. 이것 자체가 프로이트의 사고의 발달이라는 측면에서 이 논문에 흥미를 갖게 한다. 이 논문의 많은 부분들이 모호하거나 시대에

뒤떨어진다는 점은 인정하지만, 독자들은 백년이 지난 지금도 여전히 신선한, 어떤 근본적인 통찰을 발견하는 기쁨을 맛볼 수 있을 것이다.

마음의 작용에 대한 통합 모델의 탐구

프로이트는 자신이 받은 훈련의 영향 때문에, 뉴런과 신경 임펄스에 관한 신경생리학적 지식들을 연구의 출발점으로 삼고 있다. 그의 의도는 수량화할 수 있는 데이터들을 토대로 마음의 작용에 관한 통합 모델을 구축하는 것이다. 따라서 그가 "구상"이라고 부른 이 논문에서 제안한 개념은 본질적으로 뉴런들의 연결망 속에서 순환하는 에너지의 양이라는 생각에 토대를 두고 있다. 이것은 그가 그때까지 축적해온, 관찰된 심리적 데이터들을 에너지의 차원으로 바꿔놓을 수 있게 해주었다. 예를 들어 프로이트는, 병리적 상태에서는 유기체 안에서 순환하는 물리적 에너지의 양이 다양한 연결망들 속에 존재하는 저항이나 촉진의 정도에 따라 정신적이든 신체적이든, 다른 방출 수단을 선택할 수 있다고 생각한다. 그러므로 이러한 가설은 전환 히스테리와 강박 행위를, 통제할 수 없게 된 과도한 양의 자극이 신체 안으로 방출되는 것으로 설명한다.

계속해서 프로이트는 생리적 과정과 심리적 과정들 사이에 일련의 등식을 세운다. 예를 들면, 생리학적 차원에서 그는 뉴런 기능의 근본적 원리를 "관성의 원리"라고 정의하는데, 뉴런들은 스스로 과도한 에너지를 털어내어 자유로이 사용가능한 상태가 되려는 경향이 있다. 마음이 작용하는 방식으로 바꿔보면 관성의 원리(일어나던 움직임을 억제하지 않고 계속하려는 원리 – 역주)는 일차 과정에 해당하는데, 일차 과정은 자유롭고 억제되지 않은 정신적 에너지의 흐름이 특징이다. 하지만 마음은 자극의 일정량을 견딜 필요가 있기 때문에 단지 방출의 원리만을 따라 기능할 수는 없다. 이러한 이유로 프로이트는, 과도한 심리적 에너지의 방출을 견딜 수 있고 일차 과정을 이차 과정으로 변형시키는 속성을 가진 마음의 조절체계가 있다고 가정한다. 이차 과정은 에너지를 묶어 두고 일차 과정을 억제할 수 있는 특징이 있다. 이 모든 조절체계는 "항상성의 원리"에 토대를 두고 있는데, 그것은 "이차 과정"들을 조직화하는 기능을 한다. 예를 들면 히스테리에서 환자는 "이차 과정"이 외상적 기억을 회상하여 언어화할 수 있게 해주는 덕분에, 정서적인 잠재적 힘을 마음속으로 유지할 수 있게 된다. 그 결과 과도한 자극은 더 이상 신체적 전환과 증상들을 통해 배출구를 찾을 필요가 없다. 일찍이 1895년에 프로이트가 채택한 일차 과정과 이차 과정 개념은 마음의 작용에 관한 그의 개념에 근간을 이루게 된다.

"자아"의 기능

각 개인은 이 과정에서 어떠한 역할을 하는가? 프로이트는 두 수준에서 동시에 기능하는 대리자 agency를 "자아"라고 부르고자 한다. 한편으로 "자아"는 끊임없이 리비도가 집중되어 있고 cathected 그 "묶여진 에너지"를 유지하려는 뉴런들의 집단으로서 심리적 수준에서 기능한다. 다른 한편으로는, 심리적 수준에서 기능하고 있는 "자아"는 일차 과정보다 이차 과정의 우위를 확립해야 하는 과제를 지닌 대리자이다. "자아"의 또 다른 본질적 기능은 "현실 검증"인데, 이 덕분에 개인은 외부로부터 오는 지각들을 자기 내부로부터 오는 환각이나 기억들과 구분할 수 있다. 프로이트가 1895년에 기술했던 (『히스테리 연구』에서) "자아"는 의식적인 자아이며, 당시에는 그가 『자아와 이드』(1923b)에서 부여하게 되는 의미, 즉 마음속에서 일어나는 자아, 이드 그리고 초자아 간의 무의식적 상호작용이라는 의미를 갖고 있지 않았다.

"만족 경험"에 대한 면밀한 고찰

잠시 프로이트가 "만족 경험"이라고 불렀던 독특한 주제에 관심을 돌려보자. 이것은 프로이트의 과학적 접근법을 차근차근 따라갈 수 있게 해준다. 그가 의미하는 "만족 경험"이란 무엇인가? 프로이트에게 있어 그것은 본능적 욕구, 예를 들면 유아의 허기나 성인의 성욕과 같은 것으로부터 나오는 내적 긴장 상태와 함께 시작되는 복잡한 과정이다. 그는 수반되는 현상들을 반사궁(reflex arc)에서 일어나는 긴장과 방출이라는 면에서 기술하는데, 신경생리학적 현상(φ)에는 그에 동등한 심리적 현상(Ψ)이 있다고 생각했다. 욕구가 강렬해짐에 따라 신체적 정신적 긴장이 증가하고, 만족을 얻는 수단으로 방출을 기대하게 된다. 이것은 유아의 고통스러운 울음을 들은 외부의 누군가의 도움에 의해서만 일어날 수 있다. "이러한 개입은 외부세계의 변경(음식물의 제공, 성적 대상의 접근)을 필요로 한다"(1950a [1887-1902] : 318). 일단 그 사람이 요구되었던 것을 하게 되면, 방출 경로는 두 가지 수준에서 특히 중요해진다. 한편으로는 그 개인의 마음속에 불쾌의 억압과 조력자의 개입 간의 어떤 연결이 생겨나면서, "의사소통"(같은 책)의 느낌이 생겨난다. 다른 한편으로 그 개인은 운동 기능들을 사용해, 불쾌의 억제가 요구하는 것을 신체적 수준에서 수행한다. "그러므로 만족 경험의 결과로서 두 기억 이미지들, 달리 말해 소망하는 대상의 이미지와 반사 운동의 이미지들 사이에 촉진이 일어난다"(같은 책 : 319). 그러나,

> 긴급한 상황이나 소망이 다시 나타날 때는, 리비도 집중이 두 가지 기억들로 옮겨가 그것들을 활성화한다. 아마도 욕망의 활성화에 의해 가장 먼저 활성화되는 것은 대상에 대한 기억 이미지일 것이다 (같은 책 : 319).

프로이트는 이러한 과정 전체를 "만족 경험"이라고 불렀으며, 이것이 자신의 본능적 욕구들을

다루는 능력을 확립하는 데 결정적인 역할을 한다고 주장한다. 프로이트는 여기서 "자아"가 개입한다고 말한다. 자아의 역할은 긴장을 제거하고 만족을 얻을 수 있도록 보장하는 것이며, 억제 기제들을 사용해 고통스러운 경험이나 정동의 반복을 막는 일이다.

쾌/불쾌, 정동, 자아, 대상들 간의 고리

계속해서 프로이트는 "고통 경험"을 살펴봄으로써 조사를 완수한다. 그는 불쾌를 만들어내는 욕구와 관련된 긴장의 고조가, 만족을 가져다주었던 사람의 이미지를 그저 떠올리게 하는 것이 아니라는 점을 보여준다. 불쾌는 좌절시키고 "고통을 야기하는"(같은 책 : 320) 것으로 경험된 사람을 향한 적대적 감정을 촉발시킨다. 마찬가지로, 만족이 일어날 때 쾌락은 그러한 만족의 원인이 된 사람 덕분으로 여겨진다고 그는 덧붙인다.

> 적대적 대상 대신 다른 대상이 출현한다는 것은 고통의 경험이 끝났다는 사실을 알리는 신호였다. 그리고 생물학적으로 학습된 ψ 시스템은 고통의 중지를 나타내는 상태를 ψ 안에 재생하려고 한다(같은 책 : 322).

공격적 감정이나 애정 어린 감정들 그리고 좌절이나 만족을 주는 사람들 간의 연결을 강조하면서, 프로이트는 쾌/불쾌의 원리를 보완하는 대상관계에 정서적인 차원을 도입한다.

간단히 말해, 프로이트는 생의 아주 초기부터 고통의 경험과 만족 경험이 동떨어진 경험들이 아님을 보여준다. 그것들은 대상의 개입과 밀접하게 관련되어 있으며 부정적 정동과 긍정적 정동들 간의 일차적인 구분을 결정짓는다. 1915년에 「본능과 그 변천」(1915c)에서 프로이트는 시작부터 정동들 간에는 근본적인 구분이 있다는 생각으로 돌아가, "순수 쾌락-자아"라는 생각을 도입한다. 거기서 그는 쾌와 불쾌의 감정과 관련된 사랑과 증오의 변천들을 대상관계라는 맥락에서 계속 탐색한다.

사후 작용과 최초의 거짓말

마지막으로, "구상"이라고 부른 이 논문에서, 프로이트가 히스테리에서는 왜 억압이 주로 성욕과 관련되는가 하는 질문에 "사후 작용"이라는 개념을 도입했다는 사실을 언급해야겠다. 엠마의 임상 사례를 통해, 그는 억압이 두 단계로 이루어진 과정이라는 것을 보여준다. 처음 국면은 그녀가 8살 때 식료품 가게의 점원이 옷 속으로 그녀의 성기를 만진 성적 유혹의 결과였지만, 당시 그 사건은 그녀에게 외상적인 의미를 갖지 않았다. 두 번째 국면은 나중에 일어났는데, 사춘기의 시작으로 성적 흥분이 유발되었다. 이것은 처음 사건에 대한 기억을 일깨웠고, 외상적인 성적 의미를 갖게 되었다. 5년 후 13살이 되었을 때, 엠마는 상점에 들어갔다가 점원 두

명이 웃고 있는 것을 보고 달아나버렸다. 자아가 견딜 수 없는 이러한 정동들을 스스로 방어하지 못했기 때문에 자아는 억압에 의존했다. 그러므로 처음 사건에 병인적 성질을 결정한 것은 두 번째 사건이었다. 프로이트는 이러한 현상을 "사후 작용"이라고 부른다. "우리는 외상이 된 기억이 억압되어 있다는 것을 항상 사후 작용에 의해 발견한다. 이런 상황이 벌어지는 이유는 개인의 다른 발달과 비교해서 사춘기가 지연되는 데 있다"(1950a [1887~1902] : 356). 프로이트는 처음 외상의 성적인 성질에 대해 전혀 알지 못했다는 환자의 주장은 히스테리 환자의 첫 번째 거짓 메시지에 속한다고 본다. 그는 이것을 최초의 거짓말 proton pseudos 이라고 기술하는데, 이것은 흔히 생각되는 것처럼 "초기의 허위 initial falehood"라는 뜻보다 "잘못된 전제 false premises" 혹은 "선행하는 허위 preceding falsity"에 가깝다.

프로이트의 과학적 접근방법의 예

이 "구상"이라는 논문을 읽으면, 프로이트 특유의 치밀하고 과학적인 접근법을 찬찬히 따라가 볼 수 있다. 그는 신경생리학적이고 심리학적인 관찰 자료들로부터 훨씬 광범위한 의미를 갖는 결론들을 계속 이끌어낸다. 그의 글들을 읽다 보면 우리는 몇 번이고 이러한 태도를 만나게 되는데, 초심리학에 관한 그의 논문들(1915~1917)이 특히 그렇다. 그러나 차이점이 하나 있는데, "구상"을 쓴 후 프로이트는 신경생리학을 정신분석학의 기초로 삼으려는 생각을 완전히 포기했다. 그린(1992)이 지적한 바와 같이, 프로이트가 과감하게 이런 생각을 포기했다는 사실은 그가 정신분석학을 고유한 영역으로 창설할 수 있게 했다. 정신과 신체 간의 불가분적 관계에 대해 프로이트는, 물론 다른 시각으로 보긴 했지만 계속 이러한 관점을 지지했다.

후기 프로이트 학파

현대의 과학적 모델들과 정신분석

"구상"이 나온 지 100년이 지난 오늘날, 정신분석가들이 20세기 말의 과학적 모델을 사용하면서 1895년에 프로이트가 채택했던 접근법을 사용한다면 어떻게 될까? 현대 정신분석가들의 일부는 바로 이러한 것을 시도해왔다. 그들은 이렇게 말할 것이다.

마크 솜즈는 신경심리학자와 정신분석가로서의 훈련을 모두 받았다. 그러므로 그는 특히 정신분석과 신경과학 간의 상관관계를 세밀히 검토하는 데 매우 유리한 위치에 있다(Solms와 Kaplan-Solms 2000). 그의 연구는 정신분석을 도구로 사용하여 신경해부학적 병인이 있는 환자를 탐구하는 것에 바탕을 두고 있다. 그에게 있어 정신 현상들은 뇌의 해부학적 구조들의 연결망 속에 위치한 기능 체계와 관련이 있다. 대단한 관심을 불러일으킨 솜즈의 작업은 신경해부학적 모델을 심리학적 모델보다 우위에 두지 않는다. 이것은 이들 두 분야의 특수성을 잃어버릴 위험이 있는, 정신분석을 신경과학에 보다 근접시키려는 현대의 많은 연구들과는 대조를 이룬다.

솜즈의 연구들은 장 루아프(1995)가 지적하듯이, 마음의 작용들을 단순한 뇌의 기능들로 축소시키지 않는다는 점에서 마음을 "물화reifying"시키지 않는다는 장점이 있다. 솜즈에게는, 사고나 감정들이 실재하지 않는 것만큼 뉴런들도 실재하지 않는다. 따라서 무의식의 개념은 정신과 신체를 나누는 데카르트적 이분법을 뛰어넘는다. 예를 들면 솜즈와 프로이트 모두에게 의식은 두 가지 지각적 표면을 지닌 감각기관인데, 하나는 내부 세계를 향해 있고 다른 하나는 외부 세계를 향하고 있다. 우리가 프로이트식 모델을 출발점으로 삼는다면 우리의 주관적 의식은, 외부 세계의 대상을 지각하는 것에서 기인하는 과정과 유사한 방식으로 무의식적 마음에 의해 생성된다. 무의식은 또한 "외부 지각들로부터 온 경험들의 영향을 받는다"(Freud 1915e:194). 솜즈에게 있어 이러한 두 지각적 표면들은 의식적인 지각의 한계점 아래에, 질적으로는 다르지만 계층적으로 동등한 두 가지 방식을 통해, 알 수 없는 실재로서 기록된다. 달리 말해, 우리가 주관적인 심리적 실재로 인식하는 것, 즉 우리의 의식은 우리가 우리의 신체를 마치 외부에서 보는 것처럼 지각하는 방식과 관련이 있다. 그러므로 의식에 이르는 두 종류의 길이 있는데, 타인의 신체를 포함한 구체적인 외부 대상들로부터 오는 것 - 외부 실재에 대한 지각 - 과 타인의 마음을 포함한 주관적인 내적 경험으로부터 오는 것 - 심리적 실재에 대한 지각 - 이 그것이다. 솜즈의 혁신적인 연구는 마음과 신체에 대한 통합적인 정신분석적 개념을 지향함으로써, 매우 흥미롭고 새로운 지평을 열고 있다.

프라지에와 포레-프라지에(1990)는 다른 접근법을 채택하였다. 고전 물리학에서 파생된 모델들을 제쳐놓고, 이들은 물리학과 생물학에서의 최신 연구들을 토대로 접근한다. 이들은 정신분석을 통해 관찰할 수 있는 마음의 작용을 기술하는 데 적절하다고 생각되는 "새로운 은유들"을 제안한다. 예를 들면, 그들은 "새로운" 어떤 것의 출현과 관련된 현상들 - 한편으로는 연속적인 국면들 속에서 스스로 구조화되는 생물학적 체계의 전개, 그리고 다른 한편으로는 정신분석 치료 과정 속에서 일어나는 자유 연상 - 사이에 몇 가지 유사점이 있다고 주장한다. 덧붙여 그들은 복잡계들 속에서 관찰되는 현상들의 예측 불가능성과 정신적 현상들의 예측불가능성이 수렴되는 흥미로운 노선들을 제안한다. 복잡계들 속에는 상당히 많은 변수가 있는데, 인간의 마음도 마찬가지이다. 따라서 고전적인 직선적 인과관계는 적절한 모델이 아니다. 혼돈 이론은, 소위 복잡계에서는 불가피하게 사소한 사건들이 출현하기 때문에 어떤 예측도 곧 오류임이 드러난다는 것을 보여준다.

이 새로운 이론들을 예를 들어 심리적 외상으로 인한 상황에 적용해본다면, 우리는 그 외상이 마음에 장기적 영향을 줄 것인지, 단지 경미한 영향을 줄 것인지, 아니면 전혀 영향이 없을지를 예측하는 것이 왜 불가능한가를 더 잘 이해할 수 있다. 우리는 오직 결과를 통해서만 이것을 알 수 있을 뿐이다. 프라지에와 포레-프라지에는 자신들의 비유를 은유로 받아들여야 한다고 미리 주의를 주면서, 그것을 명백히 언어적인 차원에 고정시킨다. 내 생각에 이것은 그들의 비유가 지닌 가치를 제한하는 경향이 있는 것 같다. 나는 이것들이 보다 "유추적인 모델 analogical model"에 가깝다고 생각한다. 마음의 작용이 생물심리학적 기능들에 토대를 두고 있다는 사실을 그들이 설명해주기를 바란다면, 우리는 1905년에 프로이트(1905d : 181-182)가 도입했던 의존적 자기애 anaclisis 라는 개념을 포함시키기만 하면 된다(J.-M. Quinodoz 1997a). 이러한 관점은 최근에 솜즈가 주장한 바와 같은 정신과 신체의 통합된 개념과 양립할 수 있다.

후기 프로이트 학파

신경학은 정신분석을 대체하였는가?

일평생에 걸쳐 프로이트는, 그리 멀지 않은 미래에 생물학과 신경학에서의 발전이 정신분석이 바라보는 마음의 작용에 대해 더 많은 것을 밝혀줌으로써, 자신이 「과학적 심리학을 위한 구상」에서 이루지 못한 것을 성취해줄 것이라는 생각을 갖고 있었다. "미래에 언젠가는 진정한 '생물정신분석 bio-analysis'이 나타날 것이다"(1933c : 229). 그는 향정신성 약물을 예견하기까지 했다. "미래에 우리는 특정 화학물질의 도움으로, 정신 기구 안에서 에너지의 양과 배분에 직접적인 영향을 미치는 법도 알게 될 것이다"(1940a[1938] : 182).

"구상"이 나온 지 100년이 지난 오늘날의 입장은 어떠한가? 1950년대의 향정신성 약물의 발견, 그리고 생물학과 신경학 연구의 발달이 가져온 걷잡을 수 없는 열정들로 인해 현대 세계에서 정신분석이 쇠퇴했다는 점은 의심의 여지가 없다. 특히 미국에서 정신분석은 정신치료의 수단으로서, 그리고 대학 교과 과정에서 중요한 자리를 차지한 이후 끊임없이 압력을 받아왔다. 사고방식의 전면적인 변화 — 보다 신속히 작용하는 치료방법, 그리고 수량화할 수 있는 결과를 토대로 한 평가에 대한 요구 — 뿐만 아니라 사회적, 정치적 그리고 경제적 압력들은 정신치료적 접근들보다는 약물에 의존하는 치료과정을 강요하기에 이르렀다. 이러한 요인들 외에, 뇌의 기능과 기억에 관한 현재의 연구들이 정신치료적 관계를 토대로 한 모든 접근법들을 사라지게 만들 것 — 이런 연구가 임상 실제에 적용될 수 있는 방법을 제시하기는 아직 멀었지만 — 이라는 과학계의 전망 또한 빼놓을 수 없다.

낸시 안드레아센이라는 과학자의 연구는 세계적으로 널리 알려져 있는데, 1988년에 그녀는 미국 — 일반 대중들이 약물치료를 바탕으로 한 치료들 또한 한계가 있음을 발견해 가고 있는 — 에서 심리치료사가 턱없이 부족한 사태에 대해 경종을 울렸다.

"그러므로 우리는 과학과 정신병리학의 기술에 관련된 진정한 차세대 전문가들을 양성하는 데 상당한 투자를 해야 한다. 그렇지 않으면 우리 하이테크 과학자들은 10년 내에, 아침에 깨어나면서 침묵의 봄* 이 오고 있음을 알아차릴지 모른다. 정신병리에 전문성을 가진 현명한 임상가와 협력하지 않고 과학기술을 적용하는 것은 외롭고 메마른, 어쩌면 헛된 도전일지 모른다" (Andreassen 1998 : 1659).

* 레이첼 칼슨이 1962년에 쓴 소설. 어느 봄날 아침, 인류가 깨어난다. 새가 노래하는 소리에 깨어나는 것이 아니라, 새들이 지구상에서 사라졌기 때문에 깨어난다.

새로운 개념들

사후작용 – 만족 경험 – 일차 과정, 이차 과정 – 항상성의 원리 – 관성의 원리 – 최초의 거짓말 – 현실-검증 – 과학 – 과학적 모델

「방어 신경-정신증」
(1894a)

「'불안신경증' 의 기술에 있어 신경쇠약증으로부터 특정 증상을 분리하는 근거에 대하여」
(1895b [1894])

「방어 신경-정신증에 대한 추가적 견해」
(1896b)

「신경증의 병인론에서의 성욕」
(1898a)

「차폐 기억」
(1899a)

정신병리를 바라보는 새로운 시각

1895년에서 1899년 사이에 쓴 몇몇 논문에서 프로이트는, 히스테리에 대한 글에서 자신이 이미 개략했던 몇 가지 개념들을 보다 상세히 설명하였다. 위에 언급된 세 번째 논문은 첫 번째 논문에 뒤이은 것인데, 둘 다 히스테리 증상과 공포증 그리고 강박증의 기원에 대한 프로이트의 생각이 어떻게 발달했는가를 훌륭히 보여주고 있다. 두 번째 논문은 오늘날 우리가 "공황발작"이라고 부르는 "불안신경증"을 특정 장애로 규정함으로써, 처음으로 그것을 신경쇠약증과 구별하고 있다. 네 번째 논문은 성욕이 신경증의 병인이라는 자신의 가설이 정당하다는 것을 비엔나 의학계에 설득시키기 위한 것이었다. 다섯 번째 논문은 "차폐 기억", 즉 겉으로는 지극히 평범한 것처럼 보이지만 억압함으로써 무의식 속에 병리적 잠재성을 지닌 다른 것들을 감추고 있는 아동기 기억이라는 개념을 소개하고 있다.

원문 찾아보기

● 「방어 신경-정신증」(1894a)
● 「방어 신경-정신증에 대한 추가적 견해」(1896b)

페이지 번호는 『지그문트 프로이트 전집 표준판』 vol. 3, 41-61과 157-185를 따른 것이다.

1894년에 출간된 논문에서 프로이트는 이미 히스테리 증상과 공포증, 강박증 뒤에 놓여 있는 기제에 대해 어느 정도 상세히 설명할 수 있었다. 1896년에 쓴 논문에서 그는 이 주제에 관한 생각을 더욱 발달시켰으며, 1915년에는 그가 "억압"(1915d)이라고 불렀던 초심리학적 논문에서 자신의 생각을 마지막으로 손질했다.

● 히스테리 증상 : 심리적 에너지의 신체적 전환

「방어 신경-정신증」(1984a)에서 프로이트는 히스테리를 모델로 삼아, 히스테리 증상의 주 원인으로 간주된 해리 상태를 설명하는 것으로 만족했던 전임자들보다도 더욱 나아갔다. 이러한 상태를 자네는 "의식의 분열"로, 브로이어는 "최면 상태"라고 불렀다. 프로이트는 자신의 가설을 제시하면서, 이러한 의식의 분열이 저절로 일어나는 것이 아니라 환자의 의도적 행동의 결과임을 보여준다. 달리 말해 이 같은 의식의 내용의 분열은 "의도적 노력"(1894a : 46)에 의해 시작된다고 제시한다. 히스테리 분열은 이제까지 "양호한 정신 건강을 누려왔던"(같은 책 : 47) 사람들에게서, 그들이 "잊기로 작정한"(같은 책 : 47) "심히 고통스러운 정동"을 일으키는 견디기 힘든 표상들을 다뤄야 할 때마다 일어날 수 있다. "주체는 그것을 잊기로 작정하는데, 그는 양립할 수 없는 생각과 자아 간의 갈등을 사고-활동의 도움으로 해결할 수 있는 자신의 힘에 대해 전혀 자신이 없기 때문이다"(같은 책 : 47). 어떻게 자아는 이러한 견딜 수 없는 생각들을 "잊어" 버릴 수 있는 것일까? 프로이트에 의하면, 그것을 완전히 근절할 수는 없기 때문에 자아는 자신을 방어하기 위한 시도로서 — 이런 이유로 "방어 신경-정신증"이라는 용어를 사용한다 — 강력한 생각을 미약한 것으로 바꾸려고 애쓴다. 남아있는 자극은 병리적 증상이라는 형태로 출현하는데, 히스테리의 경우 그것은 신체적 증상으로 변형된다. "자극의 총체는 신체적인 어떤 것으로 변형된다. 나는 여기에 전환증이라는 이름을 제안하고 싶다"(같은 책 : 49).

이와 같이 문제를 다루면서 프로이트는 신경-정신증에서 출현하는 증상들이 순전히 마음과 관련된 어떤 장애에 대한 징후라는 것을, 그 증상들은 그때까지 생각해왔던 것처럼 개인적이거나 유전적인 "퇴화"와는 아무런 관련이 없다는 것을 보여준다. 이러한 가설은 또한 치료 작업이 왜 그 과정을 원래대로 되돌려 놓는지를 설명해준다.

> 브로이어의 카타르시스 방식의 효력은, 이런 식으로 자극을 신체적인 것으로부터 정신적인 영역으로 의도적으로 되돌려놓음으로써, 사고-활동과 이야기를 통한 자극의 방출을 통해 강제적으로 갈등의 해결을 가져오는 데 있다(같은 책 : 50).

공포증, 강박증 또는 환각으로 변형되는 병인적 사고

이어서 프로이트는 공포증, 강박증 그리고 환각 정신증이 어떻게 만들어지는가에 대한 가설들을 연구한다. 공포증과 강박증이 특징인 신경-정신증에서는 히스테리에서 전형적인 신체적 전환이 더 이상 유지되지 않는다. 그러므로 약화된 관념은 병인적 사고로 대치된 강박적 사고라는 형태로 여전히 의식 속에 남아 있다.

> 이제 약화된 관념은 모든 연상과 분리된 채 여전히 의식 속에 남겨진다. 그러나 자유로워진 정동은 모순될 것이 없는 다른 관념들에 부착되며, 이러한 "거짓 연결" 덕에 그러한 관념들은 강박적 사고들로 변한다(같은 책 : 52).

환각 정신증에서도 신경-정신증에서 작용하는 것과 똑같은 기제가 작용한다. 그러나 이 경우 의식의 분열은 훨씬 더 강력하고 성공적인 종류의 방어와 연합한다.

> 여기서 자아는 양립할 수 없는 관념을 정동과 함께 거부하고는 마치 그 관념이 자아에게 전혀 일어나지 않은 양 행동한다. 그러나 이것이 성공적으로 행해진 순간부터 주체는 정신증을 앓게 되며, "환각적 정신착란"으로 분류될 뿐이다(같은 책 : 58).

이것은 이론화를 처음으로 시도했을 때부터, 프로이트가 신경증과 정신증에 작용하는 기제들을 동시에 탐구했음을 보여준다.

여기서 두 가지 언급할 것이 있다. 첫째, 비록 프로이트가 모순된 관념들을 "잊고", "억제하고" 혹은 "억압"하려는 환자의 "의도적 노력"에 관해 말하긴 했지만, 그는 이러한 과정이 환자가 의식하지 못한 채 일어난다는 것을 직관적으로 알고 있었던 것 같다. 그러나 그는 그때까지 아직 "억압"이라는 용어를 엄밀한 의미에서 사용하지 않았다 : "이것은 의식하지 못한 채 일어나는 과정이다"(같은 책 : 53). 그는 1896년 논문에서 억압에 대한 개념을 소개하였다. 둘째, 프로이트는 자신의 관찰들을 일반적인 용어로 설명하기 위해 "심리학적인 추상적 개념"에 의존할 수밖에 없었다고 주장하는데, 나중에 그는 이것을 "초심리학적" 관점이라고 부른다.

"사후 작용"의 역할

"방어 신경-정신증에 대한 추가적 견해"(1896b)에서 프로이트는 자신의 초기 가설들, 특히 그 전 해에 출간된 『히스테리 연구』(1895d)에서 제시했던, 병인적 히스테리의 표현은 아동기에 일어난 성적 외상과 관련이 있다는 주장을 발달시킨다. 히스테리의 핵심은, 개인이 무의식적 기제의 도움으로 외상적 경험을 "억압"함으로써 그것을 "망각"한다는 사실과 관련이 있다. 그러나 외상의 충격 그 자체가 억압을 설명할 수는 없다고 말하면서 그는 "사후 방식"(1896b : 166-167, n. 2)으로 작용하는 두 단계로 된 과정을 도입하는데, 그 개념은 이미 「과학적 심리학을 위한 구상」(Freud 1950a [1887-1902])에서 언급된 바 있다. 강박 사고들은 또한 억압된 것이 되돌아와 타협-사고들의 형성으로 이어지는 과정을 포함한다. 프로이트는 이러한 관점을 그가 "방어 정신증"(1896b : 175)으로 간주했던, 그리고 방어 신경-정신증과 같은 과정을 겪는 만성 편집증 사례에 적용하면서 논문을 끝맺는다.

이십년 후에 "억압 repression"(1915d) 이라는 논문에서 프로이트는 "억누름 suppression"은 정동을 가리키는 반면, "억압"은 특별히 표상을 다루는 용어로 정의한다.

「'불안신경증'의 기술에 있어 신경쇠약증으로부터 특정 증상을 분리하는 근거에 대하여」(1895d [1894])

페이지 번호는 『지그문트 프로이트 전집 표준판』 vol. 3, 85-115를 따른 것이다.

"신경쇠약"으로 알려진 증상은 1880년대에 심한 쇠약함과 무기력이 특징적인 장애로 구별되었는데, 그 종합적 증상은 상당히 다양할 수 있다. 이 문제에 접근하는 프로이트의 독창성은 우선 신경쇠약의 근본원인에 대한 그의 언급에 놓여 있다. 그는 다른 모든 "신경성" 장애와 마찬가지로, 근본적인 원인이 어떤 성적 문제들과 관련이 있다고 주장한다. 더욱 독창적인 관점은 그가 "불안신경증"이라는 제목 아래 일군의 증상들을 모아놓았다는 것, 그리고 신경쇠약이라는 보다 광범위한 질병분류학적 개념 내에서 이러한 형태의 신경증을 특정한 실체로 볼 필요가 있다고 주장한 사실이다. 불안신경증에서 주요 증상은 불안인데, 떨림, 마비, 호흡곤란 등과 같은 신체적 등가물들이, 그가 불안의 주요 등가물이라고 말한 현기증과 함께 수반된다.

불안신경증의 여러 증상들 가운데 "현기증"은 두드러진 위치를 차지한다. 가장 경미한 형태는 "어지러움"으로 제일 잘 묘사된다. "현기증 발작"(불안이 수반되거나 수반되지 않거나)으로 나타나는 보다 심한 형태는 신경증의 가장 심각한 증상으로 분류되어야 할 것이다 (1895a : 95).

프로이트가 이렇게 다양한 증상들을 하나의 병명으로 분류할 당시, 그는 불안신경증의 증상들 그리고 다른 종류의 현기증을 포함한 그 등가물들이 심리적 원인에서 기인한다고 생각하지 않았다(D. Quinodoz 1994). 당시 그의 생각은, 정신적 에너지가 신체적 증상(마비와 같은)으로 전환될 수 있는 히스테리와는 달리, 불안의 표현은 오직 상징적 의미 혹은 정신분석에 접근할 수 없는 신체적인 세력과 관련이 있으므로, 일단 증상의 상징적 의미를 환자의 의식으로 가져와 분석하면 상황을 되돌릴 수 있다는 것이었다.

그렇다면 불안신경증을 유발하는 것은 무엇인가? 이러한 환자들에게서 리비도의 감소가 불안 증상에 수반되는 것을 관찰한 프로이트는 이러한 신경증이 질외사정에서처럼 충족되지 않은 성적 흥분의 지나친 축적에서, 마음이 적절히 처리할 수 없어 곧장 불안으로 바뀐 순전한 신체적 긴장상태에서 기인한다고 생각하였다. 프로이트의 "불안에 관한 첫 번째 이론"으로 알려진 이 이론은 불안에 관한 "두 번째" 이론으로 대치될 때까지 약 30년간 지속되었다. 1926년부터 그는, 무엇보다도 불안은 대상을 상실하고 대상과 분리되는 공포에서 비롯된다고 주장하면서 불안의 근원을 심리적 영역에 확고히 고정시켰다.

「신경증의 병인론에서의 성욕」(1898a)

페이지 번호는 『지그문트 프로이트 전집 표준판』 vol. 3, 259-285를 따른 것이다.

이 논문은 학술회의에서 발표되어 비엔나 의학계에 큰 충격을 주었다. 여기서 프로이트는 그동안 작업해왔던 몇 가지 사고의 흐름들을 소개하면서, 자체의 권리를 가진 현상으로서 유아성욕의 실재를 처음으로 분명히 주장하였다. 그는 플리스에게 자신의 실수를 인정했던 ("나는 더 이상 나의 뉴로티카 neurotica(유혹 환상에서 기인하는 유아의 신경증—역주)를 믿지 않습니다", 1897년 9월 21일자, 편지 69) 유명한 편지를 쓴 후인 1897년에 유혹 이론을 손질하기 시작했다. 처음에 그가 실제로 유아가 성인의 성적 유혹을 받았다고 생각했던 것은, 부모와 관련된 아동의 근친상간적 소망 환상이 표현된 것에 지나지 않았다. 그것을 발견한 프로이트는 신경-정신증의 병인이 단지 실제 성적 학대와 같은 촉발적 요소들뿐만이 아니라, 아동기와 사춘기 동안 떠오른 본능욕동들과 연관된 환상 경험의 문제임을 동료들에게 알리는 것이 중요하다고 느꼈다. 이 논문에서 그는 사후 작용이라는 개념을 정교화한다. 아동기에 일어난 외상적 사건의 병인적 효과는 실제로 그것이 일어났을 당시가 아니라 소급적으로, 아동이 성적 발달의 다음 국면에 도달했을 때(사춘기, 청년기) 드러날 수 있다.

1898년에 프로이트가 비엔나 의학 학회에서 발표한 이 논문은, 그가 자신의 생각을 철저히 과학적으로 발달시켰고 임상 사례를 들어 설명했음에도 불구하고 동료들에게 충격을 주었다. 이미 1896년에 자신이 성적 정신병리학의 전문가라고 생각했던 리하르트 폰 크라프트-에빙 Richard von Krafft-Ebing은 프로이트의 생각을 "과학적인 동화"라 불렀다. 이 논문 덕분에 자신의 발견들이 공식 인정을 받기를 희망했던 프로이트는 몹시 실망했고, 이전보다 더욱 비관적이 되었다. 다른 어떤 결과들보다도, 그의 사고에 대한 적대감은 그가 대학 교수로 임용되는 것을 더욱 지연시켰다.

「차폐 기억」(1899a)

페이지 번호는『지그문트 프로이트 전집 표준판』vol. 3, 299-322를 따른 것이다.

차폐 기억은 그때까지 들어본 적이 없는 개념이었다. 아동기 회상은 그 회상된 내용이 중요하지 않아 보이는데도 불구하고, 기억에 유난히 뚜렷하게 각인되어 있다. 그런 모순을 어떻게 설명할 수 있을까? 프로이트는 자신의 환자의 것이라고 말한-사실은 자전적인-회상의 예를 든다. 그는 일단 적절히 처리되자 가벼운 공포증을 완화하는 데 도움이 되었던 차폐 기억을 상세히 분석을 하는데, 그 장면은 시골 어딘가에서 일어나고 있다. 주인공은 두 살에서 세 살 사이였고 다른 아이들이 있는데, 그중 한 명은 같은 나이의 사촌인 예쁜 소녀이다. 그 장면은 그가 17세에 소녀와 사랑에 빠져 그것을 회상할 때까지, 별다른 의미 없이 기억 속에 머무른다. 새로운 회상은 그의 아동기 기억에 신선한 빛을 던지면서 억압되었던 다른 회상들을 모두 일깨웠는데, 그는 상당한 문학적 재능으로 그것을 묘사한다. 이 억압된 기억 속에 담겨있던 무의식적인 병인적 잠재력을 회상하는 것은(환자가) 공포를 누그러뜨릴 수 있게 한다. 그 자체로 하나의 문학작품인 이 임상 사례는, 차폐 기억이 두 심리적 세력이 타협한 결과임을 설득력 있게 보여준다. 한 세력이 진부한 사건을 기억 속에 유지하는 동안, 다른 세력은 무의식적인 병인적 의미를 감추려는 저항을 형성한다. 대립되는 이 두 세력은 서로를 취소시키는 것이 아니라 두 기억들이 응축된 타협을 만들어낸다. 이러한 응축은 사용되는 말들이 지닌 다의적多義的 성질을 이용한다. "차폐 기억과 그것이 감추고 있는 것 사이의 중간 단계를 제공하는 것은 언어적 표현일 것이다"(1899a : 319). 프로이트는 나중에 실언과 실수 행동을 연구할 때 같은 현상을 묘사하게 된다.

나중 논문에서 그는 사실이기도 하고 환상이기도 한, 상당히 많은 요소들을 응축하고 있는 아동기 차폐 기억의 중요성에 관해 다시 논의하였다.

> 단지 일부만이 아니라 아동기의 모든 중요한 것들이 이러한[차폐] 기억들 속에 보존되어 있다. 문제는 분석을 통해 그것을 끌어낼 방법을 알아내는 것이다. 그것들은 꿈의 드러난 내용이 꿈-사고를 나타내는 것만큼이나 적절하게 아동기의 잊혀진 시간들을 나타낸다(Freud 1914g : 148).

차폐기억이라는 개념은 아동기 기억의 타당성에 의문을 제기하기 때문에 중요한 반향을 미친다. 그 기억들은 더 이상 액면가대로 받아들일 수가 없다. 프로이트는 다음과 같은 말로 논문을 결론짓는다. "아동기 기억들은 우리의 가장 어린 시절들을 있는 그대로가 아니라, 나중에 그 기억들이 떠올랐을 때 보이는 방식으로 우리에게 보여준다"(1899a : 322). 달리 말해 우리가 기억을 지나치게 신뢰하지 말아야 한다는 그의 말은 농담이 아니다. 아동기로부터의 의식적 회상은 아마도 아동기와 관련된, 시간적 간격을 두고 많은 개작이 이루어진 기억들일 것이기 때문이다.

새로운 개념들

정동 – 불안신경증 – 타협 – 사후 작용 – 첫 번째 불안 이론 – 유아 성욕 – 신경-정신증 – 신경증 – 표상 – 억압 – 차폐 기억 – 외상 – 현기증

『꿈의 해석』
(1900a)
『꿈에 대하여』
(1901a)

"꿈의 해석은 마음의 무의식적 작용을 이해하는 왕도이다"(1900a : 608)

『꿈의 해석』에서 프로이트가 제안했던 혁신적인 생각들은 이제까지 꿈을 이해해온 방식을 완전히 바꿔놓았을 뿐만 아니라, 사고와 언어가 작용하는 방식을 새롭게 밝혀주었다. 프로이트에 따르면, 꿈꾸기는 깨어 있는 삶의 정신 활동과는 구별되며 그 나름의 법칙을 따르는 조직화된 정신 활동이다. 그는 당시의 사회적 통념과 과학적 견해 모두에 상반되는 관점을 취하면서, 고대로부터 미래를 예언하기 위해 문화적 상징 부호로 꿈 자료를 해독하던 고전적이고 대중적인 꿈의 해석 방법과 거리를 둔다. 그는 또한 꿈에는 아무 심리적 의미가 없으며, 그것은 단지 정신적 자극의 무질서한 산물에 불과하다고 생각했던 당대의 과학자들과도 거리를 두는데, 이런 견해는 오늘날까지도 일부 과학계를 지배하고 있다.

『꿈의 해석』에서 프로이트는 또 다른 혁명적 관점을 소개하는데, 그에 따르면 꿈은 꿈꾸는 사람이 창조하는 것이지 마치 밖에서 밀어 넣는 것처럼 어떤 외적인 출처로부터 생기는 것이 아니다. 오랫동안 꿈은 꿈꾸는 자에게 보내는 선의적이거나 악의적인 메시지이며, 신이나 악마와 같은 어떤 우월한 힘이 보내는 것이라고 생각되었다. 프로이트가 꿈의 목적과 의미를 발견하게 된 것은 자유 연상이라는 정신분석적 방법을 통해서였다. 자주 인용되는 그의 유명한 주장, "꿈의 해석은 마음의 무의식적 작용을 이해하는 왕도"(1900a : 608)라는 주장은 여기서 유래한 것이다. 일생동안 프로이트가 가장 중요시해온 (그의 전기 작가인 존스에 따르면) 이 근본적인 논문은, 그러므로 밤에 꾸는 꿈에 대한 설명 그 이상의 것을 다루고 있다. 『꿈의 해석』에에서 프로이트는 병리뿐만 아니라 정상적인 상태에서 작용하는 마음의 방식에 대해 일반적인 모델을 제안함으로써, 임상과 기법, 이론의 모든 측면에서 정신분석의 기초를 놓았다.

백여 년의 세월이 흘렀지만 프로이트가 1900년에 정립했던 꿈 생활 dream life의 개념은, 오늘날에도 여전히 정신분석 분야의 핵심적인 참고 자료이다. 1900년부터 바로 오늘에 이르기까지, 정신분석에서 후기 프로이트 학파의 발달과 함께 많은 과학 영역, 특히 신경과학의 발달은 꿈 형성과 관련된 기제들을 더욱 이해할 수 있게 해주었다. 그러나 어떤 새로운 이론도 그 적용이라는 맥락에서, 즉 정신분석에서, 꿈의 해석에 대한 프로이트의 접근을 대신하지는 못했다. 만일 그랬다면 정신분석가들 자신이 그 사실을 가장 먼저 알아차리지 않았을까?

생애와 역사

"한 세기를 풍미한 책"

자신의 꿈을 토대로 한 연구

프로이트는 아동기 이후부터 자신의 꿈에 관심을 가지고 있었던 것으로 보인다. 그는 1883년 7월 18일 약혼녀 마르타에게 보낸 편지에서, 그 주제에 대한 자신의 생각을 기록해 놓은 노트에 대해 언급한다. 그러나 꿈의 과학적 연구에 흥미를 느끼게 된 것은 자유 연상 기법을 히스테리 치료에 적용할 때부터였는데, 그런 접근을 통해 그는 꿈, 환상 그리고 증상 사이의 밀접한 관계를 발견할 수 있었기 때문이었다. 또한 프로이트는 자신의 꿈과 환자의 꿈 사이에 많은 공통점이 있음을 발견했는데, 이로써 그는 정신병리뿐 아니라 정상적인 마음의 작용에서 꿈이 얼마나 중요한 역할을 하는지를 알게 되었다. 1895년 7월에 그는 자신의 꿈인 "이르마의 주사" 꿈을 처음으로 완벽하게 분석해냈으며, 이 전형적인 꿈을 『꿈의 해석』에서 상세히 고찰하고 있다.

꿈 연구와 최근 뉴런의 발견으로 새롭게 열린 지평에 대단히 열광한 프로이트는, 이 두 기본단위를 통합하려는 시도로 1895년에 「과학적 심리학을 위한 구상」을 집필하기 시작했다. 하지만 그는 이상하게도 이런 접근 방식이 아무런 성과가 없다고 느꼈다. 따라서 그는 정량화할 수 있는 자료를 토대로 일반적인 정신 이론을 세우려던 생각을 포기하고, 그 원고를 출간하지 않기로 결정했다. 매우 고심 끝에 신경생리학으로부터 등을 돌린 그는, 정신 현상을 주관적 경험의 영역 내에 위치시키는 관점, 달리 말해 훗날 정신분석으로 알려진 관점을 택하기로 결심했다. 우리가 정신분석은 1896년과 1899년 사이에, 프로이트가 자기-분석과 『꿈의 해석』을 동시에 구상 중이던 시기에 태어났다고 말하는 것은 이 때문이다.

아버지의 죽음과 자기-분석의 시작

프로이트는 이미 1895년에 꿈에 대한 생각을 품고 있었지만 책을 실제로 집필하기까지는 거의 4년이 걸렸다. 1896년에 아버지 야콥이 사망한 후에야 그는 이 영역에 대한 체계적인 탐구를 시작했다. 특히 그는 그 자신의 꿈을 분석하기 시작했는데, 이런 작업은 자기-분석의 촉매 역할을 했다. 아버지의 죽음과 아버지에 대한 수많은 기억들은 이후 몇 달 동안 꿈에서 되풀이되는 주제였고 그에게는 힘겨운 시간이었다. 우리는 이 책의 집필이 과학적인 목적뿐 아니라, 아버지의 죽음이 야기했던 내적 위기를 극복하려는 시도임을 쉽게 느낄 수 있다. 동시에 그것은 프로이트로서는 매우 생산적인 시기이기도 했는데, 자기-분석과 『꿈의 해석』 덕분에 정신분석 고유의 해석 기법을 발견하게 되었기 때문이다.

플리스와의 관계 또한 이 기간 내내 중요한 역할을 했다. 프로이트가 친구에게 정기적으로 쓴 편지들은 자기-분석의 또 다른 국면들을 사후에a posteriori 보여주는 귀중한 증언이다. 한 예로, 그는 꿈의 숨은 동기적 힘이 소망-충족이라는 것을 친구에게 알린다. "그저께 꿈에서 나는 꿈을 꾸는 이유가 사실은 소망을 충족하려는 데 있다는 아주 재미있는 증거를 발견했습니다"(프로이트가 플리스에게 보낸 1895년 9월 23일자 편지).

플리스는 프로이트의 노력들을 지켜본 사람이었을 뿐만 아니라, 프로이트가 자신의 환상과 전이감정들을 투사할 수 있었던 사람이었다. 그러나 무슨 일이 일어나고 있는지 둘 다 깨닫지 못한 채 전개된 이 무의식적인 전이/역전이 관계는 – 그럼에도 불구하고 프로이트는 막연한 느낌을 갖고 있었다 – 교착상태를 가져왔는데, 그것을 분석해서 극복해 낼만한 상황이 아니었기 때문에, 달리말해 외부 분석가의 도움이 없었기 때문이었다. 아마도 그것이, 프로이트의 자기-분석이 끝을 향해 가고 있었던 것처럼, 바로 그 후에 프로이트와 플리스와의 관계가 깨어진 이유 중의 하나였을 것이다.

『꿈의 해석』(1900a)

프로이트는 1899년 9월에 이 책의 집필을 끝냈다. 글이 막혔을 때도 있었지만 순조롭게 잘 풀리던 순간도 있었는데, 1899년 8월에는 불과 2주 만에 꿈의 심리학에 대한 유명한 7장을 써냈다. 그 책은 1899년 11월 4일에 출간되었지만 발행인은 발간일을 1900년으로 늦추었다. 프로이트는 이 책의 출간에 많은 기대를 걸었고, 특히 자신의 발견이 어떤 가치를 인정받을 것으로 예상했지만 초판 600부가 팔리기까지는 8년이 걸렸다. 그러나 책은 점차 성공을 거두게 되었고, 그가 생애 마지막 날까지 가장 강한 흥미를 보인 것들 중 하나는 꿈에 대한 연구였다. 이 책은 1930년에 마지막 판이 나올 때까지 그의 일생을 두고 출판되었는데, 독일어로 8번의 증보판이 나오는 과정에서 프로이트는 원본을 상당히 많이 수정했다.

이 불세출의 걸작인 『꿈의 해석』은 최종판에서는 700쪽이 넘는다. 프로이트는 거의 200개의 꿈을 분석했는데, 그중에 47개는 자신의 꿈이었고 나머지는 그의 일가친척과 동료들이 보고한 것들이다. 그러나 해석된 200개의 꿈들과 이 중대한 책에서 제시된 다양한 가설들이 오늘날의 정신분석가조차 꿈 없이는 아무것도 할 수 없음을 의미할지라도, 바로 이런 특성 때문에 이 주제에 특히 익숙지 않은 독자들은 이 책이 어렵게 느껴질 것이다. 디디에 앙지외(1988a)는 『꿈의 해석』이 이를 처음 접하는 독자에게 어떤 영향을 주는지 아마 가장 잘 묘사한 사람들 중 하나일 것이다. 다음은 그의 말이다.

> 『꿈의 해석』은 영감을 불어넣는, 에너지로 가득 찬 대담한 책이다. 그러나 거기에 담겨 있는 그야말로 독창적인 사고, 복잡한 구조, 정확하고 다양한 이론적 세분화, 진기한 개념들, 풍부한 사례들, 간결한 연구방식 (혹은 반대로 탐구가 여러 장으로 흩어져 있다는 사실), 뒤얽힌 관찰들(일부는 프로이트 자신의 꿈에서, 상당부분은 다른 사람들의 꿈에서 얻어진) 로 인해, 그리고 어떤 책을 쓸 것인지, 과학적 논문인지, 일기인지, 고백인지, 예언자의 안내서인지, 상상의 여정인지, 탐색에 대한 입문인지, 인간의 조건에 대한 에세이인지, 그리고 무엇보다 무의식의 광범위한 파노라마인지에 대한 저자의 우유부단함 때문에 매우 어려워졌다 (Anzieu 1988a : 10).

『꿈에 대하여』 (1901a)

프로이트는 발행인으로부터, 『꿈의 해석』에 담긴 혁신적 사고들을 보다 많은 청중이 접할 수 있도록 본문을 압축 요약해 달라는 요청을 받았다. 처음에 그것을 꺼렸던 프로이트는 결국 "교양 있고 호기심어린 독자"를 위해, 짤막하게 꿈에 관해 집필하기로 동의하였다(1900a : XXV). 대화에 가까운 형식으로 쓰인 이 글은, 탐정 소설을 연상시키는 방식으로 독자들을 꿈의 의미에 대한 탐구로 데려간다. 프로이트는 몇 가지 새로운 꿈들을 추가했는데, 가장 잘 알려진 두 개의 꿈 중 하나는 식탁 꿈이고 다른 하나는 플리스에 대한 무의식적 공격성을 드러내는 꿈이었는데, 그 꿈은 곧 닥쳐올 그들의 결별을 예고하고 있었다.

앙지외가 정확히 지적했듯이, 프로이트의 첫 두 책은 정신분석에 대해 어떻게 쓸 것인가 하는 문제를 제기한다. 매우 판이한 이 두 책들은 정신분석 문헌의 스타일이 이미 불가피하게 양극을 오간다는 증거였다. 한 극단에서 『꿈의 해석』은 움베르토 에코의 의미대로 "바로크" 스타일로 쓰인 "열린" 글이며, "영감을 준다". 반면에 『꿈에 대하여』는 가르치려는 목적으로 쓰인 소론인데, 훨씬 더 "고전적인" 스타일로 보다 교훈적인 어조를 띤다 (Anzieu 1988a : 34).

원문 찾아보기

이 두 책 중에서 『꿈의 해석』(1900a) 이 먼저 출간되기는 했지만, 나는 처음 읽는 독자들이 『꿈의 해석』보다 『꿈에 대하여』(1901a) 를 먼저 읽을 것을 권한다. 꿈에 대하여를 먼저 읽는다면, 독자들은 훨씬 복잡한 『꿈의 해석』을 읽을 때 방향을 잡기가 보다 수월해질 것이다.

● 『꿈에 대하여』(1901a)

페이지 번호는 『지그문트 프로이트 전집 표준판』 vol. 5, 633-686을 따른 것이다.

● 꿈꾸는 자의 자유연상 덕에 발견한 꿈의 의미

프로이트는 신화적인 시대에 "악마적이고 신적인 초월적 힘"(1901a : 633) 이 보내는 선의의 혹은 악의의 메시지로 생각되었던 꿈이, 꿈꾸는 사람의 정신적 창조물로 생각되기 시작한 것은 불과 최근이라고 언급한다. 그렇지만 과학계에서 동시대의 많은 사람들이 여전히 꿈은 오직 생물학적으로 기능할 뿐, 실제 내용에는 심리적 의미가 전혀 없는 것으로 믿는다고 그는 덧붙인다.

계속해서 그는, 우리가 꿈의 내용을 그대로 이해하려 해도 그 의미를 발견하는 데 거의 성공하지 못할 것이라고 덧붙인다. 그러나 우리가 프로이트가 발달시킨 "자유 연상"이라는 새로운 탐색 방법을 적용한다면 문제는 완전히 달라질 것이다. 그 방법은, 프로이트가 히스테리 증상, 공포증, 강박 사고 그리고 망상 역시 의미를 갖고 있으며 해석될 수 있다는 것을 발견한 것처럼, 꿈에는 의미가 있다는 것을 발견할 수 있게 해주었다.

『꿈에 대하여』에서 프로이트는 1900년 10월에 꾸었던 "식탁 table d'hôte" 꿈을 상세히 분석했다. 그는 우선 그 꿈에서 기억나는 것들을 보고한다. 곁에 앉은 한 여성이 친근하게 손을 그의 무릎 위에 올려놓는다. 프로이트가 그녀의 손을 치우자 그녀는 그의 눈이 아름답다고 말한다. 잠에서 깬 프로이트는 이 꿈이 모호하고 아무 의미도 없는 것처럼 보인데다가, 이 여인을 오랫동안 본 적이 없기 때문에 의아해졌다. 그래서 그는 그 꿈에 대한 연상에 의지해, 그 꿈의 모든 상세한 내용을 회상하면서 마음에 저절로 떠오르는 생각을 적어 내려갔다. "타블 도트 table d'hôte… 빚 … 당신의 아름다운 눈을 위해 … 그것을 갚지 않고 … 등." 이렇게 흩어져 있는 파편들을 갖고 출발한 프로이트는, 서로 뒤따라 나오면서 의미가 통하기 시작한 이미지, 사고 그리고 기억들을 연결시켜 우리에게 보여준다. 그는 처음에는 이해할 수 없었던 이 꿈이 실제로 의미를 갖고 있으며, 꿈꾸는 자의 연상만이 그 의미를 밝힐 수 있다는 확고한 믿음을 꿈꾸는 자와 공유하기 위해 차근차근히 독자들을 초대한다. "문맥에서 동떨어진 꿈의 독립적 요소로부터 떠오른 연상들을 따라감으로써 나는 어떤 사고와 회상들에 이르게 되었고, 그것이 나의 정신생활의 귀중한 산물임을 인식할 수 있었다"(같은 책 : 639). 그러나 프로이트는 자신의 설명을 끝까지 파고들지는 않았다. 그는 자신의 꿈을 해석할 때마다 표면으로 떠오르는 은밀한 생각들이 있는데, 어떤 것들은 스스로도 인정하기 어려운 것이라고 말한다. 그는 어떤 꿈도 이것을 피할 수는 없으며, 그런 이유 때문에 그는 꿈을 보고할 때마다 자신의 것이든 다른 누군가의 것이든, 이렇게 해서 밝혀지는 내용의 비밀스러움을 존중해야 한다고 느낀다.

꿈의 드러난 내용과 잠재된 내용

그런 다음 프로이트는 "꿈의 드러난 내용", 즉 꿈 꾼 사람이 보고하는 꿈으로서 대개 뭔가 모호한 내용의 꿈과, 환자의 연상에 비추어서 판독되었을 때만 의미가 분명해지는 "꿈의 잠재된 내용"을 구별한다. 드러난 내용과 잠재된 내용은 서로를 이어주는 은밀한 의미 때문에 긴밀히 연결되어 있는데, 그 의미는 분석을 통해서만 드러날 수 있다. 이어서 프로이트는 잠재된 내용을 드러난 내용으로 변형시켜 알아볼 수 없게 만드는 정신 과정의 특성에 대해, 아울러 꿈의 잠재된 의미를 발견하기 위해 드러난 의미를 해독함으로써 꿈의 해석이 수행하는 정반대의 작용에 대해 탐구한다. 그는 잠재된 의미를 위장하기 위해 드러난 내용으로 변형시키는 정신과정을 "꿈-작업"이라고 불렀으며, "분석 작업"에 대해 이와 같이 언급한다. "꿈 해석의 과제는 [...] 꿈-작업이 엮어놓은 것을 풀어내는 일이다"(같은 책 : 686).

꿈은 무의식적인 소망-충족이다

프로이트의 두 번째 기본 논제는 『꿈의 해석』(1900a : 160)에 나오는 한 문장으로 요약할 수 있다. "꿈은 (억제되거나 억압된) 소망의 (위장된) 충족이다". 그런 관점에서 볼 때 소망이 이미 충족된 것으로 보이는 단순한 꿈들이 있는데, 이것은 특히 아동들의 꿈에서 볼 수 있고 성인의 꿈에서는 드물다. 프로이트는 전날 먹을 수 없었던 딸기에 대한 꿈을 꾼 어린 소녀나 버찌가 담긴 바구니 꿈을 꾼 소년과 같이, 이제는 고전이 된 사례들을 인용한다.

> 전날 그는 신선한 버찌 한 바구니를 아저씨에게 선물로 드려야 했는데, 물론 그는 맛보기로 하나 밖에 먹을 수가 없었다. 그는 신나는 소식을 전하면서 잠에서 깨었다. "헤르만 아저씨가 버찌를 다 먹었어!"(1901a : 644).

그러나 종종 꿈 내용은 일관성이 없고 무의미해 보이기 때문에 소망-충족은 단단히 위장된다. 이런 경우 꿈-작업은, 소망-충족이 더 이상 꿈꾸는 사람의 이야기에 드러나지 않는 방식으로 꿈 사고들을 변형시킨다. 오직 분석 작업만이 정반대의 작용을 수행할 수 있으며, 꿈 사고 뒤에 숨은 의미를 밝혀낼 수 있다.

꿈 - 작업에 사용되는 기제

꿈-작업은 소망-충족을 위장하기 위해, 그래서 꿈의 드러난 내용에 흔적을 남기지 않기 위해 어떤 수단들을 갖고 있는가? 프로이트는 꿈이 이런 목적을 달성하기 위해 주로 다음 다섯 가지 기제들을 사용한다고 말한다.

응축 condensation

응축은 다른 연상 고리에 속한 이미지나 사고 등의 여러 요소들을 하나의 요소로 모아 놓은 것이다. 꿈의 해석은, 꿈-작업이 흩어져있는 모든 파편들을 하나의 요소로 모으기 위해 실행했던 "압축"이나 "응축"의 현상에 많은 관심을 기울인다.

> 어떤 특정 사례에서, 우리가 꿈과 꿈 사고에 나타난 표상적 요소들의 개수나 그것을 기록한 분량을 분석이 밝혀낸 것, 그리고 꿈 자체에서 발견된 흔적들과 비교해본다면, 우리는 꿈-작업이 압축이나 응축을 대대적으로 실행했음을 확실히 알 수 있다(같은 책 : 648).

꿈을 상세히 분석해보면 우리는 응축 과정이 꿈의 모든 요소에 적용되어 있음을 볼 수 있다. 따라서 독자적으로 보이던 각 요소는 결국 다른 영역에 속한 일련의 요소들로부터 파생된 것이다. 이런 식으로 꿈의 모든 요소들은 중복결정 overdetermined 된다. 꿈의 드러난 내용을 이해하기 어렵게 만드는 것은 이 응축 기제이다. 응축은 꿈-작업의 기본적 기제들 중 하나인데, 그것은 증상 형성, 말실수 그리고 농담에서도 찾아볼 수 있다. 농담에서 응축은 서로 다른 사고들을 엉뚱한 방식으로 묶음으로써 그것들 간의 공통된 표현을 만들어낸다. 예를 들면 언어들 간의 유사성을 이용해 "종종 매우 기발한 [...] 중간적 사고들 intermediate thoughts"을 불러온다(같은 책 : 650).

전치 displacement

전치 기제는 꿈-작업이 보다 의미 있는 꿈-사고를 사소한 사고로 대체할 수 있게 하며, 이런 식으로 꿈의 결정적 내용을 중앙무대로부터 내려놓아 소망-충족을 감추어버린다. 예를 들어 꿈이 매우 중요한 요소를 보여주고 있다는 인상은, 무관심과 같은 상반된 인상으로 대체될 수 있다. 응축과 전치는 타협을 만들어내기 위해 결합할 수가 있는데, 이런 맥락에서 프로이트는 "이르마의 주사" 꿈을 언급하고 있다. 이 꿈에서 프로필의 주사와 관련된 의문이 등장한다. 프로이트는 박물관에서 본 적이 있는 프로필레아에 대한 기억과 아밀 사이의 의미 있는 연결을 발견했는데, 이는 응축과 전치를 동시에 사용하여 만들어낸 타협 형성의 예이다.

표상화 Darstellbarkeit

이것은 꿈-작업이 꿈-사고를 그림으로, 특히 시각적인 것으로 변형시킬 때 사용하는 과정이다. 프로이트는 그 과정을 이렇게 설명한다.

> 우리가 정치적 사설에서 논쟁을 펼치거나 재판정에서 변론을 하는 문제에 처해있는 상황을 일련의 장면들로 상상한다면, 우리는 꿈-작업이 꿈 내용을 표상화하기 위해 반드시 해야만 하는 조정들을 쉽사리 이해할 수 있을 것이다 (같은 책 : 659).

그는 계속해서 꿈-작업이 사고들을 시각적 양식의 표현으로 변형시키는 꿈 고유의 다양한 방법에 대해 언급한다.

꿈-내용의 이차 개작

이 과정 덕분에 꿈-내용은 일관성 있고 이해할 수 있는 각본으로 나타난다. 이 기제는 꿈 형성의 각 단계에 수반되지만, 그 영향은 꿈 꾼 사람이 잠에서 깨어 그 꿈을 회상하거나 보고하려고 할 때 더욱 뚜렷해진다. 우리는 점차 꿈을 기억하면서, 꿈을 더욱 일관성 있게 만들고 합리적인 외관을 갖추게 하기 위해 내용을 왜곡하는 경향이 있다. 그러나 이런 이차 개작이 일으키는 왜곡은 결코 사소한 것이 아니다. 왜냐하면 우리는 항상 그 안에서 억압된 소망의 충족이 특징인 각본을 발견할 수 있기 때문인데, 그것이 꿈 뒤에 숨은 진정한 동기이다.

극화dramatization

1901년에 프로이트는 사고들을 상황으로 변형시키는 극화라는 기제를 추가한다. 이 과정은 연극 감독이 글로 쓰인 대본을 연극적 표현으로 변형시키는 작업과 유사하다.

그날의 잔재

꿈 형성은 또 다른 기본 원리를 따른다. 꿈의 각본은 항상 꿈을 꾸기 전날 일어났던 사건들과 관련이 있는데, 프로이트는 이것을 "그날의 잔재"라고 부른다.

> 우리가 분석의 도움을 구한다면 모든 꿈은 어떤 예외도 없이 지난 며칠간의 인상, 아니, 보다 정확하게 말하자면 꿈을 꾸기 직전인, "꿈꾼 날"의 인상으로 거슬러 올라간다(같은 책 : 655).

그날의 잔재는 꿈에서 충족된 무의식적 욕망과 어느 정도 밀접하게 연결되어 있다.

검열의 역할

프로이트에게 있어 꿈이 왜곡되는 주된 이유는 검열과 관련이 있다. 이것은 의식과 무의식의 경계에 있는 특수한 대리자인데, 받아들일 만한 것만 통과시키고 그 외의 것들은 모두 저지한다. 검열에 의해 거절된 것은 억압의 상태에 놓이는데, 이런 것들이 억압된 요소들이다. 잠을 자는 상태와 같은 특정 상황에서는 검열이 완화된다. 이렇게 되면 이제까지 억압되어 왔던 것들이 꿈이라는 수단을 통해 의식으로 들어가는 것이 가능해진다. 그러나 검열을 완전히 제거할 수는 없기 때문에, 억압된 자료는 꿈에서조차 검열에 위배되지 않기 위해서 어떤 변경을 해야만 한다. 이것은 타협을 형성하도록 만든다. 검열의 완화, 그 다음에는 타협 형성이 뒤따르는 억압은 꿈의 전유물이 아니다. 그것은 응축과 전치가 역시 역할을 하고 있는, 다른 많은 정신병리적 상태에서도 일어난다.

검열되지 않은 무의식적 소망의 갑작스런 출현이 꿈꾸는 사람을 깨울 수도 있다는 점을 감안하면, 꿈은 또한 잠을 자려는 소망을 충족시키는 것이라고 볼 수 있다. "보통 꿈이 잠을 방해한다고들 말한다. 정말 기묘하게도 우리는 꿈을 잠의 수호자로 간주해야 하는, 그 반대 견해에 이르게 되었다"(같은 책 : 678).

꿈은 억압된 유아적인 성적 소망을 검열한다

꿈-분석을 더욱 탐구해보면, 우리는 종종 꿈의 잠재된 내용이 성적 소망의 충족과 관련이 있음을 발견한다고 프로이트는 말한다. 이런 관찰은 성적 자료에 관한, 보다 구체적으로는 억압되었던 유아적인 성적 소망에 관한 검열의 역할이 사실임을 보여준다. "억압된 유아적인 성적 소망들은 꿈을 구성하는 가장 빈번하고도 강력한 동기적 힘을 제공한다"(같은 책 : 682). 그러나 성욕이 하는 역할에도 불구하고, 드러난 꿈의 내용이 본질상 성적인 소망의 충족을 그대로 보여주는 일은 드물다. 대개 그것은 위장되어 있고 분석 작업을 통해서만 모습을 드러낸다. 프로이트는 이미 일 년 전에 『꿈의 해석』에서, "꿈꾸는 사람이 좋아했던 사람의 죽음"(1900a : 248) 에 관한 "전형적인" 꿈을 기술할 때 오이디푸스 콤플렉스에 대해 썼음에도 불구하고, 『꿈에 대하여』에서는 그것을 언급하지 않는다.

꿈에서 상징의 역할

상징의 창조는 꿈 형성에서 결정적 역할을 하는데, 상징들은 꿈꾸는 사람이 알아볼 수 있는 모든 성적 표상들을 벗겨냄으로써 검열을 피할 수 있게 해주기 때문이다. 프로이트는 두 종류의 상징을 구별한다. 하나는 고대로부터 사용되어 왔던 "꿈을 푸는 열쇠"인 "해몽서"에 속하는 보편적인 상징이고, 다른 하나는 꿈꾸는 사람 자신의 표상적인 자료로부터 구성된 개인적인 상징이다. 보편적인 상징주의에 대해, 프로이트는 하나의 의미를 지닌 항목들을 열거한다.

> 꿈 상징의 대부분은 성적 관심이 쏠린 사람, 신체 부분 혹은 활동들을 나타내는 데 쓰인다. 특히 성기는 종종 놀랄 만큼 많은 상징들로 표현되는데, 엄청나게 다양한 물건들이 상징적으로 성기를 가리키는 데 사용된다(1901a : 683).

처음에 우리는 보편적 상징에 대한 온당한 지식만 있으면 꿈을 해석하기에 충분하며, 꿈꾼 사람의 연상은 필요 없다고 생각할 것이다. 그러나 프로이트가 『꿈의 해석』에서 이미 지적한 바와 같이, 그것으로는 충분치 않다. 정신분석가가 임의로 해석하는 것을 피하려면 이중적인 접근이 필요한데, 바로 보편적인 상징과 꿈꾸는 사람의 연상을 모두 고려하는 것이다.

그러므로 우리는 상징으로 인식해야 하는 꿈 내용의 요소들을 다룰 때 복합적인 기술을 채택해야 하는데, 한편으로는 꿈꾸는 사람의 연상에 의지하고, 다른 한편으로는 해석하는 사람의 상징에 대한 이해로 공백을 메워야 한다. 꿈을 독단적으로 해석하는 전횡을 막기 위해서는, 우리가 상징을 분석할 때 복합적으로, 예민한 주의를 기울임과 동시에 상징이 사용되는 분경한 사례가 될 이 꿈들을 신중히 연구하여야 한다 (1900a : 353).

『꿈의 해석』 (1900a)

교육적인 목적으로 나는 이 두 책이 출간된 순서를 뒤바꾸었다. 나는 『꿈에 대하여』(1901a)를 먼저 실었고, 따라서 보다 간략한 이 논문이 『꿈의 해석』(1900a)에 대한 입문 역할을 하게 되었다. 지면 관계상, 나는 부득이 『꿈의 해석』에 대한 개요만을 제시하겠다.

페이지 번호는 『지그문트 프로이트 전집 표준판』 vol. 4-5를 따른 것이다.

세 부분으로 이루어진 작업

책의 첫 부분인 1장에서, 프로이트는 그때까지 출간된 꿈에 대한 가장 중요한 과학적 저술들을 개관한다. 이렇게 종합하는 작업은 결코 쉬운 일이 아니어서 프로이트는 그것을 모두 지면으로 옮기는 것이 내키지 않았다. 그러나 결국 그것은 앞서 그 누구도 해내지 못했던 꿈의 의미를 발견하는 계기가 되었다.

두 번째 부분은 2장에서 6장까지인데, 2장을 시작하면서 프로이트는 자기-분석 과정에서 고안해낸 꿈의 해석 방법에 대해 설명한다. 그리고 그는 이제는 널리 알려진 "이르마의 주사" 꿈을 상세히 분석하면서 자신의 가설들을 설명하고 있다. 그는 이 책에서 보고된 다른 많은 꿈들을 분석할 때 사용했던 절차를 이 꿈을 해석하는 데도 적용한다. 무엇보다도 그는, 꿈꾼 사람이 잠에서 깨었을 때 떠오르는 꿈의 자료들을 세심하게 기록한다. 그런 다음 그는 그 꿈을 각 구성요소들로 분해하고, 꿈의 각 부분에 관해 저절로 떠오르는 연상들을 기록한다. 그것을 바탕으로 그는 서로 다른 장면들을 연결함으로써 꿈에 대해 가능성 있는 해석을 구성한다. 3장에서 그는 중심 가설을 발달시키는데, 그에 따르면 꿈은 좌절된 소망의 충족에 대한 표현이다. 그러나 상당히 많은 경우, 소망-충족은 다양한 종류의 왜곡을 거쳤기 때문에 꿈 내용에 나타난다. 욕구 충족이라는 꿈의 측면이 발견된 것은 분석 작업 덕분이다. 5장에서 프로이트는, 꿈의 내용이 여전히 수수께끼로 남아있는 문제들을 해결하는 데 도움이 되는지 알아보기 위해 꿈의 출처들을 고찰한다. 6장에서는 꿈이 어떻게 응축, 전치, 표상화, 반전, 이차개작 그리고 상징에 의한 표현을 사용해 형성되는지를 보여준다.

세 번째 부분은 그 자체가 하나의 소논문이다. 이 유명한 7장에서 프로이트는 마음과 그 작용에 대한 일반적 모델을 구상한다. 이 야심찬 구상의 목적은 정상적인 상태와 병리적인 상태 모두에서의 정신 기능을 설명하는 것인데, 그는 꿈과 신경증에 대한 자신의 임상적 관찰에서부터 시작한다. 여기서 다시 우리는 과학자 프로이트를 보게 된다. 그러나 이번에는 "구상"의 신경생리학적 관점과는 분명히 거리를 유지하면서, 정신 기구에 대한 지형학적 topographical 모델을 제안한다. 처음으로 그는 정신 현상이 위치하고 있는 특정 장소(그리스어로 topos)로서 무의식, 전의식 그리고 의식을 정의한다. 이 이론은 "첫 번째 구조 이론"이라고 불리는데, 마음에 대한 첫 번째 지형학적 분할이다. 프로이트가 당시에 검열이라고 불렀던 것은 무의식과 전의식 사이에서 작용하는데, 이것은 무의식과 전의식, 의식 사이에서 어떤 것의 이동을 허용할지 통제하는 초자아 개념의 전조이다. 이 획기적인 장에서 프로이트가 소개한 다른 기본 가설들 중 일부는, 초심리학에 관한 논문에 나오게 될 내용을 예고하고 있다. 그는 여기서 일차 과정과 이차 과정이라는 개념을 대비시키고 있으며, 아울러 히스테리 연구에서 윤곽을 밝혔던 억압 개념을 발달시키고 있다. 억압 때문에, 무의식에 놓여 있던 억압된 소망들은 억압된 유아적 각본들과 연합한다. 그러한 내용이 검열이 덜 심할 때 꿈으로, 혹은 신경증 증상들처럼 타협 형성의 형태로 다시 출현할 수 있는 것은 이 때문이다.

1900년 이후, 꿈에 대한 프로이트 개념의 발달

프로이트는 1900년에 공식화했던 꿈 이론에 변함없이 충실했다. 그의 다른 이론들과는 대조적으로, 그는 그것을 단지 약간만 수정했을 뿐이다. 『꿈의 해석』에 추가된 것들 중에서, 그가 1923년에 "두 번째 구조 이론"의 도입과 함께 꿈의 "검열" 개념을 초자아로 대치한 것은 언급할 가치가 있다. 그 후부터 꿈은 이드의 요구와 초자아 간의 화해로 보게 되었다(Freud 1933a [1932]). 본능욕동에 대한 두 번째 이론이 1920년에 도입되었음도 불구하고 프로이트는, 일부 현대 정신분석가들이 주장하는 것처럼(Segal 1991, J-M Quinodoz 2001), 꿈 작업이 금지된 소망을 초자아나 자아와 화해시키는 것일 뿐만 아니라 타협, 혹은 삶의 욕동과 죽음 욕동 간의 근본 갈등에 대한 다른 해결책을 찾는 것이라는 생각을 발달시키지 않았다

후기 프로이트 학파

프로이트의 자기-분석에 대한 정신분석학적 연구

디디에 앙지외(1988b)는 『프로이트의 자기-분석』이라는 책에서 혁신적인 접근법을 택했다. 그는 프로이트가 1895년에서 1902년 사이에 정신분석을 발견하는 창조적 작업을 할 수 있었던 상황들을 탐구하기 위해 정신분석이라는 방법 자체를 사용하였다. 이 과제를 성취하기 위해 앙지외는 프로이트 자신이 때로는 분명하게, 때로는 자신도 모르게 남긴 풍부한 문서 기록들을 토대로 탐구하였다. 그는 꿈, 아동기 기억, 어처구니없는 행동들, 잘못된 기억과 실언 등, 분석될 수 있는 상당히 많은 그의 무의식적 산물을 밝혀내었다. 이러한 문서 자료들에 대한 세심한 조사를 통해, 그는 프로이트가 『꿈의 해석』에서 보고한 대부분의 꿈에 날짜를 붙일 수 있었고, 많은 자기-분석 자료의 도움으로 그것들을 연대기적 순서로 연구할 수 있었다. 앙지외는 조사를 통해, 꿈의 의미를 발견했던 이 결정적 시기 내내 프로이트가 했던 매우 개인적이고 은밀한 작업을 강조했는데, 이 기간 동안 그는 오이디푸스 콤플렉스, 원색장면 환상 그리고 거세불안을 차례차례 발견하였다(Anzieu, 1959, 1988b).

현대 임상 실제에서 꿈의 해석

『꿈의 해석』은 사실 지금도 그렇지만, 상당히 많은 정신분석적, 비-정신분석적 논문과 저서들을 양산했다. 사실 그것들은 여기에서 공정하게 보여주기에는 너무 많다. 그 풍부함과 다양성에도 불구하고, 후기 프로이트 학파의 출간물들은 그 어느 것도 프로이트의 기본적인 논문들을 제쳐놓지 못했다. 앙드레 그린의 표현대로, "프로이트의 모든 발견들 중에서 꿈은 아마도 『꿈의 해석』 이후 이 분야를 계속 탐구해온 분석가들의 공헌이 가장 미미한 분야일 것이다"(1972 : 179). 장래의 정신분석가들에게 꿈 해석의 기법을 가르칠 때 우리가 가장 먼저 참조하는 책이 사실 이 책이다. 역사적인 이유 때문이 아니라 오늘날까지도 그와 관련된 문제들을 완벽하게 개관하고 있는 유일한 책이기 때문이다. 이 주제를 일반적으로 저술한 책 중에서, 나는 엘라 프리만 샤르프 Ella Freeman Sharpe의 『꿈 분석Dream Analysis』을 언급해야겠다. 이 책은 1937년에 출간되었음도 불구하고, 정신분석 치료에 꿈 해석을 도입한 것은 오늘날에도 상당한 의미를 갖고 있다. 이 주제를 광범위하게 다룬 책은 거의 없는데, 대개 후기 프로이트 학자들의 꿈 해석에 대한 논문은 일반적인 이론과 기법의 일부만을 다루고 있고, 사실상 대부분은 비평지나 학술지에 실렸다. 보다 중요한 논문들은 『꿈의 필수 논문들』(Lansky 1992), 『오늘날의 꿈 강의』(Flanders 1993) 그리고 『꿈꾸기와 사고하기』(Perelberg 2000)와 같은 단행본 형태로 재발간되었다. 서로 다른 이 선집들은 현대 정신분석에서 각기 다른 학파에 속하는 정신분석가들의 관점을 반영한다.

그러나 우리가 1960년대나 1970년대 이후에 출간된 정신분석 저작들 전체를 돌이켜보면 꿈 분석과 관련된 것은 비교적 드물다. 플랜더스Flanders(1993)에 따르면 이는 정신분석 기법이 점진적으로 변해왔기 때문이다. 1920년대와 1930년대에 초기 정신분석가들이 환자의 꿈 분석에 초점을 맞추는 경향이 있었던 반면, 1950년대부터 정신분석가들은 전이 분석에 점점 더 많은 중요성을 두어왔다. 플랜더스는 이런 발전을 멋지게 요약한다. "분석가에 대한 전이는 환자의 정서적, 정신적 삶을 이해하는 왕도가 되었다"(1993 : 13). 꿈 주제와 관련된 이론적 출판물이 감소함에도 불구하고, 정신분석 실제에서 꿈 해석이 그 가치를 전혀 잃지 않았다는 것에 주목하는 것은 마음 든든한 일이다. 이에 대한 증거는, 오늘날 정신분석 논문에 실리는 대부분의 임상 설명에는 적어도 환자의 꿈에 대한 분석이 하나쯤은 실려 있다는 사실이다.

새로운 개념들

검열 – 타협적 해결 – 응축 – 그 날의 잔재 – 전치 – 극화 – 꿈-상징 – 꿈-작업 – 드러난 내용, 잠재된 내용 – 중복결정 – 표상화(또는 표상화 수단) – 이차개작 – 분석 작업

『일상생활의 정신병리학』
(1901b)

착오행위 : 정상인의 일상에 나타난 무의식

이 책을 저술하면서 프로이트는 억압의 "실패"가 착오행위 parapraxis 나 "어설픈 행동 bungled action"을 통해 드러나듯이, 일반 대중에게 무의식의 존재를 알리는 것을 목적으로 했다. 그렇다면 착오행위란 무엇인가? 그것은 단지 신경증 환자뿐만이 아니라 모든 정상적인 사람의 일상에서 무심코 일어나는 사건이다. 프로이트는 실수 행동의 범주에 속하기 위해서는 이런 종류의 사건이 "우리가 '정상적인 범위'라는 표현으로 규정할 수 있는"(1901b : 239) 선을 넘지 않아야 한다고 못박는다. "그것은 순간적이고 일시적인 장애의 성질을 지녀야"하며, "우리가 그와 똑같은 기능을 전에는 보다 정확하게 수행했어야" 한다. 독일어로 착오행위라는 개념은 다른 언어들에서보다 훨씬 광범위한 의미를 지닌다. 그것은 보다 넓은 범위의 현상들, 즉 어설픈 행동, 실언, 망각, 부인이나 오해 등과 같이 명백히 사소한 것을 포함하며, 불어의 경우에서처럼 중요한 물건을 잃어버리거나 파손하는 것과 같은 행위에 국한되지 않는다. 더구나 이 같은 무의식의 모든 실패들은 독일어에서 전치사 "Ver"로 시작되는데, 이는 그것들을 공통분모로 함께 묶는 이점이 있다 : das Vergessen(잊어버리기), das Versprechen(잘못 말하기), das Verlesen(잘못 읽기), das Verschreiben(잘못 쓰기), das Vergreifen(실수 행동), das Verlieren(잘못 놓기)(Laplanche와 Pontalis 1968[1973 : 300-301]).

『일상생활의 정신병리학』에서 프로이트는 착오행위의 다른 형태들을 기술하면서 많은 사례를 들어 설명하고 있다. 그 다양성에도 불구하고, 이 모든 현상들은 꿈의 기저에 있는 것과 유사한 한 가지 심리적 기제의 결과이다. 그것들은 그때까지 무의식 속에 억압되었던 소망이 표출된 것인데, 그 소망의 본질은 자유 연상 기법의 도움으로 발견될 수 있다. 이 책은 프로이트가 기대한 것 이상으로 성공을 거두었으며, 그가 이 책에서 발달시킨 정신분석적 사고들은 의심의 여지없이 오늘날까지도 가장 잘 알려져 있다. 오늘날, 말실수나 실수 행동을 보고 결코 미소 짓지 않으면서, 그 "사건"이 실은 비밀스런 의도의 표현이며 무의식으로부터 온 것임을 안다고 드러내는 사람이 있을까?

생애와 역사

가장 인기 있고 널리 읽혀진 프로이트의 저서

1899년에 『꿈의 해석』을 끝마친 프로이트는, 꿈에 관해 발견한 것들을 다른 영역으로 확장시킨 세 권의 다른 저서, 즉 『일상생활의 정신병리학』(1901b), 『농담과 무의식의 관계』(1905c) 그리고 『성욕에 관한 세 편의 에세이』(1905d)의 토대가 될 자료들을 모으기 시작했다. 그는 자기-분석을 통해 자신의 금지들을 극복할 수 있었고, 정서적으로 보다 안정될 수 있었다. 그러므로 그는 자신의 꿈을 분석할 때처럼, 잊어버리기와 말의 실수와 같은 자신의 착오행위들을 체계적으로 분석하기 시작했다. 프로이트가 무의식의 "실패들"－시인 율리우스 모젠의 이름을 잊은－을 처음으로 언급한 것은, 플리스에게 보낸 1898년 8월 26일 자 편지에서였다. 이어 1898년 9월 22일 자 편지에서는 시뇨렐리의 이름을 잊어버린 것－그의 마음에 떠오른 것은 보티첼리와 볼트라피오라는 이름이었다－에 대해 언급하고 있는데, 그는 이 일을 『일상생활의 정신병리학』 첫 장에서 보다 충분히 탐구하고 있다. 이 책은 프로이트의 가족과 직업적인 삶으로부터 선별해 모은 개인적인 일화들로 가득하다. 또한 플리스와의 관계가 악화된 것과도 밀접한 관련이 있는 것처럼 보인다. 이러한 결별은 1902년에 일어났지만 프로이트는 이제까지 그의 삶에서 자신의 친구가 했던 역할을 증언하고 있다 "그 책 『일상생활의 정신병리학』은 당신에 대한 언급으로 가득합니다. 표면적으로는 당신이 자료를 제공했기 때문이지만, 속으로는 당신으로부터 자극을 받았기 때문입니다"(프로이트가 플리스에게 보낸 1901년 8월 7일자 편지, Freud 1895c [1887-1904 : 447]).

프로이트는 이 책을 1901년에 일련의 논문으로 처음 발표했다가, 다시 1904년에 그 논문들을 모아 책으로 출간하였다. 심리학자들은 거기서 프로이트가 발달시킨 사고들을 강력히 비난했지만, 그가 일반 대중들을 끌어들이는 것을 막지는 못했다. 『일상생활의 정신병리학』은 즉시 보다 광범위한 청중들에게 정신분석적 사고들을 확산시킬 수 있었는데, 그것은 『꿈의 해석』이 하지 못했던 것이었다. 이 책은 프로이트 생전에 10판까지 나왔고, 프로이트 자신뿐 아니라 그의 학생들로부터 얻은 자료들이 더 추가되면서 점점 확장되었다. 1904년 판은 66개의 착오행위들이 실려 있는데, 그중 49개는 프로이트 자신의 관찰로부터 나온 것이었고, 300개가 실린 마지막(1924) 판의 절반은 프로이트 외의 사람들이 제공한 것이었다. 그럼으로써 그 책은 초판의 네 배로 불어났다. 1909년에 미국으로 항해하는 동안, 그는 우연히 배 안에서 한 승무원이 그 책을 읽고 있는 것을 보고는 『일상생활의 정신병리』가 얼마나 인기가 있는지를 깨닫게 되었다

원문 찾아보기

페이지 번호는 『지그문트 프로이트 전집 표준판』 vol. 6을 따른 것이다.

탁월한 예 : "시뇨렐리"라는 이름의 망각

이 책의 첫 장은 올바른 이름의 망각에 대한 상세한 연구에 모든 노력을 기울이고 있다. 그것은 오르비에토 대성당의 "사말四末"(인간이 피할 수 없는 마지막 네 가지 문제로 죽음·심판·천당·지옥을 뜻하는 가톨릭 용어 －역주)이라는 프레스코 벽화를 그린, 시뇨렐리라는 화가의 이름이었다. 이 일은 이미 프로이트의 소논문(「망각의 심리적 기제」, Freud 1898b)에서 기술된 바 있다. 프로이트는 대화 중에 자신이 더 이상 시뇨렐리라는 이름을 기억할 수 없었으며, 다른 화가인 보티첼리와 볼트라피오가 떠올랐다고 말하고 있다(그는 그 이름들이 그가 찾는 것이 아님을 알고 있었다). 『꿈의 분석』에서 적용했던 기법을 따라 자신의 기억, 그리고 이 두 이름을 유도했던 연상들을 거슬러 올라가면서, 그는 억압의 배후에 있는 망각의 원인을 발견할 수 있었다. 추리는 새로운 추리를 이끌어냈다. 보티첼리라는 이름은 보스니아를 떠올리게 했고 볼트라피오는 트라포이라는 마을을 떠올리게 했는데, 이 두 지명은 성욕과 죽음에 관한 고통스러운 기억들과 가깝게 연결되어 있었다. 프로이트는 성욕과 죽음이 시뇨렐리의 "사말"이라는 벽화의 주제라는 것을 깨달았다. 그러므로 시뇨렐리라는 이름의 망각은, 프로이트가 불쾌한 기억을 전부는 아니지만 일부 잊도록 했던 타협 형성의 결과였다. 왜냐하면 그것은 보티첼리와 볼트라피오라는 이름으로 위장된 채 다시 떠올랐기 때문이었다.

> 대체된 이름들은 더 이상, 그 문제가 설명되기 전과 같이 얼토당토않은 것처럼 보이지 않았다. 일종의 타협으로, 그것들은 내가 기억하고 싶은 것만큼이나 잊고 싶은 것들을 떠올리게 했으며, 뭔가를 잊고자 하는 나의 의도가 완전한 성공도 완전한 실패도 아니라는 것을 보여주었다 (1901b : 4).

다른 종류의 착오행위에 대한 체계적 연구

올바른 이름의 망각에 전념했던 1장 다음에, 프로이트는 외국어 단어, 이름 그리고 단어군의 망각, 인상의 망각과 의도의 망각과 같은 다른 종류의 망각을 개관한다. 그는 아동기 기억과, 착오행위와 같은 방식으로 발생하는 "차폐 기억"에 대한 문제를 탐구한다. 아동기 기억의 내용이 저항에 직면할 때, 그것은 억압되며 더 이상 있는 그대로 나타날 수 없다. 그것은 고통스러운 정동들이 제거된 "차폐 기억"으로서, 대체된 형태로 다시 출현한다. 5장은 한 단어를 다른 단어로 대치하는 잘 알려진 현상인 실언을 폭 넓게 탐구하고 있다. 더 많은 사례들이 있지만 나는 비엔나의 신자유 신문에 실렸던 기사에서 발췌한 다음 사례를 인용하겠다. 그 신문은 엄숙하게 "폐회"를 선언함으로써 의회를 "개회"한 오스트리아 하원 의장의 실언을 싣고 있다.

> 장내가 떠들썩해지고서야 그는 자신의 실수를 알아차리고 정정하였다. 이 특별한 사례는, 그 의장이 별로 기대할 것이 없다는 생각에서 이미 폐회되기를 은밀히 바랐을 것이라고 설명할 수 있다(같은 책 : 59).

이어서 프로이트는 잘못 읽기와 잘못 쓰기, 실수 행동, 증상행위와 우연 행위 그리고 복합적인 착오행위를 다룬다. 마지막 장은 결정론, 우연과 미신에 대한 믿음에 관해 탐구하고 있다. 프로이트는 착오행위들이 사람들이 생각하듯, 우연이거나 정신이 없기 때문이 아니라는 생각을 전개한다. 그것은 개인이 대개 별 탈 없이 성취할 수 있는 말이나 행위를 왜곡시키는 억압된 사고가 개입되어 발생한다. 이런 관점으로부터, 프로이트는 두 종류의 우연이 있다고 주장한다. "외적인 우연"은 일반적인 심리적 영역과는 아무 관련이 없는 원인들과 연관이 있다. 착오행위가 의식적인 것을 대치하는 무의식적 의도의 결과임을 볼 때, "내적인 우연"에서는 정신적인 결정론이 중대한 역할을 한다.

실수 행위는 어떻게 생기는가?

착오행위들은 수없이 다양하지만, 모두 하나의 기제를 바탕으로 하고 있다. 그것들은 모두 무의식 속에 억압된 소망의 표현이며, 그것에 접근하려면 정신분석적 작업이 요구된다. 프로이트에 따르면 착오행위는 의식적인 의도(의회를 "개회"하는 것), 그리고 그것과 관련된 무의식적인 소망(의회를 "폐회"하는 것) 사이의 타협 형성의 결과이다. 그것은 의장이 말하는 표면적 수준에 끼어들었고, 그는 그에 대해 어쩔 도리가 없었다. 그런 관점에서 볼 때 모든 착오행위는 라플랑슈와 퐁탈리스의 지적대로 두 측면을 갖는다. "알고 보면 실수 행동으로 보이는 것이 사실은 또 다른 수준에서 보면 꽤 성공적인 것으로 판명되며, 무의식적 소망들은 그런 행동에 의해 아주 명백히 알 수 있는 방식으로 충족된다"(1967 [1973 : 300]).

그러므로 착오행위를 만드는 기제들은 꿈과 증상 형성에 적용되는 기제들과 동일한데, 바로 프로이트가 『꿈의 해석』에서 기술했던 응축, 전치, 대체 그리고 정반대되는 것으로의 대체이다. 더구나 꿈이나 증상들의 분석에서와 같이, 자유 연상들은 착오행위의 숨은 의미를 발견하도록 우리를 도울 것이다. 의도한 단어와 그 대체어 간의 관계에 있어서 대체는 몇 가지 과정들에 의해, 예를 들면 인접성이나 – 의회를 "개회"하는 대신 "폐회"하는 것 – 소리에 의해 – 시뇨렐리라는 이름은 보티첼리와 보스니아, 볼트라피오와 트라포이와 음성적으로 유사하다 – 촉진된다. 다른 경우에 이런 관계는 개인 자신의 과거와 연관된 연상들로 인해 일어날 수 있다.

무엇이 실수 행위의 원천인가?

프로이트에 따르면, 우리의 마음은 일반적으로 말해서 우리가 알지 못하는 사고와 연상들로 인해 끊임없이 혼선을 빚는다. 그것들은 무의식 속으로 억압될 운명을 지닌 일련의 혼란스러운 갈등들을 형성하다가 갑자기 착오행위의 모습으로 출현할 수 있다. 내적인 저항은 그것들이 밝혀지지 않도록 작용한다. 때로 억압된 생각들은 직접 해석할 수 있을 만큼 충분히 명백하기도 하지만, 대개는 면밀한 분석 후에나 해독할 수 있다. 착오행위가 종종 우리를 배반하기는 하지만, 프로이트는 유용한 것으로 드러나는 상황에 대해서도 기술했다는 것 역시 언급할 필요가 있다.

> [이런 사례]는 또한 분별력이 순간적인 욕망에 굴복하도록 위협할 때, 망각이 우리의 분별력의 편에 서 있는 다소 흔치 않은 사례를 보여준다. 그러므로 착오행위는 유용한 기능을 한다. 우리가 다시 정신을 차리게 되면, 우리는 이러한 내적 흐름의 정직함에 감사하게 되는데, 이전에는 오직 기능의 실패, 즉 정신적 무능인 망각을 통해서만 표현될 수 있었던 것이다 (1901b : 19).

책을 마무리하면서, 프로이트는 정상적인 정신적 삶과 병리적인 상태에서 관찰되는 현상들 간에 어느 정도의 연속성이 있음을 보여준다.

> 우리가 그것들[착오행위들]을 정신신경증의 결과와 신경증적 증상들과 비교해보면, 흔히 하는 말들, 즉 신경증 문제에서 정상과 비정상 간의 경계는 유동적이며, 우리는 모두 조금씩은 신경증 환자라는 말들은 의미와 설득력이 있다(같은 책 : 278).

나는 『일상생활의 정신병리학』에서 제시된 생각들을 - 그 많은 사례들은 더욱더 - 이 이상 요약할 수는 없다고 생각한다. 나는 독자들이 직접 그 책을 읽으면서 그것들을 즐거운 마음으로 발견하리라고 확신한다.

후기 프로이트 학파

착오행위와 전이 관계

망각, 실언 그리고 다른 형태의 착오행위들은 단지 정상인의 일상생활에 속하는 표현들인가, 아니면 실제로 신경증 환자의 정신분석 치료와 관련된 어떤 것을 갖고 있는 것인가? 결론에서 프로이트는 착오행위와 신경증적 기원을 가진 장애들 간에 밀접한 연관이 있다고 주장하지만 그는 정신분석 상황에서 그것들을 어떻게 해석할지에 대해서는 아무 말도 하지 않았다. 그럼에도 그가 착오행위의 아래에 놓인 기제들과 꿈-형성의 기제들 간에 유사성이 있다고 지적한 것은 비록 간접적이지만 그 문제에 접근한 것이었다. 그러므로 프로이트는 착오행위들이 억압된 무의식적 소망에 대한 표현이며 분석 작업은 잠재된 의미를 밝혀낼 수 있다는 것을 보여줌으로써, 꿈과 증상을 해석하는 것처럼 전이에서 착오행위들을 해석하는 길을 열어주었다.

현대의 임상 정신분석가들에게는 그것들이 환자의 "잘못"된 행동이건, 망각이나 실언 혹은 소위 "어처구니없는 실수blunder"건 간에, 전이/역전이에서 출현하는 착오행위의 해석은 필수적이다. 이러한 "어설픈 행동bungled action"은 때로 극적인 방식으로 환자의 억압된 무의식적 소망을 드러낸다. 정신분석가는 말할 것도 없이 역전이 감정의 측면들을 역시 이런 방식으로 드러낸다. "내부-행동화acting-in"는 환자가 지각을 하거나 카우치에서 잠이 드는 등, 회기 안에서 일어나는 착오행위들을 가리키는 데 일반적으로 쓰이는 용어이다. 반면에 "외부-행동화 acting-out"는 회기 밖에서 일어나는 섣부른 행동들을 가리킨다. 이러한 것들은 전이와 관계가 있는 전치로 이해되어야 한다. 대상과의 분리와 상실에 대한 불안은 분석가/피분석자 상황에서 착오행위가 가장 흔히 일어나는 상황들을 만들어낸다(J.-M. Quinodez 1991). 가령 환자가 자기도 모르게 분석가에 대한 정서적 반응을 경험했다면 환자는 다음 회기에 나타나지 않을 수도 있다. 일단 섣부른 행동이 설명되고 나면, 분석가에 대한 다소 적대적인 다른 억압된 감정을 더 쉽게 알아볼 수 있다. 예를 들어, 실망은 다음 회기에 늦는 것으로 나타날 수 있다. 환자의 자유연상들은 이런 착오행위의 진정한 원인에 접촉하는 유일한 방법이다. 그렇게 하지 않는다면 부적절하고 임의적인 방식의 해석이 될 것이다. 자크 라캉은 분석 과정 중에 일어나는 실언, 달리 말해 언어 구조와 무의식의 구조 사이의 관계를 강조했다. 이러한 착오행위들은 지금 여기서 벌어지는 무의식적 전이를 이해하는 수단들이다.

정신분석은 상징적 의미에 접근할 수 있는 사람들을 위한 것인가?

착오행위나 실언의 무의식적 의미에 관한 통찰이 모든 사람을 위한 것은 아니다. 착오행위나 실언은 그 개인의 측근들에게는 의미 있는 것일지 몰라도, 당사자에게 반드시 의미가 있는 것은 아니다. 그것 자체가 – 그의 의식 바깥에 놓인 모든 것 – 무의식의 정의이다. 피분석자가 착오행위나 실언의 참된 의미를 발견하기까지는, 그리고 그것을 정신분석가와의 관계에 관련된 정서와 통합하기까지는 때로 몇 개월이 걸린다.

물론 착오행위 – 혹은 무의식과 직접적으로 연관된 다른 현상들 – 의 의미를 통합하는 능력은 부분적으로 통찰에 대한 저항이 얼마나 강한가에 달렸다. 이것은 또한 증상적인 방식으로 한 말이나 행동의 상징적 의미에 접근하는 개인의 능력에 달렸다. 상징적 의미에 접근하는 능력은 개인마다 상당히 다르다. 달리 말하자면, 모든 사람이 정신분석을 받을 수 있는가? 모든 사람이 해석을 받아들이는가? 그리고 그 질문을 가능한 한 확장시켜, 모든 사람이 전이 관계의 해석을 받아들일 수 있는가? 다른 정신분석가들은 그 주제에 대해 다른 관점을 갖는다. 특히 프랑스에서 전통적인 정신분석 치료는 처음부터, 자신이 해야 하는 말의 상징적 의미에 열려있는 사람들 즉, 마음의 구조가 근본적으로 신경증적인 사람들(Gibeaut 2000)을 위한 것이었다. 반면에, 클라인식 접근에 보다 익숙한 정신분석가들에게는 두 가지 수준의 상징화가 있다. 구체적 사고가 지배적인 원시적 수준에서 마음은 "상징적 동등시"라는 측면에서 작용한다. 보다 발달된 수준에서는 상징적으로 표상할 수 있는 능력이 우세하다. 이들 정신분석가에 의하면 원시적 수준의 상징화와 보다 세련된 수준의 상징화 사이에는 앞뒤로 계속적인 움직임이 있기 때문에, 그들은 신경증 환자뿐만 아니라 경계성 환자나 정신증 환자에게도 – 모든 신경증적 혹은 정상적인 피분석자가 극복해야 하는 고태적 측면은 말할 것도 없이 – 정신분석 치료를 제공할 수 있다고 느낀다 (Jackson과 Williams 1994).

새로운 개념들

응축 – 전치 – 이름의 망각 – 실수 행위 – 실언 – 대체

『농담과 무의식의 관계』
(1950c)

농담은 왜 우리를 웃게 만드는가?

프로이트는 유대인들을 포함한 독일인의 농담-독일인의 위트-을 수집했는데, 그 역시 탁월한 유머 감각을 갖고 있었다. 그러므로 그가 우리를 웃게 만드는, 농담 뒤에 숨어있는 동기들을 발견하고자 했던 것은 놀라운 일이 아니다. 이 책에서 그는 농담이라는 표제 아래 다양한 형태의 익살스러운 자료들을 체계적으로 탐구하면서, 농담은 말과 언어를 지배하는 무의식적 세력을 은밀히 드러낸다고 제안한다. 그런 점에서, 희극적인 효과를 만들어내는 기제는 마음이 꿈을 통해 성취하는 작업과 매우 유사하다. 우리는 많은 것을 표현하기 위해 줄여 말하는 '응축', 그리고 금지-특히 억압된 공격성이나 성적 내용에 대한 검열(여전히 다른 모습이나 다른 형식으로 되돌아오게 되지만)을 회피하기 위한 '전치', 마지막으로 단어들의 형태를 바꿔 이중의미를 만들거나 말놀이로 뭔가 엉뚱한 것을 만들어내거나, 혹은 그 반대되는 의미로 바꾸어 놓아 생각을 변형시키는 표상화 과정을 농담에서 찾아볼 수 있다. 그러나 프로이트가 비사회적이라고 생각한 꿈과는 달리 농담은 모든 인간 활동 중에서 가장 사회적이다. 농담은 즐거움의 증진을 목적으로 한 세련된 게임이기 때문에 여기서 퇴행의 기제는 꿈에서 만큼 활발하지 않다. 물론 꿈에서도 즐거움의 추구가 나타나지만, 거기서는 불쾌함을 피하기 위해 환각적인 만족으로 퇴행함으로써 즐거움을 얻는다.

생애와 역사

꿈, 착오, 농담 사이의 유사성
뛰어난 유머 감각을 가진 프로이트

플리스는 아마도 이 책이 나오게끔 한 장본인일 것이다. 프로이트가 보내 준 『꿈의 해석』 교정쇄를 읽고 단어들의 유희가 꿈에 나타나는 반복적인 특징이라는 것을 그가 발견했기 때문이다. 프로이트는 다시 그에게 "꿈들은 모두 똑같이 밉살맞을 정도로 재치가 넘친다. 꿈들은 압력을 받고 있고 직접적인 길이 봉쇄되어 있기 때문에 그럴 수 밖에 없다 […] 표면상 위트로 나타나는 모든 무의식적 과정은 농담과 희극에 대한 이론과 밀접한 관련이 있다"고 썼다(『플리스에게 보내는 편지』, 1899년 9월 11일자, 1985c [1887-1904 : 371]). 『히스테리 연구』에서 프로이트는 세실리 양의 꿈에 나타난 상징화와 다중 의미의 역할에 대해 처음으로 언급하였으며(Freud와 Breuer 1895d : 181), 『꿈의 해석』에서는 상당히 많은 사례들을 제시하고 있다. 1898년에 출간된 테오도르 립스의 『희극과 유머』 역시 프로이트가 이 주제에 관해 책을 쓰기로 마음먹는 계기가 되었다. 이 같은 책을 이토록 상세하게, 매우 복잡한 여러 관점에서 저술한다는 것은 상당히 시간을 소모하는 일이었다. 게다가 사실 그는 농담에 관한 책과 『성욕에 관한 세 편의 에세이』를 동시에 쓰고 있었기 때문에, 그 원고 더미들은 한 책상 위에 각기 따로 쌓여 있었다. 두 책은 1905년에 동시에 출간되었다.

농담에 대한 프로이트의 관심이 과학적인 것만은 아니었다. 그 스스로도 뛰어난 유머감각을 갖고 있었기 때문에 재미있는 일화들이 그가 쓴 편지들 곳곳에서 눈에 띈다. 그와 동시대를 살았던 많은 사람들은 어떤 상황에서도 뭔가 재미있는 것을 찾아내는 그의 능력을 강조하였다. 1938년에 그가 오스트리아를 떠나 런던으로 도피했을 때, 독일 당국은 그에게 그가 학대받지 않았음을 보증하는 진술서를 쓰라고 요구하였다. 그는 그럴 때조차도 웃길 수 있다는 사실을 증명해 주었다 : "본인은 누구에게나 진심으로 게슈타포를 추천하는 바입니다".

특히 널리 알려지기 힘든 "위트"

『농담과 무의식의 관계』는 프로이트의 어떤 책보다도 번역자에게 어려움을 안겨주는데, 이 책이 독일어권 외의 나라에서 가장 덜 알려진 이유는 이 때문이다. "위트 Witz"라는 단어 자체가 – 독일어 발음은 빛이 번쩍하는 "번개Blitz"를 연상시킨다 – 다른 언어권에서는 정확히 맞아 떨어지는 것이 없다. 예를 들면 프랑스에서는 그것이 "재치 있는 말 mot d'esprit"이라고 번역되는데, 드니 메시에D.Messier는 "그 단어는 재담(재치 있는 말) 또는 재치 있음, 재기才氣를 가리킨다"고 하였다. 보다 최근에 『지그문트 프로이트 전집』을 번역한 프랑스 번역가들은 이전의 번역이 부정확하다고 생각하여, "번득이는 재치"라는 개념에 보다 가까운 "익살기trait d'esprit"를 선호한다. 라캉은 이 위트라는 독일어의 번역에 대해 다음과 같이 말하였다. "'위트 Witz' 에는 '말 mot' 이라는 개념이 존재하지 않는다. 따라서 '재치 있는 말'은 '언어농담 Wortwitz(word-wit)' 그리고 '사고농담 Gedankenwitz(thought-wit)과 혼동을 일으킨다"(Bourguignon 등, 1989 : 150). 또한, 다른 언어권에 동등한 단어가 존재하지 않는데, 어떻게 우리가 독어권 사람들의 웃기는 말 장난을 번역할 수 있단 말인가-농담에 관한 수많은 책들이 번역되지 않은 채 남아 있다. 대부분의 번역가들은 설명이 필요할 때 주를 달아놓아 프로이트의 원래 생각에 가능한 한 접근할 수 있도록 하였는데, 독일어로 그것은 정말로 재미있는 표현들이기 때문이다.

원문 찾아보기

페이지 번호는 『지그문트 프로이트 전집 표준판』 vol.8을 따른 것이다.

이 책은 세 부분으로 나뉘어 있는데 첫 부분은 농담의 기술, 즉 마음이 희극적인 효과를 만들어내기 위해 사용하는 다양한 과정들을 다루고 있고, 두 번째 부분은 농담 뒤에 숨은 동기들, 특히 심리 경제의 관점에서 바라본 즐거움의 역할에 대해 탐구하고 있다. 세 번째 부분은 농담과 꿈의 관계를 "소망-충족"이라는 개념에 의거해 탐구하는 것으로 시작하여, 희극의 여러 종류에 관한 소논문으로 끝을 맺고 있다.

● 농담에 희극적 효과를 주는 기술들

프로이트에 따르면 농담의 희극적 효과는 두 가지 각기 다른 기술들에 의해 얻어진다. 첫 번째는 실제 단어들 자체에 토대를 두고 있으며 언어적 표현에 의존한다. 두 번째는 농담 속에 담긴 사고와 관련이 있는데, 이 기술은 사용된 언어적 표현과는 독립적이다.

● 사용된 단어에 기초한 기술

사용된 실제 단어에 기초한 농담에 관해서 프로이트는 같은 기술, 즉 꿈-작업의 전형적 기제인 응축을 사용하는 세 가지 과정들을 뚜렷이 구분하고 있다.

첫 번째 기술은 두 단어들 혹은 단어의 두 부분들이 응축돼 있어 얼핏 보기엔 터무니없는 신조어를 만들어내지만 합성된 단어는 듣는 사람에게 희극적인 효과를 낸다. 예를 들면, 프로이트는 "일화집 anecdotage"('옛날 이야기만 늘어놓는 노년' 이라는 뜻의 익살스러운 표현 - 역주)이라는 단어를 두고 만들어진 농담을 인용하는데, 그 단어는 영국의 작가인 토마스 드 퀸시가 만들어낸, "노인들은 자신들의 '일화집anecdotage' 에 빠지는 경향이 있다"는 말에서 빌려온 것이다(Freud 1905c :

21-22). 여기서 희극적인 효과는 실제 발음된 단어로부터 온다. 여기서 사용된 기술은 부분적으로 겹치는 두 단어들, "일화anecdote"와 "노망dotage"을 단축 혹은 압축한 것인데 단어들은 따로 떼어 생각하면 별로 우스울 것이 없다. 단어들은 자체로는 이해할 수 없는 혼합된 단어, 신조어인 "anecdotage"를 만들어내기 위해 응축되어 있다. 그러나 문맥을 깨닫는 독자들은 즉시 그 뒤에 숨은 의미를 깨닫는데, 이것이 그들을 웃게 만든다. 프로이트는 치환 형성이라는, 응축 기술과 관련된 다른 희극적 효과의 사례들을 제시한다. 한 예로 그는 '클레오폴드'라는 단어를 이렇게 분석하고 있다. "유럽 사람들은 한때 군주의 이름을 레오폴드에서 클레오폴드로 바꾸는 짓궂은 농담을 했는데 그가 한때 클레오라는 이름의 부인과 관계를 맺은 적이 있기 때문이었다"(같은 책 : 20). 또 다른 예는 하이네의 소설에 나오는 인물이 만들어내어 발음한 "famillionairely"라는 단어이다. 이 소설에서는 그저 평범한 어떤 사람이 부유한 로트실트 남작과의 관계를 과시하고 있다. 이 평범한 사람은 시인에게 자랑을 하면서 이렇게 말한다. "나는 잘로몬 로트실트 옆에 앉았는데 그는 나를 아주 동등하게, 상당히 친근하게famillionairely 대했답니다"(같은 책 : 16). (famillionairely는 친숙하다는 familiar과 백만장자라는millionaire가 복합된 표현이다 – 역주).

두 번째 기술은 한 단어를 이중으로 사용하는 것이다. 프로이트는 "루소Rousseau"라는 이름과 "루roux", "소sot"라는 두 단어 사이의 동음同音에 기초하고 있는 예를 든다. 파리의 한 상류층 모임에서 안주인은 자신이 초대했지만 꼴사납게 행동하는 한 청년을 소개받은 후 다음과 같은 농담을 했다. 붉은 머리를 한 그 버릇없는 청년은 장-자크 루소의 먼 친척이었다. 안주인은 그를 소개한 사람에게 이렇게 말했다. "당신은 내게 루소가 아니라 루[붉은 머리의] 소[바보]를 소개했군요"(같은 책 : 29-30). 여기서 농담-기술은 하나의 단어인 "루소"를 이중으로 사용하고 있는 것인데, 제스처 게임(한 사람이 하는 몸짓을 보고 그것이 나타내는 말을 알아맞히는 놀이–역주)에서처럼 처음에는 구성하고 있는 음절들을 분리하고 그 다음에는 전체 단어로서 사용한다.

농담에서 사용되는 세 번째 기술은 언어유희에서와 같이, 같은 단어를 이중의미로 혹은 다용도로 사용하는 것이다. 프로이트는 언어유희를, 같은 소재를 다중적으로 사용하는 이상적인 사례로 간주한다. "여기에는 단어에 대한 어떤 폭력도 없다. 단어는 분리된 음절들로 찢기지 않는다[…] 적절한 상황덕분에, 그것은 그 자체로서 그리고 문장에 가담하여, 두 가지 다른 의미들을 나타낸다"(같은 책 : 37). 프로이트는 몇 가지 예를 들어 이 기술을 설명하는데, 여자환자를 진찰한 의사의 이야기가 포함되어 있다.

> 의사는 부인의 병상에서 물러나오면서 그녀의 남편에게 머리를 가로저으며 말했다. "부인 얼굴이 별로 안 좋아 보이는데요." 그러자 남편은 재빨리 동의하며 말했다, "나는 오래 전부터 안 좋아 보였어요." 의사는 물론 부인의 몸 상태를 말한 것이었지만 그는 환자에 대한 자신의 불만을, 남편이 결혼에 대한 불만을 확인해주는 것으로 해석할 수도 있는 언어로 표현하였다(같은 책 : 37).

프로이트에 의하면 이러한 세 가지 기술에서 가장 두드러지는 것은 방금 인용한 예에서와 같은 응축의 사용이다. "얼굴"은 신체적인 상태뿐 아니라 일반적인 외모를 의미하기도 한다. "여기서는 응축과 절약이 없는가? 분명 있다. 두 번째 사고 전체가 절약되고 있으며 대체물을 남기지 않고 누락되어 버렸다"(같은 책 : 43). 그는 이렇게 결론을 짓는다. "이러한 모든 기술에서 지배적인 것은 압축, 아니면 보다 절약하려는 경향, 달리 말해 경제적인 표현방식이다"(같은 책 : 42).

말장난pun (同音異義의 익살 – 역주)에 관해서는, 그것이 농담의 가장 보편적인 형태라 하더라도, "가장 값싸고 손쉽게 만들어지기 때문에, 언어적 농담의 가장 저급한 형태로 간주된다"(같은 책 : 45).

사고 과정에 기초한 기술

프로이트는 계속해서 사고에 기초한 농담이 사용하고 있는, 달리 말해 농담의 실제 표현이 아니라 그 뒤의 사고 과정에 의거하고 있는 다른 기술들을 자세히 검토하고 있다. 따라서 그 기술들은 언어적 표현으로부터 독립적이다. 이런 경우 농담 작업 – 프로이트가 꿈 작업과의 유사성을 강조하기 위해 사용한 용어 – 은 유쾌한 익살을 만들어내기 위한 기술적 방편으로, 정상적인 추리로부터 벗어난 사고 과정을 이용한다. 그는 추리의 오류를 위장하기 위해 논리를 사용하는 전치, 그리고 농담의 구성에서 무의미함nonsense의 사용과 같은 몇 가지 과정들을 언급한다. 무엇이 무의미함을 농담으로 바꾸는가? 프로이트는 그것을 이런 유쾌한 방식으로 설명한다. "무의미한 nonsense 농담 뒤에는 의미sense가 있다 [···] 그리고 의미 없는 것을 농담으로 만드는 것은 바로 의미이다"(같은 책 : 57). 여기서 사용된 기술은 뭔가 실없는 것 혹은 무의미한 것을 내세워 그 의미가 또한 실없고 무의미한 다른 어떤 것을 불러내게 하는 데 있다.

악의 없는 농담과 의도적 농담

우리는 농담들을, 듣는 사람이 불러일으키는 반응에 따라 악의 없는 것과 의도적인 것으로 나눌 수 있을 것이다. 악의 없는 농담은 그 자체가 목적이며 다른 어떤 뚜렷한 목표가 없다. 반면에 의도적인 농담은 적의(공격성, 야유, 냉소), 외설(영향을 받게 하기 위한), 성적인 내용을 강조하는 음란 그리고 회의적 태도scepticism – 프로이트에 의하면 이는 동기들 중 가장 나쁜 것이다 – 와 같은 모든 종류의 동기를 따르려는 의도로 사용된다.

쾌락의 원천과 사회적 과정으로서의 농담

이 두 번째 부분에서 프로이트는 농담의 기제에 있어 쾌락이 하는 역할에 대해 논의한다. 유쾌한 효과 아래에 깔려있는 기제들은 악의 없는 농담에서보다는 의도적인 농담에서 더 인식하기가 쉬운데, 후자에서는 의도가 충족되며 충족은 쾌락의 원천이기 때문이다. 물론 의도는 외적(은밀히 빗대어 모욕한 사람을 향한 두려움)이건 내적인 개인의 훈육과 관련이 있건, 농담으로 피해갈 수 있는 장애물과 마주친다. 의도적인 농담이 만들어지는 이러한 두 경우 모두, 쾌락은 그것이 "금지나 억압에 들어가는 비용을 절약"하는 것과 부합하기 때문에 얻어진다(같은 책 : 119). 악의 없는 농담의 경우, 사용된 기술은 언어유희에서처럼 그 자체가 쾌락의 원천이다.

의도적인 농담은 단순히 희극적인 것들이 갖고 있지 않은 사회적 차원을 갖고 있는데, 농담에는 적어도 세 사람이 필요하기 때문이다. 첫 번째 사람은 농담을 만들고, 두 번째 사람은 적대적이거나 성적인 공격의 목표가 되며, 세 번째 사람은 농담을 듣고 숨은 의도의 내용에서 쾌락을 얻는다. 왜 세 번째 사람의 존재가 그렇게 필요한가? 프로이트에 의하면 농담의 목적은 그것을 만드는 사람과 그것을 듣는 제 삼자 모두에게 쾌락적 효과를 주는 데 있다. "그러므로 농담은 두 주인을 한꺼번에 섬기는 표리부동한 악당이다"(같은 책 : 155). 농담을 만든 사람이 느끼는 쾌락은 불분명하게 가려져 있는데, 일반적으로 말해서 아무도 자신의 농담에는 웃지 않기 때문이다-"우리는 이를테면, 농담을 듣고 웃는 사람을 보고 '간접적으로' [그 반동으로] 웃는다"(같은 책 : 156).

농담, 꿈 그리고 희극의 종류

책의 세 번째 부분에서는 꿈과 농담을 비교하고 있는데 끝에 가서는 희극적 효과, 유머 그리고 농담에 관한 소논문으로 마무리를 하고 있다.

꿈, 농담 그리고 유아적 무의식으로의 회귀

꿈과 농담을 비교하면서 프로이트는 먼저 둘 사이의 유사점과 차이점을 열거한다. 꿈은 무엇보다도 소망-충족의 표현이며 불쾌함을 피하는 것이 목적이지만, 반대로 농담의 목적은 쾌락을 얻는 것이다. 농담은 사용된 다양한 기술들을 통해서뿐만 아니라 농담의 일차적 원천인 유아적 무의식으로 되돌아가는 것을 통해 쾌락을 얻는 데 성공한다. 어린이들이 말을 하기 시작하면, 우리는 아이들이 말 놀이를 하면서 의미에 상관없이 말을 지어내는 것을 보게 된다. 아이들은 단어들의 소리와 관련된 즐거움을 추구하고 있기 때문이다. 그 즐거움은 곧 내적 비판-검열-의 출현에 의해 금지 당할 것이며, 유일하게 계속 허용되는 구문들은 의미를 가진 것들이다. 나중에 성인들은 유아적 즐거움으로 되돌아가기 위해, 그리고 생각과 현실의 속박에 대한 반란으로 검열을 회피하기 위해 말 놀이에 의존하게 된다.

● 희극의 종류

프로이트는 계속해서 흉내, 풍자, 희화戱畵 등과 같은 다양한 희극에 대해 논의한다. 그는 어떤 특정 형태의 희극에서 쾌락의 원천을 타인들과 자신의 자아 사이의 비교로 돌렸다. 프로이트는 책의 마지막을 유머에 대한 소론으로 마무리하면서 풍자와 구분을 짓는데, 그는 이 소론을 약 이십 년 후 초자아 개념을 도입한 "유머"(1927d) 라는 짧은 논문에서 더욱 발전시킨다.

후기 프로이트 학파

라캉 : 농담과 "번득이는" 통찰

프로이트의 초기 저작으로 '돌아가다'

1950년대가 시작되면서, 자크 라캉은 정신분석가들에게 "프로이트로 돌아가라"고 요청하였다. 이 "돌아가라"는 말이 무슨 의미인가? 사실 이 말은 되돌아가서 프로이트의 모든 저술들을 읽으라는 것과는 상관이 없다. 그것은 무의식과 관련된 문제에 있어 언어가 중추적 역할을 했던 최초의 이론적 원전들 - 『꿈의 해석』 『일상생활의 정신병리학』 그리고 『농담과 무의식의 관계』 - 로 돌아가라는 것이다. 1900년에서 1905년 사이에 쓰여 비슷한 시기에 출간된 이 세 권의 책들은 무의식의 위장된 표현으로서의 언어를 특히 강조하고 있다. 라캉이 자신의 주요 개념들을 이끌어낸 것은 이 삼부작으로부터인데, 특히 그는 농담에 "진정한 정신분석적 개념의 지위"를 부여하였다(Roudinesco와 Plon 1997).

라캉의 학문은 여러 단계들을 거친다. 1953년의 "로마 강연"에서 그는 의미로 돌아가라고 권고한다. 그는 익살스럽게 말을 뒤집어 "프로이트로 돌아간다는 의미는 프로이트의 의미로 돌아간다는 것이다"라고 선언하였다(Lacan 1955 : 405 [2004 : 110]). 의미를 강조함으로써 그는 자신이 원래의 프로이트에 가장 가깝다고 생각한 방식으로 무의식에 대한 정신분석적 경험을 재확립하려고 애썼다. 라캉은 동시대 정신분석가들이 "언어의 토대"를 포기했다고 주장하였다(1953 : 243 [200 4 : 37]).

무의식은 언어처럼 구조화되어 있다

일찌감치 1956년에 현대 언어 과학에 비추어 무의식의 경험을 바라본 라캉은 그 상징적 차원에, 특히 스위스의 언어학자인 F. de 소쉬르가 전개시킨 "기표signifiant"와 "기의signifié" 사이의 구분에 초점을 맞추었다. 그러한 기고들을 통해 라캉은 그가 『꿈의 해석』에서 배워야 할 중요한 지혜라고 간주했던 "기의에 대한 기표의 우위"를 강조할 수 있었다. 자유연상 기법의 적용은 우리를 연속적 사고들에 더욱 근접시키며, 다시 연속적 언어들로 되돌아가게 한다. 그 기법은 분석가가 기표가 사라지게 된 어느 지점을 추적할 수 있게 한다. "말하기speech를 […] 넘어서, 정신분석적 경험이 무의식에서 발견하는 것은 언어language의 총체적 구조이다(Lacan 1957 : 494-495 [2004 : 139]). 라캉은 또한 구조적 접근을 적용하여 꿈과 농담에 등장하는 응축의 개념을 다시 검토한다. 라캉은 독일어의 위트를 "번득이는 재치"로 번역한 용어를 선호했는데, 그는 농담은 개인이 숨기려고 하는 무의식적 진실이 언어의 유희를 통해 드러난 기표라고 주장하였다.

라캉은 응축과 전치에 대한 개념을 재평가하여, "무의식은 언어처럼 구조화된다"는 유명한 말로 공식화하기에 이른다. Joël Dor(1985 :17 [2004 : 3])가 지적한 바와 같이 라캉의 중심 가설은 하나의 명제로 압축되는데, 그것은 무의식을 형성하는 기제들이 언어에 의미를 부여하는 기제와 꼭 닮아있다는 것이다. "우리는 이것이 라캉이 생애를 통틀어 끊임없이 주창했던 프로이트로 돌아가라는 의미의 전제가 되고 이를 구현시켰다는 것만으로도, 이를 라캉의 모든 이론적 작업에서 가장 기본적인 가설이라고 간주할 수 있을 것이다."

기법, 이론 그리고 훈련에 관한 견해 차이들

라캉의 정신분석적 저술들, 특히 언어에 관한 저술들은 정신분석의 범위를 훨씬 뛰어넘을 정도의 관심을 불러일으켰다(현재도 여전히). 그러나 어떤 기본적인 문제들에 있어서 라캉과 국제정신분석학회(IPA) 간에 견해 차이가 벌어지게 되었다. 이러한 의견 차이는 1953년에 분열을 가져왔고 라캉은 1964년에 "혼자 힘으로" 프로이트 정신분석 학교를 세웠다–죽기 직전인 1980년에 그는 이를 해체시키기로 결정한다. 그후부터 라캉주의자들은 수많은 작은 집단으로 갈라지게 된다.

나는 기법적인 관점으로 볼 때, 1953년에 라캉이 주창한 "프로이트로의 복귀"는 신경증과 언어 소통에 특별한 관심을 기울이면서 1915년 이후의 프로이트의 저작들은 배제시키고 있다고 생각한다. 이후의 저작에서 프로이트는, 우리가 우울증과 정신증 상태에서 보는 바와 같이, 정신분석 치료가 언어적 의사소통과 상징화에 장애를 가진 환자들에게 적절한지 논의하고 있다(J-M. Quinodoz 2000, 2002).

더구나 그 후로 라캉은 오직 피분석자가 실제로 한 말에만 더욱 더 관심을 기울여, 환자의 상징적 이야기 속에서 "번득이는 통찰"만을 유일하게 고려할 정도로까지 나아간다 – 이때가 그가 기표의 영향력을 갖고 있는 것으로 본, 무의식으로부터의 갑작스런 발견이 이루어지는 순간이다. (독일어에는 번득임Blitz과 농담Witz이 응축과 전치를 통해 합쳐질 때 유쾌한 말의 유희가 존재한다). 이러한 기법의 위험성은, 그러한 말의 유희들 그리고 해석으로서의 소위 그 가치라는 것이 어느 경우에나 적용해 사용할 수 있다는 것이다. 그것은 라캉이 회기 시간을 단축하고 전이와 역전이를 다루는 데 필요한 시간을 무시하도록 조장하였다. 이런 결정적 관점에 관한 나의 의견은, 모든 사람이 깊은 의미에 대해 즉각적인 통찰력을 갖고 있는 것은 아니며, 사실 그것과는 거리가 멀다는 것이다. 그것은 보통 전통적인 정신분석적 틀이라는 엄격한 조건들이 요구되는 느리고도 점진적인 과정이며, 분석 내내 존중될 필요가 있는 리듬을 따라 전개되어야 한다.

단축된 회기에 대한 기술적 문제만이 라캉주의 분석가들과 IPA에 속한 분석가들 사이의 유일한 견해 차이는 아니다. 다니엘 위들로셰D. Widlöcher(2003)가 지적한 대로 간과할 수 없는 많은 차이점들이 여전히 남아있는데, 특히 라캉은 역전이를 사용하는 기법을 가장 극렬히 거부하였으며 오늘날 그의 견해를 따르고 있는 추종자들 역시 마찬가지이다(Duparc 2001).

정신분석가 지망생들의 훈련에 있어 라캉은 국제정신분석학회(IPA)가 체계화한 방식을 철저히 부인하였다. 특히 그는 어떤 형태의 "선발"에도 반대하였으며 지망생이 미리 개인 분석(소위 "교육분석")을 받아야 한다는 필수조건도 받아들이지 않았다. 그의 관점에서는, 전체적인 위계조직뿐만 아니라 훈련과정의 각기 다른 단계에 있는 지망생들을 평가한다는 것은 동료들이 영원한 종속 상태에 머문다는 것을 의미하였다. 1964년에 자신의 학교를 세웠을 때, 그는 정신분석을 하고자 하는 누구에게나 권한을 부여하지도 금지하지도 않겠다는 원칙을 세웠다. 라캉에게 있어 분석 치료의 책임은 분석가 개인에게 있다. 따라서 그는 "정신분석가는 자기 외에는 누구에게서도 권한을 위임 받을 필요가 없다"고 말한다. 자신 이외의 사람으로부터 어떤 면밀한 평가도 받기를 거부한다는 것은 너무도 많은 사람들이 라캉을 들먹이며, 어떤 훈련을 받았는지 밝히지 않은 채, 스스로를 "정신분석가"로 부르기 시작했다는 것을 의미하였다.

라캉학파에 속한 일부 정신분석가들은 프로이트가 세운 국제정신분석학회(IPA)로 다시 복귀하기를 원하지만, 내 견해로는 특정한 이론적, 기법적 문제에 있어 여전히 커다란 견해차이가 존재한다.

영국학파 : 원시적 상징에서 상징적 표상으로

신경증을 넘어 정신분석의 지평을 넓히다

영국 학파에 속한 정신분석가들 역시 상징성에 관한 문제를 논의하였으나 다른 시각에 서였다. 그들은 이러한 접근을 통해, 언어화가 고도로 발달된 형태의 상징이기 때문에 언어적 의사소통이 어려운 환자들에게 정신분석 치료를 시도할 수 있었다. 그들이 볼 때 정신분석적 치료는 언어라는 수단을 통해 자기 자신과 그리고 다른 사람들과 의사소통할 수 있는 신경증 환자들만을 위한 배타적인 영역이 아니었다. 경직된concrete 사고가 지배적인 환자들도 정신분석이 제공하는 극복과정의 기회 덕분에 상징적 기능과 언어소통 능력을 발달시킬 수 있었다.

일찍이 1916년에 존스는 프로이트가 『꿈의 해석』(1900a)에서 표명했던 관점과 관련하여 상징화의 문제를 탐구하였다. 존스에 의하면, 의식적 상징과 무의식적 상징에는 차이가 있다. 상징의 형성은 심리내적 갈등의 결과이며 상징 그 자체는 억압되었던 것의 표상이다.

곧이어 멜라니 클라인은 아동과의 분석작업과 아동의 놀이에 대한 자신의 이해를 바탕으로, 무의식적 갈등의 상징적 표현이라는 관점에서 상징화의 문제에 새롭게 접근하였다. 네 살 된 자폐아인 딕의 관찰에 바탕을 둔 「자아발달에 있어 상징-형성의 중요성」이라는 논문에서 클라인(1930)은, 보다 명확히 말해 상징 형성이 금지되었으며 이러한 종류의 금지는 이후의 자아 발달에 심각한 결과를 초래한다는 것을 보여주었다. 그녀는 상징 형성 과정에 시동이 걸리지 않는다면 모든 자아 발달이 정지한다고 결론짓는다. 그녀는 이러한 금지가 어머니의 신체를 포함한 유아의 공격적 환상이 불러일으키는 과도한 불안과 그로 인한 죄책감에서 기인한다고 하였다.

원시적 형태와 발전된 형태의 상징 형성 간의 이행

상징 형성 과정이 유아 발달 시기 동안 금지될 수 있다는 사실은, 한나 시걸과 윌프레드 비온이 클라인이 제기한 문제에 대해 더욱 탐구하도록 이끌었다. 그 결과 그들은 원시적 형태와 보다 발달된 형태의 상징화를 구별하게 되었고, 이 둘 사이의 이행 과정을 편집-분열적 자리와 우울적 자리라는 개념과 관련하여 분명히 밝히게 되었다. 나는 이러한 관점들을 나중에, 프로이트의 「무의식」(1915e)이라는 논문에 포함된 정신분열증의 언어적 특징에 대한 연구와 그 이후의 발달을 고찰할 때, 보다 상세히 논의할 것이다.

시걸과 비온이 개진한 연구는 자기애적 전이에 관한 허버트 로젠펠드의 연구에 덧붙여 정신증, 자기애성, 경계성 환자들에게 정신분석을 제공하는 것이 가능해졌다는 것을 의미하였다. 오늘날은 신경증 환자보다 이러한 환자들이 정신분석 카우치를 더 많이 차지하고 있다.

새로운 개념들

농담 – 희극적 요소 – 유머에 적용된 꿈의 기제들(응축, 전치, 소망-충족)

『성욕에 관한 세 편의 에세이』
(1905d)

유아 성욕의 발견 : 혁명과 물의

1905년에 출판된 『성욕에 관한 세 편의 에세이』는 프로이트의 저작 중 『꿈의 해석』에 이어 두 번째로 중요한 책이며, 성욕에 관한 그의 가장 탁월한 업적으로 간주된다. 여기서 프로이트는 성욕에 관한 대중적 견해와 당시의 통념적 가설에 공공연히 도전한다. 그는 한편으로는 관습적으로 정의된 개념의 협소한 한계를 넘어 성욕에 대한 사고를 확장시켰으며, 다른 한편으로는 성욕의 시작을 초기 아동기로, 즉 지금까지 생각된 것보다 훨씬 더 이른 시기로 봐야 한다고 주장하였다. 그는 성욕이 사춘기의 개막과 함께 시작되는 것이 아니라 초기 아동기에 시작되며, 연속적인 단계들을 통해 성인기 성에 도달할 때까지 줄곧 발달한다는 것을 보여주었다. 그뿐 아니라, 그는 비정상적인 성욕과 소위 정상적인 형태의 성욕 사이에 다리를 놓았다.

프로이트는 일상에서 쓰는 단순한 언어로, 사람들이 탐탁지 않아 하는 성욕에 관한 여러 가설을 제시한다. 그러나 이 책에서 그는 이미 알려지지 않은 것에 대해서는 말하지 않았는데, 특히 거의 태곳적부터 유아 성욕을 관찰하고 다양한 견해들을 내놓았던 부모, 교육자, 저술가들에게 새로운 것은 하나도 말하지 않았다. 더구나 이 책에서 성욕에 대한 프로이트의 묘사는 크래프트 에빙이나 하브록 엘리스Havelock Ellis 같은 성 연구가가 몇 년 전에 출간한 책의 외설적 이미지보다도 훨씬 덜 도발적이었지만, 그들의 저작들은 그토록 물의를 일으키지 않았다. 사람들이 이 세편의 에세이를 읽기 시작할 무렵에는, 존스가 '프로이트는 어디서나 인기가 없었다' 고 할 정도로 대중의 강력한 항의가 있었다. 이 책은 이후 상당 기간 동안 프로이트와 일반 대중 사이의 관계에 손상을 입혔다. 그는 악의와 음탕한 마음으로 가득 찬 사람으로 간주되었는데, 같은 해에 환자의 허락 없이 도라의 사례를 출간한 사실은 이를 더욱 심화시켰으며 비엔나 의학계를 경악에 빠뜨렸다. 왜 그와 같은 적대감이 팽배해 있었을까? 중류층 의사이며 가장인 프로이트는 성도착자들에 대한 도덕적 판단을 거부함으로써, 그들의 윤리를 혼란에 빠뜨리는 매우 위험한 길로 접어들고 있었다. 비판에 개의치 않고, 프로이트는 몽매함을 극복할 과학적 지식을 찾기로 더욱 결심하였다.

생애와 역사

유아 성욕의 중요성을 발견하다

1890년대의 초기 작업부터, 프로이트는 아동기로 거슬러 올라가는 성적 특질을 지닌 요소들이 히스테리 증상을 일으킨다고 추측하였다. 처음에 그는 아동은 성인의 유혹을 받은 후에야 성적 충동이 조숙하게 자극된다고 생각했다. 그러나 1897년에 자기-분석 과정에서 오이디푸스 콤플렉스를 발견한 프로이트는, 성적 충동은 모든 아동에게서 아주 이른 시기부터 존재하며 성인에 의해 촉발된 흥분과 관계없이 나타난다는 결론에 도달했다. 1900년 초에 그는 플리스에게 다음 책은 성욕에 관한 이론이 될 것이라고 말하면서 자신이 기다리고 있는 것은 오직 "내가 모아놓은 것들을 불타오르게 할 불씨"(『플리스에게 보내는 편지』 1900년 1월 26일) 라고 하였다. 프로이트는 유아 성욕이 보편적인 현상이라는 것을 받아들이기 전에 의심의 여지없이 강한 내적 저항을 극복해야만 했다. 그는 이 책을 1905년 출판된 『농담과 무의식의 관계』와 거의 동시에 끝냈다.

이 시기는 프로이트에게 매우 생산적인 시기였으며, 마침내 플리스와의 모든 관계를 청산한 시기이기도 했다. 그는 대부분의 시간을 주로 동유럽으로부터 온 환자들의 개인적 치료에 사용하였다. 그는 3년 동안 대학에서 강의를 했고 보다 많은 동료들이 '수요일 모임' 에 참석하였다. 1905년은 프로이트의 작업이 국제적인 공인을 받기 시작한 해였다. 그는 여름이면 처제인 민나 베르나이스Minna Bernays 혹은 동생인 알렉산더를 동반하고 이탈리아와 그리스를 여러 차례 여행하였다.

프로이트는 범성욕론자였는가?

세 편의 에세이에서 프로이트는 유아 성욕의 결정적 중요성을 선언하면서, 특히 신경증 환자의 억압된 욕동들은 본질적으로 성적이며 청소년과 성인의 성욕은 유아 성욕에 기초하고 있다고 주장하였다. 이것은 그가 "범성욕론자pan-sexualist"라는 오해를 불러일으켰는데, 그는 인간의 모든 행동을 성적인 용어 – 가장 좁은 의미에서 성욕 – 로 설명하려는 지나치게 단순한 이론을 주장한다고 비난을 받았다. 그는 인간의 성욕의 중요성을 강조했지만 자신에게 쏟아진 범성욕론자라는 비난을 수용하지 않았다. 제네바의 클라파레드 Claparède 교수에게 보낸 편지에서 프로이트는, 성욕 이론뿐만 아니라 꿈에 대한 개념까지도 겨냥한 이러한 비난에 대해 항의하였다. "나는 결코 모든 꿈이 성적 소망에 대한 욕구충족이라고 주장한 적이 없으며, 종종 그와 반대되는 주장을 폈습니다. 하지만 이는 아무 소용도 없었고 사람들은 여전히 같은 짓을 되풀이합니다."(클라파레드에게 보내는 프로이트의 편지, 1920년 12월 25일 [1921e : 214-215]).

원문 찾아보기

페이지 번호는 『지그문트 프로이트 전집 표준판』 vol. 7, 123-243을 따른 것이다.

이 책은 3부로 나누어져 있다. 1부는 "성적 이상Sexual Aberrations"이라는 제목으로 도착을 다루고 있고, 2부에서는 유아 성욕을, 그리고 3부에서는 사춘기의 변화를 다루고 있다.

첫 번째 에세이 : 성적 이상

성도착의 유아적 기원

첫 번째 에세이에서 프로이트는 동성애와 같은 성도착이 타고난 성격이나 퇴화의 결과라는, 당시 과학계에 널리 퍼져 있는 믿음과 대중적인 의견에 대해 비판한다. 그는 참된 원인은 개인의 아동기에서 발견되어야 한다고, 다시 말해 그것은 심리성적 발달의 문제라고 주장한다. 프로이트는 크래프트 에빙과 하브록 엘리스와 같은 당시의 성 이론가가 분류한 성적 일탈을 재검토하는 것으로 시작하여, 그것을 전적으로 새로운 시각으로, 소위 "정상적인" 성욕이라는 수용된 규범과의 관계에 대해서 논의한다.

"본능욕동"과 "대상" 개념 – 후에 정신분석에서 결정적인 것으로 입증된 개념 – 에 대한 자신의 주장을 토대로, 프로이트는 성도착의 범주를 구분한다. 그는 "성적 대상과 관련된 일탈"(즉, 성적 매력이 느껴지는 사람과 관련된)과 "성적 목표와 관련된 일탈"(즉, 욕동이 향하는 행동과 관련된)을 분류했다. 정신분석에서 "대상"이라는 용어는 "사물"이 아니라 고전적 의미의 "사람"을 의미한다는 것을 지적하는 것이 좋을 것이다 – 셰익스피어의 『베로나의 두 신사』에서 발렌타인이 "볼품없는 대상에게도 사랑은 눈짓한다"고 단언한 것이나, 혹은 실비아 플라스Silvia Plath가 자신의 '일지'에서 "내 사랑의 대상에게 합당한 존경과 찬양을"이라고 쓴 것을 참조하라.

양성애의 역할

프로이트는 "성적 대상과 관련된 일탈"이라는 제목 하에 소아성애와 동물성애뿐 아니라 동성애의 다양한 형태를 분류하였다. 그에게 있어 이러한 성도착들은 그때까지 생각된 것처럼 타고나거나 체질적인 것이 아니라 인간 성욕의 습득된 특성에 기인한 것이다. 그러나 만약 동성애가 심리성적 발달의 결과라고 한다면, 다른 사람들이 이성적 대상을 선택하는 반면 왜 어떤 사람은 동성애 대상을 선택하는가라는 질문이 당연히 제기되어야 할 것이다. 프로이트는 플리스가 태아의 발달을 토대로 보편적 성향이라고 가정했던 양성성에 대한 생각을 가져옴으로써 이에 답한다. 플리스가 생물학적 양성성을 강조하긴 했지만, 남성성과 여성성이라는 소인이 누구에게나 아동기부터 공존하며, 따라서 대상에 대한 최종 선택은 어떤 성향이 지배하는가에 달려 있다고 가정함으로써 그 개념을 처음으로 심리적 영역에 적용한 것은 프로이트였다.

본능 구성요소

프로이트는 '성적 목표와 관련된 일탈' 이라는 주제에 대해 계속 논의하는데, 여기서 성적 욕동은 그가 "본능 구성요소"라고 부르는 여러 부분들로 분해된다. 본능 구성요소는 성적 흥분의 원천이 되는 각각의 성감대를 가지고 있다. 이는 성도착이 유아기에 기원을 둔 본능 구성요소의 지배하에 일어난다는 것을 암시한다. 본능 구성요소와 연결된 성도착의 형태 중에서 어떤 것은 성적 만족을 얻으려는 수단으로 몸의 일부를 사용하거나 주물대상을 사용하는데, 이러한 것들이 정상적 성교를 위한 신체영역을 대신한다. 성도착의 다른 형태에는 예비적 성적 목표와 관련된 고착이 있는데, 예를 들면 구강영역을 포함하는 성애적 행동(남성 성기나 여성 성기에 대한 구강 애무), 만지기, 바라보기, 혹은 가학증과 피학증까지 있다. 이런 경우에 대해 프로이트는 "그 성향은 예비적 행위들에 [머물러 있다가] 정상적인 성적 목표를 대치하는 새로운 성적 목표로 [변한다] (156:45-46)"고 말한다. 프로이트의 관점을 요약하자면, 성도착에서는 성적 욕동이 "본능 구성요소"라고 불리는 다양한 부분들로 분해되는 반면, 정상적인 성욕에서는 본능 구성요소가 서로 결합하여 성기적으로 성숙한 방향으로 작용한다고 말할 수 있을 것이다.

성도착, 신경증 그리고 정상성

이 모든 것으로부터 프로이트는 특히 일반대중에게 충격을 주는 두 가지 결론을 이끌어 낸다. 첫째, 그는 신경증적 증상이 오직 정상적인 성적 욕동을 희생해서 만들어진 것뿐만이 아니라 일부는 비정상적 성욕을 희생해서 만들어진 것이라고 주장한다. 그는 자신의 관점을 다음과 같은 유명한 문구로 요약한다. "신경증은 이를테면 성도착에 대한 음화negative 이다"(같은 책 165). 사진술에서 빌려온 이 은유가 의미하는 것은, 성도착자가 일탈적인 성적 행동을 통해 실연하는 것들을 신경증환자들은 꿈이나 환상을 통해 상상한다는 것이다. 두 번째로 프로이트는 성도착이 되기 쉬운 기질은 이례적인 것이 아니라 이미 아동기에 윤곽이 잡힌, 소위 정상적인 구조에 속한 것이라고 주장한다. "모든 성도착의 싹들을 내포하고 있는 이러한 가정적 기질은 아이들에게서만 입증해 보일 수 있다. 그러나 아이들에게 있어 그 강도는 단지 모든 본능들의 모습이 보일 정도의 평범한 것이다"(같은 책 172).

두 번째 에세이 : 유아 성욕

유아기 기억 상실증 : 최초의 아동기 기억에 대한 망각

두 번째 에세이에서, 프로이트는 아동기에는 성적 충동이 없으며 단지 사춘기에 이르러서야 나타난다는 대중적 신념을 더욱 흔들어 놓는다. 그와 동시에 그는 유아 성욕의 존재를 무시하던 당시의 과학계를 뒤엎어 놓는다. 그는 이러한 자각의 결여가 자신이 "유아기 기억상실증"이라고 부른 것, 즉 일반적으로 말해 성인이 초기 아동기에 대해 거의 기억하지 못한다는 사실에서 기인한다고 보았다. 프로이트에게 있어 유아기 기억상실과 히스테리 기억상실에서의 망각은 억압에 의한 것이었다. 히스테리 환자는 유혹과 관련된 성적 욕동을 억압하는 반면, 성인은 아동기 성적 삶의 기원을 의식적으로 자각하지 않도록 효과적으로 차단하고 있다.

프로이트에 따르면 아동의 성적인 삶은 3살과 4살 무렵에 대개 관찰할 수 있는 형태로 나타난다. 그러나 성적 충동의 표현은 훈육이나 문화적 특성과 같은 외적인 장애뿐 아니라 역겨움, 정숙함과 도덕적 규율과 같은 내적 장애물에 부딪치는데 이러한 것들은 억압의 표현이다. 잠재기 동안 성적 충동은 프로이트가 승화라고 부르는 과정 덕분에 직접적인 성적 목표로부터 문화적 성취의 형태를 띤 다른 목표로 방향을 돌린다. 그는 때로 성적 충동이 잠재기 동안 일시적으로, 혹은 사춘기까지 지속될 만큼 보다 오랜 동안 뚫고 나올 수도 있음을 인정한다.

유아 성욕의 표현

프로이트는 엄지손가락 빨기를 유아 성욕 표현의 모델로 삼았다. 이러한 활동은 어린 유아기에 나타나 일생 동안 지속될 수 있다. 그에 의하면 손가락을 빠는 데 몰두한 아이는 "최초이자 가장 필수적인 행동인 엄마의 젖가슴이나 그 대체물을 빠는 것"에 토대를 둔, 이미 경험했던 쾌락을 추구하려는 충동에 내몰린다(같은 책 : 181). 젖을 먹는 동안 아이의 입술은 쾌감의 원천으로서 성감대와 같이 작용한다. "처음에 성적 행동은 자기-보존 목적에 봉사하는 기능들에 부착된다"(같은 책 : 182). 성적 만족이 음식에 대한 욕구로부터 분리되고 독립적이 되는 것은 그 이후의 일이다. 그러나 프로이트에 의하면 이렇게 성욕을 불러일으키는 특질은 구강영역에 국한되지 않고 어떤 다른 신체 부위에도 부착될 수 있으며 성기와 마찬가지로 쉽게 흥분할 수 있게 된다.

아동기 성적 충동의 주요한 특징은 본질적으로 자위적 성질을 가진다는 것이다. 프로이트는 유아 성욕의 표현에 구강 자위적 행위뿐만 아니라 항문영역(내장 기능과 관련하여 보유하거나 축출하는 즐거움 등)과 관련된 자위적 행동, 오줌 누는 즐거움(소년과 소녀 모두)을 포함하는 요도적 행위, 그리고 성기영역과 연결된 것들까지 포함시킨다. 이런 관찰은 프로이트가 유아기 자위를 세 가지 뚜렷한 단계로 서술하도록 이끌었다. 첫 번째는 젖 먹는 상황과 연결된 어린 유아의 수음 단계에 해당하며, 두 번째는 3살이나 4살에, 세 번째는 오랫동안 유일하게 자위라고 간주되었던 사춘기에 해당하는 단계이다.

● 다형성 도착 소인

초기 아동기에 성감대가 하는 역할을 발견하고 프로이트는 아동이 "다형성 도착 소인"을 가지고 있다는 결론을 내리게 되었다. 그가 의미하고 있는 것은 무엇일까? "도착 소인"이라는 용어는 유아의 신체에 삶의 초기부터 성적 흥분에 특히 매우 민감한 여러 부분들이 있다는 것을 의미한다. 나중이 돼서야 성감대들은 성을 통합하기 위해 성기적 조직의 지배를 받는다. "다형성"이라는 용어는 초기 아동기에 성적 흥분을 일으킬 수 있는 성감대가 상당히 다양하다는 것을 강조한다. 유아기 다형성 도착 소인의 존재로 인해 프로이트는 성인에게서 발견할 수 있는 조직화된 도착이, 심리성적 발달의 초기 단계에 고착된 유아 성욕의 구성요소가 계속 남아있기 때문이라는 사실을 설명할 수 있었다.

오늘날까지도 프로이트의 "다형성 도착 소인"에 대한 개념은 일반적으로 잘못 이해되어 물의를 일으킨다. 아동이 성감대로부터 성적 쾌락을 얻을 수 있다는 것이, 아이가 성인에게 사용되는 의미에서의 "성도착자"라는 것을 뜻하지는 않는다. 프로이트가 그 용어로 의미하는 것은, 다형성 도착 소인이 있는 유아 단계란 개인의 심리성적 발달이 초기 단계에 있다는 것이다. 그것은 아직 성기적 성의 단계에 도달하지 못했다는 것, 성감대 간의 위계가 확립되어 생식 기능의 지배하에 들어가기 이전이라는 것을 의미한다. 성인의 도착은 전적으로 다른 문제이다. 여기에는 고도로 조직화된 행동이 있는데, 만족은 개인의 성기적 성의 충분한 발달을 희생해서 얻어지며, 성적 쾌감은 동성애에서처럼 동성의 대상들 혹은 주물성애에서와 같이 특정한 요구들을 통해 얻어진다. 물론 어린이도 진정한 성도착적인 고착이 일어날 수 있는데 그런 경우는 매우 예외적인 것이다.

● 유아의 성 이론

프로이트는 성적 문제에 대한 집요한 질문으로 나타나는 아동의 강렬한 호기심을 유아성욕의 표현에 포함시킨다. 아기는 어떻게 태어나는 걸까? 엄마와 아빠는 어떻게 아기를 만들까? 다양한 모습과 형태로 반복되는 이러한 의문들은 아동이 성적 주제에 대해 창안해낸 독특한 논리들을 어렴풋이 보여준다. 예를 들면 오직 하나의 기관이 남녀 간의 차이를 결정하는데, 소년은 페니스를 가지고 있고 소녀는 그것을 박탈당했다는 것이다. 또 다른 유아적 성 이론은 아동이 유아의 출생(아이는 배설물의 방출처럼 창자에서 태어난다)이나 부모의 성교(키스를 통한 임신, 성교에 대한 가학적 관점 등)에 관해 갖고 있는 생각과 관련이 있다. 그 본질이 어떤 것이든 간에, 아동의 의식적 환상들은 무엇보다도 그들의 무의식적인 성적 조직, 그리고 환상 속에서 직계 가족들 간의 관계를 상상하는 방식을 반영한다.

성적 조직의 발달 단계

이 책을 6판까지 발간하면서 프로이트는 계속 새롭고 기본적인 개념들을 소개하는데, 1905년에는 단지 80페이지로 출발하였지만 1925년에 출간된 마지막 6판(모든 최신 연구를 포함한)은 120페이지가 넘는다. 1915년 판에서 프로이트는 리비도가 연속적인 단계들을 따라 조직되며, 각 단계는 가장 우위에 있는 성감대에 상응한다는 생각을 도입하였다. 프로이트는 이어서 구강기, 항문-가학기 그리고 성기기에 대해 설명한다. 그는 리비도의 발달은 연속적인 단계들을 거치며, 각 단계는 지배적인 성감대와 일치한다고 제안한다. 1923년에 그는 이미 서술했던 세 단계에다 항문기와 성기기 사이에 "남근기 단계"를 추가하였는데, 남근기에는 오직 한 종류의 성기, 즉 소년의 페니스 그리고 그 등가물인 소녀의 클리토리스만이 알려져 있다. 그러므로 성욕의 발달은 구강기와 항문-가학기 그리고 남근기라는 리비도 조직의 전성기기적 단계로부터, 사춘기에 시작되는 성기적 단계로 가는 경로를 따르는 것으로 보인다. 프로이트가 비록 진화론적 용어로 유아의 심리성적 발달을 서술하긴 했지만, 그는 이러한 궤도가 완전히 단선적인 것은 아니며, 각 단계는 개인이 다음 단계로 넘어갔을 때에도 영원한 흔적들을 남기기 때문에 중복이 쉽게 일어날 수 있다고 지적한다.

세 번째 에세이 : 사춘기에서의 변화

유아기의 자가-성애와 사춘기 이후의 대상 선택

1905년 판에서 프로이트는 자가-성애 방식으로 작용하는 유아 성욕과 대상 선택에 집중하는 사춘기 이후의 성욕을 뚜렷이 대비시킨다. 초판본에서 프로이트는, 성욕의 초기 단계에서는 자신의 신체가 유일한 대상인데 반해, 사춘기 이후의 성욕은 대상선택에 토대를 두고 있다고 말한다. 즉, 개인이 일단 신체적이고 심리적인 성숙에 도달하게 되면 그 대상은 사랑하고 갈망하는 사람이 된다.

그렇긴 하지만, 일찍이 『세 편의 에세이』 초판에서부터 프로이트는 부분-대상part-object과 전체-대상whole-object관계를 서술하였다. 그 예로, 1905년에 그는 "아이가 엄마의 젖을 빠는 것은 모든 사랑관계의 원형이 된다"(1905d : 222)고 말하면서 이를 "가장 처음이자 가장 중요한 성적 관계"(같은 책 : 222)로 묘사하고 있는데, 유아는 엄마의 젖가슴을 엄마의 대체물로 받아들이므로 그는 분명 초기 부분-대상관계를 가리키고 있는 것이다. 그는 또한 젖가슴—오늘날 우리는 부분-대상관계라고 말한다—을 포기한 유아가 전체적인 존재로서 엄마를 발견하는 방식에 대해

서술하였다. 이러한 이행은 "아이가 자신에게 만족을 주는 기관들을 소유한 그 사람에 대해 총체적 개념을 형성할 수 있을 때에"(같은 책 :222) 일어난다. 부분 - 대상관계에서 전체 - 대상관계로의 이행에 대한 이러한 설명은, 프로이트가 1915년에 초심리학에 관한 논문에서 "본능 구성요소" 개념을 소개하면서 비로소 완성된다.

대상관계에 있어 정동의 역할

프로이트는 『세 편의 에세이』의 연이은 개정판에 계속 자료를 추가하면서, 유아기의 자가 - 성애와 사춘기 이후의 대상 선택 사이의 대조를 점차 완화하는 경향을 보였다. 1915년에 리비도 단계들에 대한 개념을 소개할 때, 그는 각 단계에 상응하는 대상의 종류에 대해 설명하였다. 사춘기의 개막과 함께 본능 구성요소는 점차 더 통합되고 성기기의 특징인 대상선택 – 현대의 용어로는 "전체" 대상 – 으로 이끈다. "모든 성적 경향들은 그들이 목적을 이루기 위해 추구하는 것과 관련이 있는 한 사람에게로 향한다"(같은 책 : 199).

나중에 프로이트는 개인의 발달 과정에 있어, 대상관계에서 사랑과 증오의 정동이 하는 역할을 점점 더 고려하게 된다. 1912년에 그는 "전이의 역동"(1912b)에서 양가감정의 개념을 도입하는데, 이후부터 그는 사랑과 증오 사이의 양가감정이 전성기기적 대상관계의 특징이라고 주장하였다. 그는 또한 유아기 본능 구성요소의 특징인 '애정적affectionate' 경향, 그리고 사춘기 대상 선택의 특징인 '관능적sensual' 경향 사이의 대조를 강조하였다. 대상 선택의 관능적 경향이 작용하려면, 아이는 근친상간에 대한 장벽 때문에 어머니와 아버지로 대표되는 근친상간적인 초기 사랑-대상들을 포기하고 다른 사람을 대상으로 선택해야 한다. 그러나 이러한 새로운 대상 선택들은 여전히 초기 선택의 영향 아래 있기 때문에, 사춘기 이후에 선택된 욕망 대상들과 아동의 가장 초기 대상 선택인 부모 사이에는 유사점이 남아 있다. 달리 말하면, 그것은 평생에 걸쳐 영향을 미치기 때문에 어느 누구도 유아기에 형성된 근친상간적인 최초 대상 선택의 영향을 피해갈 수는 없다고 프로이트는 말한다. "리비도의 근친상간적 고착을 다행히 피해간 사람조차도 그 영향으로부터 완전히 벗어날 수는 없다"(1905d : 228). 이어서 프로이트는 성기적 단계가 발달할 때 애정적 경향과 관능적 경향이 어떻게 통합되는가를 보여준다. 그러나 신경증의 경우는 이 두 경향이 성공적으로 통합되지 못한다. "완전히 정상적인 사랑의 태도를 갖기 위해 통합될 필요가 있는 두 경향은 결합하는 데 실패한다"(1912d : 180).

마지막으로 프로이트는 대상 - 사랑을 발달적 관점에서 바라본다. 잠재기 이후부터 아동들은, 자신을 돌보았던 사람에게 느꼈던 성적 사랑에 토대를 두고 다른 사람을 사랑하는 것을 배운다. 아동의 심리성적 발달 과정을 요약하자면, 성적 욕동은 본질적으로 전성기기적인 부분 - 대상들을 목표로 삼아 시작된다고 할 수 있다. 그 다음에는 사랑 - 대상의 선택에서 리비도적 경향과 애정적 경향 간의 통합으로 이끄는 점진적 발달 과정이 뒤따른다. 프로이트는 전체 대상으로 경험되는 사람을 향한 사랑의 관계를 기술하기 위해 "대상 선택"이라는 용어를 사용하였다. 이런 종류의 관계는 그가 1915년에 「본능과 그 변천」에서 기술한 바와 같이 또 다른 한 쌍의 대립, 사랑과 증오를 불러온다. "사랑과 증오[라는 용어]는 본능과 그 대상과의 관계에 적용될 수는 없지만 전체 자아와 대상과의 관계를 위해 유보될 수는 있다"(1915c : 137). 그러나 프로이트는 그가 묘사했던 성적 성숙이 좀처럼 얻기가 어렵다는 것을 인식하였다. 정상적인 발달과 병리적인 발달에서 유아 성욕의 결정적 역할을 강조하면서 그는 "성 생활의 모든 병리적 장애는 발달에서의 억제inhibition라고 보아야 한다"(1905d : 208)고 말하였다.

프로이트 개념들의 발달

오이디푸스 콤플렉스 : 연속 단계에서의 발견

프로이트의 『성욕에 관한 세 편의 에세이』 초판(1905)에서는 오이디푸스 콤플렉스 같은 개념에 대한 설명이 없으며, 나중에 개정판에 가서야 추가되어 나타난다. 그러나 지금 여기서는 이러한 발달의 주요 단계들을 대략적으로 기술하겠다. 그 개념 자체는 프로이트의 모든 저술을 통해 점차적으로 작업되었고, 하나의 논문이 오이디푸스 콤플렉스 전체를 다루고 있는 것은 없다.

그것은 프로이트의 가장 탁월한 발견들 중의 하나였다. 아동의 발달 과정 중에 출현하는 오이디푸스 콤플렉스는 정신적 삶의 중심적 조직자가 되며, 그것을 중심으로 개인의 성 정체성이 구조화된다. 프로이트에게 있어 그 콤플렉스는 보편적인 것이며, 세 편의 에세이에서 그가 밝힌 것처럼, "지구상에 새로 태어나는 사람은 누구나 오이디푸스 콤플렉스를 극복해야 하는 과제에 직면한다"(1905d : 226). 오이디푸스 콤플렉스가 정상적인 발달에 국한된 것만은 아니다. 그것은 또한 "신경증의 핵심 개념"(같은 책)을 형성하면서 정신 병리의 중심부에 놓여있다.

단순한(혹은 긍정적) 형태의 오이디푸스 콤플렉스

프로이트가 아이로서 자신이 느꼈던 어머니에 대한 사랑과 아버지에 대한 질투를 깨닫게 된 것은 자기-분석 과정에서였다. 그는 자신의 감정 안에 있는 이러한 갈등을 오이디푸스 신화와 연결시켰다.

> 나는 나 역시 어머니를 사랑하고 아버지를 질투한다는 것[현상]을 발견했다. 나는 이제 그것이 초기 아동기에서 보편적이라고 생각한다. [...] 그렇다면 우리는 오이디푸스 왕이 권력을 장악한 것을 이해할 수 있다(『플리스에게 보내는 편지』 1897년 10월 15일).

그는 『꿈의 해석』에서 같은 주제를 다시 한 번 꺼낸다. "자신의 아버지인 라이오스를 살해하고 어머니인 이오카스테와 결혼한 오이디푸스 왕은 단지 우리 아동기의 소망 충족을 보여준 것에 지나지 않는다"(1900a : 262). 그 다음 몇 년에 걸쳐 프로이트는, 1905년의 "도라" 사례 그리고 1909년의 "어린 한스" 사례에서 보듯이, 임상 작업에서 끊임없이 오이디푸스 콤플렉스에 대한 생각을 거론한다. 그러나 "오이디푸스 콤플렉스"라는 개념은 1910년, "남성들의 대상선택 중 특이한 유형"(1910h)에서 비로소 처음으로 출현하는데 "콤플렉스"라는 용어는 융에게서 빌려온 것이다.

처음에 프로이트는 단순한(또한 긍정적 혹은 직접적이라고 부른다) 형태의 오이디푸스 콤플렉스를 발견하였고 그것이 어린 소년의 심리성적 발달 과정에서 어떻게 발달하는지를 묘사하였다. 소년의 최초 애정 대상은 어머니이며, 그는 어머니를 독점적으로 소유하고 싶어 한다. 그러나 3살부터 5살 사이에 어머니에 대한 그의 사랑은 아버지와 경쟁하게 만들고, 그는 아버지를 미워하기 시작한다. 그러므로 그는 어머니에 대한 근친상간적 소망과 아버지에 대한 증오 때문에 아버지가 자신을 거세 –페니스를 박탈 – 할 것이라고 두려워한다. 거세 위협이 불러일으키는 불안으로 인해, 소년은 결국 어머니에 대한 근친상간적인 성적 소망의 충족을 포기하고 잠재기로 들어간다.

처음에 프로이트는 소년과 소녀의 성적 발달과 관련해 완전한 대칭이 있을 것으로, 즉 소년이 어머니와 사랑에 빠지고 아버지를 미워하기 시작하는 것처럼 소녀는 아버지와 사랑에 빠지고 어머니를 미워할 것이라고 생각했다. 나중에 그는 소녀의 발달적 궤도는 소년과 다르다는 것을 이해하게 되었다.

1913년 『토템과 타부』에서 프로이트는 오이디푸스 콤플렉스의 보편적 성질, 그리고 특히 모든 인간의 성격 발달에 있어 그것이 구조화시키는 역할을 한다는 것을 설명하려고 했다. 그는 아버지가 소유하고 있는 여자들을 갖고 싶어 하는 아들들이 아버지를 살해한다는, 원시 유목민에 대한 가설을 통해 이를 설명하려고 시도하였다. 프로이트에 따르면, 이 최초의 범죄는 세대에서 세대로 계통발생을 통해 전해 내려오며, 이러한 최초의 살인과 관련된 죄책감은 우리 각자에게 오이디푸스 콤플렉스라는 형태로 나타난다.

완전한 형태의 오이디푸스 콤플렉스 : 후기의 발견

몇 년 후 프로이트는 『자아와 이드』(1923b)에서 긍정적(혹은 직접적) 형태의 오이디푸스 콤플렉스라는 개념 외에 부정적(혹은 전도된) 형태의 오이디푸스 콤플렉스를 추가하는데, 이 개념은 모든 인간이 유아 때부터 갖고 있는 신체적, 심리적인 양성애적 소인의 존재에 토대를 둔다. 긍정적 오이디푸스 콤플렉스에서 소년은 어머니와 결혼하고 아버지를 살해하고 싶어 한다. 그러나 부정적 혹은 전도된 오이디푸스 콤플렉스에서 그는 아버지와 결혼하고 경쟁자로 경험되는 어머니를 제거하기를 원한다. 자신의 경쟁자와 동일시하여 아버지"처럼 되고" 싶어 하는 긍정적 형태의 오이디푸스 콤플렉스와는 달리, 부정적 혹은 전도된 형태에서 소년은 대상에 대한 최초의 사랑의 형태인 퇴행적 동일시라는 수단을 통해 자신이 어머니 "이고" 싶어 한다. 소년이 아버지에게 느끼는 수동적인 여성적 소망들은 그가 아버지라는 경쟁자를 남성적으로 동일시하는 것뿐만 아니라, 어머니에 대한 이성애적 소망들을 포기하도록 이끈다 – 프로이트가 1911년의 "슈레버" 사례와 1918년의 "늑대 인간" 사례에서 보여주었듯이. 프로이트에게는 두 가지 형태의 오이디푸스 콤플렉스가 모든 인간의 정신적 삶에 공존한다. 그 결과, 완전한 형태의 오이디푸스 콤플렉스는 네 사람을 포함한다 – 한편에서는 아버지와 어머니 그리고 다른 한편에서는 모든 인간에게 존재하는 "심리적 양성성"에 기초한 아동의 남성적 경향과 여성적인 경향. 이 두 경향성의 상대적 비율은 차이가 있는데, 개인의 성적 동일시는 둘 중 어느 것이 우세한가에 달려있다. 소위 정상적인 심리성적 발달은 긍정적인 오이디푸스 콤플렉스가 부정적인 것을 지배한 결과이다.

1923년에 「유아의 성기적 조직」(1923e)에서 프로이트는 네 번째 전성기기 단계인 "남근기"를, 그가 1915년에 『세 편의 에세이』의 개정판에서 소개하였던 세 단계 – 구강기, 항문기, 그리고 성기기 – 에 추가한다. 그 후부터 그는 본질적으로 아동의 심리성적 발달은 결정적인 성감대로서 페니스의 일차성에, 그리고 대상관계에 관해서는 오이디푸스 콤플렉스에 집중되어 있다고 간주하였다. 동시에 그는 3세에서 5세 사이의 남근기 동안에 반대 성을 가진 부모를 향한 성적 욕망이 정점에 달하고, 거세 불안이 가장 강렬할 때 오이디푸스 콤플렉스가 최고조에 이른다고 말하였다.

1924년, 「오이디푸스 콤플렉스의 해소」(1924d)에서 프로이트는 어떻게 오이디푸스 콤플렉스가 "해소" 혹은 "소멸"되는지 설명하였다. 그러나 논문의 제목과는 달리 실제로 사라지는 것은, 3살에서 5살 아동에게서 그 극심함이 관찰되는 오이디푸스 갈등이다. 그러한 오이디푸스 상황은, "콤플렉스"라는 개념과 연관된 병리적 특질을 상실한 채, 개인의 정신적 삶의 기본 조직자로서 무의식 속에 최종 형태로 남게 된다.

1925년에 프로이트는 「성의 해부학적 차이에 따른 심리적 결과」(1925j)에서 소녀의 성적 발달에 관해 기술했던 것을 재고하였다. 그는 소년과 소녀가 삶의 초기에 같은 대상 – 엄마 – 을 가졌다하하더라도 소녀의 이후 발달은 다른 경로를 따른다는 것을 깨달았다. 소녀는 대상을 바꾸어 어머니에 대한 사랑으로부터 아버지에 대한 사랑으로 옮겨가야 한다. 그것은, 우리가 나중에 프로이트의 여성성 개념에 대한 주제에서 보게 되듯이, 그가 여전히 소녀의 심리성적 발달은 결정적으로 남근 선망의 영향을 받으며, 그 소망은 아버지의 아기를 갖고 싶다는 소망으로 대치된다고 믿었다는 것을 말한다. 프로이트는 "남근 일원론"으로 알려진 이 이론에 계속 충실했다 – 이것은 그가 유아 성욕 이론에 대한 미련을 버리지 못한 것으로 볼 수 있다. 「여성의 성욕」(1913b)이라는 제목의 논문에서 그는 어머니와 소녀의 원초적 유대의 중요성, 그리고 심리성적 발달 과정에서 대상을 바꾸어 어머니에서 아버지로 옮겨가는 어려움에 대해 재차 확언하였다.

새로운 개념들

의존적 자기애 – 자가 - 성애 – 양성성 – 발달 단계 : 구강기, 항문기, 남근기, 성기기 – 욕동 – 성감대 – 유아기 기억상실증 – 유아 성욕 이론 – 대상 – 대상 선택 – 오이디푸스 콤플렉스 – 도착 – 다형성 도착 소인 – (소년과 소녀의) 심리성적 발달 – 전체- 대상, 부분 - 대상

「히스테리 사례('도라')의 분석」
(1905e[1901])

전이의 발견

도라의 정신분석 치료에 대한 설명은 프로이트가 어떻게 전이를 발견했는지 보여주고 있다는 점에서 특히 흥미롭다. 도라의 분석을 시작했을 때 프로이트는, 그녀가 히스테리 증상의 성적 기원 그리고 이런 증상의 표현에서 꿈이 하는 역할에 관한 자신의 견해가 옳음을 확인해줄 것이라고 생각했다. 그녀가 11주 만에 치료를 포기하는 것을 막지 못한 것은 그에게 큰 충격이었다. 그러나 프로이트는 뛰어난 직관력으로 이런 치료의 실패에서도 무언가를 얻었는데, 전이 과정과 관련된 저항이 자신도 모르게 작용하고 있었다는 것을 나중에 깨닫게 되었다. 프로이트는 자신이 그때 이런 장애물을 알아차릴 수 있었더라면, 그것을 해석하여 환자가 분석을 중단하는 것을 막을 수 있었을 것이라고 결론지었다. "정신분석에서 가장 큰 장애물이 될 수밖에 없는 전이는, 그것이 나타날 때마다 감지하여 환자에게 설명해 줄 수 있다면 가장 강력한 동지가 된다"(1905e : 117). 그러나 그것으로 도라 사례가 끝난 것은 아니었다. 20여년 후에 프로이트는 분석의 중단이 단지 도라의 부성적 전이만이 아닌 모성적 전이, 즉 어머니에 대한 강력한 동성애적 애착이 지속된 데에 기인한다는 것을 깨달으면서, 1905년에 개술한 전이에 대한 관점을 대폭 수정했기 때문이다.

프로이트는 1905년에 도라의 분석 덕분에 전이를 발견했다고 할 수 있지만, 그 개념 자체는 몇십 년에 걸쳐 그의 많은 저술들에서 발달해왔다. 프로이트가 단지 두 번 언급했던 역전이에 대한 생각은 후기 프로이트학파 분석가들에게 매우 중요한 연구 주제가 되었는데, 그들은 전이와 역전이 간의 불가분한 연결에 관해 새로운 시각들을 열어주었다.

생애와 역사

프로이트의 천재성 : 치료적 실패의 활용

1900년에 프로이트가 『꿈의 해석』을 이제 막 출판하고 『일상생활의 정신병리학』을 쓰기 시작했을 때, 18세 소녀인 도라 – 그녀의 실제 이름은 이다 바우어였다 – 는 아버지의 권유로 그에게 진료를 받게 되었다. 도라는 1900년 10월부터 분석을 받기 시작했지만 갑자기 3개월 만에 치료를 중단했다. 처음에 프로이트는 대단히 실망했지만 이를 극복하고 곧바로 저술에 착수하여 불과 2주 만에 전이 현상에 관한 이 핵심적인 글을 썼다.

그는 플리스에게 이 짧은 분석이 두 가지 중요한 발견을 하는 기회가 되었다고 말했다. 첫 번째는 성감대, 특히 도라의 신경성 기침의 기원인 구강대 역할의 중요성에 관한 것이고(구강의 성애화), 두 번째는 남자들의 매력과 다른 여자들을 향한 감정 사이에서 망설이고 있는 도라의 갈등에 있어 심리적 양성성이 하는 역할에 관한 것이었다. 프로이트가 플리스로부터 빌려온 양성성의 개념을 임상상황에 적용한 것은 이때가 처음이었다. 한편 분석이 중단된 데 대해서 프로이트는 친구에게, 자신이 제때에 전이를 인식하지 못해 해석할 수 없었기 때문에 전이를 통제하지 못했음을 시인했다. 그러나 그런 실패로부터 얻을 수 있었던 교훈 때문에, 이 훌륭한 임상적 관찰은 전이현상의 주제에 대한 가장 중요한 저작 중 하나가 될 수 있었다. 프로이트는 기밀 보장의 이유로 1905년까지 출판을 연기하긴 했으나, 환자 동의 없이 사례 보고서를 출판한 것에 대해 적대자들의 혹독한 비난을 피할 수 없었다.

그 이후 도라는 어떻게 되었을까? 그녀는 1903년에 어네스트 아들러와 결혼하고 샌프란시스코 오페라 감독이 된 커트-허버트라는 아들 하나를 두었다. 1923년에 남자와 관련된 박해 감정뿐 아니라 수많은 불안 발작에 시달리던 그녀는 정신분석가인 펠릭스 도이치Felix Deutsch에게 치료를 받았는데, 그는 그녀가 왕년에 프로이트의 환자였다는 것을 알아보았다. 그 후 그녀는 1930년대 말까지 비엔나에서 살면서 "K 부인"으로 알려진 페피나와 절친한 친구가 되었는데, 그녀는 프로이트의 "도라"에 대한 1905년 임상논문에 나오는 인물들 중 하나였다! 도라는 마르크스 사상으로 유명한 정치인이자 오스트리아의 전직 수상이었던 오빠를 찾고 있던 나치에게 심문을 당하자 미국으로 이민을 갔으며 1945년에 뉴욕에서 사망했다.

원문 찾아보기

페이지 번호는 『지그문트 프로이트 전집 표준판』 vol. 7, 1-122를 따른 것이다.

● 유혹의 실제 시도로부터...

도라는 아버지가 K부인과 정사를 가진 후에 프로이트의 진료를 받았다. 정사는 비엔나의 두 중산층 부부가 만났던 휴양지인 메가노에서 일어났는데, 두 부부는 도라의 부모인 필립 바우어와 카테리나 바우어 그리고 한스 젤렌카와 페피나 젤렌카, 일명 K씨와 K 부인("K"는 "Zellenka"로부터 따온 것이다) 이었다. 도라의 아버지가 K부인과 정사를 갖기 시작하자 이런 식으로 기만을 당한 것에 격노한 K씨는 경쟁자의 딸인 도라를 유혹하기 시작했다. 그러나 어쨌든 도라는 비밀리에 K씨와 사랑에 빠지게 되었는데, K씨는 아버지를 연상시켰기 때문이었다. 어느 날 K씨는 기습적으로 그녀를 안고 입술에 키스를 했다. 충격을 받은 도라는 K씨의 뺨을 때리고는 그를 밀쳐냈다. 분석과정에서 도라는 프로이트에게 "그녀의 몸에 가해진 발기된 남근의 압박" 때문에(1905e [1901] : 30) K씨와의 신체 접촉에서 성적 자극을 받았음을 인정했다. 이로 인해 그녀는 심한 불쾌감과 수치심에 휩싸였다.

그때부터 도라는 남자들과 있을 때마다 충격과 혐오감을 느끼기 시작했다. 프로이트는 이런 징후들이 특성상 전형적인 히스테리라고 생각했다. K씨와의 일이 있은 직후, 도라는 이 문제를 아버지와 의논하려 했지만 아버지와 K씨는 그녀가 이러한 유혹 시도를 날조했다는 누명을 씌웠다. 그러자 도라는 예정보다 일찍 휴양지를 떠나면서도 그 솔직한 이유에 대해서는 말하지 않았다. 도라가 우울증에 시달리면서 자살 시도를 할 조짐까지 보이자, 그녀의 신경증이 악화된 것을 알아차린 가족들은 프로이트와 예약을 잡았다.

● ...전이에서 유혹에 대한 무의식적 환상으로

도라의 회기에 대한 프로이트의 설명은 이 사례에 대한 그의 관심을 잘 보여주고 있으며, 히스테리 증상의 성적 기원뿐 아니라 무의식적 갈등을 드러내는 꿈의 역할에 대한 그의 가설들을 분명히 확인시켜주고 있다. 프로이트는 꾸밈없는 열정으로 도라의 신경증 문제를 상세히 분석하는 데 매진하면서, 작업이 진전됨에 따라 자신이 해석했던 것들을 보고한다. 자신의 추론이 타당함에 대해 환자의 동의를 구해야겠다고 결심한 그는 특히 1895년의 『히스테리 연구』에서 주저하면서 신중하게 접근하는 태도를 보인 것과 비교할 때, 전에 없이 자기 확신에 찬 어조로 그녀에게 이야기하고 있다.

도라를 분석할 당시 프로이트의 해석적 기법은 주로 환자가 보고하는 연상, 꿈 그리고 아동기 기억들을 토대로, 신경증 증상을 출현하게 만든 일련의 사건들을 재구성하는 데 목적이 있었다. 여기서 프로이트는 그녀에게도 같은 방식으로 접근하는데, 예를 들면 그는 불이 난 집에서 탈출하는 도라의 첫 번째 꿈을 분석한다. 프로이트는 그녀가 가진 환상들의 다양한 무의식적 측면들을 보여주었는데, 그녀는 유혹하려는 남자로 인해 두려워지자 아버지에게로 달아났으며, 유혹자를 아버지로 대체하고 싶은 무의식적 소망을 꿈으로 드러내면서 아버지에게 끌리고 있었다. 이런 단계적인 접근을 통해, 프로이트는 그녀의 증상 형성 밑에 놓여 있는 무의식적 속박을 환자가 의식할 수 있게 하려고 애썼다. 그러나 도라의 기억들을 탐색하고 그 후 그것을 재구성하는 데 깊이 몰두한 프로이트는 자신의 "설명"이 환자에게 불러일으킨, 밑에 있던 저항을 보지 못했다. 그제야 그는 자신이 재구성한 표상들을 도라와 공유하는 것만으로는 충분치 않았다는 것을 깨달았다. 그녀는 지금 여기 그와의 관계 안에서, 관련된 정서를 경험해야만 했을 것이다.

그러므로 도라가 겨우 치료 3개월 만에 분석을 중단한 것은 그로서는 무척 놀라운 일이었다. 자신의 기록을 바탕으로 프로이트는 분석에 대한 설명을 집필하기 시작했는데 그러는 동안 그는 회기 자료에서 뒤에 올 중단을 예시하는 많은 조짐들을 발견하였다. 예를 들면, 도라의 꿈에서 나타났던 담배 냄새를 기점으로, 그는 도라의 아버지, K씨, 그리고 자기 자신이 상습적인 애연가라는 사실을 깨달았다. 그는 자신이 알아차리지 못했던 전이를 귀납적으로 성찰하면서 다음과 같은 결론을 끌어내었다.

> 결국 나에 대한 전이가 있었다는 것을 가리키는 조짐들을 고려하면서 – 나 역시 애연가이기 때문에 – 나는 아마 그녀가 어느 날 회기 중에 내게서 키스를 받고 싶다는 생각이 떠올랐을 것이라는 결론을 내리게 되었다(같은 책 : 74).

그는 적절한 시기에 전이를 해석하지 못한 것에 대해 자신을 탓했다.

> 그러나, 첫 번째 꿈이 그녀에게 전에 K씨 집을 떠났던 것처럼 치료를 떠나는 것이 좋을 거라고 경고했을 때, 나 자신도 그 경고에 귀를 기울여야 했다. 나는 그녀에게 이렇게 말했어야 했다. "지금 당신은 K씨를 나에게 전이시키고 있어요. 내가 K씨와 [...] 비슷한 못된 의도를 갖고 있다고 의심하게 할 만한 것이 뭔가 있었나요?"(같은 책 : 118)

도라는 K씨에 관해 느꼈던 것과 같은, 프로이트를 향한 애정어리고 성적인 불안한 감정뿐만 아니라, 자신을 유혹했던 사람에게 보복하고 싶었듯이 프로이트에게 보복하고 싶은 소망을 무의식적으로 경험했던 것 같다.

전이 : 환자의 과거 인물을 분석가에게로 옮겨놓다

전이의 힘은 프로이트에게 이런 방식으로 모습을 드러냈다. 전이는 분석과정에서 환자에게 중요했던 과거의 인물이 현재 상황과 분석가에게 투사되어 실연되는 드라마로 묘사할 수 있다. 도라의 사례에서 프로이트에게 전이된 과거의 주요 인물은 한 사람이 아니라 두 사람이었다. 프로이트는 K씨뿐만 아니라 보다 초기의 유혹자인 도라의 아버지를 나타냈는데, K씨는 아버지를 재현했던 것이다. 따라서 분석과정에서, 도라의 삶에서 최근에 일어났던 실제 사건들은 어린 시절의 어떤 것, 즉 어렸을 때 아버지에 의해 유혹받는 환상이 반복된 것이었다. 오이디푸스 상황과 연결된 그 환상적 사건은, 실제 K씨와의 최근의 사건보다도 도라의 아동기 심리구조에서 훨씬 더 큰 중요성을 갖는다.

후기의 수정 : 도라의 동성애적 전이

1905년에 이 사례 보고서를 출간할 때 프로이트는 도라의 저항이 K씨, 그녀의 아버지 그리고 자기 자신에 의해 표현된 것처럼, 남자에 대한 애정과 성적 욕망에 기인한다고 보았다. 그 당시 프로이트는 전이의 이성애적 차원만을 고려했다. 그러므로 그는 도라가 자신에게서 오직 남자, 즉 K씨나 도라의 아버지만을 보았을 거라고 상상했다. "처음에 나는 상상 속에서 그녀의 아버지를 대체하고 있음이 분명했다"(같은 책 : 118). 그러나 1923년에 추가된 각주에서 – 분석이 종결 된 지 20년이 지난 후에 – 프로이트는, 자신이 K부인에 대한 도라의 동성애적 애착의 힘을 경시했다는 사실을 인정했다. "나는 K부인에 대한 환자의 동성애적(gynaecophilic : 여권론적) 사랑이 그녀의 정신적 삶에서 가장 강력한 무의식적 경향이었음을 제때 발견해서 알려주는 데에 실패했다"(같은 책 : 120). 그는 각주를 다음과 같이 끝맺는다. "내가 정신신경증에서 감정의 동성애적 경향의 중요성을 알기 전에는, 종종 치료가 정체되거나 나 자신이 완전히 혼란에 빠지는 일이 많았다."

이 논의에서 흥미 있는 결론은, 1905년에 도라의 분석에서 프로이트는 자신을 오직 남성적인 인물, K씨나 도라 아버지를 대신하는 것으로만 생각했다는 점이다. 그러나 1923년의 각주에서 K부인에 대한 도라의 애착을 강조할 때, 그는 자신을 전이에서 여성적 인물로, 즉 K부인이나 도라 어머니를 대신하는 것으로 보지 않았다. 그러므로 프로이트는 분석가의 실제 성별이 어떻든 간에, 분석가는 전이에서 남성이나 여성의 특성을 대표할 수 있음을 그 때까지도 온전히 이해하지 못한 것으로 보인다. 달리 말해 전이에서 여성분석가가 여자나 남자로 나타날 수 있듯이 남성 분석가도 남자나 여자를 나타낼 수 있는데, 이것은 그때의 전이 상황에 달려있다. 전이/역전이 관계의 그러한 특성은 정신분석가로서 임상을 시작할 당시에는 특히 이해하기 어렵다.

프로이트 개념들의 발달

후기 저작에서의 전이

오이디푸스 콤플렉스와 마찬가지로 전이 개념은 프로이트의 저술 속에서 수십 년에 걸쳐 단계적으로 발전했다. "전이" 자체는 일찍이 1895년의『히스테리 연구』에서 나타나지만, 그것이 얼마나 중요할 수 있는지를 실제로 이해하기 시작한 것은 1905년 도라의 분석에서였다. 나중에 그는 전이의 또 다른 측면들에 대한 여러 편의 소논문에서 이 주제에 관한 생각들을 재정의한다. 여기서는 이 주제에 관한 프로이트의 생각들을 주요 단계별로 연대순에 따라 개략하겠다.

"안나 O" 와 이른바 브로이어의 도피

프로이트는 사건이 있은 지 몇 년 후에 출간된 책에서 브로이어가 1881년에 어떻게 안나 O의 치료를 종결했는지에 대해 진술했는데, 전이는 의심의 여지없이 여기서 신화적인 기원을 두고 있다. 프로이트의 보고는, 브로이어가 갑자기 치료를 중단한 것은 안나 O가 그와 사랑에 빠졌기 때문이며, 성적 특성을 지닌 전이에 직면하자 도피했다는 믿음에 신빙성을 더해주었다. "흔히 있는 공포에 빠져 그는 환자를 동료에게 남기고 도피했다"(스테판 츠바이크Stephan Zweig에게 보낸 편지, 1932년 6월 2일, 1987c[1908-1938]). 그러나 최근의 역사적 연구에 의하면 프로이트가 보고한 소위 브로이어의 도피는 실제 사건들보다 나중에 프로이트가 기억한 것과 더 관련이 있는 것 같은데, 아마도 히스테리에서 성욕의 역할을 두고 브로이어 –그래도 개척기의 동료였던– 와 부딪쳤던 어려움들 때문에 수정된 것으로 보인다.

1895년『히스테리 연구』에서 "전이"라는 용어를 처음 사용할 때 프로이트는 이것을 저항의 한 형태로 믿었으며, 이때는 이 현상에 대해 나중에 알게 된 중요성을 부여하지 못했다. 당시 그는 전이를 제한된 범위 내에서 보았고, 치료가 적절히 시행되는 데 필요한 신뢰 관계에 방해가 된다고 보았다. 그는 환자가 의사에 관해 자기도 모르게 드러내는 불평과 과도한 애착을 그 예로 들었다. 그는 환자가 저항을 극복할 수 있도록, 정신분석에서 다른 증상을 다루는 것처럼 이러한 저항 뒤에 있는 무의식적 동기들을 밝혀내라고 조언한다.

도라가 떠난 후 전이를 발견하다

1905년 도라의 치료에서 전이는 매우 중요한 의미를 갖고 있었는데, 프로이트는 그녀가 무의식적으로 그에게 전이시킨 애정과 성적 감정 때문에 치료를 중단했다는 것을 이때 깨달았다. 이로 인해 프로이트는 전이를 감정, 소망, 환상 또는 총체적 각본까지도 분석가에게 전치시킨 것으로 규정할 수 있었는데, 각본은 사실 환자가 과거에 그리고 아동기의 어떤 시기동안 중요한 사람들과 이미 겪었던 경험들을 재생산하는 것이다. 그러나 프로이트는 도라가 치료를 중단하기로 결정하는 데 전이가 주된 역할을 했다는 것을 뒤늦게 깨달았음에도 불구하고, 그것을 정신분석 과정의 전체적 역동 뒤에 숨은 진정한 동기적 힘으로 간주하지 않았다. 그는 당시에 그 현상을 다음과 같이 정의했다.

> 전이란 무엇인가? 그것은 분석과정 동안 불러일으켜지고 의식화되는 충동들과 환상들의 새로운 판형 혹은 복제들이다. 그러나 그것들은 고유의 독특한 성질을 갖고 있는데, 이전의 인물들이 의사라는 사람으로 바뀐다. 달리 말하자면, 모든 일련의 심리적 경험들이 과거에 속한 것이 아니라 지금 이 순간 의사라는 사람에게 적용되어 재생된다 (1905e[1901] : 116).

프로이트는 이러한 전이의 성질에 대해 보다 상세히 설명하면서, "그것을 피할 방법은 없으며" "거의 혼자 힘으로 탐지해야 한다"고 말한다(같은 책 : 116).

프로이트를 "장교님"이라고 부르다

「강박신경증에 대하여」(1909d)에서 프로이트는 자신에게 전치된 전이의 좋은 사례를 제시하는데, 그것 역시 이 현상의 전형적인 성질을 잘 보여준다. "쥐 인간"으로 알려진 환자는, 군에 있는 동안 한 장교가 재미있다는 듯이 항문을 통해 들어간 쥐가 희생자의 몸을 파들어 가는 중국식 고문에 대해 설명하는 것을 들은 후 강박적 사고를 갖기 시작했다. 두 번째 치료회기에서 환자의 설명을 들은 후 프로이트가 그 증상의 기원이 성애적임을 상세히 설명하려고 할 때 그는 "쥐 인간"이 자신을 되풀이해서 "장교님"이라고 부르는 것을 들었다.

환자가 아동기 인물을 정신분석가에게 투사하다

「전이의 역동」(1912b)은 프로이트가 오직 전이에 대해서만 쓴 최초의 논문이다. 여기서 그는 정신분석가라는 개인으로 전치된 환자의 내적인 과거 인물들을 묘사하기 위해, 융의 개념인 "이마고"라는 용어를 사용한다. 1909년에 페렌치는 환자들이 의사에게 사랑하면서도 두려운 부모 인물의 역할을 맡도록 강요하는 경향이 있음을 관찰했는데, 그 후 프로이트는 페렌치가 강조했던 사랑과 증오의 전이 정동들이 하는 역할을 고려한다. 프로이트는 그것을 단순히 "전이"라는 측면에서 사고하는 것만으로는 충분치 않다고 하면서, 분석가는 전이 안에 내재한 정동적 특질들을 고려해야 한다고 말한다. 그러므로 그는 애정 어린 감정들이 우세한 "긍정적" 전이와, 적대적인 감정들이 대부분인 "부정적" 전이를 구별한다. 계속해서 그는 긍정인 전이와 연결된 부드러운 감정들은 항상, 일부는 의식적이고 일부는 무의식적인 성적 토대를 갖고 있는데, 유아의 최초 대상관계들은 반드시 성적 대상들을 포함하고 있기 때문이라고 주장한다. 그 결과 분석가에 대한 전이는 항상 긍정적 측면과 부정적 측면이라는 이중의 측면을 갖는다. 전이가 적대적 감정이나 억압된 성적 요소들을 동반하면, 그것은 저항으로 변형된다. 정동의 이러한 이중적 경향은 프로이트가 블로일러Bleuler(1911)의 '양가감정'이라는 개념을 채택하도록 이끌었다. 양가감정은 그의 말처럼 지극히 정상적인 현상이지만, 과도해질 때에는, 특히 정신증에서는 성공적인 치료결과를 방해할 정도로 분석가에 대한 부정적 전이를 가져오기도 한다.

전이와 반복

더 나아가 프로이트는 「기억, 반복 그리고 극복과정」(1914g)에서 전이의 반복적 차원을 강조하면서, 환자의 저항이 클수록 핵심적 문제 상황을 기억해 회상하기보다는 실연을 통해 반복하는 경향이 있음을 보여준다.

> 예를 들어, 환자는 자신이 부모의 권위에 저항하고 비판적이었던 것으로 기억한다고 말하지 않는다. 대신 그는 의사를 그런 식으로 대한다. [...] 그는 어떤 성적 행동들이 몹시 수치스러우며 그것들을 발견하는 것이 두렵다고 기억하지는 않지만, 이제 막 시작한 치료가 수치스럽다는 것을 분명히 하면서 누구에게도 그것을 알리지 않으려고 애쓴다(1914g : 150).

이 논문에서 프로이트는 일상생활 특히 애정 생활에서 만나는 "전이"가 분석치료에서 나타나는, 분석가라는 개인과 관련된 엄밀한 의미의 전이와 어떻게 다른지를 전보다 더 욱 성공적으로 보여준다. 그는 후자의 전이형태를 "전이 신경증"이라고 부르면서, 분석상황 안에서 그리고 분석상황에 의해 발생하는 "인위적인 병리"(같은 책 : 154) 라고 설명했다. 프로이트는 자신이 권고한 바와 같은 정신분석적 환경은, 환자가 전이 환상을 자유롭게 펼치도록 충분한 안정감을 제공하며, 치료 작업이 치유를 가져오도록 할 것이라고 덧붙인다.

> 환자의 반복 강박을 억제하고 그것을 기억하려는 동기로 바꿔놓는 [...] 주요 수단은 전이를 다루는 것이다(같은 책 : 154).

전이사랑 : 완고한 형태의 저항

「전이사랑에 대한 관찰」(1905a[1914] 이라는 또 다른 기법적 논문에서 프로이트는 여성 환자가 분석가에게 매혹된다면 어떻게 해야 하는가에 대해 논의한다. 그는 치료를 종결하는 것은 해결책이 아니라고 말하는데, 이 현상이 전이와 관련되어 있어 반복된다는 사실을 고려할 때 불가피하게 두 번째, 세 번째 분석가에게도 계속 재생산될 것이기 때문이다. 그러나 치료사는 이것이 환자 측에서의 진정한 사랑이 아니라는 것을 인식해야 하는데, "사랑에 대한 환자의 갈망이 충족된다는 것은 그것이 억제되는 것만큼이나 분석에 치명적이다"(1915a[1914] : 166). 프로이트는 그런 상황이 일어나면 치료사는 자신의 "역전이" 가능성을 주의해야 한다고 경고한다(같은 책 : 160). 달리 말해 (여성) 환자가 자신의 치료사에 대해 느끼는 사랑은 전이 발달에 대한 저항의 표현인데, 전이의 무의식적 기원들을 찾아내는 것이 중요한 이유는 이 때문이다. 프로이트는 이 사랑이 단지 과거의 어떤 상황들과 유아적 반응들의 개정판이라고 주장한다. 그 사랑에 충동적이고 병리적인 성격을 부여하고, 그것을 분석되어야 할 저항의 원천으로 바꿔놓는 것은 이러한 유아적 기원이다. 전이 사랑에 직면하면 분석가는 유보적이고 자제하는 태도를 취해야 한다.

> 분석가가 굴복한다는 것은 있을 수 없는 일이다. 그가 아무리 사랑을 소중히 여기더라도, 그는 환자의 결정적 삶의 단계에서 그를 돕는 기회를 더 소중히 여겨야 한다(같은 책 : 170).

그러므로 분석가는 환자가 "의식적 정신활동을 [...] 무의식과 분간하는 여분의 정신적 자유를 얻도록 도울 수 있을 뿐"(같은 책 : 170) 이라고 프로이트는 덧붙인다.

전이, 반복 강박 그리고 죽음 본능

1920년의 『쾌락원칙을 넘어서』에서 프로이트는, 일부 환자들에게서 전이의 반복적 성질을 극복하는 것이 불가능해 보임을 관찰한다. 호전되는 대신 이런 환자들은 계속해서 자신의 실패를 반복하고 증상을 재생산하는데, 분명 그들은 기억을 회상해서 적절히 처리하지 못하기 때문이다. 이런 환자들의 행동이 그의 첫 번째 본능 욕동 이론-이 이론에 따르면 인간의 마음은 쾌락을 추구하고 불쾌를 회피하려는 근본적 목적을 갖고 있다-과 모순된다는 것을 지적하면서, 프로이트는 초기 개념에 대해 의문을 품기 시작하였다. 그는 끈질긴 심리적 세력이 어떤 환자들을 고통에서 고통으로, 실패에서 실패로 몰아가며, 따라서 그들은 결코 그것을 극복하는 데 성공하지 못한다고 주장하였다. 프로이트는 이런 임상적 현상을 단순한 "반복"과 구별하기 위해서 "반복 강박"이라고 불렀는데, 환자는 프로이트가 "악마적"(1920g : 21) 이라고 묘사한 이 욕동과 관련된 충동적 힘으로부터 도저히 자유로울 수 없는 것처럼 보이기 때문이다. 프로이트는 쾌락원리를 넘어서 보다 근본적인 갈등의 존재, 즉 삶의 욕동과 죽음 욕동이라는 두 본능 욕동을 가정하는 데까지 나아간다. 이 새로운 개념은 그가 "전이 신경증"을 보이면서 쾌/불쾌 원리를 따르는 신경증 환자들을, 우울증이나 성도착 혹은 정신증으로 고통 받는 환자들로부터, 그리고 삶의 욕동과 죽음 욕동 간의 근본적인 갈등에서 기인하는 "자기애적 신경증"과 적대적 전이를 보이는 환자들로부터 구분하여 설명할 수 있게 했다.

프로이트와 역전이

프로이트의 저작에서 역전이 개념은 거의 중요시되지 않는다. 그는 1910에 「정신분석 치료의 전망」에서 이 용어를 "환자가 [분석가의] 무의식적 감정에 미치는 영향의 결과" (1910d : 144) 로 정의했다. 프로이트는 의사가 "이 역전이를 스스로 인식하고 극복"하기 위해서는, 치료사가 사전 분석뿐만 아니라 지속적인 자기-분석을 할 것을 권한다(1910d : 145). 1913년 2월 20일 빈스방거에게 보내는 편지에서, 프로이트(1992[1908-1938])는 역전이를 정신분석의 가장 복잡한 기법적 문제 중 하나로 간주했다. 그는, 분석가는 자신의 감정을 곧바로 환자에게 전달하려는 유혹에 저항해야 한다고 말한다. 더욱 중요한 것은 역전이 경험을 밝혀내고 작업하려는 분석가의 노력이다. 이어서 프로이트는 분석가가 환자에게 되돌려주는 것은 즉각적인 감정이 아니라, 돌려주기 전에 항상 어느 정도 그 순간의 필요에 따라 작업된 것이어야 한다고 주장한다. 어떤 상황에서 분석가가 돌려줄 많은 것을 갖고 있다 할지라도, 그는 자신의 무의식으로부터 캐낸 것을 결코 폭로해서는 안 된다. 그것이 실제로 프로이트가 역전이를 이해한 방식이었는데, 그는 분석가가 역전이를 있는 그대로 인식하고 극복해야 한다고 믿었다.

프로이트는 이 문제를 더 이상 탐구하지 않았다. 그에게 있어 역전이는 근본적으로 환자의 전이에 대해 "역으로" 작용하는 분석가의 무의식적 반응이었다. 달리 말해서 그것은 분석가가 충분히 처리하고 통합하지 못할 때 전이의 발달을 방해하는 반응이다. 이 개념에 포함된 문제들을 보다 면밀히 탐구하고, 그것을 정신분석 관계 안에서 전이를 작업하는 데에 필수적 도구가 되게 만든 것은 후기 프로이트 분석가들이었다.

후기 프로이트 학파

프로이트 이후 역전이의 발달

파울라 하이만과 하인리히 래커 : 새로운 관점

1950년 이래 역전이 개념은 이제, 환자와 분석가가 어떻게 소통하는지를 이해하는 기본적인 도구로 간주될 정도로 발달하였다. 적어도 오늘날 우리는 그러한 의사소통을 상상한다. 런던의 파울라 하이만Paula Heimann과 부에노스아이레스의 하인리히 래커Heinrich Racker는, 역전이는 환자가 분석 상황을 어떻게 경험하는지에 대해 귀중한 단서를 준다는 사실을 처음으로 강조하였다. 이 새로운 관점을 자극한 것은 의심의 여지없이 1946년의 투사적 동일시에 대한 클라인의 설명이었지만, 클라인 자신은 나중에 역전이의 분석에서 그녀의 개념이 사용되는 방식에 대해 동의하지 않았다.

1950년에 파울라 하이만은 「역전이에 대하여」라는 논문에서 환자에 대한 분석가의 정서적 반응이 중요하다는 데에 관심을 갖고, 이것이 환자의 무의식을 탐구하는 최고의 도구일 수 있음을 보여주었다. 그녀는 분석적 틀 안에서 이렇게 역전이를 사용하는 것과, 분석가 자신의 신경증과 관련하여 무의식적으로 반응하는 것은 다르다고 구분하였다. 이와 같은 시기에 래커는, 분석가의 역전이 감정들은 환자가 상황을 어떻게 경험하는지에 대한 중요한 단서일수 있다고 주장하였다. 래커는 두 종류의 역전이를 구분한다. "일치적 역전이"에서 분석가는 환자 인격의 어떤 측면들과 의식적으로 동일시하는데, 공감은 여기에 토대를 둔다. 그리고 "상보적 역전이"에서 분석가는 무의식적으로 자신의 내적 대상들을 환자에게 투사하고 따라서 환자에 대한 전이를 형성한다(래커 1953). 이 무렵에 다소 클라인식의 접근을 했던 몇몇 다른 분석가들 – 예를 들면 위니캇Winnicott(1947)과 리틀Little(1951) – 역시 역전이와 그 중요성을 탐구하였다. 이와 관련해 네

이로 Neyraut(1974) 역시 언급할 만한데, 그는 자신의 역전이 개념에 감정들뿐만 아니라 분석가의 개인적인 정신분석적 참조들 그리고 초심리학적 관점까지도 포함시켰다.

"정상"적인 역전이와 투사적 동일시 : 윌프레드 비온

1950년대가 끝나갈 즈음, 비온 역시 역전이에 대한 사고에 기여하였다. 그는 투사적 동일시의 병리적 형태와 정상적인 형태를 구분함으로써(Bion 1959), 자신이 "정상적" 역전이라고 부르는 것을 밝혀내었다. 이러한 다양한 발달들은 그 후로 환자와 분석가 간에 일어나는 것을 새로운 개념들, 특히 불안을 견디고 변형시키는 능력과 관련하여 "담아주는 사람"에 비추어 볼 수 있게 됐음을 의미하였다. 이후부터 전이와 역전이는 분리할 수 없는 쌍으로 여겨지는데, 실제로 베티 조셉Betty Joseph은 "총체적 상황total situation"(1985)이라는 용어를 사용하였다.

투사적 역동일시 : 레온 그린버그

래커의 이분법과 비온의 공헌을 바탕으로 레온 그린버그 Leon Grinberg(1962)는, 환자의 투사적 동일시에 대한 분석가의 특정한 반응이 있음을 가정하고 그것을 "투사적 역동일시"라고 불렀다. 거기서 분석가는 무의식적으로 자신에게 투사된 것과 동일시한다. 그린버그는 투사적 역동일시가 분석가 자신의 내적 갈등과 무관하게 일어난다고 말한다. 그러므로 그것은 래커의 상보적 동일시와는 다르다. 분석가가 과도한 투사적 동일시를 견뎌야 할 때, 그는 환자의 강렬한 투사에 "수동적으로" 굴복하여 그러한 것들이 사실 분석가 자신의 환상들이라고 믿을 수 있다. 만일 분석가가 투사된 감정들을 담아줄 뿐만 아니라 그것이 환자의 것임을 구분하고 확인할 수 있다면, 투사적 역동일시는 피분석자의 환상 자료와 가장 깊은 차원에서 접촉할 수 있는 매우 유용한 기법적 도구가 될 수 있다.

1950대 이래 역전이 개념이 발달해온 방식은, 클라인 학파와 현대 클라인 학파뿐만 아니라 국제정신분석학회와 관련된 여러 다른 학파 분석가들의 분석 기법에도 엄청난 영향을 미쳤다. 즉, 일상적인 임상 상황에서 역전이를 사용하는 방식에 대해 많은 다른 견해들이 있는데, 정신분석가들은 이 문제에 대해 각기 자신의 관점을 갖고 있는 것 같다.

역전이에 대한 상반된 관점

이 간략한 설명을 끝맺기 전에, 나는 최소한 역전이 개념에 대해 극단적으로 다른 두 가지 입장이 생겨났다는 사실을 언급해야 할 것 같다.

첫 번째 입장은 "역전이 자기-노출"로 알려진 것과 연관이 있다. 분석가는 자신의 경험과 환자의 경험 간의 구분을 강조하기 위해, 환자에게 자신이 느낀 것을 드러낸다(누설한다, 알려준다...). 쿠퍼Cooper(1998)가 말한 바와 같이, 좋든 싫든, 특히 분석가가 환자에게 되돌려준 역전이 자료를 적절히 처리하지 못했을 때 이러한 기법을 사용할 수 있다. 미국에서는 몇 명의 분석가들이 "자기-노출"을 순수한 기법으로 변형시켰는데, 나는 이것이 환자와 분석가 간의 의사소통에 대한 것과는 전적으로 다른 관점을 나타낸다고 생각한다. 이것은 정신분석적 관계에서 역전이에 대한 고전적 접근과는 별로 관계가 없다.

다른 관점은 이분법적으로 이것과는 정반대에 서있다. 역전이는 무엇이든 고려할 여지도 없이 거절된다. 라캉의 이론을 추종하는 대부분의 정신분석가들은 이러한 관점을 따르는데, 여기서 역전이는 그저 저항의 한 형태가 아니라 분석가의 궁극적인 저항이다. 이것은 밀레J.-A. Miller가 위들로셰D.Widlöcher와의 토론에서 지적한 바와 같이, 현대 라캉학파 분석가들과의 이론적이고 기술적인 주요 차이점들 중 하나이다.

> 라캉 학파 분석가들을 그 밖의 사람들과 구분 짓는 것은 이것이다. 라캉 식의 정신분석에서 역전이는 다룰 자리가 없으며, 탐구할 가치가 있는 주제로 간주되지도 않는다. 이것은 라캉 학파 분석가들의 "단축된" 회기의 채택, 그리고 무의식에 대한 라캉의 관점과 일치한다 (Miller 2003 : 14).

새로운 개념들

이성애적 전이 – 동성애적 전이 – 모성적 전이 – 부성적 전이 – 전이

옌젠의 *La Gradiva*에 나타난 망상과 꿈

(1907a)

단편 소설 속 인물에 기초한 임상적 정신증에 관한 연구

이것은 프로이트가 처음으로 출판한, 문학작품에 대한 분석이다. 이어 문학과 예술에 대한 다른 글들이 나오면서 오늘날 우리가 응용 정신분석이라 부르는 것이 시작될 것임을 알린다. 1907년에 이 책을 출판하면서 프로이트는 보다 넓은 독자층을 만나려고 애썼으며–정신분석이 좀 더 열띤 환영을 받으리라는 희망을 갖고–『그라디바』같은 문학작품이 그의 많은 임상적 관찰을 입증할 수 있음을 보여주고자 했다. 이 단편 소설은 특히 그런 식의 설명에 잘 들어맞았는데, 주인공인 고고학자 하놀트Hanold가 꿈과 망상에서 경험한 모험이, 정신분석가가 환자를 관찰하면서 임상 상황의 발달을 연구하는 것과 매우 동일한 방식으로 생각될 수 있기 때문이다. 더욱이 이야기 내내 하놀트가 하는 행동과 무의식의 가장 깊은 층을 탐험–프로이트가 종종 고고학자의 작업에 비유했던 탐험–하는 정신분석가의 작업 사이에는 흥미로운 유사점이 있다.

또한 이 책에서 우리는, 프로이트가 관찰에 고도의 재능이 있음을 발견한다. 1907년에 그는 하놀트에게서 현실에 대한 부인과 자아의 분열 같은 몇 가지 정신병리적 현상이 작용한다는 것을 알았지만, 그때는 이러한 기제들이 정신증과 성도착의 특징이라는 것을 깨닫지는 못했다. 20년이 지나서야 그는 이런 방어기제들을–현실의 거부denial 혹은 부정disavowal과 자아의 분열–전형적으로 정신증적인 것이라고 주장하면서 억압과 구분하는데, 이후부터 그는 억압을 오직 신경증적 기제로 보게 된다.

생애와 역사

프로이트, 폼페이 그리고 그라디바

프로이트가 1903년에 빌헬름 옌젠Wilhelm Jensen이 출간한 단편소설에 주목하도록 만들고, 그것이 정신분석적으로 얼마나 흥미로울 수 있는지를 보여준 사람은 칼 구스타프 융Carl Gustav Jung이었다. 어느 정도 열의를 갖고 읽은 후에 프로이트는, 1906년 여름 휴가 동안 그라디바에 대한 논평을 쓰기 시작해서 1907년 5월에 출간했다. 우리는 "그라디바"와 관련하여, 프로이트가 10살 아래인 동생 알렉산더와 함께 1902년 폼페이를 방문한 것, 그리고 말년에 정신분석에 관한 책보다 고고학에 관한 책을 더 많이 읽었다고 주장했던 사실을 잊지 말아야 한다. 책을 발간한 직후인 1907년 9월, 프로이트는 로마를 여행하면서 바티칸 박물관을 찾아갔는데, 거기서 옌젠이 소설을 쓰도록 영감을 준 조각상을 보았다. 프로이트는 그 복제품을 갖고 와서 치료실 안의 카우치 발치에 놓아두었으며, 1938년에 런던으로 이주할 때도 가지고 갔다.

1907년은 정신분석 역사에 있어서 특히 중요한 해였는데, 프로이트가 세 번의 결정적인 만남을 가진 것이 그때였기 때문이다. 첫 번째는 융, 두 번째는 비엔나에서 오랫동안 함께 같은 길을 가면서 맨 처음 훈련분석에 착수했던 막스 아이팅곤Max Eitingon, 그리고 세 번째는 3년 동안 취리히에서 블로일러와 일한 후에 이제 막 베를린에서 개업했던 칼 아브라함Karl Abraham이었다.

칼 구스타프 융 (1875~1961)

스위스의 정신과 의사인 칼 구스타프 융은 분석심리학의 창시자였다. 그는 1875년에 취리히의 개신교 가정에서 태어났는데, 그의 아버지는 목사였다. 그는 1895년에 바젤에서 의학공부를 시작했고 1900년에는 유진 블로일러가 원장으로 있는 취리히의 부르크휠츨리Burghölzli 정신과 병원에서 보조의사가 되었다. 일찍부터 영성에 관심을 갖게 된 그는, 1902년에 "소위 초자연적 현상의 심리학과 병리에 대하여"라는 제목의 학위논문을 출간했다. 그 병원에서 융은 단어-연상을 토대로 한 심리검사를 개발했는데, 이 검사가 피검사자들에게 불러일으킨 이미지와 환상들의 집단을 가리키기 위해 "콤플렉스"라는 개념을 도입했다. 그는 또한 정신증 환자들에게도 이 검사를 사용하여, 1906년에 이제는 고전적 교재로 간주되는 『조발성 치매의 심리학』을 출간했다. 1907년 2월에 처음 만난 프로이트와 서신왕래를 시작한 것도 이때이다.

처음부터 프로이트에게는 그들의 관계가 상당히 중요했는데, 당시 가장 유명한 정신병원이었던 취리히의 블로일러 병원에 속한 융을 대변인으로 삼을 수 있었기 때문이었다. 더욱이 취리히의 개신교 가정 출신인 융과 같은 인물의 존재는, 정신분석의 초종파적 측면을 부각시켜주었다. 융에 대해서 프로이트는 칼 아브라함에게 이렇게 말했다. "그의 등장으로 정신분석은 유대민족의 관심사가 될 수 있는 위험에서 벗어날 수 있었다. [...] 우리의 아리아계 동료는 우리에게 없어서는 안 될 사람이다." 융에게 매우 호의적이었던 프로이트는 때로 융을 "명백한 아들이며 후계자"라고 부르면서, 언젠가는 그가 자신의 뒤를 잇게 해달라고 부탁할 것이라고 믿었다. 그는 아마 앞서 몇 년간의 플리스에 대한 이상화를 일부 융에게 옮긴 것이었을 것이다. 1909년 클라크대학의 초대를 받은 프로이트는 융과 페렌치Ferenczi를 동반하고 미국을 방문했다. 바로 직후에 융은 국제정신분석학회(IPA)의 회장에 임명되었으며, 「연감 Jahrbuch」의 편집장이 되었다. 같은 해에 그는 취리히 인근의 쿠스나트에서 개인 진료를 시작하여 여생을 거기서 보낸다.

프로이트와 융의 갈등은 특히 1912년에 격렬해졌다. 의견 충돌의 핵심은 융이 프로이트의 리비도 이론도, 유아 성욕에 부여한 역할도 받아들이지 않았다는 사실과 관계가 있다. 1913년에 『무의식의 심리학』을 출간한 직후, 융은 영원히 정신분석 운동을 떠났으며 취리히 대학의 자리에서 물러났다. 그러고는 붕괴가 일어나 한동안 불안과 환각으로 고통을 겪었다. 그 후에 그는 그가 자서전에서 "무의식과의 대면"이라고 부른, 심층적인 자기-분석에 모든 시간을 바쳤다. 그가 정신적 삶을 이해하는 자신의 방식에 속하는 대부분의 개념들 – 집단 무의식, 원형, 개성화, 융 학파적 꿈의 해석 – 과 소위 "분석 심리학"이라는 자신만의 치료 방법을 발달시킨 것은 이 시기였다.

그때부터 그는 자신의 노선을 따랐다. 프로이트를 벗어난 후 점차 그의 주변에 추종자들이 모여들었고, 그의 작업은 국제적으로 더욱 널리 알려지게 되었다. 1921년에 출간한 『정신적 유형』에서, 그는 개성화라는 사고에 기초하여 심리 발달의 유형학적 분류를 정립했다. 그러나 다른 민족들의 심리학에 대한 그의 관점은 인종차별주의, 심지어 반유대주의적 이념을 채택했기 때문에, [독일 나치당의] 국가사회주의 신조에 대한 그의 입장은 다소 양가적이었다. 이차 세계대전 동안 그는 자신이 지은 볼링겐의 외딴 탑에서 대부분의 시간을 보냈으며, 정신치료를 하고 다양한 논문들을 쓰는 일에 몰두하였다. 그의 연구는 연금술, 영성, 신비주의를 포함한 다양한 주제들을 광범위하게 다루었다. 그는 이러한 영역들을 개성화를 통한 마음의 발달에 대한 현상학적 이해와 연결시키려고 애썼다. 융은 1961년에 쿠스나트에서 사망했다.

현대에 있어 융 그리고 그의 사고의 역할을 어떻게 정의해야 할 것인가? 테일러Taylor(2002)에 따르면 20세기 역사가들은 무엇보다도 융을 프로이트의 조력자로 보고, 융의 이론이 정신분석적 주류 안에서 이견의 목소리를 냈다고 간주한다. 심층심리학의 역사에 대한 보다 최근의 연구는, 융이 프로이트에 빚을 지고 있다는 사실이 여전히 인정되긴 하지만, 그가 19세기의 초월적 심리학과의 연속성 속에서 "상징적 가설"의 진정한 옹호자임을 보여주는 경향이 있다. 테일러는 이런 영향이 현대 사회에서도 중요하게 지속된다고 주장한다.

우리는 서방 국가들의 반체제적인 심리치료 문화 속에서, 융 학파 사고에 대한 관심이 일어나는 것을, 이러한 보다 초기의 뿌리 덕으로 돌릴 수 있을 것이다. 한편, 자격 있는 융 학파 분석가들은 계속해서 프로이트의 변형으로서 그들의 혈통을 확인하고 있으며, 정신분석 영역에서 설 자리를 찾기 위한 노력을 증진시킴으로써, 실제로 그들이 아직 자신들의 혈통을 주장하지 않았을 때에도, 심리학과 정신의학 문화의 보다 폭넓은 주류 내에서 정당성을 찾고 있다(Taylor 2002 : 300).

원문 찾아보기

페이지 번호는『지그문트 프로이트 전집 표준판』vol. 9, 1-95을 따른 것이다.

"그라디바" : 소설 속 이야기

소설의 주인공인 하놀트는 자신의 일에 열정을 지닌 고고학자이다. 그는 때때로 "일시적인 망상"에 시달리긴 하지만, 여행을 즐기면서 다소 평범한 일상을 살고 있다(1907a : 72). 어릴 때 하놀트는 가까이 살던 어린 소녀 조에 베르트강(독일어로 "베르트강"은 "우아하게 걷는 사람"이란 뜻이다[같은 책. : 37])을 몹시 사랑했다. 청소년기에 성적 발달은 그를 불안하게 했고, 그는 그 소녀와 여자들로부터 등을 돌려 완전히 무시하는 데까지 이르렀다. 그러나 하놀트는 박물관에서 고대의 젊은 여성을 새긴 조각상을 보고, 그녀의 우아한 걸음걸이, 특히 그녀가 발을 내딛는 자태에 매혹되었다. 그는 석고로 뜬 부조 모형을 사서 서재에 걸어 두었다. 그는 그 소녀에게 "그라디바"– 걸어가는 소녀–란 이름을 지어주었다. 그는 이 신비한 젊은 로마 여인에게 점점 더 매혹되어, 그 외의 다른 것을 생각할 겨를이 없었다. 어느 날 밤, 그는 베수비우스 화산이 폭발하기 직전의 폼페이에서 그라디바를 만나는 꿈을 꾸었다. 꿈에서 그는 그녀에게 닥칠 위험을 경고하려고 애썼으나 소용이 없었다. 꿈에서 깨자, 열정적인 무의식적 소망에 떠밀린 하놀트는 폼페이로 떠났다.

그곳에 간 그는, 파묻힌 도시의 폐허에서 그가 그라디바라고 생각하는 젊은 여성을 만난다. 그러나 사실 그녀는 그의 어린 시절 이웃이자 친구였던 조에였고, 그녀 역시 폼페이를 방문 중이었다. 소설가는 두 주인공들이 나타났다 사라지는 다양한 만남을 매우 뛰어나게 묘사하면서, 독자들 역시 하놀트의 의혹, 심지어 망상까지도 공유하고 있는 자신들을 깨닫도록 교묘하게 이끌어간다. 그에게 언뜻언뜻 나타나는 이 젊은 여인이 정말 이천년 전에 살았던 그라디바일까? 이 지점에서 그라디바라고 불리는 조에는, 옌젠이 표현한 것처럼, 치료적 역할을 떠맡는다. 그녀는 치료사가 하는 방식대로, 하놀트의 망상에 말려들지 않고 망상의 일부를 공유한다. 그녀의 말들은 이중 의미를 담고 있었으므로, 그녀는 조심스럽게 이야기하면서 그가 망상적 생각과 대면하게 만들고, 그것들을 포기하도록 격려할 수 있었다. 소설의 마지막에서 하놀트는 그라디바가 사실은 자신이 사랑하는지도 모른 채 사랑했던 조에였다는 것을 알게 되고, 더 이상 여성에 대한 사랑을 고대의 부조 조각상에 전치시킬 필요가 없게 된다. 옌젠은 우리가 정신분석적 관점에서 특히 중요한 부분을 발견하고 적잖이 놀라게 함으로써 소설을 맺는다. 하놀트의 탐구는 보다 초기의 그리고 보다 깊이 숨어있는 유아적 소망에 의해 무의식적으로 결정된 것이었다. 마치 어머니에 대한 마지막 기억이 화산 분출과 유사한 어떤 심리적 대격변으로 인해 망각의 층 밑에 묻힌 것처럼, 그 소망은 어릴 때 죽은 어머니를 찾아내려 하고 있었다.

임상적 상황에서처럼 그려진 소설 속 인물들

옌젠의 소설에 대한 논평에서 프로이트는, 소설 속 인물들을 마치 임상적 상황에 있는 것처럼 연구한다. 그는 하놀트의 꿈, 환상 그리고 망상이 환자의 꿈과 환상들처럼 똑같은 치료 과정을 사용해 분석될 수 있음을 보여준다. 예를 들면, 하놀트가 폼페이에서 그라디바를 만나는 꿈을 꾸었을 때 꿈의 내용은, 『꿈의 해석』(1900a)에서 프로이트가 제안한 바와 같이, 자신이 사랑하고 소망하는 여성을 다시 한 번 만나고 싶은 억압된 무의식적 소망을 충족하고 있음을 보여준다. 그러나 이러한 성적 욕동들은 의식적으로 수용될 수 없고 억압되어야 했기 때문에, 하놀트는 현실에서 자신이 사랑한 여성, 조에로부터 등을 돌려 신비한 인물인 그라디바에게로 향한다. 그가 폼페이로 병리적인 여행을 떠나도록 하고, 그라디바의 현존을 환각으로 느끼게 하고, 그녀가 조에라는 것을 깨닫지 못하도록 만든 것은 이러한 억압된 성적 욕동들의 회귀였다. 달리 말해, 소설가의 이야기는 프로이트의 이론을 보강해주었는데, 소설은 사실 하놀트의 꿈과 망상을 결정한 것이 그의 성적 욕동들의 억압과 관련이 있다는 것을 보여주었기 때문이다. 덧붙여서, 프로이트는 소설가들이 주인공들에게 부여한 꿈들이, 분석에서 환자들을 분석하는 것과 같은 방식으로 해석될 수 있음을 보여 준다. 또한 프로이트는 정신분석가의 치료적 역할과 옌젠이 조에에게 부여한 역할 간의 유사점을 강조한다. 그녀는 하놀트가 점차 환각과 실제를 구분하도록, 그리고 끊임없이 조에에 대한, "생명"이라는 의미의 이름을 가진, 정말로 생생하게 살아있는 젊은 여성에 대한 그의 욕망을 의식적으로 받아들일 수 있도록 도운 인물이다.

프로이트 개념들의 발달

프로이트와 문학 혹은 예술 작품

1907년에 처음으로 프로이트는 정신분석의 관점에서 문학 작품을 연구했다. 잠시 예술작품과 그의 관계를 생각해보자. 모든 형태의 예술, 특히 문학 작품들은 항상 프로이트와 다른 분석가들의 지대한 관심을 끌었는데, 그들은 관객이나 독자의 정서들을 휘저어 놓는 작가들의 능력에 매료되었다. 문학 작품에서 소포클레스의 오이디푸스 왕이나 셰익스피어의 햄릿 같은 주제의 선택은, 소설 속 인물의 문제들과 분석 중인 환자에게서 관찰되는 갈등들을 비교할 수 있게 했다. 그러한 비교들은 정신분석가들이－프로이트를 필두로 해서－소설 속 인물들을 잠재적인 임상 사례로 볼 수 있도록 만들었다.

프로이트는 예술가들이 예술작품을 만들도록 하는 것은 무엇인지, 그리고 예술작품은 어떻게 해서 관객이나 독자에게 그런 정서적 영향을 줄 수 있는 것인지에 대해 상당히 많이 사고하였다. 그는 예술가의 창조성의 근원은 그의 무의식 속에 있으며, 그의 내적 환상은 예술작품으로 투사－화가는 캔버스에, 소설가는 소설이나 극중 인물에게－되고 있다고 느꼈다.

> 작가는 틀림없이 다르게 나아간다. 그는 자신 마음속의 무의식으로 주의를 돌리고, 그것이 어떻게 발전할 수 있는지에 귀를 기울여, 그것을 의식적인 비판으로 억누르는 대신 예술적 표현을 부여한다. 그러므로 그는 우리가 다른 사람들로부터 배우는 것을－무의식의 작용들이 따라야 하는 법칙들－자신으로부터 경험한다 (1907a : 92).

우리가 예술작품뿐만 아니라 작가까지도 분석할 수 있게끔 하는 것은 그것이다.

문학작품을 읽는 독자나 그림을 보는 사람에게 미치는 영향에 관해, 프로이트는 그 효과는 동일시를 통해 온다고 말한다. 동일시는 표현된 예술작품에 숨어있는 예술가의 억압되었던 소망들, 그리고 맨 처음 작품에 영감을 불어넣었던 것과 같은 정서적 특질을 그것을 보거나 읽는 사람에게 일깨우려는 예술가의 의도로부터 온다 (Freud 1914b).

프로이트의 주도로 많은 정신분석가들은 그들의 사고를 예술작품 연구에 쏟도록 고무되었다. 이 주제에 대한 최근 논문들 중에서 나는 프로이트의 관점보다 더욱 깊이 파고들어간 한나 시걸Hanna Segal(1991)의 관점을 언급하고 싶다. 시걸에게 있어, 예술가는 단지 작품을 통해 무의식적 소망을 의사소통하는 데 그치는 것이 아니다. 거기에는 또한 예술가의 창조 추동의 핵심에 있는 보상에 대한 욕구를 소통하려는 시도뿐 아니라, 무의식적 문제를 환상적으로 해결할 길을 찾으려는 시도가 있다. 시걸은 꿈과 예술작품 사이를 비교한다. 그러나 그녀가 말한 것처럼, 꿈과 달리 예술작품은 물질적 현실에서

"구체화"될 수 있다. 심미적 영향이, 예술가들이 환상의 상징적 표현을 위해 구체적인 매체를 사용하는 방식에 좌우되는 이유는 이것이다. "[예술가]는 꿈꾸는 자일 뿐만 아니라, 최고의 장인이다. 장인은 예술가가 아닐 수도 있지만, 예술가는 장인임에 틀림없다"(Segal 1991 : 176).

후기 프로이트 학파

신경증과 정신증이 공존하는가?

옌젠의 소설 "그라디바La Gradiva"에 표현된 망상과 꿈들은 문학 작품에 적용된 정신분석의 관점에서뿐만 아니라, 임상과 이론적 측면에서도 흥미롭다. 임상적인 면에서 프로이트는 타의 추종을 불허하는 관찰력으로, 주인공의 여성들을 향한 억제, 환각적 망상 등과 같은 그가 신경증으로 분류했던 다양한 증상들을 기술하였다. 그런데 프로이트는 하놀트의 환각들을 언급할 때 "망상"이라는 표현만을 사용했으며, "정신증"이라는 용어는 사용하지 않았다. 우리라면 이 경우 정신증이라는 용어를 사용하지 않았을까?

이 지점에 대해서 프로이트 이후 정신분석가들은 다양한 의견을 보인다. 프로이트의 텍스트를 충실히 따르는 분석가들은 하놀트의 망상이 근본적인 순간적 정신 착란에 속하며, 신경증적 인격에서 관찰할 수 있는 비정신증적인 것이라고 본다(Jeanneau 1990). 현실 부인과 자아의 분열을 다룬 프로이트의 마지막 저작들을 고려하는 분석가들에 의하면, 하놀트의 환각은 참을 수 없는 현실을 부인하는 그의 자아의 부분(나머지 부분은 이 현실을 수용함)에 속한다. 이런 관점에서는, 현실을 부인하는 자아의 부분이 현실을 수용하고 현실을 부인하는 자아의 그 부분에 다가갈 때 치유가 일어난다. 라담Ladame(1991)에 의하면, 하놀트의 망상과 환각은 청소년기에 나타나는 정신병리의 전형이며, 오늘날 우리가 정신병적인 해체décomposition라고 부르는 것 – 이것의 귀결은 다양하다 – 이다. 한편 다니엘 키노도즈(2002)는 프로이트가 제공했던, "우리 환자들의 온전한 부분을 방치하지 않으면서도 그들의 '미친' 부분에 말을 거는 방법"(p.60)을 정신분석가들에게 알려주는 모델을 분명히 설명하였다. 다니엘 키노도즈에 따르면, 하놀트가 망상과 비교적 정상적인 삶을 동시에 보여주었던 것은 자아의 분열 – 오늘날 우리가 "혼성적hétérogènes"이라고 명명하는 환자들에게서 흔히 볼 수 있는 – 을 시사한다. 한 사람에게서 현실을 인정하는 부분과 망상이 공존할 경우, 정신분석가에게는 특별한 접근 기술이 필요하다. 조에는 하놀트의 망상에 속지 않으면서도, 그에게 곧장 망상이라고 말하지 않는다. 조에는 하놀트의 망상적인 부분도 알아듣고 동시에 현실을 인정하는 부분도 알아들을 수 있는 "이중적으로 들리는 담론"을 사용한다.

프로이트의 텍스트들을 그의 마지막 저작들에 비추어서 읽으면, 우리는 『히스테리 연구』(1895)에서 "늑대 인간"(1918)에 이르기까지 그가 기술하는 다수의 사례들에서 정신증에 속하는 기제와 신경증에 속하는 기제가 공존하고 있으며, 아직 신경증 기제와 정신증 기제를 개념화하지 않고 있음을 알 수 있다. 실제로 프로이트는 『정신분석학 개요』(1940a,[1938])에서, 현실을 부인하는 자아의 부분과 현실을 인정하는 자아의 부분은 다양한 비율로 섞여 있으며, 이것은 정신증에서는 물론 신경증, 그리고 심지어 정상인에게서도 찾아볼 수 있음을 보여주었다.

끝으로 장 벨멩-노엘 J. Bellemin-Noël(1983)이 지적했듯이, 일부 평자들은 프로이트의 텍스트가 페티시즘으로 가득하다 – 다리에 대한 페티시즘을 위시해서 그라디바의 발걸음에 대한 페티시즘까지 – 고 지적한다.

새로운 개념들

환각 – 환각적 망상 – 신경증 – 문학작품에 응용된 정신분석 – 정신증

「다섯 살 소년('어린 한스')의 공포증 분석」
(1909b)

사상 최초의 아동 분석

이 사례연구는 최초의 아동 정신분석 치료에 대한 보고이다. "어린 한스"(일명 허버트 그라프)의 치료를 진행했던 사람은 그의 아버지인 막스 그라프였는데, 당시에는 이것이 매우 흔한 관행이었다. 분석은 1908년 1월에서 5월까지 지속되었는데, 프로이트는 소년의 아버지가 기록해서 알려준 관찰들을 토대로 그를 지도하였다. 프로이트 자신은 단 한 차례만 적극적인 역할을 하였는데, 아버지와 아들 모두와 상의한 것이 결정적임이 입증되었다. 프로이트가 쓴 치료 보고서는 아버지의 허락을 얻어 1909년에 출간되었다. 이 논문은 전년도에 잘츠부르크에서 열린 제1회 정신분석총회에서 설립을 결정했던 정신분석 논평지인, 「*정신분석과 정신병리 연구 연감 Jahrbuch für Psyshoanalytische und Psychopathologische Forschungen*」의 창간호에 실렸다. 그러나 논평은 오래 가지는 못하고 일차 세계대전이 발발하기 전까지 발간되었다.

이 사례연구에서 우리는 무엇을 배울 수 있는가? 첫째, "어린 한스"는 프로이트가 그토록 절실히 필요로 했던, 아동에게 보편적 성욕이 존재한다는 그의 가설들이 정확함을 "입증"해 주었다. 둘째, 공포증 사례를 치료하는 능력은 정신분석의 치료적 잠재력이 성인뿐만 아니라 아동에게도 사용될 수 있음을 훌륭하게 보여주었다.

생애와 역사

"어린 한스" : 오페라 감독으로서의 화려한 경력

어린 한스의 어머니인 올가 그라프가 몇 년 전에 프로이트로부터 분석을 받았기 때문에 그의 부모는 낯선 사람들이 아니었다. 한스의 아버지인 막스 그라프는 작곡가이자 음악 비평가였다. 1900년에 프로이트를 만나 정신분석의 발견에 열정적 관심을 가지게 된 그는 1913년까지 정기적으로 "수요 모임"에 참석했다. 어린 한스가 아직 채 세 살이 되지 않았던 1906년부터, 막스 그라프는 자신이 아들에 대해 관찰한 것을 프로이트와 나누기 시작했다. 그렇게 함으로써 그는 프로이트와 가장 가까운 신봉자들은 유아 성욕에 관련된 모든 것들을 기록해야 한다는 프로이트의 요청에 응하였는데, 프로이트가 1905년에 『성욕에 관한 세 편의 에세이』에서 제안한 가설들을 뒷받침하기 위해서였다. 프로이트는 꼬마 한스의 아버지가 관찰한 것들의 일부를 「아동의 성적 이해」(Freud 1907c)와 「아동의 성 이론에 대하여」(Freud 1908c)라는 두 편의 논문에서 인용하였다. 1909년에 출간된 "어린 한스"의 사례보고는, 공포증 증상을 형성했던 갈등을 최소한 부분적으로나마 해결하는 데 필요했던 해석 작업과 과정에 대해 설명해 준다. 그 뒤로 소년과 그의 부모들은 소식이 끊겼지만, 1922년에 쓴 후기에서 프로이트는 그해 봄에 자신이 1909년의 "어린 한스"였다고 소개하는 한 청년의 방문을 받았다고 말했다. 프로이트는 "최악의 미래가 예견됐던"(1909b : 148) 그 소년이 완전한 건강을 누리고 있고 더 이상 억제에 시달리지 않는다는 것을 알고 몹시 기뻐했다. 또한 한스의 부모가 이혼하고 각자 재혼했다는 것을 알게 되었다. 그럼에도 그는 이 청년이 자신의 정신분석 치료에 대해 아무런 기억도 없다는 것을 알고는 매우 놀라워했다.

작곡가 구스타프 말러가 자신의 대부였던 허버트 그라프Herbert Graf는 유명한 오페라 감독이 되었다. 그는 뉴욕의 메트로폴리탄 오페라 무대 감독으로 취임했다가 유럽으로 돌아온 다음, 제네바 대극장의 감독으로 그의 경력을 마무리했다. 비록 전문 경력에서는 눈부신 성공을 거두었지만, 그의 결혼생활은 불행했다. 그래서 그는 1970년에 제네바에서 위고 솔즈Hugo Solms에게 분석을 받게 되었다. 그는 1973년에 제네바에서 사망하였다. 허버트 그라프(1972)는 프란시스 리쪼 기자와 가진 네 번의 인터뷰를 "보이지 않는 인간의 기억"이라는 제목으로 출간하면서, 자신이 "어린 한스"임을 밝히고 있다. 그러나 아버지와는 달리 그는 정신분석에 흥미가 없었다. 막스 그라프는 프로이트 사후에 그의 논문들을 출간하는 데 중요한 역할을 하였다−1906년에 프로이트는 막스 그라프에게 「무대 위의 정신병리적 성격들」(Freud 1942a [1905-1906])의 원고를 주었다.

원문 찾아보기

페이지 번호는 『지그문트 프로이트 전집 표준판』 vol. 10, 1-147을 따른 것이다,

유아 성욕의 중요성에 대한 증거

프로이트의 설명은 두 부분으로 나누어져 있다. 첫 부분에서는 "어린 한스"가 공포증이 생기기 바로 직전인 3살에서 5살 사이에 그의 아버지가 관찰한 것들을 모아서 짧게 소개하고 있고, 두 번째 부분은 어떻게 치료가 진행되었고 자신의 조언을 따랐는지를 설명하고 있다.

그의 아버지가 정확히 기록한 것처럼 성적 문제에 대한 꼬마 한스의 생각들은, 이 어린 소년이 온갖 방식으로 성욕의 수수께끼에 깊이 몰두해 있음을 분명히 보여주었다. 게다가 이 어린 소년에게서 관찰된 것은 그들이 아무리 어릴지라도 모든 아동들에게 보다 일반적으로 적용될 수 있었는데, 이 사례에 병리적인 것은 아무 것도 없었기 때문이다. 한스의 아버지가 보고한 관찰들은 프로이트가 『성욕에 관한 세 편의 에세이』에서 유아 성욕의 존재에 대해 제기했던 가설을 지지해 주었는데, 이 가설들은 대부분 성인 환자가 분석과정에서 의사소통했던 기억들로부터 추론된 것이다.

일찍이 드러난 "어린 한스"의 유아 성욕

아버지의 기록에서 프로이트는 이 어린 소년이 자신의 몸에, 그리고 특히 그가 "고추"라고 부르는 자신의 페니스에 대단한 관심을 가지고 있다는 증거를 발견했다. 이 특별한 기관은 지칠 줄 모르는 호기심의 대상이 되었으며 즐거움과 불안 모두를 일으켰다. 그는 부모에게 끊임없이 질문했다. "아빠도 고추가 있어?"라고 묻자 그의 아버지는 분명히 그렇다고 대답했다. 그러나 때때로, 특히 그의 질문이 어머니나 어린 소녀에 관한 것일 때는 답변이 모호했다.

> 엄마 : "왜 그렇게 나를 빤히 쳐다보는 거니?"
> 한스 : "엄마한테도 고추가 있나 보는 거야."
> 엄마 : "물론이지. 그걸 몰랐었니?"(1909b : 9-10)

이런 모호한 대답으로 한스의 어머니는 단순히 그녀 역시 오줌 누는 구멍이 있다는 것을 의미한 걸까, 아니면 자기도 페니스가 있다는 의미였을까? 프로이트는 어린 소년의 눈에는 후자의 가능성이 훨씬 더 중요하다고 생각했고, 이러한 생각은 여성도 남성처럼 페니스가 있다는 "유아 성 이론"을 만들어내었다. 프로이트는 어린 아이가 이 이론을 확신한다는 것에 몹시 놀랐

다. 여자아이들은 페니스가 없다는 아버지의 대답에도 불구하고, 어머니의 대답은 아마 그것을 더욱 확신시켜주었을 것이다. 다음은 아버지와 아들이 나눈 대화 중에서 발췌한 것이다.

> "한스는 다음 일요일인 3월 15일에 나와 같이 라인츠에 가기로 약속했다"고 한스의 아버지는 기록한다. "처음에 그는 가지 않으려고 했지만 결국은 나와 같이 갔다. [...] 가는 길에 나는 여동생은 그의 것과 같은 고추가 없다고 설명했다. 여자아이나 성인 여자들은 고추가 없으며, 엄마도 한나도 그렇다고 설명해 주었다.
>
> 한스 : "아빠는 고추가 있어?"
> 나 : "그럼 물론이지. 왜, 넌 어떻게 생각했는데?"
> 한스 : (잠시 후) "고추가 없으면 여자애들은 어떻게 오줌을 누지?"
> 나 : "여자애들은 너와 같은 고추가 없어, 한나 목욕시킬 때 이미 알아채지 않았니?"(같은 책 : 31)

프로이트는 아이들이 흔히 이 문제를 오인하고 있으며 그들이 실제로 관찰한 것들을 통합하지 못하는 것처럼 보인다는 것을 발견하고 놀랐다. 예를 들어 여자아이들은 고추가 없다고 생각하는데, 거세불안은 여기서 시작된다. 한스의 아버지는 한스가 세 살 반이었을 때 어느 날 한스의 어머니가 한스가 고추를 만지는 것을 보았다고 기록하고 있다.

> 어머니는 이렇게 그를 위협했다. "너 그러면 A 박사님에게 보내서 네 고추를 잘라버리라고 할거야. 그러면 너 어디로 쉬할래?"
> 한스 : "엉덩이로 쉬하면 되지"(같은 책 : 8)

프로이트는 이것이 신경증 출현에 결정적 역할을 하는 "거세 콤플렉스"가 발생하는 순간이라고 말한다.

보고서를 읽으면 읽을수록 우리는 특히 그의 아버지나 어머니의 대답이 만족스럽지 않았을 때, 한스의 질문들이 얼마나 타당한지 그리고 무엇보다 그의 진실에 대한 탐구에 놀라움을 금치 못한다. 예를 들어 1906년에 여동생 한나가 태어난 것은, 세 살 반이던 그에게는 그의 삶에서 대단한 사건이었다.

"4월 14일. 한나의 주제는 가장 중요한 것이 되었습니다." 한스의 아버지는 프로이트를 위해 준비한 기록에 이렇게 적고 있다.

> 지난 번 기록으로 기억하고 계시는 것처럼, 한스는 부모의 사랑을 일부 뺏어간 새 아기에게 강한 혐오감을 느끼고 있습니다. 이 혐오감은 완전히 사라진 것이 아니라 단지 과장된 애정으로 과잉 보상되고 있을 뿐입니다. 한스는 황새가 더 이상 아기들을 가져와서는 안 되며, 아

> 기들이 있는 "큰 상자로부터" 아기를 꺼내오지 못하도록 돈을 주어야 한다는 소망을 여러 번 표현했습니다(같은 책 : 68).

한스는 한나가 그 속에 있었다는 것과 한나가 "응가"(그가 대변을 가리키기 위해 고안해낸 말)처럼 나왔다는 것을 알고 있었다. 동생이 태어난 후 몇 달 동안, 한스는 단순히 질투를 한 것이 아니었다. 그는 여러 차례 동생이 죽었으면 좋겠다는 소망을 밝히기까지 하는가 하면, 동시에 자신이 동생을 얼마나 좋아하는지를 공공연히 표현하였다.

아버지에 대한 양가적 갈등과 오이디푸스 상황

프로이트는 『꿈의 해석』과 『성욕에 관한 세 편의 에세이』에서 서술했던 것을 한스가 "가장 구체적이고 확고한 방식으로 뒷받침해 주는"(같은 책 : 111) 것을 보고 매우 기뻐했다. "한스는 아버지를 '몰아내고', '없애버리고' 싶어 하는, 그래서 아름다운 어머니를 독차지해 함께 자고 싶어 하는 어린 오이디푸스였다"(같은 책 : 111). 어머니와 함께 자고 싶고 "유혹하고" 싶다는 한스의 소망은 그의 아버지가 가끔 멀리 가 있던 여름휴가 동안에 생겨난 것이었다. 어린 소년은 아버지가 "멀리 가버리고", "영원히 사라졌으면" 좋겠다는 소망, 즉 "죽었으면" 좋겠다는 소망을 드러냈다. 프로이트에게 있어, 아버지를 향한 이러한 죽음 소망은 모든 어린 소년들의 특징이며 정상적인 오이디푸스 상황의 일부이다. 그러나 그것이 악화될 때는 한스 사례에서처럼 다양한 증상들을 만들어낼 수 있다. 이 같은 식으로, 사랑과 증오간의 양가적 갈등은 오이디푸스 상황의 중심적인 초점이 된다.

> 그러나 그가 경쟁자로서 증오하지 않을 수 없는 이 아버지는 그가 항상 사랑하고 또 계속 사랑해야만 하는 아버지, 그의 본보기가 되고 최초의 놀이친구였으며 갓난아기 때부터 그를 돌보아주었던 그 아버지였다. 이것이 최초의 갈등을 일으킨 것이었다. 그러나 즉각적인 해결책을 찾을 수는 없었다(같은 책 : 134).

프로이트는 또한 이 나이에 한스가 어린 남자아이들과 여자아이들을 가리지 않고 애정을 드러내는 것을 관찰하였다. "한스는 동성애적(모든 어린이들이 그렇듯이)이었는데, 이는 그가 알고 있는 단 하나의 성기, 자신의 것과 같은 성기만을 늘 염두에 두고 있다는 사실과 부합한다"(같은 책 : 110). 프로이트는 보다 나중의 많은 논문에서와 같이, 이 논문에서도 소년과 소녀 모두의 심리성적 발달에서 페니스에 중심적 역할을 부여한다. 그러나 그는 여기서 남자아이들이 질의 존재를 상상할 수 있다는 가능성을 언급한다.

> 그러나 그의 페니스의 감각들이 그가 질을 가정할 수 있는 길을 열어주었음에도 그는 문제를 해결할 수가 없었는데, 그의 경험 안에는 그의 고추가 요구하는 것과 같은 그런 것이 존재하지 않았기 때문이었다. 그와는 반대로, 엄마도 자기처럼 페니스를 갖고 있다는 믿음은 문제 해결에 걸림돌이 되었다(같은 책 : 135).

이 논문에서 프로이트는 여성의 성과 특히 연관된 환상들을 여러 번 언급하지만, 남성의 성과 반대 짝을 이루는 여성의 성 개념과 분명히 연결시키지는 않는다. 이에 대한 도전은 나중에 그의 추종자들, 특히 여성 정신분석가들이 맡게 된다. 성욕에 대한 프로이트의 개념은 "남근 중심론"에 머물렀는데, 이것은 성별간의 차이가 기본적으로 페니스가 있는가 없는가의 문제라는 생각에 토대를 둔다. 내 생각에 그 개념은 앞서 지적한 바와 같이, 프로이트 자신이 성별의 차이에 관한 유아 성욕이론을 고집하게 만들었다

● 정신분석으로 유아 공포증을 치료하는 과정

어린 한스는 주요 공포증의 출현으로 분석을 받게 되었다. 소년은 말에 물리거나 치일까봐, 집을 떠나 밖으로 나가기를 거부하기 시작했다. 프로이트는 이런 공포 증상이 타협의 결과라고 설명했다. 말에게 물릴까봐 두려워하는 것은 아버지에 의해 거세될 것이라는 무의식적 공포를 동물에게 옮겨놓은 결과였다. 그러나 이 거세 불안이 어디서 온 것일까? 임상 자료는 이 두려움이 오이디푸스 콤플렉스를 해결하지 못하는 한스의 무능력에서 기인한다는 것을 보여준다. 한편으로 그는 아버지를 제거하고 어머니와 자고 싶을 만큼 – 어린 소년에게는 견딜 수 없는 것으로 경험되는 소망 – 어머니에 대해 강렬한 근친상간적 애착을 느꼈다. 그리고 다른 한편으로 그는 아버지에 대한 강렬한 애착과 동시에 어머니에게 다가가는 데 방해가 되는 경쟁자로서 증오를 느꼈는데 이것 역시 견딜 수 없는 것으로 경험되었다. 프로이트에 의하면, 한스의 어머니에 대한 근친상간적 소망 그리고 사랑하는 아버지를 증오하는 데 따른 죄책감의 결합은 어린 소년이 금지된 소망에 대해 처벌받을 것이라는 – 거세될 것이라는 – 두려움을 자극했다.

그러나 이것은 우리가 조금만 주의를 기울인다면 볼 수 있듯이, 모든 남자아이들이 처하는 오이디푸스 상황이 아니던가? 무엇을 근거로 우리는 병리적 오이디푸스 상황과 정상적 상황을, 공포증을 야기하는 병리적 거세불안과 정상적 거세불안을 구분할 것인가? 그가 세 살 반이었을 때 여동생이 태어난 것은, 새 아기를 탄생시킨 부모에 대한 분노뿐만 아니라 동생에 대한 질투를 강화함으로써 한스의 오이디푸스 갈등을 부채질했을 것이다.

프로이트에 따르면, 공포증을 형성하는 병인적 요소는 소년이 그것을 공공연히 말할 수 있었기 때문에 동생을 향한 죽음-소망에서 비롯되는 것이 아니다. 공포증에 대한 참된 원인은 아버지를 향한 죽음-소망에 있었는데, 이것은 무의식 속에 억압되어 있었기 때문이다. 소년의 의식은 사랑하는 아버지를 향해 그러한 증오를 느낀다는 것을 견딜 수가 없었다. 그의 공격적

인 충동들은 억압되고, 아버지에게 거세당할 것이라는 불안은 말에게 물리거나 치일 것이라는 두려움의 형태로 대치되었다. 이러한 타협-형성/증상은 한스가 의식적으로 계속 아버지를 사랑하고, 그를 향한 견딜 수 없는 증오의 감정을 회피할 수 있도록 해 주었는데, 그런 상황은 그가 결코 해결할 수 없는 교착상태를 의미했기 때문이었다.

치료가 이 결정적 단계에 이른 후에는 더 이상의 진전이 없었는데, 프로이트는 이 때문에 개입하기로 결정하였다. 프로이트가 한스와 그의 아버지를 같이 만났을 대, 그는 어린 소년이 말에게서 감지한 어떤 부분 – 안경과 수염 – 이 그의 아버지를 연상시키고 있음이 틀림없다는 것을 깨달았다. 그는 어린 소년에게 이것을 지적하였다. 이것이 치료의 전환점이 되어 그 후 소년은 완전히 치유되었다. 프로이트는 사실상 아버지에 대한 소년의 전이를 해석한 것이었다. 그가 소년에게 했던 설명은 한스가 아버지에 대한 죽음-소망과 거세될 것이라는 불안을 동물에게 전치시킨 이유를 깨닫도록 도와주었다.

내가 덧붙이고 싶은 것은, 이 사례의 분석이 프로이트가 유아 성욕의 병리적 표현과 정상적 표현 간에 근본적인 차이가 없음을 보여주었다는 것이다. 예를 들어 거세 불안 그리고 근친상간적인 리비도적 혹은 공격적 충동들은 공포증에 시달리는 아동들이나 정상적 발달로 간주될 수 있는 아동들에게 모두 존재한다. 정상과 병리의 차이는 무엇보다도 양적인 요소에 달려있다. 내적 상황이 처리할 수 없는 과도한 불안을 만들어낼 때, 타협-형성이 나타난다. 프로이트에게 있어 이러한 유아 신경증은 일반적으로 적용될 수 있는 모델이 되는데, 성인의 신경증은 우리가 한스의 공포증에서 발견하는 것과 똑같은 유아적 콤플렉스와 밀접한 연관이 있기 때문이다. 『억제, 증후 그리고 불안』에서 프로이트(1926d)는, 1909년에는 아직 개념화하지 못했던 초자아를 도입하여 불안 이론을 수정하면서 어린 한스의 사례를 다시 고려하였다.

후기 프로이트 학파

어린 한스의 수동적이고 능동적인 경향

"어린 한스"의 사례는 상당히 많은 논평을 이끌어냈지만, 나는 단지 몇 가지만 논의하겠다. 일부 정신분석가들은 프로이트가 해석에서, 한스가 어머니의 남편이 되어 아버지와 동일시하고 그렇게 함으로써 아버지를 대신하고 싶은 소망에만 주의를 기울였음을 정확하게 지적하였다. 달리 말하자면, 그는 직접적이거나 긍정적인 오이디푸스 콤플렉스를 중시하고 전도되거나 부정적인 오이디푸스 콤플렉스는 간과했다. 실버만 Silverman(1980)과 프랭키엘 Frankiel(1991)에 따르면, 그럼에도 불구하고 프로이트는 한스가 어머니의 자리를 차지할 목적으로 얼마나 그녀와 동일시하고 싶어 했는가를 보여주는 암시들을 마음껏 드러냈다. 예를 들어 사례보고는 아버지에 대한 한스의 성애적 애착, 어머니처럼 아기를 갖고 싶은 소망, 어머니에 대한 분노와 경쟁적 감정뿐만 아니라 임신한 어머니와의 동일시를 드러낸다. 프로이트가 양성성의 중요성을 이해하기 시작했고, 신경증이 해소되려면 직접적 형태의 오이디푸스 콤플렉스와 관련된 방어와 소망뿐만 아니라, 전도된 형태에 관련된 것들도 해석해야 할 필요성을 이해하기 시작했음에도 불구하고, 왜 그가 이런 자료를 사용하지 않았는지 의아하다. 프로이트의 자제를 자극했던 이유들 중에서, 우리는 어린 한스가 치료받던 당시에 프로이트는 여전히 기질적 양성성이라는 사고를 사용하고 있었다는 사실을 기억해야 한다. 그가 심리적 양성성과 부정적인 혹은 전도된 형태의 오이디푸스 콤플렉스에 대해 말하기 시작한 것은 1923년이 되어서였다. 더구나 프로이트가 한스와 어머니와의 갈등에 대해 거의 말하지 않았다는 사실은 비밀 유지와 관련이 있다고 추정할 수 있는데, 한스의 어머니는 전에 프로이트로부터 분석을 받았기 때문이었다. 프로이트는 종종 나중에 가서야 자신이나 제자들이 개념화하게 될 임상적 현상을 능수능란하게 묘사한 것이 사실이다. 이것이야말로 현대 독자들이 항상 프로이트의 저작으로 되돌아가 다시 읽는 것에서 흥미를 느끼는 이유이다.

마호니Mahony(1993)는 막스 그라프가 2년 넘게 적은 아들에 대한 기록들을 면밀히 연구하였다. 임상적 자료를 글로 옮기는 데 있어 불가피한 왜곡들이 있었을 것이라고 주장한 사람은 그가 처음이었다. 마호니에 있어, 이런 기록들을 쓰는 것은 어린 소년의 치료에 있어 결정적인 전이의 역할을 했을 것이다. 전환점이 된 것은 "어린 한스"가 프로이트에게 전달할 것을 적는 작업에서 적극적인 책임을 맡았을 때였는데, 그는 아버지에게 다음과 같은 말을 받아 적게 한다. "내가 교수님에게 모든 것을 적어주면 내 바보 같은 짓이 금방 나을 거야, 그렇지?"(Freud 1909b : 61). 사용된 단어들의 다의적 성질을 이용해서, 마호니는 어린 소년의 권위주의적 결정 그리고 적어야 할 것을 구술dictate하는 데 있어 그가 적극적 역할을 했음 — 그리하여 이 보고서는 "그 자신의 활동"(Mahony 1993 : 1250)이 되었다 — 을 압축해서 강조하기 위해, 자신의 논문을 「독재자dictator와 그의 치유」라고 불렀다.

생애와 역사

아동 정신분석의 선구자들

헤르민 후크-헬무트 (1871~1924)

헤르민 후크-헬무트Hermine Hug-Hellmuth는 역사적으로 말해서 최초의 아동 정신분석가임에도 불구하고 여전히 비교적 덜 알려져 있다. 1910년에 이시도르 사드거Isidor Sadger와 분석을 시작한 후, 그녀는 교사직을 그만두고 아동 분석에 전적으로 집중하기로 결심하였다. 1913년에 그녀는 비엔나 학회의 회원으로 가입해 수요 모임에 참석했다. 그녀는 아동의 지적, 정서적 발달이 삶의 아주 초기 몇 주에 시작되며, 최초의 성적 느낌들과 자위 또한 마찬가지라는 것을 주장하는 몇 편의 논문을 썼다. 헬무트는 또한 아동의 놀이가 지닌 가치에 관심을 가진 최초의 정신분석가였지만, 아동의 발달을 관찰하는 도구로만 여기는 데 그쳤다. 놀이 기법이 심리치료에서처럼 사용된 것은 보다 나중에 멜라니 클라인에 의해, 그 다음에는 안나 프로이트에 의해서였다. 1920년에 헤이그 총회에서, 헬무트는 아동 정신분석에서는 "교수법적"이고 "교육적"인 차원을 고려해야 한다(Geissman과 Geissman 1992)고 주장하였다. 헬무트는 1924년에 행동 장애 때문에 그녀로부터 분석을 받아왔던 조카인 롤프에 의해 교살되었다. 이런 접근이 아동과 청소년들에게 위험을 초래한다고 공공연히 비난하면서 정신분석을 폄하했던 사람들은 그녀가 살해당한 사건을 들이대곤 했다.

멜라니 클라인(1882~1960)

상실, 애도 그리고 우울

1882년 비엔나에서 출생한 멜라니 클라인Melanie Klein은 삶의 아주 초기부터 애도와 관련된 문제들을 다루어야 했다. 그녀는 네 살 때 언니를 잃었다. 어머니와 그녀의 관계는 양가적이었는데, 그녀의 어머니는 매우 소유욕이 강하고 침범적이었다고 하며, 멜라니는 여러 번 우울증을 앓았다. 1902년 그녀가 스무 살이었을 때, 매우 사랑하던 오빠 엠마뉴엘이 죽었다. 한 해 뒤인 1903년에 그녀는 아더 클라인과 결혼하여 세 자녀를 두었는데, 1904년에 태어난 멜리타, 1907년에 태어난 한스, 그리고 멜라니의 어머니가 죽은 다음 해인 1914년에 태어난 에리히였다. 1914년에 멜라니는 부다페스트의 산도르 페렌치와 첫 번째 분석을 시작하였다. 그녀는 1919년에 발표한 「아동의 발달」(Klein 1921)이라는 논문에서 어린 유아(다름 아닌 그녀의 아들 에리히)에 대한 관찰을 보고하였으며, 헝가리 정신분석학회의 일원이 되었다. 같은 해에 그녀는 정치적 불안과 반유대주의가 만연했던 헝가리를 떠나 아이들과 함께 베를린에 정착했다. 한편 그녀의 남편은 스웨덴에 정착했는데, 그들은 1923년에 이혼했다.

아동 정신분석 기법

베를린에 있는 동안 클라인은 철저히 정신분석적 관점에 의거한 유아 관찰 기법에 마무리 손질을 하였다. 더욱이 그녀는 칼 아브라함과 두 번째 분석을 시작하였는데, 그의 사고는 그녀에게 엄청난 영향을 미쳤다. 그녀는 항상 자신을 그의 추종자 중 한 명으로 간주했고 그를 계승하는 것이 자신의 작업이라고 믿었다(Segal 1979). 분석은 1925년 12월, 칼 아브라함이 죽었을 때 끝났다. 그해에 그녀는 런던에서 일련의 강연들을 해주도록 초청을 받았다. 그녀는 거기서 매우 환대받았다고 느꼈는데, 베를린에서는 아브라함의 죽음으로 이제 더 이상 그렇지가 않았다. 존스가 그녀를 한동안 런던에 머물도록 초대하자 1926년 9월에 베를린을 떠난 그녀는, 얼마 되지 않아 런던에 정착하기로 결정하였다. 1932년에 그녀는『아동 정신분석』을 출간하여, 소년과 소녀들의 초기발달 단계들에 관한 새로운 통찰들을 논의하였다.

안나 프로이트와의 갈등

멜라니 클라인은 처음에 영국의 동료들에게 따뜻한 환대를 받았다. 그러나 1927년부터 아동 분석에 대해 다른 관점을 전개했던 안나 프로이트는 멜라니 클라인을 점점 더 가차 없이 비판하기 시작했다(Grosskurth 1986). 그럼에도 불구하고 영국정신분석학회의 동료들은 클라인을 핵심 인물이자 선구자로 간주하였으며, 그녀는 그들의 작업 방식에 상당한 영향을 끼쳤다 (Hinshelwood 2002). 그녀는 1934년에 26세였던 아들 한스를 산악등반 사고로 잃고 나서 우울증에 관한 핵심적 논문(1935년 출간)을 쓰기 시작하였다. 그해는 클라인에게 있어 유난히 슬픈 해였는데, 에드워드 글로버Edward Glover(그녀의 딸인 멜리타 슈미드버그를 분석했던)와 딸 멜리타가 신랄하게 그녀를 비난했기 때문에 더욱 그러했다. 또 다른 원성으로, 멜리타는 동생의 "자살"이 어머니 때문이라고 비난했다(사실 그것은 명백한 사고였다). 그러나 가장 극심한 대립은 이제부터였는데, 1938년에 안나 프로이트가 오스트리아 나치의 출현을 피해 아버지와 함께 런던에 도착했던 것이다. 관련된 모든 개념들과 이론적 입장들을 논의하려는 목적으로 1943년에 영국 학회는 "대격론"으로 알려진 일련의 과학적 토론들 – 전쟁은 지금도 지속된다 – 을 주최했는데, 이 토론들은 우리에게 매우 훌륭한 자료들을 남겨주었다(King과 Steiner 1991). 신사협정을 맺은 후, 주역들은 영국 학회의 후원 아래 세 개의 정신분석 그룹을 만들기로 결정을 내렸다. 하나는 안나 프로이트가, 다른 하나는 멜라니 클라인이 이끌었고, 세 번째 그룹은 어디에도 속하지 않는 대부분의 회원들을 포함하였다 – 이것이 나중에 클라인이 죽은 뒤 "독립 집단"으로 알려진 "중간 그룹"이었다. 뚜렷이 구분되는 이 세 그룹들은 아직도 존재하지만, 오늘날 그들 간의 학문적 의견 차이는 훨씬 덜 첨예하다(King과 Steiner 1991).

놀이를 통한 분석 : 혁신적인 기법

멜라니 클라인은 아동 정신분석의 새로운 기법을 고안하였다. 그녀는 아동 분석을 위한 기본적 접근으로서 놀이 기법을 발달시켰다.

> 클라인의 천재적 발상은 아동이 자신을 자연스럽게 표현하는 방식이 놀이라는 것, 그러므로 놀이는 아동과 의사소통하는 도구로서 사용될 수 있다는 것을 간파한 데 있다. 아동에게 놀이는 "그저 놀이"가 아니다. 그것은 또한 작업이다. 그것은 내적 세계를 탐구하고 숙달하는 방식일 뿐만 아니라, 환상들을 표현하고 극복함으로써 불안을 탐구하고 다스리는 수단이다. 아동은 놀이를 통해 자신의 환상들을 극화하고, 그럼으로써 자신의 갈등들을 정교화하고 극복한다 (Segal 1979 : 36).

달리 말해, 아동에게 놀이는 꿈과 똑같이 환상들을 드러내지만, 꿈과 달리 그것은 현실-검증의 요소를 포함한다.

멜라니 클라인에게 있어 아동은 정신분석가에게 즉각적이고 매우 강력한 전이를 형성한다. 처음에는 아동과 치료동맹을 맺음으로써 아동을 분석에 준비시켜야 한다고 주장한 안나 프로이트와는 달리, 그녀는 부정적 전이 또한 해석되어야 한다는 입장을 고수했다. 더욱이 클라인은 헬무트Hellmuth나 안나 프로이트가 주창했던 교육적 방식이, 아동에 대한 정신분석적 접근에서는 설 자리가 없으며 오히려 어린 환자를 혼란하게 할 뿐이라고 주장했다. 클라인에게 있어 진정한 정신분석적 상황은 정신분석적 수단들을 통해서만 창조될 수 있다. 1919년과 1923년 사이에 클라인은 조금씩 아동 분석에 필요한 독특한 세팅을 손질해갔다. 회기시간은 정확해야 하며, 아동은 각기 집, 다양한 크기의 남자인형과 여자인형, 동물들, 찰흙, 연필, 끈, 가위 등이 담긴 자신만의 장난감 상자를 갖는다. 위니캇은 그러한 선택을 "아동 분석의 가장 중요한 발전"으로 여겼다(Segal 1979 : 42).

이론적 수준에서, 멜라니 클라인이 아동분석을 통해 습득한 전문지식은 특히 아동발달의 초기 단계에 대한 우리의 이해를 넓혀준 많은 가설들을 내놓을 수 있도록 했다. 그런 관점에서 우리는, 프로이트가 성인 속의 아동을 발견했다면 멜라니 클라인은 아동 속의 유아를 발견하는 중요한 역할을 했다고 말할 수 있다.

프로이트와 클라인의 비교

수많은 주제들에 있어서 멜라니 클라인은 프로이트의 생각과 일치하였고 그가 가정한 기본적인 정신분석적 신념들, 즉 무의식의 존재, 유아 성욕의 역할, 오이디푸스 콤플렉스, 전이 그리고 다른 핵심적 측면들 등에 전적으로 동의하였다. 하지만, 다른 수많은 문제들에 있어서 클라인의 생각은 프로이트의 것과 일치하지 않는다. 그녀가 내렸던 결론들은 오랫동안 논쟁이 되어왔지만, 상당히 많은 현대 정신분석가들은 이제 그녀가 제안했던 가설들을 두말할 것 없이 받아들인다.

클라인이 프로이트와 견해를 달리했던 몇 가지 문제들은 다음과 같다. 그녀는 유아가 생의 아주 초기부터 대상을 인식할 수 있다고 주장한 반면, 프로이트는 한참이 지나서야 유아는 대상의 존재를 발견한다(일차적 자기애에 대한 가설)고 주장하였다. 클라인은 프로이트가 생각했던 것보다 훨씬 일찍 오이디푸스 콤플렉스가 기능한다는 것을 보여주었다 – 그녀는 "오이디푸스 갈등의 초기 단계"(Klein 1928)를 지지했다. 그녀는 이 원시적 콤플렉스가 성기적 욕동뿐만 아니라 구강적 욕동과 항문적 욕동에 기인하며, 부분-대상들(그 단계에서는 전체-대상이 아니라)을 토대로 형성된다고 주장하였다. 클라인의 이론에서 오이디푸스 콤플렉스의 초기 단계들은 원시적 대상관계에 있어 중요한 요소이다. 그녀는 소년과 소녀의 심리성적 발달에 대한 프로이트의 설명을 완성시켰다. 그녀는 어린 소년의 어머니에 대한 고착을 프로이트보다 더 중요하게 여겼는데, 프로이트는 어린 소녀의 고착에 보다 관심이 있었다. 여성의 성에 대한 그녀의 개념 또한 프로이트와는 상당히 달랐다. 그녀는 남성의 성이 "거세된 것"이 여성의 성이 아니며, 양성 모두의 유아가 가진 질 자체의 존재에 대한 인식을 바탕으로 여성의 성은 자신만의 독특한 현실을 갖는다고 주장하였다. 클라인은 계속해서 어린 소녀가 경험하는 근본적 불안을 기술하였는데, 그것은 자신의 신체 내용물이 강탈당하고 비워지는 것에 대한 공포이다(Klein 1932).

그녀는 극단적으로 가혹한 원시적 초자아의 존재를 가정하였다. 이것은 오이디푸스 콤플렉스 이전에 형성되며 프로이트 이론의 초자아를 계승한 것이 아니다. 1930년에 쓴 논문에서 프로이트는 클라인의 관점을 분명히 언급한다. "그러나 경험상, 아동이 발달시킨 초자아의 가혹함은 아동이 받았던 대우의 가혹함과 결코 일치하지 않았다"(Freud 1930d [1929]). 클라인은 계속해서 우울적 자리(Klein 1935, 1940) 그리고 편집-분열적 자리와 투사적 동일시 개념(1946)과 같은, 자신만의 독창적인 개념들을 발달시킨다. 이러한 개념들이 충분히 이해되고 받아들여지기까지는 상당한 시간이 걸렸다.

프로이트가 죽음 욕동의 존재를 가정했을 때 클라인은 그에게 동의했음을 언급할 필요가 있다. 그녀의 중요한 공헌은 질투보다 앞선 "일차적 시기심"이었는데, 시기심에 대한 개념은 삶과 죽음의 욕동들 간의 갈등에서 비롯된 임상적 상황에 중요한 도움이 되었다. 그 개념은 클라인과 클라인학파가 그 임상적인 측면을 계속 발전시키기 전까지는 기본적으로 이론에 머물러 있었다.

안나 프로이트(1895~1982)

아버지에 의한 분석

지그문트와 마르타 프로이트의 세 번째 딸이자 6명의 자녀들 중 막내인 안나 프로이트는 아동 정신분석의 선구자였다. 그녀는 청소년기에 이미 정신분석에 관심이 있었지만, 처음에는 교사로 훈련 받았고 1920년까지 교사로 일했다. 사춘기 때 그녀는 매 맞는 환상을 갖기 시작했는데, 이 증상은 그녀가 첫 번째 분석을 받게 되었던 중요한 이유들 중 하나였다. 이 분석은 1918년에서 1922년까지 지속되었고 다음에는 1924년에 다시 분석을 받았다. 두 경우 모두 그녀의 아버지가 분석을 했는데, 당시에는 아직 전이/역전이 관계가 일으키는 단점들이 발견되지 않았기 때문에 이것은 드문 일이 아니었다. 1922년에 그녀는 매 맞는 환상에 대한 임상적 논문을 발표하고, 27세에 비엔나정신분석학회의 회원 자격을 얻었다.

안나 프로이트의 아동정신분석

1925년에 안나 프로이트는 비엔나에서 아동정신분석에 관한 세미나를 개최했고, 1927년에는 아동정신분석에 대한 자신의 생각을 제시한 『아동 분석기법 입문Introduction to the Technique of Child Analysis』을 출판했다. 접근법에 있어 그녀는 아동의 꿈과 그림을 사용하고 놀이기법을 적용할 것을 권했지만, 주로 아동 관찰이 목적이었다. 그녀는, 정신분석가는 아동 환자에게 정신분석적 태도뿐만 아니라 교육적인 태도를 취해야 한다고 주장했다. 나중에 방어기제의 역할을 발견하고 나서 그녀는 이 점에 대한 자신의 견해를 수정했는데, 그 이후 아동의 초기저항에 대한 해석이 가능해졌다. 이 책에서 안나 프로이트(1927a)는 클라인의 일부 생각들을 매우 날카롭게 비판하였다. 이 시기에 그들의 견해 차이는 주로 전이와 관련되어 있었다. 클라인에게 전이는 치료의 초기 단계에서도 나타나는 전형적 특징인 반면, 안나 프로이트는 전이 현상이 훨씬 나중에 나타난다고 주장했다. 게다가 그들은 놀이기법의 시행과 초자아의 성질에 대해 의견을 달리했다. 클라인에게 있어 초자아는 유아들 속에 있는 원시적이고 가혹한 대리자agency였던 반면, 안나 프로이트에게 있어 그것은 아동의 미숙한 자아로 볼 때, 너무 어려서 통합되지 못한 것이었다.

1920년대 말에 안나 프로이트는 자아의 성장과 적응의 문제에 관심을 갖게 되었다. 그녀는 비엔나를 떠나 미국으로 가기 전에 자아심리학의 창설자중 한 명인 하인즈 하트만Heinz Hartman과 함께 작업했다. 그러나 안나 프로이트가 항상 자아심리학과 일정한 거리를 두었다는 것을 기억할 필요가 있다. 치료 실제에서 그녀는 프로이트의 두 구조이론들을 적용하면서 자신의 어린 환자에게 도움이 될 것으로 보이는 것을 선택했다.

자아와 방어의 기제

정신분석에 대한 안나 프로이트의 공헌을 이해하기 위해서는, 그녀의 직업적 삶에 깊은 흔적을 남겼던 인격의 어떤 측면들을 고려해야 한다. 그녀의 작업은 자신만의 독창적인 사고를 발달시키는 능력과 마찬가지로, 아버지와의 강한 동일시 – 그녀는 결코 그것을 포기할 수 없었다 – 를 드러낸다(A-M. Sandler 1996).

『자아와 방어기제』라는 책에서 안나 프로이트는 자아가 이드, 초자아, 외부 현실과 상호작용하는 방식을 탐구했다. 그녀는 병리적 측면에서 방어기제의 과도한 사용은 자아의 고갈과 현실 지각의 왜곡으로 이끌 수 있다는 것을 보여주었다. 정신분석에서 이미 알려진 방어기제들 외에 그녀는 "공격자와의 동일시"와 "이타적 순종"이라는 두 가지 새로운 기제를 추가했는데, 후자에서 개인은 소망들을 대리 경험하기 위해 자신의 소망을 포기한다. 이 책에서 안나 프로이트는 소위 원시적 방어기제와 보다 발달된 방어기제들을 구분하는데, 후자에는 보다 높은 수준의 자아 성숙이 요구된다.

아동에 대한 직접적 관찰

최초의 논문에서도 안나 프로이트는, 정신분석적 관점에서 행해지는 한 아동에 대한 직접적 관찰에 많은 중요성을 부여했다. 그녀의 견해에 따르면, 이러한 종류의 관찰은 아주 어린 유아조차 삶의 사건을 어떻게 경험하는지를 보다 쉽게 이해할 수 있게 하며, 이런 탐구의 결과는 정신분석적 이론과 기법에 새로운 빛을 던져줄 수 있다.

더욱이 정신분석 영역의 확장에 관한 그녀의 끊임없는 관심은, 연구와 치료를 함께 할 수 있는 정신분석 연구기관을 창설하는 데 기초를 놓았다. 1925년에 그녀는 일생의 친구였던 도로시 벌링햄Dorothy Burlingham의 도움으로 비엔나에 불우아동을 위한 유아원을 설립한다. 실제로 벌링햄의 두 자녀는 1923년에 시행된 안나 프로이트의 첫 아동분석 사례였다. 1938년에 아버지와 가족과 함께 피신했던 런던에서 안나 프로이트는, 다시 벌링햄과 함께 부모와 헤어진 아동을 돌보는 "함스테드 전쟁 유아원"을 설립했다. 존 보울비John Bawlby와 더불어 안나 프로이트는 엄마-자녀의 분리에 대한 영향을 심도 있게 연구했다. 전쟁 후에 그녀는 병원에 입원해 있는 어린 자녀를 부모가 방문하도록 하고, 아동이 매우 어리다면 어머니가 계속 머물도록 허용하는 캠페인을 전개했다. 불우아동과 방치된 아동에 대한 안나 프로이트의 명백한 관심은, 그녀가 막내였고 형제들에 의해 방치되었다고 느꼈던 사실과 관련이 있을 것으로 생각된다. 이것은 아마도 그녀가 아동의 부모와 가족들과 더불어 예방하는 작업을 중요시했던 이유들 중 하나일 것이다.

"발달 노선"의 개념

안나 프로이트의 이론적 기법적 접근방식의 핵심은 그녀의 발달 개념에 많은 영향을 받았는데, 그녀의 발달 개념은 우리에게 익숙한 고전적 이론보다 광범위하다. 오랫동안 발달개념은 1915년에 프로이트가 설명했던 리비도적 발달 단계와 밀접하게 연관되어 있었다. 아동발달을 기술하는 데 있어 점차적으로 여러 요소들을 포함할 필요가 생겨났는데 그중 몇 가지만 언급하자면, 공격성, 대상관계 그리고 자아와 이드, 초자아 간의 관계 같은 것들이다. 이것을 고려해 안나 프로이트는 아동의 정상성과 병리라는 책에서 "발달 노선"이라는 개념을 도입했다. 이 개념은, 정신분석 훈련을 받은 사람이 아동의 내적 세계가 기능하는 방식에 대한 귀중한 정보를 얻기 위해, 아동의 행동에 대한 자세한 설명을 활용할 수 있을 것이라는 생각에 바탕을 두고 있다.

발달 노선 개념에 대한 작업을 토대로, 안나 프로이트는 성인기가 시작될 때까지 아동기와 청소년기 발달 내내 동시에 일어나는 복잡한 현상들을 이해하는 방식을 묘사하였다. 그러한 변화들의 예에는 나이에 따라 발달하는 다른 종류의 불안들, 수유나 배변 훈련 등과 같은 신체 기능의 변화에 따른 변형들, 그리고 신생아의 의존이 자율성의 획득으로 바뀌는 것 등이 있다. 그녀는 각 아동의 전체적인 발달을 조사하는 것이 중요하다고 강조하면서, 정신분석 작업의 주된 초점은 아동이 정상적 발달 과정으로 되돌아가도록 돕는 것이라고 주장하였다.

아동 정신분석가의 훈련

2차 세계대전의 영향으로, 안나 프로이트의 "전쟁 유아원"에서 일하는 몇몇 동료들은 아동 심리치료사가 되기 위해 보다 구조화된 훈련과정에 참가하기를 원했다. 따라서 그녀는 1947년에 훈련 프로그램을 개발했고, 1952년에는 함스테드 아동치료 훈련과정과 오늘날 "안나 프로이트 센터"라고 알려진 치료실을 설립하였다. 아동 관찰은 5세 이하의 아동들에게 관심을 갖는데, "정신분석적으로 훈련된 아동 치료사" 지망생들의 훈련에 있어서는 역할이 비교적 미미하다. 1970년에 영국정신분석학회는 안나 프로이트 센터에서 개발한 훈련 프로그램을 공식적으로 인정하였다. 이 프로그램은 아동 분석가가 되고자 하는 사람들에게 열려 있다.

새로운 개념들

거세불안 – 아동기 공포증 – 유아적 호기심 – 유아 신경증

「강박 신경증 사례('쥐 인간')」
(1909d)

강박 신경증의 의미와 정신분석 치료

프로이트는 쥐 인간이라는 별명으로 알려진 에른스트 란저의 정신분석치료를 통해, 심한 강박증조차도 히스테리사례에서 입증하는 데 성공했던 동일한 기법을 사용해 정신분석으로 치료할 수 있음을 확신하게 되었다. 강박 신경증—혹은 "광적인 의심증"(Freud 1895d [1894] : 93)으로 불렸던—은 환자의 자유를 심각하게 제한하는 과도한 강박 증상이 특징적인데, 반추와 강박적 사고, 바람직하지 않은 행동들을 실행하려는 충동들, 이러한 사고와 행동들과 싸우기 위해 고안한 다양한 의례 등이 나타난다. 예를 들면 에른스트 란저는 쥐-고문이 자기 아버지에게 가해질 것이라는 강박적 사고로 두려워했는데, 이 때문에 프로이트는 그에게 쥐 인간이라는 별명을 붙여 주었다. 정상생활을 무력화시키는 강박 증상의 특성상, 이 장애는 그때까지 퇴화 혹은 마음의 기질적인 약함 때문으로 간주되어 왔다. 이 치료의 성공적인 결과를 통해 프로이트는 강박 신경증의 기원이 히스테리와 같이 심리적인 것이며, 성적이고 정서적인 무의식적 갈등으로부터 온 것임을 입증할 수 있었다. 그리고 아동기에 일어났던 중요한 갈등들에 대한 기억을 환자의 의식으로 가져온다면 신경증 증상이 제거될 수 있음을 보여줄 수 있었다. 더구나 이 치료는 프로이트가 1912년부터 "양가감정의 갈등"이라고 부르게 되는 사랑과 증오 간의 갈등과 더불어, 강박 신경증에서 항문 성애의 결정적 역할을 강조하도록 만들었다.

많은 정신분석가들이 이 임상사례를 언급했는데, 특히 지금은 프로이트의 모든 기록들을 접할 수 있게 되었다. 이것은 우리가 프로이트의 실제 기법에 관해 보다 많이 배울 수 있고 그 장점과 약점들을 현대의 작업과 비교할 수 있도록 해주었다.

생애와 역사

에른스트 란저, "쥐 인간"

프로이트를 찾아온 29세의 변호사인 에른스트 란저는 삶의 모든 것을 심각하게 저해하는 수많은 강박증으로 고통을 받고 있었다. 그는 비엔나 대학에서 십년을 들여 법률 공부를 마쳤지만 전문직에 적응하는 것을 극도로 힘들어했고, 애정 생활에 있어서는 결혼 생각을 계속 미루고 있었다. 에른스트 란저는 1907년 10월 1일 프로이트와 분석을 시작하기 전에 이미 여러 유명한 정신과 의사에게 의뢰한 적이 있었지만 별 효과가 없었다. 환자는 특히 이 작업에 재능이 있는 것 같았기 때문에 프로이트는 이러한 사례의 치료가 가져올 과학적인 흥미를 단번에 알아차렸다. 프로이트는 이 환자를 상당히 좋아했던 것 같다. 그는 환자를 초대해 가족과 점심을 같이 하기까지 했는데, 이는 매우 드문 일이었고 프로이트 자신이 주창했던 도덕적 규칙에도 위배되는 일이었다. 그를 치료하는 동안 프로이트는 수요모임에서 비엔나정신분석학회의 동료들에게 환자의 진행 상황을 네 차례 보고했다. 1908년에 그는 잘츠부르크에서 열린 제 1차 국제 정신분석 총회에서 그 사례에 관한 논문을 발표해 좋은 평가를 받았다. 프로이트의 전기 작가인 에른스트 존스는 거기서 처음으로 프로이트를 만났는데, 자신이 프로이트의 훌륭한 발표에 얼마나 깊은 감명을 받았는지를 피력했다.

1909년에 프로이트가 출간했던 보고서 외에도, 우리는 그 치료의 진행 상황을 기록한 프로이트의 일지를 접할 수 있다. 이것은 상당히 예외적인데, 프로이트는 자신의 기록들을 파기하는 습관이 있었기 때문이었다. 이 귀중한 기록들은 작가로서의 프로이트의 재능을 잘 보여준다. 내용을 떠나서 그 문학적인 자질은 독자가 쥐 인간의 불안과 접촉하도록 그리고 프로이트가 환자에게 가졌던 공감을 느낄 수 있도록 해준다. 이러한 기록의 일부는 1955년에 『표준판』(1909d : 251-318, "부록 : 사례의 원본 기록")으로 출간되었다. 프로이트 원본의 완전판은 독일어로 출간되었으며, 1974년에 E. R. 하웰카Hawelka에 의해 불어로 번역되었다.

프로이트는 치료의 성과에 매우 만족하였다. 이후 환자는 직업을 구할 수 있었는데, 그것은 프로이트에게 오기 몇 달 전에는 불가능하다고 생각되던 것이었다. 1914년 8월, 에른스트 란저는 군대에 징집되었고 러시아 군대의 포로가 되었다. 그는 1914년 11월, 1차 세계대전이 일어난 직후 사망했다.

원문 찾아보기

페이지 번호는 『지그문트 프로이트 전집 표준판』 vol. 10, 151-249를 따른 것이다.

놀라운 일련의 강박증들

에른스트 란저가 프로이트를 찾아왔을 때 그는 온갖 강박 증상들에 대해 설명하면서, 증상들이 나날이 악화되어 두 달 동안 일을 전혀 할 수 없을 정도에 이르렀다고 말했다. 그것은 사랑하는 아버지와 흠모하는 여인에게 어떤 일이 일어날 것 같은 비합리적인 공포, 자신의 목을 면도칼로 베고 싶은 강박적 충동에 희생될 것 같은 공포, 그리고 마음을 점점 잠식해서 그의 모든 사고와 행동을 완전히 마비시킬 정도의 터무니없는 금지들이었다.

프로이트는 즉시 에른스트 란저가 자유 연상의 규칙에 따를 것을 약속하도록 했는데, 그 규칙은 지금도 정신분석의 기본적인 규칙으로 남아있다.

> 다음날 나는 그가 치료의 유일한 조건을 지킬 것을 약속하도록 했다. 즉, 불쾌하게 느껴지거나 사소하고 무관해 보이거나 무의미해 보일지라도 떠오르는 모든 것을 말하라는 것이었다. 그러고 나서 나는 그가 원하는 아무 주제나 이야기를 시작하도록 했다(1909d : 159).

첫 회기에서 프로이트는 벌거벗은 여자를 보고 싶어 하는 강박으로부터, 그리고 아버지나 "자신이 흠모하는 여인"이 죽을 것이라는 생각으로부터 환자를 해방시켰다. 환자는 관음증적 강박이 6살이나 7살 즈음에 시작되었다고 말했는데, 당시 젊고 예쁜 여자 가정교사는 그를 침대로 데리고 가 자신을 애무하도록 하곤 했다. 초기의 이런 성적 경험은 강렬한 흥분과 견딜 수 없는 죄책감을 불러왔으며, 어린 소년의 마음에 해결할 수 없는 갈등을 안겨주었다.

> 따라서 우리는 다음과 같은 것을 알 수 있다. 성적 본능과 그에 대한 저항, 아직 강박적이 되지 않은 소망과 그에 대항하면서 이미 강박적이 된 공포, 괴로운 감정과 방어적 행동들을 실행하려는 충동. 그는 신경증의 목록을 모두 갖춘 셈이었다(같은 책 : 163).

쥐에 대한 강박적 공포

프로이트가 이 강박 신경증의 진정한 원인을 깊이 탐색하고 증상들이 어떻게 소멸될 수 있는지 깨닫게 된 것은 쥐에 대한 환자의 엄청난 강박적 공포를 분석하면서였다. 그것은 지난 여름, 환자가 군대에서 어느 장교가 동양의 끔찍한 형벌에 대해 설명하는 것을 들은 직후 시작되었다. 항아리를 뒤집어 죄인의 엉덩이에 고정시키면 항아리에 들어있던 쥐가 그의 항문으로 파고 들어간다는 이야기를 들은 순간부터, 환자는 그런 형벌이 자신의 아버지와 흠모하는 여인에게 가해질 것이라는 강박적 생각으로 두려움에 휩싸였다. 참기 힘든 생각을 쫓아버리기 위해 그는 "도대체 무슨 생각을 하는 거야"라고 중얼거리면서 물리치는 몸짓을 하곤 했다. 프로이트는 환자가 중요한 것을 설명할 때마다 "자신도 모르게 즐거움을 느끼는 데 대한 공포"(같은 책 : 167) 같은 이상한 표정을 짓는 것을 알아차렸다.

그 이야기는 환자가 시달리고 있는 수많은 강박적인 사고와 행동들을 상세히 분석하는 출발점이 되었다. 체계적으로 적용된 방법은 환자의 자유 연상이었다. 응축된 것을 세심하게 풀어내는 작업 끝에, 프로이트는 환자의 강박적 사고와 행동을 하나하나 제거하는 데 성공하였다.

사랑과 증오의 끊임없는 투쟁 그리고 성애

쥐 인간의 분석에서 프로이트는 주로 두 가지 기본 갈등을 재구성하는 데 해석을 집중시켰다. 하나는 환자 자신과 아버지 그리고 흠모하는 여인, 삼자간의 갈등인데, 그는 이 갈등을 주로 아버지와의 오이디푸스적 관계라는 관점에서 보았다. 그리고 다른 하나는 사랑과 증오간의 갈등인데, 그는 환자의 강박증을 증오가 사랑보다 더 강렬하다는 사실과 관련된 정서적 불균형의 결과로 보았다. "사랑하는 이의 가슴에 사랑과 증오간의 치열한 전투가 벌어진다. 그리고 두 감정의 대상은 동일한 한 사람인 것이다"(같은 책 : 191). 더구나 오이디푸스 갈등과 사랑과 증오간의 갈등은 서로 밀접하게 엮여 있어서 분리할 수 없는 그물망을 형성하고 있는데, 이것은 강박 신경증과 그 증상의 전형적 특징이다.

사례를 보고하면서 프로이트는 이 엉켜있는 망을 풀기 위해 따라갔던 복잡한 경로를 우리와 나누고 있다. 굉장한 끈기를 갖고 각각의 강박적인 사고나 행동을 교대로 다루면서 그는 그 의미 - 얼핏 보면 터무니없는 - 를 발견하려고 노력하며, 그럼으로써 환자를 이해시킨다. 그런 다음 그는 정신 병리를 전체적으로 조망하기 위해 보다 광범위한 의미를 가진, 분석 작업이 진행됨에 따라 점차 팽창되는 그물망 속의 각 요소를 바꿔놓으려 노력한다. 프로이트의 재구성 작업들은 대부분 환자의 자유 연상을 토대로 한다. 그는 자신의 발견들이 타당하다는 것을 환자에게 납득시키려고 애썼고, 그렇게 함으로써 치료 성공에 매우 도움이 되는 것으로 입증된 치료 동맹을 맺었다. 그러나 그는 전이 요소가 존재한다는 사실을 몇 차례 언급하긴 했지만 - 예를 들면 환자가 프로이트의 딸에 대한 꿈을 꾸었을 때, 꿈에서 프로이트를 모욕했을 때, 혹은 전이를 설명하던 회기 중에 그가 프로이트를 "장교님"이라고 불렀을 때 – 전이를 별로 사용하지는 않았다.

강박적인 증상과 행동에 대한 해석

프로이트는 환자의 강박적인 사고와 행동들을 어떻게 분석했을까? 나는 쥐 인간을 사로잡았던 강박충동 하나를 예로 들겠다. 그는 자신이 흠모하는 여인을 보호하기 위해 그녀가 다니기로 되어있는 길에서 돌을 치웠다가, 바로 다시 제자리에 갖다 놓았다. 프로이트에게 있어 돌을 치웠다가 다시 갖다 놓는 강박적 행동은 상징적인 관점에서 매우 의미심장했는데, 이러한 모순된 행동을 통해 환자는 그녀에 대한 사랑의 감정이 의심스러움을 표현하고 있었기 때문이었다. 그녀를 보호하기 위해 돌을 치우는 것은 사랑에 바탕을 둔 행동인 반면, 다시 갖다 놓은 것은 증오를 바탕으로 한 행동인데 그는 여인을 다치게 할 수도 있는 장애물을 다시 만들어냈기 때문이다. 여기서 프로이트는 나중에 "행한 것의 취소"라고 알려진 것을 임상적으로 보여주고 있다. 이것은 두 단계로 이루어진 강박적 행동인데, 첫 부분이 두 번째 부분에 의해 취소된다.

프로이트에 의하면 이런 행동의 실제 의미는, 강박적 증상이 두 모순된 경향인 사랑과 증오를 동시에 충족하는 방식으로 나란히 배치되어 있다는 사실로부터 온다. 그러나 환자는 증오의 요소를 깨닫지 못하고 있으며, 합리화를 통해 자신의 행동을 정당화시킨다. 즉, 증오의 요소를 감추기 위해 그리고 무의식 속에 억압하기 위해 거의 믿을 수 없는 정당화를 사용한다. 프로이트는 다음과 같은 사실이 이런 종류의 신경증을 특징짓는다고 말한다.

> 사랑은 증오를 없애는 데 성공하지 못하고 그저 무의식 속으로 몰아낼 뿐이다. 의식의 작용에 의해 파괴될 위험으로부터 벗어난 증오는 무의식 속에서 존속할 수도 있그 자랄 수도 있다(같은 책 : 239).

항문 성애의 주제는 분석 전체에 널리 퍼져 있지만 여기서 프로이트는 지나가면서 언급하는 정도에 그친다. 그는 아직 이것을 중요하게 여기지 않았지만 나중에 강박 신경증의 한 요소로서 중시하게 된다. 예를 들면 그는 쥐에 대한 환자의 강박을 설명할 때 이것을 언급한다. 그것은 환자에게 아동기의 강렬한 성적 순간들에 대한 기억, 요충이 직장直腸을 자극할 때 수년간 지속되던 쾌감을 일깨웠다. 프로이트는 또한 돈과 항문성애에 관련된, 그리고 강박 신경증의 전형적 특징을 결정짓는 많은 상징적 의미들을 거론한다. 예를 들면 오염에 대한 강박적 공포와 관련된 강박적 청결함, 돈과 배설물 그리고 쥐와 어린이 간의 동일시, 아기가 항문을 통해 태어난다는 유아적인 성적 신념에 대해 설명하고 있다.

신경증과 공존하는 정신증적 요소

프로이트는 쥐 인간의 병리를 진단하는 논의에서 "신경증"이라고 말했지만, 내게는 신경증보다는 정신증을 떠올리게 하는 요소들을 여러 차례 언급하는데, 그 요소들은 신경증적 요소들과 나란히 공존한다. 그 예로, 환자가 자신의 부모는 자기 생각들을 읽을 수 있다고 상상할 때 프로이트는 그가 망상적인지 의심한다. "분명 뭔가가 더 있다. 말하자면, 자신은 듣지 못하지만 자신이 큰소리로 말하기 때문에 부모가 자기 생각을 알고 있다는, 이상한 내용의 망상이나 섬망 같은 것이다"(같은 책 : 163-164). 프로이트는, 환자가 밤늦도록 일을 한 후에 아버지가 9년 전에 돌아가신 것을 알면서도 아버지가 오실까봐 현관문을 열어놓곤 하는 강박 행동을 설명할 때 "섬망들"(같은 책 : 222)이라는 용어를 다시 사용한다. 그런 종류의 믿음은 정신증적 사고에서 전형적인, 현실에 대한 부인이다. 프로이트는 "이러한 생각이 망상이며 [....] 강박 신경증의 한계를 넘는 것"(같은 책 : 233)으로 간주하는 것을, 혹은 "[환자가] 자신의 사고와 감정들이 전능하다고 믿는 오랜 유아기 과대망상의 유물"(같은 책 : 233)로 간주하는 것을 꺼린다. 프로이트는 또한 에른스트 란저가 "매우 미신적"이며 징조와 예고적인 꿈을 믿는다는 사실을 언급한다. 그러나 그는 계속해서 말한다. "그러므로 그는 미신적이면서 동시에 미신적이지 않다. 자신이 자기의 믿음과 하나라고 느끼는 교육받지 않은 사람들의 미신과 그의 태도 사이에는 뚜렷한 구분이 있다"(같은 책 : 229). 달리 말해, 프로이트는 쥐 인간이 자신의 미신을 믿는 것과 동시에 믿지 않았을 뿐 아니라, 아버지의 죽음을 믿으면서 또한 믿지 않는다는 것을 언급하고 있다.

프로이트 개념들의 발달

강박 신경증에 관한 프로이트의 시각 : 30년간의 연구

강박 신경증을 특정한 정신병리적 실체로 확인한 사람은 프로이트가 처음이었는데, 1895년에서 1896년 사이였다. 그러나 1909년에 에른스트 란저, 즉 쥐 인간을 분석할 때 프로이트는 아직 이 장애의 정신병리를 완전히 묘사하지 못하고 있었다. 그가 완전한 그림을 그리기까지는 약 30년이 걸렸다. 나는 이제 그의 사고의 또 다른 단계를 간략히 요약하겠다.

프로이트가 이 환자의 강박적 사고와 행동들이 분명 아동기에 일어난 어떤 성적 외상을 포함할 것이라는 느낌을 처음으로 언급한 것은 1895년에 플리스에게 보낸 편지에서였다. "내가 중요한 임상적 비밀을 말이나 글로 당신에게 밝혔던가요? 히스테리는 성 이전의presexual 성적 충격의 결과였지요. 강박 신경증은 나중에 [자기] 비난으로 변형된 성 이전의 성적 쾌락의 결과입니다"(프로이트가 플리스에게 보낸 1895년 10월 15일자 편지, Freud 1895c [1887-1904] : 144). 1895년과 1896년에 출간된 일련의 논문에서 프로이트는 강박증과 관련된 기제들에 대한 가설을 제시하면서, 그것들이 마음에서 비롯된다는 것을 보여준다(1894a). 나중에 그는 그때까지 뇌의 퇴화에서 신경쇠약에 이르기까지(1895c, 1895h, 1896b) 다양한 형태의 병리로 묘사되던 일련의 특정 증상들(강박적인 사고와 행동, 병리적 의심 등)을 "강박 신경증"이라는 제목으로 취합한다. 강박 신경증이라는 개념을 도입함으로써 프로이트는 당대의 정신의학적 전통과 결별하였다. 그는 그가 처음으로 심리적인 것이 원인이라고 보았던 다른 중요한 임상적 실체인 히스테리와 같이, 이 증후군의 근원이 심리내적 갈등에 있다고 보았다.

1905년에 『성욕에 관한 세 편의 에세이』(1905d)에서 유아 성욕이라는 혁신적인 개념을 소개했을 때 프로이트는 어린이의 자위에서 항문 성애가 하는 역할에 대해 언급했으며, 항문 가학성이 전성기기적 조직에서 일반적이라는 것을 보여주었다. 이 둘은 그가 나중에 "양가감정의 갈등"이라고 지칭한 사랑과 증오 간의 갈등과 밀접한 관련이 있다.

1907년에서 1908년 사이에 이루어진 쥐 인간의 분석을 통해 프로이트는, 강박 증상의 병인에서 사랑과 증오의 갈등이 결정적으로 중요하다는 자신의 가설이 정확함을 증명할 수 있었다. 그리하여 이런 질환을 치료할 수 있는 가능성이 열리게 되었다(1909d). 분석에 대한 설명에서, 그는 환자의 증상과 전체 인격에 있어 항문 성애가 하는 역할을 기술한다. 같은 시기의 다른 두 논문에서 프로이트는 자신이 강박 신경증과 연관 지을 수 있었던 다른 주제들을 탐구하였다. 「강박 행동과 종교 행위」(1907b)에서 그는 강박 신경증의 강박성과 종교 행위를 연결 지었는데, 둘 다 무의식적인 죄책감을 피하기 위한 보호적인 의례라는 상징적 의미를 갖고 있다. 덧붙여 「성격과 항문 성애」(1908b)에서는, 아동기에 항문 부위 신체적 기능들이 강렬하게 성애화될 때 나타나는 항문 성애를 강박 신경증에 시달리는 성인이 보이는 전형적인 성격 특성 – 질서에 대한 욕구, 꼼꼼함, 완고함, 그리고 배설물의 보유와 연관된 탐욕 – 과 연결시켰다.

1913년, 『성욕에 관한 세 편의 에세이』(1905d)의 부록에서 프로이트는 "항문기"라고 부른 새로운 발달 단계를 도입하였는데, 여기서는 항문 성애와 가학 충동들이 지배적이다. 구강기 뒤에 이 단계가 나타나며 이어서 남근기가 뒤따른다. 그는 항문기가 강박 신경증의 특징적인 고착점 혹은 퇴행 수준을 구성한다고 주장한다.

1917년에 「항문 성애의 예로 본 본능의 변형」(1917c)에서 프로이트는 성기 조직의 우위가 확립되었을 때 항문 성애와 연관된 충동들이 어떻게 되는지를 논의한다. 예를 들어 그는 돈에 대한 관심은 배설물에 대한 전성기기적 흥미로부터 유래하는 반면, 아이를 갖고 싶은 소망과 남근 선망은 모두 항문 성애에 기인한다고 주장한다. 환자는 대변과 아기, 페니스라는 세 용어들 사이에 상징적 동등시를 창조하며, 이러한 "공통적 상징"(1917c : 132)은 성기기까지 마음속에 계속 남아 있게 된다.

마침내 1923년에 초자아 개념이 등장하는데, 그 원시적 형태는 자아에게 극도로 가혹하다. 이것은 많은 환자들, 특히 강박 증상에 시달리는 사람에게 나타나는 과도한 죄책감을 설명해 준다. 그들은 흔히 스스로에게 가하는 비난과 처벌에 대한 욕구에 압도당한다고 느낀다. 프로이트는 1924년에 성감발생적 피학증이라는 생각을 발달시키면서 이 가설들을 손질하는데, 그는 피학증을 삶과 죽음 욕동 간의 근본적인 갈등과 연결시킨다.

후기 프로이트 학파

신경증인가, 정신증인가? 신경증이면서 정신증인가?

"그라디바"(Freud 1907a)에 나오는 하놀트의 "망상" 사례처럼, 우리는 에른스트 란저의 증후군이 적어도 부분적으로 신경증이라기보다 정신증이 아닌가 하는 질문을 던질 수 있다. 그러나 여기서 우리는 실제 환자를 본다. 이것은 문학 작품에 적용된 정신분석 사례가 아니다. 내가 "그라디바"에서 논평한 바와 같이 어떤 정신분석가들은 이런 증상들을 정신증이 아니라, 신경증 환자들에게서 볼 수 있는 의식의 일시적 혼란으로 간주할 것이다. 다른 정신분석가들은 쥐 인간에 대한 설명에서 프로이트가 현실부정이나 이상화, 전능적 사고와 같은 정신증적 특징들을 전형적인 신경증적 기제들과 병행해 묘사하고 있다고 간주한다. 나는 프로이트가 보고한 에른스트 란저의 임상 자료에 이런 두 종류의 기제들이 같이 있다는 데 동의한다. 이것은 『히스테리 연구』(1895d)에서 「여성 동성애의 심리적 기원」(1920a)에 이르기까지, 프로이트의 다른 사례들에서도 마찬가지이다. 프로이트가 이미 구분을 하고 있다는 조짐은 「정신 기능의 두 원리」(1911b)에서 발견되는데, 그는 여기서 쾌/불쾌의 원리와 현실 원리를 구별하고 있다. 그는 이런 맥락을 「주물성애」(1927e)와 『정신분석 개요』(1940a[1938])와 같은 마지막 저술들로 계속 이어가면서 현실 거부(혹은 부정)와 자아의 분열을 강조한다. 신경증의 방어기제와 보다 정신증적인 방어기제 간의 구별에 관한 클라인과 비온의 연구는 프로이트의 생애 막바지 문헌들을 토대로 하고 있다.

"쥐 인간" 사례에서 프로이트의 기법 : 비판과 논평

블래커Blacker와 아브라함(1982)은 프로이트가 출간한 사례에서 주로 등장하는 것은 남자들이지만 그의 기록 어디에나 여성들이 있음을 지적한다. 그들의 견해에 따르면, 환자가 아버지에 대해 경험했던 양가감정의 갈등-프로이트가 강조했던-외에, 그 배경에는 분석에서 실제로 고려된 적이 없는 측면인 어머니에 대한 양가감정의 갈등이 놓여 있다. 블래커와 아브라함 (1982) 은 프로이트의 어떤 역전이 행동화가 이런 의식되지 않은 모성적 전이 역할의 중요성을 나타내는 것으로 간주한다. 예를 들면 프로이트가 "쥐 인간"을 가족과의 점심식사에 초대한 것은 기본적으로 구강성과 연결된 모성적인 행위라는 것이다.

마호니 (1986, 2002) 에 따르면, 이 분석을 돌이켜 보건대 명백히 부적절한 면이 있음에도 불구하고 그것은 성공적인 치료였다.

> 그러나 고집스럽게 전이 반응의 모든 가능성, 특히 부정적인 전이 반응들을 무시함으로써, 분석에서 여성의 역할을 무시하고 주로 쥐 인간과 아버지 사이의 오이디푸스적 관계만을 강조함으로써, [프로이트는] 사실상 매우 훌륭한 치료적 성과를 얻는 데 성공하였다 (Mahony 2002 : 1435).

이 분석이 이루어질 당시 프로이트가 사용한 기법 (1907) 을 검토한 립튼 Lipton (1977) 은 그가 채택했던 접근법이 현재 "전통적"이라고 일컬어지는 기법이라고 언급하면서, 그는 이후 30년간 이 기법을 사용했으며 1912년에서 1914년 사이에 쓰인 그의 기법적 논문들은 단지 이것을 확인하는 것이었다고 말한다. 립튼에게 있어 "전통적인" 프로이트식 기법은 암시적으로 별개의 두 요소들을 포함한다. 하나는 분석 상황에 내재된 도구적인 접근이며 다른 하나는 환자와 분석가 간에 발달하는, 그리고 분석적 틀을 벗어난 개인적인 관계이다. 지금 후기 프로이트학파 분석가들이 사용하는 "현대적modern" 기법은 전이와 역전이를 폭넓게 사용한다는 점에서 전통적인 기법과는 다르다. 현대적 기법은 환자와 분석가 간의 모든 개인적 관계를 포함한다고 립튼은 주장한다. "현대적" 기법을 뜻할 때 립튼은 명백히 자아 심리학과 관련된 정신분석 학파를 가리키고 있으며, 암시적으로 클라인 학파와 후기 클라인 학파를 포함시키고 있다.

새로운 개념들

양가감정 – 항문기적 성격 – 항문성애 – 항문기적 특성anality – 강박 행동 – 사랑과 증오 간의 갈등 – 강박, 강박 관념 – 사고의 전능성 – 치료동맹 – 행한 것의 취소

『레오나르도 다빈치와 유년기 기억』

(1910c)

레오나르도라는 거울에 비친 프로이트

프로이트는 정신분석가로서, 르네상스 시대의 세계적인 천재인 레오나르도 다빈치Leonardo da Vinci의 작품과 삶이 상징하는 수수께끼에 오랫동안 매료되어 왔다. 1910년에 쓰인 레오나르도에 관한 연구를 통해 프로이트는 '승화'와 '자기애' 같은 여러 기본적인 정신분석 개념들을 소개하고, 특별한 종류의 동성애에 대해 기술하게 된다.

프로이트는 레오나르도의 전기 작가들이 언급했던 놀라운 행위들을 분석의 출발점으로 삼았다. 예를 들어, 발명에 대한 그의 열정이 과도하게 발달하는 것과 예술가로서의 그의 활동이 점차 위축되는 것 사이의 병행이 결국 그림을 완전히 포기하는 것으로 끝나게 된 이유는 무엇일까? 프로이트에게 있어 우리가 지식을 얻고자 하는 충동의 근원은 유아의 성적 탐구에, 즉 아기는 어디에서 오고 엄마 아빠는 거기서 어떤 역할을 하는지 알고자 하는, 우리 모두가 공유하는 소망 안에 놓여있다. 그러나 유아성욕이 레오나르도의 경우처럼 지나칠 정도로 억압되면, 리비도는 프로이트가 승화라고 부른 과정으로 인해 성적 내용이 모두 빠져버린 지적 호기심으로 변형된다.

프로이트는 레오나르도가 보고했던 유일한 어린 시절의 기억을 분석해 나가는데, 그것은 레오나르도가 요람에 있을 때 독수리가 꼬리로 그의 입을 쳐서 벌렸다는 기억이었다. 그 기억을 통해 프로이트는 무의식적인 펠라티오 환상을 잘 설명할 수 있었는데, 그것은 레오나르드의 인격 조직과 그에 따른 독특한 관계 방식이 초기에 확립되는 과정을 설명해주는 것으로 보였다. 마지막으로, 젊은 예술가가 자기 측근의 젊은 청년들에게 보인 사랑과 관련해 프로이트는 특정한 종류의 동성애적 대상 선택에 대해 기술하였다. 이 가설에 따르면, 레오나르도는 어머니가 자신을 사랑했던 것처럼 자신이 사랑하는 청년들에 둘러싸여 있음으로써 사랑하는 어머니와 동일시하였으며, 동시에 그들을 통해 자기 자신을 사랑하였다. 프로이트는 이런 종류의 자기-사랑을 '자기애적narcissistic'이라고 불렀는데, 여기서 처음으로 이 용어를 사용하였다.

두 천재들의 유사성

프로이트가 레오나르도 다빈치에 대한 관심을 처음 보인 것은 플리스에게 보낸 편지에서였다(1898년 10월 9일자 편지). 그는 미국에서 돌아온 후인, 1909년 11월에 이 주제를 더욱 전개시키기 시작했다. 작업에 착수하기 전에 프로이트는 레오나르도에 대해 상당히 많은 정보들을 모았으며 디미트리 메레즈콥스키Dimitri Merezhkovsky의 소설을 읽었다. 그 소설은 마치 대가의 문하생들 중 한 명이 일기를 쓰면서 창조적 천재인 레오나르도와의 고통스러운 나날을 묘사하고 있는 것처럼 되어 있다. 프로이트는 1910년 5월에 그의 책을 출판하였다. 그러나 "어린 한스" 사례 이후에 더 이상 놀랄 것도 없다고 느꼈던 페렌치는 이 책에 쏟아질 반응에 대해 걱정하였다. 프로이트의 작업에 동조했던 사람들조차 그가 펠라티오나 동성애에 대해 감히 말하는 것에 대해 몸서리를 쳤다. 그러나 프로이트는 자신이 쓴 것에 대해 대단히 만족스러워 했다. 그가 유일하게 양보한 것은 두 번째 판에서 "동성애"라는 단어를 "도착"이라는 용어로 바꾼 것뿐이었다. 1923년에 제 3판이 인쇄되었지만 그중 절반은 1938년에 나치가 불태워버렸다.

프로이트가 강한 친밀감을 가졌던 창조적 천재인 레오나르도와 자신을 동일시하게 된 이유는 무엇일까? 무엇보다도 프로이트와 레오나르도는 지식에 대한 똑같은 열정을 공유한다.

둘은 모두 지칠 줄 모르고 탐구했고, 늘 새로운 발견들을 찾아다녔으며, 방대한 주제를 탐구하는 데 주저하는 법이 없었고, 종종 그들의 동시대인들과는 아주 달랐다. 더구나 프로이트의 삶에서 이 특별했던 시기는, 그가 플리스와의 긴 우정관계 동안 때때로 품었던 동성애적이고 편집증적인 무의식적 감정들에 대해 크게 깨닫게 된 내적 발달의 시기와 일치한다. 동시에 이와 똑같은 경향들이 그의 새로운 제자들, 특히 융과 페렌치와의 관계에서 다시 등장했다. 슈레버 사례를 고찰하기 직전에 프로이트가 레오나르도에 대한 탐구를 마무리 지었다는 것을 언급할 필요가 있는데, 그 사례에서 그는 편집증이 상당 부분 동성애적 성향들의 억압에서 비롯된다는 것을 보여준다. 레오나르도의 과거사에서 프로이트는 자기 자신과 이 예술가의 어린 시절이 비슷하다는 것을 발견하였다. 레오나르도처럼, 프로이트가 태어났을 당시 어머니는 매우 젊은 반면 아버지는 훨씬 더 나이가 들었기 때문에 일족들의 연령순서가 뒤집힌 것처럼 보였다. 그러나 프로이트와는 달리 레오나르도는 사생아였고 그 때문에 그는 평생 고통을 받았다. 또한 프로이트는 레오나르도에게서, 그가 최근에 "쥐 인간" 사례에서 연구했던 강박 신경증을 상기시키는 어떤 정신병리적 징후들을 관찰하였는데, 근본적인 양가감정, 강박적이 된 반추 그리고 절대적 완벽함에 대한 추구는 레오나르도가 주요 작품들을 완성시키지 못할 정도에 이르렀다.

1910년에 54세가 된 프로이트는 더 이상 고립된 인물이 아니었다. 여전히 그의 많은 사고들이 도전을 받고 있기는 했지만 그의 명성은 점점 드높아갔다. 그해에 그는 국제정신분석학회(IPA)(융이 초대회장이었다)를 설립했다. 또한 이 시기에 제자들 간의 의견 대립은 점점 커지고 있었다. 프로이트는 이 상황을 잠재우기 위해 아들러를 비엔나 학회 회장으로 지명했지만 소용이 없었다. 프로이트의 비상한 창조적 능력은 이때에 절정에 이르렀고, 그의 가정생활은 매우 만족스러웠다. 나중에 그는 이때가 가장 행복했던 시기였다고 회상한다.

원문 찾아보기

페이지 번호는『지그문트 프로이트 전집 표준판』vol. 11, 57-137을 따른 것이다.

천재의 불가사의한 태도

책을 시작하면서 프로이트는 레오나르도가 우선 매우 영향력 있는 화가로 알려졌다는 것을 독자들에게 상기시키는데, 그의 동시대인들은 그의 과학 노트에 보이듯이 발명에 대한 그의 재능을 모르고 있었기 때문이었다. 그는 '모나리자'와 '최후의 만찬' 같은 예술 작품을 그렸지만 속도가 느리기로 정평이 나있었다. 그는 자신이 시작했던 그림들을 최종적으로 완성시키는 일이 거의 드물었는데, 그림이 어떻게 될까를 망각했음이 분명했다. 그는 그림을 완전히 포기하는 것으로 끝을 냈는데, 프로이트는 이것을 그의 금지에 대한 증상으로 보았다. 동시에 그는 그 주제가 무엇이든, 앎에 대한 채울 수 없는 갈증을 갖고 있었는데, 탐구에 대한 그의 과도한 활동은 마침내 그를 압도해버렸다. 프로이트는 또한 레오나르도가 잘 생긴 소년과 청년들에 둘러싸이는 것을 좋아했다고 언급한다. 그는 그들 중 한 명을 후계자로 지명하긴 했지만, 어느 누구와도 동성애적 관계를 가진 것처럼 보이지는 않았다. 그의 전기 작가들에 의하면, 레오나르도는 여성과 사랑에 빠지거나 어떤 성적 관계도 갖지 않았다. 프로이트는 레오나르도와 같은 위대한 예술가가 여성의 아름다움을 뛰어난 재능으로 그렸음에도 불구하고 성에 대해 거의 무감각하며, 사랑과 증오의 감정에 무관심해 보인다는 사실에 충격을 받았다. 앎에 대한 그의 갈증은 어떤 종류의 감정과도 무관한 것처럼 보인다.

승화 : "사랑 대신 탐구로"(1910c : 77)

프로이트는, 너무도 강력해서 예술가의 정서적 삶과 성 생활을 짓눌렀던, 연구에 대한 레오나르도의 열정이 어디서 기인하는지 궁금했다. 그는 앎에 대한 열망에 쏟는 레오나르도의 에너지가 성적 문제에 대한 그의 끈질긴 호기심에서 나온다고 주장한다. 그러한 호기심은 아기가 어디서 오는지 알고 싶어 하는 어린 아이들에게서 관찰할 수 있는데, 그들은 결코 만족할 수 없기 때문에 그들의 탐구는 허사가 된다. 프로이트는, 유아 성욕이 레오나르도의 경우와 같이 지나칠 정도로 억압되면, 성인은 승화 작용을 통해 본능욕동의 성적 목표를 비-성적인 것과 치환한다고 주장한다. "그러므로 이런 종류의 사람은 예를 들어, 다른 사람이나 신의 사랑에 부여했을 똑같은 열정적 헌신을 갖고 연구에 몰두한다. 그리하여 그는 사랑을 하는 대신 탐구를 할 수 있게 되는 것이다"(같은 책 : 77). 억압이 유난히 강력할 때 성적 욕동에는 세 가지 가능한 길이 열린다고 프로이트는 말한다. 호기심과 성욕은 전반적인 사고의 금지를 가져오는데 이는 신경증에서 전형적이다. 혹은 강박 신경증에서와 같이 호기심 그 자체가 "성애화"되면, 성애화된 사고는 성적 호기심과 동등한 것이 되어 성적 만족을 대치하게 되어 버린다. 혹은 세 번째로, 리비도는 앎에 대한 갈망으로 변형되어 어떤 종류의 성적 주제도 회피하게 되는데, 프로이트에 따르면 레오나르도 다빈치는 여기에 해당된다.

프로이트는 이어서 우리가 거의 아는 바가 없는 레오나르도의 유년기, 특히 레오나르도의 과학 노트에 언급되었던 유일한 초기 기억인 새들의 비상에 관한 글귀에 관심을 갖는다. "나의 최초의 기억들을 회상해보면, 내가 요람에 있을 때 독수리가 날아와서는 꼬리로 내 입을 여러 번 두드려서 입을 열게 했다"(같은 책 : 82). 프로이트의 견해에 의하면 이 기억은 유년 시절부터 레오나르도의 인격이 발달한 방식에 중요한 빛을 던져준다. 그 기억은 펠라티오 행위를 상기시키며 명백히 보다 초기 유년기의 경험에 뿌리를 두고 있는데, 그것은 아동이 기억을 형성할 수 있기 이전인 삶의 아주 초기로 거슬러 올라간다. 프로이트에게 그것은 유아가 어머니의 젖가슴을 빨던 경험의 감각적인 흔적이다. "우리 삶에서 최초의 즐거움의 근원인 이러한 경험의 유기체적인 인상은 분명히 우리에게 지울 수 없이 각인되어 있다"(같은 책 : 87). 계속해서 프로이트는 이러한 구강적 환상–페니스와 입–이 또한 어머니가 두 종류의 성기를 모두 갖고 있다는 생각과 관련된 수동적인 동성애적 환상을 암시한다고 말한다. 프로이트의 눈에는, 법적으로 아버지의 인정을 받지 못했던 레오나르도를 삶의 첫 몇 해 동안 어머니가 홀로 키웠다는 사실이 이것을 분명히 해주는 것으로 보였을 것이다. 프로이트는 고대 이집트 신화를 참조하여 자신의 주장을 입증하는데, 거기서 어머니 신인 무트는 양성애로 그려진다. "그녀의 몸은 젖가슴이 나타내듯이 여성이지만, 그는 또한 발기된 상태의 남성 성기를 갖고 있다"(같은 책 : 94).

자기애적 동일시에 의한 동성애 유형

레오나르도의 유년기 기억에서 발견한 펠라티오 환상에 논의의 토대를 둔 프로이트는, 계속해서 예술가에 의해 드러난 특정 유형의 동성애를 기술한다. 유년기 동안 어머니와의 강력한 성애적 관계는 어머니에 대한 그의 사랑을 동일시로 변형시켰고, 아버지가 부재하다는 사실은 그 관계를 더욱 강화시켰다. 그런 경우에 남자는 그의 어머니를 대신하게 되고, 젊은 남자들에 대한 사랑을 통해 자기 자신을 사랑하게 된다. 프로이트는 이런 형태의 동성애적 대상-선택을 "자기애적"—그는 여기서 이 용어를 처음으로 사용한다—이라고 불렀는데, 모델이 된 그리스 신화의 나르시수스는 호수 위에 비친 자신의 이미지와 사랑에 빠졌기 때문이다. 그는 그것이 누군가 다른 사람이라고 생각했다. 사실상 레오나르도의 경우는 이런 종류의 동성애적 대상 선택이 지배적이었던 것으로 보인다. 그는 젊은 청년들에 둘러싸여 지냈는데, 그는 누구와도 좁은 의미의 성교 없이, 어머니가 그랬듯이 그들을 사랑했다. 프로이트가 자기애를 동일시 과정들과 연결시켰음을 지적하는 것 또한 중요하다. 자기애에 대한 프로이트의 첫 번째 이론이 단지 자신을 사랑한다는 사실을 가리키는 것은 아니다. 그것은 어머니와 동일시하여, 자기 자신을 어머니가 사랑하듯 사랑한다는 것을 나타낸다. 나중에 프로이트는 "자기애적 동일시"의 이러한 측면을 버리는 경향이 있긴 하지만, 여기서는 의심할 바 없는 자리를 차지한다. 멜라니 클라인은 1946년에 투사적 동일시 개념을 소개할 때 이 개념을 더욱 발달시키게 된다.

모나리자의 신비한 미소

프로이트는 레오나르도의 그림들이 어머니와의 강렬한 초기 관계를 나타낸다고 말한다. 예를 들어 모나리자의 신비한 미소를 본 일부 논평가들은 "레오나르도 식 미소"라고 부르기까지 했다. 성모 마리아, 예수 그리고 성 안나를 그린 다른 그림에서 프로이트는 레오나르도의 두 어머니에 대한 표상을 보았다. 생모인 카테리나는 가장 어린 시절에 그를 키웠고, 이후로는 아버지의 젊은 아내가 그를 돌보았다. 1913년에 O. 피스터가 성모 마리아의 옷자락 주름에서 독수리의 이미지를 지적한 것은 이 그림에서였는데, 그는 그것을 "숨은 그림 찾기"(같은 책 : 115, 주. 또한 116쪽의 그림 3을 보라)로 해석했다. 프로이트는 또한 레오나르도의 아버지를 잊지 않고 예술가와 아버지와의 동일시에 관심을 기울였는데, 예를 들어 당시 프로이트가 구할 수 있었던 전기적 자료에 따르면, 그것은 그가 그에 대한 아버지의 관심만큼이나 자신의 그림들에 대해 무심했다는 사실로 구체화되었다. 더구나 프로이트는 과학자의 대담성과 영혼의 독립성에서 삶의 매우 초기에 어떤 부성적 지지도 받지 못했다는 것과 연관된 결과뿐만 아니라, 아버지(그리고 일반적인 권위적 인물)에 대한, 특히 가톨릭교회의 교의적 가르침에 대한 반항적 행동을 볼 수 있었다.

후기 프로이트 학파

"연"이 아닌 "독수리" : 번역의 오류로 일어난 결과들

번역에서의 오류가 프로이트의 가설이 틀렸음을 입증하기에 충분한가? 1923년에 한 잡지 기자는 레오나르도 다빈치의 유년기 기억을 독일어로 번역하는 데에 실수가 있었으며, 그 결과 프로이트는 "연" 대신 "독수리"에 대해 저술했다는 사실에 처음으로 관심을 갖게 되었다. 명백히 프로이트는 이탈리아어 "nibio"가 독일어의 "Geier"로 번역된 레오나르도의 과학 노트 번역본을 사용했다. 그러한 실수는 그 잡지 기자가 프로이트 해석의 정당성에 대해 의심을 드러내도록 이끌었다. 1956년에 뛰어난 예술사가인 마이어 샤피로는 프로이트가 실수를 했다는 사실을 입증하는, 그리고 그것은 레오나르도의 노트를 피상적으로 읽었기 때문이라는 연구를 충분한 기록으로 뒷받침하여 출간하였다. 더구나 그는 제 삼의 인물로 성 안나가 출현하는 그림의 주제는 르네상스 예술에서 자주 등장하는 주제임을 증명했는데, 프로이트는 그것을 예외적인 것으로 받아들였던 것이다. 이러한 번역 상의 오류는 나중에 정신분석을 비난하는 사람들에 의해, 때로는 악의적으로, 사용되었다. 그들은 레오나르도에 대한 프로이트의 해석에 의문을 품는 데 그치지 않고, 프로이트 정신분석의 가치를 총체적으로 헐뜯는 데 그것을 사용하였다. 프로이트 기록 보관소의 관리인이던 커트 아이슬러는 1961년에 출간한 논문에서 프로이트의 접근 방식에 대한 명예를 회복시키려고 고심하면서, "독수리"라는 단어를 원래의 "연"으로 대치하더라도 결코 무효화되지 않는다고 주장하였다.

1919년에 프로이트가 추가한 주석을 주의 깊게 읽고 난 후, 나는 프로이트 자신도 문제의 그 새가 독수리가 아닐 수도 있음을 예상했다는 것을 발견하고 매우 놀랐다. 그리고 이것은 1923년에 그 문제가 불거지기 이전이었다. 1910년에 헤블록 엘리스는 책에서 프로이트의 주장들 중 하나를 비판했는데, 프로이트는 몇 년 후에 다음과 같은 말로 응답했다. "물론 문제의 그 큰 새가 꼭 독수리일 필요는 없다"(1910c : 82, 주석 2). 같은 주석에서 프로이트는 레오나르도의 "기억"의 진정한 본질에 대해 논의한다. 그것은 실제 사건에 대한 기억인가, 아니면 나중에 그가 자신의 경험에 대한 기억이라고 생각했던, 어머니로부터 반복해서 들었던 이야기가 남긴 흔적인가? 이런 딜레마에 직면하여 프로이트는 조금의 거리낌도 없이, 실제 기억보다 환상의 역할이 더 우세하다는 입장을 유지한다. 레오나르도의 유년기 기억을 둘러싸고 온갖 논쟁이 벌어진 후인 오늘날, 환상의 역할은 실제 사건보다 더욱 중요한 것으로 간주된다. 어쨌든 실제 사건 역시 시간이 지나면 또 달리 수정될 것이기 때문이다.

새로운 개념들

동성애 – 동성애적 대상 선택 – 자기애 – 승화

II
성숙의 시기
(1911~1920)

「편집증 사례의 자전적 보고에 대한 정신분석적 연구(망상성 치매)」
(1911C)

신경증 이후, 정신증에 대한 연구

신경증, 특히 히스테리와 강박신경증의 기원을 발견하는 데 온 관심을 기울였던 프로이트는 계속해서 정신증의 근원이 될 특정기제를 탐색했다. 그는 편집증 환자가 만들어낸 망상의 심리성적 내용이 신경증 환자의 억압된 심리성적 내용과 유사하다는 데 깊은 인상을 받았다. 편집증은 마치 신경증이 무의식 속에 숨겨둔 환상들을 공공연히 표현하는 것 같았다. 1907년부터 프로이트는 편집증이 조발성 치매(정신분열증)와 연관이 있을 가능성에 대해 연구하기 시작했다. 칼 아브라함, 융과 논의를 하던 중에 그는 1903년에 출간된 다니엘 폴 슈레버의 자서전인 『나의 신경증에 대한 회고록』(Memoirs of my Nervous Illness)에 관심을 갖게 되었다. 프로이트는 그 책에서 풍부한 임상자료를 발견했는데, 환자 자신이 적잖은 재능으로 편집망상을 묘사하고 있었다. 순전히 슈레버 박사의 자서전을 근거로 한 – 프로이트는 그를 한 번도 만난 적이 없다– 이 사례 연구를 통해 프로이트는, 박해불안과 편집망상이 억압된 동성애적 소망에 대한 방어의 결과임을 설득력 있게 보여줄 수 있었다. 편집증 아래 놓여있는 기제에 대해 프로이트는, 이것(동성애적)은 사랑이 증오로 변형된 결과이며, 나중에 이 증오는 외부의 박해자에게 투사되어 비워진다고 주장한다.

정신증에 대한 프로이트의 주요 이론적, 임상적 문헌은 재판장 슈레버에 대한 연구로 이루어져 있기 때문에, 나는 이 병리 특유의 기제를 발견하기 위한 수십 년간의 그의 노력들을 간략히 고찰하겠다. 프로이트는 슈레버에게서 정신증 구조와 관련된 몇 가지 심리적 기제를 확인하긴 했지만, 정신증 환자는 전이 관계를 만들어내지 못하기 때문에 분석이 불가능하다고 믿었다. 오늘날 그러한 관점은 더 이상 통용되지 않는데, 특히 클라인 학파와 후기-클라인 학파 정신분석가들은 그런 환자들에 대한 분석적 접근을 상당히 발전시켰다.

생애와 역사

슈레버의 병력

슈레버 박사의 병을 탐구하는 데 있어 프로이트가 마음대로 쓸 수 있던 유일한 자료는, 환자 자신이 회고록에서 제공했던 자전적 정보였다. 프로이트는 슈레버 박사의 친구들과 친척들에게 접촉을 시도했지만, 환자의 아동기나 그의 가족배경에 관한 어떤 다른 정보에도 접근할 수 없었다. 프로이트가 슈레버 박사에 대해 알고 있는 것을 간추리자면 이렇다.

슈레버 박사의 병은 그가 독일제국의회 선거에서 실패한 직후인 1884년에 시작되었는데, 우울증적 건강염려증의 형태를 띠고 있었다. 그때 슈레버는 42세였고 하급법원의 부장판사였다. 그는 라이프치히에 있는 플렉지히 교수의 병원에서 치료를 받았다. 플렉지히 교수는 세계적으로 유명한 정신과 의사이자 신경해부학자로, 등에 있는 척수소뇌 다발(후에 그의 이름을 따서 명명되었다)을 발견했다. 플렉지히의 병원에서 몇 달을 보낸 뒤 슈레버는 완전히 회복되었다. 몇 년 뒤인 1893년에 두 번째로 발병이 되었는데, 당시 그는 53세였고 삭소니 항소심 법원의 의장이라는 요직에 임명된 직후였다. 급성 환각적 망상에 시달리던 그는 플렉지히 병원에 다시 입원하였다. 6개월 후에 그는 베버 박사가 책임자로 있는 드레스덴의 다른 병원으로 옮겨졌다. 그곳에서 그는 모두 8년간 있으면서 드레스덴 법원에 청원을 넣어 퇴원 허가를 받아냈다. 다니엘 폴 슈레버가 『나의 신경증의 회고록』을 쓴 것은 이런 과정에서였는데, 그는 법원에 낸 퇴원 청원을 뒷받침하기 위해 자신의 병리와 망상, 환각의 진행과정을 자세히 기술하였다. 그는 자신이 사회적으로 잘 적응하게 되었으며, 자신의 병은 더 이상 정신병원에 계속 있어야 할 충분한 법적 근거가 되지 않는다는 것을 법원에 보여주고자 했다. 그리하여 그는 1902년에 퇴원했는데, 판사는 그가 아직 정상적이진 않지만 더 이상 그 자신이나 다른 사람에게 잠재적 위험이 되지 않는다고 판단했다. 다니엘 폴 슈레버는 드레스덴의 한적한 곳으로 물러나 부인과 입양한 딸과 함께 살았다. 5년 후 그는 우울증적 정신증이 재발하여 라이프치히의 정신병원에 입원해야만 했으며, 1911년 11월 14일로 삶을 마감할 때까지 그곳에 머물렀다 –같은 해에 프로이트의 사례연구가 출판되었다.

그의 보고에서 프로이트는, 다니엘 폴 슈레버의 아버지인 다니엘 고트롭 모리츠 슈레버 박사에 대해 약간 언급하고 지나간다. 의사였던 슈레버의 아버지는 청소년들이 건강한 신체를 유지하도록 장려하고 치료적 체육에 대한 안내서를 쓴 사람으로 유명했다. 환자의 자서전에서는 슈레버의 어머니에 대한 언급이 없는데, 이상하게도 프로이트 또한 그녀에 대해 언급하지 않았다.

원문 찾아보기

페이지 번호는 『지그문트 프로이트 전집 표준판』 vol. 12, 1-79를 따른 것이다.

여자로 변형된다는 불안에서 구원의 사명으로

급성기에 다니엘 폴 슈레버의 편집증적이고 환각적인 망상은 본질적으로, 그가 거세되고 여자로 변해야 하며 이런 성적 학대는 불가피한 것이라는 생각에 집중된, 불안을 야기하는 박해망상이었다. 처음에 그의 박해자는 그의 주치의인 플렉지히 교수였다. 슈레버의 망상 속에서 그는 이 "영혼-살해"의 주동자요, 슈레버의 몸을 여자로 변화시켜 "한 남자의 성희롱 감으로 넘기고 결국에는 버려져서 타락하게 하려는" 공모자였던 것이다(1911c : 19). 그 후에는 신 자체가 플렉지히를 대신했다. 슈레버는 자신에게 말하는 목소리 속에서, 그리고 자신의 신체 여러 기관(예를 들면 위나 내장) 들이 파괴되는 경험에서 박해의 증거를 보았다.

성애를 토대로 한 이런 망상은 후에 구원망상으로 변형되는데, 끔찍한 거세 환상은 그가 수행해야 할 신성한 사명이 있다는 생각과 연결된다. 그 강박적 사고는 그가 여자로 변형된 다음 신성한 빛으로 잉태하여 새로운 인류를 낳는 신령한 계획의 일부가 되는 것이었다. 이러한 사명은 그가 신과 동맹을 맺는다는 것을 의미했다. 그는 신에 대해 존경과 반항이 뒤섞인 감정을 느꼈는데, 특히 신은 매우 도덕적인 사람인 슈레버에게 여성만이 경험할 수 있는 일종의 관능적인 성적 황홀감을 요구했기 때문이었다. 프로이트는 망상에서의 이러한 변형에 대해 "우리가 병리의 산물로 간주하는 망상 형성이 사실은 회복하려는 시도이며 재구성하는 과정"이라고 말한다(같은 책 : 71).

억압된 동성애적 소망에 대한 방어로서의 편집증

다니엘 폴 슈레버의 병이 박해망상과 함께 시작되었기 때문에, 프로이트는 이 모든 박해의 창시자가 의심의 여지없이 플렉지히 교수라고 결론짓는다. 슈레버가 병을 앓는 내내 플렉지히는 주된 유혹자로서, 신 자신도 그의 영향 아래에 있었기 때문이다. 프로이트는 슈레버의 첫 번째 병을 치료했고 따라서 진심으로 감사의 대상이 되었던 플렉지히가 왜 박해자로 변했는지를 묻는다. 프로이트는 사랑이 미움으로 변형된 결과 박해자가 된 이사람이, 한대는 그토록 사랑하고 존경했으며 강력한 영향력을 가지고 있다고 생각했던 바로 그 사람이라고 주장한다. 왜 그러한 감정들의 전도가 일어났을까? 플렉지히를 향한 슈레버의 감사의 마음이 그 교수에 대한 강렬한 성애적 애착에 근거해 있었기 때문이다. 슈레버가 플렉지히처럼 대단한 사람의 아내가 되고 싶어 하도록 이끈 것도 그러한 애착이었다. "성행위에 굴복하는 여성이 되는 것도 멋진 일일 것이다”(같은 책 : 42). 달리 말해, “슈레버의 병은 동성애적 충동의 분출에 기인한 것이었다”(같은 책 : 45). 나중에 망상은 박해자 플렉지히가 신으로 대체되는 변형을 거친다. 이것은 슈레버가 동성애적 환상을 보다 수월하게 받아들일 수 있었음을 의미하는데, 거세되어 여자로 변형된다는 것은 “합리화” 기제를 통해 신성한 계획의 일부가 되는 것이기 때문이었다. “이런 방식으로, 서로 갈등하는 두 세력을 모두 만족시킬 배출구가 제공되었다. 그의 자아는 과대망상으로 보상을 받았고, 제 길을 헤쳐 나가던 그의 여성적 소망 환상도 받아들여졌다”(같은 책 : 48).

더 나아가 프로이트는, 플렉지히에 대한 슈레버의 우호적인 감정을 “전이 과정”(같은 책 : 47) 때문으로 보았는데, 의사에 대한 이러한 전이는 다니엘 폴 슈레버가 그의 아버지나 형에게 느꼈을 강렬한 사랑의 감정이 전치된 결과라고 생각했다. 프로이트는 슈레버 가족에 대한 전기적 정보를 가지고 있지는 않았지만, 환자가 아버지나 형에게 그토록 집중했다면 그것은 아마 그 사람이 죽었기 때문이라고 추측했다. 프로이트의 이런 추측은 나중에 사실로 밝혀졌다.

아버지 콤플렉스

논의의 이 지점에서 프로이트는, 슈레버와 아버지와의 관계에 나타난 유아적 성질을 강조할 수 있었다. “그러므로 슈레버의 사례에서 우리는 다시 한 번 아버지 콤플렉스라는 익숙한 배경을 발견한다”(같은 책 : 55). 슈레버가 플렉지히 그리고 신과 빚어내는 갈등에 대한 분석은, 그것들이 사랑하는 아버지와의 유아적 갈등에 기초한 것이라는 것을 보여주기 때문에, 망상의 배후에 있는 것은 신경증을 만들어내는 것과 유사한 기제라고 프로이트는 주장한다. 프로이트는 슈레버의 아버지가 분명히 어린 아들의 자가성애적 성적 만족을 방해하고 거세위협으로 그를 처벌했던, 가혹하고 위압적인 인물이었을 것이라고 주장한다. 달리 말해 다니엘 폴의 망상의 핵심을 이루었던 여성으로 변하고 싶은 소망은, 그의 유아적 자위로 인해 아버지에게 거세되는 데 대한 두려움의 산물일 뿐이었다. 이것은 소년이 아버지 콤플렉스 속에서 복종과 반항의 혼합물에 기초한 태도, 즉 수동적인 동성애적 태도 혹은 “여성적 태도”를 취하도록 이끌었다.

유아 발달의 자기애적 단계

프로이트는 편집증 환자를 특징짓는 것은 아버지 콤플렉스와 연결된 동성애적 소망 환상이 아니라고 지적한다. 왜냐하면 그 콤플렉스는 회복기의 슈레버처럼, 정상적인 사람뿐 아니라 신경증 환자의 잠재적 상태에서도 존재하기 때문이다. 프로이트는 이 사례에서 편집증적인 것은, 환자가 동성애적 소망 환상을 무의식에서 유지하는 데 실패하고, 그것으로부터 자신을 방어하기 위해 박해망상을 만들어내는 것으로 반응했다는 사실이라고 말한다.

계속해서 프로이트는, 동성애는 유아의 성적 발달에 있어 자가-성애와 대상-사랑 사이에 있는, 그가 자기애적 단계라고 부른 특정 단계에서 발견된다고 주장한다.

> 이 단계는 자기애로 명명되었다. 여기서 일어나는 일은 다음과 같다. 개인발달에서 사랑-대상을 얻기 위해 성적 본능들(그때까지는 자가-성애적 활동에 가담했던)이 통합되는 시기가 온다. 그는 자기 자신, 즉 자신의 몸을 사랑-대상으로 취하는 것으로부터 시작하고, 그런 후에야 비로소 자신이 아닌 다른 누군가를 대상으로 선택하기에 이른다(같은 책 : 60-61).

그 결과 정상적인 발달 과정에서 이성애적 대상 선택이 이루어진다 해도 동성애적 성향들이 완전히 사라지는 것은 아니며, 그 성향들은 사회적 본능으로 "부착attached"(같은 책 : 61) 되어 동성 간의 우정과 동지애의 기초를 형성한다고 프로이트는 말한다.

한편 병리적인 경우, 어떤 사람에게는 유아 발달의 자기애적 단계가 "고착 지점" 또는 "퇴행"(같은 책 : 62)을 구성할 수 있다. 그들의 이런 성격적 "약점"은 그들을 편집증과 그에 수반되는 박해불안에 특히 민감하게 만든다.

편집증의 기제

프로이트는 편집증의 다양한 형태들을 "나(남자)는 그(남자)를 사랑한다"(같은 책 : 63)는 하나의 명제로 가져옴으로써 탐구를 마무리한다. 그 명제는 개인의 의식에서 받아들일 수 없기 때문에 정반대인 "나는 그를 사랑하지 않는다 – 나는 그를 증오한다!"로 변형된다. 이 견딜 수 없는 증오는 무의식속으로 억압되었다가 외부 세계의 누군가에게 투사된다. 따라서 "나는 그를 증오한다"는 "그가 나를 증오(박해)하므로 내가 그를 증오하는 것은 정당하다"(같은 책 : 63)가 된다. 이런 식으로, 개인 안의 무의식적 증오의 감정은 마치 외적인 지각인 것처럼 나타난다. "나는 그를 사랑하지 않는다 – 나는 그를 증오한다, 그가 나를 박해하기 때문에"(같은 책 : 63). 프로이트는 계속해서 "관찰은 박해자가 한때 사랑했던 사람이었음이 분명하다는 여지를 남긴다"(같은 책 : 63)고 말한다. 프로이트는 편집증이라는 병명하에 있는 모든 종류의 망상 – 박해 망상, 색정광, 남성과 여성 모두의 질투 망상 그리고 과대망상 – 에 이 공식을 적용하면서 논문을 마친다.

프로이트 개념들의 발달

정신증 특유의 기제를 찾아서

프로이트가 슈레버 사례를 연구한 것은 정신증 특유의 기제를 찾으려는 지속적 노력의 일환이었다. 보통 그는 망상의 체계적 분류를 가능케 하는 서술적 기준을 이끌어내기보다는 그 배후에 있는 기제들을 밝히는 데 더 관심을 기울였다. 복잡한 차이들에 관한 상세한 설명보다, 나는 아무래도 프로이트의 생각이 발달해감에 따라 편집증이라는 용어의 사용이 어떻게 변했는지를 언급해야 할 것 같다.

프로이트는 "편집증" 또는 "편집망상"을 어떤 의미로 쓰고 있는가 ?

"편집증"이라는 용어는 19세기 말, 독일 정신의학에서 일반적으로 망상을 기술하는 데 사용되었는데, 프로이트 역시 이 주제에 관한 초기 논문에서 이 용어를 넓은 의미로 사용하고 있다. 나중에 에밀 크레펠린은 다양한 망상 유형 간의 근본적인 구별을 도입하여, 정신이상을 가져오는 조발성 치매를 정신적 퇴화가 없는 체계화된 편집망상들과 분리했다. "조발성 치매"라는 용어는 유진 블로일러의 연구 결과에 힘입어 곧 "정신분열증"으로 대체되었는데, 이 장애에서는 "분열Spaltung"의 핵심적 역할이 두드러진다. 프로이트는 "편집증"이라는 용어를 박해망상뿐 아니라 색정광, 질투 망상 그리고 과대망상까지 포함시켜 사용하였다. 1911년 이래로 그는 조발성 치매(정신분열증)와 편집증에 대한 크레펠린의 구별을 계속 충실히 따랐다. 그러나 크레펠린의 제자였던 블로일러는 이러한 구별을 받아들이지 않고, 분열은 편집증에서도 정신분열증만큼이나 특징적이라고 주장하였다. 슈레버의 편집증에 대한 연구에서 프로이트는, 실제로 이러한 정신병적 상태들이 다양하게 섞여있는 것이 가능하다는 결론에 이르렀다.

투사의 역할

프로이트는 플리스와(초고 H, 1894년 1월 24일과 초고 K, 1896년 1월1일) 서신왕래를 하면서 이미 편집증에 대해 논의하고 있었고, 「만성편집증 사례의 분석」(III부, Freud 1896b)에서 그 주제를 연구했다. 이들 초기 저작에서 그는 정신증의 특징으로서 투사 기제를 강조하는데, 그는 그것을 참을 수 없는 내적 지각을 외부 세계로 즉각 방출하는 것, 이를테면 일종의 비우기에 지나지 않는 것으로 보았다. 그러나 점차 그는, 특히 슈레버의 회고록을 연구하면서 투사가 단순히 어떤 억압된 자료를 외부 세계로 비워내는 것이 아니라 그 반대라는 것을, "외부로부터" 되돌아오는 것은 "내부에서" 억제되었던 것에 기원이 있다는 것을 알게 되었다. "내부에서 억제되었던 지각이 외부로 투사된다고 말하는 것은 부정확하다. 오히려 우리는, 사실은 내부에서 폐기된 것이 외부로부터 되돌아오는 것이라고 이해하고 있다"(같은 책 71). 슈레버 사례에 대한 연구 이후 프로이트는, 편집증에서 다양한 형태의 망상들이 억압된 동성애적 소망들에 대한 방어에 기초하고 있으며, 투사는 정신증만의 특성이 아니라고 간주하였다.

"현실에 대한 탈-리비도 집중"에서 "현실 부정"으로

1911년에 프로이트는 슈레버의 편집증에서 외적 현실에 대한 탈-리비도 집중이 하는 역할을 기술하였는데, 이것은 그가 1924년에 "현실의 상실", 그리고 1927년에 "현실에 대한 부정"이라는 개념을 도입하기 훨씬 전이었다. 1911년에 프로이트가 슈레버 사례에서 기술했던 리비도 집중의 철수는, 환자와 바로 인접해 있는 사람들뿐만 아니라 전체적인 현실 세계를 포함하는 것이었다. "환자는 이제까지 대체로 그의 리비도가 집중되었던 주위 사람들로부터 그리고 외적 세계로부터 철수한다. 그러므로 그는 모든 것에 무관심하고 냉담해진다"(같은 책 70). 그래서 슈레버는 세상의 종말이 오고 있다고 느꼈다. 프로이트는 이것을 사랑의 상실로 경험되었던, 환자의 광범위한 탈-리비도 집중으로 표현되었던 내적 재앙의 탓으로 돌린다. 계속해서 프로이트는, 망상은 이 상실된 외부적 집중들을 회복하려는 시도라고 주장한다－환자의 망상을 치유에 대한 노력으로 보는 또 다른 이유는 이것이다. 프로이트는 이후의 글에서 이 본질적인 지점으로 여러 번 되돌아가곤 한다. "우리가 병리의 산물로 간주하는 망상 형성은, 사실은 회복하려는 노력, 재구성하는 과정이다"(같은 책 : 71).

슈레버 : 정신증적 현상에 대한 훌륭한 임상적 묘사

프로이트는 처음으로 개념을 정의했던 다른 경우들처럼, 정신병리에서 그가 나중에 신경증 환자와 정상인에게도 정도는 덜 하지만 존재한다는 것을 깨닫게 될 어떤 현상들을 발견한다. 예를 들면, 그가 "자아의 분열"(1940a[1938])－자아가 현실을 부정하는 부분과 수용하는 부분으로 분열되는 것－이라는 생각을 도입하기 훨씬 전에 그는 슈레버에서 그와 비슷한 것을 기술하였다. 거기서 그는 환자의 인격이 두 부분으로 분할되는 것에 대해 이야기하는데, 한 부분은 망상적인 반면 다른 부분은 매우 적응적인 상태로 남아 있다.

> 사실, 한편으로 그는 우리의 관심을 끌지 않을 수 없는 매우 정교한 망상적 구조를 발달시켰고, 다른 한편 그의 인격은 재구성되어 몇몇 동떨어진 장애들을 제외하고는 일상생활의 요구들을 충족시킬 수 있음을 보여주었다(1911c : 14).

프로이트는 망상 전체로 볼 때 병이 진행될수록 박해자는 분열된다고 말한다. 그는 이러한 "분열"이 여러 가지 방식으로 나타난다고 기술한다–"상위 신"과 "하위 신", "플렉지히와 신", "숭배하는 아버지"와 "증오스러운 아버지". 프로이트는 여기서 확실하게 "분열"을 편집증적 정신증 고유의 기제로 받아들인다.

> 편집증에서는 이런 종류의 해체 과정이 매우 특징적이다. 히스테리가 응축하듯이 편집증은 해체한다. 혹은, 편집증은 무의식에서 이루어지는 응축과 동일시의 산물들을 그 구성요소들로 다시 한 번 분열시킨다(같은 책 : 49).

비록 프로이트가 정신증에서 작용하는 많은 기제들의 기술에 있어 탁월한 관찰적 재능을 발휘하긴 했지만(슈레버 박사에 대한 논문에서처럼), 원시적 방어에 기초한 정신증의 기제들과 억압에 기초한 신경증 특유의 기제들 간의 보다 정교한 구분은 후기 프로이트학파 분석가들의 몫으로 돌아갔다. 그러한 구분을 유념하면 정신증 환자들–성인이나 아동이나–을 정신분석적 방법으로 치료하는 것이 가능해지며, 그런 환자들이 일으키는 매우 독특한 전이와 관련된 어려움에도 불구하고 어느 정도 치료적 성공을 얻을 수 있다.

후기 프로이트 학파

슈레버 사례에서의 가설에 대한 재평가

다니엘 폴 슈레버의 회고록이 1955년에 영어로 번역되자 (아이다 매컬핀과 리차드 A. 헌터에 의해) 영어권 정신분석가들은 프로이트가 사례 연구에서 사용했던 원전을 직접 볼 수 있게 되었으며, 프로이트가 1911년에 제안한 생각들을 다시 평가하게 되었다. 어떤 분석가들은 정신증이 오직 동성애적 소망을 억압한 결과라는 가설에 이의를 제기했다. 예를 들어 페어베언 Fairbairn9(1956)은 동성애가 무엇보다도 반대 성을 가진 부모–특히 어머니–에 대한 공격적인 거절과 관련이 있다고 주장했는데, 슈레버의 회고록에서 어머니는 언급조차 되지 않는다. 덧붙여서 페어베언은, 아동은 어머니와의 원시적 관계로부터 파생된 훨씬 더 강렬한 박해 불안을 피하기 위해 같은 성의 부모를 박해자로 선택한다고 말한다. 매컬핀Macalpine과 헌터Hunter(1955)는 정신증이 훨씬 더 일찍, 그들이 "대상 없는" 단계라고 부른 단계에서 비롯된다고 주장하는데, 그것은 개인의 정체감의 핵심에 놓여있는 퇴행

지점이다. 일반적으로 말해서 클라인 학파 분석가들은 프로이트가 슈레버의 아버지 콤플렉스를 지나치게 강조했다고 느낀다. 이들에게 있어 정신증의 기원은 유아와 어머니와의 초기 관계에 보다 많이 관련되어 있다.

슈레버의 망상에 대한 아버지의 영향 : 사실인가, 환상인가?

1950년대부터 여러 저자들은 다니엘 폴 슈레버의 아동기와 가정 배경을 심층적으로 조사했다. 그들은 특히 그의 아버지가 아이들의 흐트러진 자세를 바로잡기 위해 고안한, 믿기 어려운 정형외과적 도구 일습을 창안했다는 것을 발견했는데, 몇 권의 책에 실린 그림들은 상당히 기이했다. 이 새로운 정보를 근거로 니덜랜드 Niederland(1963)는, 슈레버의 박해망상은 그가 지배적이고 폭압적인 아버지의 가학과 유혹에 시달리면서 아이로서 고통을 느꼈던 아동기 외상의 결과임이 분명하다고 주장했다. 라카미에Racamier와 샤스게-스미르젤(1966)은 아버지의 정신증적 성격이 미친 영향을 부각시켰는데, 아버지는 어머니가 회고록에 언급조차 되지 않을 정도로 그녀의 역할을 완전히 장악하고 그녀를 흡수한 것 같다. 보다 최근에 이스라엘Israels(1981)과 로테인Lothane(1992)은 이런 결론들은 역사적 사실에 근거한 것이 아니라는 이유로, 아버지의 외상적 영향 – 몇몇 분석가들이 슈레버의 아버지 탓으로 돌린 – 이라는 견해에 이의를 제기하였다. 그러나 내 생각에는, 슈레버의 아버지가 실제로 아들을 폭압적으로 길렀다는 주장에 대한 증거가 충분치 않다 하더라도, 그것이 다니엘 고트롭 모리츠 슈레버의 교육이론과 아들인 다니엘 폴 슈레버의 편집망상에 깔린 가학적이고 유혹적인 영향에 관한 가설들이 틀렸음을 입증하지는 않는 것 같다.

아버지 이름의 폐제 : 정신증의 이론적 개념

라캉은 1955년에 영어로 번역된 슈레버의 『회고록』을 토대로, 슈레버의 편집증에 대해 연구하였다. 1955-1956년의 『정신증』에 대한 세미나에서, 라캉(1981)은 정신증의 기원에 대한 자신의 이론 발달에 있어 두 가지의 새로운 개념 즉, 폐제("forclusion")와 아버지의 이름(Name-of-the-Father)을 도입했다. 라캉에게 있어 폐제는 "상징계Symbolic" 질서에 속하는 근본적 기표에 대한 일차적인 거부이다. 그것은 개인의 무의식속으로 통합될 수 없기 때문에 "실재계Real" 요소로서 환각이라는 형태로 되돌아간다. 라캉에 의하면 정신증에서 주체는 적절히 구조화될 수 없는데, 아버지가 아이와의 관계 속에서 자신의 것인 상징적인 부성적 역할로부터 배제되기 때문이다 – 이 기능에는 아이가 정체성을 획득하기 위해 아버지의 이름을 물려받는 것이 수반된다. 그러므로 아버지의 이름인 근본적 기표는 폐제되며–상징화되어야 했던 것이 상징화되는 데 실패한다–편집망상의 형태로 "실재계" 질서 속으로 되돌아온다. 달리 말해 라캉에게 있어 여성으로 변형되는 슈레버의 박해망상은, 아버지의 거세위협이라는 상징적 특성을 지각하지 못하는 무능력의 결과이다. 따라서 그 위협은 외부 현실로부터, 달리 말해 분석으로 접근할 수 없는 "실재계" 질서로부터 유래한다. 라캉에게 폐제는 정신증의 특성이다. 그러나 그는 어떻게 폐제를 되돌릴 수 있는지를 한 번도 내비치지 않는다. 따라서 정신증 치료에 대한 그의 견해는 순전히 사변적인 것으로 남아있다(Diatkine 1997).

멜라니 클라인 : 정신증의 정신분석적 치료를 위한 토대를 놓다

클라인이 아동 정신분석가라는 배경과 그녀의 중대한 임상적, 이론적 공헌들은 정신증 환자들에 대한 정신분석이 발달할 수 있도록 해주었다. 한편 그녀는 편집-분열적 자리와 우울적 자리라는 개념을 도입하여, 정신증과 관련된 원시적 방어기제들과 신경증에서 발견되는 보다 발전된 방어들을 구분하였다. 다른 한편으로는, 프로이트의 믿음과는 반대로, 그녀는 정신증 환자들이 분석이 가능한 전이 관계를 확립할 수 있다고 느꼈다. 클라인에게 있어 정신증적 기능은 편집-분열적 자리의 고착과 투사적 동일시에 대한 과도한 의존에서 비롯된다. 그녀는 정상적 형태와 병리적 형태의 편집-분열적 자리가 있을 가능성을 예상하지 않았으며 투사적 동일시에 대해서도 마찬가지였다. 편집-분열적 자리의 정신병리에 대한 보다 면밀한 연구는 그녀 뒤를 이은 로젠펠드 Rosenfeld, 시걸 그리고 비온에게 넘겨졌다. 이들 정신분석가들은 한편으로는 정상적 형태와 병리적 형태의 편집-분열적 자리를, 다른 한편으로는 정상적 형태와 병리적 형태의 투사적 동일시를 구분 지었다. 정신증을 편집-분열적 자리의 고착으로 본 클라인과는 달리 이들은 장애를 병리적 형태의 편집-분열적 자리로의 퇴행으로, 병리적인 투사적 동일시가 특징인 정신증적 퇴행으로 간주한다. 초기 대상관계에 관한 클라인 학파 사고의 발달은 정신분석 기법에 상당한 영향을 미쳤으며, 정신증적이고 자기애적인 피분석자들 뿐만 아니라 정신적 장애가 보다 덜한 사람들의 마음이 특정 현상들을 처리하는 방식을 바라보는 우리의 시각에 있어 핵심적인 부분을 이룬다.

새로운 개념들

동성애에 대한 방어로서의 망상 – 자기애, 심리성적 발달의 자기애적 단계 – 편집증 – 고착 지점 – 퇴행 지점 – 투사 – 합리화

기법에 관한 1904~1919년 사이의 논문들

「프로이트의 정신분석 과정」 (1904a)
「정신치료에 관하여」 (1905a)
「정신분석 치료의 전망」 (1910d)
「거친 정신분석」 (1910k)
「정신분석에서 꿈의 해석」 (1911e)
「전이의 역동」 (1912b)
「정신분석 임상의를 위한 권고」 (1912e)
「치료의 시작에 대하여」 (1913c)

「기억, 반복, 그리고 극복과정」
(1914g)

「전이-사랑에 대한 고찰」
(1915a[1914])

「정신분석 치료의 발달 노선」
(1919a)

임상가를 위한 권고

전적으로 정신분석 기법에 관한 보고서를 쓰려던 프로이트의 의도는 결코 성공을 거두지 못했다. 그 생각은 그에게 직접 지도를 받으러 비엔나에 올 수 없는, 점점 늘어가고 있는 정신분석에 관심 있는 사람들을 돕기 위한 것이었다. 한편, 기법에 관한 그의 기본적인 생각들은 1904년에서 1919년 사이에 쓰인 일련의 소논문들에서 발견할 수 있다. 프로이트는 일상적인 언어를 사용하여 별다른 순서 없이, 권고 형식으로 정신분석 임상가로서의 자신의 오랜 경험을 서술한다. 이러한 임상적 접근법과 더불어 그는 오늘날까지 여전히 실행되고 있는 (적어도 프로이트가 1910년에 설립한 국제정신분석학회IPA에 소속된 정신분석가들에 의해), 정신분석의 일반적 방법론을 구성하고 있는 요소들을 제시한다. 1903년경 프로이트는 이미 정신분석 치료의 시작과 진행에 관한 기본 규칙들을 세워놓고 있었다. 카우치/안락의자의 사용, 회기의 회수와 간격 그리고 정신분석 과정 자체를 모두 일관된 하나의 세팅 안으로 가져왔다. 방법론은 초창기 이래 상당히 발달하게 되었는데, 치료적 개입의 가능성은 신경증뿐만 아니라 정신증까지, 어린 아동에서 노년기에 이른 성인들까지, 모든 연령층의 환자들을 포함할 정도로 확장되었다. 신경과학과 정신약리학 분야에서 이루어진 최근의 연구들에도 불구하고, 이 영역에서 아직 정신분석을 대치할 만한 혁신적인 발견은 없다는 점을 인식할 필요가 있다. 사실 그렇기 때문에 정신분석가들은 이 사실을 최초로 자각하고 필요한 치료적 판단들을 도출해낸 것이 아닐까?

1904~1919년 사이에 쓰인, 기법에 관한 프로이트의 논문들을 읽는 현대의 독자들은 거의 한 세기 전에 프로이트가 제기했던 질문들이 아직도 해답 없이 남겨져 있다는 사실에 놀랄 것이다. 예를 들면, 보다 최근에 가능해진 치료적 도구들로 볼 때 정신분석을 완전히 배제하고도 치료가 가능할 것인가? 요즘에는 정신분석의 효과를 좀 더 과학적으로 "증명"할 수 있을까? 정신분석 치료보다 더 신속하고 저렴하다고 주장하는 치료 기법들도 장기적으로는 역시 효과적일까? 이런 모든 것들은 이미 프로이트가 제기했던 질문들인데, 당시에 그는 만족스러운 대답들이 그리 멀지 않은 장래에 발견될 것이라고 기대했다.

후기 프로이트 학파

극소수만이 출간된 정신분석 기법에 관한 논문들

정신분석 기법과 관련된 문제들을 다룰 안내서를 쓰려는 후기 프로이트 학파 정신분석가들은, 프로이트가 만났던 것과 똑같은 어려움에 부딪치는 것 같다. 이 주제에 대한 논문들의 숫자는 다른 정신분석 주제에 관해 출판된 논문들의 양에 비해 매우 적다. 전통적인 저술들 가운데, 아마 오토 페니켈Otto Fenichel(1942), 에드워드 글로버Edward Glover(1955) 그리고 랄프 그린슨Ralph Greeson(1967)의 것들이 가장 잘 알려졌을 것이다. 국제적인 평판을 얻은 R. 호라시오 에치고옌의 정신분석 기법의 기본(1991)은 풍부한 연구와 많은 입증 자료들이 뒷받침된 안내서인데, 읽고 참조하기에 용이하다. 저자는 프로이트로부터 현재 임상가들에 이르는 정신분석 기법에 관한 출판물들을 개략하면서, 그 문제에 관한 사고들의 발달, 곧 에치고옌Etchegoyen 자신이 목격했고 어떤 역할을 담당했던 발달과정을 주의 깊게 따라가고 있다. 에치고옌은 또한 정신분석 기법이 전 세계적으로, 클라인에서부터 유럽의 다른 주요 국가들, 남미와 북미의 임상가들을 거쳐 라캉에 이르기까지, 정신분석가가 채택한 다양한 이론적 관점에 따라 어떤 영향을 받았는지를 연구하였다. 그는 자신의 임상 경험에 비추어 이러한 다양한 접근법들의 장점과 단점들을 강조하였다.

원문 찾아보기

● 기법에 관한 1904~1903년 사이의 논문들

번호는 다음과 같이 『지그문트 프로이트 전집 표준판』을 따랐다: "프로이트의 정신분석 절차"(1904a), 표준판, vol. 7, 247-254; "심리치료에 관하여"(1905a), 표준판, vol. 7, 255-268; "정신분석 치료의 전망"(1910d), 표준판, vol. 11, 139-151; "거친 정신분석"(1910k), 표준판, vol. 11, 219-227; "정신분석에서 꿈의 해석"(1911e), 표준판, vol. 11, 89-96; "전이의 역동"(1912b), 표준판, vol. 12, 97-108; "정신분석 임상의를 위한 권고"(1912e), 표준판, vol.12 109-120; "치료의 시작에 관하여"(1913c), 표준판, vol.12, 121-144.

● 방법과 그 적용

처음에 프로이트는 정신분석이란 무엇인가에 관해 언급하면서 그것은 상당한 과학적 가치가 있다고 주장한다. 그는 당시에 실행되던 여러 종류의 정신치료와 정신분석의 차이점을 부각시키면서 다음과 같이 말한다.

> "그것은 가장 깊이 그리고 가장 멀리 파고들어가며, 환자들에게 가장 광범위한 변형들이 일어날 수 있도록 한다. [...] 그것은 또한 가장 흥미 있는 방식, 우리들에게 병적 현상들의 기원과 그 상호관련성에 대한 모든 것을 알려주는 유일한 방식이라고 말할 수 있다"(1905a : 260).

그가 다른 종류의 정신치료와 구분되는 자신의 접근법에 특히 관심을 갖는 이유를 그는 이렇게 설명하였다. 그러나 다른 방법들을 평가절하하려는 의도는 없었다.

> "나는 이들 방법 중 어느 것도 무시하지 않으며 그것들을 적절한 상황에서 모두 사용할 것이다. 브로이어가 정화라고 불렀지만 나는 "분석"이라고 부르기를 선호하는 한 가지 치료 형태에 나 자신을 국한시킨다면, 그것은 순전히 주관적인 동기를 따랐기 때문이다(같은 책 : 259).

적용에 있어 프로이트는 정신분석이 특히 정신신경증에 효과적인 치료법이라고 주장한다. "이 병들은 약이 아니라 의사에 의해, 즉 의사의 인격에 의해 치료된다. 그는 인격을 통해 정신적인 영향을 미치기 때문이다"(같은 책 : 259). 환자는 "어느 정도 타고난 지적 능력과 도덕적 발달"(1904a : 254)과 같은 몇몇 조건들을 갖추어야 한다. 프로이트는 환자가 50세가 넘었다면 그러한 치료를 시작하는 것이 권할만하지 않다고 생각했는데, "50세 전후로는, 치료가 의존하고 있는 정신 과정들의 탄력성이 대체로 떨어지기 때문"(1905a : 264) 이라고 말했다. 오늘날 연령에 대한 이런 종류의 제한은 더 이상 받아들여지지 않는다. 실제로 프로이트 자신이 83세의 나이에도 가능했던 창의성은, 그가 이 권고문를 쓸 때인 48세 때 상상했던 것처럼, 나이 든다는 것이 꼭 심리적 탄력성의 소실을 가져오는 것은 아니라는 걸 보여준다. 이 논문에서 프로이트는 그가 이 치료법을 "오직 심각한, 정말로 가장 심각한 사례들"(같은 책 : 263)에만 사용했다는 점과, 치료가 성공을 거두어 환자는 "항구적으로 실존에 적합하게"(같은 책 : 263) 될 수 있었다는 것을 인정했다. 덧붙여 프로이트는 경험이 없는 치료사들에게, "마음에 관한 도구를 사용하는 것은 쉬운 일이 아니므로"(같은 책 : 262) 충분히 경험을 얻기 전에는, 환자의 저항을 분석할 때 만나게 되는 어려움들을 절대 과소평가하지 말라고 경고한다.

과정과 세팅

"고전적" 정신분석 치료의 세팅은 20세기 초에 프로이트가 확립한 이래로 기본적으로 변함이 없다. "카우치와 안락의자"가 배치되어 있고, 분석가는 카우치에 누워있는 환자의 시야에서 벗어나 안락의자에 앉아있다. 프로이트는 환자와 매일 한 시간씩, 일주일에 다섯 번(혹은 여섯 번)의 회기를 가졌다. 이 논문들에서 프로이트는 정신분석 지향의 정신치료나 다른 접근법들과 같이, 정신분석에서 파생된 기법들을 묵살하지 않았다. 그는 단지 정신분석 치료의 "고전적" 형태만을 기술했던 것이다.

정신분석 과정의 전개 자체에 관한 한, 프로이트는 그 복잡성으로 인해 그것을 기술하는 것이 현실적으로 불가능하다고 말한다. 그는 이를 체스 게임에 비유한다.

> 책으로부터 이 멋진 게임을 배우려하는 사람은 곧, 단지 게임의 시작과 종료만을 완전히 체계적으로 제시할 수 있다는 것을, 그리고 시작된 뒤에 벌어지는 무수히 다양한 수순들을 묘사하기란 불가능하다는 것을 알게 될 것이다 (1913c : 123).

프로이트는 계속해서 정신분석 치료의 수행 조건들과 작업 방식에 대해 기술한다. 분석을 시작할 때, 그는 환자에게 "정신분석 치료의 기본 규칙"(같은 책 : 134)을 준수할 것을, 다시 말해 환자는 "비판하거나 선택하지 말고" (1912e :112) 마음에 떠오르는 모든 것을 분석가에게 말할 것을 단호히 요구한다. 동시에 프로이트는 분석가가 "고르게 떠있는 주의를 기울이는"(같은 책 : 111) 태도를 유지할 것을, 그리고 실제 회기 동안 환자의 말을 듣는 데 방해되지 않도록 기록을 삼가라고 충고한다. 프로이트의 견해로는 "속기록을 써나가는 것"(같은 책 : 113)은 별로 가치가 없는데, 쓰인 기록들은 피상적인 정확성만을 가지기 때문이다. 이것이 바로 그 기록들이 "분석에서 실제 현존을 대체하지 못하는 이유이다"(같은 책 : 114).

스스로를 놀라게 하라

자신의 기법을 개선하려는 프로이트의 시도를 따라가다 보면, 그가 점점 더 환자의 자발적이고 자연스러운 사고 과정에 의존하기로 결심했음을 알게 된다. 그는 해석을 통해 환자의 심리 구조를 짜맞추어 보기 위해 자신이 흥미를 느꼈던 환자의 자유연상으로부터 어떤 측면을 이끌어내려던 생각을 점차 포기했다. 이런 결정적 전환점은 1907년에 "쥐 인간"을 분석하는 동안 출현한 것으로 보이는데, 그 때 그는 자신의 관점을 수정하고 "적극적인" 태도(환자에게 분석가의 재구성을 강요하는 것)를 포기했다. 이후로 그는 정신분석 과정이 있는 그대로 전개되는 방식을 신뢰하게 된다. 프로이트는 이것을 다음과 같이 설명했다.

> 가장 성공적인 사례들은, 이를테면 마음속에 어떤 의도도 없이 진행되어 그들 속의 어떤 새로운 변화에 놀라게 되는, 그리고 어떤 예측도 하지 않고 항상 열린 마음으로 그들을 만나는 그러한 사례들이다(1912e : 114).

자신에게 충분한 시간을 주라

환자들에게 당면한 갈등에 대한 해결 방법을 찾을 능력이 있음을 신뢰한다면, 우리는 "정신분석은 항상 긴 시간, [...] 환자가 예상하는 것보다 더 긴 시간과의 싸움이라는 사실"(1913c : 129)을 인식하는 것이 좋을 것이다. 프로이트는 기법에 관한 모든 논문에서 이 점을 강조한다. "단축된 분석 치료가 정당한 소망"이라는 점을 인정하면서도 그는 서슴없이 이렇게 말한다. "불행히도 단축된 치료는, 마음속 깊은 곳에서의 변화는 느림과 함께 성취된다는, 매우 중대한 요소에 위배된다. 결국 우리의 무의식 과정들은 의심의 여지없이, '무시간적'이다"(같은 책 : 130).

프로이트는 일단 정신분석 과정이 시작되면, 정신분석가는 그것이 이끄는 대로 따라가는 수밖에 없다는 점을 분명히 밝힌다.

> 전체적으로 보아, 일단 시작이 되면 그것은 자기 길을 간다. 그리고 지침을 따르거나 자기에게 규정된 지시를 받아들이지 않는다. 그러므로 분석가가 병리의 증상들을 지배하려는 것은 남성들의 성적 능력에 비유할 수 있다. 남자는 온전한 자식을 얻을 수는 있지만, 아무리 강한 남자라도 여성의 기관 안에 머리나 팔, 혹은 다리 하나 만들 수 없는 것이 사실이다. 그는 아이의 성별을 결정할 수도 없다. 그 역시 아득한 과거의 사건들에 의해 결정된, 아이가 어머니로부터 분리되는 것으로 끝나는 고도로 복잡한 과정을 시작했을 따름이다(같은 책 : 130).

정신분석이 요구하는 상당한 시간과 비용을 고려할 때, 어떤 환자들은 증상들 중 하나를 없애는 것으로 만족할 수 있다고 프로이트는 덧붙인다. 그러나 프로이트는 정신분석 방법은 분리될 수 없는 전체로서 고려되어야 한다.

> [정신분석가는] 가능한 한 완전한 건강을 달라고 요구하는, 그리고 회복 과정에 원하는 만큼의 시간을 쓸 수 있는 환자들을 가장 환영해야 한다. 이처럼 순조로운 조건을 갖춘 사례들은 물론 몇 안 된다 (같은 책 : 131).

정신분석적 세팅의 확립

과정이 최적의 상태 하에서 전개되려면 어떤 특정 조건들이 충족되어야 한다. 프로이트는 자신의 환자들에게 이렇게 제안했다. "모든 환자는 내가 근무 가능한 특정 시간대에 할당된다. 그 시간은 환자의 것이고 환자는 그에 대한 책임을 진다. 그 시간을 활용하지 못할지라도"(1913c : 126). 그는 환자에게 카우치에 누우라고 하고 자신은 환자의 시야에서 벗어나 뒤에 앉곤 했는데, 그것이 "전이를 분리"(같은 책 : 134)해 내는 데 더 유리했고, 환자가 자신을 응시하는 것이 싫었기 때문이었다. 모든 환자는 하루에 한 번, 일주일에 여섯 번의 회기를 갖는 것이 보통이었는데 가끔 예외를 두기도 했다.

> 경미한 사례나 이미 상당히 진행된 치료를 계속할 때는 일주일에 세 번도 충분할 것이다. 이보다 시간을 제한한다는 것은 의사나 환자에게 도움이 되지 않는다. 게다가 분석 초기라면 이것은 논의할 필요도 없다 (같은 책 : 127).

프로이트는 처음부터 치료기간에 대해 언급하는 것은 거의 불가능하다고 생각했다. 모든 환자는 자신이 원할 때는 언제고 치료를 중단할 수 있지만, 프로이트는 분석이 이런 식으로 중단된다면 환자의 상황은 더욱 나빠질 것이라고 주의를 주었다. 프로이트는 정신분석 치료 기간을 줄이려는 모든 사람들로부터 오는 압력에 대해 몇 차례 언급했는데, 그들의 주장은 매우 빈번하고 다양하다. "환자가 통찰이 모자란 데다 의사가 아는 체하는 것이 결합되면, 결과적으로 분석은 가장 끝없는 요구들을 최단 시간에 만족시키라는 기대를 받게 된다"(같은 책 : 128). 분석기간을 줄이는 문제는 항상 제기되어 왔는데, 프로이트는 이를 유머러스하게 받아넘긴다.

> 누구도 한 사람이 무거운 테이블을 마치 가벼운 의자인 것처럼 두 손가락으로 들어올리기를 기대하지 않는다. 혹은 통나무집을 지을 때 걸리는 시간 내에 큰 집을 지을 것을 기대하지 않는다. 그러나 신경증의 문제는 거론 되기가 무섭게 [...] 지적인 사람조차 시간, 작업, 성공 사이에 지켜야 할 필수적인 균형을 망각한다 (같은 책 : 128-129).

비밀을 지켜야 하는 치료의 특성과 관련해서, 프로이트는 "환자가 치료를 환자 자신과 의사 사이의 문제로 취급하도록, 그리고 아무리 친한 사람이라 하더라도 혹은 꼬치꼬치 캐묻더라도 그것을 누구에게도 알리지 말도록 권고해야 한다"(같은 책 : 136)고 말한다. 프로이트는 또한 분석비에 관해, 분석가와 환자 관계에서 돈은 종종 무의식적인 성적 의미를 지닌다고 말한다. 그는 분석비를 반드시 정기적으로 내도록, 그리하여 많은 금액이 쌓이지 않도록 하라고 조언한다. 그는 자신이 여러 해 동안 해왔던 무료 치료의 문제를 꺼낸다. 무료 치료는 굉장한 저항의 증가를 가져온다고 강조한다. 그는 또한 가난한 사람들과 하층 계급에 속하는 사람들의 치료 접근성에 관한 문제에 대해서도 논의했다.

전이와 역전이

전이는 분석에서만 일어나는 현상이 아니라고 프로이트는 말한다. 전이는 삶의 다른 상황들에서도 일어나지만, 그것이 적절히 처리될 수 있는 것은 정신분석적인 맥락에서 뿐이다. 그는 두 종류의 전이에 대해 기술했는데, 긍정적인 감정들을 토대로 한 긍정적 전이와 적대적인 감정을 바탕으로 한 부정적 전이이다. "우리가 전이를 의식화함으로써 그것을 '제거'한다지만, 실은 우리가 의사라는 사람으로부터 정서적 행동의 이 두 구성요소(긍적적 전이, 부정적 전이)를 떼내는 것에 불과하다"(1912b : 105).

다음에 프로이트는 자신이 최초로 "역전이"라고 부른 것으로 분석가의 관심을 이끄는데, 역전이는 "환자가 분석가의 무의식적 감정에 영향을 미친 결과"(1910d : 144)로서 일어나는 것이다. 그가 의미하는 "역전이"란 어떤 것일까? 이 논문에서 프로이트는 나중에 후기 프로이트 학파 분석가들이 발달시킨 개념보다 훨씬 제한된 의미로 이 용어를 사용했다. 프로이트에게 있어 이 개념은 무엇보다도 환자의 전이에 대해 "역으로" 일어나는 분석가의 무의식적 감정들을 가리킨다. 그러므로 "역전이"라는 이름을 붙인다. 이런 반응들은 분석가의 성격에 따라 다른데, 이것들을 극복하지 못하면 전이를 작업하는 데 장애물이 된다. 이런 이유로 프로이트는 모든 분석가에게 자신의 역전이를 인식하고 통제할 것을 요구하면서, 이것은 오직 개인적인 분석경험과 이후 자기분석을 통해서만 성취될 수 있다고 말한다.

> [우리는] 어떤 정신분석가도 자기 자신의 콤플렉스와 내적인 저항보다 더 멀리 갈수는 없음을 알게 되었다. 따라서 우리는 그가 자기-분석부터 시작해볼 것을, 그리고 환자를 관찰하는 동안 지속적으로 그것을 심화시킬 것을 요구한다. 자기-분석에서 이런 결과를 얻는 데 실패하는 사람은 환자를 분석으로 치료할 수 있다는 생각을 즉시 버려야 할 것이다 (같은 책 : 145).

아울러, 정신분석가를 지망하는 사람은 누구나 "교육 분석"(같은 책 : 145 주석)을 받는 것이 바람직하다.

프로이트는 또한 모든 정신분석 지망생들은 "거친" 정신분석과 같은 실수를 피하기 위해 기법에 익숙해져야 한다는 사실을 역설하면서, 그것을 초기 상담에서 "의사가 [환자에게] 자신이 발견한 비밀을 무뚝뚝하게 말하는 것"(1910k : 226)이라고 정의했다. 프로이트는 또한 환자의 저항들을 극복할 목적으로, 환자에게 그의 갈등과 결함들을 알려주고 싶은 유혹에 대해서도 논한다.

> 젊고 의욕이 넘치는 정신분석가들은 틀림없이, 자기 방식으로 환자를 설득시키기 위해서, 그리고 환자의 편협한 성격들을 제거하기 위해서, 자신의 개성을 자유로이 표출하고픈 유혹을 느낄 것이다. 환자가 보이는 저항들을 극복할 목적으로 의사가 자신의 정신적 결함과 갈등들에 대해 잠깐 알려주는 것은, 그리고 자신의 삶에 대한 사적인 정보를 줌으로써 환자가 동등한 발판 위에 설 수 있도록 하는 것은 꽤 수용할 만하고 사실상 유익할 것으로 기대할 수도 있다 (1912e : 117-118).

그러나 프로이트는 경험상 이러한 접근은 기대했던 결과를 가져오기보다는 오히려 반대였음을 보여준다.

> [환자는] 상황을 뒤집고 싶을 것이다. 그리고 자신보다 의사를 분석하는 것이 훨씬 더 흥미롭다는 것을 알게 된다. 치료의 주요 과제 중 하나인 전이의 해소는 의사 쪽에서의 친근한 태도로 인해 더욱 어려워진다. [...] 나는 그러므로 이런 종류의 기법이 오류라고 주저 없이 비난하겠다. 의사는 환자에게 불투명해야 하며, 거울과 같이, 자신에게 보이는 것만을 보여주어야 한다(같은 책 : 118).

다른 의학 기술과 마찬가지로 정신분석은 "이미 그에 대해 능통한 사람들"(1910k : 226)로부터 배워야 한다. 이 논문에서 말하고 있는 바와 같이, 1910년에 프로이트가 현재의 관행에서 중요한 역할을 하게 된 국제정신분석학회(IPA)를 세운 것은, 가능한 한 환자들을 "거친" 정신분석가가 야기하는 위험으로부터 보호하려는 것이었다. "회원들은, 우리에게 속하지 않았음에도 자신들의 의료 과정을 '정신분석'이라고 부르는 사람들이 한 행위에 대해 책임을 부인하기 위해서, 자신의 이름을 발표함으로써 자신이 [IPA를] 충실히 지키고 있다고 선언한다"(같은 책 : 227).

후기 프로이트 학파

정신분석 세팅 : 느리고도 점진적인 과정

우리가 의미하는 정신분석 "세팅"이란 어떤 것인가?

정신분석 세팅이란 정신분석 과정이 가능한 한 최상의 방식으로 전개되기 위해 만족시켜야 하는 일련의 조건들이다. 이러한 조건들은 환자와 의사의 상호 동의에 의해, 가능하다면 예비 면담에서 확립된다. 전통적인 정신분석에서 환자는 카우치에 눕고 분석가는 시야에서 비껴나 뒤에 앉는다. 이런 방식으로 환자는 실제 사람으로서의 분석가보다는 자신의 내적 세계를 바라볼 수 있다. 이러한 배치는 환자가 마음에 떠오른 모든 것을 분석가와 의사소통한다는 정신분석의 "기본 규칙"을 따르도록 돕는다. 또한 자유연상뿐만 아니라, 환자의 환상세계 속에서 분석가가 다양한 역할을 맡도록, 분석가에 대한 투사를 촉진한다. 보통 회기는 일주일에 4번에서 5번, 45분에서 50분가량 진행된다 (지역에 따라서 빈도는 예외적으로 일주일에 3번으로 축소되기도 한다). 일단 결정이 되면 회기 시간과 빈도는 즉흥적으로 혹은 둘 중 한 사람의 기분에 따라 바뀌지 않는 한, 환자의 심리적 안정성을 이루는 한 요소가 된다.

회기 밖에서 환자와 분석가가 사회적, 개인적 접촉을 갖는 것은 피해야 한다. 더구나 기밀상의 이유 때문에 분석가는 제 삼자에게 어떤 정보도 주어서는 안 되며, 예외적인 상황이거나 환자의 허락을 받은 것이 아니라면 환자의 가족이나 친구들과 접촉하려 해서도 안 된다. 모든 것을 고려해 볼 때, 분석 상황에서 환자와 분석가간에 부과된 현실 관계에서의 엄격한 윤리적 제약들이 치료상황의 통합성을 상당히 보장해주어 결국 분석가와 환자가 사고와 환상의 측면에서 이러한 제약들을 뛰어넘어 완전히 자유로워질 정도가 된다는 사실에는 뭔가 내재된 역설이 있다. 그런 관점에서 세팅은 일종의 안전장치, 상징적인 수준에서 근친상간에 대한 금지를 나타낸다.

오랜 발달의 결과

프로이트가 곧바로 정신분석 치료를 위한 적절한 세팅의 확립이 필요하다는 결론을 내리고 대략 1903년까지 필수적인 요소들의 작업을 끝마쳤지만, 정신분석가들이 세팅의 진정한 의미, 그리고 세팅과 정신분석 과정과의 관계를 이해하기까지는 여러 해가 걸렸다. 『히스테리 연구』(1895d)에서 프로이트는 어떻게 자신이 암시를 자유연상 기법으로 대치하게 되었고, 그럼으로써 정신분석 세팅의 기초를 놓았는지를 기술한다. 나중에, 자신이 기법에 관해 1904년과 그 뒤에 썼던 권고문에도 불구하고, 프로이트는 종종 자신이 세운 엄격한 규칙들에서 벗어났다. 당시에 그는 이러한 예외적 허용들이 가져올 손실을 이해할 수 없었다. 예를 들면, 그는 편지에서 피분석자의 이름을 거론했으며, 그들의 신분을 감추려는 어떠한 시도도 하지 않았다. 그는 일부 피분석자들을 가족과의 식사에 초대하기도 했다. 그리고 페렌치, 나중에는 딸인 안나와 같이 가까운 사람들을 분석하기도 했다. 이것은 상당한 기간 동안 계속해서, 정신분석 세팅의 제약들이 여전히 애매하게 남아있었다는 것을 보여준다. 정신분석가들이 분석가와 환자 모두가 불러일으키는 정서의 강렬함을 적절히 담아둘 수 있기 위해 엄격한 세팅을 유지해야 한다고 느끼게 된 것은 2차 세계대전이 끝나고, 전이/역전이 관계를 더욱더 강조하게 되었을 때였다.

분석 세팅과 과정을 잇는 불가분의 연결

초창기에 정신분석가들은 정신분석 과정의 훈습, 달리 말해 환자의 내적 발달을 특히 강조했으며, 세팅은 과정이 정확히 전개될 수 있도록 자료를 마련하는 것과 관련해서만 고려되었다. 1950년대 말에 이르러 분석 세팅을 철저한 이론적 바탕 위에 두려는 시도들이 나타났다. 비온Bion(1962)의 작업은 임상가들이 회기에서 분석가와 피분석자간의 관계를 어머니와 유아의 관계와 유사한 것으로 볼 수 있게 했으며, 분석 세팅과 과정이 "담는 것container"과 "담기는 것contained"이라는 동일한 발판 위에 있음을 이해하도록 해주었다. 호세 블레헤르José Bleger(1967)는 클라인의 편집-분열적 자리에 앞서 자아와 대상 사이에 상징적 연결을 만들어내는, 그가 교착성을 가진 핵agglutinated nuclei이라고 부른 발달 단계가 있다고 주장한다. 블레어에 의하면 이러한 연결은 환자들이 분석 세팅과 자신을 구분하는 데 성공하게 되면서, 그들이 그때까지 확립해낸 분석 세팅과의 친밀한 관계를 통해 표현된다. 이후로 몇몇 정신분석가들이 세팅과 과정간의 관계에 대한 우리의 사고를 넓혀주었는데, 그중에는 D.W. 위니캇의 "안아주기" 개념과 디디에 앙지외의 "피부 자아" 개념이 포함된다.

내부로부터 세팅 이해하기

이러한 연구들은 정신분석 세팅 내에서 발달하는 과정과 관련해서, 정신분석 세팅의 중요성을 더욱 이해할 수 있게 해주었다. 세팅은 정신분석과 관련되지 않은 사람들과 일부 환자들뿐만 아니라, 정신분석가 자신들에 의해서도 종종 잘못 이해된다. 예를 들면, 일반 대중은 종종 세팅에 대해 왜곡된 그림을 그리면서 단지 환자는 카우치에 누워있고 분석가는 안락의자에 앉아있는 것이라고 생각한다. 이러한 희화화는 세팅을 무의미한 것으로, 전체적인 분석 상황을 우스꽝스러운 것으로 만든다. 환자들이 치료 초기에 명시된 세팅의 중요성을 이해하게 되기까지는, 예를 들어 회기가 규칙적이어야 하고 매주 여러 번의 회기를 해야 하는 이유, 또한 분석비를 지불해야 하는 이유, 특히 이유가 어떻든 환자가 빠진 회기에도 분석가가 비용을 요구하는 이유를 이해하게 되기까지는 상당한 시간이 걸린다. 처음 볼 때는, 환자 자신들이 그 중요성을 발견하고 내적 경험으로부터 세팅의 엄격한 정의가 분석과정의 성공에 필수적임을 깨닫기 전까지는, 이러한 조건들은 말도 안 되는 것처럼 보일 것이다.

훈련에 관한 중요한 측면 하나는, 정신분석가 지망생들이 분석 세팅이 제 2의 천성이 될 수 있도록 세팅의 중요성을 내면화하는 일이다. 이런 과정은 분석에 대한 지망생의 개인 경험과 더불어 시작되며, 정신분석에 능한 동료의 임상 감독을 통해 지속된다. 이 덕분에 세팅은 단순히 정신분석가나 연구소가 임의로 정해놓은, 융통성 없는 규칙들의 나열로서 경험되지 않는다.

이런 관점에서, 분석 세팅은 각 요소가 분석 상황이라는 맥락 속에서 의미 있는 것이 될 때에만 가치를 지닌다. 예를 들어 임상경험은, 환자가 세팅과 더불어 확립한 관계는 매우 빈번히, 피분석자와 분석자간의 비언어적 의사소통의 의미를 지닌다는 것을 보여준다. 특히 그것은 해석될 수 있고 극복될 수 있는 무의식적 전이 저항들을 표현한다. 이런 식으로, 치료가 진행됨에 따라 그리고 분석가의 도움으로, 환자는 점차 세팅의 다른 요소들의 중요성 그리고 그것들과 전이 과정과의 관계를 발견하게 된다.

정통 정신분석의 기본적 세팅

세팅과 과정이 불가분의 요소인 한, 매주 여러 번의 정신분석 치료는 IPA에 속하는 정신분석가들, 그리고 프로이트의 가르침에 따라 정신분석을 수행하는 사람들에게는 여전히 참조해야 할 표식으로 남아있다. 잦은 회기는 해석에 대한 통찰과 처리를 촉진시킨다. 세팅과 과정 간의 불가분의 연결들은 또한 정신분석 과정과 정신치료 과정을 구분할 수 있게 해주었다. 이 둘 간의 차이를 전통적인 과학적 기준이 바라는 것처럼 양적인 데이터로 보여줄 수는 없다. 나는 종종 라플랑슈Laplanche(1987)가 정신적인 에너지와 원자 에너지를 비유하면서 제시했던 것처럼 은유를 사용한다. 우리는 그것이 통제할 수 없는 연쇄반응처럼 자유롭기를 원하는가 아니면 사이클로트론을 이용해 한 방향으로 흐르도록 하고 싶은가? 나 역시 사진과 영화간의 비유를 좋아한다. 둘 다 같은 기법, 즉 사진 이미지들을 토대로 하고 있지만 결과는 사뭇 다른데, 한 이미지가 다른 이미지로 이어지는 빈도 때문이다. 일 초에 18개의 이미지보다 낮은 빈도에서 각 이미지는 그 자체로 인식되는 반면, 그보다 높은 빈도에서 우리가 지각하는 것은 영화의 특징인 활동성이다.

결정론적 과학이 의미하는 "기법"보다는 "예술"

정신분석가의 기술적 작업과 인간의 마음이라는 작업 대상의 특성상, 적절한 세팅이 확립되었다 할지라도 정신분석 과정의 성공을 절대적으로 보장하는 것은 없다. 정신분석을 비판하는 사람들은 방법의 정당성에 의혹을 던질 때 이 사실을 활용한다. 그들의 주장은 결정론적인 접근을 하는 과학적인 모델에 의거하고 있다. 그러나 이의는 다루어져야만 하고, 나는 바로 이것을 하려고 한다.

나는 먼저 인간의 마음에 관한 한, 우리가 문제들을 성공과 실패의 첨예한 대비로만 보는 것은 지나친 단순화라고 주장하고 싶다. 왜냐하면 이것은 마음이 복잡한 체계라는 사실을 고려하지 않기 때문이다. 그런 체계에서는 우리가 알다시피, 항상 특정 결과를 만들어내는 일정한 행동을 기대할 수 없다. 단선적인 결정론적 법칙들은 더 이상 적용될 수 없다. 과학적인 관점에서, 복잡계는 무한한 변수들로 이루어져 있기 때문에 그것은 결국 "예측할 수 없는" 방식으로 움직인다는 것을 기억해야 한다. 사소한 교란마저도 항시 체계가 발달하는 방식을 수정할 수 있기 때문에 그 전개는 예측할 수 없게 된다. 그러므로 우리가 인간의 마음은 결정론적인 혼돈 이론이 묘사하듯이 복잡계처럼 움직인다는 것을 고려한다면, 심리적 현상들이 결국은 예측 불가능한 것이며, 주어진 행동이 항상 특정 결과를 이끌어내는 "전통적인" 과학 모델과는 부합하지 않는다고 주장해도 무방할 것이다.(Pragier와 Faure-Pragier 1990 : J-M. Quinodoz 1997a).

어떤 환자의 정신분석 치료가 성공적일지 아닐지를 정확히 예측하기가 불가능한 것과 관련해서, 나는 여기서도 역시 방법론적 관점이 충분한 대답이라고 생각한다. 바쌀리Vassalli(2001)에 의하면, 프로이트의 방법은 오늘날 우리가 그 용어를 이해하듯이 "기술"이 아니라 아리스토텔레스가 의미하는 "테크네techné", 즉 "예술"이다. 결과적으로 이런 행위의 결과는, 단선적인 결정론이 그러하듯이 "확실성" 혹은 "필연성"과는 아무 관련이 없다. 정신분석가가 하는 일은 그러므로 예술이다. 분석가는 증거가 아닌 단서, 추론 그리고 직관적인 사고를 갖고 작업하는데, 바로 이것이 프로이트가 정신분석가는 어떻게 작업하는가를 기술할 때 그가 "erraten"(이 단어는 대개 영어로 "to guess"라고 번역된다) 이라고 부른 과정이다. 우리가 그런 관점을 적용한다면, 그리고 정신분석의 실제를 테크네로 받아들인다면, 이것은 첫째, 해석적 사고 작업이 논리적인 추론을 통해서가 아니라 비확정적인 방식으로 수행된다는 것을 의미한다. 둘째로, 분석가의 예술이 어떤 환자의 치료에 성공적일지 확인할 길이 없다. 바쌀리에 의하면, 이것은 바로 정신분석의 목표가 지니는 특성에서 비롯되며, 이것의 복잡성은 추론적 접근을 정당화한다. 해석의 기술은 아무도 표현할 수 없었던 대상인 무의식을 탐구하기 위해, 우리가 성공에 대한 타당한 희망을 갖고 임의로 사용할 수 있는 수단에 지나지 않다는 것이 사실이지 않은가.

전기와 역사

산도르 페렌치(1873-1933)

헝가리의 의사이자 정신분석가였던 산도르 페렌치Sándor Ferenczi의 선구적 역할을 언급하지 않고 기법에 대한 문제를 논의하기란 불가능하다. 임상적, 기술적 그리고 이론적인 문제에 관한 그의 공헌은 지대하다. 한때 프로이트와 가장 가까운 협력자였지만, 삶의 막바지를 향해 가면서 페렌치의 소위 "적극적" 기술이라는 곤란한 문제 때문에 이 두 사람 간에는 균열이 생기기 시작했다.

헝가리에서 태어나 전 생애를 그곳에서 보낸 페렌치는 비엔나 대학에서 의학을 공부했고 1896년에 학위를 받았다. 1907년에 그는 『꿈의 해석』을 발견했고, 자신을 1908년에 프로이트에게 소개한 융Jung을 만났다. 다음 해에 페렌치는 프로이트와 융의 미국 여행에 동반했다. 그후로 프로이트와 페렌치의 복잡한 관계가 시작되었다. 페렌치는 차례로 프로이트의 제자, 친구, 가족과 가까운 친구이자 막역한 사이가 되었고 프로이트에게 분석을 받았다. 1908년에 프로이트를 처음 만난 그 해부터, 페렌치는 헝가리에서 뿐만 아니라 전 세계에 걸친 정신분석 운동의 확산에 적극적으로 참여했다. 융을 초대 회장으로 하는 국제정신분석학회(IPA)의 창설을 제안한 것은 그였으며, 실제로 IPA가 1910년에 창설되었다. 1912년부터 페렌치는 "비밀 위원회"의 일원이었는데, 그것은 융이 떠난 후에 프로이트가 정치적인 모략에 연루되지 않도록 하려는 목적에서 세워진 것이었다.

그의 논문들 가운데 가장 잘 알려진 「내사와 전이」가 1909년에 출간되었다. 거기서 그는 정신분석의 기본 개념이 된 내사 개념을 소개하였다. 그는 뛰어난 독창성과 임상적 통찰이 돋보이는 여러 편의 논문을 출간하였다. 그는 텔레파시에 의한 의사소통, 그리고 선사시대로부터 기인하는 외상적 기억들이 후대로 전승된다는 계통발생적 가설들과 관련해 프로이트와 관심을 공유했으며, 신경증 장애들을 위한 기반을 닦아놓았다. 덧붙여 페렌치의 전쟁 신경증에 관한 작업은 1차 세계대전 후의 여파 속에서 정신분석적 사고들이 전파되는 데 기여했다.

페렌치가 프로이트의 분석을 받기는 했지만(이 때에도 프로이트는 상당히 망설였다), 환자로 받아들여지기까지 여러 번의 요청을 해야 했다. 분석은 세 단계로 진행되었는데, 첫 번째는 1914년에 그리고 다음은 1916년에 각각 3주 가량 지속되었으며 그 중 한 시기에는 하루에 두 번 회기를 가졌다. 페렌치의 주요 문제는 그의 양가감정과 관련된 것이었는데, 특히 분석의 한 시점에서 그는 감상적인 난국을 맞이하고 있었다. 그는 집주인인 기젤라 파로스와의 결혼과 기젤라의 둘째 딸인 엘마 사이에서 망설이고 있었다. 결국 그는 1919년에 기젤라와 결혼했지만 결혼한 것을 바로 후회했다. 그후로 그는 그 결정에 영향을 미친 프로이트를 끊임없이 탓했다. 특히 그는 프로이트가 자신의 부정적인 전이를 제대로 분석하지 않았다고 비난했다. 프로이트는 「끝낼 수 있는 분석과 끝낼 수 없는 분석」(1937c)이라는 논문에서 이러한 비난에 대해 응답했다.

1918년에 부다페스트에서 열린 제 5차 국제회의에서 페렌치는 국제정신분석학회 회장으로 선출되었다. 그러나 당시 헝가리에 만연했던 사회적, 정치적 불안으로 인해 그는 회장 자리를 존스에게 내어주어야 했다. 이듬해인 1919년에 페렌치는 부다페스트 대학의 정신분석학 교수라는 자리를 사임하고, 모든 시간을 환자들과 정신분석 기법에 관한 글을 쓰는 데 바쳤다.

1920년대에 페렌치는 자신이 "적극적" 기법이라고 부른 기법의 가능성을 탐구하기 시작하면서 그 아이디어를 극단적으로 시험하였다. 이런 접근법은, 초기 아동기 외상과 연관된(치료의 정체를 가져오는) 매우 깊은 퇴행을 보이는 환자의 전이에서, 정동적 차원의 발달을 자극하기 위한 것이었다. 1924년에 페렌치는 역시 적극적 기법의 지지자였던 랑크Rank와 함께 『정신분석의 발달』을 출간하였는데, 시대를 앞서가는 많은 생각들을 포함하고 있다. 그 중에서도 페렌치와 랑크는 분석가와 환자의 관계에서 부정적 전이를 분석하는 것이 중요함을 강조하였고, 전이의 모성적 측면을 부각시켰다(프로이트는 부성적 차원이 특히 강하였다). 분석치료 기간을 줄이기 위해 그들이 제안했던 방법은, 처음에는 아브라함Abraham과 존스Jones의 반대에, 그 다음에는 프로이트의 격렬한 반대에 부딪쳤다. 페렌치는 연구들을 통해, 환자들이 어릴 때 받지 못했던 사랑을 제공하기 위한 기술적 접근을 채택하게 되었다. 이는 그가 서로 어루만지고 입 맞추는 것을 포함한, 환자와 분석가간의 신체 접촉을 받아들였고, 정신분석 관계에서 두 파트너의 "상호 분석"을 제안하였다. 프로이트는 페렌치가 정신분석 기법이 지지하는 것과 같이, 환자와 분석가 간의 어떤 신체접촉도 없이 관계를 환상과 정동들의 의사소통에 국한시키기보다, 실제 만족을 통해 환자에게 사랑을 주려고 시도함으로써 윤리적 경계를 넘었다고 제자를 비난했다.

그들의 관계가 지속되었던 25년 동안, 프로이트와 페렌치는 1,200통이 넘는 편지들을 주고받았다. 그들의 서신왕래는 1933년 페렌치의 죽음으로 끝이 났는데, 정신분석의 결정적인 시기에 대한 귀중한 정보를 제공해주고 있다. 1920년대가 끝나가면서 그들의 불일치는 그들이 이제 전처럼 가까울 수는 없음을 뜻했지만, 결코 서로 모든 접촉을 끊지는 않았다. 페렌치가 죽은 후 페렌치에 대한 헌사에서, 프로이트(1933c)는 정신분석이 자신의 이전 제자에게 많은 빚을 지고 있다는 것을 인정했다.

페렌치의 적극적 기법을 둘러싸고 벌어진 격렬한 논쟁은, 프로이트 정신분석학계에서 그가 수십 년 동안 부당하게 잊히는 결과를 낳았다. 그러나 최근의 출판물들은 정신분석 역사에서 그의 정당한 위치를 회복시켜주었고, 그의 혁신적인 생각에 대한, 마당히 받아야 할 관심을 부활시켜주었다(Haynal 1986, 2001). 페렌치 자신은 사람들에게 망각되었을지 모르지만, 그의 영향력은 존스, 클라인, 릭맨Rickman, 로하임Roheim, 발린트Balint, 그로덱Groddeck과 같이, 그가 분석했던 저명한 정신분석가들 덕택에 그 시대 내내 지속되었다. 더구나 적극적 기법에 대한 그의 연구는 페렌치의 제자였던 발린트, 위니캇Winnicott, 마수드 칸Masud Khan, 코헛Kohut, 모델Modell과 같은 후일의 분석가들에게 상당한 영향을 미쳤다.

「기억, 반복 그리고 극복과정」(1914g)

번호는『지그문트 프로이트 전집 표준판』vol. 12, 145-156을 따른 것이다.

이 기법적인 논문은 전이의 분석을 이해하는 데 결정적으로 중요하다. 프로이트는, 일부 환자들이 과거에 일어났던 것을 기억하고 이런 경험을 언어로 소통할 능력이 없음을 보여준다. 명백히 망각된 이런 기억들은 그들의 행동에서 다시 나타나고, 분석가와의 관계에서 행동으로 반복된다. 여기, 프로이트가 기억되기보다는 반복된다고 말할 때 뜻하는 바를 보여주는 간단한 예가 있다. 어린 시절에 버림을 받은 어떤 환자는 이 사실을 기억하지 못하며, 따라서 그런 이야기를 하지 않을 것이다. 그러나 성인이 된 환자는 예를 들면 애인이나 고용주와 같이 자신과 관련이 있는 사람들과 습관적으로 관계를 끊는 것처럼 보인다. 환자는 자신이 관계 속에서, 이유를 알지 못한 채, 다시 한 번 버림받는 어떤 행동을 하고 있다는 것을 깨닫지 못한다. 버림받는 패턴이 계속 반복되고 있지만, 환자는 이것이 이미 어린 시절에 경험했던 상황의 반복이라는 것을 의식적으로 깨닫지 못한다. 그리고 어떤 것도 그가 이런 패턴의 사건들을 반복하는 것을 중단시키지 못한다. 이 환자는 무엇을 "반복"하고 있는 것일까? 프로이트에 따르면,

> 그는 억압된 것의 원천으로부터 그의 외현화된 인격으로 이미 길을 터놓은 모든 것들, 곧 그의 금지들과 부적절한 태도 그리고 병리적 성격 특성들을 반복한다. 그는 또한 치료 과정에서 자신의 모든 증상들을 반복한다(1914g : 151).

이러한 "반복 강박"은 전이와 저항, 모두와 연결되어 있다. 한편에서, 분석가라는 개인을 통해 실연되는 환자의 과거의 반복이라면 그것은 전이와 연결된다. "전이 자체는 단지 하나의 반복이다"(같은 책 : 151). 그리고 다른 한편에서 이러한 반복은 저항과 연결되는데, "저항이 크면 클수록 행동화(반복)는 더욱 광범위하게 기억을 대체하게 될 것이다"(같은 책 : 151) 정신분석가는, 분

석 작업을 통해 행동화를 환자의 과거 경험과 의식적으로 연결시킬 수 있기 전까지는, 환자가 아무 것도 기억하지 못하는 과거의 사건으로서가 아니라, "현재의 세력으로서"으로서 병리를 다루어야 한다.

반복의 강도는 전이의 정서적 질에 비례한다고 프로이트는 주장한다. 전이가 긍정적일 때는 환자가 기억을 해내는 경향이 있는 반면, 전이가 부정적이고 저항이 더욱 강할 때는 행동을 통해 반복하는 경향이 더욱 두드러진다. 극단적인 경우, 전이관계 자체가 반복의 덫에 걸려버린다. "환자는 치료와 맺었던 유대를 반복 행동으로 깨뜨려버린다"(같은 책 : 154). 그러나 만일 전이를 적절히 다룬다면, 분석가는 "환자의 반복 충동을 억제할 수 있으며, 그것을 기억하려는 동기로 변화시킬 수 있을 것이다"(같은 책 : 154). 분석가가 "그 저항에 이름을 [붙여주는]" 것으로는 충분치 않다. 왜냐하면 이것은,

> 즉각적인 중단을 가져오지 않기 때문이다. 분석가는 환자가 이제 막 알게 된 이러한 저항과 보다 친숙해질 수 있도록, 그것을 무릅쓰고 분석의 기본 규칙에 따라 분석 작업을 지속함으로써 그것을 극복하고 넘어설 수 있도록, 환자에게 시간을 주어야 한다 (같은 책 : 155).

이러한 극복과정을 성취하기 위해 환자에게 필요한 시간을 분석가가 존중해야 하는 것은, 모든 정신분석 과정에서 결정적인 요소이다.

「전이-사랑에 대한 고찰」(1915a [1914])

번호는 『지그문트 프로이트 전집 표준판』 vol. 12, 159-171을 따른 것이다.

분석가가 전이-사랑과 직면할 때, 치료가 방해받는 것을 피하기 위해 그는 어떤 태도를 취해야 할까? 예를 들어, 여성 환자가 자신의 치료자와 사랑에 빠진 것처럼 보일 때, 실은 이 사랑이 그녀가 어린 시절 어머니나 아버지를 향해 느꼈던 사랑의 반복일 때, 분석가는 어떤 반응을 해야 할까? 프로이트에 따르면, 분석가는 높은 도덕적 자세를 취해서 환자의 태도를 비난해서도 안 되고, 환자에게 "본능을 [...] 억제"(1951a : 164) 하라고 요구해서도 안 된다. 이런 태도들은 분석적 접근을 거스르는 것이기 때문이다. 아울러 프로이트는, "분석가가 관계를 보다 고요한 경로로 안내하고 그것을 보다 높은 수준으로 끌어올릴 수 있을 때까지, 분석가는 환자의 좋아하는 감정을 되돌려주는 동시에 [...] 이러한 호감에 대한 어떤 신체적인 충족도 피해야 한다는 주장"(같은 책 : 164)에 반대한다. 이러한 태도가 위험하지 않은 것은 아니다. 왜냐하면 "우리 자신에 대한 [우리의] 통제는 완벽하지가 않아서, 우리는 어느 날 갑자기 우리의 의도보다 더 나갈 수도 있기 때문이다"(같은 책 : 164) 그런 태도가 지닌 위험은 환자의 접근이 분석가 안에서 유사한

것을 발견하는 것이다. 그 결과, "[그녀는] 그녀가 단지 기억해야 할 것을, 심리적 자료로서 재생해야 하는 것을, 그리고 심리적 사건의 영역 안에 유지해야 하는 것을 실제 삶에서 반복함으로써, 행동화하는 데 성공하게 된다"(같은 책 : 166). 환자의 요구와 갈망은 환자가 변화하도록 몰고 가는 힘이기 때문에 존속되도록 허용하는 반면, 치료는 절제 속에서 수행되어야 하는가 하는 이유가 바로 이것이다. 프로이트는 절제라는 개념을 내가 곧 다루게 될 논문에서 상당히 길게 논하였다.

후기 프로이트 학파

정신분석의 윤리적 차원

정신분석 세팅을 위반하는 것과 관련된 문제들은, 가바드Gabbard와 레스터Lester가 그들의 저서인 『정신분석의 경계와 그 위반Boundaries and Baundary Violations in Psychoanalysis』(1995)에서 지적한 바와 같이, 너무 많은 요인들을 포함하기 때문에 지극히 복잡하다. 정신분석 과정이 전개됨에 따라, 프로이트가 "전이-사랑에 대한 고찰"에서 기술한 것과 같은 성적인 위반뿐 아니라 가바드와 레스터(1995)가 무시해서는 안 된다고 주장했던 비-성적인 위반들을 마주하게 될 위험이 있다. 각기 세팅을 거스르고 역전이 행동화와 연결되는 이런 위반들은 형태와 규모가 다양한데, 예를 들면 분석가가 비용을 너무 낮거나 높게 잡는 것, 환자에게 너무 많은 시간을 포기하도록 요구하는 것, 밤낮으로 환자에게 휘둘리는 것 등이다. 정신분석가 측에서 환자와 동의한 대로 세팅을 유지하지 않는 이유들은 많고도 다양하다. 가바드와 레스터는 정신분석가가 행동화할 때, 이것은 대개 그가 겪고 있는 어떤 개인적 위기와 연결될 수 있다고 말한다.

그들은 이것을 예방할 수 있는 다양한 수단들이 마련되어야 한다고 강조한다. 장래의 정신분석가를 훈련하는 동안, 지망생의 개인 분석이 끝나가는 방식에 관심을 기울여야 하며, 자기 자신의 역전이 반응을 분석하는 그의 능력을 평가해야 한다. 임상적 수준에서 임상 감독은, 특히 그 자체로 정신분석 과정의 올바른 발달을 보장하는 적절한 세팅을 유지하기 위한 기술적 문제들을 탐구하는 데 유용한 도구이다. "우리가 환자에게 제공해야 하는 가장 효과적이고 강력한 선물은 분석 세팅"(Gabbard와 Lester 1995 : 147)이다. 덧붙여 이 저자들은 개인적으로 정신분석을 수행하는 정신분석가들이 특히 고립된 조건에 있는 것이 위험 요소임을 고려하면서, 아무리 유능한 분석가라 해도 때로 경험 있는 동료와 역전이 문제들을 의논하라고 충고한다. 마지막으로, 가바드와 레스터(1995)는 모든 정신분석 협회나 단체는 연구소 자체와는 독립된 윤리 위원회를 두어야 한다고 제안한다. 이러한 위원회는 의사소통할 것이 있는 환자나 제삼자뿐만 아니라, 곤경에 처하게 된 정신분석가의 말을 완벽한 기밀을 유지하면서 들을 수 있게 해주기 때문이다. 그들의 경험으로 보아, 정신분석 세팅의 경계를 위반하는 것과 관련된 문제들은 대개 윤리적 관점에서 고려되며, 그 외에는 무시된다. 그들은 어려움에 처한 이들을 돕기 위해 치료적 도움을 제공하기 위한 어떤 조처가 취해져야 한다고 본다.

「정신분석 치료에서의 발달 노선」(1919a)

번호는 『지그문트 프로이트 전집 표준판』 vol. 17, 157-168을 따른 것이다.

이 논문에서, 프로이트는 "분석 치료는 가능한 한 결핍된 조건 하에, 절제된 상태에서 수행되어야 한다"(1919a : 162)고 말한 자신의 설명이 무슨 의미인지 논한다. 그것은 환자에게서 어떤 것이건 간에 모든 만족을 박탈하는 것도, 성 행위를 자제하라고 요구하는 것도 아니다. 그러나 치료의 진전을 위협할 수도 있는 두 종류의 위험이 있다. 첫 번째 위험은 분석가에 의해 적절히 처리되어야 하는 것을 친구나 다른 사람과 더불어 충족시키는 것과 같은, 대체 만족을 찾는 환자의 경향성과 관련이 있다. 왜냐하면 이런 종류의 만족은 증상이 떠난 자리를 이어 받을 위험이 크기 때문이다. 다른 위험은 환자가 전이 관계 자체에서, 달리 말해 분석가와의 대체 만족을 찾을 때이다. 이것이 분석가가 "환자는 충족되지 못한 수많은 소망을 지니고 있다"(같은 책 : 164)는 것을 명심해야 하는 이유이다. 때로 "의사가 선생님과 조언자의 자리를 떠맡아야"(같은 책 : 165) 할지라도, 어느 정도의 좌절은 주어져야 한다.

논문을 맺으면서 프로이트는 정신분석의 장래 전망을, 정신분석 치료가 신경증뿐 아니라 정신증의 경우에도 적용될 수 있는 기법이 발달할 것이라고 예상한다. 그는 또한 사회 빈곤층 역시, 무료 치료와 같은 수정된 형태의 정신분석 치료에 의존할 수 있을 것이라고 언급한다.

> 우리의 치료를 대규모로 적용하는 것은, 우리가 분석이라는 순금을 직접적 암시라는 구리와 합금하도록 강요할 가능성이 매우 높다. 최면치료 역시 전쟁 신경증의 치료에서와 같이 다시 제 위치를 찾을 수도 있다. 그러나 이들을 위한 정신치료가 어떤 형태를 취하건, 어떤 요소들의 혼합물로 이루어지건, 가장 효과적이고 가장 중요한 구성요소들은 분명 여전히 엄격하고 공정한 정신분석으로부터 빌려온 것들일 것이다(같은 책 : 167-168).

후기 프로이트 학파

국제정신분석학회의 현재 역할

1910년 누렘버그 총회에서 프로이트는 정신분석을 자신이 만들었던 바대로 수호하려는 목적으로 국제정신분석학회(IPA)를 창설하였다. 1920년에 회원 수가 240명이던 IPA는 이제 주로 유럽, 북미, 남미 출신과, 일부 제3세계 출신을 합하여 1만 명 이상의 회원을 거느리고 있다. IPA의 역할은 훈련에 관한 공동 지침을 확립하는 것, 학회와 국제회의를 조직하는 것, 그리고 임상 상황과 훈련, 연구의 발달을 촉진시키는 것이다. IPA는 정신분석가라는 전문직의 국제적 측면들, 그리고 다른 많은 국가들, 특히 동유럽의 경우와 같이 정신분석에 대한 관심이 재개되는 나라에서의 새로운 그룹의 창설을 감독한다.

1920년대 이래 전 세계에서 정신분석 활동의 중심지가 늘어나면서, 정신분석이 최적의 조건에서 전파될 수 있도록 국제 기준을 세울 필요가 있다고 생각되었다. 훈련은 IPA를 구성하는 다양한 단체에게 맡겨졌는데, 어떤 "외부" 단체가 정신분석가 지망생들을 평가하는 사태를 피하기 위해 학회 내부 규제들의 통제를 받는다. 훈련은 기본적으로 세 가지 보완적 경로들에 토대를 둔다. "훈련 분석"을 가리키는, 정신분석에 대한 개인적 경험, 경험 많은 정신분석가에 의한, 지망생의 초기 치료 사례들에 대한 임상감독, 그리고 프로이트 자신이 저술에서 가장 강조했던, 정신분석의 기본 신념을 배우는 것.

시간이 지나면서 IPA는, 정신분석 훈련을 받으려는 지망생들, 회원이 되려는 사람들, 그리고 훈련회원으로 승인받고자 하는 사람들이 충족시켜야 할 조건들에 관한 최소한의 권고 사항을 공포했다. 각 단계에서, 관계된 개인 그리고 그가 정신분석 치료를 실행하거나, 심지어 훈련받을 자질을 갖추었는지를 평가하려는 경험 있는 정신분석가 사이에서 이루어지는 일련의 만남들을 토대로 평가가 이루어진다. 이러한 권고들은 IPA와 연계된 다양한 단체들 간에 이루어진 합의의 결과이다. 예를 들면, 1980년대 말에 출간된 지침들에 따르면, 장래의 정신분석가들의 개인 분석은 정신분석이 과연 무엇인가를 심층적으로 경험하기 위해서 주당 회기 수가 충분해야 한다. 오늘날 대부분의 집단들은 일주일에 4회나 5회를 요구한다(예외적인 경우에는 3회). 또한 정신분석가 지망생들은 경험 있는 훈련분석가의 감독 아래 두 사례의 정신분석을 성공적으로 수행해야 한다. 이런 최소한의 권장사항들은 여전히 대부분의 단체에 의해 적용되고 있긴 하지만, 현재보다 훈련 기간을 줄여야 하고 훈련 승인을 받기 위한 기준도 덜 엄격해야 한다는 압력이 점점 가중되고 있는 실정이다.

한편으로 정신분석의 기본적 성취 – 정신분석 작업과 정신분석 과정 자체의 특성상 많은 것을 요구하는 – 를 유지해야 할 필요성과, 다른 한편으로 그 특수성을 잃지 않으면서 정신분석을 보다 많은 사람들에게 열어두려는 소망 사이에서 균형을 잡는 것은 결코 쉬운 일이 아니다.

새로운 개념

절제 – 역전이 – 긍정적 전이, 부정적 전이 – 정신분석적 과정 – 정신분석적 세팅 – 정신분석 기법 – 기억하기 – 반복, 반복 강박 – 전이-사랑

『토템과 타부』

미개인과 신경증 환자의 정신적 삶 간의 일치점에 대하여

(1912-1913)

선지적인 작업인가, 구시대적 작업인가?

오늘날 보통 인정받는 것보다도 훨씬 더 인정받을 가치가 있는 이 주요 저서에서 프로이트는, 인류의 본질에 대한 뛰어난 정신분석적 관점을 발전시켰으며 초기 저작에 비해 새로운 시각들을 열어주었다. 민족학과 인류학의 연구를 바탕으로 그는 정신분석적 발견, 특히 조상—아버지나 그의 대리인—의 살해에 대한 금지와 근친상간—아버지의 아내와 결혼하는 것—에 대한 장벽과 같은, 오이디푸스 콤플렉스와 관련된 요소들을 비교한다. 그러나 오이디푸스 콤플렉스는 각 개인이나 각 세대마다 새롭게 다시 만들어지는 것이 아니다. 이 생각은 너무 대담한 통찰력으로 인해 프로이트가 격렬한 비난을 받았던 새로운 가설을 제기하도록 이끌었는데, 그것은 인간의 근원으로 거슬러 올라가는 조상의 흔적이 오이디푸스 콤플렉스의 구성에 영향을 미친다는 것이었다. 프로이트에게 있어, 이러한 고대의 흔적은 모든 개인이 아버지에 대해 갖고 있는—어머니에 대한 언급은 없다—강렬한 양가감정과 세대에서 세대로 전해 내려오는 무의식적 죄책감 속에서 알아볼 수 있다. 이러한 죄책감은, 태곳적부터 아버지에 대한 증오로 단결된 형제들이 통치자로서 아버지를 계승하기 위해 그를 죽이고 먹었던, 토템만찬 과정에서 잘못을 저질렀다는 감정의 잔재임에 의심의 여지가 없다. 조상의 이러한 식인 행위는 개인적인 죄책감을 일으킬 뿐만 아니라, 미개인들의 토템 신앙으로부터 사회적 삶을 지속시키는 집단적 도덕성에 이르기까지, 인간 사회 조직의 다른 발달 단계들을 만들어 낸다. 프로이트는 종교 역시 이것의 표현이라고 말한다. 여기서 다시 우리는 고대의 토템 신앙으로부터, 지구 최초의 거주자들이 아버지 신에게 저지른 원죄를 토대로 하는 현재의 기독교로 전해지는 흔적들을 발견할 수 있다. 프로이트가 『토템과 타부』에서 제시한 다양한 가설들은 사방에서 많은 비판을 받았지만, 그가 예견한 대로(Frued 1914d : 21) 그 책이 "세상을 잠 못 들게 하는" 근본적인 질문들을 던지게 했다는 사실은 여전히 변함이 없다.

생애와 역사

종교의 기원에 대한 의문

프로이트는 비록 비종교적인 유대인이었지만, 늘 종교의 기원에 대해 의문을 갖고 있었다. 신화와 신비주의에 대한 융의 연구는 이 주제에 관한 그의 관심에 다시 불을 당겼다. 1911년부터 프로이트는 종교와 민족학에 관한 기존의 많은 저술들을 연구하는 데 상당히 많은 시간을 바쳤는데, 특히 프라지에Pragier와 분트의 저술에 흥미를 느끼고 매료되었다. 다음 두 해 동안 그는 『토템과 타부』를 구성하는 네 편의 논문을 쓰는 데에 거의 모든 시간을 할애했다. 이 논문들은 1912년과 1913년에 정기간행물인 「이마고」에 처음 실렸다가 한데 엮여서 책의 형태로 출간되었다. 정신분석 집단 밖에서는 이 책을 경멸했는데, 특히 인류학자들은 프로이트가 어떤 사실들을 잘못 해석했다고 주장했으며, 그 가설들의 보편적 본질에 의문을 품었다. 그러나 프로이트는 자신의 생각들을 포기하지 않았고 자신이 쓴 어떤 것도 바꿀 필요가 없다고 보았다. 사실 그와는 정반대로, 그는 나중에 집단 심리학에 관한 저술에서 똑같은 주장을 내놓았으며, 1939년에는 자신의 입장을 같은 말로 다시 언급하였다. "그러나 무엇보다도 나는 민족학자가 아니라 정신분석가이다. 나는 민족학 문헌에서 내가 분석 작업에 필요한 것을 끄집어낼 권리가 있다" (Frued 1939a : 131).

칼 구스타프 융과의 결별

1911년에 정신분석운동은 상당히 발달하기 시작하였다. 비엔나 학회 내부에서는 갈등－어떤 것은 상당히 심각했다－이 불거지기 시작했고, 일부 회원들 간의 의견충돌과 시기심은 나날이 심해졌다. 자신의 이론을 발전시키면서 무의식과 억압, 유아 성욕과 같은 정신분석의 핵심 개념들을 포기하게 된 아들러는 1911년에 사임하였다. 1912년에 프로이트로서는 다행스럽게도 스테켈Steckel이 떠났다. 오랫동안 프로이트의 "황태자"로 간주되어 왔던 융의 상황은 다소 달랐다. 그들은 6년간이나 같이 일했지만, 1907년에 처음 만난 직후부터 둘 사이의 견해 차이는 이미 나타나기 시작하고 있었다. 그러나 그것이 1910년에 융이 국제정신분석학회(IPA)의 초대 회장과 「연감Jahrbuch」의 편집장이 되는 데에 걸림돌이 되지는 않았다. 또한 그는 프로이트가 1909년에 미국 클라크 대학에서 일련의 강의를 초청받았을 때에도 동행했다. 당시 융은 신화학을 연구하기 시작했다. 그들의 견해 차이는 "리비도"라는 개념에 부여된 의미에 집중되어 있었다. 프로이트로서는 리비도가 성적 욕동의 표현에 지나지 않았다. 반면에 융은 리비도가 단지 성적인 것에만 국한될 수 없으며, 자기-보존과 관련된 것들을 포함하는 일반적인 욕동을 가리키는 것이어야 한다고 느꼈다. 융은 1912년에 「리비도의 상징들」이라는 논문을 출간했는데, 여기서 그는 리비도의 본질, 신화학 그리고 근친상간의 상징적 의미에 관한 자신의 생각들을 개진했다. 이 책에 포함된 생각들은 프로이트가 융에게 정신분석 운동을 떠나도록 요청하기로 결심하게 만들었고, 이때부터 그들의 학문적인 의견 차이가 표면화되었다. 이보다 앞서 일어난 몇몇 사건들은 – 융이 저지른 여러 실수 행동들, 그리고 뮌헨에서 프로이트가 융 앞에서 실신했을 때 – 그들이 각자의 길을 갈 것임을 분명히 했다. 그 사건은 프로이트가 자신의 이전 제자에 대한 죽음-소망을 깨닫게 만들었으며, 그가 19개월 때 일어났던 기억을 일깨워냈다. 그는 자신의 남동생에 대해 비슷한 죽음-소망을 경험했던 것이다. 프로이트와 융은 1913년 9월, 바이마르 회의를 마지막으로 결별하였다.

원문 찾아보기

페이지 번호는 『지그문트 프로이트 전집 표준판』 vol. 13, 1-161을 따른 것이다.

● 근친상간에 대한 공포

이 책에서 프로이트는 민족학이 가르쳐준 원시인들의 심리와 정신분석이 밝혀준 신경증 환자들의 심리 간에 어떤 유사성이 있음을 강조하고자 했다. 그는 특히 호주 원주민들이 행하는 토템 신앙을 출발점으로 삼는다. 각 원주민 부족은 자신의 토템을 따라 명명되는데, 그것은 대개 캥거루나 에뮤 같은 동물이다. 토템은 세습되며 그 특징은 같은 가계를 공유한 모든 개인들 속에 내재한다. 토템이 존재하는 곳에는 항상 "같은 토템을 가진 사람들이 서로 성적 관계를 갖는 것을 막는, 따라서 그들이 결혼하는 것을 막는 법"(1912-1913 : 4)이 또한 존재한다고 프로이트는 말한다. 이런 금지를 위반하면, 그것이 마치 전체 부족을 위협하는 위험을 방지하는 문제인 것처럼, 극단적으로 가혹한 처벌을 받는다. 이들 원시인들은 근친상간에 대해 이례적으로 엄청난 공포를 가졌을 것이다. 프로이트는 사회인류학으로부터 또 다른 사례들을 제시한다. 같은 토템에 속하는 개인들 간의 친밀한 접촉을 피하려는 목적을 가진 일련의 "풍습"들은 금지를 어기는 데 대한 공포와 연관이 있다. 가장 널리 퍼진 엄격한 풍습들은 단연코 사위와 장모 간의 모든 접촉을 차단하는 것과 연관이 있다. 정신분석적 관점에서 프로이트는 이러한 상호적 회피를 "양가적" 관계의 토대로 보았다. 즉, 애정 어린 감정과 적대적 감정의 상호 공존은 근친상간의 공포와 밀접한 관련이 있다.

프로이트에 따르면, 우리가 "미개인들"에게서 마주치는 토템과 연관된 근친상간의 공포는, 또한 본질적으로 유아적 특징을 지닌 신경증 환자들의 정신적 삶에서 나타난다.

> 정신분석을 통해 우리는 소년이 최초의 사랑 대상으로 선택한 것이 근친상간적인 것이며, 그러한 대상들이 금지된 대상인 어머니와 누이라는 것을 알게 되었다. 우리는 또한 소년이 성장함에 따라 그가 이러한 근친상간적인 끌림으로부터 자유로워진다는 것도 알게 되었다(같은 책 : 17).

그 결과, 무의식적인 근친상간적 고착이나 리비도의 퇴행은 신경증에서 결정적인 역할을 하는데, 그런 방식으로 자신의 부모에 대한 근친상간적 욕망은 "신경증의 핵심 콤플렉스"를 형성한다(같은 책 : 17). 사람들은 정신분석이 밝혀낸, 신경증 환자들의 무의식적 사고에 존재하는 근친상간적 공포의 중요성에 보편적으로 회의적인 태도를 보였다. 프로이트로서는 그러한 반응이 바로 이러한 요소가 우리 모두에게 엄청난 불안을 야기한다는 사실을 입증해주는 것이었다.

> 우리는 이러한 거절이 주로, 이제는 억압을 당하는 초기의 근친상간적 소망에 대해 인류가 느끼는 혐오감의 산물이라고 믿을 수밖에 없다. 그러므로 나중에 무의식이 될 이와 똑같은 근친상간적 소망들을, 미개인들은 여전히 가장 완강히 방어해야 하는 당면한 재앙으로 여기고 있음을 우리가 보여줄 수 있다는 것은 적잖이 중요한 것이다(같은 책 : 17).

타부와 정서적 양가성

프로이트는 두 가지 의미를 지닌 폴리네시아어인 타부의 개념에 대해 계속 탐구한다. 타부는 한편으로는 "신성한", "축성된consecrated"이라는 의미를 담고 있고, 다른 한편으로는 "기이한", "위험한", "금지된"이라는 의미를 갖고 있다. 타부와 관련된 금지들은 종교적이거나 윤리적인 체계의 일부가 아니라 자기 스스로 부여한 것이다. 타부는 원래, 타부 그 자체가 악마적인 것이 되기 이전에, 악마적인 힘에 대한 두려움으로부터 파생된 것이다. 그 원천은 이례적인 상태에 있는 사람 – 왕, 성직자, 생리중인 여성, 청소년 등 – 혹은 장소가 지닌 독특한 마술적인 힘이다. 이 모든 경우에 타부는 경외와 불안감을 동시에 불러일으킨다. 정신분석에서 우리는 "미개인들"처럼, 스스로를 타부시 하는 사람들 – 강박신경증 환자들 – 을 만나게 된다. 이런 환자들은 자신이 불가사의한 어떤 금지를 어기면 분명 불행한 결과들이 따를 것이라는 내적 확신과 도덕적 신념을 갖고 있다. 금지와 관련된 공포는 원시인들과 강박신경증 환자 모두에게서, 금지를 어기는 것과 연관된 쾌락 겸 소망을 막지 못한다. 프로이트는 금지를 어기려는 소망은 매우 전염성이 높다고 덧붙인다.

원시인들의 타부와 강박신경증 환자들의 타부에서 공통점을 찾던 프로이트는 주체의 양가적인 태도를 발견한다. 원시인들의 타부에 동반된 많은 규제들은 상당히 양가적인데, 이것은 한 예로 적들을 취급하는 방식에서 찾아볼 수 있다. 그들은 적을 사형시키면서 속죄 행위와 같은 많은 의식들을 집행한다. 왕실 사람들은 공경을 받으면서도 제한된 예식 체계 안에 갇혀 지내는데, 이것은 특권을 지닌 동시에 시기심을 자아내는 사람들에 대한 양가감정을 뚜렷이 보여준다.

타부에서의 양가감정에 어떤 규칙성이 있다는 발견은, 프로이트가 이런 현상에서 여러 근본적인 심리기제들이 하는 역할을 보다 면밀히 탐구하도록 만들었다. 이를테면, 그는 원시인들이 왕에 대해 가진 박해적 감정들과 편집증 환자들이 시달리는 망상들 간의 유사점을 이끌어내었다. 프로이트가 이미 슈레버의 아버지 콤플렉스에 대한 논의에서 보여준 바와 같이, 두 경우 모두 아들이 아버지에 대해 느끼는 애정적이면서도 적대적인 감정들 간의 양가성에 바탕을 두고 있다. 죽음에 대한 타부에 관해서, 프로이트는 누군가가 죽은 후에 살아남은 사람을 짓누르는 "강박적인 자기-비난"은 살아남은 이가 사랑하는 사람의 죽음에 책임이 있다고 느끼기 때문이며, 이것 역시 강렬한 양가감정과 연관이 있다고 언급한다.

> 우리는 특정한 사람과의 강렬한 정서적 애착이 있는 경우 대부분에서, 부드러운 사랑 뒤에 무의식적 적대감이 숨어 있는 것을 발견한다. 이것은 인간 정서의 양가성에 대한 고전적인 사례이자 원형이다 (같은 책 : 60).

그렇다면 강박신경증 환자를 원시인과 구별 짓는 것은 무엇인가? 프로이트에 따르면 죽은 사람에 대한 강박신경증 환자의 적대감은 무의식적인데, 그것은 그 사람의 죽음이 가져온 입 밖에 낼 수 없는 만족의 표현이기 때문이다. 원시인들에게 있어서는 그 기제가 다른데, 적대감이 죽은 사람에게 "투사"되기 때문이다. "그러므로 산 자는 자신이 사랑하던 죽은 자에 대해 적대감을 품은 적이 있음을 부인한다. 전 애도 기간 동안 죽은 자의 영혼이 오히려 적대감을 품고 그것을 실행하려고 한다고 느낀다"(같은 책 : 61). 프로이트는 양가감정 사이에 존재하는 경계에 대해 언급하는데, 나중에 분열에 대한 논문에서 그 주제를 발전시킨다.

> 이런 면에서 타부 의식은 신경증 증상과 같이 이중 의미를 지닌다. 그 구속하는 성질에 있어 타부 의식은 애도의 표현이지만, 다른 한편으로는 자기-방어로 위장된, 죽은 사람에 대한-감추고자 하는-적의를 분명히 드러낸다 (같은 책 : 61).

타부에 대한 설명은 또한 프로이트의 사고에서 점점 분명해지기 시작했던 "양심"이나 "죄책감" 같은 개념을 설명해주었다. 그는 "양심"이란 신경증 환자가 특정한 소망들에 대한 내적 비난을 인식하는 것이라고 정의한다. 이런 끔찍한 감정들은 타부에 대한 미개인의 태도와 다르지 않다. 그것은 "양심에 의한 명령"이며, 그것을 거스르는 것은 "무시무시한 죄책감"(같은 책 : 68)을 만들어낸다. 프로이트에 따르면, 신경증 환자의 처벌에 대한 공포와 죄책감은 원시인들처럼 감정의 양가성에 바탕을 두고 있다. 그러나 전자를 구별 짓는 것은, 타부는 신경증이 아니라 사회적 관습이라는 것이다. 이러한 발달들은 프로이트가 십여 년 후, 1923년에 정의하게 되는 초자아 개념의 전조가 된다.

애니미즘, 마법 그리고 사고의 전능성

원시 문화에서는 애니미즘이 매우 보편적이었는데, 세상에는 수많은 호의적 정령과 악의적 정령이 살고 있으며 이러한 정령들이 자연 현상들의 원인이 된다고 믿는다. 프로이트에 따르면 역사상 인간의 세계관은, 애니미즘적(신화론적), 종교적 그리고 과학적 단계라는 세 가지 주요 단계를 거쳐 왔다. 첫 번째 세계관은 애니미즘이었는데, 그것은 심리학적 이론이다. 더구나 애니미즘에는 주술과 마법이 관련되어 있다. 주술sorcery은 영향을 미치는 정령들의 술법인 반면, 마법magic은 애니미즘적 기술의 핵심 부분이다. 마법은 자연 현상들을 인간의 의지에 종속시키기 위해, 그리고 인간을 적과 위험으로부터 보호하기 위해 사용된다. 동시에 그것은 그에게 적을 손상시킬 수 있는 힘을 부여한다. 이러한 세계관에서는 보편적으로 과대평가된 사고가 현실 인식을 잠식한다. 따라서 마법이 토대로 하고 있는 원칙은 사고의 전능성이다. "마법을 지배하는 원리, 애니미즘적 사고 방식의 기술은 '사고의 전능성'이라는 원리이다"(같은 책 : 85).

정신분석은 신경증에서 사고의 전능성이라는 이러한 원시적 방식의 정신 기능을 밝혀낸다. 특히 강박 신경증의 경우, 사고 과정의 과대평가는 쥐에 대한 쥐 인간의 강박에서처럼 현실성을 띤다. 자신의 정신 과정에서 기인하는 힘에 대한 과대평가는 "자기애"의 본질적 요소라고 프로이트는 말한다. 이 발달 단계 동안 성적 욕동은 이미 대상을 발견하는데, 이 대상은 자신의 자아이다. 그러므로 원시 시대 사람들이 지닌 사고의 전능성은 리비도 발달의—"지적 자기애"의—초기 단계와 일치하는데, 신경증적 개인 역시 퇴행이나 병리적 고착을 통해 이 단계에 있다고 말할 수 있다. 프로이트는 애니미즘적 체계에서 우주에 살고 있는 정령과 악마들은, 단지 개인이 자신의 정서적 충동들과 주요 인물들을 "투사"한 것이라고 결론짓는다. 이런 방식을 통해 개인은, 슈레버가 편집망상적 차원에서 자신의 정신 과정들을 외부에서 오는 것으로 본 것처럼, 자신의 내적 정신 과정을 외부의 것으로 본다.

아동기로 회귀한 토템 숭배

토템과 오이디푸스

토템 동물은 대개 부족의 조상으로 여겨지며 그 토템은 대대로 전승된다는 것을 보여준 J. G. 프레이저와 같은 민속학자들의 논의를 바탕으로, 프로이트는 토템 숭배와 족외혼의 근원이 조상 전래의 것이라는 사실을 강조한다. 이 점에서 그는 인류와 마찬가지로 영장류에 있어서도 근원적인 원시 무리들이 존재한다는 다윈의 생각에 동의한다. 이로부터 프로이트는 토템동물과 아동기 공포증 사이의 유사점을 이끌어내는데, 후자의 상황에서 공포증의 대상은 대개 동물이기 때문이다. 프로이트는 토템 동물과 공포증의 대상이 모두, 어린 한스의 말에 대한 공포증에서 보듯이, 두려워하면서도 존경하는 아버지를 나타낸다고 주장한다. 이 두 상황 모두 아버지를 향한 양가감정이 존재한다는 사실로부터, 프로이트는 토템과 오이디푸스 콤플렉스가 동일한 근원을 갖는다는 결론을 이끌어낸다.

> 만일 토템 동물이 아버지라면 토템 숭배의 중요한 두 가지 명령, 핵심을 이루는 두 가지 금기 사항인 토템을 죽여서는 안 된다는 것과 동일한 토템에 속하는 여성과 성적 관계를 가지면 안 된다는 것은, 자신의 아버지를 죽이고 어머니와 결혼한 오이디푸스의 두 가지 죄악과 일치한다. 뿐만 아니라 이것은 어린아이의 두 가지 원시적 소망과도 일치하는데, 이 원시적 소망들이 불충분하게 억압되거나 다시 일깨워진다면 그것은 아마 모든 정신신경증의 핵심을 이룰 것이다 (같은 책 : 132).

토템 나눠먹기와 아버지 살해

프로이트는 토템 숭배의 다른 특징들을 탐구하면서, 특히 고대에 "토템 나눠먹기" 의식이 있었을 것이라고 가정하면서 대담한 가설을 내놓는다. 그 가설에 따르면 원시 무리의 아버지는 아들들에게 살해 당하고 잡아먹혔는데, 이것은 희생 제물을 나눠먹는 과정에서 시간 속으로 사라져버렸다.

> 어느 날 추방당했던 형제들이 힘을 합해 아버지를 죽이고 먹어치운다. 그리하여 가부장적 무리는 막을 내린다. 단결함으로써, 그들은 용기를 얻어 혼자서는 불가능했을 일을 하는데 성공한다 (같은 책 : 141).

그러므로 원시시대 사람들이 토템을 나눠먹는 의식은 이 사건을 기념하기 위해 등장했을 것이다.

> 그러므로 아마도 인류 최초의 축제였을 토템 나눠먹기는, 이 기억할 만한 범죄 행위의 반복이며 기념 행사였을 것이다. 그리고 이로부터 사회조직과 도덕적 제약, 종교와 같은 많은 것들이 비롯되었을 것이다 (같은 책 : 142).

자신들의 증오를 만족시키고 나자 죄책감과 후회를 느끼기 시작한 아들들은 격분한 아버지와 화해할 길을 모색한다. 그래서 그들은 자식으로서의 죄책감으로 인해, 토템 숭배의 두 기본적인 금기, 즉 아버지를 상징하는 토템 동물을 죽이면 안 된다는 금지와 근친상간에 대한 금지를 포함하는 토템 신앙을 창조한다. 프로이트에 의하면 토템 신앙뿐만 아니라 모든 종교, 사회 그리고 윤리의 핵심에는 이 같은 죄책감이 놓여 있다.

> 이제 사회는 공동 범죄에 대한 공모에서 비롯되며, 종교는 그에 따른 죄책감과 후회에 근거한다. 한편 윤리는 일부는 이러한 사회의 요구에, 일부는 죄책감이 부과한 속죄에 바탕을 둔다 (같은 책 : 146).

토템적 희생은 모든 종교의 근원이다

다음에 프로이트는 아버지에 관한 양가감정의 정점을 이룬 것이 종교라고 주장한다. 아버지처럼 되기 위해 형제들이 아버지를 잡아먹은 후에, 이상화되고 추앙받는 죽은 아버지는 부족의 신으로 변형된다. 이 최초의 엄청난 희생적 행위에 대한 기억은 결코 사라지지 않는 것으로 드러나는데, 이후의 다양한 종교적 사고의 발달은 이에 대한 일종의 합리화이다. 프로이트는 기독교에서 어떻게 이것이 표현되는가를 보여준다. 그리스도는 자신의 형제들을 구원하고 그들을 세습된 죄로부터 구해내기 위해 자신의 삶을 희생하였다. "기독교 신화에서 원죄란 하느님 아버지를 거스르는 것이라는 데는 의심의 여지가 없다"(같은 책 : 154).

결론을 맺으면서 프로이트는, 아버지 살해와 관련된 이런 죄책감이 어떻게 개인이나 후손들이 이 사실을 깨닫지 못한 채 수 천년을 넘어 지속될 수 있었는지 의문을 품는다. 그는 개인의 마음속에서와 같이 정신과정이 일어나는 "집단적 마음"이 있다고 가정했다. 이것은 "직접적인 의사소통과 전승"을 넘어 세대에서 세대로 전해진다. 이런 과정이 어떻게 이루어지는지는 여전히 알려지지 않고 있다.

> 사회심리학은 후대의 정신적 삶에 필수적인 연속성이 확립되는 방식에 대해 별로 관심을 보이지 않는다. 그 문제는 부분적으로 심리적 소인의 유전에 있는 것 같다. 그러나 그것들이 실제로 작용할 수 있게 일깨워지려면 개인의 삶에서 모종의 자극이 주어질 필요가 있다. 다음과 같은 시인의 말은 아마 이것을 의미할 것이다. "그대가 그대의 아버지들로부터 상속받은 것, 그것을 그대의 것으로 만들기 위해서 그것을 획득하라"[괴테, 『파우스트』, 1막, v. 682-683] (같은 책 : 158).

프로이트는 신경증 환자들과 원시시대 사람들을 구분하면서 책을 마무리한다.

> 신경증 환자들은 무엇보다도 그들의 행동을 금지한다. 그들에게 있어 사고는 행위를 완벽히 대치한다. 반면에 원시적인 사람들은 금지하지 않는다. 사고는 곧바로 행동으로 연결된다. 그들에게 있어 사실상 사고를 대치하는 것은 행위이다. 그리고 그것이 내가 우리의 경우는 "태초에 행위가 있었다"고 가정해도 좋을 것이라고 생각하는 이유이다 (같은 책 : 161).

후기 프로이트 학파

예지력 있는 연구와 그에 대한 비판

이 책은 출간되자마자 정신분석가들뿐만 아니라 인류학자들에 이르기까지, 엄청난 비판을 불러일으켰다. 심지어 오늘날도 그 논쟁은 별로 수그러들지 않았다. 보다 풍부한 자료들로부터 선별한 다음의 짧은 발췌문들은 이것을 보여주기에 충분할 것이다.

프로이트의 민속학적 가설에 대한 비판

1920년, 민속학자인 크뢰버Kroeber는 『토템과 타부』에 대해 최초로 반론을 제기했던 사람들 중 하나였다. 그는 이 책의 저변에 놓인 방법론과 그 이론적인 결론들 모두에 대해 이의를 제기하면서, 문명의 사회적이고 종교적인 토대에 대한 프로이트의 가설을 거부하였다. 그러나 그는 인류학 연구에 정신분석적 발견들을 사용하는 것에 대해서는 열린 마음을 유지하였다. 다른 비평가들은 프로이트를 개인적으로 공격하였다. 프리만(1967)은 원초적 살인 이론은 본질적으로 자기 아버지에 대한 프로이트의 양가성을 나타낸 것이라고 주장했다. 프로이트의 견해들은, 그것에 영향을 준 "사회적 다윈주의Darwinism" 때문만이 아니라, 대부분의 전문 저술가들이 『토템과 타부』의 민속학적, 인류학적 토대를 거부했기 때문에 공격을 받았다.

계통발생론 : 논쟁적 주제

프로이트가 『토템과 타부』에서 발전시킨 가설들에 대한 주된 공개적 비난들 중 하나는 정신분석가들 자신으로부터 나온 것이었다. 그 관점들은 잠시 멈추어서 살펴볼 가치가 있는데, 프로이트의 출간된 모든 저서들을 읽고 나서 나는 계통발생적 전승의 중요성을 강조한 프로이트야말로 선견지명이 있는 선구자라고 확신하게 되었기 때문이다. 이 논쟁적 주제는 인간의 근원으로 거슬러 올라가는 기억 흔적이 대대로 전승된다는 그의 가설과 관련이 있다. 프로이트의 상당히 많은 저서들이 이 같은 설명에 의지하고 있다. 그는 유아로부터 성인에 이르는 개인 발달 과정 – 개체발생 – 과 인간의 기원으로부터 오늘날에 이르기까지의 발달과정 – 계통발생 – 을 비교한다. 그는 인류 역사에서 일어났던 외상적 사건들의 흔적은 모든 개인에게 다시 나타나며, 개인의 성격을 형성하는 데 일조한다고 주장한다. 예를 들어 『토템과 타부』에서 그는 우리 모두가 지닌 오이디푸스 콤플렉스와 죄책감은 우리의 가족 배경과 연관된 개인적 요소들에 바탕을 두고 있으며, 거기에 인류의 시원으로 거슬러 올라가는 원시 무리들의 아버지 살해라는 "역사적" 흔적이 덧붙여진다고 주장한다.

심지어 오늘날에도 많은 정신분석가들은 생물학적이고 유전학적 의미를 풍기는 계통발생적 전승이라는 가설을 거부한다. 어떤 사람들은 기술적 논의에 의거해서, 일상적인 작업에 관한 한, 본능 충동과 갈등의 근원은 그리 중요하지 않다고 말한다. 이들 분석가들은, 천성과 교육 간의 균형이 어떤 것이든 환자에게는 똑같은 해석이 주어질 것이므로 그 구분은 순전히 이론적인 것이라고 생각한다. 다른 사람들은 보다 심리적인 논의에 의존한다. 그들은 어떤 현상을 개체발생적으로 설명하려는 시도가 "생물학적 기반"과 대립될 때마다, 프로이트는 계통발생학적인 설명을 취하는 것처럼 보인다는 것을 관찰하였다. 그러나 나는 브라운슈바이크Braunschweig(1991)가 주장한 바와 같이, 우리가 아직 계통발생적 전승이 작용하는 생물학적 토대에 대한 충분한 지식이 없을지라도, 계통발생이 심리적 인과관계에 어떤 역할을 한다고 확신한다. 내 개인적 생각으로는, 비온이 심리적 경험을 하기 위한 타고난 능력으로 묘사했던 "전-개념Pre-conception"이라는 사고는 정신분석에 새로운 지평을 열어주었다. 아직 경험으로 확인되지 못한 전-개념들은 현실화될 때까지, 그래서 그것들이 "개념"이 될 때까지 기다려야 한다.

과거 몇 십년 동안, 후기 프로이트 학파의 정신분석 저술에서는 전승의 특정 측면, 임상 실제에서 주기적으로 마주치는 현상인 세대 간 전승에 관한 관심이 점증해 왔다. 이러한 전승은 세대에서 세대로 전해 내려오는 무의식적 동일시 과정들을 통해 일어나며, 계통발생적 전승에서 작용하리라고 생각되는 것들과는 다른 경로들을 따른다.

나는 또한 정신분석가들이, 프로이트가 1939년에 『모세와 유일신교』에서 제시한 것처럼, 동물에서 관찰되는 본능의 전승이라는 현상을 고려하는 것이 유용할 것이라고 생각한다. 마찬가지로, 나는 현대 정신분석가들이 최근의 동물 행동학적 발견들에 대해 보다 많이 아는 것이 유익하리라고 확신하는데, 이에 대한 그들의 지식은 종종 너무나도 피상적이다. 이 새로운 자료들은, 인간 본성에 관한 앎이라는 공동 목표를 공유하는 상호보완적인 분야들을 한데 모으는 데 기여할 수 있을 것이다(Schäppi 2002).

정신분석적 인류학을 향하여

논쟁적인 측면에도 불구하고, 『토템과 타부』는 진정한 정신분석적 인류학과 민속-정신분석학의 출발점으로 보아도 무방할 것이다. 이제 많은 저서들이 이러한 연구의 유용함을 증명하고 있다. 미국의 정신분석가인 에이브럼 카디너Abram Kardiner는 정신분석과 사회인류학을 한데 묶고자 시도했는데, 전의식적 수준에서 사회적 규범들을 통합하는 것으로 보았던 "기본적 인격basic personality"이라는 개념을 고안해냈다(Kardiner와 Linton 1939).

헝가리의 인류학자이며 정신분석가인 로하임Roheim(1950)은 실제 현장연구를 했던 최초의 사람인데, 그는 오이디푸스 콤플렉스 개념뿐만이 아니라 정신분석의 모든 이론적 토대를 있는 그대로 자신의 인류학적 연구에 도입하였다. 그는 특정 지역 사람들의 꿈, 연극, 신화와 믿음들을 분석하였다. 그는 그 분야에 있어 진정한 선구자였다. 로하임은 모든 문화에 있어 심리적 기제들의 보편성을 결코 의심하지 않았다. 패린Parin과 모겐탤러Morgenthaler(1969)와 마찬가지로, 뮌스터베르거Münsterberger(1969), 하트만, 크리스와 로웬스타인Loewenstein(1969) 같은 다른 사람들은 그 견해에 동조하였다. 반면에 어떤 인류학자들, 예를 들면 말리노브스키와 미드Mead는 오이디푸스 콤플렉스의 보편성을 믿지 않았으며, 그 주제는 여전히 논쟁거리로 남아있다. 드브뢰Devereux(1972)는 "상호보완적" 입장을 취하였다. 정신분석과 인류학은 서로 다르면서도 어떤 주어진 현실에 대한 보완적 관점들을 갖고 있는데, 하나는 현상을 내부로부터 본 것이고 다른 하나는 외부로부터 본 것이라는 것이다. 드브뢰의 이론적 연구들은, 다문화간의 정신분석 실제에 있어 특정한 역전이 감정들을 설명하는 데 성공한, 민속-정신분석학적 임상 작업이 생겨나도록 만들었다.

새로운 개념들

양가성 – 애니미즘 – 양심 – 근친상간 금기 – 아버지 살해 – 사랑/증오 – 마술 – 사고의 전능성 – 계통발생적 전승 – 죄책감

「자기애에 관하여 : 서론」

(1914)

많은 것이 함축된 개념

자기애narcissism는 정신분석에서 그리스 신화의 나르시수스와 관련하여 자기-사랑을 가리키기 위해 도입된 단어이다. 나르시수스는 다른 사람이라고 생각했던 인물과 사랑에 빠졌는데, 그것은 사실 자기 자신의 이미지였다. 나르시수스가 자신이 바라보고 있는 것이 다른 사람이 아닌 자신의 얼굴이라는 것을 깨닫지 못한 채 물에 빠져죽었다는 사실이 중요하다. 1910년에 프로이트는 자신을 닮은 파트너를 대상으로 선택하는, 그리고 그렇게 함으로써 "자기 자신을 성적 대상으로 취하는"(1905d : 144[1910년에 주석이 첨가됨]) 동성애자들의 대상 선택 유형을 기술하기 위해 처음으로 이 용어를 사용하였다. 바로 직후에 프로이트는 자기애가 아동의 성적 발달에서 자가-성애(자위의 모델이 되는) 그리고 대상-사랑이 특징인 보다 발전된 단계 사이에 있는 중간 단계라는 것을 보여주었다(1911c [1910]; 1912-1913).

1914년에 이 장에서 논의하고 있는 논문을 쓰면서, 프로이트는 사실 자기애에 대한 단순한 "서론"에 머물지 않고 더 나아가 이 개념이 전체 정신분석 이론에서 야기했던 주제들을 개관한다. 이것은 논문을 읽기 어렵도록 만들었는데, 자기애 – 특히 일차적 자기애 – 라는 용어가 프로이트와 후기 프로이트 정신분석가들에 의해 여러 가지 다른 방식으로 사용되었기 때문에 더욱 그러했다. 이 글에서 프로이트는 다시 한 번 리비도는 본질상 일차적으로 성적이라고 언급하면서, 일차적 자기애라고 부른 원시적 혹은 초기 형태의 자기애에 대해 기술한다. 유아들은 자기 자신을 사랑-대상으로 취하며, 어떤 외적 대상을 선택하게 되기 전까지는 온 세상이 자신을 중심으로 돌아간다고 느낀다. 자기와 다르고 분리된 것으로 인식된 타인을 있는 그대로 사랑하는 능력은 관계적인 면에서의 진전인데, 다른 사람을 사랑하는 것을 통해 개인은 다시 자기 자신을 사랑할 수 있게 되기 때문이다. 프로이트가 이차적 자기애라고 부른 것은 이렇게 리비도 집중이 자기에게로 되돌아오는 것을 말한다. 정상적인 발달에서 이차적 자기애는 자존감의 토대가 되며 대상-사랑과 함께 공존한다. 그러나 병리적인 형태의 자기애도 존재하는데, 그것은 정도가 다양한 인격 장애의 형태를 띠며, 정신증에서는 과대망상으로까지 가기도 한다.

더구나 자기애는 개인의 인간 관계에 상당한 영향들을 미치는데, 프로이트는 대상 선택의 두 주요 유형들을 기술한다. 의존적anaclitic 대상에서 대상은 자기와 구별된 것으로서 사랑받고 인식되며, 자기애적 대상에서는 기본적으로 개인의 자신에 대한 사랑이 토대가 된다. 프로이트는 이에 대한 여러 사례들을 제시한다.

자기애성 인격의 특징인 철수withdrawal로 말미암아 프로이트는 그런 사람들이 분석에 적절하지 않다고 믿게 되었는데, 그들은 신경증 환자와는 달리 전이 관계를 확립하지 못하기 때문이다. 반면에 후기 프로이트 정신분석가들은 사실상 자기애적 전이를 분석할 수 있음을 보여주었으며, 따라서 정신분석 발달에 있어 매우 중요한 지평을 열어주었다.

프로이트 개념들의 발달

자기애 : 프로이트의 저술에서 정의하기 어려운 개념

"자기애", "일차적 자기애" 그리고 "이차적 자기애"라는 용어들은 정의하기가 매우 어려운데, 프로이트 자신과 정신분석 문헌 전체가 수많은 다른 방식으로 사용하고 있기 때문이다. 라플랑슈와 퐁탈리스(1967)가 지적한대로, 프로이트가 사용한 "이차적 자기애"라는 표현은 "일차적 자기애"라는 표현보다는 문제의 소지가 적다. 프로이트는 이차적 자기애를 "지금까지 리비도가 집중되었던 대상으로부터 리비도가 철회하여 자아에게로 되돌아오는 것"으로 정의했다. 프로이트에게 일차적 자기애는 "아동이 자기 자신에게 모든 리비도를 투여한 초기 상태"를 의미한다(Laplanche와 Pontalis 1967[1973 : 337]). 이런 상태가 확립되는 정확한 시점을 확인하려고 할 때 우리는, 프로이트의 저술에서조차, 다양한 관점과 만난다고 그들은 지적한다. 1910-1915년에 그는 자기애적 단계를 자가-성애와 대상-사랑 중간에 위치시켰지만, 나중에 1916-1917년에는 "일차적 자기애"를 자아가 형성되기 전, 자궁에서의 삶이 전형적으로 보여주는 삶의 초기 상태라는 의미로 사용하였다. 라플랑슈와 퐁탈리스는 또한 이러한 일차적 자기애의 정의가 종종 정신분석 이론에서, "주체와 외부 세계가 분리되지 않음을 의미하는 완전히 '대상 없는' 상태, 혹은 적어도 '미분화된' 상태"(같은 책 : 338)를 의미한다고 말한다. 자기애에 관한 다양한 정신분석적 관점들을 논의하면서, 그들은 이러한 일차적 자기애 개념에서 자기 이미지 혹은 거울 같은 관계에 대한 언급 – 라캉이 발달의 "거울 단계"에 관한 작업에서 기술했던 관계에 대한 언급 – 이 보이지 않는다고 지적한다.

자기애성 환자들은 전이 관계를 형성하지 못한다고 생각한 프로이트

프로이트는 자기 속으로 철수하면서 외부 세계의 사람과의 관계로부터 물아나려는 경향성으로 보아, "자기애성 신경증"을 보이는 이런 환자들은 전이를 형성하지 못하기 때문에 분석될 수 없다고 생각했다. 그는 "전이 신경증"을 형성하며 따라서 분석될 수 있는 신경증 환자들과는 반대로 전이를 형성하지 못하는 환자들, 예를 들어 정신증이나 조울증을 보이는 환자들을 "자기애성 신경증"의 범주에 두었다.

우리는 나중에 가서야 프로이트가 전이를 바라본 방식이 아마도 부정적 전이를 분석한다는 생각을 갖지 못하도록 방해했을 것이라고 말할 수 있다. 비록 그가 긍정적 전이와 부정적 전이라는 두 가지 형태의 전이에 대해 기술하긴 했지만, 그는 후자를 긍정적 전이를 방해하는 일종의 저항으로 여겼다. 그 때문에 그는 전이 자체의 통합적 일부로서 이 저항을 분석한다는 것을 생각하지 못했다. 후기 프로이트 정신분석가들의 작업은 이제 전체적인 전이를 예상하는 것이 가능하다는 것을 의미하였다. 정신분석가들은 임상 작업에서 자신의 이론적, 기술적 근거에 따라 전이 상황과 작업한다.

원문 찾아보기

페이지 번호는 『지그문트 프로이트 전집 표준판』 vol. 14, 67-102를 따른 것이다.

일차적 자기애에서 이차적 자기애로

프로이트는 수년전에 성을 연구하는 학자들이 임상적으로 기술한 대로 자기애의 개념을 정의하면서 논문을 시작한다.

> 자신의 신체를 보통 성적 대상의 신체를 대하는 것과 같은 방식으로 대하는 사람, 즉 이런 행동을 통해 완전한 만족을 얻을 때까지 자신의 신체를 쓰다듬고 애무하는 사람의 태도 (1914c : 73).

그러나 정신분석은 자신의 신체에 대한 이러한 성적 리비도 집중이 정신병리적인 사례뿐만 아니라 정상적인 심리성적 발달 과정에서도 일어난다는 것을 보여주었다고 프로이트는 덧붙인다. 이런 언급으로써 프로이트는 자기애의 연구에 훨씬 더 광범위한 영역을 열어주었다.

프로이트는 정신분석 임상에서 어떤 환자들, 특히 정신분열증 환자들은 분석가에 대해 일종의 "자기애적 태도"를 보인다고 말한다. 그들은 외부 세계에 있는 사람과 사물들로부터 흥미를 철회하며, 따라서 그들은 1908년에 아브라함이 지적한 대로 분석이 불가능하게 된다. 그렇다면 정신분열증에서 리비도는 어떻게 되는 것일까? 프로이트에 따르면, 리비도가 외적 세계로부터 철회할 때 그것은 과대망상증 환자의 과대적 망상으로 도피한다. "외부 세계로부터 철수한 리비도는 자아에게로 향하며 따라서 자기애라고 부르는 태도를 만들어낸다"(1914c: 75). 그러나 과대적 망상들이 무에서 새롭게 창조된 것은 아니다. 그것은 이전에 존재했던 상태, 프로이트가 일차적 자기애라고 제안했던 상태가 확대된 것이다. 대상-리비도 집중이 자아에게로 철회한 결과 생긴 자기애는 이차적 자기애이다. "이것은 우리가 대상-리비도 집중의 철수를 통해 생긴 자기애를 이차적인 것, 수많은 다른 영향들로 인해 가리워진 일차적 자기애에 덧붙여진 것으로 간주하게 만든다"(같은 책: 75).

정신분열증 환자의 과대망상에서 정신분석가는 어린 아이의 사고 과정에서 발견되는 것과 유사한 사고의 전능성, 마술과 과대망상 같은 특징들을 발견한다. 이어서 프로이트는 매우 어린 유아들에게는 자아에 대한 원래의 리비도적 집중 – 일차적 자기애 – 이 있으며, 나중에 그 일부가 대상들, 즉 외부 세계의 사람들을 향한다고 주장한다. 그러나 자아에 대한 이러한 리비도 집중은 본질적으로 생애 내내 지속되는데, "그것과 대상 리비도 집중과의 관계는 아메바의 몸통과 아메바가 내미는 위족과의 관계와 같다"(같은 책: 75). 자아-리비도와 대상-리비도가 이런 식으로 대조를 이루는 가운데, 프로이트는 리비도 집중의 이러한 두 지향성이 평형 상태에 있다고 말한다. "하나가 더욱 사용될수록 다른 하나는 고갈된다"(같은 책: 76).

리비도는 내용에 있어 항상 성적이라는 것을 다시 한 번 주장하면서, 프로이트는 융과의 논쟁을 강조한다. 프로이트의 관점에서 볼 때 그것은 일상적인 정신적 관심에 지나지 않는다는 융의 선언은 모든 본질을 비워버리는 것이었다. 정신적 삶에 있어 리비도의 결정적 역할에 대한 가설들을 뒷받침하기 위해 프로이트는, 그 당시의 과학이 그에게 지지라고 할 만한 것을 주지 못했음에도 불구하고, 자신의 리비도 이론이 본질적으로 생물학에 기초하고 있음을 꽤 길게 주장한다.

> 우리는 본능 이론에 대한 최종 결론을 제공해줄 또 다른 과학을 기다릴 수 없기 때문에, 심리적인 현상들의 종합을 통해서 이 기본적인 생물학적 문제를 밝히는 데 노력하는 것이 보다 합당할 것이다(같은 책: 79).

자기애의 여러 표현들

자기애적 현상들 그리고 특히 일차적 자기애에 대한 정신분석적 연구의 주요 수단은 여전히 정신증의 탐구에 놓여 있다. 그러나 그것이 유일한 수단은 아니다. 프로이트는 기질적인 병리,

건강염려증 그리고 성 생활에 대한 연구와 같은 다른 접근들이 열려 있다고 말한다.

어떤 기질적인 고통이나 불편에 시달리는 사람들이 사랑-대상에 대한 리비도 집중을 포함하여 외부 세계로부터 모든 흥미를 철회한다는 사실은 잘 알려져 있다. 이러한 리비도 집중은 일단 개인의 흥미가 회복되면 다시 복구된다. 수면은 철회와 비슷한 패턴을 야기한다. "수면 상태란 리비도의 자리가 주체 자신에게로, 보다 정확히 말하면 오직 자려는 소망으로 자기애적으로 철회한다는 것[을 의미한다]"(같은 책 : 81). 건강염려증 역시 외부 세계의 사물들로부터 흥미와 리비도를 철회하여 그들이 관심을 쏟는, 그리고 고통을 일으키는 기관에 집중한다. 신체 일부에 대한 자기애적 리비도 집중이 건강염려증만의 특징은 아니다. 신체의 어떤 부분도 성감대의 특성을 띨 수 있으며 성기를 대신한다는 사실 때문에 그것은 신경증에서도 일어난다. "기관의 성감에서의 그런 모든 변화들 때문에 자아에서도 이와 유사한 리비도 집중의 변화가 있을 것이다"(같은 책 : 84). 이런 관점에서, 성감대에 대한 모든 리비도 집중은 자아의 리비도 집중에 해당하며 그러므로 일차적 자기애와 관련이 있다.

건강염려증과 정신분열증 사이의 유사점을 이끌어낸 프로이트는 더 나아가, 병리적인 퇴행 과정에서 "내향성"의 결과로 "리비도를 둑으로 막는다damming-up"는 새로운 생각에 도달한다(같은 책 : 84). 그러므로 리비도를 둑으로 막는 것은 건강염려증에서의 기관 망상과 정신분열증에서의 과대망상을 일으키는 원인이다. 리비도를 둑으로 막는다는 이러한 양적인 생각과 함께, 프로이트는 자기애의 본질에 경제적 차원을 추가하는데, 그것은 1911년 슈레버 연구에서 그가 도입했던 발달 단계로서의 자기애 개념과는 다른 것이다. 이것은 자아 리비도와 대상 리비도 간의 대조를 완성시킨다.

인간의 성생활은 자기애에 기초한 리비도 집중에 대해 많은 사례들을 제공한다. 유아의 최초의 성적 만족들은 그들을 지원해주는, 즉 먹여주고 돌보아주는 등의 결정적인 기능들과 연결되어 경험된다. 나중에 이러한 지원적인 측면은 일차적인 양육자가 또한 아이의 최초의 성적 대상들 – 우선 먼저는 어머니나 대리모 – 이라는 사실을 통해 나타나게 된다. 프로이트는 성인에게 있어 아동기 최초의 대상-선택을 토대로 하는 이런 종류의 대상 선택을 "의존적anaclitic"이라고 부를 것을 제안한다. 성도착자와 동성애자 같은 다른 개인들은 어머니가 아닌 자기 자신을 모델로 선택하는데, 프로이트는 이런 종류의 대상-선택을 "자기애적"이라고 부른다. 그렇긴 하지만 프로이트 자신이 바로 지적한 바와 같이, 이 두 종류의 대상-선택 간의 차이는 처음 나타나는 것처럼 그리 선명한 것은 아니다. "개인이 어느 하나에 선호를 보이기는 하지만, 오히려 우리는 두 종류의 대상-선택이 모두 각 개인에게 열려있다고 가정한다"(같은 책 : 88). 결과적으로 "인간은 본래 자기 자신 그리고 자신을 양육해주는 여성, 두 성적 대상들을 갖고 있다. 그렇기 때문에 우리는 모두 일차적 자기애를 갖고 있으며, 어떤 경우에는 그것이 대상-선택에 있어 지배적인 방식으로 나타난다고 말할 수 있다"(같은 책 : 88).

다음에 프로이트는 몇 가지 종류의 대상-선택에 대해 간략하게 설명한다. 완벽한 의존적 유형의 대상-사랑은 남자들에게 전형적이다. 여전히 프로이트는 사랑에 빠지는 것은 병리적인 상태라고 믿는데, 사랑에 열정적으로 빠지는 것은 여성에 대한 과대평가를 보여주는 것이며 "리비도가 사랑-대상에 집중되어 자아의 빈곤"을 수반하는 "신경증적 충동"을 불러오기 때문이다. 여성의 대상-선택에 대해서 프로이트는 많은 여성들이 자기애적 대상-선택 방식을 토대로 관계한다고 생각한다. 이런 가설을 뒷받침하면서 그는 사춘기의 시작과 더불어, 성적 기관의 성숙은 "원래의 자기애를 심화시키는 것 같다"(같은 책 : 88)고 언급한다. 따라서 대개 여성이 남성에게 매력을 느끼는 것은 자기애적인 종류의 것이다. "엄격히 말해, 남성이 그들을 사랑하는 만큼의 열정을 갖고 여성들이 사랑하는 것은 단지 자기 자신들이며 또한 그들의 욕구는 사랑하는 데 있는 것이 아니라 사랑받는 데 있다"(같은 책 : 89). 그러나 프로이트는 자신이, 남성적인 유형에 따라 사랑을 하고 그런 종류의 대상-선택의 특징인 성적 과대평가를 발달시키는 여성들이 꽤 많다는 것을 받아들일 준비가 되어있다고 덧붙인다. 남성들을 외면하는 다른 자기애적 여성들은 그럼에도 간접적으로 완전한 대상-사랑을 할 수 있는 길을 발견하는데, 그것은 자신이 낳은 아이에 대한 사랑이다. 프로이트는 자기애적 성격을 지닌 사람들이 왜 자기 주위의 사람들을 그토록 매혹시키는지를 매우 통찰력 있게 탐구한다. 그는 그런 성격의 사람들에게 마음을 빼앗기는 사람들은 "자신의 자기애의 일부를 포기하고 대상-사랑을 추구하는"(같은 책 : 89) 사람들이라고 추론한다. 프로이트는 부모들의 태도로부터 쉽게 추론할 수 있는 아이들의 일차적 자기애를 환기시키면서 이 단락을 끝맺는다. 부모들은 모든 완벽함을 자신의 것으로 돌리면서 자신들의 아이를 과대평가하며 아이의 삶이 자신의 삶보다 훨씬 더 나을 것이라고 기대하는데 이것은 "아기 폐하"의 진정한 전형이다(같은 책 : 91).

● 유아적 자기애로부터 성인의 이상 형성으로

계속해서 프로이트는 지금은 성인이지만 한때 아이가 외부 세계에서 다루어야 했던, 유아의 일차적 자기애의 특징인 과도한 자기-사랑이 어떻게 되는가에 대해 논의한다. 어떤 인간도 아동기에 지배적이던 자기애적 완벽함에 대한 소망을 포기할 수 없다. 이것은 실로 사라지지 않고 프로이트가 그 당시에 "이상적 자아Idealich" 그리고 다른 때에는 "자아 이상 Ichideal"이라고 부른 심리내적 대리자의 형성으로 대치된다. 달리 말해, "성인이 자기 앞에 자신의 이상으로 투사한 [것은] 자기가 자신의 이상이던, 잃어버린 어릴 적 자기애의 대치물이다"(같은 책 : 94).

개인이 끊임없이 자신의 사고와 행동들을 평가하게 되는 이상이 형성되면, 자아에 대한 요구들 역시 그에 따라 증가하게 된다. 이것이 프로이트가 "양심"이라고 부른 것의 역할인데, 그것은 흔히 억압을 불러오는 요인이 된다.

> 자아 이상으로부터의 자기애적 만족을 보장해주는, 그리고 이런 목적을 위해 끊임없이 실제 자아를 감시하고 이상에 의해 평가하는 과제를 수행하는 특수한 정신적 대리자를 발견한다 해서 놀랄 일은 아닐 것이다(같은 책 : 95).

자아에 부과된 이런 종류의 요구는 감시당하고 있다는 망상과 같은 병리적 형태 – 환자들은 자신의 생각이 알려지고 행동이 관찰되고 있다고 상상한다 – 뿐만 아니라, 마음속에 이런 생각을 품고 있는 정상적인 개인에게서도 볼 수 있다. "우리의 모든 의도를 감시하고 발견하고 비판하는 이런 종류의 세력은 우리 모두의 정상적 삶에서 실제로 존재한다"(같은 책 : 95). 양심 기관은 실제로는 아동에 대한 부모의 비판, 그 다음에는 교육의 비판, 마지막으로는 사회 전체의 비판이 구체화된 것이다. 프로이트가 1900년에 기술한 "꿈-검열"은 이것이 다른 형태를 취한 것이다. 이러한 이상은 개인적 측면 외에 사회적 측면을 지닌다. 그것은 또한 가족, 학급 혹은 국가의 공동 이상이다. 프로이트는 나중에 집단 심리학에 관한 기제들을 상세히 탐구하면서 이 주제를 보다 심화시키게 된다.

후기 프로이트 학파

자기애적 전이 현상은 분석될 수 있다

1920년 후반 무렵, 일단의 정신분석가들은 프로이트가 "자기애적 신경증"의 범주에 넣었던 환자들이 프로이트가 생각했던 것과는 달리 사실은 전이 현상을 나타낸다는 것을 명백히 증명하였다. 루스 맥 브룬스윅R. M. Brunswick, 멜라니 클라인, 해리 스택 설리번H. S. Sullivan과 파울 페더른P. Federn을 포함하는 이들 분석가들은, 비록 그런 환자들에게서 긍정적 전이보다는 부정적 전이가 지배적인 경향이 있긴 하지만, 그럼에도 그들이 분석 가능하다고 주장하였다. 이러한 선구자들의 작업은, 전에는 전이 분석에 부적당하다고 생각되었던 광범위하고 다양한 정신병리 상태에 접근할 수 있도록 해주었다. 이러한 초기 시도들로부터, 당분간은 경계성 상태와 자기애성 인격 장애로 분류되는 보다 새로운 병리들을 포함하여, 아동과 성인의 정신증뿐만 아니라 조울병적 상태와 성도착에 대한 정신분석이 증가했다. 일반적으로 말하자면, 프로이트가 했던 자기애적 신경증과 전이 신경증 간의 구분은 포기되었는데, 이제 순전히 신경증이라고 생각했던 환자들이 사실은 어떤 자기애적 장애들을 보이며 그 반대 경우도 마찬가지라는 것이 분명해졌다. 그러므로 현대 정신분석가들은 종종 "혼성적인heterogeneous" 환자들을(D. Quinodoz 2002) 다루어야 한다. 이런 환자들의 전이는 발달적으로 보다 높은 단계인 신경증적 성질을 지닌 요소들 그리고 정신증적이고 도착적이며 자기애적인 구성들이 다양한 비율로 섞여 있는 원시적인 요소들 둘 다로 이루어진다.

자기애적 장애의 정신분석적 치료 : 두 가지 주요 흐름

자기애적 장애에 대한 두 가지 다른 개념

현재 정신분석가들이 이론적 기법적 차원에서 자기애를 바라보는 시각은 매우 다양하며, 따라서 그런 병리들에 대한 치료적 접근들도 매우 다양하다. 내가 이런 경향들을 상세히 다룰 수는 없다. 사용하는 기법들이 다른 만큼, 그들의 전문용어들 또한 상당히 다르다. 그러나 자기애에 관한 어떤 개념을 참조하는가에 따라 정신분석가들 간에는 두 가지 중요한 치료 경향이 있다. 어떤 사람들은 프로이트의 일차적 자기애를 따라, 삶의 시작 단계에서 유아는 아직 대상을 알지 못한다고 생각한다. 이런 분석가들에게 이러한 단계는 정상적인 아동 발달의 일부이다. 다른 사람들은 대상관계들이 삶의 아주 초기부터 존재한다고 느끼면서 클라인의 접근법을 택한다. 이들에게는 프로이트가 말하는 일차적 자기애란 없으며 오직 "자기애적 상태"만이 존재한다. 이렇게 각기 다른 모델들은 자기애적 장애의 정신분석 치료에 있어 대조적인 기술적 접근을 낳는다.

생애 초기의 "대상 없는" 단계를 지지하는 입장

기법적 관점에서 일차적 자기애, 즉 "대상 없음"을 정상적인 발달 단계로 보는 정신분석가들은 분석 과정에서 나타나는 자기애적 현상들을 비교적 정상적인 것으로 보는 경향이 있다. 팔라시오-에스파사 Palacio-Espasa(2003)의 지적대로, 그들이 해석을 할 때 자기애적 전이의 갈등적 측면들에 특별한 관심을 기울이지 않는 것은 이런 이유에서이다. 이런 학파의 대표적인 인물들은 안나 프로이트, 마가렛 말러Margaret Mahler, D. W. 위니캇, 마이클 발린트 Michael Balint 그리고 하인즈 코헛H. Kohut 이다.

아버지의 관점을 따라 안나 프로이트(1965)는, 신생아와 어린 유아들에게는 생애 초기에 대상이 존재하지 않는 미분화된 자기애적 상태가 있다고 생각했다. 그녀는 아동 정신발달의 이 최초 단계를 "공생 단계"라고 불렀다. 나중에 유아가 발달함에 따라 관심은 점점 더 대상에게 집중되는데, 이 과정은 일련의 다른 단계들을 통해 전개된다.

마가렛 말러의 개념은 다소 다르다. 말러에게 있어 대상관계들은 공생적 혹은 일차적인 유아적 자기애로부터 계속 발달하며, 그녀가 "분리-개별화 단계"(Mahler 등 1975)라고 부른 것과 동시에 전개된다. 그녀는 또한 아동이 분리됨을 인식할 때 정신증적 아동이 보이는 공황 상태를 관찰한 후, "공생적 정신증"이라는 개념을 도입하였다. 이런 개념에 의거해, 그녀는 모든 아동의 정신발달에 있어 "정상적인 공생 단계normal symbiotic phase"라는 개념을 기술하였다. 자아 심리학에 속하는 정신분석가들은 마가렛 말러의 사고들을 채택하여 아동과 성인의 정신분석 치료에 적용하였다.

위니캇(1955-1956) 역시 삶의 초기에서는 일차적 동일시가 일반적 – 유아는 어머니와 아기가 완전히 서로 융합되어 있다고 믿는다 – 이라는 입장을 취했지만, 일차적 자기애라는 용어는 거의 사용하지 않았다. 이 단계 동안 아기는 대상을 창조했다는 환상을 갖고 있는데, 어머니의 기능은 유아가 그 환상을 버리기 전까지 그 환상을 지탱해준다. 이 단계가 잘못되면, "일차적 정서 발달" 장애가 수반된다. 그런 환자들에 대한 정신분석 치료의 목표는 그들이 초기의 유아적 의존 단계로 퇴행하도록 허용하는 것이다. 이를 통해 피분석자와 분석환경은 "참자기"가 자라나올 수 있는 일차적 자기애 상태에서 서로 융합된다. 발린트(1952)에 따르면, 일부 피분석자들이 보이는 신체 접촉에 대한 욕구는 일차적 자기애로 돌아가는 것과 동등한, "일차적 대상-사랑"으로 돌아가려는 욕구에 해당된다. 환자가 이런 상태로 돌아가도록 허용함으로써, 정신분석 과정은 "퇴행의 도움을 얻어 전진"할 수 있다.

대상없는 자기애적 단계를 지지하는 사람들 중에서, 나는 그룬버거Grunberger와 코헛의 관점을 언급해야겠다. 그룬버거(1971)에게 있어 자기애는 고유의 권리를 가진 정신적 대리자이다. 그는 "자기애적 분석 관계"가 치료에 추동력을 제공한다고 주장한다. 코헛(1971)은 자기애적 장애의 정신분석 치료에 독창적으로 접근한다. 그는 이상화 전이를 보이는 환자의 치료에 있어 두 단계, 즉 일차적 자기애로 퇴행하는 초기 단계와 일단 이러한 초기 평형상태가 와해되는 것을 통해 이런 종류의 전이가 처리되거나 극복될 수 있는 다음 단계를 구분한다.

대상이 아주 초기부터 인식된다는 입장

갓난아기의 자아는 처음부터 대상을 인식한다고 주장하는 정신분석가들은, 자기애적 현상이 공격적이거나 리비도적인 욕동들의 표현이며, 대상이 자기와 다른 분리된 것으로 인식되자마자 세운 방어들이라고 간주한다. 그 결과 이 그룹에 속하는 정신분석가들은, 자기애적 현상들이 지금 여기의 전이 관계에서 상세하게 해석될 수 있다고 생각하는 경향이 있다. 그들은 분석가와의 관계에서 나타나는, 분화나 분리와 관련된 불안의 해석을 중요시한다(J-M. Quinodoz 1991). 이 그룹의 중심인물로는 멜라니 클라인 그리고 로젠펠드와 시걸 같은 후기 클라인 학파 분석가들을 들 수 있는데, 그들의 작업은 앙드레 그린A. Green과 오토 컨버그O. Kernberg에 의해 적어도 부분적으로 지속되고 있다.

클라인에게 있어 일차적 자기애 단계는 존재하지 않으며, 갓난아기는 출생 즉시 대상을 인식한다. 프로이트와 가장 큰 견해 차이를 보이는 점은 아마 이것일 것이다. 그녀의 저술에서 자기애 개념은 여전히 존재하지만, 1946년에는 투사적 동일시의 개념과 함께, 그리고 다시 1957년에는 시기심의 개념과 함께 나타난다. 이런 개념들은 대상을 분리되고 다른 것으로 지각하는 것에 대한 방어로서 자기애가 하는 역할에 대해 새롭게 조명해 주었다. 이런 관점은 클라인 학파 분석가들이 자기애적 "단계"보다는 자기애적 "상태"에 대해 논의하도록 이끌었다. 1940년 말에 비온(1957, 1967), 로젠펠드 그리고 시걸이 전통적인 정신분석 세팅을 엄격하게 고수하면서 정신증 환자를 분석한 것은 이런 생각들을 토대로 한 것이었다. 결과적으로 그들의 임상 작업은, 전이의 자기애적 차원에 대한 정신분석 치료에 있어 특히 클라인적인 접근의 발달을 가져왔다.

나는 허버트 로젠펠드의 공헌들을 상세히 논의하는 것이 중요하다고 느낀다. 그의 공헌들은 특히 자기애적 전이의 분석 가능성에 관해 영향을 미쳤다. 로젠펠드에 의하면, 프로이트가 일차적 자기애라는 용어로 기술했던 대상 인식에 선행하는 현상들은, 원시적인 유형의 진정한 대상관계로서 볼 필요가 있다. 자기애는 이상화된 대상과의 내사적이고 투사적인 동일시를 통해 얻은, 자기에 대한 전능함과 이상화에 기초한다. 이상화된 대상과의 동일시는 자기와 대상 간의 어떤 다름도 혹은 경계도 부인하는 결과를 가져온다. 로젠펠드(196 5 : 171)는 그것이 "자기애적 대상관계에서, 자기와 대상 간의 분리됨을 인식하는 것에 대한 방어가 지배적인 역할"을 하는 이유라고 말한다. 로젠펠드는 또한 자기애적 현상에서 시기심에 결정적인 역할을 부여한다. 생명 본능과 죽음 본능 간의 갈등을 설명하기 위한 탐색을 계속하면서 로젠펠드는 1971년에 리비도적 자기애와 파괴적인 자기애를 구분한다. 대상과 관련된 자기애적 태도를 포기할 때 대상에 대한 증오와 경멸이 불가피해지는데, 환자는 외부 대상이 어떤 특질들을 지닌 것으로 인식되자마자 수치심을 느끼기 때문이라고 그는 말한다. 이러한 원한이 분석되면 환자는 적대적 전이를 극복할 수 있다. "그러면 [환자는] 분석가를 가치 있는 외부의 사람으로 깨닫게 된다"(1971 : 173). 그러나 이런 파괴적인 측면들이 지배적일 때는 분석에서의 어떤 진전도 파괴하고 싶은, 그리고 생명과 선함의 진정한 원천인 대상으로 표상되는 분석가를 공격하고 싶은 소망으로서 시기심이 나타난다. 로젠펠드에 의하면, 파괴적 충동이 얼마나 강한 것이든 간에 증오와 시기심의 영향을 약화시키기 위해서는 자기의 의존적인 리비도적 부분에 접근하는 것이 임상적으로 필수적인데, 그렇게 함으로써 환자는 좋은 대상관계들을 확립할 수 있다. 이것은 대상을 부인하는 자기애적 태도들 그리고 대상을 인정하는 대상-관계적 태도들 간의 끊임없는 전환을 면밀히 분석함으로써 성취할 수 있다.

자기애에 관한 시걸(1986)의 관점은 로젠펠드의 것과 유사한데, 그녀의 관점에서 생명 본능과 죽음 본능 개념은 프로이트의 일차적 자기애에 관한 가설들이 야기한 문제를 해결하는 데 유용하다. 시걸에 의하면 어떤 환자들에게는 자기애가 죽음을 이상화하고 삶을 증오하는 형태를 취할 수 있다. 그러므로 그들은 대상뿐만 아니라 자기 자신도 멸절시키기를 소망하며, 이러한 소망은 대상의 인식에 대한 방어로서 나타난다. 시걸은 개인이 어떻게 자기애로부터 빠져나오는가 하는 문제를 다룬다. 그녀는 오직 우울적 자리를 "넘어서는 것negotiating"을 통해서만 환자가 자기애적 구조에서 벗어나 안정된 비-자기애적 대상관계를 확립할 수 있다고 말한다.

그린은 로젠펠드의 사고들의 일부를 논의하는데, 특히 삶의 자기애, 죽음의 자기애(1983)에서 그것들을 자기 고유의 방식으로 발전시킨다. 그린은 대상과의 모든 종류의 관계에서 죽음 본능이 발생시키는 "풀기unbinding"를 강조하면서, 이러한 효과를 죽음 본능의 "탈-대상화 기능"이라고 불렀다(Green 1986). 그는 또한 정신증에서 죽음 본능이 어떻게 투사적 작용의 소멸을 가져오는지, 그리고 사고에서 "공백"을 야기하는 탈-리비도 집중을 가져오는지를 보여준다. 나는 컨버그(1975)의 견해를 간략히 소개하는 것으로 이 장을 마치겠다. 자기애에 관한 이론적 접근에서, 컨버그는 프로이트의 관점들을 클라인과 비온 같은 대상관계 학파의 관점들과 조화시키고자 한다. 컨버그는 병리적인 자기애에서 환자의 아동기에 고착하게 된 특별한 패턴을 발견한다. 그는 자기애적 인격 장애가 비록 병리의 정도에서 차이는 있지만, 경계성 상태에서 보게 되는 장애들과 유사하다고 말한다. 그는 자기애적 인격이 경계성 인격보다는 좀 더 응집적인 과대적 자기를 갖고 있지만, 자기는 여전히 병리적이며 정체감의 파편화를 감추고 있다고 말한다.

새로운 개념들

의존적 대상 선택 – 리비도를 둑으로 막기 – 자아 이상 – 자기애 – 자기애적 대상 선택 – 일차적 자기애 – 이차적 자기애

기가 어렵다. 그러나 프로이트의 심층 사고들을 따라가면서 우리는 그가 끊임없이 임상 자료와 이론의 연결을 염두에 두고 있음을 잊지 말아야한다.

프로이트의 사고가 어떻게 발달했는가의 관점에서 볼 때 초심리학에 관한 논문들은 무엇보다도, 그가 정상적인 상태와 병리적인 상태 모두에서 마음이 작용하는 방식을 종합하도록 이끌었던 점진적 발달의 산물이다. 이 논문은 무의식과 전의식 그리고 의식 간의 구별에 바탕을 둔 "최초의 지형학적 (혹은 구조적) 모델"로 알려져 있는데 쾌/불쾌의 원리에 바탕을 둔 본능적 욕동에 관한 그의 첫 번째 이론과 평행을 이룬다. 동시에 초심리학에 관한 이 논문들은 대상관계, 동일시, 사랑과 증오의 감정, 그리고 무의식적 죄책감을 고려하는 새로운 시각들을 처음으로 열어주었다. 이 새로운 노선들은 몇 년 후에 "두 번째 지정학적 모델" 및 이에 따른 본능적 욕동에 관한 그의 두 번째 이론으로 연결된다.

생애와 역사

어려웠지만 생산적이던 시기

전쟁 기간, 1914-1918

일차 세계 대전이 발발하고 그 즉각적인 여파가 지속되던 몇 년 동안, 프로이트는 학문적 관점에서는 매우 생산적이었지만 상당히 어려운 시간들을 겪었다. 1914년 8월, 전쟁이 터졌을 때 안나는 영국에 발이 묶여있었으나 어네스트 존스의 노력 덕분에 비엔나로 돌아갈 수 있었다. 가족들은 군에 징집된 프로이트의 두 아들, 러시아로 간 마르틴과 이탈리아로 간 에른스트의 안위를 몹시 걱정했다. 1915년 11월, 프로이트는 그의 이복형 엠마뉴엘의 죽음으로 큰 충격을 받았는데 당시 그는 81세로, 그들의 아버지가 사망했던 나이와 같은 나이였다. 그 이듬해인 1916년, 프로이트의 아들 올리버가 군에 징집되었다. 전쟁으로 인해 치료 받으러 오는 환자도 거의 없었고, 편지를 정기적으로 주고받을 수도 없었으며, 방문하는 사람도 거의 없었다. 정신분석에 관한 정기 간행물도 존폐의 위기에 처해 있어, 프로이트 자신이 감당을 해야만 했다. 그러나 산도르 페렌치와 루 안드레아스-살로메뿐 아니라 칼 아브라함과는 정기적으로, 특히 멜랑콜리에 관하여 서신 왕래를 할 수 있었다.

60세 즈음 연구를 점검하다

마치 그 시점에서 자신의 작업을 점검하려는 듯, 프로이트는 1915년에 초심리학에 관한 논문들을 구성하는 12편의 이론적 논문을 저술하기 시작하였다. 당시 근 60세에 이른 그는 살 날이 몇 년 남지 않았다고 느꼈다. 전쟁과 그 여파가 가져온 불행은 죽음에 관한 그의 관심을 강화시킬 뿐이었다. 원래 그는 이 글들을 전쟁 후에 『초심리학을 위한 예비연구』라는 제목의 책으로 출간할 계획이었다. 그러나 그는 첫 세 편을 1915년에 각기 「본능과 그 변천」, 「억압」 그리고 「무의식」이라는 제목으로 출간하였고 1917년에는 그 다음 두 편인 「꿈 이론에 대한 초심리학적 보완」과 「애도와 멜랑콜리」를 출간하였다. 우리는 그의 서신을 통해 사실은 그가 일곱 편의 후속 논문을 썼었다는 것을 알게 되었다. 그러나 그 논문들은 출간하지 않았기 때문에 계획했던 책은 빛을 볼 수 없게 되어버렸다. 그러나 1983년, 페렌치의 글들에서 열두 번째(미출간된) 에세이인 「계통 발생적 환상 : 전이 신경증 개요」의 사본이 이에 대한 페렌치의 의견을 묻는 편지와 함께 발견되었다(Freud 1985a[1915]). 아마도 프로이트 자신이 남아있던 글들을 스스로 파기한 듯 보인다.

원문 찾아보기

「본능과 그 변천」 (1915c)

페이지 번호는 『지그문트 프로이트 전집 표준판』을 vol. 14, 109-140을 따른 것이다.

본능(혹은 욕동)의 일반적 특성

표준판은 독일어의 "Trieb"를 영어의 "본능instinct"으로 번역한다. 가능한 다른 대안인 "욕동drive"이나 "충동urge"보다 이 단어를 택한 이유가 표준판 제 1권(1, xxiv-xxvi) 서문에 논의되어 있다. 『성욕에 관한 세편의 에세이』(1905a)에서 발달시킨 관점을 고수하면서 프로이트는 본능을 원천과 목적, 대상을 지닌 역동적 압력으로 정의하면서 이러한 것들이 초래하는 영향에 대해 설명한다. 본능은 끊임없는 힘으로 작용하며, 오직 욕동의 목적과 일치하는 "만족"을 통해서만 없앨 수 있는 "욕구"에 견줄 수 있다. 본능을 통해 프로이트가 의미하는 모델들은, 모든 인간에게 존재하는 음식에 대한 욕구와 성적 만족의 추구이다. 본능의 목적은 매 순간의 만족이지만 대상은 대단히 변동이 심한데, 본능은 이 요소와 관련해 혹은 이것을 통해 목적을 성취할 수 있다. 그것은 외적 대상, 예를 들면 개인과 가장 가까운 사람들 혹은 주체 자신의 신체 일부일 수 있다. 일반적으로 대상은 부수적이다. 어떤 특정 본능에 고유한 대상이 있는 것이 아니며 쉽사리 대체될 수 있다. "본능이 존재하는 동안 겪는 변천 과정에서 대상은 몇 번이라도 바뀔 수 있다"(1915c : 122-123). 마지막으로, "욕동의 근원source이란 말은 신체 기관이나 몸의 일부에서 발견되는 신체적 과정을 의미하는데, 이 과정의 자극은 정신적 삶에서 본능으로 나타난다"(같은 책 : 123). 사실 우리는 본능의 근원을 간접적으로만 알 수 있을 뿐이다. "정신적 삶에서 우리는 그것들[즉, 본능들]을 단지 그 목적을 통해서만 알 수 있다"(같은 책 : 123).

본능의 흥분을 제어하는 것은 신경계에 달려있다. "신경계는 본능에 도달하는 자극을 제거하거나 가능한 한 낮은 수준으로 감소시키는 기능을 하는 기구이다"(같은 책 : 120). 프로이트는 이론적 발달의 이 시점에서, 정신 기구는 쾌락원리에 의해 지배되며 그 작용들은 자동적으로 쾌/불쾌에 속하는 일련의 감정들에 의해 조절된다고 서술한다. "불쾌한 감정들은 자극의 증가와 관련이 있고, 유쾌한 감정들은 자극의 감소와 관련이 있다"(같은 책 : 120-121). 이런 전제에 대해, 프로이트는 자신의 본능(혹은 욕동) 개념이 의미하는 것을 재정의한다.

> "본능"은 정신과 신체의 경계에 있는 개념으로서, 유기체 내부로부터 발생해 마음에 이르는 자극의 심리적 표상으로서, 육체와의 연결로 인해 마음에 부과되는 일정량의 요구로서, 우리에게 나타난다 (같은 책 : 121-122).

자기-보존 본능과 성적 본능

프로이트는 수많은 종류의 서로 다른 본능욕동들을 두 주제로 분류할 것을 제안하는데, 하나는 배고픔과 음식 섭취의 모델인 자아 본능 혹은 자기-보존 본능이며 다른 하나는 성적 본능이다. 얼핏 보면 성적 본능들은 그 본능에 생물학적 근원, 방향 그리고 대상을 제공하는 자기-보존 본능에 부속된 것처럼 보인다. 일단 외적 대상이 포기되어야 비로소 성적 욕동들은 독립적이 된다. 예를 들면 유아가 어머니의 젖가슴을 빨면서 느끼는 쾌락에서, 성감대–입–의 만족은 수유와 연결된 성애적 쾌락이다. 빠는 것과 연관된 성적 쾌락은 나중에 가서야 수유로부터 떨어져 나온다. 그가 앞서 주장한 바와 같이, 그에게 있어 자기-보존 본능과 성적 본능 간의 대립은 전이 신경증에서 출현하는 갈등들의 근원이다. 갈등은, 환상을 통해 만족을 얻을 수 있으며 따라서 쾌/불쾌의 원리를 따르는 성적 욕동이, 현실 대상을 통해서만 만족을 얻을 수 있는 자기-보존 본능으로 표현되는 현실 원리에 직면한다는 사실로부터 온다. "그러므로 신경증이 되는 심리적 성향의 핵심적 부분은 현실을 고려하는 교육을 통해서 성적 본능이 지연되는 데 있다"(1911b:223). 나중에 프로이트는 이 두 가지 욕동 간의 구별과 그 결과로 생긴 개인의 신경증적 갈등을 덜 중시하게 된다.

본능욕동의 점진적인 통합

성적욕동의 일반적인 특징 중 하나는 그것이 다수라는 사실이다. 성적욕동은 매우 다양한 신체부분들로부터 나오며, 점진적인 과정을 통해서만 통합과 성적 성숙을 성취한다고 프로이트는 덧붙인다.

> 성적욕동들은 [...] 처음에는 서로 독립적으로 작용하며 나중 단계에 가서야 어느 정도 완전한 통합을 성취한다. 성적욕동들이 각기 추구하는 목적은 "기관-쾌락organ-pleasure"을 얻는 것이다. 통합이 성취될 때에만 성적욕동들은 생식 기능에 기여하기 시작하고 그 결과 일반적으로 성적본능으로 인식할 수 있게 된다(1915c:125-126).

성적본능의 변천이란 무엇인가?

먼저 프로이트는 본능욕동들이 실행되지 못하도록 막기 위해 동원되는 다양한 방어들의 "변천"이 어떤 의미인지 정의한다. 성적욕동은 반대 방향으로의 역전, 주체 자신을 중심으로 한 전환, 억압 그리고 승화와 같은 변천을 겪는다. 본능이 반대방향으로 역전되는 것과 주체 자신에게로 돌아오는 것은 다른 두 개의 과정이지만, 분리해서 설명하기는 불가능하다고 그는 말한다. 첫 번째 변천은 정반대로 변형될 수 있는 욕동의 목적과 관련이 있고, 두 번째 것은 관련이 없는 어떤 사람 혹은 주체 자신일 수도 있는 대상과 관련이 있다. 예를 들어 가학증이 피학증으로 역전될 때, 우리는 피학증이 고통을 주는 사람과 고통을 받는 사람 간의 역할 전도뿐만 아니라 능동성으로부터 수동성으로의 변화를 의미한다는 것을 알고 있다. 1915년에 그가 이 한 쌍의 기원에 대한 생각을 품었을 때 그는 가학증을 발달 과정에서 피학증에 선행하는 것으로 보았다. 당시에 그는 나중에 믿었던 것처럼(1915d : 128에 있는 1924년 각주를 보라), 일차적 피학증의 존재를 믿지 않았다. 1915년 논문에서 그는 가학증을 어떤 성적 쾌락도 수반하지 않은 채 다른 사람에게 폭력성을 행사하는 것으로 정의한다. 고통에 성적 흥분이 따르는 것은 피학적 단계에 가서이다. 가학성애자가 고통을 야기함으로써 성적 쾌감을 경험한다면, 그것은 고통 받는 대상과 동일시하기 때문이다.

> 다른 사람에게 이런 고통들이 가해지는 동안, 주체는 고통 받는 대상과 자신을 동일시함으로써 피학적으로 고통들을 즐긴다. 물론 두 경우 다, 주체가 즐기는 것은 고통 그 자체가 아니라 동반되는 성적 흥분이다. 그러므로 가학적 위치에서는 특히 편리하게 이것을 즐길 수 있다(1915c : 129).

이어 프로이트는 관음-노출증에서 일어나는 유사한 변환들을 계속해서 탐구한다.

사랑과 증오 : 본능욕동과의 관계

프로이트는 사랑과 증오의 주제를 양가감정이라는 관점에서 다루고 있다. 그는 환자들 스스로가 다뤄야 한다고 느끼는 심리적 갈등들 속에서, 이 복잡한 정동이 결정적 역할을 한다는 것을 점차 깨닫게 되었다. "[사랑과 증오] 모두가 동시에 동일한 대상을 향하는 것을 보는 일은 아주 흔하기 때문에, 이 둘의 공존은 감정의 양가성에 대한 가장 중요한 사례가 된다"(같은 책 : 133). 다음에 그는 중요한 이의를 제기한다. 사랑과 증오가 욕동이 아닌 감정이라 할 때, 그것들은 욕동과 관련해 어떤 위치에 있는가? 그리고 사랑과 증오의 발달 뒤에는 어떤 과정이 놓여있는가? 사랑의 원시적 형태들은 어떻게 "전체적인 성적 감정의 표현으로서의 사랑"으로 발달하는가?(같은 책 : 133) 이러한 질문들에 대답하려는 노력은 프로이트의 가장 영감적인 글들을 이끌어냈다. 이러한 글들에서 몇 문장을 발췌한다는 것은 그들 간의 연결을 방해할 것이 분명하지만, 그럼에도 불구하고 나는 힘닿는 대로 그의 논증을 개략해보겠다.

생애 초기의 사랑과 증오

프로이트에 의하면, 사랑과 증오의 변천을 탐구할 때 우리는 우리의 정신적 삶을 지배하는 세 개의 대극이 있음을 알게 된다. (1) 자아에 이르는 자극의 근원이 내적인가 혹은 외적인가에 따른 자아-비자아(혹은 주체-대상)라는 대극, (2) 감정의 질에 따른 쾌-불쾌의 대극, (3) 프로이트의 남성적-여성적이라는 대조의 근간이 되는 능동-수동의 대극. 이 세 대극들은 삶의 아주 초기에 어떻게 조직화되는 것일까?

원래 자아에는 본능들이 집중되어 있으며 어느 정도는 스스로 그것들을 충족시킬 수 있다. 이것은 일차적 자기애 상태를 만드는데, 여기서 자아는 자가-성애적이기 때문에 외부세계를 필요로 하지 않는다. "그러므로 이 시기동안 자아-주체는 유쾌한 것과 일치하며, 외부세계는 무관심한 것(혹은 자극의 근원으로서 불유쾌한 것)과 일치한다"(같은 책 : 135). 나중에, 자아가 불쾌한 내적 자극을 피할 수 없을 때 – 허기 그리고 어떤 외부 대리자를 통한 수유와 같은 – 자아는 자가-성애로부터 빠져나와 외적 대상들을 향해 움직여야 한다. 이것이 자아에 미치는 영향은 쾌-불쾌의 대극이란 면에서 새로운 조직을 만들어낸다. "제공되는 대상들이 쾌락의 근원인 한, 자아는 그것들을 받아들인다. 즉, 그것들을 '내사' 한다(페렌치의 용어를 빌자면). 반면에 내부에서 불쾌의 원인이 되는 것은 무엇이든 추방한다"(같은 책 : 136).

"순수 쾌락-자아"에 의한 근본적인 분열

그 결과 자아 안에는 근본적인 분열이 일어나는데, 더 이상 그것은 단순히 내적(자아/주체)이냐 외적(무관심/불쾌)이냐의 문제가 아니다. 그것은 한편으로는 만족을 가져오는 대상들을 포함하는

"쾌락-자아" 그리고 다른 한편으로는 낯선 것으로 인식되기 때문에 불쾌의 근원이 되는 외적 세계의 문제이다.

> 그러므로 철저한 객관적 기준에 따라 내부와 외부를 구분하던 원래의 "현실-자아"는, 무엇보다도 쾌락적 성질을 우선시하는 순수한 "쾌락-자아"로 바뀐다. 쾌락-자아에게 있어 외적 세계는 자신 속으로 통합해버린 유쾌한 부분, 그리고 자신과 무관한 나머지 부분으로 나뉘어 있다(같은 책 : 136).

달리 말해, 일차적 자기애 단계에서 대상은 "증오"와 "사랑" 사이의 대립을 만들어낸다.

> 아주 초기 단계에서 외적 세계, 대상, 그리고 증오스러운 것은 동일한 것 같다. 나중에 대상이 쾌락의 근원으로 밝혀지면 그것은 사랑을 받으며 또한 자아 속으로 통합된다. 따라서 순수 쾌락-자아에게 있어 대상들은 다시 한 번 외적인 것 그리고 증오스러운 것과 일치한다(같은 책 : 136).

사랑은 전체적인 성적 경향의 표현이다

결과적으로, 대상이 쾌락의 원천일 때 우리는 그 대상을 "사랑한다"고 말한다. 역으로, 그것이 불쾌감의 원천일 때 우리는 그것을 "증오한다." 프로이트는 본능욕동이 대상을 "사랑한다"고 말하는 것이 옳은지 묻는다. 그는 욕동이 대상을 "증오한다"고 말하는 것은 이상하게 들린다고 지적한다. 그러므로 그는 "사랑과 증오[라는 용어]를 본능과 그 대상들과의 관계에 사용할 수는 없지만, 대상과 전체 자아와의 관계를 위해 남겨둘 수는 있다"고 말한다(같은 책 : 137). 자기-보존에 유리한 대상들(음식 등)에 관한 한, 우리는 기껏해야 "마음에 든다", "좋아한다" 등과 같은 용어들을 사용한다.

그렇다면 사랑이 완전히 발달되었을 때 "사랑"이라는 단어는 어떤 상태에 있을까? 프로이트로서는, 본능 구성물들이 일단 전체적인 자아 속으로 통합되고 나면 사랑은 의심의 여지없이 성기적 발달 단계에 속한다.

> 성적 대상과 자아와의 관계는 "사랑"이란 단어를 가장 적절히 사용할 만한 경우[이다] – 이 사실은, 우리가 모든 성적 본능 구성물이 성기 우위 아래 통합되고 생식 기능에 기여하게 된 이후라야 그 단어를 적용하기 시작할 수 있다는 사실을 가르쳐준다(같은 책 : 137-138).

"증오"라는 단어의 사용에 있어서는 성적 쾌락과 그다지 밀접한 관련이 없으며 불쾌와의 관계가 결정적인 요소로 보인다. "자아는 불쾌감의 근원이 되는 모든 대상들을 파괴하려는 의도로 그것을 증오하고, 혐오하고, 뒤쫓는다. 그것들이 성적 만족의 좌절을 의미하는지, 혹은 자기-보존적 욕구의 충족을 의미하는지는 고려되지 않는다"(같은 책 : 138). 프로이트에게 증오의 기원은 자기 보존을 위한 자아의 분투에 놓여있다. 달리 말해 증오는 성적 욕구보다는 자기-보존 욕구를 충족시키지 않는 대상과 더욱 관련이 있다. 양가적 갈등은 자기-보존 수준에서 일어나는데, 특히 신경증에서 두드러진다.

발달 과정에 있어 사랑과 증오의 기원

프로이트는 처음에 자아는 자가-성애적 충동들을 일부 충족시킬 수 있다고 말한다 – 사랑은 그러므로 원래 자기애적이다. 그 후 자아는 대상들을 향한다. "[사랑은] 원래 자기애적이다. 그러다가 확장된 자아 속으로 함입된 대상에게로 넘겨지는데, 사랑은 쾌락의 원천인 이들 대상들을 향해 움직이려는 자아의 노력들을 나타낸다"(같은 책 : 138). 계속해서 프로이트는 함입하고 incorporate 집어삼키는 devour 원래 목적을 지닌 사랑의 예비 단계들에 대해 설명한다. 이 단계는 대단히 양가적이다. 주체는 대상이 사랑이나 증오에 의해 파괴되고 있는지 어떤지 알지 못한다. 다음 단계는 전성기기적인 가학-항문 조직화 단계이며 이어 성기기적 단계가 뒤따른다. "성기적 조직화가 확립된 다음에야 비로소 사랑은 증오와 대립하게 된다"(같은 책 : 139). 이를 바탕으로 프로이트는 증오가 사랑보다 더 오래된 것이라고 결론짓는데, 사랑은 일단 자아가 "전체 자아"가 되어야만 나타나기 때문이다.

이것은 또한 같은 대상을 향해 증오와 사랑이 결합되어 있는 양가감정의 본질을 설명해 준다.

> 사랑과 뒤섞인 증오는 충분히 극복되지 않은 사랑의 예비 단계로부터 일부 파생된다. 또한 일부는 자아-본능의 거부 반응에서 유래하는데, 자아-본능은 자아의 이익과 사랑의 이익 간의 빈번한 갈등을 고려해 현실적이고 당면한 동기들 속에서 기반을 찾는다. 그러므로 두 경우 모두, 뒤섞인 증오는 자기-보존 본능에 뿌리를 두고 있다 (같은 책 : 139).

이어서 프로이트는 주어진 대상과의 사랑-관계가 깨어지면 흔히 증오의 감정이 출현하므로 "우리는 사랑이 증오로 변형된다는 인상을 받는다"(같은 책 : 139)고 지적한다. 그러나 그는 자신이 말한 "변형"이 어떤 의미인지 상세히 설명하지는 않는다. 그는 가학적 단계로의 퇴행이 있을 때마다 증오는 성애적 특성을 띨 가능성이 있음을 환기시키면서 논문을 마무리한다. 나중에 프로이트는, 생명 본능과 죽음 본능 간의 가학피학적이며 근본적인 갈등이라는 측면에서 이 생각을 발전시키게 된다.

「억압」(1915d)

페이지 번호는 『지그문트 프로이트 전집 표준판』 vol. 14, 141-158을 따른 것이다.

억압의 역할

프로이트가 1915년, 「본능에 대한 첫 번째 이론」에서 말한 바와 같이, 본능욕동은 무엇보다도 욕구충족의 쾌락을 추구한다. 그러나 이러한 쾌락의 추구는 욕동의 활동을 막으려는 저항들과 부딪친다. 이러한 저항들 중에서 억압은, 욕동이 주체 내부에서 나오기 때문에 소용이 없는 도피와 비난 간의 타협이라는 점에서 특히 중요하다. 본능욕동의 유일한 목적은 욕구충족의 쾌락을 추구하는 것인데, 왜 그것이 억압되어야 하는가? 그 이유는, 욕구충족이 마음 일부에서는 쾌락을 불러오지만, 그 쾌락은 마음의 다른 부분들의 요구와 양립할 수 없는 것처럼 보이기 때문이다. 따라서 "비난에 의한 판단"이 나타나 억압을 유발한다. "억압의 본질은 어떤 것을 의식으로부터 몰아내어 거리를 유지하는 데 있다"(1915d : 147). 그러므로 방어기제로서의 억압이 아주 초기부터 존재하지는 않는다. 의식과 무의식이 서로 분리된 다음이라야 억압이 확립될 수 있다. 그렇게 분화되기 전에는 정반대로 전도되거나 주체 자신에게로 돌아오는 것과 같은 다른 방어기제들이 사용된다.

표상의 운명

명시적인 언급은 아니지만, 프로이트는 방어 신경-정신증에 관한 1894년과 1896년 논문에서 제안했던 가설들을 다시 다룬다. 이 관점에 따르면 억압당하는 본능욕동의 심리적 대표자에는 표상과 정동이라는 두 가지 측면이 있는데, 각기 다른 결과를 가져온다. 표상에 관한 한, 프로이트는 원초적 억압이 존재할 것이라고 가정한다. "억압의 첫 번째 국면은 의식으로의 진입이 거부된 본능들의 정신적(관념적) 대표자로 이루어진다"(같은 책 : 148). 그 예로 「어린 한스」의 사례에서 말에게 물릴 것에 대한 불안은, 억압된 표상인 "아버지"에 대한 관념과 함께 아버지에게 거세당할 것이라는 무의식적 불안을 감추어준다. 억압의 두 번째 단계인 엄밀한 의미의 억압은 '억압된 대표자의 정신적 파생물들, 혹은 다른 곳으로부터 생겨나 그것과 연결을 갖게 된 사고의 고리들에 영향을 미친다"(같은 책 : 148). 그러므로 억압은 엄밀한 의미의 표상들뿐만 아니라 무의식의 파생물들, 달리 말해 억압된 것과 다소 느슨하게 연결된 생성물들에게도 영향을 미친다. 결국 이 파생물들 역시 방어 기제의 대상이다. 그런 관점에서 보면 증상들 역시 억압되었던 것의 파생물들이다. 그러나 억압은 본능적 대표자가 무의식속에 계속 존재하는 것을 막지는 못한다. 대표자는 스스로 더욱 조직화되면서 파생물들을 계속 만들어낸다. 그것은 "이를테면, 어둠 속에서 급격히 확산된다"(같은 책 : 149). 과정이 이렇게 계속 진행된다는 것은, 엄격히 말해 억압은 항상 사후 작용이라는 것을 의미한다. 예를 들어 어린 한스의 말에 대한 불안, 문밖을 나가지 못하는 것, 그리고 친구가 말에서 떨어진 기억 등은 억압된 것의 파생물들이다.

이러한 무의식적 파생물들은, 억압된 대표자로부터 충분히 멀리 떨어져 있기만 하면 자유롭게 의식에 접근할 수 있다. 정신분석가는 환자의 자유 연상들을 통해 그것들을 알아볼 수 있다.

억압의 특성

프로이트에 의하면 억압은 "개별적으로 작용"(같은 책 : 151)하며, 정신적 파생물들을 하나하나씩 다룬다. 억압은 또한 대단히 유동적이며 부단한 에너지의 소모를 요구한다. 따라서 억압된 본능욕동의 정신적 파생물들을 계속 무의식 속에 유지시키는 것은 (혹은 반대로 의식으로 떠오르는 것을 허용하는 것은) 이 양적인 요소에 달려있다. "양적인 요소는 이러한 갈등에 있어서 결정적인 것으로 드러난다. 근본적으로 혐오스러운 생각이 일정 강도를 초과하자마자, 갈등은 현실적인 것이 된다. 억압으로 이끄는 것은 바로 이러한 활성화이다"(같은 책 : 152).

정동의 운명

표상이 어떻게 되는가를 보여준 다음, 프로이트는 이제 관심을 정동의 운명으로, 혹은 보다 정확히 말해 "정동의 양"으로 돌린다(같은 책 : 152). 이것이 억압을 받는 본능욕동의 양적 요소이다.

> 본능이 관념으로부터 분리되어 정동으로 느껴지는 과정들 속에서 그 양에 어울리는 표현을 발견하는 한, 정동은 본능과 일치한다. 이제부터 우리는 억압의 경우를 설경할 때 억압의 결과로 관념이 어떻게 되는지 그리고 그와 연결된 본능 에너지가 어떻게 되는지를 따로따로 추적해야 할 것이다(같은 책 : 152).

어린 한스로 돌아가자면, 억압당하는 정동은 아버지에 대한 소년의 적대적인 충동들, 오이디푸스 콤플렉스에 속하는 아버지를 죽이고 싶은 소망이다.

본능을 대표하는 관념이 변한다는 것은, 앞서 살펴본 바와 같이 의식으로부터 거리를 둔다는 것이다. 본능 대표자의 양적인 요소는 세 가지 변천과정을 겪을 가능성이 있다. 본능이 아무런 흔적도 찾을 수 없게 완전히 억제되거나, 혹은 질적으로 채색된 정동으로 나타나거나, 혹은 불안으로 변형된다. 억압의 목적이 불쾌를 피하는 것이라는 점에서, "대표자에 속해 있는 정동의 양의 변천은 관념의 변천보다 한층 더 중요한데, 이런 사실은 억압 과정의 평가에 결정적인 것이 된다"(같은 책 : 153). 프로이트는 계속해서 억압이 대체물 형성과 증상들을 만들어낸다고 말한다. 그의 관점에서 이것들은 억압된 것의 회귀가 낳은 직접적 결과이며 상당히 다른 과정들로 인해 나타나게 된다. 프로이트는 임상 실제에 있어, 억압이 세 가지 주요 형태의 정신신경증에서 작용하는 방식을 분명하고 상세하게 설명하면서 논문을 끝맺는다. 동물 공포증과 같은 불안 히스테리(혹은 공포증)에서, 억압은 성공하지 못한다. 기껏해야 하나의 표상을 다른 것으로 대체할 뿐이다. 그러므로 불안은 전혀 사라지지 않는다. 진정한 전환 히스테리에서, 억압은 정동의 양을 완전히 사라지게 만든다. 히스테리 환자는 "무관심한 미인"이라는 말이 여기서 유래되었다. 환자는 주요 대체 형성물들이 생성되는 대가를 치르는데, 그것들은 응축을 통해 모든 리비도 집중을 끌어당긴다. 마지막으로 강박 신경증에서는, 사랑하는 누군가에 대한 적대적 충동들이 억압된다. 그러나 억압은 유지되지 못하고 정동은 끝없는 자기-비난으로 되돌아온다.

프로이트 개념들의 발달

정동이란 무엇인가?

"정동"이란 용어의 의미를 정의하려 할 때, 우리는 정신분석에서 그 단어가 여러 다른 의미들을 갖고 있기 때문에 문제가 복잡하다는 것을 금세 깨닫게 된다. 우리는 프로이트의 작업 아주 초기부터 그 용어를 접해왔는데 그는 정동을 주로 두 가지 방식으로 사용한다. 보다 넓은 의미에서의 "정동"은 양과 강도가 다양한 일반적인 정서 상태를 가리키고, 보다 좁은 의미에서는 본능적 힘의 양을 고려한 이론에 부합되는, 본능욕동의 양적인 측면을 가리킨다. 정동은 프로이트와 브로이어의 『히스테리 연구』(1895d)에서 주요 역할을 한다. 프로이트는 히스테리 증상들의 기원이 방출될 수 없는 "질식할 듯한 정동"에 있다고 보았다. 치료의 목적은 망각된 외상적 사건의 회상을 통해 정서를 방출시키는 것인데, 방출은 카타르시스가 된다. 프로이트에 의하면 억압과 정동은 각기 다른 변천과정을 겪는다. 1915년에 초심리학에 관한 논문에서 "정동의 양"에 관해서 쓸 때 그는 정동의 경제적 차원을 강조한다.

정동에 대한 생각은 나중에 보다 넓은 함축적 의미를 띠게 되는데, 『억제, 증후 그리고 불안』(프로이트 1926d) 이후에 특히 불안, 애도, 죄책감, 사랑, 증오 등과 같은 넓은 범위의 현상을 포함하게 된다. 프로이트는 이 정동들의 일부만을 상세히 연구한다. 그는 정동과 자아발달 사이에 밀접한 관련을 짓는데, 프로이트에게 있어 자아는 정동이 머무는 진정한 장소이기 때문이다. 정동 개념은, "정동의 양"이라는 용어가 나타내듯 단순히 에너지를 토대로 한 의미보다는 훨씬 범위가 넓지만, 현대 정신분석 이론에서조차 그 개념은 상대적으로 불분명하게 남아있다.

「무의식」(1915e)

페이지 번호는 『지그문트 프로이트 전집 표준판』 vol. 14, 159-215를 따른 것이다.

무의식 개념의 타당성

논문의 이 첫 장에서 프로이트는 무의식의 존재를 설명하면서 정신분석이 무의식적인 정신 과정들을 밝혀냈다고 주장한다. 의식이 그 과정들을 인식할 때, 이것은 감각 기관을 통한 외부 세계의 지각과 유사할 수 있다. 그는 또한 억압 과정이 본능을 대표하는 관념을 제거하지 못한다고 지적한다 – 억압은 그것이 의식이 되는 것을 막는다. 이런 일이 일어나면 그 관념은 무의식으로 남아 있으면서 의식에 계속 영향을 미치게 된다.

지형학적 관점

이때까지 프로이트는 주로 "역동적" 관점, 달리 말해 신경증을 일으키는 갈등의 본질에 초점을 맞추었다. 어린 한스의 공포증을 아버지에게 거세당할 것이라는 무의식적 불안의 결과로 본 것이 그 예이다. 그는 무의식, 전의식, 그리고 의식 체계의 구분을 도입함으로써 정신과정에 대한 다른 관점을 채택한다 – 뚜렷이 구별되는 마음의 지형학적 topographical 장소에 그것들을 위치시킨다. ("topographical"이라는 용어는 "장소"를 뜻하는 그리스어인 topos에서 나왔다). 그러나 프로이트는 이런 여러 정신적 장소들이 보통 말하는 해부학과는 아무 관련성이 없다고 강조한다.

"심리적 활동"이 완전히 의식되기 전에 두 단계를 지나야 한다는 사실은 프로이트가 전의식(Pcs)이라는 개념을 도입하게 만들었다. 그는 이 두 단계 사이에 "일종의 시험(검열)이 끼어든다"고 말한다(1915e : 173). 첫 번째 검열은 무의식과 의식 사이에 일어나며 심리적 활동이 의식되지 못하도록 막는다. 심리적 활동이 이 첫 시험을 통과해 의식으로 들어간다면 그것은 완전히 의식될 수 있기 전에 두 번째 검열을 받아야한다. 프로이트는 이 지점에 전의식을 위치시켰다. "[심리적 활동]은 아직 의식되지는 않지만 분명 의식될 가능성이 있다"(같은 책 : 173).

다음에 프로이트는 표상이 어떻게 무의식 상태로부터 의식 상태로 옮겨갈 수 있는지 설명한다. 그는 이것이 두 단계로 이루어진 과정이라고 주장한다. 임상경험은, 앞서 억압되었던 표상의 영향력을 없애기 위해서는 그것을 단지 의식으로 가져오는 것만으로는 충분치 않다는 것을 보여준다.

> 환자가 한때 억압했던 어떤 관념을 우리가 발견해 환자에게 알려 준다 해도, 처음에는 환자의 정신적 상황에 아무런 변화도 주지 못한다. 무엇보다도 그것은, 이전의 무의식적 관념이 이제 의식적이 되었다는 사실로부터 기대되는 것과는 달리, 억압을 제거하지도 그 영향들을

> 취소시키지도 못한다. 그와는 반대로, 처음에 우리가 얻는 것은 억압된 관념의 새로운 거절이 전부일 것이다 (같은 책 : 175).

환자는 이제 두 가지 다른 형태의 동일한 관념을 갖는다 – 분석가의 해석으로 인해 의식적이 된 청각적 흔적과 무의식적인 것, 즉 환자 경험의 무의식적 기억. 그 결과 "저항이 극복된 후에 의식적 관념이 무의식적 기억-흔적과 연결되기 전까지는 억압은 제거되지 않는다"(같은 책 : 175-176). 하지만 프로이트는 그것만을 토대로 의식적 표상과 무의식적 표상을 구별하는 것은 만족스럽지 않다고 느꼈다.

무의식적 감정

프로이트는 이 절의 서두에서 본능욕동은 결코 의식의 대상이 될 수 없다는 것을 독자들에게 환기시킨다. 본능욕동은 둘 중 한 가지 방식으로, 즉 표상에 부착되거나 정동에 부착되어 의식화될 수 있다. "본능이 관념에 부착되거나 정동적 상태로 표현되지 않는다면, 우리는 본능에 대해 아무것도 알 수 없다"(같은 책 : 177).

프로이트는 이어서 관념적 표상이 무의식적일 수 있는 그런 방식으로, 감정과 정서와 정동이 무의식적일 수 있는가를 논의한다. 우리가 감정 feeling, 정서emotion 그리고 정동affect의 본질은 그것들이 인식될 수 있다는 데 있다고 생각한다면, 프로이트는 그것들이 "무의식"일 수가 없다고 주장한다. 그러나 정신분석 실제에서 우리는 무의식적 죄책감뿐만 아니라 무의식적 사랑, 증오, 분노를 이야기하는 데 익숙하면서도, 동시에 감정은 단지 의식적이라고 주장하는 것 같다. 프로이트는 오직 정동적 충동의 관념만이 억압에 의해 무의식적이 되며, 감정과 정서 그리고 정동들은 근본적으로 양적 성질을 지닌 변형을 겪는다고 말함으로써 이 모순을 해결하려고 시도한다. 반면에 정동이나 감정이 사라진다면 그것이 변형되거나 "억제suppressed" 되거나 혹은 "전혀 발달하지 못하는" 일이 일어나지만, 그것은 "억압repressed" 되지 않는다(같은 책 : 178).

정동들이 무의식적이 된다고 말할 때, 우리가 실제로 의미하는 것은 어떤 다른 작용이 일어났다는 뜻이다. 정동은 억압될 수 있는 또 다른 관념에 부착되던가, 아니면 불안으로 변형된다. 프로이트는 "따라서 엄밀히 말하면, [...] 무의식적 관념은 있지만 무의식적 정동은 없다"(같은 책" 178)고 분명히 밝히면서도 계속해서 다음과 같이 말한다.

> [그러나] 무의식 체계 속에는, 다른 것과 마찬가지로 의식화되는 정동적 구조들이 있을 수 있다. 모든 차이는, 관념들은 에너지 집중 – 기본적으로 기억-흔적에 대한 – 인 반면, 정동과 정서들은 방출의 과정에 해당하며 그 최종 표현은 감정으로 인식된다는 사실로부터 온다(같은 책 : 178).

1915년에 프로이트는 정동의 본질에 대해 여전히 확신하지 못하고 있었다. 그는 나중에 정동이 무의식에서 주된 역할을 한다는 것을 인정하게 된다.

● 지형학과 억압의 역동

이 부분에서, 프로이트는 억압된 관념에 대한 리비도 집중을 무의식 속에서 유지하는 기제에 대해 탐구한다. 억압에서, 리비도 집중은 관념으로부터 철회되지만 억압된 관념은 여전히 활동할 능력이 있다. 이 무의식적 관념이 다시 전의식이나 의식으로 돌아오지 않는다는 사실을 어떻게 설명할 수 있을까? 이 복잡한 과정을 완전히 설명하기 위해서는 리비도 집중의 전치를 고려하는 것만으로는 충분치 않다. 철회가 일어나는 체계뿐 아니라 리비도 집중이 속해 있는 체계 - 무의식, 전의식 혹은 의식 - 를 포함하는 다초점적인 접근이 필요하다. 프로이트는 그가 반리비도 집중anticathexis(혹은 역집중countercathexis)이라고 부른 새로운 요소가 작용할 것이라고 가정한다. 전의식 체계는 그것을 통해 무의식적 관념의 압력으로부터 스스로를 보호한다. 예를 들면, 어린 한스의 말 공포증은 아버지에 대한 불안을 대치하는 의식적인 역집중인데, 그 관념에 대한 리비도 집중은 억압된 채로 남아있다. 엄밀한 의미의 억압repression proper("후-압박" after-pressure)의 경우, 역-리비도 집중의 목적은 관념을 억압된 상태로 유지하는 것인 반면, 일차적 억압은 억압을 확립하고 억압이 지속되도록 보장하는 것이다.

이것이 프로이트가 "초심리학"이라고 부른 다초점적 접근이다. 정신분석가는 세 가지 관점, 즉 지형학적, 경제적 그리고 역동적 관점에서 심리적 현상들을 검토한다. 역집중의 경우, 지형학적 관점은 리비도 집중이 유래되는 체계(무의식, 전의식 혹은 의식)와 관련이 있고, 경제적 관점은 효율적으로 사용되는 정신 에너지의 양을 고려한다. 그리고 역동적 관점은, 표상적 관념이 무의식으로부터 나오도록 강요하는 본능욕동의 압력 - 소망 -, 그리고 자아가 억압된 관념의 출현을 막기 위해 세운 방어 사이의 갈등을 탐색한다. 이어서 프로이트는 임상 실제에 매우 유용한 방식으로 이런 가설들이 어떻게 공포증, 히스테리, 강박 신경증에 적용될 수 있는지를 보여준다.

● 무의식 체계의 독특한 성질

무의식에는 "부인도, 의심도, 확신도 없다"(같은 책: 186). 그리고 리비도 집중의 엄청난 유동성은 일차 과정의 특징인 전치와 응축을 만들어낸다. 더구나 무의식적 과정들은 시간과 무관하고 쾌락원리를 따르기 때문에 현실에 주의를 기울이지 않으며 상호간의 모순으로부터 자유롭다. 전의식 체계에서는 이차 과정이 우세한데, 리비도가 집중된 표상들의 방출을 금지하는 것이 특징이다. 프로이트는 또한 전적으로 전의식 체계에 의존해 있는 의식기억과, 무의식 경험이 고착된 기억흔적을 구분 짓는다.

● 무의식과 전의식, 의식의 관계

세 개의 체계인 무의식, 전의식 그리고 의식은 격리된 것이 아니라 서로 밀접하게 연관되어 있으며, 한 체계는 다른 두 체계에 끊임없이 영향을 미친다. 이들 관계의 탐구에서 프로이트는, 특히 어떤 것이 무의식에 속하며 억압된 채 머무르는지 설명하면서 검열이 작동하는 두 개의 수준을 강조한다. "첫 번째 검열은 무의식 자체에 대해 행해지며 두 번째 검열은 그 전의식적 파생물들에 대해 이루어진다"(같은 책 : 193). 의식화 과정은 단순히 무의식으로부터 의식으로 옮겨가는 문제가 아니라고 그는 말한다. 전의식 체계 속에 출현하는 것에 대한 진정한 자각은 과잉리비도 집중을 암시하는 것처럼 보일 것이다. "전의식과 의식 사이에 검열이 존재한다는 사실은, 의식화가 단순한 지각 활동만이 아니라 아마도 과잉리비도 집중, 심리적 조직에서의 더 큰 진전이기도 하다는 것을 우리에게 가르쳐 준다"(같은 책 : 194). 그는 여기서 두 가지 중요한 언급을 덧붙인다. 첫 번째는 무의식으로부터 무의식으로의 의사소통에 관한 것인데, 그가 "서술적으로 말해서", "이론의 여지가 없다"고 주장하는 현상이다. "한 인간의 무의식이 의식을 거치지 않고 다른 사람의 무의식에 반응할 수 있다는 사실은 매우 놀라운 일이다"(같은 책 : 194). 두 번째 관찰은 정신분석 치료과정에서 의식이 무의식에 영향을 미치기가 어렵다는 것인데, 이 과정은 상당한 시간과 에너지를 필요로 하기 때문이다.

무의식의 평가

무의식은 신경증의 통로보다 훨씬 더 직접적인 통로를 통해 접근할 수가 있다. 정신분열증 schizophrenia에서는 우리가 마음대로 접근할 수 있는데, 여기서는 무의식이 억압이 만들어낸 어떤 장애물도 없이 드러나기 때문이다. 프로이트는 정신분열증 환자가 기이하게 해체된 언어로, "지나치게 격식을 차리고" "점잔을 빼는" 방식으로 자신을 표현한다고 말한다. 신체 기관에 대해 자주 언급하는 것은 "기관-발화organ-speech"(같은 책 : 198)에 아주 가깝다. 그는 또한 정신분열증에서는 단어들이 꿈-이미지들을 만들어내는 일차 과정과 유사한 응축 기제의 적용을 받는다고 지적한다. "그 과정은, 만일 한 단어가 수많은 연관성을 갖기 때문에 특히 적합할 경우 그 단어가 모든 사고의 흐름을 대신 표상할 정도까지 될 수도 있다"(같은 책 : 199). 더 나아가 이런 환자들에게 있어 단어는 그것들이 의미하는 사물보다 더 중요하다. 달리 표현하자면, 정신분열증에서는 단어와 관련된 것이 지배적이므로 언어적 표현들 간의 유사성이 실제 사물들과의 관계보다 더 중요하게 느껴진다. 예를 들면, 빅터 타우스크의 환자 중 하나는 양말의 편직에 "구멍들"이 있다는 생각을 억압하고 있었다고 프로이트는 말한다. "구멍"이라는 단어가 편직의 벌어진 틈과 여성 성기의 벌어진 틈이라는 두 가지 다른 것을 나타내고 있음에도, 단지 "구멍"이라는 단어가 떠올라도 그것이 두 의미를 모두 응축하고 있기 때문에 공포의 원인이 되었다. 그러므로 정신분열증 환자들은 아무 저항 없이, 자신들의 억압에 대한 무의식적인 상징적 의미를 표현한다. 따라서 정신분석가는 그들의 무의식에 직접 접근한다. 그러나 히스테리 환자나 강박증 환자의 경우는, 억압의 작용 때문에 무의식적 의미로 접근하는 것이 보다 어렵다. 달리 말해, 정신분열증 환자의 사고방식의 특징은 "구체적인 사물들을 마치 추상적인 것처럼 취급"(같은 책 : 204) 하는 것이라고 할 수 있다.

계속해서 프로이트는, "구멍"이라는 단어가 사물 그 자체 – 타우스크 환자의 사례에서 여성 성기의 벌어진 틈 – 와 동등한 것이 되는 것처럼, 왜 정신분열증에서는 단어-표상들이 마치 사물-표상처럼 취급되는가를 논의한다. 대상의 의식적 표상과 관련해 프로이트는 단어-표상과 사물-표상의 차이를 더욱 구분한다. 후자는 근본적으로 시각적인 반면, 전자는 근본적으로 청각적이다. 그러므로 단어-표상들은 언어화와 의식적 자각을 연관 짓는 개념화 안에서 통합된다. 무의식적 표상은 단지 사물-표상만으로 되어 있으며 언어 발달에 선행한다고 그는 말한다. 그 결과, 정신분석 치료 동안 말의 언어는 의식적 자각으로의 접근을 허용하는 데 있어 특히 중요한 역할을 한다. 프로이트의 표현대로, "의식적 표상은 사물 표상 그리고 그 사물에 속하는 단어 표상으로 구성되는 반면, 무의식적 표상은 사물 표상만으로 이루어진다"(같은 책 : 201). 언어의 독특한 속성은 이차 과정이 일차 과정을 이어받도록, 그리고 프로이트가 "보다 높은 정신 조직"(같은 책 : 202)으로 묘사한 전의식 체계가 확립될 수 있도록 한다. 전이 신경증에서 억압은 단어-표상을 거절하기 때문에 정신분석 과정은 행동을 단어들로 대치해야만 한다. 언어적 사고가 정신분석적 경험의 탁월한 수단이 되는 것도 바로 이때문이다.

정신분열증을 다시 언급하면서 프로이트는, 그런 환자들이 단어-표상에 압도적인 리비도 집중을 보이는 것은 사실상 회복하려는 노력의 결과라고 말한다. 본능적 리비도 집중은 대상의 무의식적 표상으로부터의 철수 – 자기애적 신경증의 특징인 – 이며 환자는 단어-표상에 더욱 강렬한 리비도 집중을 보인다. 이런 과정들은 "상실한 대상을 되찾으려는 방향으로 향하게 된다"(같은 책 : 204). 이를 위해서 "그들은 대상의 언어적 부분을 통해 대상에 이르는 통로를 개척"하는데, 이것은 회복 혹은 치유를 위한 노력이다. 동시에 정신분열증 환자들은 "자신들이 사물 대신 단어에 만족해야 한다는 것을 깨닫는다"(같은 책 : 204)고 프로이트는 덧붙인다. 프로이트는 우리의 사고가 너무 추상적이 되지 않도록 경고하면서 논문을 맺는다.

> 추상적으로 생각할 때, 우리는 단어와 무의식적 사물-표상과의 관계를 간과할 위험이 있다. 그러면 우리가 철학적으로 이야기하는 표현과 내용은 달갑지 않게 정신분열증의 작용 방식과 유사해지기 시작한다는 것을 고백해야겠다(같은 책 : 204).

후기 프로이트 학파

프로이트의 첫 번째 지형학적 이론과 본능욕동에 관한 첫 번째 이론 : 불어권의 전공?

불어권 국가의 정신분석 학파가, 초심리학에 관한 이 첫 세편의 논문들을 정점으로 한 프로이트의 초기 저작으로부터 영감을 받았다는 것은 의심의 여지가 없다. 이 학파가 특징적으로 프로이트의 첫 번째 구조이론인 무의식, 전의식 그리고 의식체계와 첫 번째 본능욕동 이론인 쾌/불쾌의 원칙을 토대로 한 정신분석적 접근을 하는 이유는 여기에 있다. 프로이트의 초심리학 논문을 따르는 많은 저작들에서 이것이 특히 강조된 것을 볼 수 있는데, 대부분은 프로이트가 취한 추상적인 방식의 흔적을 지닌다. 여기서 프랑스와 영국의 정신분석학파 간에 뚜렷한 차이가 드러난다. 프랑스학파는 실제 임상에 대해 암시적으로 언급하는 경향이 있는 반면, 영국학파는 대개 명시적이다. 아마도 전체적인 철학적 전통이 불어권 정신분석가들의 사고방식에 영향을 주어, 때로는 임상적 경험을 뒤에 놔둔 채 보다 사변적인 주제에 집중하는 위험이 따랐을 것이다. 피에르 뤼케 Pierre Luquet(1985)가 지적한 것처럼 "정신분석은 사변이 아니라 사실들을 인정하는 일상적인 작업의 결실이다. 그 다음에야 실천과 철학하기는 비로소 진가를 발휘한다."

프랑스 정신분석가들이 프로이트의 첫 번째 구조이론과 본능욕동이론에 집착하는 몇 가지 중요한 이유가 있다. 아마도 주된 이유 중 하나는, 프로이트의 초기 저작들이 불어로 처음 번역된 데 비해, 그의 후속 작업은 상당 기간 동안 번역되지 않았다는 사실에 기인할 것이다. 또한 '프로이트로 돌아가자'는 라캉(1955)의 구호가 이들 초심리학 논문에 대한 선호를 강화시켰다. 내가 지적한 바와 같이, 이 프로이트로의 회귀는 프로이트의 모든 저작이 아니라 단지 주로 신경증을 초점으로 했던 초기의 저작에 관한 것이었다–『꿈의 해석』(1990a)과 『농담과 무의식의 관계』(1905c)가 떠오른다. 프로이트 저작의 일부에 선별적으로 초점을 맞춘 것은 장점과 단점을 모두 가지고 있다. 한편으로는 프로이트 초기 저작에 대한 연구를 격려하지만, 다른 한편으로는 그의 후기 저작, 특히 우울증, 정신증 그리고 도착에 관한 논문의 중요성을 평가 절하하는 경향이 있다. 그러나 이런 혁신적인 관점은 벌써 1915년에, 특히 「본능과 그 변천」 그리고 「애도와 멜랑콜리」에서도 알아볼 수가 있다. 이 신선한 생각은 프로이트가 본능욕동에 대한 새로운 이론과 마음에 대한 두 번째 구조이론을 이끌어내도록 했다.

1970년대 이후로, 정신분석의 적용을 신경증 너머로 확장할 필요를 느끼는 프랑스 정신분석가들이 점점 늘어났다. 그들은 근본 문제가 자기애적 주제와 관련되어 있는, "어려운" 환자를 치료하는 데 관심을 보이기 시작했다. 따라서 이들 정신분석가들은 점차적으로 1915년 이후의 저작들인 두 번째 본능욕동 이론, 두 번째 구조이론 그리고 원시적 방어기제에 더욱 흥미를 보이기 시작했다. 그러나 프로이트의 초기 저작들의 공헌을 무시한 것은 아니었다. 국제적으로 잘 알려진 분석가들 중에서 나는 경계성 상태에 대한 그린의 작업, 피부-자아에 관한 앙지외의 작업, 도착에 관한 맥두걸McDougall과 샤스게-스미르젤의 작업, 그리고 정신증에 관한 라카미에의 작업을 언급하고 싶다.

표상과 분리되지 않는 정동

1960년대 말경 그린은 라캉이 발전시킨 이론 방식이, 정신분석적 개념에서 정동과 신체의 역할을 제거함으로써 정신분석학을 언어적 기표의 지적 게임으로 바꾸었다고 격렬한 반응을 보였다. 그린은 1973년에 『살아 있는 담화 *Le Discours Vivant* [정신분석적 담화에서 정동의 기본구조]』를 출판하여, 정신분석 이론뿐 아니라 정신분석 과정의 실제 경험에 있어서, 경험의 정서적 신체적 차원을 복원하고자 했다.

그린은 프로이트의 저작을 연대기적으로 다시 읽는 것으로 이 책을 시작한다. 그러면서 그는 프로이트의 이론에서 표상과 함께 정동의 결정적 역할을 강조한다. 그린은 이런 관점을 라캉의 관점과 대비시키는데, 라캉은 정동의 역할을 과소평가하면서 정동은 무의식에서 설 자리가 없다고 주장하는 데까지 나아간다. 그는 오직 표상들과 언어적 기표들만이 발견된다고 주장하면서 전이와 역전이 정동이 하는 역할을 완전히 무시한다. 그린은 프로이트가 「초심리학에 관한 논문들」을 쓸 당시에는 아직 무의식적 정동의 정확한 성질을 확신하지 못하고 있었다는 것에 동의한다. 그러나 이후의 저작에서 프로이트는 이 점에 대한 모든 의심을 제거했는데, 비록 억압된 표상과 동일한 위치를 갖지는 못하지만 무의식적 정동이 존재한다—무의식적 죄의식이 그 예이다—고 결론지었다. 프로이트의 사고를 발달시키면서, 그린은 "표상-대표자"가 본능욕동의 "정동-대표자"와 구별되어야 한다고 주장한다. 덧붙여 그는 정동들이 두 가지 차원을 가지고 있다고 주장한다. 한편에서 정동은 신체와 밀접하게 연결되어 있으며—"정동은 신체의 움직임(moved body)을 응시한다"(Green 1973[1999 : 164])—방출에서 경제적 역할을 한다. 다른 한편에서 정동들은 심리적 차원을 가지고 있으며, 쾌/불쾌와 연결된 어떤 "특질"을 소유하고 있다—"신체는 행동의 주체가 아니라 열정의 대상이다"(같은 책 : 164). 그린은 순전히 언어학적 의미에서의 '언어'language—그는 라캉을 빌려 언어는 "오직 그 자체를 가리킨다"고 말한다(같은 책 : 177)—와 자신이 "육체적인 원물질raw material이 언어로 회귀한 것"(같은 책 : 178)으로 묘사한 '담화'discourse 사이의 구별을 시도한다. 이 광범위한 측면은 사고, 표상, 정동, 행동 그리고 개인의 신체적 상태를 한 데로 모아주었다. 그린은 정동에 관한 자신의 관점을 더 이상 정교화하지 않았다. 결과적으로 그가 『정신분석적 담화에서 정동의 기본구조』에서 제시한 개념의 목적과 의도는 프로이트의 첫 번째 구조이론을 발전시키려는 것이었다.

그럼에도 불구하고 이 책은 프랑스 정신분석의 전환점을 상징한다. 그린의 사고들이 아니었다면 라캉의 관점들을 전폭적으로 수용했을 많은 정신분석가들이 라캉의 가변적 회기 시간에 반대할 수 있도록 했을 뿐만 아니라, 프로이트 전통의 일부인, 보다 발전된 이론적 임상적 움직임 속에서 다시 모일 수 있도록 했기 때문이다.

「꿈 이론에 대한 초심리학적 보완」(1917d)

페이지 번호는 『지그문트 프로이트 전집 표준판』 vol. 13, 217-235를 따른 것이다.

1915년에 집필하여 1917년에 출간된 이 네 번째 논문은 프로이트의 보다 최근의 이론들을 꿈 이론에 통합하려는 시도였다. 예를 들면, 그는 꿈의 소원성취에서처럼 원시적 자기애로 돌아가려는 일시적 퇴행(발달에서의 퇴행)과 "환각적인 소망 충족의 단계로 돌아가려는"(1917d : 223) 지형학적 퇴행의 구별을 정교화한다. 그러나 만약 꿈-소원이 환각으로의 퇴행과 현실적인 소망 성취에 대한 믿음으로의 퇴행이라면, 우리는 꿈과 다른 형태의 환각들, 마이네르트 Meynert(기저핵)의 급성 환각적 착란과 정신분열증의 환각적 국면을 어떻게 구분할 것인가? 프로이트는 여기서 그가 "현실검증"이라고 부른 개념을 도입하는데, 이것은 자아에게 지각과 표상, 내부와 외부를 구분할 수 있는 능력을 부여한다. 이어서 그는 현실검증이 어떻게 병리적 상태와 꿈에서 폐지되는지를 계속 탐구한다. 꿈에서, 잠자는 상태는 의식, 전의식, 무의식 체계로부터 리비도의 철회를 일으키고, 현실검증을 포기하도록 이끈다. 그 결과 "꿈에서 환각적으로 갈망하는 정신증"으로 퇴행하기 위한 신경자극 전달의 길이 열린다. 이 논문은 프로이트가 『꿈의 해석』(1900a)에서 제시했던 꿈 이론에 새로운 빛을 던져 주었지만, 근본적으로 새로운 것을 기여하지는 못했다.

생애와 역사

칼 아브라함(1877~1925) : 정신분석 연구의 선구자

「애도와 멜랑콜리」에서 프로이트가 제기한 가설은 칼 아브라함의 선구적인 작업에 빚을 지고 있는데, 그는 정신분석학의 초기 역사에 있어 중요한 인물이다. 독일에서 태어난 아브라함은 베를린에서 정신과 의사로 훈련을 받았으며, 그 후 1907년에 오이겐 블로일러에게 훈련을 받기 위해 취리히로 떠났다. 오이겐 블로일러는 뷔르크횔츨리 정신병원의 책임자였으며, 융은 이 병원의 선임 수련의였다. 아브라함이 프로이트의 저술들을 처음 접하게 된 것은 스위스에 있을 때였는데, 그 해에 그는 베를린에 개인 병원을 열었으며 프로이트를 만날 목적으로 비엔나로 여행을 떠났다. 오래 지속된 이들의 우정은 이렇게 시작되었는데, 1907년과 1925년 사이에 주고받은 수많은 편지들을 통해 우리는 그들이 여러 해에 걸쳐 많은 과학적 문제들을 토론했음을 알 수 있다. 곧 융과 아브라함 간에 경쟁이 벌어졌는데, 당시 융을 더 선호하면서 자신의 명백한 후계자로 여겼던 프로이트는 이 갈등을 일부 부채질한 면이 있다. 프로이트는 융이 정신분석으로 하여금 국제 정신의학계와 비유태계의 폭넓은 지지를 받게 해줄 것으로 기대했다. 그러나 프로이트와 융의 관계는 곧 악화되었는데, 아브라함이 프로이트의 이론을 굳게 신봉한 반면 융은 그것을 거부했기 때문이었다. 그 후부터 프로이트는 전폭적으로 아브라함을 신뢰했다. 아브라함은 정신분석의 발달에, 특히 1910년의 베를린정신분석학회의 창시자로서 주된 역할을 하게 된다. 나중에 그는 국제정신분석학회의 회장(IFA)으로서, 그리고 「정신분석 연감」을 포함한 다수의 정신분석 정기간행물의 편집장으로서 융의 뒤를 이었다. 그는 또한 엘렌 도이치Hélène Deutsch, 에드워드 글로버Edward Glover, 제임스 글로버James Glover, 카렌 호나이Karen Horney, 멜라니 클라인, 산도르 라도 Sándor Radó 그리고 테오도르 라이크 Theodor Reik와 같은 뛰어난 정신분석가들의 교육분석가였다. 그는 폐 질환으로 48세의 나이에 이른 죽음을 맞았는데, 전 세계는 정신분석 운동에서 그의 상실을 절감했다.

아브라함은 새로운 방식에 열려 있었고 때로는 자신의 스승과 의견충돌이 있긴 했지만, 프로이트의 사고들을 즉각적으로 받아들였다. 그의 수많은 논문들의 특징은 설득력과 표현의 명료함이었다. 나는 독자들이 특히 아브라함의 조울증에 관한 논문, 그리고 리비도 발달 단계에 관한 영향력 있는 논문에 관심을 가져주기를 바란다. 그는 조울증 환자를 치료한 첫 정신분석가였다. 1911년에 쓴 논문에서 그는 우울증 환자들이 가학적 환상의 폭력적인 성질과 "지나치게 강한 가학적인 리비도 구성요소"(Abraham 1911 [1988 : 139])로 인해, 사랑하는 능력이 마비되어 고통받는다는 것을 보여주었다. 아브라함에 따르면, 우울증은 환자가 가학적 경향을 억압한 데서 비롯된다. 멜랑콜리와 조증적 상태는 같은 콤플렉스에 의해 지배되는데, 다른 것은 단지 이들 콤플렉스에 대한 환자의 태도이다. 그는 또한 성인 우울증의 뿌리는 아마 아동기의 근본적인 우울증에 있을 것이라고 주장한다. 비록 그는 이것을 입증하지 못했지만, 멜라니 클라인은 그의 가설에 대한 임상 사례들을 그에게 제공해주었고 그는 이 발견을 프로이트와 공유하였다 (1923년 10월 7일에 아브라함이 프로이트에게 보낸 편지 423A).

1924년에 아브라함은 자신의 관점을 광범위하게 종합하여 출간했는데, 여기서 그는 리비도 발달 단계와 관련하여, 각기 다른 정신적 장애에서 고착 지점의 정확한 위치를 찾고자 했다. 이를 위해서 그는 리비도 단계에 대한 프로이트의 고전적 이론(1905a)을 토대로 삼아 몇 가지 혁신적인 생각들을 추가하였다. 그는 특히 리비도 발달에서 항문-가학기 내에서의 두 하위단계와 구강기 내에서의 두 하위단계를 구별하였다. 아브라함에 따르면 항문-가학기는 대상의 축출과 파괴와 관련된 초기 항문기 – 우울증의 고착지점 – 그리고 대상의 보유와 통제와 관련된 후기 항문기 – 강박신경증의 고착지점 – 로 나뉠 수 있다. 우울증에서는 고착 지점이 초기의 가학적인 축출적 하위단계보다 더 이를 수도 있다. 아브라함에 따르면, 그런 경우 고착지점은 구강기와 관련된다. 여기서도 두 개의 하위단계들이 있는데, 전-양가적인 빨기 단계인 초기 구강기와 처음 이가 나면서 빨기와 깨물기 간의 양가감정이 나타나는 후기 구강기로 나뉜다. 동시에 아브라함은 성기적 단계에서 전체대상에 대한 사랑이 확립될 때까지, 사랑과 증오의 감정이 발달하는 과정을 대상관계라는 관점에서 설명하였다. "사랑에 대한 완전한 능력은 오직 리비도가 성기적 단계에 도달했을 때에만 성취된다"(1924 : 425).

아브라함의 작업은 특히 그의 제자인 멜라니 클라인에게 지대한 영향을 미쳤는데, "그녀의 이론들은 아브라함이 놓아준 토대 – 부수적으로, 프로이트의 지식과 인정 – 없이는 적절히 이해될 수 없다"고 아이날Haynal과 팔체더Falzeder(2002 : xxviii)는 지적한다.

「애도와 멜랑콜리」(1917e[1910])

페이지 번호는 『지그문트 프로이트 전집 표준본』 vol. 14, 237-258를 따른 것이다.

정상적 애도과정과 병리적 애도과정

「애도와 멜랑콜리」에서 프로이트는 사랑하는 사람과 관련된 실제 상실이나 실망, 혹은 이상의 상실에 대한 개인의 반응을 탐구했다. 왜 어떤 사람들은 시간이 지나면 극복하게 될, 우리가 애도라고 부르는 정동으로 반응하는 반면에 다른 사람들은 우울증으로 가라앉는가? 프로이트 시대 때 "멜랑콜리아"라고 불렀던 것을 요즈음은 "우울증"으로 부르며, "멜랑콜리"라는 용어는 가장 심각하고 정신증적인 형태의 우울을 위해 남겨두고 있다(Bonaparte 등 1956; Strachey 1957; Laplanche 1980). 프로이트는 그 과정이 의식적인 것을 포함하는 정상적 애도와는 달리, 병리적 애도는 무의식과 더욱 관련이 있다고 지적하는데, 우울한 환자는 "자신이 상실한 것을 의식적으로 지각할 수가 없기 때문이다"(1917e [1915] : 245). 정상적 애도와 병리적 애도에서 공통적으로 나타나는 억압과 흥미의 상실은 자아를 흡수하는 애도 작업으로 설명될 수 있다. 그러나 멜랑콜리에서는 자존감의 비정상적 감소라는 한 가지 요소가 더 있다. "애도에서는 빈곤해지고 공허해지는 것이 세상이지만 멜랑콜리에서는 자아 그 자체이다"(같은 책: 246). 병리적 애도에서는 자존감의 상실이 가장 극심한데, 자기-비난과 자기-비하로 표현된다. 우리는 자기에 대한 이런 비난, 처벌에 대한 망상적 기대로 이끄는 비난을 어떻게 설명할 수 있을까?

멜랑콜리에서 "나는 무능해!"는 "당신은 무능해!"를 의미한다.

프로이트 사고의 독창성은, 그가 우울한 개인의 자기-비난이 사실은 "잃어버린" 중요한 사람, 대개 환자와 가장 친밀한 관계에 속한 누군가에 대한 비난이라는 것을 깨달았다는 데 있다. 그러므로 그는 "자기 남편이 자기처럼 무능한 여자에 매여 있는 것이 불쌍하다고 큰소리로 떠들어대는 여자는 실제로는, 어떤 의미로든 자기 남편의 무능을 비난하고 있는 것이다"(같은 책: 248). 달리 말해 이 여성이 "나는 무능해"라고 자신을 비난할 때, 이 자기-비난은 사실은 무의식적으로 남편을 향한, "당신은 무능해"라는 고발이다. 프로이트가 그런 환자들에 대해 "Ihre Klagen sind Anklagen"이라고 독일어로 명확히 표현한 것처럼, "그들의 불평complain은 예전 의미로 '고소'plaint이다"(같은 책: 248). 여기서 Klagen("불평하다"는 의미의 "complaints")과 Anklagen("누군가에 대한 고소장을 제출하다"는 사법적 의미의 "complaints")의 응축이 있다.

직관적으로 프로이트는 멜랑콜리 환자가 자기-질책을 표현할 때 사용되는 단어들이 – 예를 들면 "나는 무능해!"라고 할 때 – 그의 내적 갈등에 대한 정확한 묘사라는 것을 깨달았다. "요점은 오히려 그가 자신의 심리적 상황에 대한 정확한 묘사를 하고 있다는 것이다"(같은 책: 247). 이러한 자기-질책의 실제적인 언어 구조가 멜랑콜리 환자의 내적 갈등의 조직으로부터 유래되었다는 것을 감안하여, 프로이트는 서로 다른 관련된 요소들을 체계적으로 탐구하면서 각 단계들을, 그것을 구성하는 부분들로 구분한다. 그는 상실한 대상의 구강적 내사, 대상-사랑으로부터 자기애로의 퇴행을 통한 대상과의 동일시, 원래 대상을 향했던 증오가 주체로 되돌아오는 것 등을 차례대로 설명한다. 나는 이 과정들을 적절히 이해하기 위해 이러한 개념들을 하나하나 검토할 것이다. 프로이트의 이론화에 토대가 된 임상자료들은 명시적이기보다는 암시적으로 머물러 있기 때문에, 독자들은 나의 설명에 세심한 주의를 기울여야 할 것이다. 그러나 나는 이 모든 측면들을 대략적으로만 살펴보겠다.

세상과의 단절과 자기애적 철수

처음에 프로이트는, "우울증 환자가 실제로 암묵적으로는 "너는 무능해!"를 의미하면서도 겉으로는 "나는 무능해!"라고 말하는 자기-비난에 있어, "너"와 "나"의 치환의 근간이 되는 과정에 대해 설명한다. 이런 방식의 언어적 표현을 취하는 변형에 상응하는 정신과정은 무엇인가? 프로이트는 대상을 상실했을 때 정상적 애도와 병리적 애도 사이에는 근본적인 차이점이 있는

데, 그 차이는 리비도 집중의 방향이 바뀌는 데서 온다고 설명한다. 정상적 애도에서 개인은 "상실한" 대상을 포기할 수 있고, 그 대상으로부터 리비도를 철수한다. 이제 자유로워진 리비도는 새로운 대상에게 부착될 수가 있다. 그러나 멜랑콜리에서 개인은 상실한 대상으로부터 리비도를 철수하지 않으며, 그 대상과 분리되지 않기 위해, 하나가 되기 위해 그 대상을 환상 속에서 "집어삼킨다". 이렇게 해서 자기애적 동일시로 가게 된다.

> 그러므로 대상의 그림자는 자아에 드리우고, 그때부터 특수한 대리자에 의해 자아는 대상, 마치 버림받은(그때부터 특수한 대리자에 의해 자아는 대상, 버림받은 대상인 것처럼) 대상인 것처럼 여겨질 수 있다. 이런 식으로 대상-상실은 자아-상실로 변형되며, 자아와 사랑하는 사람 사이의 갈등은 자아의 비판적인 활동과, 동일시로 인해 바뀐 자아 사이의 분열로 변형된다(같은 책: 249).

대상-리비도 집중으로부터 대상과 융합된 자아에게로 방향이 전환된다는 사실은, 멜랑콜리 환자가 가까운 관계에 있는 사람들에게 흥미를 잃고 그 결과 자기에게로 "자기애적" 철수를 하는 이유를 설명해준다. 멜랑콜리 환자들은 자신에게 너무 몰두해 있어서 그들은 마치 자기-비난의 소용돌이에 빨려 들어간 듯 보인다.

더구나 개인에게로 되돌아온 비난들은 자아의 분열을 암시한다. 일부는 상실한 대상과 융합되어 있는 반면, 다른 부분은 환자를 비판하고 프로이트가 "양심"이라고 부른 대리자로서 자리 잡는다. "우리는 환자에게서 어떻게 자아의 한 부분이 다른 부분을 지배하면서 비판적으로 판단하는지, 이를테면 대상으로 취급하는지 볼 수 있다"(같은 책: 427). 이 비판하는 대리자는 나중에 등장하는 초자아의 전조가 된다.

● 자기애적 동일시로 퇴행하는 사랑과 주체에게 되돌아오는 증오

우울증 환자의 강력한 자기 파괴적 성향은, 대상과 자아 모두에 대한 사랑과 증오 간의 양가감정이 심화된 결과라고 프로이트는 말한다. 그 후 이들 정동들은 분리되어 각자 자신의 경로를 따라간다. 한편에서 주체는 대상을 계속 사랑하지만 원시적 형태의 사랑–동일시–이 되돌아오는 대가를 치르는데, 여기서 대상을 "사랑하는 것"은 그 대상이 "되는 것"을 의미한다. "대상과의 자기애적 동일시는 성애적인 리비도 집중을 대신하며, 그 결과 사랑하는 사람과의 갈등에도 불구하고 사랑-관계를 포기할 필요가 없게 된다"(같은 책: 249). 리비도는 식인적인 구강 발달 단계로 퇴행하는데, 자아는 대상을 먹어치움으로써 대상을 자신 속으로 함입incorporate한다. 또한 자아는 사랑하는 대상을 자기애적으로 동일시하기 때문에, 외부 세계에서 대상을 향했던 주체의 증오는 자아를 향하게 되고, 이제 그 대상과 융합된다.

> 대상에 대한 사랑 – 대상이 포기되어도 포기할 수 없는 사랑 – 이 자기애적 동일시로 숨어버리면, 증오가 이 대체 대상에게 작용하면서 그것을 학대하고, 평가절하하고, 고통을 주고, 또한 그 고통으로부터 가학적 만족을 얻는다 (같은 책 : 251A).

드러난 자기-비난은 타인에 대한 숨은 비난이다

프로이트는 멜랑콜리 환자의 자기비난은 동시에 대상에 대한 공격이라는 점을 지적하면서, 결정적인 요소를 하나 더 제시한다. 달리 말하면, 환자의 자기애적 철수는 대상과의 무의식적 관계가 여전히 존재한다는 사실을 배제하지 않는다. 강박증 환자와 같이 멜랑콜리 환자는 자신과 어떤 다른 사람들, 대개 가장 가까운 사람들에 대해 가학적이고 증오에 찬 성향들을 실행하는 것이 "즐거울 수 있음"을 발견한다는 것을 그는 보여준다.

> 이 두 병리에서 환자들은 대개 자기-처벌이라는 우회로를 통해 원래 대상에게 복수하는 데에, 그리고 질병을 통해 자신이 사랑하는 사람을 고문하는 데에 여전히 성공하며, 대상에 대한 자신의 적대감을 노골적으로 표현할 필요를 회피하기 위해 그것에 의존한다(같은 책 : 251).

멜랑콜리 환자의 자기-비판이 대상을 공격하고 복수를 가하는 방식이라고 주장하면서 프로이트는 그들의 자기애 외에, 이런 환자들이 그럼에도 불구하고 가장 가까운 사람들과 증오와 공격성을 토대로 한 대상관계를 유지하는 데 성공한다는 것을 보여준다. 프로이트가 이런 환자들은 전이 관계를 형성할 능력이 없으며 따라서 분석적으로 접근할 수 없다 – 그러므로 "자기애적 신경증"으로 명명되었다 – 는 결론을 내도록 이끈 것은 그가 조울증 환자들의 자기애적 철수를 강조했다는 사실이었을 것이다. 후기 프로이트 학파 분석가들은 이런 환자들도 전이 관계를 형성하며, 이런 전이에서 분석가에 대한 적대감이 두드러지긴 하지만 이런 관계도 분석될 수 있음을 보여주었다.

프로이트 개념들의 발달

「애도와 멜랑콜리」가 나오기까지

우울증의 토대가 되는 심리 기제에 관한 프로이트의 설명은, 초기 가설들에 대한 나중의 주요 연구들을 고려하면 보다 쉽게 이해할 수 있다. 분명히 말하건대, 나는 몇 가지 요점만 언급하고 프로이트가 이를 정교화시킨 관련 논문을 논의할 때 그것들을 보다 상세히 다루도록 하겠다.

삶의 욕동과 죽음 욕동간의 갈등의 도입(1920)

우울증 환자에게 있어 자기-파괴적 충동들의 결정적 역할은, 프로이트가 1915년에 쾌/불쾌의 원리에 기초하여 공식화했던 첫 번째 본능욕동 이론을 수정하도록 만들었다. 모든 욕동의 목적이 무엇보다도 만족을 얻는 것이라면, 우울증환자가 자살하는 것을 어떻게 설명할 것인가? 프로이트가 1920년에 삶의 욕동과 죽음 욕동 간의 갈등에 기초한 두 번째 본능욕동 이론을 내놓은 것은 이런 종류의 질문에 답하기 위한 것이었다. 그는 이 개념을 멜랑콜리를 포함한 여러 정신병리 문제에 적용한다.

자아, 이드, 초자아 간의 갈등(1923)

1915년 「애도와 멜랑콜리」에서, 프로이트는 멜랑콜리 환자의 자기-질책을 자아의 한 부분이 다른 부분에게 제기한 "비판"—도덕적 의미에서 "양심" 혹은 "양심의 목소리"—탓이라고 보았다. 1923년에 이 "비판"은 자신의 권리를 가진 대리자가 된다. 그는 그것을 초자아라고 불렀으며 새로이 정의한 다른 두 대리자인 자아와 이드와 밀접한 연관이 있다고 설명하였다. 정상정인 상태에서 초자아는 자아와 관련해 조절하는 역할을 하며, 자아는 충동에 기초한 이드의 욕구를 다루어야만 한다. 그러나 멜랑콜리에서는 병리로 인해 초자아가 자아에게 지나치게 가학적이라고 그는 말한다.

> [초자아]는 마치 그 사람에게서 사용가능한 모든 가학성을 소유하기라도 한 듯, 무자비한 폭력으로 자아에게 맹렬히 화를 낸다. [...] 이를테면 이제 초자아 안에서 지배하는 것은 죽음 본능의 순수한 배양이며, 만일 자아가 제 때에 조적으로 방향을 틀어 이 폭군으로부터 자신을 방어하지 못한다면, 사실상 초자아는 종종 자아를 죽음으로 몰아넣는 데 성공한다(1923b : 53).

자아의 분열(1927)

자아의 분열이라는 개념은 이미 「애도와 멜랑콜리」에서 나타나고 있다. 그는 "양심"이 자아를 혹독하게 비판하는 멜랑콜리 환자를 묘사할 때, "쪼개짐cleavage" 혹은 자아의 일부가 나머지 부분들로부터 "떨어져 나오는" 것으로 분명히 표현하고 있다. 뒤이어 그는 "주물성애"(1927e)에 관한 논문에서, 우울증에서 이 분열은 대상 상실을 부인한 결과라고 주장함으로써 자아 분열 개념을 완성시킨다. 그는, 아직 아이였을 때 아버지의 죽음을 "암소화暗所化 scotomize" 했던, 그럼에도 아무도 정신증으로 발달하지 않았던 두 형제에 대한 분석을 제시한다.

> 그들의 정신적 삶에서 하나의 흐름만이 아버지의 죽음을 인식하지 않았다. 그 사실을 충분히 알고 있는 또 다른 흐름이 있었다. 소망에 들어맞는 태도와 현실에 들어맞는 태도가 나란히 존재했다. 두 사례 중 하나에서 이런 분열은 다소 심각한 강박신경증의 토대를 형성했다(1927e : 156).

달리 말하자면 병리적인 애도에서 자아 분열 개념은, 자아의 일부가 어떻게 상실의 현실을 부인하는 반면 다른 부분은 어떻게 그것을 받아들일 수 있는지 보여준다. 몇 편의 마지막 논문에서, 프로이트는 현실 부인("부정")과 자아 분열과 같은 현상에 더욱더 중요성을 부여한다.

후기 프로이트 학파

프로이트의 초심리학 논문에 기초한 클라인과 후기-클라인 학파의 발달

자신만의 독창적 사고를 도입하기 전에, 클라인은 프로이트의 고전적 이론에 바탕을 두고 자신의 가설들을 발전시켰다. 그녀는 프로이트의 초심리학에 관한 논문, 특히 「본능과 그 변천」(1915c), 「무의식」(1915e) 그리고 「애도와 멜랑콜리」(1917e [1915]) 등에 나오는 기본적인 프로이트 개념들을 기초로 했다.

클라인은 "초심리학"에 대해 결코 언급한 적이 없으며, 자신의 개념들을 임상적 용어로 표현하는 것을 선호하였다. 그녀는 투사적 동일시뿐만 아니라, 편집분열적 자리와 우울적 자리와 같은 구조적 개념을 특히 강조했다. 먼저 이러한 개념들을 간략히 살펴보기로 하자.

다음의 작용과 변화에 대한 구조적 개념

"자리position"의 개념을 도입함으로써, 멜라니 클라인은 마음의 구조에 관한 두 가지 다른 근본적 상태-편집분열적 자리와 우울적 자리-를 확인할 수 있었을 뿐만 아니라 정신분석 과정 동안 일어나는 구조적 변화들을 설명할 수 있었다. "자리" 개념은 리비도 발달의 시간적인 "단계" 개념(구강기나 남근기 같은)과는 다른데, 이것은 마음 조직의 현재 상태와 이 두 상태들 간에 일어나는 이행을 반영하기 위한 구조 개념이기 때문이다.

편집분열적 자리와 우울적 자리의 구성뿐 아니라 한 자리에서 다른 자리로의 이동에는 많은 요소들이 작용한다. 그중 몇 가지를 들어본다면, 자아 응집성의 정도(파편화되어 있는가 아니면 통합되어 있는가?), 대상관계의 성질(부분-대상인가 전체-대상인가?), 사용된 방어기제의 수준(원시적인가, 보다 발달된 것인가?) 등이 있다. 편집분열적 자리에서 우울적 자리로 이행할 때는, 초기 단계의 오이디푸스 콤플렉스-클라인에 따르면 초기 유아 발달의 특징인-로부터 프로이트가 기술한 보다 후기 형태의 콤플렉스로의 이동이 수반된다. 다른 말로 하면 클라인은 "자리"라는 구조적 개념을 통해, 편집분열적 자리에서 우울적 자리로의 이행은 정신증적 기능으로부터 심리적으로 건강한 기능으로의 근본적인 이동이라는 것을 보여준다.

"순수 쾌락-자아"로부터 사랑과 증오의 통합으로

클라인은 1915년에 프로이트가 「본능과 그 변천」에서 기술했던 "순수 쾌락-자아"를, 그와 관련된 투사와 내사라는 개념과 함께, 자신의 모델로 삼고 있다. 그녀는 아주 어린 유아의 정동이 최초의 부분-대상관계로부터 출발해, 분리된 전체-대상으로 경험되는 관계로 진행되는 발달에 대해 기술하였다. 프로이트가 말한 "순수 쾌락-자아"란 이것이다. "[자아]에게 제시된 대상들이 쾌락의 원천인 이상, 자아는 그것들을 받아들여 '내사한다'(페렌치[1909]의 용어로). 반면에 내부에서 불쾌의 원인이 되는 것은 무엇이든 추방한다"(Freud 1915e : 136). 이를 토대로 클라인은 초기 유아 관계들은 부분-대상, 즉 어머니의 젖가슴과 더불어 확립되며, 그것은 모든 기대의 원천인 이상적 젖가슴과 증오와 두려움의 원천인 박해적 젖가슴-그녀가 편집분열적 자리라고 부른 상황-으로 분열된다는 것을 보여준다. 이어서 그녀는 유아가 어머니를 전체 대상으로 인식하고 사랑하기 시작하면 자아와 그 대상들의 점차적인 통합이 뒤따른다고 기술하는데, 이 변화는 우울적 자리의 시작을 나타낸다.

1915년에 프로이트가 클라인의 개념들을 고려해 쓴 글들을 읽어보면, 우리는 프로이트가 직관적으로 정동과 대상관계의 질에 사실상 변화가 일어났다고 느끼고 있음을 볼 수 있다. 그러나 그는 사랑과 증오의 통합이라는 측면에서의 이행, 그리고 부분-대상관계에서 전체-대상관계로의 이동을 명시적으로 개념화하지는 않았다. 프로이트는 그 변화를 다음과 같은 용어로 설명한다.

> 우리는 본능이, 만족을 얻기 위해 추구하는 대상들을 "사랑한다"고 말할 수는 있다. 그러나 본능이 대상을 "증오한다"고 말하는 것은 이상하게 들린다. 그러므로 우리는 사랑과 증오의 태도들[=용어들]이 본능과 그 대상들과의 관계들에는 사용될 수 없고, 전체 자아가 대상들과 맺는 관계들에만 사용될 수 있음을 알게 된다 (1915c : 137).

나중에 클라인은 사랑과 증오의 변천에 대한 프로이트의 설명에 자신의 기여를 포함시킬 수 있었으며, 임상 실제에 적용시킬 수 있었다.

애도와 조울증 상태

프로이트가 「애도와 멜랑콜리」에서 제시했던 개념 역시 클라인이 조울증 상태(Klein 1935)에 대한 이론을 확립하는 데 영감을 주었다. 클라인은 1917년에 프로이트가 성인의 우울적 상태에서 설명했던 공격성과 리비도 간의 갈등이 매우 초기에 기원을 두고 있으며, 우울증의 고착점이 초기 아동기에 있음을 발견했다. 우울적 정동에서 공격성과 죄책감의 역할에 대한 프로이트의 설명을 발전시키면서, 클라인은 이런 맥락에서 보상 개념, 즉 공격적이고 파괴적인 환상들에 의해 손상된 대상을 회복/복구하고 싶은 소망이 특히 중요하다고 주장했다. 그녀는 두 가지 종류의 보상이 있다고 지적한다. 정상적인 창조적 보상은 우울적 자리에서 일어나며 대상에 대한 사랑과 존중과 관련이 있는 반면, 병리적 보상은 여러 형태를 취할 수 있다. 예를 들면, 우울한 감정들을 의기양양하게 부인하는 것을 토대로 한 조적 보상 혹은 우울적 불안을 마술적 방식으로 제거하려는 충동을 토대로 한 강박적 보상이 있다.

억압보다 더 원시적인 방어기제들

어떤 방어기제들은 엄밀한 의미의 억압이 확립되기 이전에 이미 작용하고 있음을 깨닫자, 클라인은 억압에 대한 프로이트의 개념들을 수정하지 않을 수 없었다. 그래서 그녀는 자아를 파편화함으로써 자아 구조에 영향을 미치는 원시적 방어기제, 그리고 자아 구조를 변화시키지 않으면서 심리적 내용에 작용하는 억압을 구분하였다. 원시적 방어기제들은 특히 외부 세계와 심리적 현실에 폭력적 영향을 미치는 억제의 형태를 사용한다. 이 점에서 이 기제들은 억압과는 상당히 다르다. 부인, 분열, 투사, 내사 그리고 전능성이라는 이 다섯 가지 원시적 방어기제들은 특히 클라인의 이론과 관련이 깊다. 1946년에 클라인은 이들 기제에 원시적 투사의 파생물인, 그녀가 투사적 동일시라고 부른 것을 포함시켰다. 투사적 동일시에서 투사되는 것은 본능욕동만이 아니며, 자아의 부분들도 환상 속에서 대상에게 투사될 수가 있다. 투사적 동일시는 대상을 통제하기 위해 자기의 바람직하지 않은 나쁜 측면들뿐만 아니라 좋은 부분들까지 축출한다. W. R. 비온(1959)은 나중에 병리적인 투사적 동일시와 정상적인 투사적 동일시를 구분함으로써, (다른 사고의 경향들과 마찬가지로) 이 개념을 클라인학파 정신분석의 중심적 신념들의 하나로 만들었다.

병리적 상징과 정상적 상징 간의 이행

「무의식」(Freud 1915e)에서 정신분열증 환자의 언어에 대한 프로이트의 개념들을 토대로 하여, 그리고 상징에 관한 클라인(1930)의 초기 작업을 따라, 한나 시걸과 W. R. 비온은 상징적 기능 그리고 병리적 상징과 정상적 상징 간의 이행에 관한 그들만의 관점을 발전시켰다.

한나 시걸 : 상징적 동등시에서 진정한 상징(상징적 표상)으로

1957년 시걸은 "상징적 동등시"와 진정한 상징 혹은 상징적 표상이라는, 두 종류의 상징 형성과 상징기능을 구별하였다. 그녀는 상징형성은 투사적 동일시의 세력뿐만 아니라 편집분열적 자리에서 우울적 자리로의 이행에 크게 의존한다고 지적하였다. 대상관계에서 분열성 혼란이 일어나고 투사적 동일시가 증가하면, 자아의 부분은 대상을 매우 구체적인concrete 방식으로 동일시한다. 그 결과 상징은 양자가 동일한 것으로 경험될 정도로 상징화된 대상과 같아져 버린다. 그래서 "상징적 동등시"라는 용어가 나왔다.

정신분열증 환자의 사고는 상징적 동등시를 토대로 하고 있다. 이것은 또한 병리적 애도에서 전형적인, 상실한 대상에 대한 동일시 과정의 특징을 이룬다. 분리됨의 경험을 수반하면서 우울적 자리가 출현할 때에야 비로소, 상징은 대상을 똑같이 동등시하지 않고도 대상을 나타낼 수 있게 된다. 구체적인 상징을 편집분열적 자리로의 퇴행으로 본 것은 시걸이 처음이었다는 것을 지적할 필요가 있다. 그러나 그녀는 나중에 로젠펠드, 비온과 함께 정상적 형태와 병리적 형태의 편집분열적 자리를 구분하면서, 구체적 상징은 사실상 병리적인 편집분열적 자리에 속한다고 언급하였다.

W. R. Bion – 사고에 대해 생각하는 기관의 창안

1962년에 비온은 알파-요소와 베타-요소 간의 구별을 도입하였다. 그러면서 그는 상징에 대한, 그리고 병리적 상징과 정상적 상징 간의 전환에 대한 새로운 접근을 가져왔다. 비록 관점은 달랐지만, 비온의 관점은 시걸이 말했던 것을 보완해주었다. 알파-기능이라는 개념은, 자신의 경험을 의미 있는 것으로 만들고 그것을 의사소통하는 데 어려움을 겪는 정신분열증 환자에 대한 연구로부터 비롯되었다. 비온의 독적은 우리의 감각기관들로부터 나오는 원자료들이 어떻게 정신적인 내용으로 변환되는가, 그에 대해 생각할 수 있고 꿈꿀 수 있는 의미 있는 것이 될 수 있는가를 보여주는 것이었다. 비온에 따르면, 만일 사고가 마음에 의해 생각될 수 있다면 – 상징화와 유사한 과정으로 – 반드시 "현실화"와 만나는 "전-개념"이 있을 것이다. "개념"을 만들어내는 것은 이러한 만남이다. 세 번째 요소를 창조하기 위한 두 요소들의 이러한 통합은 전적으로 사고의 형성과 이론의 구축에 달려있다. 시걸과 마찬가지로 비온은 사고한다는 것이 정서와 밀접하게 연관되어 있다고 보았다. 이러한 과정들은 편집분열적 자리나 우울적 자리라는 측면에서 표현될 수 있다. 알파-기능이 왜곡되면 감각-자료들은 더 이상 적절하게 처리될 수 없다. 그것들은 투사적 동일시에 의해서만 비워질 수 있는, 소화되지 않은 베타-요소들로서 우리의 마음속에 남아있게 된다.

●「계통 발생적 환상 : 전이신경증의 개요」(1985a [1915])

생애와 역사

1983년에 발견된 미출간 원고

이 논문은 페렌치가 발린트에게 위탁한 일련의 논문들 가운데, 1983년에 일제 그루프리히-지미티스Ilse Grubrich Simitis에 의해 아주 우연히 발견되었다는 점에서 그 자체로서 매우 중요하다. 논문들 중에는 프로이트가 자신의 어떤 생각에 대한 페렌치의 견해를 묻는 1915년 7월 28일자 편지가 포함되어 있었다. 이것은 초심리학에 관한 열두 번째 논문이 되었어야 했던 글의 최초 원고였다. 프로이트가 자필로 쓴 이 글은 그가 구상했던 책들 가운데 출간되지 않았던 일곱 편의 논문 중 유일하게 남아있다. 책으로 출간될 예정이던 열두 편의 논문들 중에서 다섯 편만이 1915년에서 1917년 사이에 별도의 논문으로 출간되었다. 그러나 그의 편지들은 그가 실제로 다른 일곱 편을 썼었다는 것을 보여준다. 아마도 그는 후에 그것들을 파기한 것 같다. 그렇기 때문에 그의 「전이 신경증 개요」가 발견된 것은 더욱 놀라운 일이었다.

페렌치와의 긴밀한 공동 작업을 입증해주는 이 논문에서, 프로이트는 『토템과 타부』(1912-1913)에서 거론했던 계통발생에 대해 좀 더 다루고자 했는데, 이것은 그의 모든 후속 저술들의 주된 주제가 된다. 프로이트는, 오늘날 인간의 정신적 삶은 지워지지 않는 태곳적 유산의 흔적을 지니고 있다고 주장한다. 우리가 심리적 현실의 원초적 환상이라고 간주하는 것이, 사실은 빙하기와 같은 선사시대 때 일어났던 실제 외상적 사건들이 남긴 흔적이라는 것이다.

원문 찾아보기

페이지 번호는 지그문트 프로이트(1985a[1915])의 「계통 발생적 환상 : 전이 신경증 개요」를 따른 것이다.

전보체로 쓰인 이 논문의 첫 부분은, 세 가지 "전이 신경증"인 불안 히스테리, 전환 히스테리 그리고 강박 신경증에서 작동하는 주된 기제들을 간략하게 설명해주고 있다. 프로이트는 억압, 역-리비도 집중, 대체물 형성과 증상 형성 등의 역할에 대해 언급한다. 두 번째 부분은 논문 제목에서 기대되는 것과는 관련이 없는데, 프로이트는 당시 그가 계통 발생적 "환상"이라고 불렀던 계통 발생적 가설들을, 그 어떤 논문보다도 여기서 가장 상세히 다루고 있기 때문이다. 첫 번째 부분과는 달리 이 부분은 빠짐없이 세세하게 쓰인 편이다. 프로이트는 이 주제에 관한 페렌치(1913)의 초기 작업을 참고하면서, 신경증을-전이 신경증뿐만 아니라 자기애적 신경증을-만들어내는 요소들과 인류 발달의 역사 사이에 어떤 유사점을 이끌어내려고 시도한다. 프로이트는 유일한 탐구 수단은 신경증을 관찰하는 것이었다고 말한다.

> 그러므로 리비도의 발달적 역사는 자아의 발달적 역사보다, 더 오래된 [계통 발생적] 발달의 부분을 재현한다는 인상을 받을 것이다. 전자가 아마도 척추동물의 상황들을 반복하는 것이라면, 그에 반해 후자는 인류의 역사에 의존해 있다 (1985a[1915] : 11-12).

여기서 프로이트는, 선사시대에 인간이 경험했던 외상이 본능욕동과 연결된 요소들과 결합하여 신경증에 영향을 미치고 있다고 생각하고 있다. 예를 들면 그는 "아동의 한 부분이 빙하기가 시작될 때의 불안을 불러오고, 이제 그것은 아동의 충족되지 않은 리비도를 외적 위험처럼 취급하도록 유도한다"(같은 책 : 14). 또한 이 논문에서 프로이트는 『토템과 타부』(1912-1913)에서 이미 탐구했던 주제인, 원시 부족이 원시 아버지를 살해한다는 자신의 이론을 언급하면서, 그 사건을 죄책감과 문명의 원인으로 보았다.

정신분석 입문 강의들 (1916-1917 [1915-1917])

프로이트가 1915-1916년과 1916-1917년, 두 번 연이어 했던 겨울학기 강의에는 상당히 많은 청중들이 참석했는데, 이 강의는 나중에 『정신분석 입문 강의』로 출판되었다. 이 책은 마치 프로이트가 독자와 서로 대화하는 것처럼 쓰여 있으며, 많은 일화와 실례를 보여주는 임상 사례들을 포함하고 있다. 이 책은 즉각적인 성공을 거두었는데, 아마도 프로이트의 저작 중 『일상생활의 정신병리학』(1901b)과 함께 여전히 가장 널리 읽히는 책일 것이다. 이 『정신분석 입문 강의』는 초창기부터 1915년까지, 정신분석이 발견한 핵심적 요점들을 요약했기 때문에 나는 이 책에 대해 더 이상은 말하지 않겠다. 주로 해석자들이 흥미를 갖는 몇 가지 점을 명확히 하는 일부 후기를 제외하면, 이 책의 주제는 내가 프로이트의 다른 저술들을 설명할 때 이미 다루어진 것이며, 어떤 새로운 정신분석 개념이 포함되어 있지는 않다.

새로운 개념들

정동 – 양가감정 – 양심 – 비판, 자아의 비판 – 우울 – 무의식의 파생물 – 자아 본능 – 감정 – 죄책감 – 증오 – 상실한 대상과의 동일시 – 함입 – 본능욕동 – 내사 – 사랑 – 조증 – 피학증 – 멜랑콜리(우울증) – 초심리학 – 자기애적 동일시 – 정상적 애도 – 기관-발화 – 병리적 애도 – 계통발생 – 전의식 – 원시적 본능 – "순수 쾌락-자아" – 표상 – 대표자-표상 – 억압 – 가학증 – 자기-비난 – 상징 – 일시적 퇴행 – 사물-표상 – 지형학적 퇴행 – 무의식 – 언어-표상

「유아 신경증에 관한 이야기」
(“늑대 인간”)
(1918b [1914])

유아 신경증의 핵심에 있는 원초적 장면

대단히 흥미로운 이 이야기는 프로이트의 가장 긴 정신분석 치료에 대한 설명이다. 이것은 치료가 불가능하다고 판단된, 심한 심리적 문제로 고통을 받았던 23세 청년의 분석에 관한 이야기이다. 유난히 어려웠던 4년 반 동안의 분석을 마친 후, 프로이트는 환자가 완전히 치료되었다고 생각했다. 설명에서는 전이에 대한 언급이 별로 없지만, 분석 초기에 페렌치에게 쓴 편지에서는 그가 직면했던 부정적인 전이의 격렬함이 상당히 많이 언급되어 있다. “강박적이고 열정적인 사랑의 감정 때문에 치료를 받고 있는 부유한 러시아 청년은, 첫 회기 후에 이렇게 전이를 고백하더군요. ‘유태인 사기꾼이 뒤에서 농간을 부려 날 물 먹이려 해요’”(프로이트가 페렌치에게 보내는 편지, 1910년 2월 13일).

세르게이 콘스탄티노비치의 성격에 정신증적 측면이 있음을 놓치지 않았지만, 프로이트는 이야기를 주로 유아 신경증에 집중시켰다. 그의 목적은 이 사례의 도움을 받아 성인기의 신경증이 유아 신경증에 기초해 있다는 것, 그리고 여기서 성sexuality이 결정적 역할을 한다는 사실을 보여주는 것이었다. 프로이트는 세르게이 콘스탄티노비치의 과거를 한 층씩 탐색해가면서 하나씩 발견한 것들을 독자들이 따라와 주도록 초대한다.

프로이트는 환자의 유년기 내내 산재해 있는 수많은 유혹 장면들에서 역할을 맡았던 주인공들을 전체적으로 조망하면서 시작한다. 이러한 것들은 공포 불안으로 가득한 꿈, 그가 4살 때 꾸었던 유명한 늑대 꿈을 상기시킨다. 프로이트는 이 꿈을 환자가 18개월 때 목격했던 원초적 장면 – 부모의 후배위 성교 – 이 지연되었다가 재활성화된 것으로 해석했다. 프로이트는 이 원초적 장면의 다양한 측면에 대한 일련의 상세한 조사를 통해서, 마침내 어머니의 신체 안에서 아이가 아버지의 페니스와 만나는 것에 초점을 맞춘다. 프로이트에게 있어 이 원초적인 장면은, 어린이의 무의식적 환상 속에 나타나듯이, 나중에 성인이 되어 청년의 신경증을 결정하게 될 장애물들이 시작되는 지점이다. 프로이트는 세르게이 콘스탄티노비치의 유아성욕 이론에 대한 상세한 분석을 통해, 전도된 오이디푸스 콤플렉스에 해당하는 소년의 수동적인 여성적 성향, 그리고 능동적 또는 직접적 오이디푸스 콤플렉스에 해당하는 남성적 성향 사이의 갈등을 강조한다. 일단 이러한 남성적 성향들이 숙달될 수 있다면, 그것들은 환자의 무의식적인 동성애적 충동들을 지배하는 데 성공하고, 따라서 회복과 치유를 가져올 것이다. 하지만 세르게이의 성격의 정신증적 측면은 그리 오래 잠들어 있지 않았다. 1926년에 그들이 다시 만났을 때, 그는 건강염려증적인 망상으로 붕괴되어 있었으나 루스 맥 부룬스윅에게서 추가로 분석을 받은 후 그것을 극복하고 다시 건강을 되찾았다. 그러나 죽을 때까지 세르게이 콘스탄티노비치는 "늑대 인간"으로 더 잘 알려진, "프로이트의 가장 유명한 환자"로 남아 있었다.

생애와 역사

세르게이 콘스탄티노비치 판케제프(1887–1979) : 늑대 인간

프로이트와의 첫 번째 분석

후에 "늑대 인간"으로 알려진 세르게이 콘스탄티노비치 판케제프는 1910년 1월, 프로이트에게 처음으로 의뢰되었을 당시 23세였다. 러시아의 매우 부유한 귀족 가문 출신인 이 젊은이는 거의 회복될 가망이 없었다. 그가 프로이트를 찾도록 만든 그 질병은 몇 년 전부터 시작되었는데, 그는 18세 때 임질에 감염된 이후 우울증에 빠지게 되었다. 그의 우울증은 1906년에 아버지가 자살한 후에, 그리고 다시 1908년에 그의 삶에서 중요한 역할을 했던 누나 안나가 자살한 후에 더욱 악화되었다. 그는 정상적인 생활이 불가능하고 다른 사람들에게 전적으로 의존할 만큼 정신적으로 건강하지 못했다. 혼자서는 아무 데도 갈 수 없을 지경이 되어 항상 남자 하인들과 주치의를 동반하고 다닐 정도였다. 그는 당대에 가장 유명한 정신과 의사의 진찰을 받았고, 몇 차례 독일의 정신과 병동에 입원하기도 했지만 아무 소용이 없었다. 1910년 2월, 프로이트는 즉시 주 5회 분석을 시작했고 치료는 4년 반 동안 지속되었다. 분석은 1914년 6월에, 프로이트가 사전에 끝내기로 지정했던 날짜에 중단되었고, 분석이 끝난 지 며칠 만에 제1차 세계대전이 발발했다. 세르게이 콘스탄티노비치는 오데사로 돌아가 테레사와 결혼했으며, 법률 공부를 마쳤다. 프로이트의 눈으로 볼 때, 환자는 완전히 회복되었다.

훌륭한 증례로 삼기 위해서

이러한 치료적 성공에 만족한 프로이트는 1914년 11월과 12월에 치료에 관해 기술하면서, 설명을 오직 환자의 유아 신경증 그리고 여기서 성욕이 맡은 역할에 집중시켰다. 그는 분석에 관한 완전한 보고서를 쓸 의도가 조금도 없음을 분명히 했다. 서두에 그는 "오직 이 유아 신경증만이 내 의사소통의 주제가 될 것"(1918b[1914] : 8)이라고 썼다. 프로이트는 왜 이러한 선택을 했을까? 그는 자신의 가설들을 뒷받침할 증거로서 이 사례를 이용하려 했기 때문이다. 그는 정신분석을 폄하하는 사람들에게 그 효과에 대한 증거를 보여주고 싶었다. 그는 특히 세르게이 콘스탄티노비치를 가망 없는 사례로 단정했던 정신과 의사들—당대에 가장 저명했던 사람들에 속했던 베를린의 테오도르 지헨Theodor Ziehen과 뮌헨의 에밀 크레펠린Emil Kraepelin을 포함해서—을 염두에 두고 있었다. 더욱이 프로이트는 제자들에게 성인 신경증 환자에게 있어 유아 신경증과 성욕의 역할이 얼마나 결정적인지를 보여주고 싶어 했는데, 제자들 중 일부가 그런 측면에 의문을 갖기 시작했기 때문이었다. 특히 융과 아들러는 프로이트가 근본적인 것으로 간주했던 이 문제에 대해 동의하지 않았다.

늑대 인간의 불행의 시작

1917년 10월에 발발한 볼셰비키 혁명으로 세르게이 콘스탄티노비치는 완전히 파산하고 말았다. 아내와 함께 러시아를 떠나 비엔나에 정착한 그는 그곳에서 다소 궁핍하게 여생을 보냈다. 프로이트는 우울증에 무일푼에 직업도 없던 그가 다시 분석을 의뢰하자, 그를 받아들여 1919년 11월부터 1920년 2월까지 분석하였다. 그는 마침내 보험회사 직원으로 일자리를 찾았고 프로이트와 그의 비엔나 동료들로부터 금전적인 지원을 받았다. 그러나 세르게이 콘스탄티노비치의 불행은 결코 끝난 것이 아니었다. 그가 1926년에 급성 편집증으로 붕괴된 후, 프로이트는 그를 제자 중 한 명인 루스 마크 브룬스윅에게 의뢰했는데, 정신증 환자의 정신분석에 관심이 있었던 그녀는 그를 치료하기 시작했다 ("후기 프로이트 학파" 부분을 보라, pp. 264-265).

원문 찾아보기

페이지 번호는 『지그문트 프로이트 전집 표준판』 vol. 17, 1-122를 따른 것이다.

종결 시기를 미리 지정했던, 긴 치료 여정

서문에서 프로이트는, 나중에 깨닫게 된 자신의 생각들을 밝힌다. 그는 무엇보다도 그렇게 심각한 환자를 분석으로 끌어들였다는 사실은 일종의 도전이었다고 말했다. 정신과 의사들은 그를 "조울증적 정신이상"으로 진단했고 치료될 수 없다고 판단했다. 그런 진단을 지지하는 어떤 요소도 발견할 수 없었으므로 프로이트는 그것을 후유증으로, 환자는 아마 아동기 동안 나타났다가 8살 무렵에 사라진 강박신경증으로 고통을 겪고 있는 것이라고 생각했다. 그러므로 그는 18세까지는 꽤 정상적인 생활을 할 수 있었는데, 그 후부터 다시 병을 앓게 되었다. 프로이트는 그의 병에 대한 완전한 설명을 쓰려는 어떤 시도도 없으며, 환자의 유아 신경증에만 집중하려 한다는 것을 명백히 했다. "그러므로 나는 그것을 실제로 앓는 동안 분석된 것이 아닌, 종결된 지 15년이 지난 후에 분석된 유아 신경증을 기술하게 될 것이다"(1918b [1914]; 8).

치료는 4년 반 동안 지속되었고 성공적이었다. 이에 관해 프로이트는 언급해야 할 두 가지 중요한 기법이 있었는데, 첫 번째는 사례의 심각성에 비례해 요구되는, 정신분석 치료의 기간에 관한 것이다(같은 책 : 10).

> 뭔가 새로운 것은 오직 특별한 어려움들을 가져오는 분석에서만 얻을 수 있는데, 이 어려움들을 극복하려면 상당히 많은 시간을 들여야 한다. 그런 경우에만 우리는 정신발달의 가장 깊고 원시적인 층까지 내려갈 수 있으며, 그곳에서 나중에 형성된 문제들을 위한 해결책을 얻는 데 성공한다(같은 책 : 10).

마침내 분석가의 인내심은 결국 환자가 털어놓은 것들로 보상을 받는다. "그리고 나중에는, 엄밀히 말해 그렇게까지 뚫고 들어간 분석만이 분석이라 불릴 만하다고 느낀다"(같은 책 : 10) 두 번째 기법적 언급은 프로이트가 분석의 종결 날짜를 정해야겠다고 느꼈던 필요성에 관한 것인데, 그것은 그가 흔히 하던 절차는 아니었다. 그는 환자가 협조를 하지 않는 것에 충격을 받았는데, "그는 경청하고 이해했지만, 여전히 접근할 수 없는 상태에 머물러 있었다"(같은 책 : 11). 그렇기 때문에 "첫 몇 년간의 분석은 거의 아무런 변화도 가져오지 못했다"(같은 책 :10). 그러자 프로이트는 1년 전에 종결 날짜를 미리 정하는 예외적인 조치를 취했고, 무슨 일이 있어도 그 날짜를 지키기로 결정했다. 그는 날짜가 다가옴에 따라 환자의 저항이 무너지는 것을 보고 기뻐했다. "비할 수 없이 짧은 시간에 분석은 그의 금지들을 걷어내고 증상들을 제거할 수 있도록 한 모든 자료를 산출해 냈다"(같은 책 : 11). 프로이트는 그렇게 함으로써 얻은 성공에 대해 스스로도 매우 놀랐다고 말한다. 그리고 그는 오직 경험으로만 납득할 수 있는 그런 경험에 대해 지식이 없는 독자들이 불신하는 것도 매우 이해할 만하다고 말한다.

유아 신경증의 잇따른 변형

프로이트는 치료 초기에 환자가 묘사했던 상황을 설명하는 것으로 시작하여, 어린 시절의 병들을 요약하고 주요 인물들을 밝혀나간다. 그는 자신의 발견들을 우리와 나누기 위해, 긴장을 유지하면서 차근차근히 환자의 이야기를 이어간다. 그 청년은 5살 때까지 부모와 두 살 위인 누나 안나와 함께 시골의 웅장한 저택에서 살았다. 그 후 그의 가족은 도회지의 저택으로 이사를 했다. 그의 아버지는 우울증이었고 어머니는 건강이 좋지 않았지만, 그는 분석 과정에서야 이것을 비로소 충분히 깨달았다. 그는 자신이 나냐라고 불렀던 보모가 어릴 적부터 자신을 매우 자상하게 돌보아주었다고 기억했다.

프로이트에게 인상적이었던 최초의 중요한 사건은, 3살 반일 때 환자의 성격이 갑자기 변한 것이었다. 그때까지 매우 온순한 성격이었던 그는, 가까운 사람들과 동물에 대해 신경질적이고 폭력적이고 심지어 가학적이 되었다. 이러한 변화는 영국인 가정교사가 새로 온 것과 동시에 일어났다. 5살 무렵에 또 다른 변화가 일어나, 그는 불안 증상과 공포증들을 발달시키기 시작했다. 처음에는 늑대에게 잡아먹히는 데 대한 공포(그의 누나가 악용한 공포)였고, 그 다음에는 애벌레와 다른 동물에 대한 공포였다. 세 번째 변형이 일어났는데, 공포증적 증상들은 신성모독적인 생각들을 동반한 기도 의식과 함께, 종교적 형태의 강박 신경증적 징후들로 대치되었다. 그러나 이런 강박들은 점차 강도가 줄어들다가 8살 무렵이 되자 사라졌기 때문에, 이후로 그는 사실상 정상적인 생활을 하였다. 그러므로 프로이트가 기술하려고 하는 것은, 그 어떤 것보다도, 유아 신경증의 분석이다.

유혹 장면의 연쇄 효과

어린 소년의 성격이 최초로 변한 것이 영국인 가정교사의 입주와 일치했기 때문에, 프로이트는 즉시 그녀를 의심했다. 환자는 그가 아직 아주 어릴 때 유혹을 받았다는 가설을 확인시켜 주는 듯 보이는 두 개의 기억을 회상해 냈다. 첫 번째 기억은 가정교사가 언어적으로 했던 거세 위협과 관련이 있었고, 두 번째는 세르게이의 페니스를 갖고 장난했던 누나와의 성적 놀이와 관련이 있었다. 탐구를 계속하면서, 프로이트는 이 두 사건의 결과를 아주 자세히 분석하고는, 소년의 성격이 변한 것은 바로 그 영향 때문이라고 결론을 내렸다. 그는 뒤이어 일어나는 일련의 사건들을 계속 분석하면서, 어떻게 소년이 첫 번째 유혹자인 누나로부터 돌아서서 보모인 나냐에게 향하게 되었는지를 보여준다. 어느 날 그가 자신의 페니스를 나냐에게 보여주자, 그녀는 그를 야단치면서 그렇게 하는 아이들은 거기에 "상처"가 생긴다고 말했는데, 이 위협은 그에게 페니스를 잃을지도 모른다는 두려움을 유발했다. 거세 불안은, 그가 누나와 다른 소녀가 오줌 누는 것을 본 후 소녀들은 페니스가 없다는 생각이 떠오르자 강화되었다.

그러나 초기 유혹의 연쇄 효과는 거세공포로 끝나지 않았다. 그것은 곳곳에 스며들어 늘 지속적인 영향을 주었으며, 그의 아직 충분히 발달되지 않은 성기적 성이 보상할 수 없는 항문-가학적 단계로 퇴행하도록 이끌었다. 프로이트는 항문-가학적 단계와 연관되어 어린 소년이 취한, "수동적인 여성적 태도"를 인상적으로 그려낸다. 그는 처음에는 최초의 유혹자들인 여성들에 대해, 그 다음에는 아버지에 대해 그러한 태도를 취하였다.

> 누나가 그를 유혹한 것이 그가 수동적 역할을 하도록 만들었고, 수동적인 성적 목표를 갖게 한 것처럼 보인다. 이 경험이 지속적으로 영향을 미치는 가운데, 그는 누나로부터 보모를 거쳐 아버지에게로 가는 길을 따랐다 – 여자에 대한 수동적 태도로부터 남자에 대한 수동적 태도로. 그럼에도 불구하고 그는 이런 방법으로 이전의 자연스러운 발달단계와의 연결을 발견하였다(같은 책 : 27).

프로이트는 세르게이 콘스탄티노비치의 문제행동들을 특히 참기 어려웠던 시기에, 그의 "못돼먹은 행동"의 모든 목적은 아버지가 벌을 주게 하는 것이라고 덧붙였다. 그러므로 그의 비명 발작은 그저 아버지를 유혹하여 가학피학적 관계로 끌어들이려는 시도였다. 프로이트는 이것을 부모들과 교육자들에게 경고하는 기회로 삼아서, 처벌받고 싶은 소망을 문제 행동으로 감추는 일부 아이들이 놓은 덫에 빠지지 말라고 말한다. 그러므로 세르게이의 성격의 변형은 항문-가학 단계의 퇴행으로 설명된다. 그러나 불안과 공포가 떠오르기 시작하면, 그때는 어떤 변화가 일어나는가?

● 늑대 꿈과 원초적 장면

세르게이가 4살 무렵에 처음으로 불안이 출현한 것과 동시에 일어난 일은 외적인 사건이 아니라 괴로운 꿈이었다.

> 나는 침대에 누워있는 꿈을 꾸었는데, 밤이었다. [...] 갑자기 창문이 저절로 열렸고, 나는 창문 앞에 있는 큰 호두나무에 하얀 늑대들이 앉아있는 것을 보고 매우 무서웠다. 늑대들은 여섯 마리나 일곱 마리였는데 아주 하얀 색이었고, 여우나 양치기 개들처럼 보였다. 여우들처럼 큰 꼬리를 갖고 있었고 뭔가에 주의를 기울일 때는 개처럼 귀를 쫑긋했기 때문이었다. 나는 분명히 늑대에게 잡아먹힐 것 같아서, 두려움에 질려 비명을 지르며 깨어났다(같은 책 : 29).

환자는 그 꿈이 어릴 때 일어났던 일을 가리키는 것이라고 주장했는데, 그가 그것을 기억하기에는 너무 어릴 때였다. 청년이 그 꿈을 점점 연상해나감에 따라, 프로이트는 꿈 내용을 환자가 더 이상 기억할 수 없는 사건의 본질과 비교할 수 있었다. 여기, 이 시기에 그가 의미를 발견하리라는 희망을 갖고 나란히 놓는데 성공한 퍼즐 조각들이 있다

> 실제 일어난 일 – 아주 어렸을 때의 일 – 바라봄 – 움직이지 않음 – 성적인 문제 – 거세 – 그의 아버지 – 무엇인가 끔찍한 것 (같은 책 :34).

계속해서 프로이트는 순서대로 추론한 것을 상세히 기술하는데, 아마도 소년은 부모들의 성교를 훨씬 더 이른 겨우 18개월일 때 목격했을 것이며, 성교는 뒤에서 이루어졌기 때문에 부모의 성기를 보두 보았을 것이라는 생각에 이르게 되었다. 프로이트에 따르면 이 원초적 장면의 목격은, 당시에 즉 세르게이 콘스탄티노비치가 18개월이었을 때가 아니라, 그가 4살이 되어 성적 발달이 그것을 사후 작용으로서 재활성화시킬수 있었을 때 병을 일으켰다.

그렇다면 우리는 꿈이 그토록 많은 불안을 일으킨다는 사실을 어떻게 설명해야 할까? 프로이트에게는, 이런 과도한 불안은 아마 어머니의 자리를 차지하기 위해 아버지로부터 뒤에서 관통당하고 싶다는 소망을 거절하는 데서 기인하는 것이었다. 아버지를 향한 이러한 수동적 태도가 억압되는 한편, 아버지와 관련해 그가 느끼는 불안은 공포증이라는 형태로 늑대들에게 전치되었다. 프로이트는 그것을 다음과 같이 설명한다.

> 그의 불안은 아버지로부터 성적 만족을 얻고 싶은 소망에 대한 부인이었다 – 그 꿈을 잊지 않게 했던 성향. 불안이 취한 형태, 즉 "늑대에게 잡아 먹힌다"는 두려움은 단지 아버지에게 성교당하고 싶은 소망, 즉 자신의 어머니와 같은 방식으로 성적 만족을 얻고 싶다는 소망이 (이제 듣게 되겠지만, 퇴행적으로) 자리를 바꾼 것에 지나지 않았다(같은 책 : 46).

그러나 어머니와 동일시함으로써 소년은 거세된 어머니와 동일시되었고, 그것은 그의 남성성이 반란을 일으킨 또 다른 위험이었다. 프로이트는 이런 측면을 이렇게 해석한다. "우리는 그가 스스로 이렇게 말한다고 표현할 수 있을 것이다. '네가 아버지로부터 성적 만족을 얻고 싶으면 너는 엄마처럼 거세되어야 해, 그러나 그럴 순 없어.' 한 마디로 그의 남성성이 분명히 저항한다!"(같은 책 : 47)

실제로 일어났던 장면인가, 상상한 것인가?

그렇게 어린 아이가 그런 원초적 장면을 실제로 목격할 수 있는 것인가, 아니면 소급적인 환상 과정에서 상상한 것인가? 이 근본적인 질문을 모든 각도에서 고려한 후–"이것은 정신분석 영역을 통틀어 가장 예민한 문제이다"(같은 책 :103, 주석)–프로이트는, 충분히 심층적인 분석이 이루어진다면 18개월이라는 나이에 그런 장면을 목격하는 것이 전적으로 가능하다는 것을 믿게 될 것이라고 단정한다. 그러나 너무 어리기 때문에 아이는 자신이 지각한 것이 무엇인지 이해할 수단을 가지고 있지 않다. 그러므로 그런 최초의 인상들은 일단 아이의 심리성적 발달이 어느 정도 이루어지고 나면 "사후 개작 deffered revision"(같은 책 : 48)을 겪게 될 것이다. 기술적인 관점에서 프로이트는, 분석 과정에서 분석가는 그런 환상들이 사실임을 받아들일 것이라고 덧붙인다. "차이점은 분석 마지막에 가서야, 환상들이 다 밝혀진 후에야 나타난다"(같은 책 : 50). 달리 말하면, 분석가는 환자가 환상과 현실을 구별할 수 있을 때까지 기다려야 한다. 그러나 현실과 환상의 상대적 비중이 무엇이건 간에, 프로이트는 그 장면이 개체발생적이거나 계통발생적인 개인의 과거에 속한다는 것, 그리고 그것이 사후 개작을 통해 얻게 된 의미보다 앞선다는 입장을 고수한 것 같다. 더욱이 그는 우리가 그런 장면들에 대한 "기억"이나 "회상"을 이야기할 수 없다고 덧붙이는데, 그것들은 근본적으로 구성의 산물이기 때문에 분석치료 동안 그것이 나타날 때는 그런 용어를 피하는 게 낫다고 말한다.

> 내가 하려는 말은 이것이다. 내 환자의 경우처럼 아주 어린 나이에 발생했고 비슷한 내용을 보이는, 그리고 병력에 엄청난 중요성을 차지하는 장면들은, 대체로 회상으로서 재생되는 것이 아니라 단서들을 모아서 점차로, 공들여 예측–구성–해내야 하는 것이다(같은 책 : 51).

공포증에서 강박 신경증으로

세 번째 변화, 환자가 네 살 반일 때 공포증적 증상들이 종교적 주제를 지닌 강박적 증상으로 변형된 것은 추가적인 요소가 개입한 결과였다. 프로이트에 의하면 세르게이의 강박신경증의 주된 특징이 된 종교적 주제는, 틀림없이 그의 어머니가 읽어주곤 하던 성서 이야기로부터 온 것이었다. 소년은 자신과 아버지 사이의 피학적이고 양가적인 관계를, 예수와 하느님 아버지 사이의 관계로 대치시켰다. 그가 10살 때 그에게 상당한 영향을 준 독일인 가정교사가 왔다. 그는 이 제자의 강박증에 거의 신경을 쓰지 않았는데, 그러자 곧 강박증이 줄어들기 시작했고 얼마 안 가 완전히 사라지게 되었다. 그러나 그의 동성애적 태도의 억압은 청소년기 동안 승화의 확립과 지적 발달을 방해하는 흔적들을 남겼다. 프로이트와의 분석이 억압을 제거할 수 있게 되자 이러한 금지들은 사라졌다. 따라서 환자는 그의 동성애적 욕동을 승화시킬 수 있었고, 그것을 그때까지 매우 제한되었던 사교생활에 이용할 수 있게 되었다.

항문 성애, 돈 그리고 여성적 동일시

이 장에서 프로이트는 2가지 주제를 탐색하는데, 첫 번째는 돈과 항문 성애간의 관계에 대한 것이고, 두 번째는 수동적인 여성적 태도의 다양한 측면들 그리고 그것들과 장 기능 장애와의 관련성에 대한 것이다.

프로이트는 환자가 돈을 다루는 방식을 배변에 관련된 괴상한 행동과 연결 짓는 것으로 시작한다. 예를 들면 이 어마어마하게 부유한 환자는 돈에 대해 모순적인 태도를 지니고 있었다. 대로는 돈을 헤프게 쓰는가 하면 또 어떤 때는 돈에 인색했는데, 이렇게 상반된 태도는 그가 거듭해서 관장을 해야 했던 고질적인 변비와 일치했다. 장과 대변에 관한 이런 행동은 그의 성격을 반영했다. 그는 특히 정신분석 치료에 대해 끊임없이 의심하고 있었다. 프로이트는 의심에 대해 "그것은 환자가 자신의 병리에 대해 사용하기를 좋아하는, 가장 강력한 무기이다"라고 말한다(같은 책 : 75).

프로이트는 계속해서 어린 소년인 세르게이 콘스탄티노비치가, 항문성애가 특징인 유아 성욕이라는 렌즈를 통해, 자신의 성뿐만 아니라 성인의 성에 대해 어떻게 왜곡된 이미지를 갖게 되었는지를 훌륭하게 설명한다.

첫째, 환자는 어릴 때 때때로 대변에 피가 있는 것을 보고, 이질에 걸릴까봐 두려웠다고 회상했다. 프로이트는 이 두려움을 어머니의 월경에서 나오는 피를 그의 대변 속의 피와 동등시함으로써 어머니와 동일시하고 싶은 소망을 표현한 것이라고 해석했다. 그의 뒤이은 연상들은, 원초적 장면에서 여성이 취하는 태도와 그의 장 기능 장애를 통해 표현되는 항문-성애적 고착의 정도를 다시 연결시키도록 이끌었다.

> 그의 여자와의 동일시, 남자에 대한 수동적인 동성애적 태도가 표현될 수 있는 기관은 항문 부분이었다. 이 부분의 기능 장애는 부드러움이라는 여성적 충동의 의미를 가지게 되었고, 그것은 이후의 병에서도 여전히 유지되었다 (같은 책 : 78).

둘째, 프로이트는 자신의 환자에 관한 한, 여성들은 거세되었으며 질의 기능은 장의 기능과 동등한 것이었다고 언급한다. 달리 말해, 아이로서 그가 획득한 원초적 장면에 대한 개념은 기본적으로 "배설강 이론"(같은 책 : 79)에 근거한 것이었는데, 그는 당시 성별 간의 차이와 여성의 성기적 성의 역할에 대해 불충분한 지식을 갖고 있었기 때문이었다. 여자가 거세될 수도 있다는 어린 소년의 생각은 자신의 페니스에 대한 거세공포를 심화시켰는데, 그것은 다시 여성과의 동일시와 남성에 대한 수동적인 여성적 태도를 더욱 강화시켰다. 따라서 그의 동성애적 경향은 억압되었지만 다른 형태로, 고도로 성애화된 장 기능 장애로 다시 나타났다.

> 남성에 대한 그의 여성적 태도는 억압의 작용으로 거부되어 장에 관한 증상으로 후퇴하였고, 환자가 어릴 때 자주 앓던 설사, 변비, 복통이 도지는 것으로 표현되었다(같은 책 : 80).

세 번째로, 프로이트는 더 나아가 배설물, 선물, 아이라는 세 요소를 동등시했다. 프로이트는 조심스럽게 가설을 전개한다-"환자는 내가 이것을 구성해냈을 때 이러한 결론을 받아들였다"(같은 책 : 80). 18개월의 나이에 원초적 장면을 목격하면서 어린 소년은 흥분으로 가득 차 있었고 대변을 봄으로써 부모의 성교를 방해했는데, 그것은 그가 소리를 지를 구실을 주었다. 그 순간에 대변을 본 것은 단지 부모 커플에 대한 공격성의 표시일 뿐만 아니라 또한 선물-아버지에게 준 아이-선물-을 의미했는데, 흔히 말하는 "선물"과 "아이"는 종종 같은 것으로 여겨지기 때문이다. 덧붙여, 대변을 본다는 것은 아버지의 사랑을 얻기 위해 치러야 할 대가인 거세의 원형으로 경험된다고 프로이트는 말한다. 이런 환상은 판사장 슈레버의 망상을 연상시키는데, 그는 하느님 아버지의 아내가 되기 위해 기꺼이 거세를 받아들였다.

환자의 무의식적인 동성애적 성향을 꽤 길게 논의한 후, 프로이트는 그에 수반된 이성애적 성향을 강조하면서 이 장을 마친다. 그는 사실상 거세 위협은 아버지로부터 온다는 것, 그리고 그것이 아버지에 대한 무의식적 적대감(아버지가 죽었으면 하고 바랄 정도로) 그리고 아버지에 대해 느끼는 애정과 연결된 죄책감의 근원이라는 것을 보여준다. 여기서 어린 소년이 따랐던 길은 한마디로 모든 신경증 환자들에게 공통적인, 긍정적인positive 오이디푸스 콤플렉스의 길이라고 프로이트는 말한다

하나의 유혹 장면에 숨겨진 것들

분석 날짜를 못 박은 후 작업의 마지막 몇 달은 임상적 그림을 완성시키는 새로운 요소들을 가져왔는데, 이는 분석이 끝날 때가 가까워지면 흔히 있는 일이다. 환자는 전에 한 번도 언급한 적이 없는 유혹 장면을 생각해 냈다. 그것은 분명 그가 두 살이 되기 전에 일어났는데, 나냐라는 보모가 오기 전, 그루샤라는 보모와 연관된 것이었다. 그는 마루를 닦느라고 무릎을 꿇고 있던 그루샤를 보았다고 회상했다. 그녀의 엉덩이는 그를 향해 있었고, 그는 오줌을 쌌다. 그녀는 거세하겠다고 그를 위협했다. 프로이트에 의하면 이 사건은 환자의 마음에 무릎을 꿇고 있는 자세의 젊은 여성과 성교 장면에서 여성이 취하는 자세 간의 연결을 만들어냈다. 이런 식으로 보모는 어머니에 대한 대치물이 되었고 소년은 아버지와 동일시되었다. "그는 이런 장면이 활성화됨으로써 성적 흥분에 사로잡혔다. 그리고 그는 그녀에게 아버지처럼(당시에는 그의 행동을 배뇨로 생각할 수밖에 없었다) 남성적인 방식으로 행동했다"(같은 책 : 93). 프로이트에 따르면 그 기억과 그에 수반된 환상들은, 그가 파트너의 엉덩이에 유별나게 끌리는 것, 그리고 예외 없이 미천한 신분의 여성을 선택하는, 사랑-대상을 비하하는 경향에 대해 작업할 수 있는 기초를 잘 마련해 주었다.

어머니의 자궁 속으로 되돌아가서 다시 태어날 수만 있다면 자신이 치료될 것이라고 믿었다는 환자의 언급을 토대로, 프로이트는 이 영화 같은 기록 장면을 원초적 장면에 대한 상세한 묘사로 끝맺으면서, 어머니의 자궁 내부를 시각화할 정도로까지 나아간다. 프로이트는 어머

니의 자궁으로 돌아가고 싶은 소망은 다시 태어나려는 것뿐만 아니라, 아버지와 성교하려는 데 그 목적이 있다고 주장하기에 이른다.

> 그는 다시 자궁 안으로 돌아갈 수 있기를 소망했는데, 단지 다시 태어나기 위해서 뿐만이 아니라, 거기서 자신의 아버지와 성교하기 위해서, 그로부터 성적 만족을 얻고 그의 아이를 낳기 위해서였다(같은 책: 101).

상당히 확대해서 들여다보았기 때문에, 원초적 장면의 인물들은 이전 사례와 같은 전체 대상이 아니라, 그들의 유년기 환상들 속에 나타나듯이 부분-대상들 – 모성적 자궁 안의 부성적 남근 – 이다.

> 성교 중인 어머니를 대신하기 위해 – 아버지에 대해 어머니의 자리를 대신하기 위해 – 어머니의 자궁 안에 있기를 바라는 소망이 있다. [...] 어머니의 생식기 안에 있는 상황으로 돌아가고 싶은 소망이 있는데, 이렇게 하여 남자는 자신을 자신의 페니스와 동일시하고 자신을 대표하기 위해 그것을 사용한다(같은 책:101-102).

프로이트는 어머니의 자궁 안에 있고자 하는 소망은 심리적 양성애와 관련이 있으며, 어머니와 아버지 모두를 향한 것이라고 말한다. "그러므로 두 환상은 서로 대응하는 관계인 것으로 드러난다. 환상들은 주체의 태도가 여성적인가 남성적인가에 따라 아버지 혹은 어머니와 성교하고 싶다는 소망으로 표현된다"(같은 책:102). 프로이트는 사실상 '두 근친상간적 소망'이 환자의 마음속에서 통합된다고 생각한다. 이 두 경향들이 환자에게 의미하는 다양한 양식들을 면밀히 분석한 후, 프로이트는 이성애적 경향을 성취해낼 것임을 보여준다. 소년은 아버지와의 동일시를 통해 긍정적 오이디푸스의 해소에 이르게 되며, 그의 동성애적 경향은 억압이 풀리면서 승화될 수 있게 되어 환자가 회복의 길로 나가도록 마련한다.

전이에 대한 간단한 언급

지금까지 프로이트의 모든 설명은 구성과 재구성에 집중된 것이었는데, 이 지점에서야 비로소 그는 전이에 대해 분명히 언급한다. 프로이트는, 분석과정에서 어려움에 봉착할 때마다 환자가 처음에는 프로이트를 잡아먹겠다고 위협했고, 그 다음에는 온갖 못된 행동으로 위협하곤 했다고 말한다. 프로이트는 이 소망이 양가감정의 영향으로, 사랑과 증오 모두에 대한 표현으로서 분석가를 먹어치우려는 무의식적 욕망과 관련이 있다고 느끼지만 더 이상 환자의 전이에 대해 언급하지는 않는다. 추가로 그는 억압의 원인에 대해 몇 가지 생각들을 제시하는데, 그가 보기에 환자의 남성적 경향과 여성적 경향들 간의 갈등만으로는 만족스러운 설명이 되지 않았기 때문이다. 프로이트는 억압이 아마도 "자아"와 "성적 경향들", 즉 리비도 간의 갈등과 더 관련이 있을 것이라는 결론에 이른다.

이 사례의 병력사에 대한 종합적 결론에서, 프로이트는 다시 한 번 자신의 계통발생적 가설로 돌아간다. 필시 억압은 표현할 길이 없는 원시적이고 본능적인 어떤 앎으로 돌아가는 흔적일 것이다. 그것은 "매우 정의하기 어려운 어떤 지식, 이를테면 이해를 위한 어떤 준비 같은 것이 당시 아이에게 작동하고 있었다"는 것과 일치한다(같은 책 : 120). 그러나 당장은, "우리가 임의로 쓸 수 있는 것은, 막대한 영향력을 미치는, 동물들의 본능적 앎이라는 한 가지 유사성 – 매우 훌륭한 – 밖에 없다"(같은 책 : 120). 프로이트의 사고는 이런 노선을 따른다. "만일 인간들 역시 이 같은 본능적 자질을 타고났다면, 그것이 특히 성 생활 과정과 관련된다고 해서 놀라울 것은 없다. 무슨 수를 써도 그것을 그들 안에 가둬놓을 수는 없지만"(같은 책 : 120). 우리가 이 가설을 조금 더 밀고 나간다면, "억압은 이런 본능적 단계로 되돌아가는 것일 것이다" – 그러므로 보다 초기의, 본능에 가까운 예비 단계들이 있을 수 있다. 그러나 프로이트는 이러한 계통발생적 가설들을 둘러싼 의구심들에 대해 잘 알고 있었다.

> 나는 정신분석이, 일어났던 정확한 순서들을 철저히 관찰하고, 개인이 쌓아놓은 지층들을 모두 뚫고 들어간 후 마침내 유전적 흔적들에 도달했을 때에만, 그것들[계통발생적 가설들]을 인정할 수 있다고 생각한다(같은 책 : 121).

후기 프로이트 학파

늑대 인간의 차후 분석

루스 마크 브룬스윅과의 분석 : 1926-1927

1926년, 몇 년간 잠잠했던 세르게이 콘스탄티노비치는 급성 편집증이 발병했다. 그가 다시 의뢰해오자, 프로이트는 당시 자신에게 분석을 받고 있던 미국 출신의 루스 마크 브룬스윅에게 그를 의뢰하였다. 분석은 5개월 동안 지속되었고 1927년 2월에 끝났다. "그 후 늑대인간은 건강했고 약간의 관리적인 능력을 보이면서 비교적 생산적으로 일했다"(Mack Brunswick, 1928b [Gardiner 1989; 263]). 루스 마크 브룬스윅(1928a)은 프로이트의 긴밀한 협조 아래 이 분석 치료에 대한 해설을 출간했다. 그녀는 자신이 최초로 "늑대 인간" – 이 별명은 오늘날까지 남아있다 – 이라고 불렀던 이 남자의 절망적 상태를 묘사하였다. "분석 시간 동안 그는 완전히 현실로부터 단절된 환상들에 관해 미친 듯이 이야기했다" [Gardiner 1989; 290]). 그는 피부과 의사가 입힌 상처로 인해 건강염려증적 강박관념으로 고통 받고 있었는데, 그 의사가 자신의 코에 구멍을 냈기 때문에 평생 흉하게 지내야 할 것이라고 믿었다. 이 분석에서 그녀가 씨름해야 했던 어려움들 – 박해적인 망상과 망상적 건강염려증의 출현과 더불어 - 에도 불구하고 루스 마크 브룬스윅은 환자의 성격 안에 있는 정신증적 요소를 분석하는 데 성공했는데, 그것은 프로이트가 1918년의 보고에서는 탐색하는 데 실패했던 것들이었다. 더욱이 그녀는 환자가 프로이트와 관련된 해결되지 않은 전이뿐만 아니라, 그가 존경했던 - 그가 "아끼는 아들"이라고 주장하면서 - 그러나 또한 증오하면서 자신을 망쳐놓았다고 비난했던 이전 분석가에 대한 양가감정을 극복할 수 있도록 했다. 그녀는 또한 늑대 인간의 부정적 전이, 그리고 특히 그녀를 비판하면서 끊임없이 프로이트와 비교함으로써 경멸하는 것에 대해 분석했다. 편집증 속에서, 그는 지금 받고 있는 분석에 대해 돈을 지불할 필요가 없는 것이 매우 타당하다고 믿었다 - 프로이트와 다른 정신분석가들로부터 정기적으로 금전적 도움을 받은 것이 빚진 돈을 받는 것에 지나지 않는다고 느꼈듯이.

조금씩 루스 마크 브룬스윅은 그의 박해적 망상을 분석할 수가 있었는데, 특히 늑대들이 그를 죽이려고 위협하는 박해자들로 위장하고 다시 나타났던 꿈 덕분이었다. 마지막 꿈 중 하나에서, 환자의 현재 병리와 그가 18살 때 신경증을 촉발시켰던 임질 감염 사이의 연결이 만들어졌다. 그의 거세 불안과 아버지와의 연결은 이때부터 분명해졌다. 그녀는 "환자가 실제로 그리고 완전히 그의 망상을 포기한 것"(같은 책 : 296)은 이 꿈 이후였다고 덧붙인다. 그녀가 1945년에 추가한 보고에서, 루스 마크 브룬스윅은 이 분석이 1928년 이후 몇 년 동안 다소 비정기적으로 계속되었으며, 2차 세계대전 같은 사건들로 인해 약간 환자의 삶에서 중요한 개인적 위기가 있었음에도 불구하고, 치료 결과는 훌륭했고 오래 지속되었다고 말한다(같은 책 : 263-264).

프로이트가 세르게이 콘스탄티노비치를 그녀에게 의뢰했던 이유 중 하나는 의심의 여지없이, 루스 마크 브룬스윅이 정신증 연구 전문이었기 때문이다. 더욱이 그녀는 특히 초기 엄마-아이 관계에 관심이 있었고, 자신의 논문에 "전-오이디푸스"라는 용어를 적용한 최초의 정신분석가 중 하나였는데, 프로이트도 나중에 그 용어를 채택하였다. 그녀 자신의 정신적 건강에는 상당히 아쉬운 점이 많았지만, 그녀가 다시 한 번 늑대 인간을 구할 수 있게 한 것은, 치료에 대한 그녀의 1928년 설명이 분명히 보여주듯이, 정신증 환자들과의 전문적인 경험이었다.

뮤리엘 가디너와 늑대 인간

1926년, 루스 마크 브룬스윅과 분석 중이던 미국의 정신분석가 뮤리엘 가디너Muriel Gardiner는 세르게이 콘스탄티노비치와 만나 친구가 되었고, 늑대 인간에 대한 그녀의 관심은 그가 죽을 때까지 지속되었다. 1938년에 또 다른 불운이 세르게이 콘스탄티노비치에게 닥쳤는데, 오스트리아가 나치 독일에 의해 합병되던 즈음에 그의 부인이 자살을 한 것이었다. 1945년부터 세르게이 콘스탄티노비치는 점점 더 프로이트의 역사적 환자라는 것이 알려지게 되었고, 그가 1971년에 기억을 출판하도록 격려했던 뮤리엘 가디너(1971년)뿐만 아니라 전 세계에 걸쳐 정신분석 단체의 지원을 받았다—특히 프로이트의 문서 관리인이었던 커트 아이슬러의 도움을 받았다. 세르게이 콘스탄티노비치는 1979년에 비엔나에서 죽었다. 늑대인간이 죽은 후, 가디너는(1983) 그와의 마지막 만남에 대한 이야기를 출판했는데, 부록에서 저널리스트인 카린 옵홀처가 1980년에 그를 묘사한 것—그녀가 보기에는 왜곡돼 보이는—에 대해 의구심을 제기한다 (Obholzer and Pankejeff 1982).

새로운 개념들

사랑과 증오 간의 양가감정 – 항문 성애 – 거세(불안) – 사후작용 – 분석의 끝 – 유아 신경증 – 유아 성욕 이론 – 수동적인 여성적 태도 – 공포증 – 원초적 장면 – 종교적 강박증 – 유혹 장면 – 전이 – 무의식적 동성애

「불안한 낯섦UNCANNY」
(1919h)

역설적 감정의 무수한 측면들

독일어로 "das Unheimliche"라는 용어는 다른 언어에는 없는 많은 함축을 담고 있다. 일상적으로 사용하는 형용사 'unheimlich'는 익숙하다heimlich와, 익숙하지 않다un-heimlich, 곧 낯설다는 의미와 결합하면서 역설적인 감정을 불러일으킨다. 여러 문학작품에서 얻은 영감과 이 논문의 시적 묘미를 다 번역하지는 못하더라도, 독자는 'unheimlich'가 불러일으키는 다양한 정서와 프로이트가 제안하고 있는 해석의 다양성에 매료되지 않을 수 없다. 더욱이 이 논문에서 프로이트는 "반복 강박"에 대해 쓰고 있는데 그 당시 그는 삶의 욕동과 죽음 욕동 사이의 근본 갈등에 관한 임상적 개념에 대해 작업하고 있었다. 그러한 개념은 이후에 『쾌락원칙을 넘어서』(1920g)에서 점점 중요한 역할을 맡게 된다.

생애와 역사

제1차 세계대전과 그 여파

박탈과 고립의 시기

전쟁 기간은 프로이트와 그 가족에게 엄청난 고난을 의미했다. 그는 식량 부족으로, 겨울에는 — 그가 서신을 왕래하던 사람들에게 썼듯이 — 펜을 제대로 잡을 수 없을 정도의 추위로 몹시 고생했다. 그리고 그는 담배를 몹시 그리워했다. 군대에 징집된 아들들에게 소식이 없을 때마다 걱정했으며 환자들은 점점 더 줄었다. 실제로 단 한 명의 환자를 보던 때도 있었다. 그는 존스가 런던으로의 이주를 제안할 때마다 항상 거절했다. 미국에 있는 그의 형이 그에게 재정적인 도움을 주었지만 — 프로이트는 전쟁이 끝나자마자 모든 돈을 변상했다고 주장하였다 — 그의 모든 에너지는 기본적으로 가족을 부양하는 데 쓰였다. 전쟁 기간은 학문적 진전과 관련해서는 특히 생산적이지 않았다. 프로이트는 고군분투할 에너지가 거의 없었고 가까운 미래에 죽을 것처럼 보였다. 그러나 부다페스트의 부유한 양조업자이며 프로이트의 옛 환자인 안톤 폰 프론트가 정신분석 전문 출판사를 보조하고 이 목적에 큰 돈을 기부하기로 했을 때 희망이 다시 불붙었다. 그리하여 그 해에 국제정신분석 출판사Internationaler Psychoanalytischer Verlag가 탄생했고 출판사는 이후 다섯 권의 학술 잡지와 150여권의 책과 11권의 프로이트 전집을 출간했다. 1918년 9월에 프로이트와 페렌치는 부다페스트에서 국제총회를 조직했고, 그것은 전쟁 신경증에 대해 정신분석이 어떤 일을 할 수 있는지 관심을 갖고 있던 오스트리아-헝가리 정부의 몇몇 공직자들의 주의를 끌었다.

힘겨운 전후 시기의 재연합

1918년 휴전 후에 빈 시민의 생활은 계속 어려웠다. 실상 거의 전쟁 중일 때만큼 힘겨웠다. 1919년 베르사유 조약은 구 오스트리아-헝가리 제국에 속한 영토를 분할하기에 이르렀으며 볼셰비키 혁명은 동유럽의 정치 지형을 완전히 뒤바꾸어 놓았다. 빈과 부다페스트 사이의 국경은 폐쇄되었고 따라서 페렌치와의 소통도 중단되었다. 인플레이션이 급속히 진행되자 오스트리아 화폐는 거의 가치가 없어져 프로이트는 외국 통화를 지불할 수 있는, 주로 미국인과 영국인 피분석자만 받기로 했다. 1919년 9월에 전쟁으로 헤어진 지 5년 만에 존스가 한 번 더 프로이트를 방문할 수 있었다. 역시 1919년에 프로이트의 아들 마르틴이 결혼했고, 프로이트는 함부르크에 있는 딸 소피 할베르슈타트-프로이트 Sophie Freud가 아들—후에 "Fort-Da"라고 불린 소년—을 낳았을 때 그녀를 방문했다. 불행하게도 소피는 1920년에 사망했다. 전후에 퍼진 유행성 인플루엔자로 그녀를 잃은 프로이트는 몹시 슬퍼했다. 1920년 9월에 헤이그에서 6차 국제총회가 열렸다. 이 총회에 57명의 회원들이 참석했고 존스가 국제정신분석학회(IPA)의 의장으로 선출되었다.

원문 찾아보기

페이지 번호는 『지그문트 프로이트 전집 표준판』 vol. 17. 217-252를 따른 것이다.

특정 형태의 불안을 찾다

프로이트는 한동안 unheimlich라는 말 뒤에 있는 여러 종류의 감정에 호기심이 자극되었다고 한다. 첫눈에 그것은 깜짝 놀라는frightening 것과 관련되어 있는 것, 불안과 두려움을 일으키는 것으로 보인다. 그럼에도 불구하고 그것은 여기에 관련된 불안 뿐 아니라 틀림없이 무의식 어딘가에 있는 감정의 "특별한 핵"이라고 덧붙인다. 프로이트는 이 "핵"을 두 가지 방향으로, 첫째는 어원학적으로, 그 다음에는 감정을 일으키는 다른 종류의 상황에서 찾고 있다. 그는 이 용어가 독일어에서는 널리 사용되지만 다른 언어에서는 정확한 동의어가 없다는 데 주목한다.

독일어의 어원학적 관점에서 프로이트가 지적하듯이, unheimlich는 '익숙한, 친밀한, 알고 있는, 자기 집 같은'을 의미하는 heimlich의 반대말이다. 그러나 heimlich라는 말은 또한 '숨겨진, 비밀의, 보이지 않는, 누군가의 등 뒤에서 어떤 것을 하는 그리고 심지어 위험한' 을 의미하기도 한다 - 따라서 heimlich의 이런 의미는 그 반대말인 unheimlich의 의미와 거의 동일하게 된다. unheimlich한 모든 것은 비밀스럽고 숨겨져 있어야 하면서도 드러나게 된다. 그대 일상 언어는 거의 알아차리지 못하게 heimlich에서 그 반대말인 unheimlich로 전환한다. "따라서 heimlich는 마침내 그 반대말인 unheimlich와 일치하게 될 때까지 의미가 양가적인 방향으로 발달하는 단어이다. unheimlich는 여러모로 heimlich의 하위 개념sub-species이다" (1919h : 226).

불안한 낯섦에서 거세 불안으로

그런 다음에 프로이트는 불가사의한uncanny의 감정을 일으킬 수 있는 사물, 사람, 상황을 재검토한다. 특히 한 가지 좋은 사례는 우리가 대하고 있는 사람이 죽은 사람인지, 살아 있는 사람인지 알지 못할 때인데, 많은 허구 이야기들은 이런 불편한 감정에 기초해 있다. 예를 들면, 호프만Hoffmann의 "모래 인간"은 특히 이런 관점을 예시하고 있다. 주인공인 나다니엘은 밀납인형인 올림피아와 사랑에 빠지지만 그녀가 살아 있는지, 무생물 인형인지 확신하지 못한다. 이런 주제는 오펜바흐의 오페라 『호프만 이야기』에서도 다뤄진다. 게다가 나다니엘은 코펠리우스와 관련해서 같은 종류의 두려운 불확실함을 느낀다. 그는 코펠리우스 역시 죽어있는 모래 인간인지 확신할 수 없다. 코펠리우스란 인물이 나중에 돌아왔을 때 나다니엘은 발작을 일으키고 공포로 높은 탑에서 뛰어내려 죽는다. 그러나 프로이트는, 이런 환상 이야기에서 불안한 낯섦의 가장 강한 인상은 아이들의 눈을 파내겠다고 위협하는 모래 인간과 관련되어 있다고 말한다. 시력을 잃는 두려움은 지적인 인상만 주는 것은 아니다. 정신분석의 관점에서 볼 때 그것은 거세 불안과 관련된 무서운 유아적 불안의 회상과 더 많이 관련되어 있다. 다른 말로 하면 나다니엘에 있어 모래 인간은 손으로 거세를 하게 될 것으로 예상되는 두려운 아버지를 나타낸다. 여기서 주인공이 자신의 눈을 뽑아 스스로 징벌하는 오이디푸스 신화와 연결되는 것을 볼 수 있다.

자기애적 분화doubling에서 초자아의 전조인 자아의 분신double으로

unheimlich 감정에서 담고 있는 역설은 역시 호프만을 통해 훌륭하게 사용되었다. 분신double이라는 개념은 다양한 양식으로 표현된다. 예를 들면 프로이트는 나다니엘에게서 부모 이마고는 상반된 쌍으로 전체적인 일련의 "분화doublings"와 "분할division"－특히 그를 거세하려고 위협하는 무서운 아버지와 그를 보호하는 "좋은" 아버지 사이의－을 거친다(같은 책 : 232 주1)는 데 주목한다. 이런 분화와 분열은 우리가 정신분석에서 알고 있듯이 많은 종류의 정신 상태－예를 들면 자기의 일부가 죽음을 회피하기 위한 "자기애적 분화"의 형태－에서 발생한다고 프로이트는 말한다. 분신의 개념은 모든 형태와 크기에서 특히 한 사람에게서 다른 사람에게로 정신 과정이 직접적으로 전달되는 것과 같은 현상으로 나타난다. 이것은 텔레파시를 떠올리게 하는데, 프로이트는 텔레파시를 다음과 같이 보았다.

> 그것은 주체가 다른 누군가와 자신을 동일시한다는 점이 특징적이다. 따라서 그는 자신의 자기가 어떤 것인가에 대해 의심하며 자신의 자기를 외부의 자기로 대체한다. 달리 말해 자기의 분화, 분할, 교체가 존재한다. 그리하여 마침내 동일한 것의 끊임없는 반복이 존재한다. 즉, 동일한 인물 혹은 성격특성이나 운명이, 동일한 범죄 혹은 이름까지도 몇 세대를 거쳐 반복된다(같은 책 : 234).

그런 다음에 프로이트는 또 다른 종류의 "분신double"－"양심"이라 불리며 마음을 검열하는 특별한 대리자가 형성된 데 따른－에 대해 기술한다. 이런 대리자agency는 "자아의 다른 부분을 대상처럼 다룰 수 있고 [따라서] 인간은 자기를 관찰할 수 있게 된다"(같은 책 : 235). 1923년에 프로이트는 이 대리자에 특정한 지위를 부여하고 그것을 "초자아"라 불렀다.

"동일한 특성의 반복"에서 "반복 강박"으로

불안한 낯섦의 감정을 만들어내는 분신의 개념은 또한 "동일한 특성의 반복"과 관련된 현상에서, 즉 이상하거나 낯설면서 동시에 익숙한 그런 불안한 상황에서 나타난다. 이것은 안개 속에서 멀리 헤매다가 출발 지점으로 되돌아오고 있다고 생각할 때 느끼는 것과 같은 불안이다. 그 때 우리는 알아채지 못한 채로 쳇바퀴를 돌고 있다는 것을 깨달으며 불안해진다. 그러나 훨씬 더 불안을 일으키는 또 다른 형태의 반복은 프로이트가 "반복 강박"이라 부른 것에서 생긴다.

> 왜냐하면 본능적 충동에서 생기고 아마도 본능의 속성에 내재되어 있는 "반복 강박"–마음의 어떤 측면에 악마적 특성을 부여하면서 쾌락 원칙을 무효로 할 만큼 강력하고, 어린 아이들의 충동 속에 아주 명확하게 표현되는 강박–이 무의식적 마음에 우위를 차지하고 있다는 것을 인식할 수 있기 때문이다. 신경증 환자에 대한 분석과정의 일부도 역시 강박 때문에 이루어진다(같은 책 : 238).

여기서 프로이트는 그 당시에 작업하고 있었고 『쾌락원칙을 넘어서』(1920g)의 주요 테마가 될 근원적 주제들을 간단히 개괄하고 있다.

이 논문을 마치면서 프로이트는 익숙하면서도 익숙하지 않은 역설적인 감정을 일으키는 수 많은 정신병리 상황을 예로 든다. 이런 예들은 현실과 환상, 광증과 정신건강 등을 구별할 수 없는 무능력일 것이다. 이런 현상은 사고의 마술적 전능성에 대한 믿음과 관련되어 있고 이러한 전능성은 심리적 현실의 힘을 물질적 현실의 힘보다 과대시한다. 프로이트에게 있어 unheimlich 감정은 억압된 것의 특성들 중 하나이다. 두려운 낯섦으로 표현된 억압된 내용은 예전에 익숙했던 유아적 콤플렉스가 되살아난 것이라고까지 추적될 수 있다. 실제로 창조적인 문학은 각 개인에게 억압된 사적인 자료에 근거해 있으며, 저자의 상상이 불러낼 수 있는 모든 수단들을 사용했을 때 독자에게 매혹적이고도 불가사의한uncanny 효과를 만들어낸다.

후기 프로이트 학파

오이디푸스 콤플렉스에서 부모 이마고의 "이분화"

프로이트가 「불안한 낯섦」에서 논의한 문학적, 정신분석학적 주제들이 아주 다양하고 풍부하기 때문에 후기 프로이트 학파의 많은 정신분석가들은 그 논문에서 영감을 받고 이런 문제들에 대한 사고를 발전시키게 되었다.

나의 견해로, 이런 것들 중 하나가 부모 이마고의 이분화이며 이는 종종 알아채지 못한 오이디푸스 콤플렉스의 한 측면이다. 우리가 오이디푸스 콤플렉스를 소포클레스의 『오이디푸스 왕』과 관련해서 생각할 때, 일반적으로 오직 한 부모 쌍–테베스의 왕과 왕비인 라이우스와 조카스타—을 염두에 둔다. 다니엘 키노도즈(1999, 2002)가 지적하듯이, 그들에게 버려졌던 오이디푸스는 또 다른 부부, 즉 코린스의 왕과 왕비인 폴리부스와 메로페에게 받아들여져 입양되었다는 것을 잊기 쉽다. 오이디푸스 신화에서는 당시 주인공에게 사실 두 쌍의 부모들—생물학적 부모와 양부모—이 있다. 따라서 부모 이마고가 "유기한 부모"와 "입양한 부모"의 측면으로 이분화된다. 결과적으로, 오이디푸스 신화를 환자가 가져오는 꿈인 양 분석한다면, 다니엘 키노도즈가 주장하듯이, 이런 이분화의 결과로 오이디푸스는 자신의 콤플렉스를 아주 잘 다루지 못하는 결과를 낳은 것이다. 그는 양아버지인 폴리부스의 자연사를 알게 되자 신탁—"너는 네 아버지를 죽이고 네 어머니와 결혼할 것이다"—은 더 이상 그와 상관이 없다고 생각한다. 나중에야 그는 폴리부스와 메로페가 양부모이고, 라이우스와 조카스타가 친부모라는 것을 알게 된다.

> 오이디푸스가 자신의 무의식적 소망을 충족시킨 것은 엄밀히 말해 그의 부모 쌍이 이분화되었기 때문이다. 그가 자신의 무의식적 소망을 재연하지 못하도록 할 만한 것은 아무것도 없었다. 라이우스와 조카스타는 그가 알고 있고 또 좋아한 아버지와 어머니가 아니었기 때문에 오이디프스는 그들을 죽일 수 있었다. 부모 이마고가 두 쌍의 독립된 부모로 이분화됨으로써, 오이디푸스는 복잡한 삼각관계를 피할 수는 있었지만, 그로 인해 그의 콤플렉스의 의미를 밝히지 못함으로써 그것과 타협하고 훈습하는 데 실패했다(D. Quinodoz 2002[2003 : 72]).

다니엘 키노도즈는 일부 환자들이 거세 불안, 양가감정 또는 외로움과 같은 특정 형태의 불안과 맞서지 않기 위해 무의식적으로 부모 이마고를 이분화하는 것에 주목한다—그러나 이것은 그들의 오이디푸스 콤플렉스의 해소를 가로막을 뿐이다.

생애와 역사

어네스트 존스(1879–1958)

프로이트의 가까운 동료이자 그의 권위 있는 전기 작가로서 존스는 특히 영어권 세계에서 정신분석이 발달하는 데 중대한 역할을 했다. 여러 해 동안 국제정신분석학회(IPA)의 회장을 지냈던 존스는 영국정신분석학회를 설립하고 국제 정신분석학술지International Journal of Psycho-Analysis를 창간했다. 그는 멜라니 클라인이 영국에 정착하도록 도왔으며 나중에 클라인과 안나 프로이트가 대립하는 "논쟁적 토론"에서 중재자 역할을 했다.

존스는 1879년에 웨일즈에서 태어나 런던에서 의학을 공부했다. 그는 1906년에 프로이트의 저작물을 발견한 후 한 동안 뮌헨에 머물면서 신경학에 대한 지식을 심화하고, 『꿈의 해석』을 읽으려고 독일어를 배웠다. 1908년에 그는 빈에서 프로이트를 만났고 1939년 프로이트가 죽기 전까지 정기적으로 그와 서신을 주고받았다. 1908년 잘츠부르크 총회에서 존스는, 주체가 이면의 진정한 동기를 의식하지 못하지만 이런 저런 태도나 의견에 대해 논리적으로 일관된 설명을 제시하는 방어 기제인, "합리화"라는 이제는 고전이 된 정신분석적 개념을 제안했다. 1909년에 한 여자 환자의 형제가 존스를 고소했고 법정에서 그는 혐의를 모두 벗었지만 그의 의료 경력은 이로써 끝이 났다. 그는 내연의 처, 로에 칸과 함께 런던을 떠나 다음 5년 동안 토론토에 정착했다. 캐나다에서 그는 몇 명의 미국 정신분석가들과 접촉했고 미국정신분석학회를 설립했다. 1913년에 유럽으로 돌아온 그는 먼저 부다페스트로 갔고 거기서 페렌치에게 단기 분석을 받은 다음 영국으로 돌아왔다. 동시에 프로이트는 로에를 분석하기 시작했지만 그녀는 곧 존스를 떠나 1914년에 부다페스트에서 다른 사람과 결혼했다. 프로이트는 그녀의 결혼식에 하객으로 참석했다. 1914년 6월에 당시 18세이던 안나 프로이트가 런던을 방문했고 거기서 존스와 데이트를 시작했다. 이 소식을 들은 프로이트는 안나에게 관계를 끊으라는 편지를 썼다. 그는 존스가 그녀에게 좋은 남편이 될 수 없을 거라고 말했고 안나는 아버지의 뜻을 따랐다. 1916년 존스는 젊은 예술가와 결혼했지만 그녀는 2년 후 사망했다.

일차 세계대전 중에 존스는 런던에서 정신분석을 했으며, 다양한 심포지엄에서 발표한 논문 덕택에 프로이트의 작업에 매우 유보적이던 의사들과 폭넓은 청중들에게 그의 작업을 알릴 수 있었다. 그가 독일어 저널들에 실린 논문들을 계속 출판하자 타임지는 독일 및 오스트리아-헝가리 제국에 부역했다며 존스를 고소하였다. 공식적인 조사가 이루어져 무죄가 입증 된 후에 그는 독일어로 된 학술적 출판물을 받을 수 있다는 허가를 받았다 – 이것은 특히 그가 프로이트와 접촉을 유지할 수 있다는 것을 의미했다. 1919년에 그는 빈 출신의 카테린 욜크Katherin Jolk와 결혼하여 슬하에 네 자녀를 두었다. 역시 그 해에 존스는 영국정신분석학회를 설립했으며 1920년에는 호가드 출판사와 합작해 국제 정신분석 출판사를 설립했다. 1920년에 4년 임기의 국제정신분석학회 회장으로 처음 선출되어 「국제 정신분석 학술지International Journal of Psycho-analysis」를 발행하기 시작했다. 그는 1939년까지 이 잡지의 편집장을 맡아 프로이트 전집 표준판의 작업을 진행시켰다..

그는 1926년 멜라니 클라인이 영국에 정착하는 데 도움을 주었으며, 프로이트와 안나 프로이트가 퍼붓는 비난으로부터 그녀의 관점을 옹호하면서도 동시에 프로이트와 좋은 관계를 유지했고 계속 그와 작업을 했다 (Steiner 2002). 1932년에 존스는 다시 IPA의 회장으로 선출되어 1949년까지 연임하였다. 1930년대 말 즈음에 그는 베를린, 빈, 부다페스트의 상당수의 유태인 분석가들이 영국과 북미로 이주하도록 도왔다. 프로이트와 그의 가족이 나치를 피해 빈에서 벗어났을 때 존은 마리 보나파르트 공주와 함께, 그들의 탈출을 계획하여 그들이 런던에 정착하도록 도왔다. 이차 세계대전 중, 영국정신분석학회에서 발생한 "논쟁적 토론"의 시기에 안나 프로이트와 멜라니 클라인의 견해가 갈라졌을 때 중재자 역할을 한 사람도 존스였다.

존스는 1946년에 은퇴하여 『지그문트 프로이트의 생애와 연구』(Jones 1953-1957) 라는 프로이트의 전체적인 전기와, 『자유 연상』(Jones 1959)이란 제목의 자서전을 저술하면서 생애 마지막 10년을 보냈다. 전문가로서의 경력을 보면 존스는 정신분석에 관한 상당수의 이론적, 임상적 논문을 출판했다. 이것들 중 가장 중요한 것은 「상징주의 이론」(1916), 「여성 성욕의 초기 발달」(1927) 그리고 「초기 여성 성욕」(1935)에 관한 것이었다. 존스 덕분에 1922년 베를린 총회에서는 여성 성욕에 관한 논쟁이 일어났고 그 논쟁으로 인해 영국 학파의 정신분석적 사고를 따르는 사람과 빈 학파 사람들 간에 충돌이 생겼다. 존스는 양성 모두에게 성적 욕망이 사라지는 것을 묘사하고자 "성욕 소멸aphanisis"이라는 정신분석적 개념을 소개했는데, 그는 이것이 거세 불안보다 훨씬 더 근원적 두려움이라고 주장했다(Jones 1927). 어네스트 존스는 1958년 런던에서 사망했다.

새로운 개념들

반복 강박 – 분화 – 반복, 동일한 특성의 반복 – 분열 – 분신 – 자기애적 분신 – 두려운 낯섦

「매 맞는 아이(성도착의 근원에 관한 연구 논문)」
(1919e)

「여성 동성애 사례의 심리적 기원」
(1920a)

성도착과 가학피학증에 대한 최초의 탐구

이 두 연구를 통해 프로이트는, 오이디푸스 콤플렉스가 신경증과 마찬가지로 성도착에서도 결정적인 역할을 하며 그 기원은 유아 신경증에 놓여 있다는 것을 보여줄 수 있었다. 프로이트는 정신적 양성성, 즉 병리적인 사람과 마찬가지로 정상적인 사람의 마음에도 존재하는 남성적, 여성적 요소들의 두드러진 역할을 강조한다.

「매 맞는 아이」에서, 프로이트는 매 맞는 환상에서 피학증의 전형적 특징인 고통이 불러일으키는 성적 쾌감이 근친상간적 대상의 성애화와 밀접한 관련이 있다고 지적한다. 프로이트에게 있어 소녀의 매 맞는 환상은 아버지에 대한 무의식적인 근친상간적 소망의 대체물이다. 더욱이 매 맞는 환상과 관련하여 프로이트는, 아버지와의 수동적인 성애적 관계에 대한 대체물인 남성의 "여성적 태도"가 남성 피학증의 전형적 특징이라고 설명한다.

「여성 동성애 사례의 심리적 기원」에서 프로이트는 연상의 여인과 사랑에 빠진 18세 소녀의 (중단된) 치료에 대해 묘사하고 있다. 이 논문은 프로이트가 출판한 마지막 임상사례인데, 그는 사례를 출판하는 것이 비밀 보장 차원에서 더 이상 바람직하지 않다고 생각하였다. 이 사례는 프로이트가 여성 동성애에 대해 연구할 기회를 제공했는데, 이 주제는 드물지 않음에도 불구하고 남성 동성애에 비해 "그다지 두드러지지 않았기"(1920a : 147) 때문에 정신분석 연구에서 그때까지 등한시되어 왔다. 분석은 환자가 프로이트가 하는 말이 실제로 자신과 관련이 있다고 느끼지 않았기 때문에 그리 오래 가지 못했다. 프로이트는 그녀의 저항이 자신에 대한 적대적 전이 때문이라는 것을 깨닫자 – 그녀는 아버지에게 보복하고 싶은 소망을 프로이트와의 전이 상황에서 재연하고 있었다 – 치료를 종결하고, 환자에게 여성 분석가와 분석을 계속할 것을 권하였다. 환자의 동성애에 대한 심리적 기원에서 프로이트는 긍정적인 오이디푸스 콤플렉스, 즉 아버지와 관련된 갈등을 특히 강조하였지만 어머니에 대한 소녀의 전-오이디푸스적 사랑이 미치는 결정적인 부분에 대해서는 거의 언급하지 않았다. 그는 1930년대에 가서야 이것을 고려하게 된다.

이 장의 끝 부분에서 나는 프로이트의 여성성의 개념이 발달해온 각기 다른 단계들을 검토하겠다.

생애와 역사

아버지에 의한 안나 프로이트의 분석

안나 프로이트와 매 맞는 환상

프로이트는 이 부분에 대해 매우 신중을 기했지만, 전기 작가들은 그가 논의한 "매 맞는 아이" 사례들 중 하나가 그의 딸인 안나라는 것을 믿어 의심치 않는다(Young Bruehl 1988). 안나가 시달렸던 이런 환상들은, 그녀가 1918년부터 1922년까지 아버지로부터 첫 번째 분석을 받게 만든 증상들 중 하나였다. 당시에는 이것이 결코 이례적인 것이 아니었는데, 그때 어떤 해로운 결과가 있었는지는 확인된 바가 없다. 1922년에 분석이 끝나자 안나는 15세 소녀의 매 맞는 환상을 묘사한 임상 논문을 썼는데, 이 제출 논문으로 그녀는 비엔나 정신분석학회의 일원이 될 수 있었다. 그녀는 나중에 이 논문을 "매 맞는 환상과 백일몽과의 관계"라는 제목으로 출간했다(1923). 그러나 그녀 자신의 매 맞는 환상들은 여전히 끝나지 않았다. 1924년에 이러한 환상들이 새롭게 출현하자 그녀는 다시 아버지에게 분석을 받게 되었다. 1924년 5월 5일, 안나는 루 안드레아스-살로메에게 이렇게 썼다. "계속하는 이유는 [...] 그것 없이는 견딜 수 없는 매 맞는 환상과 그 결과들(즉, 자위)이 점점 더 참을 수 없이 – 정신적으로 뿐만 아니라 때로 신체적으로도 – 증폭되면서 백일몽과 결합하여 때로 흉측하게 침범하기 때문이었다"(Young Bruehl 1988 : 112에서 인용).

프로이트의 여성성 개념에 미친 영향

프로이트가 자신의 딸을 분석했다는 사실은 의심의 여지없이 여성의 성에 관한 그의 사고에 상당한 영향을 미쳤다. 안나의 첫 번째 분석은 프로이트의 「매 맞는 아이」의 출간과 밀접한 관련이 있었다. 그리고 아버지와의 두 번째 분석은, 주장을 뒷받침할 직접적 증거는 없지만, 아마 그가 「성의 해부학적 차이에 따른 심리적 결과」(Freud 1925j)를 쓰는 데 영감을 주었을 것이다(Young Bruehl 1988 : 125). 1925년 논문에서 프로이트는 어린 소녀의 발달에서 남근선망을 핵심적인 것으로 받아들인다. 그는 정상적인 발달에서 아버지를 포기하는 것은 아이를 갖고 싶은 소망으로 이끄는데, 아이는 소녀가 박탈당했다고 느끼는 남근에 대한 대체물을 나타낸다고 말한다. 그러나 만일 남근 선망이 지나치게 강하고 아버지에 대한 애착을 포기하지 못하면 "소녀는 아버지와 동일시하게 되어버리고 따라서 남성 콤플렉스로 되돌아가 거기에 고착된 채 남아 있을 것이다"(1925j : 256). 아버지와의 동일시로 후퇴하는 것은 프로이트가 「매 맞는 아이」에서 다다른 결론에서뿐만 아니라, 안나의 「매 맞는 환상과 백일몽과의 관계」에서도 반영되고 있다. 더구나 아버지와의 동일시는 안나의 삶의 특징 – 강한 남성적 동일시, 금욕주의, 여성으로서 적극적인 성 생활의 포기, 남성과의 어려운 관계, 도로시 벌링햄과의 오랜 우정 – 을 이루는 것처럼 보인다.

루 안드레아스-살로메 (1861~1937)

프로이트 그리고 그의 가족들과 가까운 친구였던 살로메는 안나가 아버지로부터 분석을 받을 당시 그들과 상당히 개입되어 있었다. 프로이트가 종종 그녀에게 안나의 분석에서 부딪치는 어려움들에 대해 편지를 보내는 동안, 안나는 매 맞는 환상과 백일몽을 주제로 그녀와 함께 입회 논문을 준비하고 있었기 때문에 그녀를 매우 신뢰하고 있었다.

살로메가 정신분석에 전념하기 전, 그녀의 애정 생활은 파란만장했다. 그녀는 1861년 페테르부르크에서 태어났는데, 그녀의 가족은 독일과 프랑스계 가문이었고 아버지는 러시아 황제군의 장군이었다. 루는 아직 어린 19세의 나이에 가족으로부터 독립하여 철학과 미술사를 공부하기 위해 취리히를 떠났다. 21세에 그녀는 로다에서 열정적 삼총사가 되었던 두 명의 철학자, 폴 리와 프레드리히 니체Friedrich Nietzsche를 만났다. 그 뒤로도 그녀는 젊은 시인 릴케Rilke를 비롯한 여러 사람과 연애를 했다. 프로이트의 표현처럼, "그녀는 위대한 시인에게 마치 뮤즈와 보호적인 어머니처럼 행동하였다"(Freud 1937a : 297). 1887년에 루는 독일 괴팅겐 대학 교수이며 동양학자인 프레드리히-카알 안드레아스와 결혼하였다.

살로메는 1911년 바이마르 총회에서 프로이트를 만났다. 그녀는 곧 바로 정신분석에 흥미를 느꼈으며 꾸준히 훈련한 끝에 역사상 최초의 여성 분석가 중 한 사람이 되었다. 이듬해인 1912년에 그녀는 비엔나에 정착하여 프로이트 일가의 환영을 받고 안나와 매우 절친한 친구가 되었다. 그녀는 1912년부터 프로이트와 주기적으로 서신왕래를 하기 시작했다. 이런 방법으로 프로이트는 그녀의 분석 사례를 임상 감독할 수가 있었다. 루는 정기적으로 수요모임에 참석하였고 프로이트는 곧 그녀를 비엔나정신분석학회의 일원으로 받아들였다. 정신분석 운동에 대한 그녀의 충성에 대한 표시로, 프로이트는 그녀에게 "비밀 위원회" 회원에게만 주는 반지를 주었다. 정신분석가로 활동하기 시작하면서 살로메는 그때까지도 유지하고 있던 소설가와 수필가로서의 경력을 점차 포기하는 대신 정신분석을 주제로 글을 썼다. 특히 신체와 마음과의 관계에 관심을 가진 그녀는 여성과 남성 간의 상보성을 강조하였고, 정신분석적 사고에 여성의 관점을 도입하였다. 그녀는 1930년대에 나치의 출현에도 불구하고 독일에 머물다가 1937년에 괴팅겐에서 사망하였다.

원문 찾아보기

「매 맞는 아이(성도착의 기원에 관한 연구 논문)」(1919e)

페이지 번호는 『지그문트 프로이트 전집 표준판』 vol. 17, 175-204를 따른 것이다.

강박적 자위를 동반한 강박적 환상

이 논문에서 프로이트는 자신의 여섯 명의 환자, 네 명의 여성과 두 명의 남성 환자에게서 강박적인 성적 환상을 분석하였다. 절정의 단계에서 환상은, 성인기의 성적 장애와 마찬가지로, 억누를 수 없는 강박적 자위 만족을 수반한다. 프로이트는 이러한 환상을 고백하는 것은 매우 주저되는 일이며, 이에 대한 분석 치료는 환자의 수치심과 죄책감으로 인해 틀림없이 저항에 부딪치게 된다고 지적한다. "매 맞는 아이" 환상은 아동기 초기에, 대개 학령기 이전에 나타나며 실제로 매 맞는 장면을 보았을 때(예를 들면 학교에서), 혹은 나중에 아동이 그러한 장면에 대한 책을 읽으면서 쾌감을 느낄 때 고조된다. 환상에 시달리는 성인들은 대개 아동일 때 맞은 경험이 전혀 없거나 드물다. 더욱이 종종 그들은 매 맞는 아이가 누구인지, 누구에 의해서 맞는지 등, 환상의 실제 내용에 대해 어떤 세부 묘사도 하지 못한다.

유아기 고착, 성인기 도착

매 맞는 환상은, 특히 그것이 자가-성애적 만족을 수반할 때, "유아 성도착"으로 구조화되어(1919e : 181) 발달의 초기 단계에 고착되게 만든다. 따라서 아동의 이후 심리성적 발달은 어느 정도 방해를 받게 될 것이다. 전성기적 단계에서의 이러한 고착이 꼭 지속되는 것은 아니다. 발달은 정상적인 심리성적 발달을 포함해 여러 방향으로 일어날 수 있다. 그러나 그것은 억압된 다음 반동형성으로서 다시 출현하거나 – 프로이트의 연구에서 몇몇 환자들은 강박 신경증에 시달렸다 – 승화로 변형되기까지 할 것이다. 프로이트는 치료하는 동안 "매 맞는 아이" 환상을 밖으로 끌어내기가 몹시 어렵다고 말한다. 그는 마음이 마음 자체를 방어하기 위해 이 환상을 얼마나 의식적 자각으로부터 멀리 떨어진 곳으로 밀어내는가를 보여준다.

> [분석 치료자는] 이런 환상들이 신경증의 나머지 내용들과 동떨어진 채 상당 정도 존속하고 있으며, 구조에서 적절한 자리를 찾지 못하고 있다는 것을 인정할 수밖에 없게 된다. 그러나 이런 종류의 인상들은, 내 경험에 의하면, 너무 쉽게 간과되는 경향이 있다 (같은 책 : 183).

나중에, 1927년에 그는 이러한 현상을 "자아의 분열" 때문으로 돌리면서 그것이 도착 구조들의 주요 특징이라고 설명하게 된다.

기술적 차원에서 프로이트는, 환자가 이러한 환상이 나타나는 시기인 2살에서 4, 5살 사이에 일어난 사건들을 다시 기억할 수 있도록, 분석가가 유아기 기억상실증을 거두어내는 데 많은 시간을 쏟아야 한다고 주장한다. 그는 "보다 짧은 시간에 힘을 덜 들이고 실질적인 결과를 얻는다면 바람직할 것"(같은 책 : 183)이라고 하면서 이것을, 적절한 치료를 위한 충분한 시간을 허락하지 않는 정신분석가들을 경고하기 위한 기회로 삼는다. 그는 최초 경험의 중요성을 강조하였지만 이후 경험의 영향을 과소평가한 것은 아니었다. "아동기 분석을 등한시하는 사람은 가장 치명적인 실수를 저지르게 되어 있다"(같은 책 : 183).

프로이트는 유아 발달 과정에서의 매 맞는 환상을 계속 상세히 탐구하면서, 이 독특한 환상 표상은 많은 변형들을 겪게 된다고 지적한다. 네 명의 여성 환자들의 환상에 대한 연구를 시작으로, 프로이트는 두 명의 남성 환자들의 환상을 보다 간명하게 탐구하고 있다. 프로이트는 이 논문에서 자신의 설명은 다소 시험적인 것이며 자신이 치료한 사례에 한정된다는 것을 지적하고 있다.

소녀의 매 맞는 환상

처음 국면에서 소녀의 환상은 "우리 아버지가 아이를 때리고 있다"는 것이다. 이 환상은 아동기에 등장하는 의식적 백일몽처럼 나타나는데, 주인공에 관한 상세함은 거의 없다. 환상의 창작자는 매를 맞고 있는 아동이 아니라, 대개 희생자인 형제나 자매 중 하나이며 그 장면에는 어떤 성적 특질도 없다. 프로이트는 "우리 아버지가 아이를 때리고 있다"는 것은 정동적 측면에서 볼 때, "우리 아버지가 내가 미워하는 아이를 때리고 있다"는 것을 의미한다고 추론한다. 이 환상을 계속 분석하면 그것은 "우리 아버지는 다른 아이를 사랑하는 것이 아니라, 오직 나만을 사랑한다"는 의미가 된다.

두 번째 국면의 내용은 "나는 우리 아버지에게 매를 맞았다"이다. 환자에게 있어 이것은 무의식적인 환상이며 분석 과정에서 재구성된 결과물이다. 이러한 변형 후에, 환상의 창작자는 매 맞는 아동인 반면 때리는 사람은 여전히 아버지이다. 프로이트에 의하면, "나는 우리 아버지에게 맞았다"는 것은 소녀가 아버지에 대한 근친상간적인 오이디푸스 소망(직접적 또는 긍정적 형태의 오이디푸스 콤플렉스)을 억압한 결과이다. 달리 말해 매질에 수반된 쾌감은 피학적 환상에 잘 들어맞는다. 고통 안에 숨은 쾌감은 이중 의미를 갖는다. 우선 첫째로, 그것은 소녀가 아버지에 대한 괘씸한 소망으로 인해 벌을 받을 것이라는 것을 확인시킨다-"죄책감이 나타난다"(같은 책 : 188). 두 번째로, 그것은 심리성적 발달에서 전성기기적인 항문-가학적 단계로 되돌아가는 것을 통한, 아버지와의 근친상간적인 성적 관계에 대한 퇴행적 대체물이다. "이제 이러한 매 맞기는 죄책감과 성적 사랑이 한데 모아진 것이다. 그것은 단지 금지된 성기적 관계에 대한 처벌일 뿐만 아니라, 그러한 관계에 대한 퇴행적 대체물이다."

세 번째이자 마지막 국면에서 환상의 내용은 "아버지의 대체물(선생님)이 아이(일반적으로 말해서 소년)를 때리고 있다"이다. 이러한 환상은 강박적 자위 만족으로 이끄는 강한 성적 흥분을 가져온다. 여기서 환상을 만들어내는 소녀는 매를 맞는 아동이 아니다. 그녀는 가학적 장면의 관람자이며(관음증), 매를 때리는 사람은 더 이상 아버지가 아니다. 환상에서 소녀는 소년과 동일시하는 경향이 있는데, 그로 인해 그녀의 남성적 성향은 강화되고 여성적 성향은 손상을 입는다.

> 그들이 아버지에 대한 근친상간적 사랑으로부터 그 성기적 의미와 함께 돌아설 때, 그들은 쉽사리 자신의 여성적 역할을 포기한다. "남성 콤플렉스"[Van Ophuijsen (1917)]는 소녀들을 활동으로 뛰어들게 만들고 이후로부터 그들은 오로지 소년이 되기만을 원한다(같은 책 191).

● 소년의 매 맞는 환상

두 남성 환자에 대한 자료에서 프로이트를 놀랍게 한 것은 소녀의 환상에서 관찰되었던 세 가지 국면이 나타나지 않는다는 것이었다. 무엇보다도 먼저, 소년들은 소녀의 의식적 환상-첫 번째 국면에 나타나는 "아이가 매 맞고 있다"-에 해당하는 것이 없었다. 두 번째 국면에서 분석 후 드러난 소년의 무의식적 환상은 예상했던 "나는 어머니에게 매 맞고 있다"가 아니라, "나는 아버지에게 매 맞고 있다"였다. 즉, 이 국면에서 소년들은 소녀들과 동일한 무의식적 환상을 갖는다. 마지막으로 세 번째(의식적) 국면에서는 자위적 흥분 또는 피학적 성교가 수반되는데, 소년의 환상은 "나는 어머니(혹은 어머니 대체물)에게 매 맞고 있다"가 된다. 프로이트에 의하면, 이 피학적 환상은 소년의 근친상간적 환상이 전도되어 환상을 피학적인 것으로 변형시킨 것이다. 적극적 태도를 포기함으로써 소년은 때리는 사람을 향해 수동적 태도를 취한다. 이것이 프로이트가 소년의 "여성적 태도"라고 부른 것이다.

프로이트는 그가 관찰한 소녀와 소년의 차이를 다음과 같이 설명하고자 했다. 양성 모두에서 매 맞는 환상은 오이디푸스 콤플렉스에서 시작되지만, 소녀에게 있어서 환상은 "직접적" 혹은 "긍정적" 형태의 콤플렉스로부터 진행하게 되는데 "나는 아버지에게 매 맞고 있다"는 환상은 아버지와의 (이성애적) 근친상간적 관계를 대체하고 있기 때문이다. 반면에 소년에게 있어서 "나는 아버지에게 맞고 있다"는 환상은 "전도된" 혹은 "부정적" 형태의 오이디푸스 콤플렉스로부터 진행된다. 그것은 아버지와의 (동성애적) 근친상간적 관계를 대체하는데, 소년은 (전성기적) 어머니를 대신하여 그녀와 동일시한다. 프로이트는 소년들에게 있어서 환상의 양 국면들은 본질적으로 수동적이라는 것을 강조한다. 때리는 사람의 성이 바뀌었음에도 불구하고 – 무의식적 환상에서는 아버지, 그리고 의식적 환상에서는 어머니 – 환상은 "아버지에 대한 여성적 태도로부터 유래한 것이다." 간단히 말해서, 이것은 양성 모두에게 공통적인 피학적 환상이다. "소녀의 경우 무의식적인 피학적 환상은 정상적인 오이디푸스 콤플렉스로부터 출발하는 반면, 소년의 경우는 아버지를 사랑의 대상으로 취하는 전도된 태도로부터 출발한다."

오이디푸스 콤플렉스, 성도착 그리고 피학증

이 연구를 통해 프로이트는 성도착과 피학증의 심리적 기원을 더욱 이해하게 되었고, 성인기의 성도착이 유아 성욕에 뿌리를 두고 있으며 그것들은 "오이디푸스 콤플렉스와 함께 아동의 근친상간적 사랑-대상과의 관계 속으로 들어온다"는 것을 "처음으로" 보여줄 수 있었다(같은 책 : 192). 달리 말해 오이디푸스 콤플렉스는 신경증뿐만 아니라 성도착의 기원에도 자리 잡고 있다. 피학증의 심리적 기원에 대해 프로이트는 『성욕에 관한 세 편의 에세이』(1905d)에서 전개한 자신의 가설로 되돌아가는데, 그에 따르면 피학증은 자기에게 되돌아온 가학 충동의 결과이다. 그러나 「매 맞는 아이」에서 그는 이런 변형이, 억압 작용에 관여하고 "[성기적] 조직이 초기 가학-항문기로 퇴행하도록 강요하는" 죄책감의 영향 때문에 일어난다는 것을 보여준다(같은 책 : 194). 이 죄책감은 어디에서 오는 것인가? 프로이트에 의하면 "우리는 그것을 자아의 나머지 다른 부분에 대하여 비판적인 양심으로 자리 잡은 마음의 대리자 때문이라고 해야 할 것이다"(같은 책 : 194). 그는 자신이 나중에 초자아라고 부른 이 비판적 기능에 대해 계속 설명한다. 프로이트는 환상의 두 번째 국면인, "나는 아버지에게 맞고 있다"는 무의식적 환상이 가장 중요하다고 말한다. 이 환상은 소년이든 소녀든, 가까운 집단에서 자신이 아버지를 상징하는 사람들의 희생자로서 존재하는 태도를 만들어낸다. "그런 식으로 (슬프고 쓰라린 경험으로), [그들은] 아버지에게 맞는다는 상상적 상황을 현실로 가져온다." 매 맞는 환상의 다양한 측면에 대한 상세한 분석은 심리적 양성성이 하는 역할, 즉 성별을 막론하고 모든 개인들에게 존재하는 남성적, 여성적 요소들을 특히 강조하고 있다.

후기 프로이트 학파

어머니에 대한 소녀의 죄책감

어떤 후기 프로이트 학파 분석가들은 환자들에게서 "매 맞는" 환상을 본 적이 없다고 말하는가 하면, 또 어떤 분석가들은 프로이트가 설명한 것과 똑같은 것을 보았다고 말한다. 루스 랙스 Ruth Lax(1992)도 그 중 하나인데 그녀는 프로이트가 묘사한 두 번째 국면에 해당하는, "나는 아버지에게 맞았다"는 무의식적 환상을 가진 네 명의 여성 환자들을 연구하였다. 그러나 프로이트와는 달리 랙스는 자신의 환자들의 경우 아버지에 대한 죄책감보다는 어머니와 관련된 죄책감이 훨씬 중요한 역할을 한다는 것을 관찰하였다. 어머니는 아버지에 대한 딸의 근친상간적 소망을 금지하고 그녀의 여성 생식기관을 박탈하려고 위협하는–소년에게 있어 부성적 초자아가 불러일으키는 불안에 해당하는–매우 혹독한 비판자로 경험된다. 시사하는 바가 많은 이 논문은, 분석을 통해 환자들의 이성애적 경향이 점차 강해지고 피학적 자위 환상의 강도가 완화됨에 따라 모성적 초자아가 발달해나가는 과정을 묘사하고 있다. 그러나 내 생각에 랙스가 제시한 네 사례는 다음 사례에서 보는 것과 같이 매우 구조화된 도착 구조라기보다는 온건한 도착과 피학적 측면을 가진 신경증적 구조로 보인다.

정신증적 붕괴에 대한 방어로서의 도착적 거울 환상

루스 리젠버그 말콤Ruth Riesenberg Malcolm(1988)의 뛰어난 임상 논문은 심한 피학적 도착을 보이는 여성 환자의 분석에서 있었던 중대한 전환점에 대해 묘사하고 있다. 20세부터 그 환자의 성 생활은 가학적 도착 환상과 강박적인 자위, 그리고 끊임없는 남자 파트너의 교체라는 특징을 보였다. 정신증적 붕괴로 인해 수차례나 입원한 끝에 그녀는 (꽤 오래 지속된) 분석을 받게 되었다. 여러 해 동안 환자는 분석가에게 도착 환상이나 자위행위에 대해 한 번도 말하지 않았다. 역전이를 통해 이런 요소들을 발견한 것은 분석가였다. 그녀는 환자가 종종 그 장면에 가담하고 싶은 소망을 느낄 정도로 분석가를 매혹시키고 호기심을 자극하는 일상생활의 장면들을 이야기한다는 것을 알아차렸다.

차츰 강한 호기심이 압도해오는 것을 자각하게 되면서, 말콤은 분석가의 호기심을 자극하고 싶은 환자의 소망이 갖는 중요성이라는 관점에서 해석을 하였다. 그 해석은 환자가 분석가와 관련된 자신의 호기심–특히 주말 동안 강렬한–에 대해 생각하게 만들었는데, 그녀는 마침내 몹시 수치스러워하면서 자신이 많은 시간을, (분석가로 상징되는) 부모 커플에 의해 배제되었다는 느낌과 함께, 자위를 하며 보낸다는 것을 인정하였다. 처음으로 그녀는 자신의 거울 환상에 대해 이야기하였다. 이 환상을 통해 환자는 거울 속에서 폭력적이고 가학적이며 수치스러운 성적 장면들이 일어나는 것을 본다. 주인공들은 근친상간적인 동성애, 이성애 커플이며, 그들의 성교는 몇 시간씩 지속된다. 환자는 이러한 야만적인 성적 장면에서 자신이 파트너라고 상상한다. 이 거울 환상이 계속되는 동안, 환자는 구경꾼들이 이 장면을 구경하면서 동시에 성적 흥분에 대항하려고 애쓰고 있다고 상상한다. 만일 굴복당한다면 그들은 거울 속으로 끌려들어갈 것이기 때문이다.

호기심에 관한 분석가의 해석은 상황이 훨씬 더 유동적일 수 있고 변형될 수 있다는 것, 따라서 전이에서 무의식적으로 실연되어 교착상태에 빠지는 위험을 감수하는 대신 말로 옮겨지고 극복될 수 있다는 것을 의미했다. 분석과정에서 거울 환상은 두 가지 기능을 갖고 있는 것으로 보였다. 그것은 환자가 오이디푸스 상황을 극복함으로써 진전을 가져오는 것을 막는 한편, 환자가 더욱 퇴행하여 정신증적 붕괴의 위험에 직면하는 것(분석 전에 그랬듯이)을 막는 것이었다. 한나 시걸은 이 환자의 치료에 관한 논의에서, 분석가가 환자의 '도착 관음증'을 '정상적인 유아적 호기심'으로 변형시키도록 도울 수 있었다는 사실이 얼마나 중요한가를 분명히 했다. 변형은 분석가가 자신의 역전이적 관음증을 환자에 대한 수용할 만한 호기심으로 변형시킬 수 있게 되자마자 가능해졌다. 그 결과 환자는 심리적 양성성의 기초를 놓아주고 보다 통합된 형태의 심리적 여성성으로 다가가도록 보장해주는, 분석가와의 동일시 과정을 시작할 수 있었다.

원문 찾아보기

「여성 동성애 사례의 심리적 기원」 (1920a)

페이지 번호는 『지그문트 프로이트 전집 표준판』 vol. 18, 145-172를 따른 것이다.

치료의 성공은 어느 정도 동기부여에 달렸다

어린 소녀를 데리고 온 부모는 딸이 도덕성이 의심스러운 "부인"과 사랑에 빠졌기 때문에 걱정을 했는데, 그녀는 열 살이나 많았고 결혼한 여자와 살고 있었으며 여러 남자 애인들을 두고 있었다. 부모의 반대에도 불구하고 소녀는 자신의 구애에 무관심한 문제의 부인을 계속 쫓아다녔다. 하루는 소녀가 부인과 팔짱을 끼고 걷고 있을 때, 소녀의 아버지와 마주치게 되었다. 그가 그들을 노여운 눈으로 흘겨보며 지나치자 딸은 바로 철도 위로 몸을 던졌다. 자살 시도에서 회복된 후 부인에 대한 소녀의 열정적 사랑은 더욱 강렬해졌다. 마지막 수단으로 그녀의 부모는 딸을 프로이트에게 보냈다. 소녀는 치료를 받으려는 동기가 거의 없어보 였는데, 그녀는 단지 부모 기분을 맞춰주려고 한 것이지 개인적으로 원해서 한 것이 아니었다. 그래서 프로이트는 정신분석적 치료가 성공하기 위해 갖추어야 할 조건들에 대한 일반적 논의로 논문을 시작한다. 특히 프로이트는 예를 들어 환자가 고통이 너무 심해서 문제를 극복하고 싶다든가 하면서, 정신분석의 도움을 받아야 할 필요성을 진정으로 절감해야 한다고 말한다. 프로이트는 동성애 환자의 경우, 분석가는 그들의 이성애적 성향이 동성애적 성향과 균형을 이룰 수 있을 정도로 충분히 강한가를 보아야 한다고 덧붙인다. 이는 남성이나 여성 동성애 환자 모두에게 해당된다.

● 이성애에서 동성애로

그래서 프로이트는 그 소녀의 리비도적 발달 과정을 아동기부터 재구성하고자 했다. 그러나 소녀는 엄마가 되어 아기를 갖고 싶다는 강렬한 소망을 가졌던 13, 14살 때를 제외하고는 기억나는 것이 없다고 말했다. 프로이트의 견해에 따르면 그녀는 정상적인 여성적 오이디푸스 콤플렉스를 가졌었을 것이다. 그후 곧 이 사춘기 소녀는 성숙한 여성에게 끌리기 시작했다. 분석 과정에서 이 동성애 경향이 그녀의 어머니가 세 번째 남동생을 임신하고 있는 동안 일어났다는 것이 드러났다. 프로이트는 다음과 같이 설명한다. 그녀가 16살이었을 때 어머니가 임신을 하였고 소녀는 아이를 갖고 싶다는 의식적 소망을 느낀다. 이것은 아버지의 아이, 가능하다면 남자 아이를 갖고 싶다는 무의식적 소망과 일치한다.

> 그 다음 무슨 일이 일어났는가? 아이를 가진 것은 자신이 아니라 무의식적 라이벌인 그녀의 어머니였다. 맹렬히 분개하고 원통해 하면서 그녀는 아버지와 남자에게서 등을 돌렸다. 이 최초의 대대적인 역전 이후 그녀는 자신의 여성성을 포기하고 자신의 리비도를 위한 다른 목표물을 추구했다(1920a : 157).

프로이트가 언급했던 가능한 결과들 중에서 소녀가 무의식적으로 선택한 것은 남성적 동일시를 취하는 것이었다. "그녀는 남자가 되어 아버지 대신 어머니를 사랑 대상으로 택했다"(같은 책 : 158). 그러고는 열정적으로 어머니-대체물인 그 "부인"에게 애착을 갖게 되었다. 이러한 태도는 그 부인을 향한 자신의 열정이 얼마나 아버지를 불쾌하게 하는가를 발견하면서 더욱 강해졌다. "그녀는 어떻게 아버지에게 상처를 입히고 복수할 수 있는지를 깨달았다. 그래서 그녀는 아버지에 대한 반항으로 동성애를 유지했다"(같은 책 : 159). 프로이트는 남성적 여성에 그녀가 끌리는 것은 양성적 경향을 만족시키기 위해서라고 덧붙였다. "그리하여 그녀의 최후의 선택은 여성적 이상뿐 아니라 남성적 이상에도 부합된다. 그것은 동성애적 성향의 만족과 이성애적 성향의 만족이 결합된 것이다"(같은 책 : 156).

남성적 동일시와 멜랑콜리적 동일시

이 사례에 대해 더욱 깊이 분석하면서 프로이트는, 연모하는 부인에 대해 대개 남자가 하는 것처럼 소녀가 취한 남성적 동일시와, 사랑-대상으로서 방탕한 여성을 선택하는 일부 남성들의 독특한 대상 선택을 서로 비교한다(Freud 1910h). 프로이트는 이런 남성들이 "천한 환경으로부터 사랑하는 사람을 구출"하려는 경향이 있는 것처럼, 자신의 환자도 질 낮은 삶으로부터 여인을 "구출"하고자 하는 경향이 있음을 보았다.

그녀의 자살 시도 동기에 대해 프로이트는 그녀의 아버지가 사랑하는 사람을 포기하도록 강요한다는 생각으로 인한 절망이 한 가지 이유라고 생각했다. 그러나 보다 깊은 수준에서 그녀의 자살 시도는 "처벌욕구-충족"(자기-처벌)과 소망-충족 모두였다. "소망-충족이란, 좌절되었을 때 그녀를 동성애로 몰고 갔던 아버지의 아이를 갖고 싶었던 소망, 그리고 이제는 아버지의 실패로 인해 '실현되지 못한' 바로 그 소망이 달성되었다는 것을 의미했다"(같은 책: 162). 번역자는 다음과 같은 주석을 덧붙인다. "문장에서 'niederkommen'이라는 단어는 '실현되지 못한'과 '출산 예정인' 이라는 뜻을 모두 갖는다"(같은 책:162, 주석 1). 자기-처벌이라는 형태로 자살을 시도한 것과 관련하여 프로이트는 다음과 같이 말한다.

> 자기-처벌이라는 관점에서 소녀의 행동은 그녀가 어느 한쪽 부모에 대해 무의식적인 강한 죽음-소망을 발달시켰다는 것을 보여준다-아마도 자신의 사랑을 방해하는 아버지에 대한 복수심으로 아버지에 대해, 그러나 보다 확실하게는 어머니가 동생을 임신했을 때 어머니에 대해서도 역시 그러했을 것이다(같은 책 : 162).

그녀의 자살 시도 이면에 있는 동기들 중에서, 프로이트는 이 소녀가 그가 일찍이 기술한 바와 같이 우울한 사람이 자살을 시도하는 것과 같은 기제를 갖고 있음을 알아차렸다(Freud 1917e [1915]).

> 분석은 자살의 수수께끼를 다음과 같은 방식으로 설명해 주었다. 우선 자신을 죽이는 것과 동시에 자신이 동일시한 대상을 죽이고, 둘째로 다른 누군가에게 향했던 죽음 소망이 자신을 향하지 않는 이상, 아무도 스스로를 죽이는 데 필요한 정신적 에너지를 갖지 못할 것이다(Freud 120a : 162).

내친 김에 한 마디 덧붙이자면, 프로이트의 환자와 같은 여성 동성애 사례에서 동성애 여성의 시기심과 증오는 성기적genital 부모 커플, 즉 성기적 어머니 인물과 성기적 아버지 인물을 향한다. 이 말은 동성애 여성이 자신은 "여성들을 사랑한다"고 말할 때, 그녀가 사랑한 것은 이러한 다른 여성들을 통한 성기적 어머니가 아니라 전성기적 어머니라는 것을 의미한다. 동시에 그녀는 전성기적 부분-대상이라는 측면에서 아버지의 페니스를 소유하고 그것과 동일시하기 위해, 성기적 아버지를 제거하고자 한다(J-M. Quinodoz 1989).

프로이트에 대한 적대적 전이 : 아버지에 대한 보복의 반복

프로이트에게 치료를 받는 동안, 이 소녀는 갈등에 아버지가 끼친 역할을 의식적으로 자각하지 못했다. 프로이트는 분석적 치료의 과정과 결과 모두에서 아버지가 무의식적으로 "주된 역할을 했다"(1920a : 163)는 사실을 지적한다. 아버지에 대한 소녀의 표면적인 순종 뒤에는 그에 대해 반항적이고 보복적인 태도가 숨어 있었다. 그러한 태도는 분석과정에서 두 가지 다른 방식으로 표현되었다. 첫 번째 국면에서 분석은 별다른 저항 없이 진전되는 것 같았고 환자는 적극적으로 참여하였다. 그러나 프로이트는 곧 그녀가 자신의 재구성에 조금도 관심이 없으며 분석적 이해에 대한 그녀의 진전이 아무런 변화도 가져오지 않았음을 깨달았다. 두 번째 국면에서 프로이트는 환자가 "냉담을 유지하는 것"이 분석가인 자신에게 전이된 아버지에 대한 보복과 관계가 있음을 이해하게 되었다.

> 현실에서 그녀는 아버지에 대해 실망한 이후 그녀를 지배했던 남자에 대한 슬픈 거절을 나에게 전이시켰다. 대체로 남자에 대한 증오심을 치료자로부터 만족시키기는 쉬웠다. 어떤 폭력적인 정서적 표현도 불러일으킬 필요 없이, 단지 치료자의 모든 수고를 수포로 만들면서 병리에 매달리기만 하면 되는 것이었다(같은 책 : 164).

프로이트는 자신에 대한 환자의 부정적 전이를 깨닫게 되자 분석을 중단하고 그녀에게 여자 의사와 치료를 계속할 것을 권하였다. 물론 지금이라면 우리는 긍정적 전이를 다룰 때처럼 전이의 부정적인 측면도 분석할 것이다.

유일하게 소녀의 긍정적 전이가 일어났던 때는 치료를 시작하고 얼마 지나지 않아서였다. 그녀는 "치료를 통해 도착이 나아지기를 기대하는" 꿈을 꾸었는데, 그것은 남자의 사랑과 아이들에 대한 향수어린 갈망을 의미했다. 현실의 삶에서 소녀는 결혼하고 싶은 소망을 의식적으로 표현했지만, 그것은 단지 아버지의 독재로부터 탈출하여 남자, 여자와 각기 혹은 동시에 성적 관계를 맺기 위해서였다. 프로이트는 꿈들이 어느 정도 유혹하려는 시도, 즉 같은 콤플렉스에서 유래된 아버지에 대한 배반과 만족시키기를 포함하고 있었기 때문에 이러한 꿈들이 "거짓말"(같은 책 : 165)을 하고 있다고 결론지었다. 여기서 우리는 프로이트가 환자에 대해 다소 초자아적인 태도를 띠고 있음을 볼 수 있는데, 현대 정신분석가라면 그렇게 하지 않을 것이다.

동성애, 이성애 그리고 심리적 양성애

이 임상 사례에 대한 정신분석학적 연구는, 그녀가 정상적인 오이디푸스 상황에서 시작해서 동성애로 가게 되었던 심리적 발달 경로를 귀납적으로 재구성할 수 있게 해 준다. 그러나 발달의 마지막 단계로부터 거슬러 올라가는 것은 가능할지 몰라도, 반대 방향을 따라가 결과를 예측하는 일은 불가능하다.

> [우리는] 어떤 결정 요소들이 더 취약하거나 더 우세한 것으로 입증될지 미리 알 수는 없다. 우리는 단지 끝에 가서야 성공적인 것들이 더 우세했나보다고 말할 뿐이다. 그러므로 인과관계의 고리는 분석적 노선을 따라갈 때는 항상 확신을 갖고 인식할 수 있지만, 종합적synthesis 노선을 따라 그것을 예측하기란 불가능하다 (같은 책 : 168).

달리 말하자면 프로이트에게 있어, 이 사례로 미루어 사춘기 때 오이디푸스적 실망을 겪은 소녀는 모두 동생애자가 될 것이라고 가정하는 일은 잘못이었을 것이다.

이 사례는 또한 동성애적 우정과 강한 애착들이 "사춘기의 첫 몇 해 동안 양성 모두에게 매우 일반적인 것"임을 보여준다. 이 소녀의 사례에서 동성애적 충동들은 의식적이었던 반면, 정상적인 오이디푸스 콤플렉스에 해당하는 것들은 무의식적인 것으로 남아 있었다. 이를 통해 프로이트는, 둘 중에서 그녀의 동성애적 리비도가 보다 표면적이었고 이런 경향은 "아마도 어머니에 대한 유아기 고착이 변화되지 않은 채 직접적으로 지속되는 것"(같은 책 : 168)이라는 가정을 이끌어내었다. 그러나 프로이트는 단지 어머니-딸의 관계가 했던 역할만 언급하고 이 논문에서 그것을 더 확장시키지는 않았다. 또한 프로이트는 소녀가 아동기에 강렬한 "남성 콤플렉스"에 시달렸다고 언급하면서 이를 그녀의 강렬한 남근 선망–따라서 자신의 여성성과 어머니가 되고 싶은 소망에 대한 낙담–과 연결시켰다. 이런 결론들이 가능한 것은 우리가 정신분석을 통해 심리적 양성성에 관해 알게 되었기 때문이다. "모든 정상적인 사람들에게서도 표면적인 이성애 외에 잠재되거나 무의식적인 동성애를 상당히 많이 탐지할 수 있다"(같은 책 : 171).

프로이트 개념들의 발달

프로이트의 여성성 개념의 발달

프로이트의 "남근적 일원론"

「매 맞는 아이」와 「여성 동성애 사례의 심리적 기원」에서, 프로이트는 아동발달에 대한 초기 개념을 계속 인용한다. 소녀의 심리성적 발달은 소년과 대칭을 이루며, 직접적 혹은 단순한 형태의 오이디푸스 콤플렉스에 속한다. 소년은 어머니와 결혼하고 아버지를 제거하고 싶어 하는 반면, 소녀는 아버지와 결혼하고 어머니를 제거하고 싶어 한다.

프로이트에게 있어서 소녀의 심리성적 발달은 대부분 "여성을 포함한 모든 사람들이 소년이 자신의 신체로부터 알고 있는 것처럼 페니스를 갖고 있다"(Freud 1908c : 215)고 생각하는, 양성 모두에 공통적인 유아 성욕 이론을 따른다. 따라서 소녀가 남근기에 이르는 것은 전환점이 되는데 소녀는 소년처럼 페니스에 큰 관심을 보인다. 그러나 실제로 소년의 페니스를 보았을 때 소녀는 자신이 그것을 갖고 있지 않다는 것을 발견한다. 이것은 "거세 불안"보다는 "거세 콤플렉스"를 갖게 하는데 프로이트가 나중에 강조한 바와 같이(1933a : 87) 소녀는 자신이 갖지 않은 것을 잃을까봐 두려워할 수는 없기 때문이다. 이 콤플렉스는 소녀의 "남근 선망"을 낳는다. 소녀는 소년보다 혜택을 받지 못했다고 느끼고 소년이 되고 싶어하며 음핵과 남근의 크기의 차이로 인해 자신이 이미 거세되었다고 추측한다. 남성 성기에 대한 과대평가는 어머니가 남자처럼 남근을 가졌을 것이라는 생각과 결합하여 소년과 소녀 모두에게 질의 존재를 발견하는 것을 막는 결과를 가져오는데, 이는 "소년이 쉽게 그것을 거절하고 망각하게 만든다"(1908c : 219). 프로이트는 소녀의 다음 운명을 거세 콤플렉스의 변화에 두는데 그것은 곧 아이를 갖고 싶은 소망으로 이끌기 때문이다. 그러나 이 콤플렉스를 극복하지 못하면 어린 소녀들은

> 크고 눈에 띄는 페니스를 갖지 못했기 때문에 크게 불리함을 느끼면서 [...] 그들은 소년들을 시기한다. [...] 그리고 대개 이런 이유 때문에 그들은 남자가 되고 싶다는 소망을 발달시키는데, 만일 그들이 여성적 역할을 하는 데 장애를 만난다면 이 소망은 나중에 신경증에서 다시 출현할 것이다 (1916-1917 [1915-1917] : 318).

프로이트의 심리성적 발달 개념이 "남근적 일원론"으로 불렸던 이유는, 근본적으로 심리성적 발달이 페니스가 있거나 없다는 사실에 집중되어 있고, 리비도를 본질적으로 순전히 남성적인 것으로 간주했기 때문이다.

오이디푸스 콤플렉스는 프로이트가 1910년에 명시적으로 언급하기 이전에 이미 그의 작업에 함축적으로 나타나 있다. 이 주제에 대한 첫 번째 논문에서 그는 이것을 소년과 소녀에게 대칭적인 것으로 보았다. 즉, 소년은 어머니에게 열정적인 애착을 느끼고 아버지의 자리를 차지하기 위해 아버지를 제거하고자 하는 반면, 소녀는 아버지에게 애정을 느끼고 어머니의 자리를 차지하기 위해 어머니를 제거하고 싶어한다는 것이다.

동시에 프로이트는, 나중에 초기의 언급에 단서를 달긴 했지만, 남성적-능동성과 여성적-수동성 사이의 분명한 차이를 강조한다. "독자들은 아마 내가 이끌어낸 '능동적'이고 '남성적'인 것, 그리고 '수동적'이고 '여성적'인 것 간의 분명한 차이(낯설지만 필수적인)를 구별하는 데 꽤 어려움이 있으리라고 생각된다"(1918 : 111). 또한 프로이트는 남성의 "여성적 태도"와 "여성적 피학증"을 묘사할 때, 「매 맞는 아이」(1919e)에서처럼, 피학증의 본질적 특성을 도착으로 설명하는 것 같다. 그러나 여성성의 독특한 본질을 언급할 때 그의 언어들은 종종 모호하다. 그는 여성성이 본질적으로 피학적인 것이라고

수차례 분명히 언급하였다 – 예를 들면, 피학증을 "여성적 특성의 표현"으로 묘사한 것.

초기 어머니-딸의 관계가 하는 역할

처음에 프로이트는 오이디푸스 콤플렉스의 발달이 정확히 대칭을 이룰 것으로 생각했지만, 대략 1920년 이후 특히 다음과 같은 점에서 이 초기 견해를 수정하기 시작했다.

1919년에 이미(「여성 동성애 사례의 심리적 기원」에 뒤이은 「매 맞는 아이」) 프로이트는 어린 소녀가 어머니와의 관계에 고착될 수 있다는 가능성을 감지하고 있었지만, 그 시점에서 그 생각을 더 이상 탐구하지는 않았다. 나중에, 1905년에 "도라"를 출간한 지 거의 20년이 지난 후인 1923년에 추가한 각주에서 그는 자신이 모성적 전이, 즉 도라가 K 부인에게 느낀 "동성애적 사랑"은 완전히 무시한 채 부성적 전이만을 해석했었다는 것을 인정하였다. 분석에서의 실패를 다시 한 번 훌륭히 사용하면서, 프로이트는 어린 소녀의 어머니에 대한 초기 애착의 중요성을 깨닫기 시작했다. 그는 도라의 동성애적 애착을 "그녀의 정신적 삶에서 가장 강한 무의식적 경향"(1905e : 120, 1923년에 추가한 각주)이라고 기술했다. 프로이트는 계속해서 "내가 정신신경증에서 감정의 동성애적 경향이 중요하다는 것을 배우기 전에는 종종 환자의 치료가 정체되거나 나 스스로 완전히 혼란에 빠지곤 했다"고 말한다.

같은 해에 프로이트는 『자아와 이드』(1923b)에서 오이디푸스 콤플렉스가 취할 수 있는 두 가지 형태에 대해 설명한다. 심리적 양성성을 고려할 때 소년과 소녀 모두에게, 이성애적 충동에 부합하는 직접적인 혹은 긍정적인 형태의 오이디푸스 콤플렉스와 동성애적 충동에 부합하는 전도되고 부정적인 형태의 오이디푸스 콤플렉스가 존재한다.

1925년에 프로이트는 이제까지 설명해 왔던 오이디푸스 콤플렉스가 "이전의 역사"를 갖고 있음을 깨달았다. 어머니에 대한 소년과 소녀의 전-오이디푸스적 사랑은 어머니를 최초의 사랑-대상으로 만들며, 이것이 오이디푸스 상황을 위한 예비적 단계를 형성한다. 초기 삶에서 어머니와의 이러한 사랑 관계의 중요성을 깨닫고 프로이트는 심리성적 발달에 있어 소년과 소녀의 차이를 이끌어낸다. 소녀와 달리 소년은 어머니에 대한 전-오이디푸스적 사랑을 포기하고 어머니를 대체할 여성으로 향할 때 대상의 본질을 바꿀 필요가 없다. 그러나 소녀는 어머니에 대한 전-오이디푸스적 사랑을 포기하고 아버지에게로 향하며, 그다음에는 아버지를 대체할 남자에게로 향한다. 소녀는 또 다른 과제를 떠안게 된다. 소녀는 자신의 사랑-대상을 바꾸어야 하는데 이것은 어머니에 대한 사랑에서 아버지에 대한 사랑으로 옮겨가는 것을 복잡하게 만든다.

무엇이 어린 소녀가 어머니로부터 떨어져 아버지에게 향할 수 있게 하는 것일까?

여기서 다시 프로이트는 "남근적 일원론"으로 돌아가 설명을 찾는다. 소녀를 아버지에게 향하도록 부추기는 것은 남근 선망이다. 그러나 추가적 요소가 있는데 소녀가 원하는 아버지의 아이는 남근의 대체물이다. 남근을 아이로 대체하는 것은 그가 "남근-아이의 상징적 등식"(1925j : 256)("längst der vorgezeichneten symbolischen Gleichung Penis=Kind" : G.W. 14 : 27)이라고 부르는 것의 도움으로 일어난다. 이 등식 덕분에 "[그녀는] 남근에 대한 소망을 포기하고 그것을 아이에 대한 소망으로 대치한다. 그리고 그런 목적으로 소녀는 아버지를 사랑-대상으로 선택한다"(1925j : 256). 이 새로운 견해는 프로이트를 다소 모순된 결론으로 이끈다. "소년은 거세 콤플렉스에 의해 오이디푸스 콤플렉스가 파괴되는 반면, 소녀는 거세 콤플렉스에 의해 오이디푸스 콤플렉스가 가능해지며 점차 이에 이르게 된다"(1925j : 256).

「여성의 성」(1931b)이라는 논문에서 프로이트는 다시 초기 어머니와의 관계 그리고 그것이 어머니로부터 아버지에게로 이행하는 데 미치는 역할, 즉 소녀의 발달에서 일어나는 대상 변화의 중요성을 강조한다. 그러나 여기서 그는 여전히 "전성기적" 어머니 그리고 "성기적" 아버지와 커플을 이루는 "성기적" 어머니를 구별하지 않는다는 점을 주목해야 한다. 또한 프로이트는 그의 작업 내내 여성의 남근 선망의 기본적인 역할과 소년과 소녀 모두 발달초기에 질이나 여성 생식기에 대한 어떤 지식도 얻을 가능성이 없다는 점을 계속 강조한다(1940a[1938]). 프로이트가 여성은 생식기를 잃는 데 대한 특정 불안 – 남자의 거세 불안에 해당하는 – 을 가질 수 없다고 간주한 것은 이런 이유 때문이다. 여성에게 있어 그 불안은 사랑을 잃는 데에 대한 두려움으로 대치되는데, 그것은 "분명히 어머니가 없다는 것을 알아차렸을 때 유아가 느끼는 불안이 나중에 연장된 것이다"(1933a : 87).

여성의 성에 대한 프로이트의 진술에 관한 한, 나는 그가 남근에 최우선성을 부과한 것은 소년과 소녀의 심리성적 발달 측면의 일부일 뿐이라는 사실을 잊지 말아야 한다고 생각한다. 그것은 무엇보다도 성인의 성기적 성을 얻기 위해 극복해야 할 유아 성욕 이론과 관련된 것이다. 프로이트는 여성의 성에 대한 자신의 지식이 불완전함을 인정했다. "당신이 여성성에 대해 좀 더 알고 싶다면, 자신의 삶의 경험에게 물어보라. 아니면 시인을 찾아가거나 과학이 보다 심오하고 일관된 정보를 줄 수 있을 때까지 기다려라"(1933a : 135). 여성성에 대한 프로이트의 견해에 좀 더 긍정적인 설명을 덧붙이는 것은 후기 프로이트 학파 분석가의 몫으로 남겨졌다.

의문의 여지가 많은 견해 – 실로 많은 논란을 제기한 의문...

일찍이 1920년대에 프로이트가 소녀의 발달과 여성성에 대해 가졌던 생각은 상당한 비판을 받았다. 엘렌 도이치, 그리고 "모든 피학증은 본질적으로 여성적"(1951 : 71)이라고 쓴 마리 보나파르트Marie Bonaparte 공주와 같은 일부 분석가들은 그를 따랐지만 카렌 호나이, 어니스트 존스 그리고 멜라니 클라인 같은 다른 분석가들은 여성 정체성 발달의 특성을 밝히려고 노력했다. 호나이(1922)는 프로이트의 남근선망 그리고 피학증이 여성적이라는 견해에 처음으로 반기를 들었지만 그녀의 생각들은 상당히 오랫동안 묵살되었다. 그러나 몇 년이 지나 남근적 일원론은, 여성성을 정의하는 기초로서 여성의 성적 기관을 강조하려는 시도가 선호되면서 점차 포기되었다. 소녀의 성적 발달에 대한 존스(1927)의 설명은 특별히 여성적인 리비도가 존재한다는 생각에 토대를 둔다. 그는 여성과 남성 모두에게 있어서 성적 욕구가 사라지는 '성욕 소멸aphanisis'이라는 개념을 도입하였다. 존스에게 있어서 성욕 소멸은, 그가 지나치게 남성 기관에 집중된 것으로 보는 거세불안보다도 더욱 근본적인 불안을 만들어 낸다.

멜라니 클라인(1928, 1932)은 두 가지 중요한 발견을 하였다, 첫 번째는 어머니의 신체를 공격하는, 양성 어린이 모두가 갖는 초기 환상의 가혹함에 관한 것이다. 이러한 공격은 어머니를 잃을 것이라는 공포를 일으키며, 소녀들이 어머니가 딸의 생식기를 공격하여 보복할 것이라는 두려움을 갖게 만든다. 클라인은 소녀가 자신의 자궁에 있는 모든 것을 잃을 것이라는 공포는 소년이 페니스를 잃을 것이라는 불안과 유사하다고 말한다. 두 번째 발견은 소녀가 어머니에게 느끼는 강렬한 공격성에 따른 결과인데, 그것은 딸이 다른 대상, 즉 아버지에게 향하게 만들고 그를 향해 여성적 태도를 갖게 만든다. 소녀의 공격성이 어머니에 대한 사랑과 결합되면 그녀의 발달은 여성적 동일시 방향으로 흐른다. 클라인에 의하면 유아가 새로운 대상을 찾도록 만드는 역동적인 충동은 아동이 상징들을 창조하게 만들고, 원시적 불안의 근원인 일차적 대상을 상징으로 대치할 수 있게 한다. 이것은 유아 발달에 있어 결정적인 단계이다.

1960년대와 1970년대에 특히 미국과 프랑스에서 여성 해방운동이 대두되었는데, 이들 집단에게 정신분석은 여성을 억압하게 하는 요소들 중 하나였다. 그들은 어머니와 딸의 관계에 대한 재평가를 촉진시키려는 확고한 의도를 가지고 있었다. 그러나 정신분석은 잃어버렸던 일부 토대들을 어느 정도 회복할 수 있었다. 로진 페렐베르그 Rosine Perelberg(2002)에 의하면 이 재정복은 1972년, 여성 문제에 대해 혁명적으로 정신분석적 접근을 한 줄리엣 미첼 Juliet Mitchell의 『정신분석과 페미니즘Psychoanalysis and Feminism』의 출간과 함께 시작되었다.

이후 여성성에 관해 다양한 다른 접근 방식들을 가진 수많은 정신분석적 저술들이 나왔는데, 이러한 발달에 대한 총체적 시각을 제공하는 것은 이 책의 범위를 넘어갈 것이다. 그럼에도 데이나 벅스테드-브린 Dona Birksted-Breen은 이 같은 "새로운 폭발"(Breen 1993) 중에서 두 가지 주요 경향을 구분할 수 있었는데, 하나는 프랑스식 접근이고 다른 하나는 북미식 접근이다. 프랑스에서 쟈닌 샤스게-스미르젤 등(1964)이 편집한 책은, 정신분석에서 논란이 많은 여성성 문제를 연구하는 데 새로운 자극을 주었다. 이 저자들은 여성성의 일차적 조직자로서의 남근선망 개념에 도전하면서, 여성의 성은 삶의 아주 초기부터 고유한 특징들을 가진다고 주장하였다. 라캉을 추종하는 분석가들은, 라캉 자신과 마찬가지로 어느 정도 프로이트의 남근 일원론에 여전히 충실했다. 따라서 이 문제에 관한 한 프랑스의 정신분석은 상당히 절충적이다. 미국의 정신분석계에서는 1966년에 셔피Sherfey가 오르가즘의 생리학에 대한 매스터스와 존슨(1966)의 견해를 기점으로 한 논문을 펴냈을 때, 여성성에 대한 논쟁이 다시 한 번 불거졌다. 비록 당시에는 상당한 비판을 받긴 했지만 셔피(1966)의 주장들은 많은 논쟁들을 불러일으켰으며, 블룸(1976)은 자신이 편집한 책을 통해 그 주된 신념들을 더욱 발전시켰다.

그렇다면 현재의 입장은 어떤 것인가? 벅스테드-브린이 보기에 여성성이라는 주제에 대한 북미 분석가들의 논쟁은 결코 끝나지 않았다. "아무것도 해결된 것이 없다. 있다고 해도, 여성을 제대로 다룬다는 한 가지 목적으로 뭉친 것처럼 보였던 것이 곧 더욱 큰 논쟁을 불러일으킨다"(Breen 1993 : 17). 샤스게-스미르젤(1976)은, 그 모든 축적된 임상 자료에도 불구하고 여성의 성에 대한 프로이트의 이론이 여전히 논쟁을 불러일으킨다면, 그것은 아마 그것들을 받아들이는 것을 가로막고 우리의 인식이 진전되는 것을 방해하는 내적 장애물 – 특히 유아기의 고통과 관련된 – 때문일 것이라고 주장한다.

나는 성과 성적 정체성에 대한 연구로 유명한 정신분석가인 로버트 스톨러Robert Stoller를 인용하면서 프로이트의 여성성에 대한 고찰을 마치려 한다. "만일 프로이트가 질이 없는 여성과 작업했더라면, 나는 그가 여성이 페니스보다 더 원하는 것은 질이라는 것을 알았을 것이라고 생각한다"(Stoller 1968 : 51).

새로운 개념들

오이디푸스 콤플렉스에서 근친상간적 대상들의 성애화 – 여성 동성애 – 남성의 여성적 태도 – 남성의 여성적 피학증 – 이성애 – 적대적 전이 – 동일시 – 유아적 엄마-고착 – 유아 신경증 – 소녀의 남성적 동일시 – 도착 환상들 – 도착 – 가학피학적 환상들

III

새로운 관점

(1920~1939)

『쾌락원칙을 넘어서』
(1920g)

1920년 : 프로이트 사고의 전환점

1920년은 마음이 어떻게 기능하는가를 바라보는 프로이트의 방식에 전환점이 된 시기였다. 그때까지 그가 채택하고 있던 모델은, 우리가 신경증에서 그 작용을 볼 수 있듯이 쾌/불쾌의 원리이라는 모델이었다. 증상으로 고통받는 신경증 환자들은 불쾌를 피하기 위해 정신분석가를 찾는다. 그들은 증상들이 사라지게 해달라고, 삶에서 다시 한 번 쾌락을 찾을 수 있게 해달라고 도움을 요청한다. 그러나 임상 실제에서는 모든 것이 너무도 자주 쾌락원리와 상충된다는 것을 인정할 수밖에 없다. 한 예로, 어떤 환자들은 증상으로부터 해방되는 것을 견디지 못하며, 나아졌다고 느껴야 할 바로 그 시점에 재발한다는 사실을 어떻게 설명할 것인가? 왜 어떤 사람들은 고통스럽게, 외상적 경험을 강박적으로 재생하는가? 피학증이나 가학증, 즉 고통을 당하거나 가하면서 느끼는 쾌락을 어떻게 설명할 것인가? 우울증 환자, 약물 중독자, 성도착자 그리고 정신증 환자들이 때로 극단적인 행동을 실행에 옮기는 가공할 파괴성은 어디에서 오는 것인가?

프로이트는 『쾌락원칙을 넘어서』에서, 마음의 작용은 쾌/불쾌의 원리로 인한 갈등보다도 더 근본적인 갈등, 즉 생명 본능(혹은 욕동)과 죽음 본능(혹은 욕동)의 갈등에 의해 지배된다는 새로운 가설을 제시한다. 프로이트는 죽음 욕동이 모든 유기체가 원래의 무기물 상태로 돌아가려는 생물학적 욕구로부터 온다고 주장한다. 이 죽음 욕동 또는 파괴본능은 리비도가 속해 있는 삶의 욕동, 곧 에로스와 대립되는 것이다. 쾌/불쾌의 원리는 여전히 유효하지만, 그것이 진가를 발휘하려면 적어도 생명 본능이 어느 정도는 죽음 본능을 지배하는 데 성공해야 한다. 1920년에 프로이트는 이 가설이 단지 자신의 추측인 듯 말했지만, 곧 그것에 점점 더 중요성을 부여하면서 그와 관련된 다른 함축들을 발전시켜 나간다. 예를 들면, 1923년에 그는 가학증과 피학증에서와 같이, 이 갈등에서 죽음 본능이 우위를 차지하게 되면 마음의 파괴적 요소가 지배한다는 것을 보여준다. 반면에 생명 본능이 더 강력하면 파괴적 요소는 어느 정도 중화되고 공격성은 자아를 위해 쓰인다.

"1920년의 전환점"은 단지 이 해에 프로이트가 생명 본능과 죽음 본능 간의 갈등을 도입했음을 가리킬 뿐만 아니라, 뒤이어 그의 마음에서 결실을 맺게 될 혁신적인 생각들이 연이어 나왔다는 것을 의미한다. 우리는 그가 이후부터 사랑과 증오의 감정, 양가감정, 대상관계, 동일시 과정들뿐만 아니라 무의식적 죄책감, 불안 그리고 애도 과정에 중요성을 부여했다는 것을 조명할 수 있다. 더구나 1923년에 마음을 자아, 이드, 초자아로 새롭게 분할하는 "두 번째 구조 이론"을 도입했을 때 그는 본능 욕동에 관한 새로운 이론을 고려하고 있었고, 이리하여 그의 "첫 번째 지형학적 이론"인 무의식, 전의식 그리고 의식 체계로의 구분을 완성시켰다. 대부분의 정신분석가들은 1920년 이후에 프로이트가 내놓았던 혁신적 개념들을 어느 정도 받아들였지만, 욕동을 두 가지로 구분한 것은 그의 저작들을 통틀어 오늘날까지도 가장 논쟁적인 문제로 남아 있다.

생애와 역사

프로이트에게 드리운 죽음의 그림자

프로이트는 1920년 6월 16일에 비엔나 학회에서 『쾌락원칙을 넘어서』의 개요를 발표했고, 책은 12월에 출판되었다. 이 어려운 논문이 지닌 고도로 사변적인 특성 외에도, 이 가설의 정당성에 대한 프로이트 자신의 의심으로 말미암아 이 생각들은 상당한 의구심을 자아냈다. 이 가설들의 정당성에 도전했던 사람들은, 그것을 단지 죽음에 대한 프로이트 자신의 불안이 표현된 것으로 보고자 했는데, 특히 그의 주치의였던 막스 슈르Max Schur(1972)가 그러했다.

역사상 이 시기를 특징짓는 여러 사건들 가운데, 일차 세계대전은 일상적인 고난과 끊임없는 죽음의 현존과 함께, 여전히 사람들의 뇌리 속에 남아 있었다. 1919년에 프로이트는 정신분석가인 빅터 타우스크Victor Tausk의 자살을 처리해야 했지만, 그는 그것을 침착하게 처리한다는 인상을 주었다(Gray 1988). 반면에 안톤 폰 프로인트Anton von Freund가 암으로 죽었을 때에는 상당히 타격을 받았는데, 그는 정신분석 사업에 상당한 재정적 지원을 주었던 부유한 헝가리인이었다. 프로이트는 그가 병석에 있을 때 매일 그를 방문하였다. 1920년에는 그의 딸 소피가 역시 사망했다. 그녀는 스페인 독감에 걸려 불과 5일 만에 죽었는데 당시 그녀는 세 번째 아이를 임신하고 있었다. 당시에 프로이트 역시 마음을 스치는 다른 불길한 생각들을 갖고 있었는데, 자신의 죽음에 대한 불안도 포함되어 있었다. 그는 자신이 62세가 되는 해인 1918년이나 1919년에 죽을 것이라는 믿음을 오랫동안 갖고 있었는데, 그것은 미신을 토대로 산출해낸 62라는 숫자가 다시 등장하는 해였다.

본능욕동에 관한 두 번째 이론 : 점점 더해가는 정당성에 대한 확신

비록 일차 세계대전의 여파로 프로이트에게 죽음의 그림자가 무겁게 드리워져 있었지만, 모든 것을 고려해볼 때 다소 대담한 이 새로운 가설들을 도입하도록 만든 것은 아무래도 그 자신의 생각의 발달이라는 점을 인정해야만 한다. 1920년에 다소 주저함을 보이기는 했지만, 그는 삶의 마지막 날까지 생명 욕동과 죽음 욕동 간의 갈등을 항상 고려해야 한다는 것을 분명히 했다. 그가 죽음 욕동을 도입한 이유가 이 시기에 일어났던 죽음과 비극적 사건들, 특히 소피의 죽음에 사로잡혔기 때문이라는 사람들의 주장을 프로이트는 단호히 거부하였다. 그는 정신분석가로서 그 해석의 타당성을 인정하였지만, 이 특수한 사례가 자신에게 적용되는 것을 받아들이지는 않았다. 프로이트는 막스 아이팅곤에게 자신이 이미 소피가 죽기 전인 1919년에 이 책의 절반을 썼다는 사실을 증언해달라고 요청했지만, 그는 훨씬 나중까지도 그것을 출판하지 않았다.

원문 찾아보기

페이지 번호는 『지그문트 프로이트 전집 표준판』 vol. 18, 1-64를 따른 것이다.

쾌락원리와 그 한계

처음에 프로이트는, 1915년에 초심리학에 관한 논문에서 보다 특별히 발전시켰던 쾌/불쾌의 원리라는 개념을 도입하게 된 이유를 상기시킨다. 예를 들면, 허기나 성적 욕망 같은 과정들은 마음속에 점증하는 긴장들을 만들어내고 방출이 이어진다. 긴장이 증가하면 불쾌가 따르는 반면, 방출은 쾌감을 준다. 그러므로 우리는 정신 과정들을 에너지의 양적 변화로 기술해도 타당할 것이며, 마음의 어디엔가 이런 긴장들의 변화를 다루는 기능을 하는 조절 원리가 존재할 것이라고 가정할 수 있다. 이것이 프로이트가 "쾌락원리"라고 부르는 것인데, 이 원리의 최종 목표는 "불쾌를 피하거나 쾌락을 만들어내는 것"(1920g : 7)이다. 정신 과정들을 지배하고 있는 안정을 찾으려는 경향은 또 다른 원리인 "항상성의 원리"로부터 파생되는데, 그 목적은 마음에 존재하는 자극의 양을 최대한 낮게 유지하는 것이다(같은 책 : 9).

쾌락원리는 정말로 모든 정신 과정들을 지배하는가? 프로이트는 그렇지 않다고 말한다. 그것이 사실이라면 우리 정신 과정의 대부분은 쾌락으로 이끌려야 하지만 경험은 그렇지 않다는 것을 보여준다고 그는 주장한다.

> 그러므로 기껏해야 우리가 말할 수 있는 것은, 마음에는 쾌락원리를 향한 강한 경향성이 존재하지만 그 경향성은 어떤 다른 세력이나 상황들과 대립되는 것이어서, 마지막 결과가 항상 쾌락을 향한 경향성과 조화를 이루는 것은 아니라는 것이다(같은 책 : 9).

욕동 만족에 대립되는 이 세력들이란 어떤 것일까? 프로이트는 두 가지가 있다고 말한다. 첫째는 "현실원칙"인데 그것은 만족을 지연시키고, 불쾌를 "쾌락으로 가는 간접적인 긴 여정의 한 단계"(같은 책 : 10)로서 견딜 수 있게 한다. 둘째는 "자아" 인데 그것 또한 쾌락을 얻는 것에 반대한다. 불쾌는 발달과정에서 어떤 개인적인 욕동들이 자아와 양립할 수 없는 것으로 경험되었다는 사실에서 기인할 수도 있다. 예를 들면 신경증적 불쾌가 그런 사례인데, "쾌락은 쾌락 그 자체로 느껴질 수 없다"(같은 책 : 11). 이 두 만일의 사태에서, 불쾌는 "위험"의 감정을 불러오는 고통스러운 내적, 외적 쾌락들에 대한 지각에서 기인한다. 정신 기구가 내적 혹은 외적 위험의 지각에 적절히 반응한다면, 그것은 쾌락원리와 현실원리를 모두 따른다고 말할 수 있다. 그러나 쾌락원리가 적절히 대처할 수 없는 상황들이 있는데, 프로이트가 다음 장에서 논의하는 외상적 경험들이 그런 경우이다.

외상 신경증과 아동의 놀이 : 반복의 두 근원

계속해서 프로이트는, 반복을 통해 고통스러운 경험을 통제 가능한 것으로 만들려고 시도하는 두 가지 상황을 기술하고 있다. 그중 첫 번째는 "외상 신경증"인데 그것은 개인의 삶을 위험에 빠뜨릴 수 있는 어떤 예기치 않은 사건의 결과로서 일어나며, 불안, 다양한 증상들 그리고 되풀이되는 꿈으로 나타난다. 이런 환자들이 꾸는 꿈의 중요한 특징은 외상적 상황을 반복적으로 재생하는 것인데, 이는 꿈은 소망 성취라는 고전적 이론에 위배된다. "이런 조건에서는 [...] 꿈꾸는 기능이 교란되며 그 목적으로부터 방향을 전환한다"(같은 책 : 13).

우리가 반복 현상을 관찰할 수 있는 두 번째 상황은 어린이들의 놀이이다. 프로이트는 자신의 손자가 한 살 반이었을 때 목격했던 일을 보고한다. 아이는 엄마가 몇 시간 동안 혼자 떼놓았을 때 결코 울지 않았다. 아이는 실이 달린 나무 실패를 갖고 있었는데, 프로이트는 아이가 몇 번이고 실패를 보이지 않는 곳으로 집어던졌다가는 실을 당겨 실패를 도로 가져오곤 한다는 것을 알아차렸다. 프로이트는 이 놀이의 의미가 어머니를 사라지게 했다가 다시 나타나게 하는 것이라고 생각했다. 그 놀이는 울음을 대치한 것이었으며, 손자의 결코 소리 내지 않은 항거였다. "그는 이것으로, 말하자면 대상을 사라지게 했다가 손이 닿는 곳으로 되돌림으로써, 스스로를 보상하고 있었다"(같은 책 : 15). 프로이트는 이러한 반복이 가져오는 몇 가지 결과들을 깨달았다. 아동은 이를 통해 수동적인 불쾌한 상황을 자신이 능동적인 역할을 맡는 상황으로 변형시킬 수 있었다. 그리고 대상을 멀리 던짐으로써 그는 억제했던 충동, 즉 자신을 두고 멀리 가버린 엄마에 대해 복수하고 싶은 마음을 충족시킬 수 있었다. 프로이트는 이러한 관찰로부터 일반적인 결론을 이끌어낸다. 놀이는 아동들이 자신에게 깊은 인상을 주었던 경험을 반복적인 형태로 재생할 수 있도록 해주며, 그럼으로써 그들이 상황을 보다 통제할 수 있도록 돕는다고 주장한다. 그런 관점에서 나무 실패 놀이는, 반복이 여전히 쾌락원리를 따르면서도 극복으로 이끌 수 있다는 것을 보여준다. "쾌락원리가 우세한 상황에서조차, 본질적으로 불쾌한 것을 기억하고 극복해내도록 만들기에 충분한 방법과 수단들이 있다"(같은 책 : 17).

반복 강박과 전이

다음에 프로이트는 정신분석적 전이에서 반복되는 것이 변천하는 문제로 옮겨간다. 그는 전이가 아동기 경험에서 억압된 부분들의 재생으로 이루어져 있다는 것을 보여주며, 「기억, 반복 그리고 극복」(Freud 1914g)에서 주장한 바와 같이, 이런 식으로 억압된 것은 극복되어야 한다고 말한다. 그러나 어떤 환자들의 경우는 극복 과정에 실패하게 되고, 따라서 단지 반복되던 것이 "반복 강박"으로 바뀌게 된다. 이것은 훨씬 더 심각하며 치료의 성공을 위협할 수도 있다. 프로이트에 따르면 반복 강박을 만들어 내는 저항들은, 무의식은 의식 체계 안에 계속 방출을 요구한고 볼 때, 무의식과 의식 체계간의 갈등에서 생기는 것이 아니다. 그런 종류의 설명은 그의 첫 번째 지형학적 이론의 맥락에서 신경증의 고전적 모델에 바탕을 두고 있다. 반복 강박은 "일관성 있는 자아와 억압된 것 사이의"(1920g : 19) 갈등과 관련이 있는데, 프로이트는 이 갈등이 억업된 무의식이 개입되어 있음을 나타낸다고 말한다.

그렇다면 반복 강박과 쾌락원리 간의 관계는 무엇인가? 이 관계를 조사해보면, 우리는 반복 강박이 정신분석적 관점에서든, 일상생활의 관점에서든, 쾌락에 대한 어떤 가능성도 없는 과거의 경험을 불러낸다는 것을 알 수 있다. 정신분석 치료 과정에서 이런 환자들은 반복 강박으로 인해, 전이에서 불가피하게 불쾌한 상황들을 재생한다.

> 환자들은 전이에서 이런 모든 원치 않는 상황들과 고통스러운 정서들을 반복하며, 대단히 기발한 방법으로 이것들을 재경험한다. 그들은 치료가 아직 끝나지 않았을 때 치료를 중단시킬 방법을 모색한다. 그들은 어떻게 해서든지 다시 한 번 경멸감을 느끼려 하며, 의사가 자신에게 심한 말을 하고 차갑게 대하도록 만들기 위해 애쓴다(같은 책 : 21).

이와 유사하게 우리는 어떤 평범한 사람들의 삶에서, 신경증 환자의 전이에서 일어나는 것들과 유사한, 반복 강박과 관련이 있는 현상들을 만난다. "그들은 악의적 운명에 쫓기거나 어떤 '악마적인 힘'에 사로잡힌 듯한 인상을 준다"(같은 책 : 21). 얼핏 보기에, 그런 사람은 이런 "같은 일이 계속 반복되는 것"(같은 책 : 22)을 수동적으로 경험하고 있는 것처럼 보이지만, 분석은 그 사람의 행위가 사실은 능동적인 것임을, 그러나 무의식적인 것임을 보여준다.

이 부분을 결론지으면서 프로이트는, 전이 현상과 어떤 개인들의 운명은 "마음속에 정말로 쾌락원리보다 우세한 반복 강박이 존재한다"(같은 책 : 22)는 것을 입증해준다고 말한다. 이와 유사한 현상은 외상 신경증 환자들의 반복되는 꿈과 아동의 놀이에서 발견된다. 이런 현상을 동반하는 징후들에서, 쾌락원리와 반복 강박은 가까운 동반관계에 있는 것처럼 보인다. 그러나 반복 강박보다는 쾌락원리의 개입을 알아차리는 것이 더 쉽다고 프로이트는 말한다. 왜냐하면 우리가 순전히 반복강박의 영향이라는 것을 확인할 수 있는 경우는 매우 드물기 때문이다. 쾌락원리가 영향을 미치고 있다 하더라도, 그것 자체로 그런 현상을 충분히 설명할 수는 없다. "반복 강박에 대한 가설을 정당화하는 데 충분히 설명되지 않는 무언가가 아직 남아있다. 보다 원시적이고 근본적이며, 쾌락원리를 압도하는, 보다 본능적인 어떤 것이"(같은 책 : 23).

자극에 대한 보호막의 역할 : 외상적 충격의 갑작스런 침입을 통제하기 위하여

다음에 프로이트는 자기 내부와 외부 세계에서 오는 지나친 자극으로부터 마음을 보호하기 위한, "자극에 대한 보호막"의 기능에 대해 기술한다. 외상적 침입의 위험을 피하려면 이러한 보호가 필요하다.

그러므로 자극에 대한 보호막은 마음을 파괴적인 내적, 외적 에너지로부터 보호하고 그것들을 변형시켜야 한다. 감각기관들은 외부 자극을 받아들여 이것을 조금 시험해본다. 기저에 있는 피질층은 의식체계가 되는 감각피질을 구성한다. 이 체계는 또한 내부로부터의 자극들을 받아들이는데, 거기에는 외적 자극을 다루는 것과 비슷한 보호막이 없다. 그 결과 내적 자극을 흡수할 수 있는 것이 아무것도 없으며, 그것은 직접 체계로 들어가 모든 범위의 쾌/불쾌의 감각들을 만들어낸다. 더구나 방어의 한 양식으로 내적 자극들은 마치 그것들이 외부로부터 만들어진 것처럼 취급되는데, 이것이 투사 기제이다.

마음에 대한 이러한 예비적 설명으로, 우리는 외상적 효과를 갖는 것은 보호막을 뚫고 들어와 유기체 전체를 교란시키는 그런 자극임을 쉽게 알 수 있다. 이런 이유로 쾌락원리는 처음에 작동하지 않으며, 그래서 다른 문제들이 생겨난다.

> 이제 많은 양의 자극이 흘러넘치는 것으로부터 더 이상 정신 기구를 보호할 가능성은 없다. 대신 또 다른 문제가 발생하는데, 뚫고 들어온 많은 양의 자극을 심리적인 의미에서 처리하고 묶어놓음으로써 그것들을 제거할 수 있는가 하는 문제이다 (같은 책 : 29-30).

이러한 침입에 맞서 개인의 모든 정신적 에너지는, 신체적 고통의 경우에 일어나는 것과 유사한 방식으로, "반집중anticathexis"을 확립하기 위해 동원된다. 이런 식으로 잉여의 에너지는 그 자극을 통제할 수 있는, 달리 말해 자극을 "심리적으로 묶어 두는" "정적인 집중quiescent cathexis"으로 변환된다.

외상 신경증은 그러므로 자극에 대한 보호막에 커다란 구멍이 뚫린 결과로 일어난다. 외상성 장애를 일으키는 것은 충격의 기계적인 폭력이 아니라 "공포와 삶에 대한 위협"(같은 책 : 31)이다. 프로이트는 이로부터 불안에 대한 새로운 이론을 세우게 되었는데, 그는 나중에 이것을 보다 충분히 발전시킨다. 우선 그는 1920년에, 외상성 장애의 경우는 "불안에 대한 어떤 준비도 결여되어 있다"(같은 책 : 31)고 말한다. 따라서 외상적 사건의 결과는 특히 불안의 징후들에 대비한 체계의 준비 상태에 달렸다. 이것은 나중에 그가 『금지, 증상 그리고 불안』(Freud 1926d [1925])에서 구분했던, "자동 불안"과 "신호 불안"의 전조이다.

반복 강박 그리고 그것과 쾌락원리와의 관계에 있어, 반복되는 외상적 꿈들의 목적은 그 자극을 소급적으로 통제하려는 것이다. 이 기능은 쾌락의 추구와 불쾌의 회피보다 더 원시적이다. 달리 말해 이런 꿈들은 꿈이 소망 성취라는 고전적 이론에 예외가 된다. 외상적 꿈이 아동기의 정신적 외상을 기억으로 다시 가져올 때, 잊혔던 것과 억압된 것을 떠올리려는 소망이 작용하고 있는 것 또한 사실이긴 하지만, 그것들은 쾌락원리보다는 반복 강박을 따른다. "만일 '쾌락원리를 넘어서는' 것이 있다면, 그것은 단지 꿈의 목적이 소망 충족이기 이전의 시기가 또한 있었다는 것을 거듭 인정해주는 것이다"(1920g : 33).

● "모든 생명의 목적은 죽음이다"(같은 책 : 38)

마음을 외적 세계의 자극으로부터 막아주는 보호막은, 내면으로부터 오는 것들로부터는 보호해주지 못한다. 외적 자극과 내적 자극들이 비슷한 영향을 만들어내는 것은 이 때문이다. "[내부로부터의 자극은] 종종 외상 신경증에 견줄 만한 경제적 장애들을 만들어낸다"(같은 책 : 34). 이러한 내적 자극의 근원은 무엇인가? 그것은 신체 내부에서 기인하는, 프로이트가 "본능"이라고 부르는 것들이다. 만일 그것이 정신적으로 "묶이지bound" 않는다면, 그것은 외상 신경증에서 외적 자극들이 정신 기구를 압도할 때처럼 많은 장애를 일으킬 것이다. 따라서 외적 자극의 경우에서와 같이, 정신 기구는 무엇보다도 내부로부터의 자극들을 통제하고 묶어야 한다. 여기서 반복 강박이 작용한다. 그런 후에야 쾌락원리가 역할을 할 수 있다. 그러나 때로 정신분석 치료 과정에서 쾌락원리에 대립하는 반복 강박은 "악마적daemonic" 모습을 취한다. 따라서 전이에서 반복되는 억압된 유아적 경험들은 정신적으로 쾌락원리에 "묶일" 수가 없다. 그러므로 그 경험들은 "이차 과정을 따를 수가 없으며"(같은 책 : 36) 적절히 극복될 수가 없다.

환자가 반복 강박에 지배될 때는 본능 욕동들이 종종 분석을 실패로 이끄는 것을 보면서, 프로이트는 욕동의 진정한 본질에 대한 일반적 가설을 제시한다. 욕동의 목적은 처음의 상태, 생명에 선행하는 무기물 상태를 복원하는 것인 듯하다.

> 그렇다면 본능이란, 살아있는 개체가 교란시키는 외부적 힘의 압력 아래 포기해야만 했던, 보다 이전의 상태를 복원하려는 유기체에 내재된 충동인 것으로 보인다. 즉, 그것은 유기체적인 탄력성, 혹은 달리 말해 유기체에 내재된 관성의 표현이다 (같은 책 : 36).

프로이트에게 유기체적 욕동들은 본질적으로 보수적이며, 보다 초기 상태의 회복을 목적으로 한다. 따라서 외적인 영향의 결과로 일어나는 유기체 내의 진전이나 발달은, 오직 본능의 궁극적인 목적을 방해할 뿐이다. 프로이트는, 이러한 "태곳적 목표"는 물체들이 아주 초기로 되돌아가는 것을 의미한다고 분명히 말한다. "[이러한 목표는] 물체의 예전 상태, 살아있는 개체가 언젠가 그것으로부터 출발했던, 그리고 발달해왔던 길을 따라 우회적으로 되돌아가려 애쓰는 초기 상태일 것이다"(같은 책 : 38). 결과적으로, "[만일] 우리가 살아있는 모든 것은 예외 없이 내적인 원인 – 다시 한 번 무기물이 되는 것 – 으로 죽는다는 것을 사실로 받아들인다면, 우리는 '살아있는 모든 것의 목적은 죽음' 이라고, 그리고 거꾸로 본다면, '생물 이전에 무생물이 있었다' 고 말할 수밖에 없을 것이다"(같은 책 : 38). 이 모든 것의 최종적인 결과는 이렇다. "그러므로 보수적인 본능들이 충실하게 지켜왔던 죽음으로 이르는 이 우회로는, 오늘날 우리에게 생명 현상의 모습을 보여줄 것이다"(같은 책 : 39).

생식 세포들은 이런 과정으로부터 벗어나, 살아있는 물질의 죽음에 대항해 작용하는 것으로 보인다. 그러나 그 세포들의 불멸성이란 오해이며, "죽음에 이르는 길을 연장한 것에 불과하다는 것을 의미할 수 있다"(같은 책 : 49). 프로이트에 따르면, 생식 세포들을 보호하는 본능들은 성적 욕동들의 집단에 속하며 "생명 본능들"이다.

> 생명 본능들은 자신의 기능 때문에 죽음에 이르는 다른 본능들의 목적과 반대로 작용한다. 그리고 이러한 사실은, 오래 전에 신경증 이론이 그 중요성을 확인한 바 있는, 본능들 사이의 대립이 있다는 것을 가리킨다(같은 책 : 40).

본능 집단들 간의 이러한 대립은 유기체의 삶 안에 "주기적인 변동"(같은 책 : 41)을 만들어낸다.

프로이트는 계속해서, "완벽해지려는 본능"이 존재할 가능성에 대해 고찰한다. 일부 과학자들이 가정했던 그 본능은, 진보를 향해 지칠 줄 모르고 질주하는 일종의 추진력이다. 그는 그 가설을 근거 없는 것이라고 거부하는데, 완전한 만족으로 가는 길에는 항상 저항이라는 장애물이 있기 때문이다. 그 역할은 "유기물을 보다 더 큰 개체들과 결합시키려는 에로스의 노력"에 속한다. 따라서 생명 욕동은 이러한 "완벽해지려는 본능"(같은 책 : 42-43)의 대체물이다.

삶과 죽음 본능의 이원론에 상당하는 다른 것이 있는가?

프로이트는, "살아있는 모든 것은 내적인 원인으로 죽게 되어있다"(같은 책 : 44)는 자신의 가설을 확증할 혹은 무효화할 어떤 것이 있는지 알아보기 위해, 당시의 생물학으로 주의를 돌린다. 그는 사실상 자신의 본능적 삶에 대한 이중적 개념에 상충되는 생물학적 주장을 발견하지 못했다. 그러나 그는 자신의 가정과 유사한 다른 과학적 연구를 발견하였는데, 살아있는 유기체 안에는 두 종류의 상충되는 과정들이 있다는 것이다. "하나는 건설적인 것 혹은 동화assimilatory시키는 것이고, 다른 하나는 파괴적인 것 혹은 이화dissimilatory시키는 것"(같은 책 : 49)이다. 그는 철학자인 쇼펜하우어가 이미, 성적 욕동은 살려는 의지의 구현인 반면 "죽음은 '진정한 결과이며 그 만큼 삶의 목적'"(같은 책 : 50)이라고 주장했음을 독자들에게 상기시킨다.

자신의 주장을 한층 더 발전시켜, 프로이트는 세포 내에서 일어나는 것을 리비도 이론에 적용할 수 있는지에 대해 논의한다. 각 세포에서는 죽음 본능을 중화시키는 생명 본능 혹은 활동적인 본능이 있는 반면, 다른 세포들은 생명을 유지하기 위해 스스로를 희생한다. 이 문제에 답하기 위해, 프로이트는 본능 욕동에 관한 이론으로 되돌아가 욕동들이 어떤 단계들을 거쳐 발달하는지 보여준다(같은 책 : 60 각주). 그의 이원론적 개념은 자아 욕동과 성적 욕동 간의 대립으로부터 출발하는데, 그는 그로부터 삶의 욕동과 죽음 욕동 간의 대립을 추론한다. 그는 이렇게 질문한다. 그것을 더 확대하여 한편으로는 삶의 욕동과 죽음 욕동 간의 대립으로, 다른 한편으로는 사랑(애착)과 증오(공격성) 간의 대립으로 비교할 수 있는가? 그는 자기-보존적인 성적 본능의 역할과 아울러 가학증과 피학증의 역할을 상기시키면서, 피학증-주체 자신의 자아에 반하는 공격적이고 파괴적인 욕동-이 훨씬 더 이전의 단계로 퇴행할 수 있으며, 따라서 "일차적 피학증"의 존재를 암시한다는 결론에 이른다. 정신적 삶의 지배적인 경향은 쾌락원리에 따라 긴장을 감소시키고 항상성의 원리를 지키는 것이다-"열반의 원리". 그래서 프로이트는, "우리가 죽음 본능의 존재를 믿는 가장 강력한 이유"(같은 책 : 56)는 이것이라고 결론을 내린다. 점차 그는 삶의 본능과 죽음 본능이 서로 분리될 수 없는 것임을 깨닫게 되었다. 그러나 그는 이 대담한 가설에 대한 자신의 주장을 전적으로 확신하는 것은 아니라고 인정하면서 장을 마감한다. 그는 틀림없이 생물학의 발달이 여전히 남아있는 이 문제들을 밝혀줄 것이라고 말한다. 그러나 이 가설들에 대한 그의 신념은 후속 논문들에서 더욱더 굳건해지게 된다.

역설 : 죽음 욕동에 봉사하는 쾌락원리

이 책의 마지막 장에서 프로이트는, "반복의 본능적 과정들과 쾌락원리의 지배와의 관계에 대한 문제를 해결"(같은 책 : 62)하려고 노력한다. 그는 가장 초기의, 그리고 가장 중요한 정신기구의 기능들 중 하나는, 일차 과정을 이차 과정으로 대신하기 위해서 그리고 자유롭게 움직이는 집중적cathectic 에너지를 주로 정적인(긴장성의) 집중으로 변환시키기 위해서, 침범하는 본능적 충동들을 "묶는 것"이라고 다시 언급한다. 이러한 변형들이 일어나는 동안 충동들을 묶는 것은 쾌락원리의 지배를 가져오고 보장하는 준비적 작용이다. 정신적 삶의 초기부터 쾌락을 위한 분투가 훨씬 더 강렬하지만, 쾌락원칙이 일차 과정만의 특권은 아니다. 그것은 이차 과정에도 존재한다. 결론에서 프로이트는, 삶이란 끊임없는 긴장들 – 그는 그것을 "평화의 파괴자"라고 부른다 – 의 연속으로 이루어져 있다고 주장한다. "긴장의 방출은 쾌락으로 느껴지는" 반면, 죽음 본능은 침묵 속에서 작용한다. "삶의 본능들은, 우리의 내적 지각 – 평화의 파괴자로서 출현하여 끊임없이 그 방출이 쾌락으로 느껴지는 긴장들을 만들어내는 – 과 훨씬 더 많이 접촉해 있다. 반면에 죽음 본능은 불필요한 관심을 끌지 않고 자신의 할 일을 하는 것처럼 보인다"(같은 책 : 63).

프로이트 개념들의 발달

1920년 이후, 삶과 죽음 욕동 간의 갈등 이론의 발달

1920년에 삶과 죽음 욕동 간의 근본적인 갈등이 존재한다고 가정한 프로이트는 이어 몇 년 동안 이 생각을 발전시켰다. 1923년에 그가 자아, 초자아 그리고 이드(『자아와 이드』 1923b) 의 구분을 도입했을 때, 당시 그의 가설은 멜랑콜리(즉, 우울증) 환자의 초자아가 모든 그의 가학증과 파괴적 구성요소를 불러일으킨다는 것이었다. "이제 초자아 안에서 지배하고 있는 것은 이를테면, 죽음 본능의 순수한 배양"(1923b : 53)이다. 이러한 자기-파괴, 특히 그것이 자살로 이끌 때의 무자비함을 설명하기 위해, 프로이트는 삶의 욕동의 에로틱한 구성요소가 더 이상 파괴성 전체를 "묶기"에 충분치 않게 됨에 따라 이제 이것은 "자유로워"지고, 공격적이고 파괴적인 성향으로 나타난다고 주장한다. 프로이트는 삶과 죽음 욕동의 "묶기"(혹은 "융합 fusion")와 "탈융합defusion"이라는 이론적 개념들을 도입함으로써 임상 실제에서 관찰했던 현상들을 보다 명확히 밝힐 수 있었다.

「피학증의 경제적 문제」에서 프로이트(1924c)는, 1920년에 『쾌락원칙을 넘어서』에서 자신이 열반의 원리를 쾌락원리와 혼동했으며, 따라서 쾌락원리가 전적으로 죽음 욕동에 봉사한다는 인상을 주었다고 말한다. 그러한 언급으로 되돌아가, 그는 이제 두 원리들 간의 구분을 분명히 하고, 열반의 원리를 죽음 욕동의 표현으로 간주한다. '죽은 이에게 평화의 안식을'이라는 문구는 아마도 적절한 유비일 것이다. 반면 쾌락원리는 리비도의 요구이다. 그는 리비도의 영향을 받은 죽음 욕동은, 근육 기관의 도움을 받아 자기 외부로 방향을 돌린다는 기본적인 생각을 덧붙인다.

> 리비도는 파괴적인 본능을 무해한 것으로 만들어야 하는 과제를 안고 있는데, 본능을 대대적으로 외부로 [...] 외부 세계의 대상들에게로 돌림으로써 그 과제를 완수한다. 이때 본능은 파괴적 본능, 지배본능, 혹은 권력에의 의지라고 불린다(1924c : 163).

프로이트는 죽음 욕동의 주된 부분이 대상에게 투사되는 가학증의 형태로 외부로 방향을 튼다고 해도, 여전히 내부에는 그 잔재가 남아 자기를 향한다고 덧붙인다. 이러한 잔재는 "본래의, 성애발생적 피학증"을 구성한다. 더구나 투사에 의해 외부로 방향을 돌린 가학증은 다시 한 번 내사되고, 따라서 보다 초기의 상황으로 퇴행한다. 이것이 "이차적 피학증"이다.

1937년에 「끝낼 수 있는 분석과 끝낼 수 없는 분석」에서 프로이트는, 자신의 제자들조차 동의하지 않는다는 것을 알고 있었지만, 개인적으로 확신했던 개념을 다시 언급한다.

> 나는 죽음이나 파괴 본능 혹은 공격성이 그 짝으로서 리비도에서 표현되는 에로스와 동등한 권리를 갖고 있다고 주장한 이원론이 별 공감을 받지 못하고 있으며, 심지어 정신분석가들 사이에서도 받아들여지지 않고 있다는 것을 매우 잘 알고 있다 (1937c : 244).

후기 프로이트 학파

왜 정신분석가들은 죽음 욕동의 개념을 쉽게 받아들이지 않는가?

프로이트가 1920년에 이 생각을 내놓자마자, 죽음 욕동의 개념은 정신분석가들 가운데 큰 논쟁을 불러 일으켰다. 프로이트의 견해에 동조한 사람은 거의 없었으며 심지어 그의 가까운 동료들, 예를 들면 존스조차도 주저하였다. 여기에는 몇 가지 이유가 있었는데, 나는 그중 두 가지를 논의하려 한다. 우선 내가 보기에는 이론적으로 제시된 반대 의견들은, 정신적 삶에서 공격적, 파괴적 욕동이 하는 역할에 대한 거부에 바탕을 둔 것으로 보인다. 이러한 태도는 종종 다른 종류의 무의식적 방어의 산물이다. 나는 종종 죽음 욕동 개념이 죽음 개념 자체와 혼동되고, 따라서 삶과 죽음 욕동 간의 갈등이 삶과 죽음 자체의 갈등으로 변질되는 결과를 낳는 것을 보게 된다. 진실은, 우리가 논의하고 있는 것이 모든 인간 안에서 작용하고 있는 두 본능 욕동 간의 갈등이라는 것이다.

두 번째 어려움은 프로이트가 자신의 관점을 주로 이론적인 용어로, 이것이 임상 실제에서 어떤 의미를 갖는지 언급하지 않고 표현했다는 사실에서 기인하다. 예를 들어 그는 죽음 욕동이 불필요한 관심을 끌지 않고 작용한다고 기술했지만, 이것이 임상 사례에서 무엇을 의미하는지 설명하거나, 자신이 그것을 어떻게 해석했는지 보여주지 않았다. 또 한편에서 그는, 몇몇 경우에 삶과 죽음 욕동 간의 갈등을 사랑과 증오 간의 갈등으로 대신하려 했다. 그는 이러한 시도에서 크게 성공하지 못했는데, 『자아와 이드』(1923b)를 공부할 때 곧 보게 될 것이다.

이원론적 욕동에 대한 클라인식 접근

멜라니 클라인은 죽음 욕동의 개념을 받아들여 자신의 임상 작업에 적용한 최초의 정신분석가 중 한 명이다. 그녀에 의하면 자아는 태어날 때부터 존재하며, 처음부터 타고 난 욕동의 양극성이 만들어내는 불안을 처리해야 한다. 자신을 방어하기 위해 자아는, 프로이트의 말처럼 죽음 욕동의 방향을 틀어 욕동의 일부를 외적 대상에게 투사하고 다른 일부는 공격성으로 변형시킨다. "죽는 대신, 죽인다"(Segal 1979 : 20). 클라인은 이것을 한층 더 발전시킨다. 그녀의 관점에서 이 방어 과정은 자아를 분할하는 분열을 만들어내고, 이어서 투사를 통해 일차 대상(젖가슴)을 분열시킨다. 따라서 이것은 박해적인 동시에 이상적으로 인식된다. 한편에서 죽음 욕동은 젖가슴으로 투사되는데, 그 후부터 자아는 그것을 박해적이고 위협적인 것으로 경험한다. 다른 한편에서는, 리비도 또한 투사되어 생명을 보호해주는 것으로 지각되는 대상인 이상적 젖가슴을 만들어낸다. 사랑 대상에 대한 과도한 이상화가 발생할 때 분열의 목적은, 그것을 가능한 한 박해적 대상으로부터 떼어놓는 것이다. 그 결과 이 초기 발달 단계에서 주요 불안은, 박해적 대상들이 자아를 뚫고 들어와 이상적 대상과 자기Self를 멸절시킬 수도 있다는 사실로부터 초래된다. 이 단계를 클라인은 편집-분열적 자리라고 불렀다.

삶의 아주 초기부터, 자기와 대상의 통합이 점점 더 강해지는 또 다른 자리가 있다고 클라인은 말한다. 발달 조건들이 우호적이면, 자기는 이상적 대상과 자신의 리비도적 충동들이 공격적이고 파괴적인 욕동들을 지닌 위험한 대상보다 강하다고 점차 느끼기 시작한다. 이런 식으로 자기는 자기와 이상적 대상 모두를 보호할 능력을 점차 획득했다는 것을, 그리고 내적으로 작용하고 있는 죽음 욕동을 훨씬 더 잘 견딜 수 있다는 것을 경험한다. 따라서 편집적 불안이 감소되고 분열과 투사가 줄어들면서, 자기와 대상의 통합을 향한, 즉 우울적 자리의 극복을 향한 점진적인 움직임이 있게 된다.

클라인에 따르면, 마음속에는 이 두 양극 사이를 오가는 끊임없는 동요가 있다. 한편에서 내적 상황은 통합의 부재와, 이상화된 대상과 박해적 대상 간의 분열에 의해 지배된다. 여기서는 증오가 사랑보다 강하다. 다른 내적 상황에서는 통합을 향한 경향이 특징적인데, 여기서는 사랑이 증오보다 강하다.

기법적인 관점에서 클라인과 클라인 학파 분석가들이 택했던 접근법은, 개인이 초기 유아적 불안들을 취급하는 방식, 그리고 이것들을 처리하려고 노력하는 방식에 토대를 둔다. 나는, 지나치게 세부로 나아가기보다, 매 회기 정신분석가는 환자와 분석가 간에 끊임없이 오가는 전이 투사와 내사 안에서 리비도적이고 공격적인 이중적 경향을 확인하기 위해 노력할 것이라고 말하겠다. 만일 정신분석가가 역전이에서 이상화하고 존경하는 대상뿐 아니라 위험하고 증오하는 대상을 대표하는 데 동의한다면, 그리고 이러한 분열을 환자에게 해석해줄 수 있다면, 환자가 리비도적 경향과 공격적 경향을 구분하도록 도울 수 있을 것이다. 그러면 환자는 그것들을 "묶을" 수 있게 될 것이며, 이것은 다시 통합을 촉진할 것이다.

오늘날의 죽음 욕동 : 광범위한 관점들

오늘날의 죽음 욕동은 어떠한가? 대부분의 프로이트의 기본 가설들과는 달리 본능욕동의 이원론은, 처음부터 그 가설을 받아들인 클라인 학파 분석가들을 제외하고는, 여전히 많은 정신분석가들에게 매우 논쟁적인 이론으로 남아 있다. 나머지 정신분석 집단에 관한 한, 매우 다양하고 광범위한 견해들이 있다. 사실 우리는 정신분석가들의 숫자만큼이나 많은 견해들이 있다고 말할 수 있다.

1984년, 유럽 정신분석 연합은 이 논쟁적 주제에 대한 첫 과학적 심포지엄을 열었으며, 심포지엄에서 발표된 논문을 『죽음 욕동』(La Pulsion de mort, 1986) 이라는 제목으로 출판하였다. 라플랑슈는 죽음 욕동이 자체의 권리를 가진 욕동이라고 주장했으며, 그것이 성적 욕동의 영역에 속한다는 것을 보여주는 몇 가지 주장들을 제시하였다. 한나 시걸에 따르면, 삶의 아주 초기부터 유아가 욕구를 경험할 때 가능한 두 종류의 반응이 있다. 첫 번째는 삶에 대한 갈망인데 이것은 대상을 찾도록 이끈다. 두 번째는, 지각된 모든 것과 함께 지각되고 경험되는 자기를 멸절시키려는 경향이다. 그린은 죽음 욕동의 목적이 "탈-대상화" 기능을 성취하는 것이라는 생각을 발전시켰는데, 죽음 욕동의 파괴성이 자신을 표현하는 특유의 방식은 "탈-리비도 집중"을 통해서이다. 위들로셰가 지적했듯이, 심포지엄의 논쟁들은 만나는 지점과 나뉘는 지점들을 조명해 주었다. 일반적 합의에 도달한 것은, 욕동의 이원론은 정신과 관계가 있으며 따라서 프로이트가 제시했던 생물학적 주장에 의존하는 것은 바람직하지 않아 보인다는 사실이었다. 그러나 그것이 정신분석가들이 그 개념의 생물학적 혹은 신체적 토대를 인정하지 않는다는 의미는 아니라고 위들로셰는 덧붙인다.

세포의 예정된 죽음apoptosis ; 생물학적 통제 모델

프로이트는 자신이 심리적 차원에서 가정했던 욕동의 이원론을 반영해줄 생물학적 관찰들을 찾았지만 허사였다. 이 영역의 탐구에 뛰어든 과학자들은 거의 없었다. 1970년대 초에 와서야 예정세포사라는 기제가 발견되었다. 이것은 독특한 종류의 세포의 죽음으로서, 발달 과정, 기관형성과 세포의 증식 과정에서 세포들을 죽이는 기능을 한다. 그러나 그 과정은 병리적인 자극에 의해서도 촉발될 수 있다. 예정세포사는 분자적인 모든 연쇄적 사건들의 종착지인데, 호르몬, 성장 인자 그리고 세포 독소에서 나오는 긍정적이고 부정적인 신호에 의해 조절된다. 이러한 신호들은 세포-파괴를 억제할 수도, 예정세포사를 촉발할 수도 있다 (Robbins 등 1974).

예정세포사와 삶과 죽음 욕동 간의 갈등과의 유사점을 이끌어낼 수 있을까? 물론 생물학적 조절 모델인 예정 세포사를 프로이트가 가정했던 정신적 조절 모델로 간단히 바꿔놓을 수는 없다. 한편, 나는 우리가 기능에 대한 유사한 모델을 의존적 자기애 anaclisis – 생물학적 기능으로부터 지원을 받는 정신적 기능 – 라는 정신분석 개념과 함께 사용할 수 있다고 생각한다(J-M. Quinodoz 1997a). 이런 관점에서, 두 체계들은 독립적으로 기능하지 않는다. 심리적이고 생물학적인 요소들은 상호적인 영향을 준다. 예를 들면, 병리적 애도로 가게 되는 대상 상실의 어떤 사례에서는 신체적 수준의 반향이 있어서, 개인이 병이 나거나 사고를 당하거나 한다. 그렇다면 정신적 갈등에서 삶의 욕동에 대한 죽음 욕동의 우세는, 예정세포사가 수행하는 조절이 왜곡됨으로써 생물학적 수준에서 반향된 것일 수 있지 않을까?

새로운 개념들

반복 강박 – 죽음 욕동 – 삶의 욕동 – 열반 원리 – 일차적 피학증 – 반복되는 꿈 – 반복 – 반복되는 아동의 놀이(실패) – 전이 – 외상 신경증 – 외상성 장애

『집단 심리학과 자아의 분석』
(1921c)

사랑, 동일시 그리고 자아 이상

정신분석 덕분에 알게 된 개인의 정신적 삶을 집단 심리학의 영역으로 옮겨 놓을 수 있는가? 그리고 집단 현상들을 정신분석적으로 연구하는 것이 개인의 마음이 작동하는 방식에 대한 우리의 이해를 향상시키는가? 프로이트는 이전 연구자들이 암시나 최면을 통해 바라본 집단의 응집이나 해체에 대해, 혹은 지도자가 그 집단의 다른 구성원들을 사로잡는 힘을 결정하는 근본적 요소들에 대해 설명한 것이 만족스럽지 않았다. 그는 이 현상들을 탐구하기 위해 리비도 이론을 더욱 심도 있게 사용하면서 오직 정서적 유대, 사랑만이 인간들 간의 분열을 조장하는 개인의 자기애와 증오를 극복할 수 있다는 결론에 도달했다. 개인들을 집단의 지도자와 묶어주는 것은 그 리비도적 연결의 힘 – 기독교에서는 그리스도에 대한 사랑, 군대에서는 지휘관에 대한 사랑 – 이다. 그리고 정도는 덜 하지만, 똑같은 연결이 집단의 구성원들을 서로 이어준다. 그러나 이 리비도적 연결은 충분히 성숙한 형태의 성애적 사랑은 아니다. 그것은 그 성적 목표들이 금지되어 있는, 우리가 동일시라고 부르는 초기 형태의 사랑이다. "동일시는 가장 이른 원형적 형태의 정서적 유대"(1921c :107) 라고 프로이트는 말한다. 따라서 각 개인과 지도자와의 동일시 그리고 각 구성원들 간의 서로에 대한 동일시는 집단의 응집력을 만들어낸다. 이러한 정서적 유대의 상실은, 공황 상태가 일어날 때면 보게 되듯이, 집단을 해체시킨다. 지도자와의 유대 역시 이상화에 근거하므로 집단 구성원이 이러한 이상에 끌리게 되면 그 자신의 인격은 배경으로 희미하게 물러나는 경향이 있다. 지도자로 대표되는 "자아 이상"은 집단의 각 개인의 "자아"에 우선한다.

집단 구성원들과 지도자 사이의 확대된 체계 안에서 관찰되는 상호작용을 개인 정신의 축소된 체계로 바꾸어놓을 수 있을까? 동일시 개념의 다른 측면들을 탐구하면서 이 문제를 철저히 연구한 프로이트는 심리내적 관계들을 보는 새로운 방식을 개술하면서, 그 관계들이 "자아 내의 이 새로운 장면에서 반복될 수도 있다"고 말한다(1921c : 130). 자아 이상이 자아의 자리를 차지할 수도 있다는 사실을 통해 프로이트는 사랑하기being in love의 변천뿐만 아니라 정상적이고 병리적인 동일시 과정들을 상세히 설명할 수 있었다. 예를 들면 아버지에 대한 어린 소년의 동일시는 긍정적인 형태의 오이디푸스 콤플렉스를 통해 소년이 성장하고 자신의 아버지처럼 되도록 이끈다. 한편 소년이 자신의 어머니와 동일시한다면, 이것은 전도된 형태의 오이디푸스 콤플렉스로 이끈다. 프로이트는 자아 이상과 자아 간의 긴장 상태가 있음을 더욱더 분명히 알게 되었다. 정상적인 심리적 구조에서 자아 이상은 그 개인에 대한 부모의 요구들을 나타내는 반면, 병리적 상태에서는 이러한 긴장이 극심해져서 우울증과 조증을 왕복하는 현상으로 이끌게 된다. 『토템과 타부』(1912-1913)에서의 저술과 관련하여, 프로이트는 집단과 지도자와의 관계는 원시 부족의 아들들과 아버지 간의 유사한 관계가 재활성화된 것이라고 생각했다. 아버지가 살해당한 후에, 아버지는 서사시인의 상상 속에서 미화된 영웅으로 대체되었다.

생애와 역사

사회와 집단에서의 갈등에 대한 이해

피학증과 죽음 욕동을 연구한 다음, 집단이 작용하는 방식을 탐구하기로 마음 먹은 프로이트는, 이를 위해 사회학과 자신이 젊었을 때 즐겨 읽던 작가들에게 눈을 돌렸다. 그는 자신이 이 연구에서 무엇을 얻고자 하는지에 대해 로멩 롤랑Romain Rolland에게 편지를 썼다. "나는 이 책이 그다지 성공적이지는 않지만, 개인 분석으로부터 사회에 대한 이해로 가는 길을 보여준다고 생각합니다."(1923년 3월 4일에 프로이트가 로멩 롤랑에게 보낸 편지, Vermorel과 Vermorel 1993 : 219에서 인용) 그는 특히 사회적 응집성을 만들어내는 요소들을 정신분석의 도움으로 이해하는 데 관심을 가졌다. 사람들은 집단을 형성하기 위해 모일 때 응집성과 안전감을 얻는다. 그러나 왜 생각의 자유와 사물을 제대로 판단하는 능력을 잃어버리는 것일까? 왜 군중은 개인일 때보다 더 편협하고 비이성적이며 부도덕한가? 왜 금지들이 깨지면 살인적인 증오가 분출되는가?

프로이트가 집단 현상을 연구해야겠다고 느끼게 한 두 가지 주요 요인이 있었던 것 같다. 우선은, 일차 세계 대전이 아직도 사람들 뇌리에 선명하게 남아있었으며 이 시기에 쓰인 프로이트의 여러 저서들은 인간의 파괴적인 면을 이해하려는 그의 노력과 관련이 있다. 두 번째로는, 1920년대에 정신분석은 온갖 방면에서 비난을 받았고 정신분석 운동 자체가 연속적인 격렬한 갈등으로 흔들리고 있었다. 프로이트는 특히 그 당시 영국에서 만연했던 심한 반독일적 정서가 당혹스러웠다–그의 작업은 물론 독일어로 쓰여 있었다. 존스가 말한 바와 같이(1957 : 49) "정신분석은 [...] 독일의 타락과 보편적인 야수성의 전형적인 산물로 비난을 받았다." 존스는 힘이 닿는 대로 프로이트의 저서를 영어로 번역하였으며, 1920년에는 국제정신분석학술지International Journal of Psycho-Analysis

를 창간하여 영어권 국가에서 정신분석적 사고가 널리 퍼지도록 장려하였다. 이 시기는 또한 존스와 랑크가 심하게 다투던 시기였는데 프로이트는 그들이 자신에게 피력하는 논거에 따라 처음에는 존스를, 그 다음에는 랑크를 지지했다. 이러한 갈등들은 애초부터 정신분석가가 다른 사람들과 마찬가지로 집단 기능 기제들의 희생물이 될 수 있음을 분명히 했다. 아마 이것은 프로이트가 그런 상황들이 벌어지게끔 했던 현상을 탐구하도록 만든 또 다른 요인이었을 것이다. 예를 들면 정신분석 운동이 발달하면서 그것은 이제 조직화된 집단의 단계에 이르게 되었고, 그 집단의 지도자인 프로이트는 추종자들의 자아 이상과 지나치게 긴밀히 부합하는 이상을 창조해 내었을 것이다.

원문 찾아보기

페이지 번호는 『지그문트 프로이트 전집 표준판』 vol. 18, 65-143을 따른 것이다,

집단 심리학의 특징

프로이트는 연구를 시작하면서, 정신분석은 단일한 존재로서의 개인에게 집중하지만 가장 가까운 사람들과의 관계 또한 고려한다고 언급한다. 그러므로 그는 개인 심리학은 또한 사회심리학임에도 불구하고, 사회심리학은 개인들을 다소 잊는 경향이 있다고 생각한다.

그는 이와 관련된 광범위한 현상들을 재빠르게 개관하기 위해 구스타브 르봉Gustave Le Bon의 『군중 심리학Psychologie des foules』(1895)을 폭넓게 참조하면서 정신분석이 특히 어떤 부분을 밝혀줄 수 있는지 보여주었다. 르봉은, 집단에서는 의식적인 인격이 배경으로 사라지고 무의식적인 인격이 전면에 부각되기 때문에 사람들은 홀로 있을 때 행동하는 방식과는 매우 다른 사고와 행동을 한다고 설명한다. 사람들은 개인적 책임감과 도덕적 양심 같은 관념들을 상실할 정도로, 막강한 힘이 있는 느낌을 받는다. 집단은 일종의 전염성이 있어서 개인은 자신의 개인적 이해를 집단 전체의 이해를 위해 –기꺼이– 희생할 수 있으며, 최면술사의 손에 최면 당한 사람처럼 영향을 받기 쉬운 상태가 된다. 그러나 프로이트에게 있어 여기서 결정적인 요소는 집단적 상황에서 최면술사를 대신하는 사람이다. 르봉은 집단의 또 다른 특성이 퇴행이라는 것을 보여준다. 개인은 원시인들이나 아이들과 유사한 방식으로 행동한다. 홀로 있을 때는 매우 교양 있는 사람들도 집단에서는 본능 욕동의 희생물로 전락하여 미개인이 되어버린다. "그는 [개인은] 즉흥적이고, 폭력적이고, 흉포하며 또한 원시인의 열광적이고 영웅적인 행동을 보

인다"(Freud 1921c : 77). 더구나 집단이 유일하게 존중하는 것은 힘이다. 힘은 친절을 약함의 형태로 간주한다.

> 집단이 영웅에게 요구하는 것은 힘, 혹은 심지어 폭력이다. 집단은 통치당하고 억압받기를 원하며 주인을 두려워하고 싶어 한다. 근본적으로 집단은 매우 보수적이고, 모든 혁신과 진보를 깊이 혐오하며, 전통에 대해 무한한 존경심을 가지고 있다 (같은 책 : 78-79).

프로이트에 의하면 르봉(1895)의 집단 심리에 대한 설명은 신경증 환자와 어린이, 원시인의 정신에서 정신분석이 발견한 것과 매우 유사하다. 르봉은, 인간은 모이는 즉시 지도자를 필요로 한다고 주장한다. 그리하여 집단은 복종과 순종을 목말라하는 복종하는 무리가 된다. 르봉은 집단 지도자의 권력이 그가 "명망prestige"이라고 부른, 불가사의하고 저항할 수 없는 힘에서 기인한다고 보았지만 프로이트에게는 이러한 설명이 만족스럽지 않았다. 결론에 가서 프로이트는 르봉의 가설에 대해 다소 비판적이다. 그는 그 가설들이 집단 심리학에 대한 서술적 묘사에 지나지 않으며 만족스러운 설명이 되지 못한다면서, 오직 정신분석만이 이를 적절히 설명할 수 있다고 말한다.

정동의 결정적 역할

그래서 프로이트는 이 주제에 관한 다른 저서, 윌리엄 맥두걸William McDougall(1921)의 『집단 심리The Group Mind』(1921)를 참조한다. 이 책의 저자에 따르면 우리는 그가 "군중"이라고 부른 가장 단순한 형태의 집단 속에서 집단 심리의 근본적 사실들을 관찰할 수 있다. 집단을 형성도록 이끄는 두 가지 결정적 요인이 있다. 한편으로 각 개인은 모든 다른 사람들과 공통적인 어떤 것－공동의 이익 혹은 유사한 정서적 성향－이 있어야 한다. 그리고 다른 한편으로 집단 구성원들은 서로에게 영향을 미치는 어떤 능력을 보여주어야 한다. 맥두걸(1921)은 "군중"의 형성에 있어 정동들의 결정적 역할을 언급하는데, 정서는 심화되고 사고는 억압된다.

> 집단에 속한 사람들로서는, 자신의 열정에 거리낌 없이 굴복하여 집단에 융합하고 그들의 개별성의 경계들을 상실하는 것은 유쾌한 경험이다(같은 책 : 84).

맥두걸은 계속해서 군중의 조직체는 집단 전체를 위해 각 개인이 자신을 소멸시키는 특징이 있다고 말한다. "문제는 개인을 특징짓는, 그리고 집단을 형성함으로써 사라지는 바로 그러한 특질들을 집단을 위해 어떻게 획득할 것인가 하는 것이다"(같은 책 : 86) 달리 말해 목표는 집단이 조직화될 때 "집단이 개인의 속성을 갖추게 하는 것"이라고 프로이트는 덧붙인다(같은 책 : 87).

사랑의 힘

집단 심리의 전형적 특징인 감정의 고양과 사고의 억압을 어떻게 설명할 수 있을까? 이 주제에 관해 저술했던 대부분의 사람들은 어떤 암시 같은 것을 거론한다. 그러한 설명이 만족스럽지 않았던 프로이트는 문제를 조명하기 위해 리비도–"사랑"이라는 단어에 포함되는 모든 충동들–라는 정신분석 개념을 사용하기로 한다. 그는 이 "사랑"을 넓은 의미로 사용하는데, 성적 충동들과 플라톤이 말한 에로스, 그리고 사도 바울이 코린토인들에게 보낸 서간에서 묘사한 사랑을 포함한다. 사랑을 출발점으로 삼아, 프로이트는 "사랑 관계(혹은 보다 중립적으로 표현하자면 감정적 유대)"(같은 책 : 91)가 집단을 결합시키는 본질을 형성한다고 제안한다. 다시 말해 집단의 결속을 유지시키는 힘은 사랑이다. 개인은 자신의 특수성을 포기하고, 대개 "그들을 사랑ihnen zu Liebe" 함으로써 다른 구성원들의 영향력에 마음을 연다(같은 책 : 92).

교회와 군대

프로이트는 매우 조직화된 두 집단인 교회와 군대를 참조하여 자신의 가설들을 설명하는데, 그는 결속력의 확보를 위해 어떤 외부적인 힘이 가해졌다는 점에서 이 집단들을 인위적 집단으로 보았다. 군대에 최고 사령관이 있듯이 교회–특히 가톨릭교회–는 그리스도라는 최고의 수장이 있다. 이 수장은 "집단의 모든 개인을 똑같이 사랑한다. 모든 것은 이러한 망상에 달렸다. 만약 이것이 사라진다면, 외부의 힘이 허용하는 한, 교회와 군대는 둘 다 해체될 것이다"(같은 책 : 94). 교회에서 신도들을 단합하게 하는 것은 기독교 공동체 내의 신앙인들에 대한 그리스도의 사랑이다. 그들은 그리스도 안에서 서로를 형제라 부른다. 그러므로 프로이트는 그리스도가 그들의 아버지를 대체한다고 말한다. 군대도 마찬가지이다. "최고사령관은 모든 병사를 똑같이 사랑하는 아버지이며 그런 연유로 그들은 서로 동지이다"(같은 책 : 94). 군대는 교회보다 훨씬 더 피라미드식으로 조직된 계급 체계를 갖고 있다. 교회는 그러나 개인 구성원에 좀 더 관심을 기울인다.

따라서 "이 두 인위적 집단에서 각 개인은 한편으로는 지도자(그리스도, 최고사령관)와, 다른 한편으로는 집단의 다른 구성원들과 리비도적 유대로 연결되어 있다"(같은 책 : 95). 각 개인 구성원이 양 방향으로 감정적 유대를 형성한다는 사실은 개인이 집단의 일부가 될 때 그의 인격에서 관찰되는 한계들을 설명해준다. 리비도적 유대가 상실될 때, 예를 들면 군사 집단이 붕괴될 때 일어나는 공황 현상은 이를 증명해준다. 여기서 어떤 위험이나 다른 것에 대한 공포가 집단 내의 정서적 유대를 해체시킨다. 프로이트는 집단에서의 공황이 근본적으로 "정서적 유대(리비도적 집중)의 중단"에서 비롯되는 신경증적 불안의 기원들과 유사하다는 것을 보여준다. 프로이트는 1926년의 『억제, 증후 그리고 불안』에서 이 주제로 다시 돌아온다. 종교적 집단들은 양가적인 감정을 갖지만 적대적 충동들은 "그리스도의 평등한 사랑" 때문에 제지된다(같은 책 : 98).

그러나 적대감은 종교적인 편협함을 통해 모습을 드러낸다. "사실상 기본적으로 모든 종교는 그 종교가 포용하는 사람들에 대한 사랑의 종교이다. 반면에 그에 속하지 않는 사람들에 대한 잔인함과 편협함은 모든 종교에 있어 자연스러운 것이다"(같은 책 : 98). 종교적 유대가 어떤 다른 것으로 대치된다 해도 이런 편협함은 지속된다 – 예를 들자면 이것이 공산주의 운동이 당면한 위험이다. "사회적 유대는 [종교적 유대를 성공적으로 대치한 것 같다. 따라서] 종교전쟁 시대에서처럼 외부인에 대해 똑같은 편협함이 있게 될 것이다"(같은 책 : 99).

● 응집요소로서의 사랑과 증오

집단과 그 구성원을 한데 묶어주는 연결의 본질을 계속 탐구하면서, 프로이트는 통합을 만들어내는 것은 사랑뿐만이 아니며, 증오 역시 이런 역할을 할 수 있다고 주장한다. 그러므로 집단의 행동은 양가적인 것이 특징인데, 이는 다른 방식으로 사랑받는 사람들에 대한 적대감으로 나타난다. 그러나 어느 집단에서나 각 구성원 사이의 적대적 감정은 역설적으로 집단 응집력이 유지되는 한 사라진다. 더 나아가 개인 구성원들은 집단 전체를 위해서라면 자신의 이익을 완벽하게 단념할 수 있다. 프로이트는 자기애를 이렇게 제한하는 것이 서로를 묶어주는 리비도적 유대의 정서적 본질 때문이라고 본다. 프로이트는 다수의 선을 위해 개인의 이익을 포기하는 것은 문명의 기초 중 하나라고 말한다. "개인에서와 마찬가지로 인류 전체의 발달에 있어 사랑은 이기주의를 이타주의로 변화시킨다는 점에서 사랑만이 문명화의 요소로서 작용한다"(같은 책 : 103).

● 동일시 : 최초의 정서적 유대의 표현

응집력의 요소로서 사랑을 논의한 후, 프로이트는 이제 집단 내에서 정서적 유대를 일으키는 또 다른 요소인 동일시를 주제로 삼는다. 한 예리한 문장으로 그는 우리에게 사랑과 동일시 간의 관련성을 환기시킨다. "정신분석에서 동일시는 다른 사람과의 정서적 유대에 대한 최초의 표현으로 알려져 있다"(같은 책 : 105). 동일시는 오이디푸스 콤플렉스의 초기 역사에서 역할을 맡고 있는데, 프로이트는 어린 소년이 그의 아버지와 관련해 어떻게 반응하는지를 묘사한다. "소년은 아버지처럼 성장하고 아버지처럼 되고자 하며, 모든 면에서 아버지를 대신하고 싶어 한다. 우리는 간단히 소년이 아버지를 자신의 이상으로 삼는다고 말할 수 있다"(같은 책 : 105). 소년은 아버지와 동일시하면서 어머니에 대한 대상-집중을 발달시키는데, 그것은 본질상 매우 뚜렷하게 리비도적이며 성적이다. 그래서 그는 정신분석이 정상적인 오이디푸스 콤플렉스라고 부르는 것을 다루어야만 한다. 여기서 그의 남성적 동일시는 경쟁자로서의 아버지에 대해 적대적 색채를 띠며, 그는 어머니와 관련해 아버지의 자리를 차지하고 싶어 한다. 이것은 당연히 그의 동일시가 본질적으로 양가적임을 의미한다. 아버지와의 이러한 동일시에 대한 그 이후의 역사는 "쉽사리 잊혀진다"(같은 책 : 106).

오이디푸스 콤플렉스가 전도되어 어린 소년은 아버지가 소망하는 대상인 어머니와 동일시할 수도 있다. 소년은 여성적 태도를 취하게 되며 아버지는 그의 성적 충동의 대상이 된다. 소녀에게서도 오이디푸스 콤플렉스는 그에 해당하는 대체물로 전도될 수 있다. 아버지와 동일시하는 직접적인 오이디푸스 콤플렉스, 그리고 아버지를 대상으로 선택하는 전도된 오이디푸스 콤플렉스의 차이점은 무엇인가? 프로이트의 대답은 간단하지만 상당한 예지가 번득인다. "첫 번째의 경우 아버지는 되고 싶은 대상이고 두 번째의 경우 아버지는 갖고 싶은 대상이다"(같은 책 : 106).

계속해서 프로이트는 여러 종류의 동일시에 대해 설명하는데, 어떤 하나의 증상도 세 가지 종류의 동일시와 연결된다. 예를 들어 증상 형성에서 어린 소녀는 히스테리적 동일시로 어머니와 똑같은 기침병에 걸릴 수 있다. "동일시는 오이디푸스 콤플렉스로부터 올 수 있다. 이런 경우 그것은 어머니의 자리를 차지하려는 소녀의 적대적인 소망을 나타내며 증상은 아버지에 대한 소녀의 대상-사랑을 표현한다"(같은 책 : 106). 이런 상황에서 증상은 증오하는 경쟁자의 것이며, 어린 소녀의 동일시는 어머니에 대한 공격성과 아버지에 대한 사랑을 둘 다 표현한다. 증상 형성과 관계된 또 다른 종류의 동일시는 아버지로부터 취한 도라의 기침에 잘 나타나 있는데, 여기서 증상은 사랑하는 대상의 증상과 유사하다. "대상-선택 대신에 동일시가 나타났으며, [...] 대상-선택은 동일시로 퇴행하였다. [...] 대상-선택이 동일시로 후퇴하는 일은 [...] 흔히 일어난다－자아는 대상의 특징들을 취한다"(같은 책 : 106-107). 성적 욕동의 대상이 아닌 다른 사람들과의 공통적인 특질에 기초한 세 번째 종류의 동일시가 있다. 이런 경우 동일시는 부분적이며 새로운 유대를 형성한다. 프로이트는 여학생의 기숙학교에서 벌어진 히스테리 발작을 예로 드는데, 이를테면 심리적 전염을 통해 다른 학생들 또한 히스테리 발작을 일으킬 수 있다. 요약하자면, 이러한 세 종류의 동일시는 우리에게 다음과 같은 것을 가르쳐 주었다.

> [첫째] 동일시는 대상과의 정서적 유대의 원형이다. 둘째, 퇴행적인 방식으로, 이를테면 자아에 대상을 내사함으로써 동일시는 리비도적 대상-유대를 대체하게 된다. 셋째, 성적 본능의 대상이 아닌 사람들과 공유하는 공통적 특질에 대한 새로운 지각은 동일시를 일으킬 수 있다(같은 책 : 107-108).

프로이트에 따르면 집단 구성원과 지도자 사이의 유대에 버팀목이 되는 것은 세 번째 종류의 동일시이다.

프로이트는 계속해서 또 다른 형태의 동일시인 포기하거나 상실한 대상과의 동일시를 설경하면서 두 가지 예를 제시한다. 첫 번째 예는 포기하거나 상실한 대상의 환상을 자아에 내사함으로써 동일시하고 그 다음에는 그것을 대신하는 것이다. 이것이 레오나르도 다빈치의 동성애에 대한 프로이트의 설명이다(Freud 1910c). 이 경우에 레오나르도는 어머니와 동일시하면서 어머니가 자신을 사랑하던 방식으로 젊은 남자를 사랑하였다. 포기되거나 상실한 대상과의 두 번째 종류의 동일시는 멜랑콜리(우울증)에서 일어나는데, 자아의 일부는 부재한 대상과 동일시된다. 프로이트는 여기서 다시 멜랑콜리에서의 심리내적 갈등을 언급한다. 환자의 자아의 한 부분은 다른 부분을 가차 없이 비난한다. 그는 이러한 비판적인 대리자를 "자아 이상"-완고하고 무자비해질 수 있는-이라고 불렀는데, 이것이 하는 기능은 "자기-관찰, 도덕적 양심, 꿈에 대한 검열, 그리고 억압에 주된 영향력을 행사하는 것"(1921c : 110)이다. 그는 이러한 내적 비판이 또한 우세한 힘들, 무엇보다도 부모들이 아동의 자아에 압력을 가한 결과라고 말했다. 1923년부터 그는 이 비판적인 대리자를 "초자아"라고 부르게 된다.

자아 이상의 구조

동일시는 사랑의 한 형태이므로 프로이트는 사랑에 빠지는 것과 자아 이상의 공통점을 검토한 다음, 최면에 걸린 사람이 최면술사에게 끌리는 힘과 집단의 구성원들이 지도자에게 끌리는 힘 사이의 유사점을 보여준다,

사랑에 빠지는 것에 관한 한, 프로이트는 아동의 전 발달 과정을 통틀어 사랑의 감정의 변천, 그리고 그 변천과 성적 욕동과의 연관성에 대해 설명한다. 그는 사랑에는 두 가지 구별되는 경향이 있다고 말한다. 그중 하나는 "애정적affectionate"이며, 다른 하나는 "관능적sensual"이다. 성기적 사랑을 이루기 위해서는 이 두 가지가 결합되어야 한다. 때로 이 두 경향들은 분리된 채 남아 있는데, 이런 경우 애정적 경향과 관능적 경향이 분열되는 결과를 낳는다. 예를 들면 자신이 흠모하는 여성과는 성적으로 불능인 로맨틱한 남자들이, 전혀 사랑하지 않는 여성들과는 완전한 성적 능력을 보이는 경우가 있다. 사랑의 또 다른 변천에서, 남자는 이상화하는 경향을 통해 사랑하는 대상을 성적으로 과잉 평가한다. 대상을 깎아내릴 수 있는 어떤 비판도 무시해버리는 이러한 감정은 자기애와 연관이 있다.

> 대상은 우리 자신이 얻지 못한 자아 이상의 대리물로 작용한다. 우리는 우리 자신의 자아가 도달하려 애썼던 완벽함 때문에 그것을 사랑하며, 우리의 자기애를 만족시키는 수단으로 이런 우회적인 길을 마련하고 싶어 한다(같은 책 : 112-113).

지나치게 열정적으로 빠져들 경우 대상은 말 그대로 자아가 자신을 대상에게 넘겨줄 정도로 이상화되는데, 이것은 "말하자면, 자아를 소모시키며"(같은 책 : 113) 모든 비판은 폐지된다(같은 책 : 113). 달리 말해 "대상은 자아 이상의 자리에 놓인다"(같은 책 : 113). 그러므로 동일시와 사랑에 빠지는 것 사이의 차이점은 다음과 같이 표현될 수 있다. 성공적인 동일시에서 자아는 대상의 특질들로 자신을 풍부하게 하며, 페렌치(1909)가 말했듯이 대상을 "내사"한다. 사랑에 빠지는 경우, 프로이트에 따르면 자아는 "빈곤해지며, 대상에 굴복하고, 자신의 가장 중요한 구성요소

를 대상으로 대체한다"(1921c : 113). 달리 말해서 자아는 자신을 자아 이상의 자리에 놓는다. 여기서 우리는 프로이트가 사랑에 빠지는 것과 대상을 이상화하는 것 사이를 구분하지 않았음에 유의해야 한다. 그는 대상에 대한 모든 이상화는 자아를 상실하는 대가를 치른다고 주장한다. 프로이트가 사랑에 빠지는 것이 원래는 병리적인 상태라고 간주한 것도 이 때문이다.

사랑에 빠지는 것과 최면과의 관계에 있어 프로이트는 몇 가지 유사점을 지적한다. 거기에는 똑같은 복종, 사랑하는 대상과 마찬가지로 최면술사에 대한 비판의 부재가 있다. "그 누구도 최면술사가 자아 이상을 대신한다는 것을 의심할 수 없다"(같은 책 : 114). 최면적 관계는 사랑에 빠진 사람이 끝없이 헌신하는 것과 비슷해 보이지만, 성적 만족은 배제되어 있다. 사랑하는 상태에서 이런 종류의 만족은 미래에 언젠가 달성할 가능성이 있는 목표로 간주된다. 달리 말해서 최면적 관계는 "두 구성원의 집단 형성"으로 볼 수 있다(같은 책 : 115). 집단에서 사람들을 묶어주는 것은 성적 목표를 갖고 있지 않은 일련의 경향성들, "그 목적이 금지된 성적 충동들"이다(같은 책 : 115). 이 부분의 결론에서 프로이트는, 자아 이상이 하는 역할을 고려하면서 지도자가 있는 집단의 정의를 다음과 같이 정의한다. "이런 종류의 일차적 집단은 자신들의 자아 이상을 똑같은 하나의 대상으로 대치하며, 그 결과 자아 속에서 서로를 동일시하는 개인들로 이루어진다"(같은 책 : 116).

지도자이며 최면술사인 원시 부족의 아버지

윌프레드 트로터Wilfred Trotter의 특정한 "군집 본능 herd instinct"이라는 생각은 더 이상 유지될 수 없다고 결론을 내린 후에, 프로이트는 계속해서 집단 심리학과 원시 무리의 조직 간의 유사성을 검토하는데, 그에게 있어 집단은 원시 무리의 부활이다. 그러므로 집단의 지도자는 두려운 원시 아버지에 해당하는 반면, 집단 구성원들의 복종적인 태도는 조직화된 무리의 원시적인 정신 상태로 퇴행하는 것에 해당한다. 무리에서 원시 아버지는 아들들의 어떤 성적 만족도 금지함으로써 그들을 지배하며, 따라서 형제들을 묶어주는 정서적 유대는 집단에서처럼 그들의 금지된 성적 욕동에서 기인한다. 처음에 죽은 지도자는 모든 권력과 성적 만족을 주장하는 젊은 아들에 의해 대치된다. 그에 관한 한, 목적이 금지되었던 성적 충동들의 중요성은 끝이 난다. 교회와 군대에서 보는 것처럼, 모든 구성원들은 – 이상적으로 – 지도자가 그들을 똑같이 공평하게 사랑한다는 환상을 갖는다. 반면에 원시 무리에서 그들을 묶어주는 것은 증오인데, 모든 아들들은 "그들이 똑같이 원시 아버지로부터 박해를 받고 있으며 그를 똑같이 두려워한다는 것을 알고" 있기 때문이다(같은 책 : 125).

프로이트는 왕과 부족장들로부터 나오는, 그리고 최면술사의 응시와 유사한 불가사의한 힘의 본질에 대해 계속 논의한다. 최면술사는 개인의 모든 주의력이 외부 세계를 배제한 채 최면술사 개인에게만 집중되기를 원한다. 이러한 무의식적인 최면적 라포 rapport는 전이와 유사하다. 정신분석적 관점에서 잠들라는 명령을 내리는 최면술사는, 페렌치(1909)가 말했듯이, 주체의 부모의 위치에 있게 된다. 이런 종류의 관계에서 최면술사는 주체의 태곳적 유산의 일부를 일깨우며, 그럼으로써 두려운 원시 아버지와의 관계를 재활성화시킨다. 이러한 "수동 - 피학적" 태도는 "여전히 무서운 원시 아버지"(Freud 1921c : 127)인 집단 지도자에 대한 태도와 유사하다. 집단이 권위자에 목말라하고 지배받고자 하는 욕구가 있다는 것을 토대로, 프로이트는 "원시 아버지는 자아 이상을 대신해 자아를 다스리는 집단 이상이다"(같은 책 : 127)라는 결론을 내린다.

정상 및 병리적 마음 상태에서의 자아 이상

다시 한 번 말하자면, 프로이트가 정상적인 개인이 작용하는 방식을 발견하도록 이끌었던 것은 병리적 현상에 대한 관찰이었다. 자아와 자아 이상의 차이를 도입한 후, 마음이 작용하는 방식에 대한 이 새로운 개념은 프로이트가 전체로서의 자아("전체 자아")와 외적 대상들 간의 상호작용이 내적 세계, 즉 "자아 안에서의 이 새로운 활동 무대"에서 반복될 수 있음을 깨닫게 해주었다(같은 책 : 130).

프로이트는 정상적인 마음 상태와 병리적인 마음 상태 모두에서 일어나는 결과를 개략한다. 정상적인 조직화에 관한 한, 자아와 자아 이상 간의 분리는 이러한 대상관계 속에서의 두 대극 간의 "긴장"을 고조시킨다. 이 고조된 긴장을 견디는 것은 힘들기 대문에 늘 완화시키려는 노력을 하게 된다. 예를 들면 수면에서는 대상을 회피하는 상태로, 달리 말해 자기애적 퇴행으로 주기적으로 되돌아간다. 병리적인 상태 역시 자아와 자아 이상 간의 "분리"를 오래 견디지 못하기 때문에 일시적으로 풀려나야 한다. 그런 경우 자아는 금지에 반란을 일으켜 금지들을 위반하거나 - 원시인들의 다양한 축제나 현대의 카니발에서처럼 - 아니면 "자아가 따라야 하는 모든 규제들의 총합으로 이루어진"(같은 책 : 131) 자아 이상의 금지들에 복종하거나 한다.

이 둘 사이를 오가는 것은 울증과 조증에서 관찰할 수 있는 심한 기분 변화를 촉발시키는 병리적 구성요소를 설명해준다. 조증 환자는 더 이상 금지들에 묶여 있지 않으므로, 울증에서 조증으로의 변화는 자아 이상이 자아 속으로 녹아 들어갔기 때문이라고 프로이트는 주장한다(반면에 울증 상태에서 자아 이상은 유난히 혹독하다). 울증에서 조증으로의 반전 역시 자아 이상에 대한 자아의 주기적 반란으로부터 일어난다고 주장할 수 있을 것이다. "자아는 자아 이상의 학대 - 거절된 대상과 동일시되었을 때 자아가 당하는 학대 - 로 인해 반란을 일으킬 것이다"(같은 책 : 133).

영웅 신화 : 개인 심리로의 첫걸음

자아와 자아 이상의 구분은 프로이트가 몇 가지 언급들을 추가할 기회를 주었다. 그중 첫 번째는 과거의 어느 시점에서 일어난, 원시 부족 아버지의 살해에 뒤따랐던 집단 심리에서 개인 심리로의 진보에 관한 것이다. 『토템과 타부』에서 제시했던 생각들로 되돌아와, 프로이트는 형제들 간에 벌어진 갈등들이 원시 아버지의 계승자를 찾는 것을 막았다고 주장한다. 이 장벽을 넘은, 그리고 행위에서 언어로 옮겨 간 사람은 최초의 서사 시인이었다. 그는 자신의 상상 속에서 영웅 신화를 지어냄으로써 이러한 진보를 만들어냈다. 영웅은 혼자서 아버지를 죽이고 신화적 이야기를 통해 아버지의 계승자가 된다. "그러므로 신화는 집단심리로부터 개인이 출현하는 단계이다"(같은 책 : 136). 진정한 영웅은 전설을 재진술하면서 영웅과 동일시하는, 영웅의 행위를 집단의 나머지 사람들과 관련짓는 시인 자신이라고 프로이트는 말한다. 다음 단계에서 영웅은 신격화되어, 원시 아버지가 신으로서 귀환한다는 전조가 된다.

이어서 프로이트는 한편으로는 사랑, 그리고 다른 한편으로는 직접적인 성적 욕동과 그 목적이 금지된 성적 욕동들 간의 관계를 상세히 논의한다. 후자는 성적 욕동들의 승화에 해당된다. 사랑하는 두 사람이 집단을 회피하고 단 둘이 있는 것을 선호하는 것에서 보듯이, 직접적인 성적 충동들은 집단 형성에 불리하다. 직접적인 성적 충동들이 집단과 관련해 표현되면 집단을 분열시키는 경향이 있다. 교회나 군대와 같은 거대한 인위적 집단에서는 "여성이 성적 대상이 될 여지가 없으며(같은 책 : 141), 성별 간의 차이는 아무런 역할도 하지 못한다고 프로이트는 말한다. 신경증은 근본적으로 반사회적인데, 신경증적 개인을 어떤 집단 형성으로부터도 철수시키는 경향이 있기 때문이다. "신경증은 사랑에 빠지는 것과 마찬가지로 집단을 해체시키는 효과가 있다고 말할 수 있다"(같은 책 : 142).

후기 프로이트 학파

정신분석과 집단

집단 분석은 집단 심리학에 대한 프로이트의 작업이 발전한 것으로 보는 것이 타당할 것이다. 좁은 의미에서 이 용어는 개인에 관한, 그리고 집단이 기능하는 방식을 보는 다양한 관점에 관한 정신분석 이론을 토대로 한 치료기법을 가리킨다. 보다 넓은 의미에서 이 용어는 다양한 규모의 집단들에 대한 정신분석적 연구를 가리킨다. 포울케스 Foulkes와 비온은 이 분야의 선구자들이었다.

포울케스 : 집단-분석 치료

포울케스는 독일에서 훈련을 받은 정신분석가였는데, 영국으로 이주한 후 1930년대에 집단 정신치료를 하기 시작했다. 그는 자신의 접근법을 "집단-분석 치료"라고 불렀다. 그의 기본적 생각은, 집단 구성원들의 치료적 능력이 집단의 다른 참여자들을 위한 공동-치료자가 되기 위해 발달한다는 것이었다. 집단 치료자의 역할은 이러한 과정들을 촉진하고 치료적 도구로서 의사소통의 질을 강조하는 것이다. 폴케의 접근법에서는 분석가에 대한 집단 전이만이 고려되며, 집단 구성원끼리 일어나는 측면적 전이들은 고려되지 않는다. 그는 집단-분석 치료를, 원래 – 일차적 – 집단 속의 발생지점으로부터 혹은 장애가 있는 개인을 낯선 집단 속의 전이 상황 아래 놓음으로써, 서로 얽혀 있는 전체적인 문제들을 치료하려는 시도로서 정의하였다(Foulkes 1964).

집단에 대한 비온의 작업

비온의 접근법은 약간 달랐는데, 특히 그가 구분한 개인 정신과 집단 정신 간의 근본적인 차이 때문이었다. 1940년대에 영국군 장교들의 재활 집단과 작업하고 있던 그는, 그 경험으로부터 정신분석을 아는 관찰자는 보통은 눈에 잘 띄지 않을 어떤 요소들을 감지할 수 있음을 깨달았다. 예를 들면, 어떤 과제를 달성하기 위해 여러 사람들이 함께 모일 때 집단 내에는 두 가지 경향들이 표면화된다. 한 경향은 주어진 과제를 달성하려는 반면, 다른 경향은 이것을 방해하는 것처럼 보인다. 달리 말해, 작업 활동은 퇴행적 행동의 역작용을 받는다. 이러한 현상을 기술하기 위해 비온은 새로운 용어를 만들어 냈다 (Bion 1961; Grinberg 등 1973).

집단 구성원들 간에 일어나는 퇴행은 "집단 정신"이 만들어진다는 사실로 설명될 수 있다. 집단 정신은 집단의 의견과 그 구성원들의 뜻을 표현하지만 무의식적이어서 구성원들은 그것을 깨닫지 못한다. 그러므로 집단은 어떤 "기본 가정 basic assumptioms"을 중심으로 구조화되는데, 집단은 마치 기대들을 공유하는 것처럼 움직이지만 이러한 것들은 암묵적이며 결코 언어화되지 않는다. 비온에 의하면 세 가지 종류의 기본적 가정이 있다. "의존" 집단은 지도자가 모든 필요와 욕망을 충족시켜주기를 기대하면서 어떤 안목도 없이 수동적인 태도를 취한다. "투쟁도주fightflifht" 집단은 투쟁을 통해 파괴하거나 도주하여 피해야 할 적이 있다고 믿는다. 이런 종류의 집단은 편집증적인 성격의 지도자를 선택한다. 그리고 "짝짓기pairing" 집단은 장차 세상을 바꿔놓을 어떤 사건이 일어나기를 기대한다. 이러한 무리나 커플들에게서 태어난 아이는 종종 이런 비합리적인 기대를 받게 된다. 이런 기본 가정들 위에 세워진 집단은 그들이 집단의 무의식적 환상을 나타내는 원시적 정서 상태로 꽉 차 있음을 발견하게 된다. 그러면 집단은 완전히 혼돈스러운 방식으로 작용하여 활동은 방해를 받게 되는데, 집단이 무엇보다도 원하는 것은 집단의 전능적 욕구들이 즉각적으로 만족되는 것이기 때문이다. 그 결과 집단은 현실을 고려하지 않는 경향이 있다.

"기본 가정" 집단과 구분되는, 다른 수준에서 기능하는 집단이 있는데 비온은 그것을 "작업-집단"이라고 부른다. 이런 종류의 집단에서 각 참여자는 언어적 의사소통을 통해 그리고 현실을 잘 고려하여 집단의 과제 달성에 협력하도록 기대된다.

기본 가정 집단과 작업-집단 모두는, 어떤 집단 구조 내에서도 존재하므로 집단 안에서 갈등은 언제라도 표면화될 수 있다. 비온에게 있어 기본 가정들은, 구성원 개인 안에서 활성화되는 정신증적 불안에 대한 방어적이고 퇴행적인 집단 반응들이다. 그것들은 클라인이 묘사했던 원시적인 방어기제와 일치한다. 작업-집단은 정신적 통합을 향해 기능하는 방식과 일치한다. 비온의 가설들은 집단과 작업하는 사람들에게 집단 내에서 일어나는 현상들의 이해를 향상시키는 새로운 도구를 제공했다. 치료적 집단의 경우에는 특히 그러하다.

새로운 개념들

군대 – 교회 – 자아 – 자아 이상 – 집단 심리학 – 최면, 최면술사 – 이상 – 이상화 – 동일시 – 개인 심리학 – 사랑, 사랑에 빠짐

『자아와 이드』
(1923b)

마음의 새로운 분할 : 자아, 이드 그리고 초자아

『자아와 이드』는 프로이트가 "1920년의 전환점" 이후 제시했던 가설들을 종합적으로 보여주고 있다는 점에서 특히 중요한 책이다. 도입부에서 그는 마음을 무의식, 전의식, 의식 체계로 나누었던 원래의 모델(마음을 지형학적으로 구분했던 "첫 번째 구조이론")이 정신기구가 어떻게 기능하는가를 설명하는 데 더 이상 적합하지 않다고 설명한다. 이 모델은 더욱 발달시킬 필요가 있었다. 정신분석 치료 과정에서 "자아"는 실제 문제를 인식하는 데 저항한다는 사실을 바탕으로, 프로이트는 정신기구의 새로운 분할을 도입한다. 이후부터는 자아, 이드, 초자아라는 세 개의 대리자가 있게 되는데 이 모델은 그의 "두 번째 구조이론"으로 알려져 있다. 두 모델은 서로 배타적인 것이 아니다. 그와는 반대로 이 모델들은 우리가 일반적으로 집을 형태와 면적, 가격으로 설명하는 것과 마찬가지로, 동일한 정신적 현상을 두 개의 다른 시각으로 서술한다는 점에서 상호보완이다.

자아, 이드 그리고 초자아에 대한 프로이트의 정의는 의식적, 무의식적 특질을 모두 가지고 있다. 자아의 개념은 비록 프로이트가 처음에는 의식적인 성격이나 개인적인 자기를 가리키는 것으로 사용하긴 했지만, 아주 초기 작업부터 나타나 있다. 1923년부터 자아는 정신 현상과 관련해 조절 기능을 하는 대리자로 생각되었는데, 자아는 항상 "리비도의 저장소"인 이드의 요구와 초자아(프로이트가 이전에 도덕적인 의미에서 검열자 혹은 양심이라고 불렀던)의 요구들을 중재하려고 하기 때문이다. 그러므로 자아, 이드 그리고 초자아 간의 상충된 요구로 인한 무의식적 갈등과 긴장들은 성격 발달에 지속적인 영향을 미치는데, 성격은 다른 세력들 간의 분투 그리고 그것들 간에 확립된 역동적 균형의 결과물이다. 분석의 목적이 첫 번째 지형학적 모델의 측면에서 무의식을 의식화하는 것이라면, 이와 동일한 목적을 두 번째 구조이론의 측면에서는 "이드가 있는 곳에 자아가 있게 하라"(1933a [1932] : 80)로 표현할 수 있을 것이다.

1921년에 『집단 심리학과 자아의 분석』에서 논의했던 가설들을 발달시키면서, 프로이트는 개인의 성격과 특성은 일련의 동일시 과정의 결과라는 결론에 도달한다. 그가 긍정적인 형태의 오이디푸스 콤플렉스(소년은 아버지와 동일시하고, 소녀는 어머니와 동일시한다)와 전도된 형태의 오이디푸스 콤플렉스(소년의 여성적 동일시와 소녀의 남성적 동일시)를 완전히 설명함으로써, 우리 모두가 갖고 있는 심리적 양성성을 고려한 것도 이 책에서이다. 『자아와 이드』에서 프로이트는 삶의 욕동과 죽음 욕동 간의 근본적인 갈등이 하는 결정적 역할을 이제 그가 어떻게 확신하고 있는가를 보여준다. 모순되게도 나아지기보다는 더욱 악화되는 환자들의 분석은 이것을 잘 보여준다. 그들은 그가 "부정적 치료 반응"(1933a [1932] : 49)이라고 부른 것을 드러내며, 멜랑콜리(우울증) 환자들의 초자아에서도 역시 "죽음 본능의 순수한 배양"(같은 책 : 53)을 볼 수 있다. 그러나 초자아는 병리적 마음상태에서와 같이 단지 자아를 가학적으로 취급하는 대리자가 아니다. 왜냐하면 정상적인 개인에게서 오이디푸스기 이후에 초자아의 역할은, 아버지와 어머니와의 동일시를 통해 개인을 방어하고 안전하게 보호하는 것이기 때문이다.

생애와 역사

게오르크 그로덱 : 『Das Buch vom Es(그것에 관한 책)』(1923)

니체는 "das Es"(이드 혹은 그것)라는 용어를 처음으로 사용하였는데, 그로덱Groddeck은 프로이트의 책이 나오기 몇 주 전에 출간했던 『이드에 관한 책』에서 이 용어를 가져다 썼다. 그로덱은 프로이트의 가장 창의적이고 재능 있는 제자들 중 한 명이었다. 그는 바덴-바덴의 진료소 소장이었으며, 정신분석에 열정적인 관심을 갖게 되기 전에는 정신분석을 비난하던 사람이었다. 자신을 "거친 분석가"로 묘사했던 그로덱은, 1920년 헤이그에서 열린 총회에서 프로이트를 처음 만났다. 프로이트는 그로덱의 매력과 생기발랄함, 예리한 정신과 자유로운 사고를 좋아했지만, 이것이 때로는 그가 1921년에 『영혼의 구도자』를 출간했을 때처럼 물의를 빚기도 했다. 한 정신분석가의 고민과 시련을 다룬 이 소설은 프로이트를 포함해 많은 독자들의 호평을 받았지만 다른 사람들은 외설적이고 비과학적이라고 느꼈다. 그로덱은 1923년에 출간된 『그것에 관한 책』으로 유명해졌으며, 보다 넓은 독자층을 얻었다. 이 책에서 그는 정신신체화에 관한 자신의 작업에 대해 기술하면서 이드를 "사람 자신이 하는 일과 그에게 일어나는 일, 모두를 지시하는 어떤 경이로운 힘"이라고 표현했다. "사람은 그것에 따라 산다"는 것이 그의 "근본적인 원리"(Groddeck 1923 [1949 : 11])였다. 이드에 대한 프로이트의 정의가 그로덱의 것과 다소 다르기는 하지만, 그는 자신의 추종자의 공헌이 자신에게 어떤 영향을 미쳤음을 인정했다. 그로덱은 과학적인 철저함의 결여와 다소 부정확한 기법 때문에 상당히 논쟁의 여지가 많았던 사람이지만, 여전히 신체적 질병과 정신신체화 병리 영역에서 정신분석의 치료 가능성을 밝힌 최초의 인물로 간주된다.

암에 시달리는 프로이트

프로이트는『자아와 이드』를 1922년에 저술하여 1923년 4월에 출판하였다. 당시 67세였던 그의 명성은 널리 퍼지고 있었다. 하지만 그에게는 이것이 중요한 것이 아니었는데, 작업이 방해를 받고 있었기 때문이었다. 1923년 2월에 턱의 종양을 발견한 그는『자아와 이드』가 출판되고 나서야 종양을 제거했다. 그는 이 백색체의 종양이 악성일 수도 있다고 느꼈지만 의사가 금연하라고 할까 봐 아무 말도 하지 않았다. 저명한 전문가에게 의뢰하는 대신, 그는 외과의로는 별로 유능하지 않은 마르쿠스 하예크Marcus Hajek에게 치료를 받았다. 외래병동에서 종양을 제거한 후, 프로이트는 출혈로 거의 죽을 뻔했다. 이후 16년 동안, 프로이트는 백반증 재발로 33번의 수술을 받았다. 1923년에 첫 수술을 받은 후 그는 방사선 치료를 받아야 했는데, 너무 고통스러워서 그는 6개월 동안 작업을 할 수가 없었다. 몇 달 동안 그의 주치의와 펠릭스 도이치Félix Deutsch는 프로이트에게 종양이 암이라는 말을 할 수가 없었는데 그가 자살할까 두려웠기 때문이다. 그들은 1923년 7월에 가서야 그의 가까운 제자들에게 이 사실을 알렸고, 탁월한 구강수술 전문가인 한스 피클러Hans Pichler가 그해 10월에 재수술을 했다. 그는 위턱 전체와 감염된 입천장을 제거하고 큰 보철물을 삽입했는데, 이것을 넣고 빼는 것이 너무 힘들었기 때문에 프로이트는 이것을 "괴물"이라고 불렀다. 이때부터 프로이트는 말하는 것과 먹는 것이 매우 어려워졌다. 그의 오른쪽 귀 역시 감염되어 그는 완전히 오른쪽 청각을 상실했다. 이때부터 그는 고통스러울 때마다, 딸 안나를 제외하고는 누구의 간호도 허락하지 않았다.

프로이트의 전기 작가 중 한 사람인 에밀리오 로드리게Emilio Rodrigué는 프로이트가 고통 받았던 암의 실체에 대해 의구심을 가졌다. 로드리게(1966)는 첫 진단이 오진이었다고 주장했는데, 퀴리 연구소의 라카싸뉴 박사가 채집한 샘플에 대한 조직검사에 따르면 그것은 악성이 아닌 유두종증이었기 때문이었다. 이것은 프로이트의 암이 사실은 암이라고 생각되었던 시점보다 더 나중에, 그가 받은 집중적인 방사선 치료의 결과로 시작되었음을 시사한다. 로드리게는 자신의 건강에 대한 프로이트의 태도가 의심의 여지없이, 주치의가 많은 실수를 저지르는 데 기여했다고 주장하면서 이 점은 프로이트에게 책임이 있다고 말한다. 의사의 잘못으로 인한 이 모든 병들 가운데서 그 자신은 어떤 역할을 했을까? 로드리게는 의사들과의 관계가 프로이트에게는 항상 문젯거리였다고 덧붙인다.

원문 찾아보기

페이지 번호는 『지그문트 프로이트 전집 표준판』 vol. 19, 1-59를 따른 것이다.

자아 개념으로

『쾌락원칙을 넘어서』에서 펼쳤던 논리를 발전시키면서, 프로이트는 이 책에서 1920년 이래 그의 사고의 특징이던 정신분석 이론을 대대적으로 개편한 다음 종합하여 제시한다. 그러나 『자아와 이드』에서 그는 생물학적 사고를 한 쪽으로 밀어놓고, 순전히 정신분석학적인 관점에만 집중한다.

시작하면서 그는 정신분석이 의식적인 것과 무의식적인 것을 구분하는 근본 전제를 바탕으로 하고 있음을 독자들에게 상기시킨다. 무의식은 두 가지 다른 관점에서 접근할 수가 있는데, 하나는 서술적인 것이고 다른 하나는 역동적인 것이다. 서술적 관점에서, 아직 의식에 존재하지는 않았지만 의식화될 가능성이 있는 표상들이 있는데, 그것이 잠재적 상태에 머물러 있다면 우리는 그것이 "무의식적"이라고 말할 수 있다. 그러나 역동적 관점에서, 어떤 표상들은 억압되어 있기 때문에 "무의식적"이다. 이러한 관념들은 의식화될 수가 없는데, 우리가 저항이라고 부르는 다른 힘들이 길을 막고 있기 때문이다. 정신분석 기법은 그것을 의식화시키는 한 가지 방식이다. 그러므로 우리는 두 가지 종류의 무의식을 구별할 수 있다. 설명하자면, 우리가 무의식이라고 할 때 우리는 잠재적 무의식을 의미하며, 이것은 전의식(Pcs)과 일치한다. 그런데 우리가 정신분석에서 다루는 것은 엄밀한 의미의 무의식, 혹은 역동적인 무의식이다.

이제 자아로 넘어가보자. 처음에 프로이트에게 있어 "자아"라는 개념은 단지 의식적인 것을 가리키는 것이었다. 그러나 곧 그는 자아가 억압된 자료들이 의식화되는 데에 저항한다는 것을 깨닫게 되었다. 그러므로 그는 역동적 의미에서 자아의 일부는 무의식적이며, 억압된 자료를 의식화시킬 수 있는 것은 정신분석뿐이라고 보았다. 이미 1915년(Freud 1915e)에 그는 "무의식과 억압된 것이 일치하는 것은 아니다. 억압된 모든 것이 무의식적이라는 것은 여전히 진실이지만 무의식적인 모든 것이 억압된 것은 아니다"라고 언급한다(1923b : 18). 따라서 의식과 무의식의 관계가 분석 작업에 필수적인 받침대이긴 하나, 무의식 개념 자체로써 인간을 설명하는 것은 더 이상 적합하지 않다.

자아와 이드

다음에 프로이트는 자아와 지각 수용 체계 간의 관계를 검토하면서, 개인이 이것들을 인식한다는 점을 확실히 한다. 이것이 그가 지각-의식 혹은 Pcpt-Cs라고 부르는 체계이다. 공간적 관점에서 의식은 정신 기구의 표면에 위치하며, 유기체의 안과 밖 양쪽으로부터 지각을 받아들인다. 시각, 청각 등, 감각기관으로부터 오는 지각은 처음부터 의식적이다. 우리가 사고 과정이라고 부르는 것은 언어-표상과 관련된 연유로 변형을 겪은 다음, 언어 덕분에 의식화된다. 정신 기구의 가장 깊은 층들로부터 오는 내적 지각들은 외적 지각들보다 더욱 근본적이며, 쾌/불쾌의 감각에 의해 의식에 도달한다.

그러나 감각들이 "의식화"되는 방식에 문제가 없는 것은 아니다. 프로이트는 우리가 의식에 도달하기 전의 "무의식적 감정"에 대해 말하는 것을 당연시하고 있다고 생각한다. 그러나 그는 억압에 의해 무의식 속에 남겨진 관념들이 의식화될 수 있는 과정들과, 감각이나 감정들이 의식화되는 방식을 구분했는데, 후자의 경우는 직접적으로 전달된다.

> 실제로 그 차이점은, 무의식적 관념을 의식으로 가져오려면 연결고리들이 만들어져야 하는 반면, 직접적으로 전달되는 감정들의 경우에는 이것이 일어나지 않는다는 데 있다. 달리 말해, [...] 감정들은 의식적이거나 무의식적이다 (같은 책 : 22-23).

여기서 한 가지 지적할 것이 있는데, 비록 프로이트가 감정은 억압될 수 없다 – 억압은 오직 신경증적 기제이다 – 고 말하긴 했지만, 그의 "억압"이라는 용어는 정동과 감정의 지각에 대한 억제를 가리키는 것 같다. 오늘날 우리들은 여기에 심리적 현실을 부인하는 방어 기제를 포함시키고자 할 것이다. 프로이트는 자아와 신체 간의 관계에 대해 언급하며 이 장을 마친다. 그에게 있어 자아는 무엇보다도 지각과 감정이 만나는 특별한 지점이라는 점에서, 신체 감각들로부터 파생된 것이다. "자아는 무엇보다도 신체적인 자아이다. 자아는 표면적 실체일 뿐만 아니라 그 자체로서 표면의 투영이다"(같은 책 : 26).

"자아"와 다양한 정신 과정 사이의 복잡한 관계를 보다 충분히 설명하기 위해, 프로이트는 그로덱이 제안했던 개념에 눈을 돌린다. 프로이트에 따르면, "이드"는 열정과 "리비도의 거대한 저장소"이다. 그로덱과 의견을 달리 하면서 프로이트는, 자아는 이드의 습격에 수동적으로 복종하지 않으며, 말을 탄 사람이 말을 제어하려는 것과 마찬가지로 이드를 통제하려 한다고 주장한다. "말을 탄 사람이 때로 말에서 떨어지지 않으려면 말이 가고자 하는 곳으로 이끌 수밖에 없다. 마찬가지로 자아도 이드의 의지를 마치 자신의 의지인 양 행동으로 변형시키는 버릇이 있다"(같은 책 : 25).

초자아 (혹은 자아 이상)

무의식으로부터 생겨난 또 다른 현상이 있는데, 바로 많은 신경증에서 발견되는 "무의식적 죄책감"이다. 이것은 과도한 자기-비난과 혹독한 도덕적 양심으로 표현된다. 프로이트는 그러한 감정들의 원인이 되는 대리자를 자아 이상 혹은 초자아라고 불렀는데, 이것은 자아와 갈등을 빚는다.

자아, 그리고 자아 이상 혹은 초자아라는 이 두 대리자는 어디서 유래하는가? 프로이트는 그것들이 동일시 과정과 관련이 있다고 주장한다. 그러므로 이런 관점으로부터 두 종류의 동일시 과정을 구분할 수 있다. 그가 『집단심리학과 자아의 분석』(1921c)에서 보여준 바와 같이, 삶의 초기에는 동일시와 대상-집중이 구별되지 않는다. 그러므로 "대상을 사랑하는 것"은 "대상이 되는 것"과 동일하다. 달리 말해 이러한 첫 번째 동일시들은 본질상 자기애적이지만, 우울증에서 내사 기제를 통해 일어나듯이, 자아 내부에는 성적 대상이 자리 잡는다. 이것은, "자아의 성격은 포기된 대상 리비도 집중abandoned object-cathexes의 침전물이며, 대상-선택의 역사를 포함하고 있다고 가정할 수 있게 한다"(1923b : 29). 이러한 초기 동일시들은 자아 안에서 특별한 대리자로서 작용하며, 초자아 혹은 자아 이상으로서의 역할을 통해 자아가 하고자 하는 것과 대립한다. 자아가 힘을 획득하면 좀 더 발달된 형태의 동일시가 형성된다. 자아는 사랑과 동일시를 구별하는 데 성공하고, 성적 목표들을 버릴 수 있게 된다. 그리고 승화된 자기애적 리비도와 함께 오이디푸스 대상들에게 집중하면서 또한 그들의 어떤 성격 특성들을 동일시한다.

> 자아가 대상의 특징들을 취할 때, 자아는 사랑-대상으로서 자기 스스로를 이드에게 강요하면서, "자, 너는 나 또한 사랑할 수 있어, 나는 그 대상과 똑같아"라고 말함으로써 이드의 상실을 보상하려 한다(같은 책 : 30).

1938년 7월 12일에 쓴 기록에서 프로이트는 이 두 가지 동일시 과정들의 차이를 요약한다.

> 아동의 "갖고 있다having"와 "나는 ~이다being". 아동은 동일시를 통해 대상관계를 표현하는 것을 좋아한다 : "나는 그 대상이다." "갖고 있다"는 보다 나중에 온다. 대상을 상실한 후에는 "나는~이다"로 되돌아간다. 젖가슴을 예로 들면, "젖가슴은 나의 일부이며, 나는 젖가슴이다". 나중에 가서야 "나는 그것을 갖고 있다", 즉 "나는 그것이 아니다"가 된다(Freud 1941f [1938] : 299).

이어서 프로이트는 동일시 과정들과 오이디푸스 콤플렉스와의 관계에 대해 설명한다. 그는 개인의 심리적 양성성으로 볼 때, 그리고 그 완전한 형태에서, 오이디푸스 콤플렉스는 긍정적인 것과 부정적인 것이라는 두 측면을 갖고 있다는 결론을 이끌어낸다. 예를 들어 어린 소년의 아버지와의 동일시는 그의 남성성을 강화한다(이것이 긍정적인 혹은 직접적인 오이디푸스 콤플렉스이다). 반면에 그의 여성적 동일시는 부정적인(혹은 전도된) 오이디푸스 콤플렉스의 표현이다. 약간의 수정을 곁들인다면, 이것은 어린 소녀의 경우에도 마찬가지이다. 긍정적인 오이디푸스 콤플렉스에서 소녀는 자신의 어머니와 동일시하는 반면, 부정적인 형태에서는 자신의 아버지와 동일시한다. 그렇다면 아동의 최종적 동일시를 확정짓는 결정적인 요소는 무엇인가? 프로이트는 놀랍게도 멜랑콜리(우울증) 환자에게서 일어나는 과정이 적절한 설명을 제공하지 않는다는 것을 깨닫는다. 그래서 그는 심리학적인 설명을 포기하고, 기질적인 요소로 되돌아가는 쪽을 택한다. 그러나 이것은 실제 질문에 대한 답이 아니었다. 더구나 이것은 정신분석적 요소를 제껴 놓는 것이었다. "그러므로 양성 모두, 남성적인 성적 기질과 여성적인 성적 기질 중 어느 것이 상대적으로 더 강한가 하는 것이 [...] 오이디푸스 상황의 결과를 결정짓는 요인처럼 보일 것이다(1923b : 33). 나중에 후기 프로이트 학파 정신분석가들, 특히 존스와 클라인은 최종적인 동일시의 결정 요인이 경쟁자와의 동일시라고 본다.

프로이트가 각주(같은 책 : 31, 각주 1)에서 언급한 것처럼, 아동의 자아 이상 혹은 초자아는 단순히 아버지 혹은 "부모들"을 동일시하는 문제가 아니다. 이것은 또한 아동의 근친상간적 오이디푸스 소망의 성취를 방해하는 부모의 금지와 관계가 있다. 달리 말해, 자아 이상/초자아는 자아와의 관계에서 "이중적인 측면"을 가지고 있다. 한편에서는 "너는 이 사람(아버지)처럼 되어야 해" 하고 격려하지만, 다른 한편에서는 금지를 내린다. "너는 이 사람(아버지)처럼 될 수 없어, 말하자면 너는 그가 하는 모든 것을 할 수는 없어. 어떤 것들은 그의 특권이야"(같은 책 : 34). 프로이트는 이 복잡한 과정들을 다음과 같이 정리한다. "어렸을 때 우리는 이러한 보다 높은 특질들을 알고 있었다. 우리는 그것들을 찬양했고 두려워했다. 그리고 나중에는 그것들을 우리 자신 속으로 받아들였다"(같은 책 : 36). 그러므로 이 대리자는 자아와 구분되는데, 그 가혹한 정도는 개인마다 다르다. "오이디푸스 콤플렉스가 강렬하면 할수록, [...] 이후에 자아에 대한 초자아의 지배는 더욱 엄격해질 것이다 -양심 혹은 무의식적인 죄책감의 형태로"(같은 책 : 34-35) 결국, "자아 이상은 [...] 오이디푸스 콤플렉스의 후예이다"(같은 책 : 36). 나는 여기서 단지 프로이트가 명확히 정의하지 않고, 이상적 자아, 자아 이상, 그리고 초자아라는 세 개의 다른 용어들을 사용하고 있다는 사실을 언급하려 할 뿐이다 (그런데 그가 이 용어들을 서로 바꿔서 사용할 수 있다고 생각한 것 같지는 않다).

종교적 감정, 개인의 도덕적 양심, 그리고 사회적 감정들은 궁극적으로 인간에게 많은 것을 요구하는 자아 이상의 존재로부터 파생된 것이다. 모든 종교의 핵심에는 종교적 감정이 놓여 있다. "자아가 자아의 이상에 미치지 못한다고 선언하는 자기-판단은, 신자가 자신의 열망 속에서 호소하는 종교적 의미의 겸손을 만들어낸다"(같은 책 : 37). 도덕적 양심은 교사나 다른 권위 있는 인물들이 내린 명령이나 금지들이 내면화된 결과이다. 양심의 요구와 자아의 실제 행동 사이의 긴장은 "죄책감"으로 경험된다. 프로이트는 "사회적 감정은 다른 사람들과 동일한 자아 이상을 갖고 있다는 것을 바탕으로 한 그들과의 동일시에 근거한다"고 덧붙인다(같은 책 : 37).

프로이트는 자아 이상 혹은 초자아의 원시적 기원을 탐구하면서 이 장을 마친다. 그는 자신이 『토템과 타부』에서 제기했던 가설로 돌아가, 사회적 감정은 어느 정도 원시 무리의 아버지를 살해한 결과이며, 이 사건으로부터 파생된 도덕적 구속이라고 주장한다. 어떻게 초자아가 출현하고 세대에서 세대로 전달되는가에 대해, 프로이트는 태곳적 경험의 계통발생적인 각인들이, 자아가 아니라 유전되는 이드에 의해 전승된다고 말한다.

> 그러므로 유전될 수 있는 이드 속에는, 존재했던 수많은 자아들의 잔재가 숨어 있다. 그리고 자아가 이드로부터 초자아를 만들어낼 때, 자아는 아마도 이전 자아들의 형태들을 되살려 부활시킬 뿐일 터이다(같은 책 : 38).

자아, 그리고 삶의 욕동과 죽음 욕동 간의 갈등

욕동은, 특히 프로이트가 『쾌락원칙을 넘어서』(1920g)에서 서술했던 삶의 욕동과 죽음의 욕동은 자아에게 어떤 영향을 미치는가? 그는 두 종류의 본능욕동들이 다양한 비율로 결합되고 분리된다고 주장한다. 욕동들의 그러한 혼합을 상상하는 것이 어렵기는 하지만, 죽음 욕동은 살아 있는 유기체에 의해 중화되며 특정 기관 덕분에 외부세계로 돌려지는 그 파괴적인 부분은 공격성으로 표현된다고 요약할 수 있을 것이다. "이 특정 기관은 근육 기관인 것 같다. 그렇게 해서 죽음 욕동은, 아마 부분적이기는 하지만, 외부세계와 다른 유기체들에 대한 파괴본능으로 자신을 표현하는 것처럼 보인다"(같은 책 : 41).

일단 우리가 삶의 욕동과 죽음 욕동의 융합이라는 생각을 받아들인다면, 그것들이 어느 정도 완전히 "탈융합"되는 것도 상상할 수 있다. 심각한 신경증 상태와 성도착에서 죽음 욕동은 결정적인 역할을 한다고 프로이트는 말한다. "우리는 파괴본능이 방출을 목적으로 으레 에로스에 봉사하게 된다는 것을 알게 되었다. 간질 발작은 본능적 탈융합의 산물이며 지표라고 생각된다"(같은 책 : 41). 프로이트에 의하면 성기기에서 항문-가학기로의 퇴행 역시 욕동들의 탈융합과 관련이 있는 반면, 전진하는 모든 움직임은 삶의 욕동의 에로틱한 요소들이 죽음 욕동보다 우세하다는 사실에 달려 있다.

다음에 프로이트는 두 욕동 간의 대립을 사랑과 증오의 대극이라는 측면에서 볼 수 있는가에 대해 논의한다. 사랑이 에로스를 대표한다고 쉽사리 볼 수 있는 한편, 증오와 파괴적 충동은 죽음 욕동을 대표한다고 볼 수 있을 것이다. 그러나 이것은 프로이트의 마음을 끌지 못했는데, 임상적 관찰은 수많은 경우에 증오가 사랑으로, 사랑이 증오로 변할 수 있음을 보여주었기 때문이라고 그는 말한다. 그 예로 편집증에서, 특정인에 대한 지나치게 강한 동성애적 애착은 "그가 가장 사랑했던 사람을 박해자로 [만들고], 환자의 위험스러운 공격성은 종종 그를 향한다"(같은 책 : 43). 여기서 별로 진전이 없었기 때문에 프로이트는 이 문제를 잠시 미뤄두고자 했다. 그는 사랑에서 증오로의, 혹은 그 반대로의 직접적인 변형을 가정할 필요가 없는, 본질적으로 또 다른 요소를 제시한다. 아마 "전치할 수 있는 에너지, 그 자체로서 중립적인" 종류의 것이 작용하고 있을 것이다. 이 에너지는 "리비도의 자기애적 저장소"에 근원을 두고 있으며, 따라서 "탈성애화된 에로스"이다(같은 책 : 44). 그러나 사랑과 증오 간의 직접적인 변형에 대해 회의적이었음에도, 다음 장에서 프로이트는 그러한 변형이 실제로 일어난다고 계속해서 말함으로써 이 문제에 대해 우유부단함을 감추지 못했다.

마음의 구조를 바라보는 새로운 방식에 의거하여, 프로이트는 일차적 자기애와 이차적 자기애를 재정의한다.

> 맨 처음에 모든 리비도는 이드 속에 축적되는 반면, 자아는 여전히 형성 중에 있거나 아직 연약한 상태이다. 이드는 이 리비도의 일부를 성애적인 대상-리비도 집중으로 내보내는데, 이제 더욱 강해진 자아는 이 대상-리비도 집중을 얻으려고 애쓰면서 이드에게 자신을 사랑-대상으로 강요하려 한다. 그러므로 자아의 자기애는 이차적인 것, 대상들로부터 철회된 것이다(같은 책 : 46).

부정적 치료반응과 멜랑콜리적 초자아-"죽음 본능의 순수한 배양"

그다음에 프로이트는 한편으로는 이드와 자아의 관계에, 다른 한편으로는 자아와 초자아의 관계로 넘어간다. 그는 자아를 세 명의 주인을 섬기는 하인에 비유했다. 자아는 세 종류의 위험을 처리해야 하는데, 그것은 외부 세계로부터 오는 위험과 이드의 리비도로부터 오는 위험, 그리고 초자아의 혹독함에서 오는 위험이다. 예를 들면 초자아와 관련해, 우리는 종종 분석 치료 과정이 가져오는 어떤 진전에도 모순된 방식으로 반응하는 환자들과 마주친다. 프로이트는 이러한 현상을 "부정적 치료반응"(같은 책 : 49)이라고 불렀다. 이런 환자들에게 가장 중요한 것은 질병에서 회복하려는 의지가 아니라 질병을 유지해야 할 필요성이다. 그들은 무의식적으로 죄의식을 느끼고 있기 때문에 고통으로 처벌받는 것을 포기하지 않으려 한다. "환자에 관한 한 이 죄의식은 벙어리이다. 그것은 환자에게 그가 죄인이라고 말하지 않으며, 환자는 죄의식을 느끼지도 않는다. 그는 불편하게 느낄 뿐이다"(같은 책 : 49-50). 이런 종류의 부정적 치료반응은 대부분의 심각한 신경증 사례에서 발견된다. 여기서 죄책감은 의식적으로 느껴지는 정상적인 죄책감과는 반대로 무의식적이다.

멜랑콜리적인 우울과 같은 어떤 장애들의 경우, 어떻게 해서 초자아가 그토록 가혹하고 엄격해지는 것일까? 프로이트에게 있어 멜랑콜리 환자의 초자아를 구성하는 파괴적인 요소는 죽음 욕동과 관련이 있다.

> 이를테면, 이제 초자아 속에서는 죽음 본능의 순수한 배양이 지배하고 있다. 그리고 사실상 그것은, 자아가 제때에 조증으로 방향을 틂으로써 폭군의 공격을 막아내지 않는 한, 종종 자아를 죽음으로 몰아넣는 데 성공한다(같은 책 : 53).

프로이트는 멜랑콜리에서 어떻게 초자아가 일종의 죽음 본능의 집결지가 되는지 자문해 본다. 그는 성애적인 구성요소가 더 이상 그것과 결합되어 있던 파괴성 전부를 묶을 힘이 없음으로 인해, "공격적이고 파괴적인 성향의 형태로 방출된다"(같은 책 : 54)는 사실로부터, "본능의 탈융합instinctual defusion"이라는 개념을 도입한다. 우울증 환자의 초자아가 자아에 대해 가혹함과 잔인함을 띠게 되는 것은 삶과 죽음 욕동 간의 이러한 탈융합 때문이다.

강박 신경증의 경우는 어떤 상황일까? 이 병리에서 초자아는 자아에게 인정사정없이 가혹하지만, 우울증 환자와 달리 강박적인 개인은 "자살 위험으로부터 면역"(같은 책 : 53)이 된 것처럼 보인다. 프로이트에 따르면, 강박증 환자들에게 있어서는 사랑이 증오로 변형되었기 때문이다. "사랑-충동들은 전성기적 조직으로의 퇴행을 통해 대상에 대한 공격 충동으로 변화될 수 있다"(같은 책 : 53). 그는 여기서 "사랑이 실제로 증오로 대체되는 일"이 일어난다는 자신의 신념을 되풀이한다. 이러한 대체는 사랑과 증오의 구별을 유지할 어떤 가능성도 굳게 닫아버리는데, 우리가 삶과 죽음 본능 간의 융합-탈융합과 유사한 이러한 정동들 간의 묶기-풀기 과정들을 상상하려면, 이러한 구별은 필수적이다. D. 키노도즈(1994)에 의하면, 이 문제와 관련해 프로이트가 가진 어려움은 그가 정동의 융합 fusion과 묶기 binding를 명확히 구분하지 못한 데서 오는 것으로 보인다. 그녀는 아동의 초기 발달 단계에서 사랑과 증오는 우리가 어떤 것을 다루고 있는지 인식하는 것이 불가능할 만큼 서로 섞여있을 수 있다고 주장한다. 그러나 보다 발달된 단계에서는 환자가 하나의 동일한 대상을 향한 사랑의 감정과 증오의 감정을 구분할 수가 있다. 그러면 그것들을 묶는 것이 가능해진다. "결합시킬 수 있으려면 우리는 구별해야만 한다. 구분이 선행되지 않으면 결합이 아닌 혼란으로 끝난다"(1994 : 90).

계속해서 프로이트는 자아의 특성에 대해 강점과 약점을 들어 설명한다. 외부 세계로부터 오는 지각들과 접촉하면서 자아는 정신과정들이 "현실-검증"을 받도록 하는데, 이때 운동 방출을 안전하게 지연시키는 사고하는 능력의 도움을 받는다. 외부로부터 오는 삶의 경험들은 자아를 풍요롭게 하지만, 동시에 자아는 이드로부터 오는 욕동 충동들에 대처하려고 애쓴다. 이것은 정신분석의 치료적 효과를 입증한다. "정신분석은 자아가 이드를 점진적으로 정복할 수 있게 해주는 수단이다"(Freud 1923b : 56).

자아 개념의 도입으로 불안이론 토대를 놓은 프로이트는 이것을 1926년의 『억제, 증후 그리고 불안』에서 발전시킨다. 그는 이미 1923년에 정신과정들이 불안을 발생시키는 방식에 대해 설명하지만, 전에는 이 역할을 오직 생물학적인 요인으로 돌렸다. 이후부터 불안은 자아 현상으로 간주된다. "자아는 사실상 불안이 자리하는 곳이다"(같은 책 : 57). 이드로부터 유래된 리비도적 위험에 직면한 자아는 "압도되거나 멸절되는" 공포를 느끼는데, 쾌/불쾌의 원리가 이러한 위험을 경고한다. 초자아에 대한 두려움으로 나타나는 다른 위험들과 직면할 때 자아는 "양심의 두려움"으로 반응하며, 이것은 대개 거세 불안의 형태를 취한다. 죽음과 관련된 불안은 프로이트에 따르면 정신분석에서 아무런 의미가 없는데, "죽음은 구의식적인 상관성을 발견할 수 없는 부정적 내용을 지닌 추상적인 개념이기 때문이다"(같은 책 : 58).

프로이트는 자아에 대한 초자아의 보호적 역할, 특히 초자아가 오이디푸스 상황과 관련된 리비도적이고 공격적인 욕동을 다루려고 할 때의 역할을 강조하면서 글을 마무리한다. 프로이트는 멜랑콜리 환자가 초자아의 이런 보호적 기능을 상실하는 것을 보고, 정상적인 초자아는 자아를 보호 – 이렇게 표현해도 무방하다면, 자동적으로 – 한다고 추론할 수 있었다.

> [멜랑콜리에서] 자아는 초자아가 자신을 사랑하는 대신 증오하고 박해한다고 느끼기 때문에

> 자신을 포기한다. 그러므로 자아에게 있어 산다는 것은 사랑받는다는 것 – 초자아에게 사랑받는다는 것 – 과 똑같은 것을 의미한다. [...] 초자아는 어릴 때는 아버지가, 그리고 나중에는 신의 섭리와 운명이 충족시켜주었던 보호와 구원의 기능을 똑같이 충족시킨다 (같은 책 : 58).

한편, 자아가 실제 위험에 직면했을 때, 자아는 모든 보호적인 힘들이 자신을 버리고 죽게 놔두었다고 느낀다. 이러한 감정은 우리들의 최초의 불안 상태 – 출생 – 의 바탕이며, 보호해주는 어머니와의 분리와 관련된 유아적 불안의 근원이다. 이드는 자아에 대한 사랑도 증오도 분명히 밝히지 않는다. 무엇보다도 이드는 에로스와의 끊임없는 갈등 속에 갇힌 채 "무언의, 그러나 강력한 죽음 본능의 지배하에 있다"(같은 책 : 59).

후기 프로이트 학파

안나 프로이트 : 『자아와 방어기제』(1936)

1936년에 안나 프로이트는 획기적인 책으로 평가되는 『자아와 방어기제』에서, 이 주제에 관한 자신의 아버지의 사고를 정교화시켰다. 여기서 그녀는 자아가 이드, 초자아 그리고 외부 세계와 관련하여 발달시킨 방어들을 연구하였다. 자아는 의식으로 뚫고 들어오려는 모든 갈등들, 즉 욕동들의 요구와 초자아의 요구, 그리고 외부세계로부터 오는 갈등들에 대처해야 한다고 그녀는 주장한다. 불안의 출현을 막기 위하여 자아는 광범위한 방어기제들을 사용한다. 처음에 안나 프로이트는 지그문트 프로이트가 기술했던 억압, 퇴행, 반동형성, 고립, 행한 것의 취소, 투사, 내사, 자기 외면, 정반대로의 전환과 승화 같은 기제들을 열거한다. 그녀는 공격자와의 동일시와 이타적인 굴복과 같은 기제들을 추가하면서 그 목록은 결코 닫혀있는 것이 아님을 분명히 한다. 1930년대 말에 비엔나에서 시작되었던 정신분석적 사고는 안나 프로이트의 작업을 출발점으로 주류를 이루게 되는데, 런던에서는 그녀의 지도 아래 그리고 북 아메리카에서는 하인즈 하트만의 지도 아래 크게 성장하였다. 하트만은 자아심리학으로 알려진 운동의 창시자들 중 한 명이다.

하인즈 하트만과 "자아심리학"

하트만이 "자아심리학"의 토대가 된 개념들을 제시한 것은 1939년에 비엔나에서 출간된 그의 책, 『자아심리학과 적응의 문제』에서였다. 1941년에 미국으로 이민을 간 후 그는 나치를 피해 온 유럽의 다른 이민자들과 합류했는데, 그중에는 그와 같은 관점을 가진 에른스트 크리스 Ernst Kris와 루돌프 로웬스타인Rudolf Loewenstein이 있었다. 그 이후로 자아 심리학의 개념들은 북미 전체로 빠르게 퍼져나가 사실상 정신분석의 주류가 되었다. 1945년에 하트만은 크리스와 안나 프로이트와 함께 「아동 정신분석 연구The Psychoanalytic Study of the Child」라는 학술지를 창간하였다.

비록 하트만의 개념들이 1923에 프로이트가 발전시킨 자아, 초자아 그리고 이드를 바탕으로 하고 있지만, 그의 견해는 때로 프로이트의 개념들과는 상당히 거리가 있다. 하트만에게 있어 자아는 두 가지 기능을 갖는다. 하나는 자아가 갈등을 다룰 때마다 방어들을 세우는 것이다. 다른 하나는, 하트만은 둘 중에서 이것을 더욱 중요한 것으로 보는데, 모든 갈등들로부터 자유롭게 하는 것이다. 그는 이것을 "자율적 자아"라고 부른다. 자율적 자아는 출생한 이후부터 존재하며 이드와는 상당히 독립적으로 발달한다. 하트만에 의하면 개인의 행동 문제들은 어느 정도 사회적 조건에 적응하지 못하는 확연한 무능력의 결과이며, 욕동과 관련이 없는 문제이다. 그러므로 자율적 자아의 결정적인 역할은 외부 세계에 "적응하는 것"이라고 정의된다. 하트만은 그가 "중화neutralize"라고 부르는 과정을 통해 리비도가 공격적 욕동들을 탈성애화시킨다고 보았는데, 그는 그 과정들 중 하나를 자아의 덕으로 돌렸다. 자아가 강하면 강할수록 리비도적 에너지를 더욱 "중화"시킬 수 있게 되며, 그 반대 역시 마찬가지이다. 기술적 수준에서, 자아심리학의 접근법은 무엇보다도 환자의 저항과 방어들의 분석 그리고 의식적인 자아의 강화에 집중되어, 결국 무의식적 환상들의 분석을 손상시켰다. 이점에서 이런 접근법은 안나 프로이트와 그녀의 추종자들이 채택했던 기법과 매우 가깝다. 또한 이런 사고의 흐름은 진정한 정신분석적 사회학의 기초를 놓았다. 자아심리학에서 사회적 환경에 대한 자율적 자아의 적응 기능은 결정적으로 중요하다. 특히 에릭슨Erikson은 그의 책, 『아동과 사회』(1950)에서 이러한 차원을 정교화시키면서, 아동기로부터 노년기에 이르는 사회적 자아의 발달에 관해 기술한다.

그러므로 자아심리학 학파가 채택했던 이론적, 임상적 접근이 국제정신분석학회(IPA) 내에 격렬한 논쟁들을 불러온 것은 놀랄 일이 아니다. 이로 인해 심각한 견해 차이들이 빚어졌는데, 영국의 멜라니 클라인과 프랑스의 자크 라캉이 특히 두드러졌다. 클라인에게는 자아와 대상이 생애 초기부터 존재한다. 그 결과 "논쟁적 토론"은 주로 자아의 점진적 성장, 자아와 대상간의 관계, 그리고 무의식적 환상의 중요성에 집중되었다. 라캉은 발달의 거울 단계를 토대로, "자아Moi"와 "나Je" 사이의 구분을 이끌어내었다. "나"는 그가 나중에 도입하는 "주체sujet"라는 개념의 전조이다. 라캉은 로웬스타인의 분석을 받았지만, 그는 항상 자아심리학파가 채택했던 개념들에 대해 비판적이었다. 특히 그는 적응이라는 개념과는 전혀 상관이 없었는데, 기껏해야 그 개념은 미국의 정신분석가들이 환자들을 자신의 이상에 따르도록 하기 위한 것이라고 주장했다. 알랭 드 미졸라Alain de Mijolla의 말대로, "라캉의 조롱은 그가 자아심리학의 지지자들을 규탄할 때보다 더 통렬할 수는 없을 것이다. 언어에 의한 구조화라는 자신의 논지를 바탕으로, 그는 자아가 무엇보다도 상상계에 속해 있다고 주장한다"(2002 : 1024).

하인즈 코헛과 자기-심리학

하트만과 자아심리학파가 제시했던 개념들에 대한 반응으로, 코헛(1971)은 자기self와 그 변형들에 초점을 맞춘 정신분석 이론을 내놓는다. 자기라는 개념은 이미 1950년에 하트만이 "자아"와 "자기"를 구분하려는 목적으로 소개한 바 있다. 그것을 바탕으로 코헛은 자기심리학을 정신분석 사고의 흐름으로 만들었다. 해가 가면서 이러한 접근 방식은 점점 힘을 얻어 지금은 미국에서 중요한 현대 학파들 중 하나가 되었다. 코헛의 생각은 자기애적 상태의 정신분석 치료에 관한 프로이트의 사고를 발전시키려는 것이었다. 그는 자신이 지지했던 공감적인 방식에 기초한 기법을 제안하였다.

새로운 개념들

죽음 욕동 – 자아 – 자아 이상 – 오이디푸스 콤플렉스의 완전한 형태 – 욕동의 융합/탈융합 – 유전적인 이드 – 이드 – 이상적 자아 – 동일시 – 삶의 욕동 – 멜랑콜리적 초자아 – 자기애적 동일시 – 부정적 치료반응 – 현실-검증 – 초자아 – 무의식적 죄책감

「피학증의 경제적 문제」
(1924c)

도착적 피학증에서 개인을 자기-파괴로부터 보호하는 일차적(또는 성감발생적) 피학증으로

이 논문에서 프로이트는 고통받음으로써 쾌락을 얻는 도착행위인 피학증의 본질에 대해 계속 탐구한다. 그는 이보다 앞서 가학증과 함께 피학증의 문제를 이미 다룬바 있다 (1905d, 1915c). 그러나 그가 삶의 욕동과 죽음 욕동 간의 근본적인 갈등과 더불어 자아, 이드 그리고 초자아의 개념을 도입하고 나자, 피학증에 관한 가설을 수정할 필요가 생겼다. 사실상 피학증이 프로이트가 이전에 제시했던 쾌/불쾌의 원리 – 마음이 쾌락은 극대화하고 불쾌는 회피하는 방식으로 작용한다는 생각 – 와 므순되기 때문에 더욱 그러했다.

프로이트는 쾌락원리를 새로운 토대에서 다시 정의하는 것으로 시작한다. 이후부터는 마음이 작용하는 방식을 조절하는 세 가지 기본 원리들이 나타나는데, 모든 흥분을 제로 수준으로 줄이려는 열반원리, 삶의 욕동과 죽음 욕동을 연결시키는 쾌락원리 그리고 쾌락을 미루고 적어도 일시적으로 불쾌를 견딜 수 있게 하는 현실원리가 그것이다. 이어서 그는 남성의 여성적 피학증과 도덕적 피학증이라는, 엄밀한 의미에서의 두 가지의 도착을 탐구한다. 이것들은 초기 리비도 단계, 특히 항문-가학적 단계로의 퇴행 그리고 근친상간적인 오이디푸스 대상에 대한 리비도의 재집중 – 오이디푸스 콤플렉스의 재성애화 – 이 특징적이다. 이것은 무의식적 죄책감을 일으키는 성애적 만족과 나란히 가기 때문에, 자아는 초자아로부터 가학적인 처벌을 받고 싶은 피학적 욕구를 느낀다. 프로이트는 일차적primary 혹은 성감발생적 피학증 erotogenic masochism 이라는 생각의 도입으로, 좁은 의미의 피학적 성도착의 개념을 확장시켜 놓았다. 그는 삶의 욕동과 죽음 욕동 간의 갈등이 삶의 과정의 핵심에 놓여있으며, 아주 초기부터 시작된다고 생각함으로써 새로운 지평을 열었다. 달리 말하면, 우리는 삶에서 얻는 쾌락을 자기-파괴의 경향으로부터 끊임없이 되찾아와야 한다.

내부 갈등과 정신분석의 앞날에 대한 우려

「피학증의 경제적 문제」는 1923년 말에 쓰여 1934년 4월에 「국제정신분석저널 International Zeitschrift fur Psychoanalyse」에 실렸다. 이 시기에 프로이트는 1923년 2월의 발병(앞 장에서 언급했던), 그리고 위원회 내의 알력과 같은 매우 괴로운 사건들에 대처해야 했다. 비록 자신은 이제 세계적 명성을 얻었지만 그는 정신분석의 앞날을 걱정했는데, 특히 랑크와 존스 간의 다툼 때문이었다. 그는 그들이 위원회 전체에 필요한 조화를 위협하고 있다고 느꼈다. 무엇보다도 프로이트가 확실히 하고 싶었던 것은 그의 필생의 작업이 그의 죽음과 함께 사라지지 않는 것이었다. 랑트와 존스는 몇 년간이나, 함께 작업하고 여러 정신분석 출판물들을 공동 편집하기로 되어있음에도 불구하고 의견의 일치를 보지 못했다. 1923년 여름, 랑크와 존스는 돌로미테에서 마지막으로 만났는데, 두 사람 간의 갈등은 위원회를 해체할 지경에까지 이르렀다. 회원들이 프로이트의 발병을 알게 된 것도 그 시기였다.

원문 찾아보기

페이지 번호는 『지그문트 프로이트 전집 표준판』 vol. 19, 155-170을 따른 것이다.

쾌락원칙의 또 다른 측면

프로이트는 이 장의 서두에서 그가 쾌락원리에 대해, 특히 그가 쾌락원리와 동등시했던 열반원리와의 관계에 대해 이미 서술했던 것을 수정하려는 이유를 설명한다. 『쾌락원칙을 넘어서』(1920g)에서 프로이트는, 정신기구가 발생하는 흥분의 양을 제로 상태로 줄이려는 경향이 있음을 기술하기 위해 "열반원리"라는 용어를 빌려온다. 만일 이것이 사실이라면 모든 흥분을 멸절시키려는 경향성은 죽음 욕동과 같은 것처럼 보인다. 「피학증의 경제적 문제」에서 그는 열반원리에 대한 자신의 믿음을 다시 주장하면서도 이것이 특별한 어려움을 만들어낸다는 것을 알고 있다. 그가 앞서 제안한 바와 같이 쾌락원리가 정말로 열반원리와 동일하다면, 우리는 쾌락원리가 죽음 욕동에 봉사한다는 결론 외에는 다른 선택이 없다. 그리고 그것은 뭔가 모순되어 보인다. "열반원리(그리고 그것과 동일하다고 추정되는 쾌락원리)는 삶의 불안정성을 무기물 상태의 안정성으로 유도하려는 목적을 지닌 죽음 본능에 전적으로 봉사할 것이다"(1924c :160). 여기에는 한층 더한 모순이 있다. 소위 불쾌를 야기하는 긴장들을 줄이려는 쾌락원리는 또한 어떤 긴장들은 쾌락을 줄 수 있다는 사실에 의해 어려움에 빠지는데, 그 가장 인상적인 예는 성적 흥분 상태이다. 이러한 모순들로 인해 프로이트는, 생명을 무기물 상태로 되돌리지 않기 위해서(그래서 쾌락원리에 봉사할 수 있도록) 죽음 본능에 속한 열반원리는 살아있는 유기체 안에서 모종의 수정을 거쳐야 한다는 결론을 이끌어낸다. 이러한 수정은, 죽음 본능과 병행해 생명 과정을 조절하는 역할을 맡고 있는 리비도에 대한 어떤 개입 때문일 것이라고 프로이트는 말한다.

그때까지 프로이트는 유쾌한 감각과 불쾌한 감각들은, 오직 자극의 양의 증가나 감소와 관련된 양적 요소에 달려 있다고 생각했다. 이제 그는 쾌와 불쾌의 느낌들이 어떤 양적 요소뿐만이 아니라 질적 요소－그가 정의하는 데 어려움을 느끼는－에도 달려 있다는 새로운 차원을 도입한다. "아마도 그것은 리듬, 변화의 시간적 순서, 그리고 자극량의 고조와 쇠퇴일 것이다. 우리는 아는 바가 없다"(같은 책 : 160).

이것은 프로이트가 세 원리들이 생명과정의 조절을 지배한다는 결론을 내리도록 이끌었다. 열반원리는 흥분의 양을 제로로 감소시키려는 경향을 통해 죽음 본능을 표현하며, 쾌락원리는 리비도적 자극의 질을 통해 삶의 본능과 죽음 본능간의 결합을 표현한다. 그리고 현실원리는 쾌락을 지연시키고 불쾌를 일시적으로 묵인할 수 있도록 한다. 이 세 원리들은 불가피하게 서로 갈등을 빚게 되지만, 생명 과정들이 보존되는 한 서로를 견디어야만 한다. 삶이 파괴되는 것을 막기 위해서 쾌락원리는 죽음 욕동이 어느 정도 삶의 욕동과 융합되는 것을 받아들여야 한다. "이런 것들을 고려하여 이끌어낸 결론은, 쾌락원리를 우리 삶의 파수꾼으로 묘사하는 것을 거부할 수 없다는 것이다"(같은 책 : 161).

이런 이론적 측면을 고려하여 프로이트는 세 종류의 피학증, 즉 남성의 여성적 피학증, 일차적 혹은 성감발생적 피학증 그리고 도덕적 피학증을 탐구하기 시작한다.

남성의 여성적 피학증

여성적 피학증은 무엇보다도 남성에게서 관찰될 수 있다. 프로이트에게 있어 그것은 진정한 성도착인데, 그 내용은 묶이고 매를 맞거나 채찍질을 당하는 등의 소망이 지배적인 환상들을 통해 표현된다. 이러한 환상들은 자위로 이어지거나 그 자체로 성적 만족을 나타낸다. 이런 도착 사례에서 우리는 주체가 "전형적으로 여성적인 상황"에 놓여 있음을 발견한다. "[환상들은] 즉, 거세되거나, 성교당하거나, 혹은 아기를 낳는 것을 의미한다"(같은 책 : 162). 프로이트가 이런 형태의 피학증을 "여성적 형태"라고 부른 것은 이 때문인데, 대상에 대한 이런 수동적 태도는 유아성욕으로 퇴행한 것임을 나타낸다. 더구나 이런 성도착에서 개인은 고통과 괴로움을 통해 속죄해야만 하는 어떤 나쁜 행동을 저질렀다고 자신을 책망한다. 이러한 자기-비난은 유아기 자위와 관련된 무의식적 죄책감의 표현이다. 여성적 피학증에서의 무의식적 죄책감은 또 다른 피학증인 도덕적 피학증에서도 반복된다.

일차적 혹은 성감발생적 피학증

프로이트는 독자들에게 1905년의 『성욕에 관한 세 편의 에세이』에서 자신이 이미 관찰했던 것을 상기시킨다. 그는 무수히 많은 내적 과정들 속에서는 그런 과정들의 강도가 어떤 한계를 넘자마자 성적 흥분이 일어나며, 이러한 "리비도적인 동조적 흥분libidinal sympathetic excitation"이 빈번히 고통스럽고 불쾌한 감정들을 동반한다는 것을 직감했다. 그는 "유기체 내에서 성적본능의 흥분을 구성하는 요소에 기여하지 않고서는 어떤 중요한 것도 발생할 수 없다"고 통찰한다(1905d : 205, 1924c : 163에 인용). 삶의 욕동과 죽음 욕동 간의 이중성을 고려한 다음부터 프로이트는 리비도적인 동조적 흥분이라는 개념을 정교화시킬 수 있었다. 이것은 모든 생명 과정들을 다스리는 것으로 보인다. 리비도는 아주 초기부터 생물체를 지배하는 파괴적 죽음 본능을 무해한 것으로 만들며, 이런 방식을 통해 유기체가 무기물 상태로 돌아가는 것을 방지한다. 죽음 본능의 이러한 성애화 과정이 지닌 일차적 특질을 강조하기 위해 프로이트는 그것을 "일차적 피학증" 혹은 "성애발생적 피학증"이라고 불렀다.

리비도는 어떻게 죽음 욕동을 무해한 것으로 만드는 과제를 달성하는 것일까? 두 가지 통로가 열려 있다고 프로이트는 말한다. 첫째, 리비도는 근육기관의 도움을 받아 욕동을 상당 정도 외부로, 외적 대상에게로 돌릴 수 있다. 이때 욕동은 파괴적 본능, 지배하려는 본능, 권력에의 의지라고 불린다. 욕동의 일부는 성적 기능에 직접 봉사하도록 배치된다. 이것이 본래적인 가학증이다. 둘째, 죽음 욕동의 일부는 외부로 투사되지 않는데, 유기체 안에서 무해한 것이 될 수 있기 때문이다. "그것은 유기체 안에 남아 위에서 설명했던 수반된 성적 흥분의 도움으로 그곳에 리비도적으로 묶이게 된다. 이 부분에서 우리는 본래의, 성감발생적 피학증을 인식해야 한다"(1924c : 163-164). 프로이트가 말한 바와 같이 우리는 욕동에 대한 이런 길들이기가 이루어지는 방식과 수단에 대해 아는 것이 없다. 정신분석적인 관점에서 그것들은 항상 다양한 비율로 서로 융합되고 혼합되어 있기 때문에, 우리는 결코 삶의 욕동이나 죽음 욕동을 순수한 형태로 만날 수 없다.

프로이트는 이어서 일차적 피학증이 역할을 하는 리비도 발달단계들을 열거한다. 예를 들면 구강기에서 토템 동물(아버지)에 의해 잡아먹히는 데 대한 공포, 항믄-가학 단계에서 매를 맞고 싶은 소망, 남근기에서의 거세 공포 등이다. 덧붙여서, 죽음 본능이 리비도에 의해 가장 처음 길들여지는 일차적 피학증의 일부는 "여전히 스스로를 그 대상으로 간주한다"(같은 책 : 164). 따라서 자기-파괴로부터 보호될 수가 있다. 그런 다음 프로이트는 외부세계로 투사되었던 가학증과 파괴욕동이 다시 내부로 돌아와 원래의 피학증에 덧붙여지는 "이차적 피학증"이 있을 수 있다고 주장한다.

도덕적 피학증

도덕적 피학증 환자는 고통을 추구하지만 바라던 고통스런 느낌으로부터 얻는 성적 만족을 자각하지 못하는데, 그것은 무의식적인 죄책감과 관련이 있다. 이런 환자들은 고통 받는 것에서 어떤 성적 즐거움도 얻는 것 같지 않다. 극단적인 경우의 도덕적 피학증은 정신분석 치료 과정이 가져올 어떤 진전도 거절하는 환자들에게서 찾아볼 수 있다. 1923년에 프로이트는 이러한 모순된 행동을 무의식적 죄책감 탓으로 돌리면서 "부정적 치료 반응"이라는 이름을 붙였다. 이런 환자들에게 있어 무의식적 죄책감의 만족은 병리로부터의 이차 이득을 형성하며, 따라서 이것은 정신분석 치료에 대한 가장 심각한 저항 중 하나가 된다(그러므로 그들은 회복되기를 꺼린다). 그러나 정신분석가가 무의식적 죄책감에 대해 이야기하면 그것은 그들에게 아무런 의미도 없지만, 대신 "처벌에 대한 욕구"(같은 책 : 166)를 이야기하면 뭔가 이해하기 시작할 것이다. 이 무의식적 죄책감이 어떻게 그런 엄청난 힘으로 일어나는가를 설명하기 위해 프로이트는 1923년에 두 번째 구조이론에서 도입했던 개념들에 의지한다. 특히 자아가 따라야 할 모델인 자신의 이상, 즉 초자아의 요구들을 충족시킬 수 없다고 느낄 때 자아와 초자아 간에 나타나는 압도적인 긴장으로 설명한다.

프로이트는 또한, 아이가 부모를 이상화한 덕분에 초자아가 생겨났다는 것을 상기시킨다. 오이디푸스 콤플렉스가 해소되면 직접적인 성적 목표의 방향이 전환되어 부모 대상과의 관계는 탈성애화된다. 이런 방식으로 초자아는 내면화된 부모의 특질들을 보유한다. 더구나 초자아의 요구들은 교사들이나 다른 권위 인물들이 가하는, 따라서 도덕적 역할에 기여하는 외적 영향들 때문에 증가하는 경향이 있다. "이런 식으로 오이디푸스 콤플렉스는 [...] 우리의 개인적인 윤리 의식, 우리의 도덕성의 근원으로 드러난다"(같은 책 : 167-168).

오이디푸스 콤플렉스의 "재성애화"

주제에서 벗어나 초자아의 근원을 논의한 후에, 프로이트는 도덕적 피학증의 문제로 되돌아온다. 그는 그런 개인들이 이러한 "극-도덕성ultra-morality"을 자각하는 것 같지는 않지만, 지나치게 도덕적으로 억제되어 보이며 유난히 가혹한 양심의 지배를 받는 것처럼 행동한다고 강조한다.

> 그렇다면 초자아의 가학증은 대부분 두드러지게 의식되는 반면, 자아의 피학적 성향은 보통 주체에게 숨겨진 채로 남아있으므로 그의 행동으로부터 추론해야 한다는 것을 간과해서는 안 될 것이다(같은 책 : 169).

도덕적 피학증은 왜 무의식적으로 남아 있는가? 프로이트는 그 이유를 무의식적 죄책감이 부모의 손에 의해 처벌받고 싶은 욕구를 표현한다는 사실로 돌린다. 이것은 숨겨진 도덕적 피학증의 진정한 의미에 관한 단서를 프로이트에게 제공하는데, 도덕적 피학증은 오이디푸스 콤플렉스의 "재성애화"와 밀접한 관련이 있다. 프로이트는 이것으로 무엇을 의미하는가? 그는 "재성애화"란 도덕적 피학증 환자가 오이디푸스 상황으로 퇴행했으며, 소생한 근친상간적 소망이 운명의 위대한 어버이 같은 힘에 의해 징벌을 받아야만 하는 어떤 성적 범죄 같은 것 – "죄가 되는" 행동 – 을 저질렀다는 느낌을 일깨운다는 것을 뜻한다. 이것을 얻기 위해 도덕적 피학증 환자들은 심지어 자신의 존재를 파괴하면서까지, 그들의 이익에 반하는 행동을 해야만 한다. 프로이트가 말한 바와 같이 "초자아의 가학성과 자아의 피학성은 서로를 보완하며, 같은 효과를 만들어내기 위해 연합한다"(같은 책 : 170). 이런 내적 갈등으로부터 결론을 이끌어내면서 프로이트는, 도덕적 피학증은 의심의 여지없이 삶의 욕동과 죽음 욕동 간에 융합이 있다는 사실을 보여주는 증거라고 주장한다.

> 도덕적 피학증의 위험성은, 그것이 파괴 본능으로서 외부로 향하는 것을 모면한 죽음 본능에서 유래한다는 사실에 놓여있다. 그러나 한편 그것은 성애적 구성요소로서의 중요성을 갖고 있기 때문에, 주체의 자기 파괴조차 리비도적인 만족 없이는 일어날 수 없다(같은 책 : 170).

프로이트 개념들의 발달

피학증에 대한 생각과 저술에서의 모호함

"여성적 피학증"의 문제

프로이트는 "여성적 피학증"이라는 용어를 다소 모호하게 사용하는 경향이 있다. 그가 "남성의 여성적 피학증"을 언급할 때, 그는 명확하게 자신이 피학적 성도착이라고 본 것을 가리키고 있었다. 그러나 "여성적 피학증"이라는 바로 그 용어는 프로이트에게 있어 여성은 본질적으로 피학적이라는 것을 암시하는 것으로 보인다. 라플랑슈와 퐁탈리스는 누구보다도 그러한 모호성을 부각시켰다.

> 어떤 사람은 "여성적 피학증"을 당연히 "여성들의 피학증"으로 이해하고 싶어 한다. 분명 프로이트는 그런 용어들을 "여성적 본질의 표현"이라는 의미로 사용했지만, 양성성 이론의 맥락에서 보면 여성적 피학증의 가능성은 성별을 막론하고 모든 인간에게 내재해 있다(Laplanche와Pontalis 1967 [1973 : 245]).

일반적으로 말해서, 여성성의 피학적 본질에 대한 어느 정도의 모호함은 모든 프로이트의 저술 속에 흐르고 있다. 『성욕에 관한 세 편의 에세이』(1905d)에서 시작된 능동성과 수동성/남성성과 여성성 간의 대비는 그의 후기 저술들에서도 내내 지속되는데, 그는 한편으로 능동성과 남성성을, 다른 한편으로는 수동성과 여성적 피학성을 연결시켰다. 그러나 『새로운 정신분석 강의』(1933a [1932])에서는 두 성별 간의 이러한 대비가 다소 줄어든다.

일차적(혹은 성감발생적) 피학증은 성도착이 아니다

프로이트가 "피학증"이라는 용어를 일차적 혹은 성감발생적 피학증을 지칭하기 위해 사용한 것은 성도착 개념에 관한 혼란을 줄 수 있다는 것을 지적할 필요가 있다. 일차적 혹은 성감발생적 피학증이라는 개념을 도입함으로써, 프로이트는 무엇보다도 피학증에 대한 생각을 좁은 의미의 도착 너머로 확장하고자 했다. 그의 목적은, 고통과 성적 쾌락 간의 연결이 삶의 욕동과 죽음 욕동 간의 융합에 기초한다는 사실을 강조하는 데 있었다. 달리 말해, 그 자신이 말했듯이 일차적 혹은 성감발생적 피학증은 "그러므로 삶에서 그토록 중요한, 죽음 욕동과 에로스 간에 유착이 일어났던 발달 단계에 대한 증거이자 잔여물일 것이다"(1924c : 164). 결과적으로 그는 이러한 일차적 형태의 피학증에서 – 다시 그의 표현을 사용하자면 – "우리 삶의 파수꾼" 역할을 하는 기본적인 구조를 보았다.

새로운 개념들

여성적 피학증 – 남성의 여성적 피학증 – 도덕적 피학증 – 열반의 원리 – 쾌/불쾌의 원리 – 일차적 또는 성감발생적 피학증 – 현실원리 – 오이디푸스 콤플렉스의 '재성애화' – 이차적 피학증

『억제, 증상 그리고 불안』
(1926d)

불안의 새로운 근원 : 대상과의 분리 및 상실에 대한 두려움

70세가 가까워 오면서 프로이트가 내놓은 불안의 근원에 관한 새로운 가설들은 그의 초기 연구를 쓸모없게 만들 만한 것이었다. 앞서 30년 동안 그는 불안을 발생시키는 기제에 대해 생물학적 개념을 지지하는 주장을 해왔는데, 성교 중단과 같은 경우처럼 만족되지 않은 리비도는 직접 불안으로 변형되어 방출된다는 것이다 "신경증적 불안은 리비도로부터 생겨난다. 그러므로 이것과 리비도의 관계는 식초와 와인과의 관계와 같다"(1905d : 224, 1920년에 주석이 추가됨).

1926년부터, 프로이트는 『억제, 증상 그리고 불안』을 출간하면서 불안의 근원에 대한 개념을 좀 더 마음과 관련짓는다. 불안은 위험에 직면할 때마다 자아가 경험하는 정동인데, 분석의 마지막에 가면 항상 대상과의 분리나 대상상실에 대한 두려움이 암시되어 있다. 프로이트의 논지는 다양한 불안 간의 구분을 토대로 한다 : 실제 위험에서 기인한 불안(현실불안), 무력한 자아를 압도하는 외상적 상황에 의해 촉발되는 자동적인 불안(자동불안), 자아가 임박한 위험에 반응할 수 있는 상황 속에서 활성화되는 신호불안(신호불안).

이 책에서 프로이트는 방어기제의 문제를 새로운 시각으로 바라본다. 이전에 그는 억압이 불안을 일으킨다고 생각했지만, 여기서는 마음을 바꾸어 사실상 억압을 일으키는 것이 불안이라는 결론을 내린다. 그는 또한 자아가 증상을 만들며, 무엇보다도 자아에게 대상과의 분리나 대상상실의 공포와 관련된 위험을 암시하는 불안 경험을 회피하기 위한 수단으로서 방어들을 세운다고 주장했다.

이 책은 읽기가 쉽지 않은데, 그것은 이 책이 광범위한 주제를 다루고 있으며, 스트레이치 Strachey(1959)의 지적대로 프로이트는 이 작업을 통합하는 데 이례적인 어려움을 겪었던 것으로 보이기 때문이다. 종종 같은 주제가 한 부문 이상으로, 그리고 다른 관점에서 논의되고 있다. 이 책의 마지막인 "부록"에 가서야 우리는 이 주제에 대한 프로이트적 사고의 진정한 본질을 알게 된다. 1933년, 그는 한 강의에서 1926년에 다루었던 불안에 대한 주제로 되돌아가지만 이번에는 훨씬 명료하게 통합해낸다(Freud 1933a : 32번째 강의).

생애와 역사

프로이트와 오토 랑크

『억제, 증상 그리고 불안』은 그의 제자인 오토 랑크(1884-1939)가 쓴 『출생의 외상』에 대한 응답으로, 1924년에 비엔나에서 출판되었다. 랑크에게 있어 모든 불안의 엄습은 출생의 외상이라는 이 원초적 외상을 "소산abreacting"하려는 시도로 이해될 수 있다. 이어서 그는 모든 신경증은 이 최초의 불안을 바탕으로 설명될 수 있다고 주장했다. 지나치게 단순한 이 주장은 신경증적 갈등에서 오이디푸스 콤플렉스가 하는 근본적 역할을 뒤로 밀쳐내었다.

처음에 프로이트는 랑크의 생각에 대해 다소 주저하였지만 또한 처음부터 인정했던 것 같다. 스스로도 출생은 인간이 경험하는 최초 형태의 불안(Freud 1900a)이라고 주장하면서 "출생의 첫 엄청난 불안-상태"라고 표현한다(1923b : 58). 그러나 불안의 근원에 대한 랑크의 연구가 그에게 중요한 자극이었음을 계속 인정하면서도, 결국 프로이트는 랑크의 관점을 거부하고 이 문제에 대한 자신의 생각을 출판하였다. 랑크는 이 주제에 대해 프로이트가 내놓은 어떤 비판도 수용하기가 어려웠고, 그 결과 그들의 관계는 완전히 깨지게 되었다. 프로이트는 20여년 동안 그의 가장 가까운 협력자 중 하나가 변절한 것을 애석해 했다. 그는 랑크를 좋아했는데, 그 책에서 제기한 비판적 논지가 개인적 차원에서 랑크에게 그토록 영향을 미칠 줄은 미처 깨닫지 못했다. 랑크가 1906년 비엔나정신분석학회에 가입하고 즉시 비서로 임명되었을 때 그는 겨우 22세였다. 그는 1906년부터 1913년에 군에 입영할 때까지 「비엔나학회 의사록」을 편집했으며, 「이마고Imago」(1912년)와 「중앙지Zeitschrift」(1913년)의 최초 편집인이었다.

그는 방대한 수의 논문을 집필했는데, 특히 엄마-아기 관계 – 랑크는 대부분의 정신분석가들이 이 주제의 중요성을 간과하고 있다고 보았다 – 와 전-오이디푸스 관계에 관심이 있었다.

70세의 프로이트

『억제, 증상 그리고 불안』을 쓰고 있던 1925년 6월, 프로이트는 1895년에 『히스테리 연구』를 함께 집필했던 요셉 브로이어의 죽음을 알게 되었다. 두 사람은 25년 동안 서로 만나지 않았는데, 프로이트는 그의 아들인 로버트 브로이어로부터 그가 프로이트의 작업에 대해 늘 알고 있었으며 정신분석 발전에 지속적인 관심을 보였다는 것을 듣고 놀라워했다. 1925년 12월 25일, 베를린에서 칼 아브라함이 암으로 추정되는 폐의 합병증으로 48세의 나이에 죽었다. 그의 죽음은 정신분석학계의 상실이었다. 프로이트는 다음과 같이 썼다.

> 우리는 그-"그의 삶은 흠이 없고 죄 없이 순결하다", 호라티우스의 『송가』, I, xxii, 1-와 함께, 태어난 지 얼마 안 된 그리고 그토록 신랄하게 공격받고 있는 우리 과학의 가장 확실한 희망 중의 하나를 묻었다. 우리 과학의 본질 중 일부는 이제 아마도 실현할 수 없을 것이다(1926b : 277).

1926년 2월, 프로이트는 거리를 걷다가 두 번의 협심증 발작을 겪었다. 그는 이것을 담배 과민증 때문으로 보았다. 페렌치는 이 발작이 불안 때문이라고 확신하고, 비엔나에서 그를 분석하면서 몇 달을 보내겠다고 제안했다. 프로이트는 자신의 동료에게 감사했지만 그 제안은 거절했다. 1926년 5월 6일, 그의 70세 생일에 프로이트는 전 세계로부터 수많은 편지와 전보를 받았다. 비엔나의 모든 신문과 독일의 몇몇 신문들은 프로이트와 정신분석학에 대한 특집 기사를 실었다.

원문 찾아보기

페이지 번호는 『지그문트 프로이트 전집 표준판』 vol. 20, 75-174를 따른 것이다.

억제는 자아 기능에 대한 제한이다

억제inhibition는 증상과 동의어가 아니라고 프로이트는 말한다. 왜냐하면 억제(즉, 성적, 운동적 기능 등의 저하)는 병리적인 결과 없이도 존재하기 때문이다. 반면에 증상은 병리적인 과정이 일어나고 있다는 신호이다. 그래서 프로이트는 신경증의 경우에 다양한 자아 기능에서 일어날 수 있는 장애들을 개관하고, 자아 참여의 의미에 대해 다음과 같은 결론을 내리기에 이른다. "억제는 자아기능의 제한에 대한 표현이다"(1926d : 89). 그는 이어서 억제를 특수한 것과 일반적인 것, 두 유형으로 구분한다.

특수한 억제는 다양한 형태를 취할 수 있다. 억제의 신경증적 형태는 예를 들어, 피아노를 치거나 글씨를 쓰거나, 심지어 걷고 있는 사람들에게도 일어나는데, 이런 활동을 하는 데 관련된 신체기관들이 지나치게 성애화되기 때문이다. 달리 말해 기관의 기능은 다음의 예처럼, 그 기관에 대한 성감발생성이 무의식적으로 증가할 때 손상될 수 있다.

> 튜브에 든 잉크가 하얀 종이 위로 흘러나오도록 하는 글쓰기가 성교의 의미를 띠자마자, 또는 걷는 것이 대지라는 어머니의 몸을 밟는 상징적 대체 행위가 되자마자 쓰기와 걷기는 중단되는데, 그 행위들은 금지된forbidden 성적 행동의 실행을 나타내기 때문이다(같은 책 : 90).

이렇게 다양한 억제에서, 자아는 이드와의 갈등을 피하기 위해 자신의 기능을 포기한다. 다른 형태의 억제들은 특히 직업적인 활동에서 자기-처벌을 위한 목적으로 사용된다. 여기서 자아는 성취가능성을 허용하지 않고 이런 활동들을 포기함으로써 초자아와 갈등하는 것을 피한다.

일반화된 억제는 자아가 애도나 혹은 성적 환상의 지속적인 범람을 막아야 할 때와 같이, 어떤 특수한 과제를 수행할 때 나타난다. 자아는 에너지의 소모를 줄여야 하는데, 그 비축된 에너지는 어떤 다른 곳에 필요하기 때문이다. 프로이트는, 억제는 예방조치로 부과되었거나 에너지가 고갈된 결과로 생겨난, 자아 기능에 대한 제한이라는 결론을 내린다. 따라서 우리가 억제와 증상을 구별하는 것은 매우 타당한데, "증상은 더 이상 자아 내부에서 일어나거나 자아에 작용하는 과정으로 기술할 수 없기 때문이다"(같은 책 : 90).

불안에 대한 새로운 이론

이 책에서 프로이트는 불안의 근원에 대해, 자아의 역할이 없던 초기 가설을 포기하고 자아와 관련된 새로운 가설을 제시한다. 이후부터 프로이트는 불안을 위험에 처했을 때 자아가 경험하는 정동으로 간주한다. 그리고 그가 다음 장에서 강조한 바와 같이, 분석의 마지막에 가면 이 위험은 항상 대상 상실에 대한 두려움과 관련이 있다. 그는 증상에 대한 자신의 정의를 토대로, 증상은 일어나지 않은 욕동만족의 표시이자 대체물이며, 억압 과정의 결과라는 결론에 도달한다. "자아는 억압이라는 수단을 통해서 비난받을 만한 충동의 매개체인 관념이 의식화되는 것을 막을 수 있다"(같은 책" 91). 자아는 어떻게 이것을 달성할 수 있는 것일까? 자아가 이드로부터 출현하는 욕동과 관련된 위협을 인식할 때 내보내는 "불쾌함의 신호"(같은 책 : 92) 덕분이다. 이에 뒤이어 나타나는 억압은 도피하려는 시도에 비유될 수 있다. 이런 과정 속에서 자아는 달갑지 않은 표상으로부터 리비도 집중을 철회하고, 불안의 형태에서 불쾌감을 방출하기 위해 그 에너지를 이용한다. 프로이트는 "우리는 자아가 불안의 실제적인 자리라는 개념을 타당하게 고수할 수 있으며, 억압된 충동에 집중된 리비도 에너지는 자동적으로 불안으로 바뀐다는 초기의 관점을 포기할 수 있다"(같은 책 : 93)는 결론을 내린다. 더구나 불안은 이미 존재하는 기억 이미지에 부합하는 정동적 상태로서 재생산되므로, 이러한 정동적 상태들은 "원시적인 외상적 경험들의 침전물"(같은 책 : 93)이다. 여기서 프로이트는 불안의 발현은 모두 출생시에 경험한 불안의 재생산이라는 랑크의 생각에 동의하지 않는다. 프로이트는 출생이 사실상 우리가 다루어야 하는 최초의 불안이라는 데는 동의하지만, 랑크에게는 미안하게도, 그것이 모든 불안 상태에서 유사하게 재생산된다는 생각에는 반대하였다. 그는 많은 저자들이 자아의 약함을 너무 많이 강조하며, 억압 과정을 통해 자아가 행사하는 힘을 과소평가하는 경향이 있다고 지적한다.

증상에 관한 자아의 모순적 태도

억압은 자아가 얼마나 강한가를 입증해줄 뿐만 아니라 자아의 약함도 보여주는데, 억압에 의해 드러난 증상으로 바뀐 이드의 욕동 충동들은 여전히 어떤 영향도 받지 않은 채, 자아조직의 외부에 계속 존재하기 때문이다. "우리에게 친숙한 유비를 들자면, 증상은 생체조직 속에 자리를 잡아 끊임없이 자극과 반응을 계속하는 이물질에 비유된다"(같은 책 : 98). 그 결과 욕동 충동에 대한 투쟁은 증상에 대한 투쟁으로 연장되는데, 이 이차적인 방어 투쟁은 두 가지 모순된 표현으로 나타난다. 한편, 완성하고 통합하려는 것이 자아의 특성이기 때문에 자아는 이물질을 더 이상 이물질로 간주하지 않도록 증상을 편입시키고자 한다. 그러나 증상을 편입하려는 자아의 경향은 증상의 고착을 증가시킬 수 있고 "병리로부터의 (이차) 이득"이라는 결과를 낳는다 – 그로 인해 치료에 대한 저항이 강화된다. 자아가 선택할 수 있는 대안은 증상에 계속 시달리는 것이다.

> 자아는 하나의 조직이다. 자아는 모든 부분들이 자유롭게 교류하면서 상호 영향을 줄 수 있도록 유지하는 것을 기반으로 한다. 자아의 탈성애화된 에너지는 서로 묶고 통합하려는 충동을 통해 그 근원의 흔적들을 보여주는데, 통합에 대한 이러한 필요성은 자아의 힘이 커짐에 따라 더욱 증가한다 (같은 책 : 98).

억압의 동기 : 거세 불안

프로이트는 "어린 한스"의 사례를 되돌아보면서, 나타난 증상(설명할 수 없는 말에 대한 공포)과 억제(거리로 나가지 못하는 것) 사이의 구분을 이끌어낸다. 그것은 불안-증상을 일으키지 않도록 그의 자아가 자아 자체에게 부과한 제한이라는 것이다. 그러나 어떻게 해서 한스의 불안은 단순한 두려움이 아닌 신경증이 된 것일까? 프로이트는 "그것을 신경증으로 만든 것은 단 하나, 그의 아버지를 말로 대체한 것"(같은 책 : 103)이라고 대답한다. 이러한 전치는 소년이 너무 어렸고, 그 나이에는 토템적 사고의 타고난 흔적들이 쉽사리 재활성화될 수 있기 때문에 촉발된 것이다. 아버지에 대한 어린 한스의 공격성과 같이 바람직하지 않은 본능 충동과 싸우는 데 있어 자아가 마음대로 쓸 수 있는 수단은 무엇일까? 프로이트는 반동형성 – 적대감을 위장하기 위한 지나친 애정 – 그리고 정반대되는 것으로의 변형 – 아버지를 향했던 적대감을 자기에게로 되돌리는 것 – 외에 자아가 몇 가지 방어 기제들을 뜻대로 쓸 수 있다고 말한다. 자아는 또한 욕동 충동을 퇴행시킬 수 있는데, 예를 들면 구강기로의 퇴행은 물리는 데 대한 불안으로 표현된다. 그러나 프로이트는 억압의 진정한 동기가 되는 세력은 거세 불안이라는 것을 어린 한스의 사례와 늑대 인간의 사례에서 명료하게 보여준다.

> 두 환자 모두 억압의 동기가 된 힘은 거세에 대한 공포였다. 그들의 불안에 담긴 관념들-말에 물리고 늑대에게 잡아먹힌다는-은 아버지에 의해 거세될 것이라는 생각이 왜곡에 의해 대체된 것이었다. 억압을 당한 것은 이러한 관념이었다 (같은 책 : 108).

이어서 프로이트는 억압의 근원에 대한 초기의 생각을 수정한다. "불안이 억압을 일으키는 것이지, 내가 전에 믿었던 바와 같이 억압이 불안을 일으키는 것은 아니다"(같은 책 : 108-109).

강박 신경증에서의 증상 형성

강박 신경증의 전형적 특징은 나타나는 증상이 다양하다는 것이다. 프로이트는 이 장애에서 전형적인 격렬한 방어적 투쟁이 어떻게 점차 자아 기능의 제한을 수반하는지, 그리고 초자아 일부의 지나치게 가혹한 태도로 인해 그 제한이 어떻게 강화되는지를 탐구한다. 강박 신경증에서 증상들은 금지prohibition 혹은 흔히 상징적 위장으로 나타나는 대체만족이라는 두 개의 상반된 집단으로 나뉜다. "증상 형성은, 금지와 만족을 결합시켜 원래는 방어적인 명령이나 금지였던 것이 또한 만족의 의미도 얻는 데 성공한다면, 승리를 거두는 셈이다"(같은 책 : 112). 이런 결합은 증상의 두 국면 동안 작용하는 양가성에서 기인하는데, 두 번째 국면은 첫 번째 국면을 중단시키거나 취소시킨다. 처음에, 강박 신경증에서도 히스테리에서처럼 오이디푸스 콤플렉스의 리비도적 요구에 대항해 방어들이 일어나는데, 방어의 동기적 힘은 역시 거세 불안이다. 그러나 강박 신경증에서 자아는 성기적 조직을 항문-가학적 발달 단계로 퇴행시키고 방어기제로서 억압에 의존한다. 억압-"억압은 방어가 사용하는 기제들 중 하나일 뿐이다"(같은 책 : 114)-과 퇴행 외에도 자아는 반동형성에 의존하는데, 그것은 초자아에게 순종하면서 양심과 연민, 결백함의 형태를 취할 수 있다. 잠재기 동안의 주요 과제는 자위의 유혹을 피하는 것이며, 사춘기 때 다시 일깨워지는 리비도적 공격적 충동들은 이후부터 "윤리적 원칙의 기치 아래" 수행될 성애에 대한 방어 투쟁을 재활성화시킨다. 강박신경증에서 공격적 충동들은 무의식 상태로 남아있어서, 그것들을 의식화하는 데는 상당한 분석 작업이 요구된다. 공격적 정동은 마치 완전히 다른 장소에서 출현하듯, 자아에 대해 인정사정없이 가혹한 초자아의 태도로부터 오는 죄책감의 형태를 취한다. 그러나 때로는 이러한 죄책감이 전혀 없을 때도 있는데, 그것은 속죄 혹은 자기처벌적 형태의 의례 행위 같은 증상들을 통해 표현된다. 이런 증상들은 피학적 충동들이 대리만족되었음을 의미한다.

행한 것의 취소와 고립

그 다음에 프로이트는 강박신경증에서 사용되는 두 가지 다른 방어기제인 행한 것의 취소와 고립시키기에 대해 언급한다. 행했던 것을 취소하는 것-독일어로 ungeschehenmachen-은 문자 그대로 어떤 사건을 "일어나지 않은 것으로 만드는 것"을 의미한다. 말하자면 이것은 어떤 사건의 결과뿐만이 아니라 실제의 사건 자체마저 "날려버리려" 애쓰는 부정적 마술인 셈이다. 예를 들면 "쥐 인간" 사례에서, 환자는 연인이 탄 마차 바퀴에 걸리지 않도록 옮겨놓았던 돌을 길 위에 다시 갖다 놓는다. 고립시키기isolation 역시 강박신경증에서 전형적인 것인데, 사고나 행동을 분리시켜놓는 – 예를 들면 사고 과정 동안 시간적 간격을 삽입함으로써 – 방어기술이다. 경험은 잊히지 않지만 그 경험의 정동, 그리고 경험과의 연상적 연결들은 박탈된다. "이런 식으로 분리된 요소들은 바로 연상적으로 함께 속해 있던 것들이다. 운동성 고립은 사고의 연결을 확실히 중단시키기 위한 것이다"(같은 책 : 121). 닿는 것에 대한 금기가 고립시키기에 추가된다. 닿는 것, 접촉 혹은 전염에 대한 회피는 강박신경증에서 주된 역할을 한다. 이러한 방어 기제들이 너무 강해서 강박신경증 환자는 정신분석 치료의 기본적인 규칙을 지키기가 어렵다고 느낀다.

분리와 상실 : 불안에 대한 새로운 개념

공포증과 강박신경증에서의 불안을 계속 탐구하면서 프로이트는 불안의 근원에 대해 새로운 관점을 도입한다. 그는 불안이 분리와 상실의 위험에 처한 상황에서 개인이 보이는 반응에 기인한다고 보았는데, 이것은 거세위협으로부터 직접적으로 파생된 위험상황을 넘어서는 것이다. 이제까지 프로이트는 공포증에서 동물과 관련된 불안은 거세 위협에 직면한 자아의 정동적 반응으로, 강박신경증에서의 불안은 자아에 대한 초자아의 징벌적 태도 – 역시 거세불안으로부터 파생된 – 에서 생긴다고 생각해 왔다. 1926년에 프로이트는 한 걸음 더 나아가, 거세에 대한 공포로부터 대상과의 분리와 대상상실이라는 보다 일반적인 "위험 상황"으로 옮겨간다. 이것은 어떤 사람들에게는 외상 신경증에 대한 충분한 설명이 되는 죽음의 공포와는 아무 관련이 없는데, 프로이트의 관점에서 "무의식은 생명의 소멸에 관한 우리의 개념에 뭔가 내용을 제공해 줄 수 있는 것이 아무것도 없는"(같은 책 : 129) 것처럼 보이기 때문이다. 한편 우리는 각자 매일 상실을 경험하고 있는데, 그 경험은 "매일 신체로부터 배설물이 분리되는 경험, 혹은 젖을 뗄 때 어머니의 젖가슴을 상실하는 경험"(같은 책 : 129-130)과 같은, 일반적인 분리와 상실에 우리를 준비시킨다. 이것은 프로이트를 불안에 대한 새로운 개념으로 이끈다. "이제까지 우리는 [불안을] 위험에 대한 정동적 신호로 간주해왔지만, 이제 그 위험은 흔히 거세의 위험이므로 그것은 상실, 분리에 대한 반응으로 보인다"(같은 책 : 130).

대상의 상실로부터 대상 상실에 대한 공포로

자아를 우리가 불안이라고 부르는 정동이 발동하도록 이끄는, 자아가 지각하는 "위험"의 진정한 특성은 무엇인가? 프로이트는 출생이라는 행위가 불안경험의 원형이지만 다른 유사한 경험들이 있으며, 아동에게 나타나는 불안, 예를 들어 아동이 홀로 있거나 어둠 속에 있을 때, 혹은 친숙한 사람(어머니) 대신 낯선 사람과 있을 때의 불안은 이런 것들의 일부라고 말한다. "이 세 경우들은 한 가지 조건, 즉 사랑하고 갈망하는 누군가를 잃는 것으로 축소될 수 있다"(같은 책 : 136). 프로이트는 이것이 단지 상실의 사례가 아니며, 불안 상황은 어찌할 바를 모르는 유아의 감정들의 표현이라고 지적한다. 프로이트에 따르면, 유아에게 있어 "'불안'의 진정한 본질"은 불만족으로부터 오는 경제적 교란, 달리 말해 욕구로 인한 긴장의 증가에 있다. "품에 안긴 유아가 어머니의 존재를 인식하고 싶어 하는 이유는 오로지 경험을 통해 어머니가 자신의 욕구들을 지체없이 만족시킨다는 것을 알고 있기 때문이다"(같은 책 : 137). 프로이트는 이어서 유아의 신체적 고통과 심리적 고통 간의 근본적 차이를 구분하는데, 이것은 대상의 상실과 관련된 불안 – 자동적이고 불수의적인 불안 – 과 대상 상실의 공포와 관련된 불안 – 심리적인, 신호로서의 불안 – 의 구분으로 이어진다.

> 유아가 경험을 통해 외부의 인식 가능한 대상이 출생을 연상시키는 위험한 상황을 끝내줄 수 있다는 것을 알게 되면, 유아가 두려워하는 위험의 내용은 경제적인 조건으로부터 그 상황을 결정하는 조건, 즉 대상의 상실로 대체된다. 이제 위험은 어머니의 부재이며, 그 위험이 일어나자마자 유아는 두려운 경제적 상황이 시작되기 전에 불안의 신호를 내보낸다 (같은 책 : 137-138).

발달과정에서 아동이 진보한다는 것은 위험상황의 내용이 변한다는 것을 의미한다. 남근기에는 모성적 대상 상실에 대한 두려움이 거세불안으로 변형된다. 다음 단계에서는 초자아와 관련된, 그리고 초자아의 사랑을 잃는 데 대한 두려움과 관련된 불안이 나타나는데, 한편 거세불안은 도덕적 불안과 사회적 불안으로 발달한다. 프로이트는 이러한 모든 불안 상황들이 이후의 삶에서 나란히 지속될 수 있으며 자아가 그것들에 대해 불안 반응을 일으킬 수 있다고 지적한다. 그는 거세 불안이 신경증 배후에 있는 유일한 동기적 힘이 아니라고 언급하면서 이 장을 마무리한다. 예를 들어 여성들은 거세 콤플렉스를 갖고 있지만 거세 불안을 경험하지는 않는데, 갖고 있지 않은 것을 잃을까 봐 두려워할 수는 없기 때문이다. 여성들에게 가장 불안을 일으키는 위험 상황은 사실 대상 상실인데, 여기에는 약간의 수정이 필요하다고 그는 말한다. "대상 자체를 원하거나 실제로 잃는다고 느끼는 것은 더 이상 문제가 되지 않는다. 대상의 사랑을 잃는 것이 문제가 된다"(같은 책 : 143).

신경증 환자와 정상인

발달 과정에서 불안의 어떤 결정 인자들, 예를 들어 어두운 곳에 홀로 남겨지거나 낯선 사람의 존재 등과 같은 것은 감소된다. 어떤 불안들은 아마도 수정된 형태로 평생 동안 지속되는데, 거세 불안이나 초자아와 관련된 불안 같은 것들이다. 이런 경우 신경증 환자들은 문제의 위험에 대한 반응이 지나치게 강렬하게 마치 이전의 위험 상황들이 여전히 작용하고 있는 것처럼 행동한다는 점에서 정상인들과는 다르다. 더구나 성인이 된다고 해서, 불안을 일으키는 것으로 입증된 원래의 외상적 상황이 되돌아오는 것을 완전히 차단할 수 있는 것은 아니다. "각 개인에게는 한계가 있어서, 그 한계를 넘을 경우 정신 기구가 제거해야 할 자극의 양을 처리하는 기능이 무너질 가능성이 매우 높다"(같은 책 : 148).

신경증의 근원인 세 가지 요인

이어서 프로이트는 왜 어떤 사람들은 불안의 정동을 잘 극복하는가 하면, 다른 사람들은 실패하는지에 대해 논의한다. 그는 이에 대한 두 시도들을 거부하는 것으로 시작하는데, 하나는 아들러가, 다른 하나는 랑크가 제시한 것이다. 프로이트에게는 불안을 극복하는 데 실패하는 것은 개인적인 기관의 약함 때문이라는 아들러의 설명이 너무 단순했다. 랑크가 『출생의 외상』(1924)에서 상세히 설명했던, 불안의 궁극적 원인은 출생 경험에 있다는 이론에 대해 프로이트는 랑크의 시도를 인정하긴 했지만, 그것이 신경증 발병에 대한 충분한 설명이 되지 못한다고 느꼈다.

프로이트는 직접 관찰할 수는 없지만 신경증적 결과를 결정하는 것은 양적인 요인들이라는 점을 보여주는 데 집중한다. 신경증의 원인에 있어서는 세 가지 주된 요인이 두드러진다. 첫 번째 요인은 생물학적인 것인데, 인간의 아이가 초기에 오랫동안 무력하고 의존적인 기간을 거친다는 사실과 관련이 있다. 이런 이유로, "생물학적인 요인은 [...] 생애 초기의 위험 상황을 연출하며, 아이가 평생 지니게 될 사랑받으려는 욕구를 만들어낸다"(같은 책 : 155). 두 번째 요인은 계통발생적인 것인데, 인간의 성 생활이 출생에서 성숙으로까지 하나의 흐름으로 발달하는 것이 아니라 사춘기에 두 번째 단계가 일어나는, 두 개의 단계로 되어 있다는 사실과 관련이 있다. 프로이트는 이에 대해 "분명 인류의 변천사에서 이렇게 개인의 성적 발달의 중단을 역사적 잔유물로 남긴 중대한 어떤 일이 일어났었을 것"(같은 책 : 155)이라고 생각한다. 이러한 요소는 욕동과 관련된 유아 성욕의 요구들을 자아가 위험한 것으로 취급하도록 영향을 미쳤을 것이며, 따라서 퇴행과 억압이 일어날 위험이 있다. "여기서 우리는 신경증의 가장 직접적인 병인을 발견한다"(같은 책 : 155). 세 번째 요인은 심리적인 것인데 인간 정신 기구의 결함과 관련이 있다. 자아는 욕동 충동들이 나타내는 위험으로부터, "본능을 손상시키는 대신 자신의 조직을 제한하고 증상 형성을 묵인함으로써만이 자신을 보호할 수 있다"(같은 책 : 156).

부록

"부록"에서 프로이트는 명확히 할 필요가 있는 보완적인 문제들을 다룬다. 첫 번째로 그는 특히 위험 상황에서 자아가 역할을 수행하는 새로운 불안 이론을 도입함으로써, 초기 관점이 수정되었음을 논의한다. 그러므로 불안을 만들어내는 것은 흔히 말하는 억압이 아니며, 자아는 불안의 출현을 피하기 위해 방어들을 세운다. 또한 프로이트는 "예전의 '방어' 개념으로 되돌아가는 것"(같은 책 : 163)이 유용하다고 여기는데, 이는 억압이 더 이상 중요한 위치에 있지 않으며 다른 방어기제들 중 하나임을 뜻한다. 그는 또한 "분석에서 극복되어야 할, 반리비도 집중에 집착하는 저항이 자아로부터 생겨난다"(같은 책 : 159)고 언급한다.

그러나 프로이트가 불안에 대해 결정적인 설명을 한 것은 이 "부록"의 두 번째와 세 번째 부분에서였다. "부록"에서 처음에 그는 현실적인 불안과 신경증적인 불안을 구별하는데, 후자는 실제적인 위험에 비해 도가 지나치다. 그는 실제 위험에 처했을 때의 신체적인 무력함 Hilflosigkeit과 위험이 욕동과 관련되었을 때의 심리적인 무력함을 구분한다. 무력한 상태는 외상적 상황을 불러일으키지만, 이것은 다시 위험상황과 구별되어야 한다. 개인이 위험상황이 닥쳐올 때까지 수동적으로 기다리는 대신, 그 상황을 예견하고 대비할 수 있게 된다면, 이것은 자기-보호 능력에 있어서 중요한 발전을 나타낸다. 이러한 예상 상황 – 위험상황 – 에서 자아는 "불안 신호"를 내보낼 수가 있다. "신호는 '나는 무력한 상황이 시작될 것임을 예상하고 있다' 혹은 '현재 상황은 전에 겪었던 외상 경험을 생각나게 한다'고 알린다"(같은 책 : 166) 수동성에서 능동성으로의 변화는 아이들이 놀이를 통해 성취하려는 것과 유사한데, 아이들은 고통스러운 느낌들을 재생산함으로써 그것을 극복하려고 한다. "그러나 결정적으로 중요한 것은, 불안 반응이 무력한 상황의 근원으로부터 그 상황에 대한 예견으로, 즉 위험상황으로 처음 전치된다는 데 있다"(같은 책 : 167). 이를 토대로 프로이트는 불안의 근원에 대한 생물학적인 이론에서 마음속에서 일어나는 것과 관련된 이론으로 옮겨간다.

"부록"에서 프로이트는 불안, 고통 그리고 애도를 보다 세밀하게 정의한다. 낯선 사람이 있을 때 유아가 경험하는 불안을 시작으로, 프로이트는 아이가 느끼는 것은 불안뿐만이 아니라 고통이라고 말한다.

> [유아에게는] 나중에 분리될 어떤 것들이 함께 결합되어 있는 것처럼 보인다. 유아는 아직 일시적인 부재와 영구적인 상실을 구별하지 못한다. 어머니가 시야에서 사라지자마자 유아는 마치 어머니를 다시는 못볼 것처럼 행동한다 (같은 책 : 169).

반복적으로 안심시켜주는 경험을 통해 유아는 어머니가 사라져도 대개는 다시 나타난다는 것을 알 수 있게 되는데, 이것은 유아의 불안을 감소시켜 준다. "이러한 상황에서 [유아는], 이를테면 절망을 수반하지 않는 갈망을 느낄 수 있다"(같은 책 : 170). 프로이트는 어머니의 부재로 유아가 불안을 느끼는 상황에서, 그때 어머니가 만족시켜주어야 할 어떤 욕구들이 있었다면 그 상황은 외상적이라고 덧붙인다. 그 순간에 욕구가 없었다면 그 상황은 위험 상황으로 바뀐다. "그러므로 자아가 스스로 가져오는 불안의 첫 번째 결정인자는, 지각된 대상(대상 그 자체와 동일시되는)의 상실이다. 거기에는 아직 사랑의 상실이라는 문제는 없다"(같은 책 : 170). 이어서 프로이트는 자신의 주장을 요약한다. "그러므로 고통은 대상의 상실에 대한 실제적인 반응인 반면, 불안은 상실이 가져올 위험에 대한 반응, 더 나아가서는 전치에 의한, 대상 그 자체의 상실 위험에 대한 반응이다"(같은 책 : 170). 또한 그는 출생시 유아는 어머니의 부재를 경험할 수 없는데, 아직 대상이 없으므로 어떤 것도 잃을 수 없기 때문이라고 주장한다. 그는 고통과 애도에 관한 생각들과 함께 이 책을 마무리한다. 그는 대상 상실에서 고통이 느껴질 때 일어나는 경제적인 상황과, 신체의 손상된 부분에 집중되는 신체적 고통이 일으키는 상황 사이의 유사점을 이끌어낸다. 애도는 현실검증의 영향하에서 일어나는데, 여기서 일어나는 고통은 개인이 더 이상 존재하지 않는 대상으로부터 분리되어야 한다는 데서 온다고 그는 말한다.

후기 프로이트 학파

정신분석 임상 작업에서의 분리 불안과 대상 상실에 대한 불안

바로 수용되지 않았던 혁신적인 개념들

프로이트가 1926년에 『억제, 증상 그리고 불안』에서 논의한 사고들 중 어떤 것은 수용되었고, 어떤 것은 무시되었으며, 어떤 것은 그야말로 거절되었다(Kris 1956, Bowlby 1973). 불안의 근원에 대한 그의 새로운 접근을 평가절하하는 사람들은 다양한 이유들을 제시하였다. 예를 들어 라플랑슈(1980)는 프로이트가 1926년 이래로 불안의 근원에 대한 이전의 가설들을 수정하려는 시도에서 현실에 너무 많은 관심을 쏟았으며, 그럼으로써 욕동과 관련된 충동들의 역할을 다소 간과했다고 주장한다. 라캉 학파 정신분석가들에게 있어서 분리 불안, 대상 상실에 대한 불안, 그리고 애도의 정동은 그들이 "상징계"라고 부르는 것이 아닌 "실재계"라고 부르는 것에 속한다. 따라서 이들 정신분석가들에 관한 한, 이런 개념들은 분석될 수 없다. 라캉주의 분석가들은 1926년에 프로이트가 도입했던 수정은 도움이 되지 않는다고 느끼면서 오직 거세불안에만 초점을 맞춘다. 이 주제에 대한 작업에서 그들은 프로이트의 「불안한 낯섦」(1919h)을 참조한다. 그러나 나는 프로이트가 『억제, 증상 그리고 불안』을 출간한 이후 스스로 이 책의 가치를 평가절하 했다는 사실에 너무 많은 의미를 두어서는 안 된다는 것을 강조하고 싶다. 프로이트는 대개 책이 출간된 후유증으로, 항상 자신이 썼던 글들을 무시하는 경향이 있었는데, 그 예로 『자아와 이드』(1923b)가 출간된 직후에도 그러했다. 『억제, 증상 그리고 불안』에 대해 일부에서 어떤 의구심들을 갖든 간에, 내 견해로 그 책은 사변적인 이론화보다 훨씬 의미 있는 것이다. 그것은 우리가 일상적인 정신분석 실제에서 마주치는, 그리고 의심의 여지없이 프로이트도 매우 흥미를 가졌던 임상 현상에 관해 깊이 사고하려는 시도이다.

다양한 대상-관계 이론에서의 분리불안

이 책에서 프로이트가 제시했던 사고들은 이후 몇십 년 동안, 주로 대상관계 이론의 맥락에서 유아 발달의 초기단계와 분리 및 상실과 관련된 불안의 변천에 흥미를 가진 정신분석가들의 중요한 공헌을 가져왔다(Manzano 1989). 대상과의 분리 및 상실에 대한 불안과 관련된 현상은 모든 피분석자들에게서 때로 다양한 정도로 나타나지만, 그에 대한 진정한 흥미를 피력한 최초의 분석가들은 아동이나 자기애적 환자 혹은 정신증적 환자와 작업했던 사람들이었다. 이러한 발달의 중요성을 보다 면밀히 살펴보기로 하자.

클라인에게 있어서 분리 불안은 그녀의 대상관계 개념과 불안 이론이라는 맥락에서 이해되어야 한다. 그녀는 유아의 최초의 불안은 죽음 본능에 의해 멸절될 것만 같은 두려움이라고 주장했다. 욕동이 외부세계로 투사되고, 외부에서 자기를 위협하는 나쁜 대상이라는 환상을 만들어내는 것은 이 때문이다. 여기서 클라인의 멸절 공포에 대한 기술은 1926년에 프로이트가 말한 자아가 경험하는 최초의 위험상황, 지나치게 강렬하고 통제할 수 없는 자극에 의해 압도되는 공포와 다르지 않다는 것을 언급할 필요가 있다. 클라인은 발달과정 동안 모든 아동이 두 가지 종류의 불안을 일으키는 분리와 상실 상황을 경험한다고 주장한다. 자기가 나쁜 대상에 의해 멸절의 위협을 당한다고 느끼는 박해불안은 편집-분열적 자리의 특징이다. 그리고 우울 불안은 대상을 손상시키고 따라서 대상을 상실하는 두려움으로 특징지을 수 있는데 이런 종류의 불안은 우울적 자리에 속한다. 클라인에 따르면, 젖을 떼는 것은 이후의 모든 상실의 원형이다. 유아가 계속 발달함에 따라 이러한 상실들은 점점 덜 박해적인 공격으로 경험되고, 보다 우울적인 양태로 경험된다. 따라서 이후의 삶에서 모든 상실은 우울한 감정들을 재활성화시킨다. 클라인은 분석 상황에서의 분리에 대한 반응들을 편집 분열적 불안들이 다시 일깨워지는 것으로 보았다. 따라서 클라인 학파와 후기 클라인 학파 분석가들은 욕동과 관련된 충동들과 전이 상황에서 출현하는 방어들과 마찬가지로, 환자의 환상들을 상세히 분석하는 데 특별한 중요성을 부여한다(J-M. Quinodoz 1991).

안나 프로이트의 초기 작업에서는 불안과 분리 간의 연관성이 나타나지 않지만, 전쟁 동안 부모로부터 분리된 유아들을 보자마자 그녀는 이 문제를 다루기 시작했다(A. Freud와 Burlingham 1943). 이후 저작에서 그녀는 아동의 분리 불안에 대한 문제를 이론적 임상적으로 논의하며, 어릴 때 불안이 표현될 수 있는 각기 다른 방식들 – 예를 들면 분리 불안 – 에 대해 기술하는데, 각 양상들은 대상관계 발달의 특정 단계마다 고유의 특성을 띤다(A. Freud 1965). 안나 프로이트는 특히 분석에서 개입을 받을 때의 환자의 반응에 흥미를 가졌는데, 그것은 퇴행이 정점에 도달하게 될 단계뿐만 아니라 아동이 도달했던 발달 단계를 잘 보여주었기 때문이었다. 이러한 반응들은 또한 환자의 정신 조직을 분명히 보여주는데, 예를 들어 대상 항상성 단계에 도달하지 못했다면 아동은 내적 세계에서 분석가에게 어떤 의미 있는 역할도 부여할 수 없다.

르네 스피츠René Spitz는 대부분 실제 대상과 관련해 상실과 분리 상황을 관찰한 것을 토대로, 분리의 결과에 대해 상당히 많은 작업을 했다. 아동과 성인의 정신 발달에 있어 그가 이끌어낸 결론들은 안나 프로이트가 제시했던 모델에 가까운 것이었다. 스피츠는 특히 생후 8개월 무렵에 나타나는 불안인 "낯선이 불안stranger anxiety"에 흥미를 가졌다. 유아는 알지 못하는 사람의 얼굴을 인식할 때 어머니의 부재에 대해 반응한다. 그는 또한 자신이 "의존적인 자기애적 우울anaclitic depression"이라고 부른 것을 강조하였는데, 그것은 유아가 어머니로부터 너무 일찍 분리될 때 반드시 일어난다. 어머니를 박탈당하면 유아는 더 이상 신체적으로나 심리적으로 발달할 수 없으며, 때로 아동은 죽음에 이를 정도로 퇴행하기도 한다(Spitz 1957, 1965).

위니캇(1958)에 의하면, "원초적 정서 발달"의 장애 – 대대적인 분리 불안 – 는 삶의 첫 몇 달 동안 엄마-아기 관계에 어떤 실패가 있었음을 가리킨다. 그는 유아의 일차적 발달은 전적으로 어머니의 돌봄("안아주기holding")에 달려 있다고 주장하면서, 이어 유아가 점차로 "홀로 있을 수 있는 능력"을 습득하는 성숙 과정에 대해 기술하였다. 발전적으로, 자아를 뒷받침해주는 촉진적 환경이 내사됨으로써 유아는 진정으로 홀로 있을 수 있는 능력을 습득하는데, 무의식적으로는 항상 어머니와 어머니의 돌봄에 대한 표상이 내적으로 현존한다(Winnicott 1958).

마가렛 말러에게 있어 분리 불안은 아동 발달에서 상당히 자연스럽게 일어나는데, 그 시기는 상징적 시기가 끝날 무렵, 즉 개별화가 시작되는 12~18개월 사이이다(Mahler 1975). 말러는 생물학적인 탄생과 심리적인 탄생을 구별하는데, 그녀가 분리-개별화 과정이라고 부른 후자는 좀 더 나중에 발달한다. 보다 결정적인 분리-개별화는 초기 아동기에 일어나긴 하지만, 갈등 상황은 일생 동안 되풀이된다. 새로운 삶의 주기는 분리의 지각과 관련된 불안을 재활성화시키고 개인의 정체성에 관한 문제를 불러온다.

불안의 문제, 특히 대상과의 분리와 상실에 관련된 불안의 문제를 깊이 고려하는 정신분석가들에게 있어 존 보울비(1969, 1973)의 영향력 있는 저술들은, 비록 그가 이끌어낸 결론들이 엄격한 의미의 정신분석적 관점에서 볼 때는 논란의 여지가 있지만, 여전히 권위 있는 지침서로 남아 있다. 그의 사고는 모든 반박과 논쟁들을 제껴 놓는 것이었고, 그가 볼 때는 자신이 참고했던 모든 이론들의 공통분모가 될 만한 것이었다. 보울비에게 애착은 본능적 행동이다. 유아는 꼭 자신을 먹여주는 사람에게 애착을 느낀다기보다, 가장 상호작용을 많이 한 사람과 애착을 형성한다. 어머니에 대한 애착의 발달은 어머니와 유아가 일종의 상호 이해를 성취할 수 있었는가에 달렸다. 아무래도 보울비의 개념화에서는 욕동, 방어, 무의식적 환상, 성인기에 전이 상황에서 재생되는 유아적 경험 등의 근본적인 정신분석적 개념들이 설 자리가 없다는 점을 잊어서는 안 된다. 그렇긴 하지만 보울비가 제기했던 문제들은, 적어도 그의 고유한 사고가 제기되기 전에는 다른 정신분석가들이 불충분하게 탐구했던 주요 주제에 관해 흥미를 자극했다는 데 의미가 있다.

새로운 개념들

신호 불안 – 자동 불안 – 거세 불안 – 위험-상황 – 방어 – 무력함 Hilfosigkeit – 고립 – 애도(정동) – 대상 상실 – 고통 – 퇴행 – 분리 – 분리 불안 – 외상적 상황 – 행한 것의 취소

『환상의 미래』
(1927c)

『일반전문가 분석의 문제』
(1926e)

과학에 대한 신앙 고백

1926년과 1903년 사이에 프로이트는, 사회와 문명의 다양한 측면을 정신분석적 관점에서 논의한 3권의 책을 출간하였다.

『환상의 미래』(1927c)에서 프로이트는 서구에서 행해지는 기독교 신앙을 모델로, 종교는 생존의 위험으로부터 자신을 보호하려 애쓰는 모든 인간들이 환상의 필요성을 느끼는 데 기반을 두고 있다고 주장한다. 그는 다시 종교는 "보편적인 강박신경증"(1907b : 126)이며, 아이들이 발달해 가면서 유아 신경증을 포기하는 것처럼, 그것도 포기되어야 한다고 말한다. 프로이트는 인간의 성숙한 발달을 촉진시키는 요소로서 과학의 최고위성에 희망을 걸었다. 이 책에서 그는 상상의 인물과 대화를 하는데 – 그러나 그가 서신왕래를 하던 친구인 스위스의 개신교 목사 오스카 피스터Oskar Pfister임을 쉽사리 알 수 있다 – 프로이트는 그에게 과학에 대한 한결같은 신념을 분명히 밝히면서, "우리의 과학은 환상이 아니다"라고 말한다(1927c : 56). 피스터는 『환상의 미래』에서 목사의 역할뿐 아니라 『일반전문가 분석의 문제』에서 일반전문가 (즉, 의사가 아닌) 로서도 중요한 역할을 한다.

『일반전문가 분석의 문제』(1926e)는 당시 정신분석계에서 상당한 의견충돌을 일으켰던 문제에 관한 논쟁을 야기했다. 그것은 정신분석 업무가 의사가 아닌 사람들에게도 계속 열려 있어야 하는가 – 처음부터 프로이트의 입장이었고, 이 책에서 그가 지지하고 있는 입장 – 아니면 의사인 임상가로 제한되어야 하는가에 관한 것이었다.

프로이트의 삼부작 중 세 번째인 『문명과 그 불만』(1930a)은 다음 장에서 논의하겠다.

생애와 전기

프로이트와 유대주의

프로이트는 유대인 가정에서 태어났는데 유대인 전통을 특별히 엄수하지는 않았지만, 중요한 유대인 축제 같은 것은 따르기도 했다. 삶의 아주 초기부터 그는 다양한 문화와 언어뿐 아니라 여러 종교적 영향에 둘러싸여 있음을 깨달았다. 태어나자 그에게는, 나중에 '지그문트'라고 줄인 기독교식의 '지기스문트'라는 이름과 함께, '슈로모'라는 유대식 이름이 주어졌다. 더구나 그는 적어도 상당 기간 동안, 독실한 가톨릭 신자인 "나냐"라는 보모의 돌봄을 받았다. 생애 내내 그는 자신의 유대인 정체성을 충실히 지켰다. 「자전적 연구」(Freud 1925d [1924] : 7)에서 그는 "나의 부모는 유대인이었고, 나 역시 유대인으로 남아 있었다"고 썼다. 여러 해 동안 그는 유대인 문화교육 촉진협회(B'nai B'rith Society)에 정기적으로 참석했다. 프로이트는 자신을 그의 부모처럼 비종교적인 유대인으로 여겼지만 정신분석이 유대주의와, 특히 탈무드적인 사고방식과 밀접한 관련이 있다고 인식했다. 프로이트는 C. G. 융이 정신분석 운동에 참여한 것을 다행으로 여겼는데, 반유대주의가 만연하던 당시에 융을 회원으로 받아들임으로써, 사회에서 정신분석이 더 이상 유대교의 분파로만 보이지 않을 것이라는 생각 때문이었다.

"유대인 무신론자" 정신분석가의 관점에서 본 종교

여러 차례 자신을 "유대인 무신론자"로 묘사했던 프로이트는, 종교와 정신분석 간의 관계에 대한 문제를 논의했다. 그러나 종교에 대한 그의 접근은 신학적으로보다 인류학적으로 더 잘 이해될 수 있다. 예를 들어 오동 발레Odon Vallet에 의하면, 프로이트는 원칙적으로 종교의 문제를 문명의 실상으로 간주했는데, 그에게는 교리에 대한 논의보다 종교가 사회와 개인에게 미치는 영향이 더 중요했다(Vallet 2002 : 1432). 비록 프로이트가 신학적 주제에 대해 입장을 표명하지는 않았지만, 「종교적 체험」(1928a)에서 미국인 젊은 의사의 신비 체험에 대한 편지에 답하면서 자신이 무신론자임을 여러 번 밝힐 수밖에 없었다. 보다 초기 논문인 「강박 행동과 종교적 관습」(1907b)에서, 프로이트는 이미 강박 신경증의 의례행위와 종교적 관례의 의식을 비교하였다. 그는 『토템과 타부』(1912-1913)에서, 그 다음에는 『집단 심리학과 자아의 분석』(1921c)에서 다시 종교에 대한 문제를 다루면서, 교회를 인위적 집단의 한 원형으로 묘사했다. 그는 『모세와 유일신교』(1939a [1934-1938])에서 다시 한 번 종교 문제를 논의하게 된다.

프로이트가 1927년에 『환상의 미래』를 쓰게 된 것은, 틀림없이 내적 필요성 그리고 프랑스 작가 로멩 롤랑의 종교적 심문에 대응하고 싶은 강한 욕구 때문이었을 것이다. 1919년에 롤랑은 "릴룰리Liluli" – "환상"을 의성어로 나타낸 것 – 라는 시를 썼는데, 그는 그 시를 "환상의 파괴자인 프로이트 박사님에게" 헌정했다. 프로이트는 "릴룰리"를 떠올리게 하는 책 제목을 선택함으로서 응답했다. 로멩 롤랑은 또한 그가 "대양감oceanic feeling"에 비유한 종교적 감정에 대해 썼는데, 프로이트는 그 주제를 『문명 속의 불만』에서 계속 논의했다. 『환상의 미래』는 출간되자마자 논쟁의 폭풍을 일으켰다. 프로이트의 친구이자 취리히 출신의 개신교 목사인 오스카 피스터는, 「미래의 환상」(피스터 1928)에서 프로이트의 주장을 강한 어조로 논박하면서 프로이트가 종교와 믿음을 혼동하고 있다고 지적했다.

프로이트와 피스터 목사

오스카 피스터(1873-1956)는 취리히에 사는 개신교 목사이자 교육자였다. 그는 30년 넘게 프로이트의 믿음직한 친구였고, 둘은 서로 정기적으로 서신을 주고받았다. 1908년에 융과 블로일러 덕분에 프로이트의 작업을 접하게 된 그는, 영적 조언자로서뿐만 아니라 교육적인 문제에 있어서도 정신분석적 사고를 즉시 적용하기 시작하였다. 특히 그는, 영적 치료가 프로이트의 이론에 의해 향상될 수 있으며, 정신분석으로 자신의 사고가 깨어났다고 느끼는 교회 성직자의 역할이 환자들의 신경증을 해소하는 데 도움을 주고, 따라서 환자들이 기독교 신앙의 가치를 인정하게 될 것임을 옹호했다. 둘 사이의 친밀한 우정에 대해 존스는 이렇게 말한다.

> 프로이트는 피스터를 아주 좋아했다. 그는 그의 높은 윤리적 수준, 흔들림 없는 이타주의 그리고 인간 본성에 대한 낙관론을 존경했다. 또한 개신교 목사와 자유롭고 친근한 사이일 수 있다는 생각은 그에게 즐거움이었을 것이다. 프로이트는 겉봉에 "신의 남자에게"라고 쓸 수 있었고, 스스로 칭한 "회개하지 않는 이단자"에 대한 그의 관용을 항상 믿을 수 있었다 (Jones 1953-1957, II : 48).

피스터는 스위스 정신분석학의 선구자들 중 하나이다. 융이 설립한 취리히정신분석학회에 참여한 것이 계기가 되었으나, 1913년에 융과 프로이트가 결별하게 된 언쟁에서는 프로이트의 편을 들었다. 1919년, 그는 스위스정신분석협회의 창립 회원 중 한 사람이 되었다.

몇 년 뒤 신생 협회 내부에서 환자의 전이와 저항이 극복되지 않은 단기 정신분석, 그리고 의사가 아닌 사람에 의한 정신분석을 두고 의견충돌이 벌어졌는데, 이 기법은 개척 시기에 피스터가 도입한 것이었다(Weber 2002; 1662). 그러자 의사들은 곧바로 스위스 정신분석의학협회를 창립하여, 피스터를 포함해 의사가 아닌 사람들의 입회를 금지했다. 그러나 다소 비정통적인 그의 방식과 단기 분석에 대한 프로이트의 반감에도 불구하고, 그는 스위스정신분석협회 회원으로 남아있었다. 『환상의 미래』와 『일반전문가 분석의 문제』 사이의 밀접한 연관성에 대해서는, 프로이트가 1928년 11월 25일에 피스터에게 쓴 편지의 발췌문이 가장 잘 보여줄 것이다(Freud와 Pfister [1963a]).

> 당신이 "일반전문가 분석"과 "환상" 사이의 비밀스런 연결을 발견했는지 모르겠군요. 나는 전자에서는 의사들로부터 분석을 보호하고 싶고, 후자에서는 성직자들로부터 분석을 보호하고 싶습니다. 나는 분석을 의사일 필요도 없고 성직자일 필요도 없는, 영혼을 치유하는 "일반"전문가에게 넘겨주고 싶습니다.

원문 찾아보기

「환상의 미래」(1927C)

페이지 번호는 『지그문트 프로이트 전집 표준판』 vol. 21, 1-56을 따른 것이다.

문명의 보호를 위한 윤리적 가치

책의 첫 두 장에서 프로이트는, 문명을 만들어낸 개인들의 파괴적 경향으로부터 문명을 보호하려면 얼마나 높은 윤리적 기준이 요구되는지를 보여준다. 프로이트는 자신이 "문명의 정신적 자산"(1927c; 10)이라고 부른 이런 윤리적 기준에 심리적 가치, 문화적 이상, 예술 그리고 종교적 관념들을 포함시켰다. 종교 문제를 엄밀히 토론하기에 앞서 프로이트는, 인간들이 조금씩 자연을 지배하는 법을 배우고, 인간이 손에 넣은 부를 조직적으로 분배하는 법을 배워왔다는 것을 보여주기 위해 문명 발달의 단계들을 한눈에 펼쳐 보여준다. 모든 문명은 구성원들에게, 그들의 본능적 요구를 일부 억제하고 공동의 선을 위해 희생할 것을 요구한다. 그 결과, 어떤 면에서는 불가피하게 구성원들의 적대감에 직면하게 된다. 프로이트가 모든 문명은 "본능의 체념과 강제력 위에 세워질 수밖에 없는 것 같다"고 한 것은 이 때문이다(같은 책: 7). 모든 인간이 가진 도전적이고 파괴적인 경향으로부터 문명을 보호하기 위해서는, 사회의 부를 공평하게 분배하고 강압적인 수단을 쓰는 것으로는 충분하지 않다. 개인들을 문명과 조화시키고, 그들이 강요당한 희생에 대해 어느 정도 보상해 줄 수 있는 모든 가능한 수단들을 사용해야 한다. 이런 수단들 가운데서 인류의 심리적 진화는 외적인 강제를 점차 내면화할 수 있도록 했는데, 그것은 특히 초자아의 확립 덕분이다. 비록 문명이 근친상간, 식인풍습, 살육 같은 원시적 본능을 통제하는 데 어느 정도 성공하긴 했지만, 아직도 많은 것들이 길들여지지 않은 채 남아 있다-그렇기 때문에 강제력은 그것들을 억누르는 유일한 방법이다.

> 여기서 우리는 대부분의 사람들이 외부의 강제적 압력이 있을 때에만, 즉 강제력이 힘을 발휘해 두려움을 줄 수 있는 한에서만 문화적 금지에 복종하는 현상을 놀라움과 우려 속에서 지켜보게 된다 (같은 책 : 11).

그러므로 오직 인간의 윤리적 기준에만 의지하는 것은 불가능하다. 한 사회 구성원들의 윤리적 수준을 높이는 다른 수단들은 그 문명의 문화적 이상들이다. 그 이상들은 모범의 역할을 하며, 문화의 참여자들에게 자기애적 성질을 가진 만족을 제공한다. 그리고 이는 다시 그들이 속한 문명을 향한 적대감에 맞서 균형을 잡아준다. 예술은, 인간들과 그들이 치러야 하는 희생을 화해시키기 위해 프로이트가 제안한 세 번째 수단이다. 예술은 이에 대한 대리만족을 제공하는데, 그 문화의 이상들을 감동적인 방식으로 상기시키기 때문이다. 그러나 프로이트는 문명을 유지하는 데 가장 중요한 도덕적 가치는 단연코, 가장 넓은 의미에서의 종교적 사고들이라고 말한다.

종교적 관념의 탄생

종교적 관념의 특별한 가치는 무엇에 있는가? 프로이트는 모든 본능적 금지를 없애고, 인류가 자연 상태로 돌아가도록 허용할 때 뒤따를 카오스를 상상해보라고 한다. "문명의 주된 과제, 그 존재 이유는 자연으로부터 우리를 보호하는 것이다"(같은 책 : 15). 하지만 지금까지 문명은 오직 제한된 범위에서만 성공적이었다. 문명은 자연적 재해나 죽음의 수수께끼로부터 피난처를 제공하지 못하며, 이것은 우리의 약함과 무력감을 상기시킨다. 원시인들은 자연과 운명의 힘에 맞서 어떻게 반응했을까? 첫 단계는 자연 현상을 인간화하여 초인으로 간주하는 것이었다-그것들을 초자연적인 존재, 신으로 바꿈으로서. 프로이트에 따르면 이런 반응은 어린 유아의 무력감에서 그 근원을 찾을 수 있는데, 아이는 자신의 부모 특히 아버지에게서, 보호해주기도 하고 두렵기도 한 전능적인 존재를 본다.

시간이 흐르면서 인간은, 자연과 운명이 마련해 놓은 불가피한 위험으로부터 신들이 그들을 보호해주기를 기대할 수 없음을 깨닫게 되었다. 인간의 고통을 보살피고 문명의 가르침을 보전하는 것이 신의 임무가 되었다. 그러므로 종교적 사고는 자연과 운명의 위협, 그리고 인간사회가 가하는 손상에 직면할 때 느껴지는 고통으로부터 인간을 도우려는 필요성에서 생긴 것으로 보인다. "이것이 문제의 핵심이다. 이 세상에서의 삶은 보다 높은 목적에 봉사한다. 물론 그 목적이 무엇인지 추측하는 것은 쉽지 않지만, 그것은 분명 인간의 본성을 완전하게 하는 것을 의미한다"(같은 책 18). 따라서 "우리보다 우세한 지성"은 우리의 운명을 돌보아 주고, "자비심의 섭리"는 우리를 보살펴 준다. 죽음 후의 삶은 지상에서 계속되며 우리에게 완전함과 이상들을 가져다준다. 프로이트는 신의 개념이 아버지에 대한 아이의 관계에 기초해 있다고 말한다. 프로이트는 다른 모든 종류의 종교는 제쳐두고, 우선 "현대 백인 기독교 문명이 취하고 있는 최종적 형태"만을 탐구했다고 말한다.

유아의 무력감의 역할

프로이트는 이름 없는 "반대자"의 도움으로 탐구를 계속하는데 – 그가 오스카 피스터임을 아는 것은 어렵지 않다 – 두 사람은 상상의 대화를 시작한다. 반대자는 프로이트에게 왜 그가 토테미즘의 기원인 동물 신을 인간의 얼굴을 한 신으로 대체했는지 묻는다. 프로이트는 그가 1926년에 『억제, 증상 그리고 불안』에서 소개한 유아의 무력감이라는 개념을 이용한다. 아이로 하여금 처음에는 어머니에게, 그 다음에는 아버지에게 도움과 보호를 요청하도록 만드는 것은 유아의 신체적 정신적 무력감이다. 그러나 아버지에 대해서 "[아이는] 그를 갈망하고 존경하는 만큼 두려움을 느낀다"(같은 책 : 24). 프로이트에게 있어 종교의 핵심에 놓인 것은 아이의 무력감과 괴로움의 감정이다.

증거의 결여

프로이트는 이렇게 묻는다. 종교적 관념들, 즉, "개인의 믿음을 주장할 수 있는" 외적 혹은 내적 현실에 관한 사실을 어떻게 정의할 것인가?(같은 책 : 25) 프로이트에 따르면, 종교적 관념들은 우리의 가장 중요한 문화유산임에도 불구하고, 모순되게도 가장 불확실한 증거에 기초한다. 우리는 조상들이 그것을 믿었다거나, 아득한 옛날부터 전해 내려온 것이라는 주장을 충분한 증거로 받아들일 수가 없다. 아니면, 종교적 교리는 이성을 뛰어넘으며 진리는 마음속으로 느낄 수밖에 없다는 의미를 지닌, 불합리하기 때문에 믿는다는 교부教父들의 말에 의존할 수도 없다. 또한 만약 그것이 개인적인 내적 경험에 의존하는 것이라면, 그것이 대다수의 사람들과 무슨 관계란 말인가? "어떤 사람이 자신을 깊이 감동시킨 황홀경 상태에서, 종교적 교리의 참된 현실에 대해 확고부동한 믿음을 얻었다 해서, 그것이 다른 사람들에게 무슨 의미가 있는가?"(같은 책 : 28). 그렇다면 종교적 관념은 어떻게 해서 이성과는 독립적으로, 그리고 "부정할 수 없이, 증거가 결여되었는데도 불구하고" 인류에게 그토록 엄청난 영향을 행사해 왔을까?(같은 책 : 29)

종교적 관념은 환상이다

이 모든 것으로부터 프로이트는, 종교적 관념은 인간의 가장 강력하고 절박한 소망이 실현되는 환상이라는 결론을 이끌어낸다. 이 소망들은 아이와 같은 우리의 무력감 그리고 삶의 위험에 처했을 때의 불안에 기반해 있다. 자비심의 섭리, 정의, 죽음 이후의 삶이 존재한다는 관념은 이러한 두려움들을 누그러뜨린다. 그러나 프로이트는 그의 상상의 반대자나 독자를 불쾌하게 하려는 의도는 없다. 그는 환상은 오류나 환각과 다르다는 점을 분명히 한다. 환상은 인간의 소망에서 파생된 왜곡이며, 환각처럼 꼭 현실에 모순되는 것은 아니다. 최후의 수단으로, 어떤 믿음이 환상인지 망상적 사고인지를 결정하는 것은 개인의 태도이다. 프로이트는 "종교적 교리의 참다운 가치를 평가하는 일은 현재의 탐구 범위를 벗어난다"(같은 책 : 33)는 것을 분명히 하면서도, 세상의 창조주, 자비심의 섭리, 우주의 도덕적 질서, 그리고 죽음 이후의 삶에 대한 생각이, 우리의 소망뿐 아니라 우리 조상들의 소망과도 그토록 일치한다는 것은 역시 놀라운 일이라고 말하면서 자신의 회의를 간접적으로 표현한다.

만약 인류가 종교적 환상을 잃는다면... ?

프로이트의 상상의 반대자는, 그의 주장대로 종교적 믿음이 정말 환상이라면 그 사실을 다른 사람들에게 알리는 것은 위험할 수 있다고 대응한다. 그것은 대신할 어떤 것도 제공하지 않은 채 그들로부터 지지와 위안을 훔쳐가는 일이라고 반박한다. 프로이트는 독실한 신앙인이 자신의 것과 같은 그런 주장에 의해 설득당할 위험은 없다고 반박한다. 사실 프로이트는 그런 견해를 펴냄으로서 손해를 입을 수 있는 장본인은 자신이며, 정신분석도 마찬가지라고 말한다. "이제 우리는 그들이 이렇게 말하리라는 것을 알고 있다. '정신분석은 어디로 이끄는가 ? 그 가면은 벗겨졌다. 우리가 늘 의심했던 것처럼 그것은 신과 도덕적 이상의 부인으로 이끈다'"(같은 책 : 36). 그러나 프로이트는 이 거센 폭풍을 견딜 준비가 되어 있었다. 그는 종교가 수 세기 동안 문명을 보존하는 데 기여한 것은 사실이지만, 이제 더 이상 사람들에게 예전과 같은 강력한 영향을 행사하지는 못하며, 특히 과학적 사고가 점차 발달하면서 문명은 그 자체가 위험에 처해 있다고 말한다. 그렇지만 문명을 위협하는 것이 있다면 그것은 과학자들이나 학식이 있는 사람들로부터 오는 것이 아니라, 교육 받지 못하고 불만을 가진 일반 대중에게서 나온다고 말한다. 당연히 어느 날 사람들은 신을 믿지 않는다는 것을 알게 될 것이다. "따라서 이런 위험한 군중들은 가장 엄격하게 제압하거나 어떤 지적 깨달음의 기회로부터도 조심스레 떼어놓아야 한다. 그렇지 않다면, 문명과 종교 간의 관계는 근본적인 수정을 거쳐야 할 것이다"(같은 책 : 39).

종교 : 보편적인 강박신경증

이 부분에서 프로이트는 종교적 관념이 단지 소원성취일 뿐만 아니라, 살해당한 후 신의 모습으로 변형된, 원시 부족 아버지와 관계가 있는 역사적인 무의식적 기억이라고 주장한다. 계통발생적 가설을 발전시키면서 프로이트는, 종교는 어린 시절에 모든 아이들에게서 관찰되는 신경증, 대개 아이의 발달 과정에서 사라지는 신경증과 같은 것이라고 주장한다. 역사적 관점에서 볼 때 종교는 선사시대 신경증의 잔재이다. "그러므로 종교는 인간의 보편적인 강박신경증일 것이다. 그것은 아이들의 신경증처럼 오이디푸스 콤플렉스로부터, 아버지와의 관계로부터 유래한다"(같은 책 : 43). 아이들의 발달 과정 동안 점차 사라지는 유아 신경증에 비유함으로써 종교 역시 필연적으로 사라져야 한다고 하는 것은 바로 이때문이다. 프로이트는 이것이 현재 우리가 처해 있는 발달단계라고 덧붙인다.

종교적 가르침의 악영향

종교적 교리를 아이들이 아주 어릴 때 가르치는 것은, 그들의 성적발달을 – 그러므로 지적 발달을 – 상당히 약화시키는 원인이 된다. 더구나 종교적 교리는 아이들이 스스로 그런 문제에 관심이 없는 나이에 강요된다. 프로이트에 의하면, 이는 특히 대개 "생리적으로 연약한 – 남자보다 덜 지적인 – 마음에 시달린다"고 하는 여자들에게 해당된다(같은 책 : 48). 그는 이런 주장에 의문을 제기하는 데 있어서도 매우 신중하게, "사실 자체는 논란의 여지가 있고, 그 해석은 의심스럽다"고 말한다. 그럼에도 불구하고 종교가 성생활에 대해 관심을 보이는 것을 금지했기 때문에, 여자는 "이차적 성질의 [...] 지적 위축"에 시달린다. 프로이트는 심리적 금지를 폐지하기 위해서, 비종교적인 교육의 도입을 보고싶어 한다. 상상의 반대자가 프로이트에게 왜 이 책을 출판하는지 물었을 때, 프로이트는 사람들이 일생동안 아이로 머물러 있지 않도록 그리고 "적대적 삶" 속으로 감히 나아가도록 격려하기 위해서라고 답했다. 그의 희망은 과학 그리고 지성의 탁월함이 인류가 시련을 견디는 데 도움이 되는 것이었다.

아니, 과학은 환상이 아니다

책의 마지막 장에서 프로이트는 상상의 반대자가 제기한 반론에 응답한다. 그는 몽상가도 아니었고 자신의 환상에 휩쓸릴 만한 사람도 아니었다. 그와는 반대로 프로이트는, 지성과 과학적 사고가 최우선시되는 상황이 널리 퍼질 날은 아직 멀었지만, 큰 희망을 갖고 있다고 말한다.

> 우리는 과학적 연구로 세상의 현실에 대한 어떤 지식들을 얻을 수 있다고 믿는다. 그 지식들의 도움으로 우리는 우리의 힘을 키울 수 있고, 우리의 삶을 마련할 수 있다. 이러한 믿음이 환상이라면, 우리는 당신들과 똑같은 입장에 있다. 그러나 과학은 수많은 중요한 성공들을 통해 환상이 아니라는 증거를 보여주었다 (같은 책 : 55).

끝에서 두 번째 문장에서, 프로이트는 과학의 지속적인 발전에 대한 믿음을 다시 주장하는데, 끝맺기 전에 "아니, 우리의 과학은 환상이 아니다. 그러나 과학이 우리에게 줄 수 없는 것을 어딘가 다른 곳에서 얻을 수 있다고 생각한다면 그것은 환상일 것이다"라고 말한다(같은 책 : 56).

후기 프로이트 학파

신앙, 종교, 정신분석 간의 관계 : 논쟁적 주제들

출간되자마자 『환상의 미래』는, 오늘날까지도 지속되는 완전히 상반된 논쟁에 불을 붙였다. 나는 이 문제를 상세하게 다룰 수는 없지만, 적어도 정신분석과 종교의 관계에 관한 논쟁을 얼마간 보여줄 수는 있을 것이다. 나는 『모세와 유일신교』을 논의할 때 이 주제로 다시 돌아오겠다 (Freud 1939a).

『환상의 미래』에 나타나 있는 프로이트의 관점에 강력하게 반대한 최초의 인물은 취리히 출신의 개신교(루터교) 목사인 오스카 피스터였다. 프로이트가 분명히 말하지는 않았지만, 그가 프로이트의 책에 나오는 "상상의 반대자"라는 것은 의심의 여지가 없다. 피스터와 프로이트 간의 논쟁이 지니는 특별한 의미는, 그들의 논의가 앞으로 몇 년간 지속될 주된 주제들을 담고 있다는 사실에 있다. 피스터는 프로이트가 종교 현상을 전체적으로 보기보다는, 오직 종교적 실천의 병리적 측면만을 강조했다고 비판했다. 두 사람은 수많은 쟁점들에서 첨예하게 대립했는데, 프로이트에게 정신분석과 종교는 서로 완전히 대립되는 것인 반면, 피스터는 정신분석 안에서 신앙인들이 믿음을 개선할 수 있는 가능성을 보았다. 프로이트는 인간의 미성숙의 표현으로서 종교를 보았지만, 피스터는 종교를 인류가 가질 수 있는 최고의 이상들 중 하나로 보았다.

로마 가톨릭교회는 즉시 프로이트의 관점을 의심하면서 적대감을 드러냈다. 이미 1905년에 『성욕에 관한 세 편의 에세이』(1905d)가 출간되었을 때, 교회는 이것을 프로이트의 범성욕설로 간주하고 이를 강하게 비난했다. 볼셰비키 혁명 이후 교회는 프로이트 이론을 마르크스주의만큼이나 위험한 것으로 간주했는데, 두 주의 모두 가족의 존재를 위협한다고 보았기 때문이다. 특히 『환상의 미래』가 출간된 후 프로이트의 사고를 분명히 적대시했음에도 불구하고, 가톨릭교회는 정신분석에 대해 어떤 공식적 금지도 내리지 않았다. 그에 대한 반감은 주로 1930년대에 비난을 거듭했던 슈미트 신부와 같은 개인 성직자들에 의해서, 혹은 1955년 아보트 오레종Abbott Oraison의 회원과 같이 개인 회원들의 규탄을 통해서 알려지게 되었다(아보트 오레종의 책들 중 하나는 로마가톨릭 금서 목록에 올라 있다). 2차 바티칸 공의회 이후 1960년대에는 보다 열린 정신이 빛을 보게 되지만, 멕시코의 쿠에르나바카 수도원에서 정신분석적 정신치료를 집단으로 경험한 수사들은 수도원을 폐쇄하고 대부분 결혼하기로 결정했다. 교황 바오로 6세는 그러한 실험을 비난했음에도 불구하고, 프로이트주의에 대해 적대적 중립성의 태도를 취했다. 이런 태도는 이후부터 지식의 세속화를 존중하는 교회의 신조가 되었다(Roudinesco와 Plon 1997 : 241).

분석가는 모두 무신론자인가?

『환상의 미래』가 출간된 이래, 국제정신분석학회(IPA)가 종교적 문제에 관한 한 회원들에게 전적인 자유를 주었음에도 불구하고, 분석가들은 모두 프로이트처럼 무신론자라는 믿음이 널리 퍼져 있다. 이런 생각이 정신분석가에 대해 사람들이 갖기 쉬운 선입견 중 하나라는 것은 분명한 사실이지만, 분석가들은 그런 믿음에 별로 대응하지 않는다. 그와는 반대로, 자신이 실제로 프로이트처럼 무신론자임을 밝히지는 않는다 하더라도, 그러한 추정을 부인하지 않는 것이 거의 유행이라고 할 수 있다.

매우 소수의 정신분석가들만이, 자신의 기독교 신앙이 프로이트의 발견과 공존할 수 있으며 이 문제에 있어 프로이트와 의견이 다름을 감히 공식적으로 밝혔다. 1930년대에 남미에서는 가톨릭 정신분석가인 그레고리 질부르그가 피스터 목사와 매우 비슷한 입장을 취했다.

> 나는 선하고 용기 있는 가톨릭이 갈릴레오의 광학과 지동설을 연구했던 만큼이나 진지하게 정신분석을 공부할 때가 올 것이며, 임상적 정신분석에서 그들의 종교적 신념과 모순되는 것은 아무것도 없음을 발견할 날이 올 것이라고 감히 말한다(Zilboorg 1942 : 419).

프랑스에서 종교적 믿음을 숨기지 않은 몇 안 되는 정신분석가들 중에는 마리즈 슈아지 Maryse Choisy와 프랑수아즈 돌토 Frnançoise Dolto가 있다. 돌토는 『정신분석의 위험 앞에 선 복음』[The Gospel at the Risk of psychoanalysis] (Dolto와 Séverin 1977-1978)과 『정신분석의 위험 앞에 선 신앙』[Faith at the risk of Psychoanalysis](돌토 1981)이라는 두 권의 책을 썼다. 그러나 그녀의 종교적 믿음을 충분히 다루어지지 않은 개인분석의 잔재라고 느낀 동료들은 그녀를 거세게 비판했다. "[그녀의 분석가인 라포르그Laforgue는] 그의 환자에게 신의 말씀, 상징, 주체, 거세, 궁극의 원리로 변형된 전능함에 대한 그녀의 욕망을 직면시키지 못했다"

(2002 : 462). 때로 정신분석가들은 다른 사람의 믿음을 자신이 판단함으로서, 우리 모두가 내면에 갖고 있는 비밀스러운 부분에 대해 충분한 존중을 보이지 못한다. 나는 프랑스의 정신분석가 르네 디아트킨Rene Diatkine(파리)이 정신분석가와 가톨릭 성직자 간의 토론 다지막에, 도미니크회 수사에 대해 한 말이 떠오른다. "플레Plé 신부는 자신이 믿음을 갖고 있다고 믿어 의심치 않지만, 무의식 속에서는 자신이 신앙인이 아님을 깨닫지 못하고 있다!"

나는 이런 요소들이 내가 여기서 강조하고 싶은 것을 보다 분명히 보여준다고 생각한다. 즉, 프로이트로부터 그토록 많은 것을 배운 정신분석가들로서는 오늘날에도 자신과 환자의 믿음과 관련해서 완전히 독립된 견해를 내놓는 것이 어렵다. 나의 견해로는, 비록 종교적 믿음이 때로는 정신병리적 장애의 표현이 되기도 하지만, 그것을 프로이트가 생각한 것처럼 단순히 신경증이나 정신증으로 볼 수는 없다. 신경증 환자들과 소위 "정상적"인 사람들 모두에게, 신앙은 정신분석과는 상당히 다른 차원에 있다.

일반전문가 분석의 문제 : 편견 없는 사람과의 대화 (1926e)

페이지 번호는 『지그문트 프로이트 전집 표준판』 vol. 20, 177-250을 따른 것이다.

1926년에 프로이트가 이 작은 책자를 출간한 것은, 의사는 아니었지만 분석가였던 테오도르 라이크를 변호하기 위해서였는데, 라이크는 불법적인 의료행위로 고소를 당한 상태였다. 아예 처음부터 프로이트는 일반전문가 분석-독일어로Laienanalyse-즉, 의사가 아닌 사람에 의한 분석을 지지했다. 라이크에 대한 소송은 기각되었지만 프로이트는 그의 관점을 "편견 없는" 사람과의 대화라는 형식으로 출간했다. 프로이트는 이 책에서 분석가가 되려는 사람은 이미 분석이 이루어졌어야 하며, 적절한 훈련을 받아야 한다고 주장한다. 그는 이 문제에 관한 법을 제정하려는 어떤 시도도 지지하지 않는다고 했는데, 그가 볼 때 그것은 직종 자체가 다루어야 하는 내적인 문제이기 때문이었다. 그는 장래의 정신분석가를 훈련하기 위해 가장 적절한 방법에 대해 토론하면서, 대학에서 의사를 훈련하는 방식은-그들이 일반의든, 정신과 의사든-확실히 적절치 않다고 주장한다. 그는 자신이 이상적으로 원하는 정신분석 훈련 방식을 환기시키면서 책을 마무리한다. 특수 정신분석 대학 안에서 제공하게 된다면 "의심의 여지없이 이상적이다. 그러나 그것은 실현될 수 있고 또 실현되어야만 하는 이상이다. 그리고 우리들의 훈련 기관 내에서 초창기의 미흡함에도 불구하고, 그 실현은 이미 시작되었다"(1926e : 252).

그러나 일반전문가 분석의 문제는, 아브라함 브릴의 영향을 받은 미국 정신분석가들이 자격 있는 의사 외에는 정신분석을 실행해서는 안 된다고 주장했기 때문에 더 험악해졌다. 반면에 일부는 의사가 아니었던 비엔나의 분석가들은 프로이트가 제시한 견해에 동의하였다.

인스부룩 총회를 준비하면서 존스는 정신분석학계의 모든 회원들에게 설문조사를 실시하였다. 저명한 정신분석가들이 회답으로 보내 온 28개 정도의 글들은 [독일의] 「국제정신분석저널Internationale Zeitschrift Fur Psychoanalyse」과 [영국의] 「국제정신분석학술지International Journal of Psycho-Analysis」에 실렸다. 자신의 글을 통해 프로이트는 비-의사들에 의해 실행되는 정신분석을 지지하는 관점을 되풀이하였다. 1927년 의회에서 벌어진 논쟁은 이 문제를 해결하지 못하고, 각 협회가 비-의사들의 가입을 허용하든지 아니면 금하든지 자유롭게 하라고 결정하였다. 많은 단체들은 프로이트의 입장을 채택하였지만, 미국에서는 오직 의사들만이 미국정신분석학회(APA)에 들어갈 수 있었다. 오랜 소송 후에, 1985년에 가서야 미국정신분석학회(APA)와 국제정신분석학회(IPA)는 일부 비의학적인 정신분석가들의 연구소를 받아들이기 시작했다 – 그들은 유리한 판결을 받았다.

일반전문가 분석의 문제가 논쟁중인 것과 동시에, 정신분석가를 어떻게 훈련시켜야 하는가에 관한 또 다른 문제들 역시 논의되었다. 매우 논란이 된 두 주제에 대한 의견 차이가 너무나 커서, 1920년대가 끝나갈 무렵 IPA는 거의 해체될 지경이었다. 1932년, 상당히 힘든 논의 후에 비스바덴 총회는 일반전문가 분석의 문제에서와 마찬가지로, 장래의 후보생을 선택하는 기준을 각자 소속된 협회가 스스로 세우라는 결정을 내렸다. 존스는 정신분석 운동의 통합을 지켜내기 위해 엄청난 에너지를 쏟아 부었기 때문에 몹시 기뻐했다. 그것은 아무래도 프로이트에게는 대단히 실망스러운 것이었는데, 그는 일생 동안, IPA 소속 단체들이 정신분석 훈련 후보생을 뽑는데 똑같은 기준을 채택해야 한다는 사실에 모두 동의할 것을 기대했기 때문이었다.

새로운 개념들

문명 – 아동기의 무력감 – 환상 – 사고의 전능함 – 종교, 종교적 관념 – 과학 – 보편적 강박신경증

『문명 속의 불만』
(1930a)
『새로운 정신분석 강의』
(1933a)

인간 조건에 대한 비관적 관점인가 아니면 사실인가 ?

프로이트의 『문명 속의 불만』은, 1926년 『일반전문가 분석의 문제』로 시작해서 1927년 『환상의 미래』로 이어졌던 삼부작의 세 번째이자 마지막 책이다. 프로이트는 아주 명확하게, 자신이 볼 때 종교적 감정의 근원은 순전히 세속적인 것이며, 각 개인의 심리적 구성에 뿌리내리고 있다고 다시 선언한다. 무신론적 관점을 이렇게 분명히 다시 언급한 다음 프로이트는, 스스로를 보호하려던 인간들의 의도가 역설적으로 결국 그들을 파괴하기에 이른, 문명 속의 깨지기 쉬운 평형을 새롭게 바라보는 대담한 통합에 뛰어든다. 이 평형은 그야말로, 프로이트가 시간이 지남에 따라 더욱더 확신하게 된 삶의 욕동과 죽음 욕동 간의 근본적 갈등을 반영한다. 문명은 사회의 응집성을 유지하기 위해 개인의 성적, 공격적 충동을 제한하기 때문에 사회구성원들과 갈등을 일으킬 수밖에 없는데, 이들이 일으킨 반란은 문명을 파괴할 수도 있다. 그러나 프로이트 논점의 핵심은, 외부현실에서 관찰할 수 있는 개인과 사회 간의 갈등이 각 개인의 마음속에서 일어나는 갈등, 즉 이제는 외부의 권위자를 두려워하듯이 두려워하게 된 초자아의 요구와 개인의 이익을 대변하는 자아 간의 갈등과 대응관계에 있다는 것이다. 프로이트에게 있어 이러한 무의식적 갈등에서 기인하는 무의식적 죄책감은, 우리가 문명화된 사회에서 발견하는 "불만들"의 근원이다. 인간의 조건들이 그토록 위태로운 것도 역시 이 때문이다 – 인간은 삶과 죽음 욕동 간의 갈등, 그리고 자신의 환상들의 불확실함과 싸워야만 한다.

생애와 역사

1929년의 대공황과 독일 나치즘의 부상

1929년에 프로이트는 "대양감"을 종교의 원천으로 보았던 로멩 롤랑의 자극을 받아, 베르히테스 정원Berchtes garden에서의 여름휴가 동안 『문명 속의 불만』을 쓰기 시작했다. 이 책은 보통 암울하지만 통찰력 있는 사회학적 업적으로 간주된다. 끝에 가서 다소 비관적인 그의 어조는—특히 마지막 문장에서 프로이트는 인류의 미래에 대해, 이제 기술적 진보는 마지막 한 사람까지 서로 죽일 수도 있다고 주장한다—그가 얼마나 옳았는가를 곧 보여주게 된다. 1929년 10월 29일 목요일, 원고를 출판사에 보내기 겨우 일주일 전에 뉴욕 증권거래소가 붕괴되었고, 이는 서구사회를 몇 년 동안 지속된 대공황으로 몰고 가면서 파산과 실직 그리고 극심한 가난이라는 흔적을 남겼다. 1930년에 『문명 속의 불만』은 즉각적인 성공을 거두었고 별 어려움 없이 여러 언어들로 번역되었다. 1년 후인 1930년 9월, 나치당이 독일 의회 선거에서 압도적인 승리를 거두면서 히틀러가 정권을 잡고 부상할 길이 열렸다. 이 불운한 사건은 프로이트가 이 책의 1931년 판에 마지막 문장을 추가하도록 만들었다. 전에 그는 삶과 죽음 욕동 간의 투쟁이 그래도 바람직한 결과를 가져오리라는 희망을 내비쳤지만, 이제 그의 마지막 문장은 "그러나 어느 쪽이 성공하고 어떤 결과를 가져올지 누가 예견할 수 있겠는가?"가 되었다 (1930a :145). 아놀드 츠바이크 Arnold Zweig에게 보내는 편지에서 그는 비관적인 생각을 숨기지 않았다. "우리는 암흑시대로 가고 있습니다. 노년의 무관심으로 이를 걱정해서는 안 되겠지만, 나는 일곱 명의 내 손자들을 측은히 여기지 않을 수 없습니다"(츠바이크에게 보내는 편지, 1930년 12월 7일).

이 책에서 프로이트가 논의한 주제들은 이미, 「'문명화 된' 성 도덕과 현대의 신경병리」(Freud 1908d) 그리고 「전쟁과 죽음의 시대에 관한 고찰」(Freud 1915b)에서 윤곽이 드러나 있으며, 나중에 「왜 전쟁인가」(Freud 1933b [1932])에서 다시 다루어진다.

"Kultur" : 문명인가, 문화인가 ?

이 책에서 프로이트가, 그리고 여러 번역자들이 구별 없이 사용했던 "문화"와 "문명"이라는 용어는 많은 논쟁을 일으켰다. 그 단어들을 해석한 방식은 번역자마다, 그리고 시대마다 다르다. 이들 논의에 대한 독자의 이해를 돕기 위해 나는, 프로이트가 이 책에서 "문명Zivilisation"보다 훨씬 더 자주 사용했던 (물론 둘 다 독일어인), "문화Kultur"라는 단어의 의미를 자세히 살펴보겠다. 프로이트는 환상의 미래에서 이미 자신이 의미하는 "Kultur"에 대해 대강의 정의를 내렸는데, "나는 문화와 문명에 대한 구별을 거절한다"(1927c : 6)고 매우 단정적으로 말한다. 『문명 속의 불만』에서 언뜻 보기에는 그가 두 단어들을 구별 없이 사용한 것처럼 보이지만, 보다 자세히 들여다보면 그는 "Kultur"라는 용어를 사용하는 방식에 있어 구별을 짓고 있음을 알 수 있다.

> 그것[Kultur-표준판에는 "인간 문명human civilization"으로 번역되어 있다]은, 한편으로는 인간이 자연의 힘을 통제하기 위해 그리고 인간의 욕구충족을 위한 부富를 얻기 위해 습득한 모든 지식과 능력을 포함하며, 다른 한편으로는 인간 상호 간의 관계 그리고 특히 사용가능한 부의 분배를 조정하기 위해 필요한 모든 규제들을 포함한다(1927c : 6).

문화와 문명의 차이는 이 용어들의 사전적 정의와 일치한다. 문화 : 총체적인 인간의 지적 성취가 예술이나 다른 방식으로 표현된 것/ 문명 : "진보된 사회발달 단계나 체계" (옥스포드 사전 축약본). 특히 철학과 인문 과학에서의 사고의 진화는, 우리가 흔히 "문화"로 지칭해오던 것을 "문명"의 현대적 정의와 점차 통합하도록 이끌었는데, 프로이트도 이 경향을 따랐던 것 같다. 프로이트 전집의 불어판 번역자들은, 우리가 지금 논의 중인 이 책에 '문명 속의 불만Malaise dans la civilization'이라는 이전 제목 대신, '문화 속의 불만Malaise dans la culture'이라는 새로운 제목을 붙였다. (『환상의 미래』[표준판, vol. 21, 4]에 있는 "편집자 주"를 보라.)

원문 찾아보기

『문명 속의 불만』(1930a)

페이지 번호는 『지그문트 프로이트 전집 표준판』 vol. 21, 57-145를 따른 것이다.

"대양감" : 유아적 소망의 잔재

『환상의 미래』가 출간된 후 프랑스의 작가 로멩 롤랑은 프로이트에게, 자신이 종교적 에너지의 주관적 원천으로 생각하고 있고 한 번도 이 느낌에서 벗어난 적이 없는 "대양감oceanic feeling"을 그가 고려하지 않았다는 사실은 유감스럽다고 썼다. "그것은 그가 '영원'에 대한 감각, 마치 '망망대해처럼' 망막하고 무한한 어떤 느낌이라고 부르고 싶어 하는 느낌이다"(1930a : 64). 프로이트는 친구에게 자신은 한 번도 그런 느낌을 경험해 본 적이 없다고 밝히면서, 그것은 "떼어놓을 수 없는 유대감, 외부 세계와 온전히 하나가 된 느낌"일 것이라고 말한다(같은 책 : 65). 그럼에도 불구하고, 이것은 프로이트에게 이러한 느낌의 심리적 기원을 탐구할 기회를 주었다. 프로이트는 초기 유아의 정서적 경험에서 이것들을 발견하는데, 생애 초기에 유아는 자신의 자아와 외부세계를 구별할 수 없다고 말한다. 엄마 젖가슴과의 주기적인 접촉은, 유아가 자신의 자아 "외부에" 있는 "대상"의 존재를 점차 발견하도록 촉진시킨다. 고통과 불만족의 초기경험은 유아가 불쾌의 근원이 되는 것은 모두 밖으로 몰아내고, 쾌락의 근원이 되는 것은 모두 내부에 간직하도록 이끈다. 그리하여 쾌락원리에는 복종하고, 현실원리가 지배하는 외부세계에는 저항하는 쾌락자아Lust-Ich가 만들어진다.

> 그래서 자아는 이런 식으로 외부세계로부터 자신을 분리한다. 아니, 보다 정확히 말해, 원래 자아는 모든 것을 포함하고 있지만 나중에 외부 세계를 자신으로부터 분리한다. 그러므로 현재 우리가 갖고 있는 자아감은 훨씬 더 포괄적인 느낌 – 자아와 그 세계 간의 보다 친밀한 유대감에 해당하는 – 이 축소된 잔재에 불과하다(같은 책 : 68).

프로이트에게 있어 대양감의 특징인 무한한 감각은, 유아 때 경험한 원시적인 융합의 느낌이 성인 안에 남아있는 것이다. 그는 계속해서, 우리가 이 대양감을 진실로 종교적 욕구의 근원으로 간주할 수 있는지를 묻는다. 프로이트는 이러한 관점을 거절하면서, 종교적 욕구는 유아의 무력함 그리고 보호적인 아버지에 대한 갈망에서 파생된 것이라고 주장한다. 그러므로 프로이트의 관점에서 로멩 롤랑이 묘사한 감정은 일차적인 것이 아니라 이차적인 것, 인류가 외부세계 가운데 자아가 처해 있다고 느끼는 위험을 부인하고 일종의 위안을 구할 필요성에서 나온 것이다.

삶의 목적 : 행복의 추구와 고통의 회피

이어서 프로이트는 자신이 『환상의 미래』(1927c)에서, 모든 종교 체계의 목적은 우주의 수수께끼를 풀고, 자비로운 신의 섭리가 우리의 삶을 돌보아준다는 확신을 제공하며, 실제로 사후의 삶이 있다는 것을 약속하는 것이라고 지적했음을 상기시킨다. 프로이트에 의하면, 삶의 목적에 대한 이런 개념은 본질적으로 유아적이다. 그는 대부분의 사람들이 그가 유아기 고착으로 보는 이러한 종교적 단계를 넘어서지 못한다는 사실을 애석해한다. 종교가 제시하는 목적을 제쳐둔다면, 우리는 삶의 목적에 대해 무엇을 말할 수 있을 것인가? 프로이트는 삶의 목적을 지배하는 것은 쾌락원리라고 말한다. 그러나 이 프로그램이 단지 행복을 뒤쫓는 것으로만 구성되어 있다면, 이것을 완수할 어떤 가능성도 없다. 우리가 이러한 노력에 전적으로 성공하지 못한다 해도, 우리의 행복 탐구에는 쾌락의 추구와 고통의 회피라는 두 가지 길이 여전히 열려 있다. 그리로 인도하는 길들은 많고 다양한데, 프로이트는 계속해서 그중 몇 가지를 논의한다. 모든 욕구에 대한 무제한적 만족의 추구, 은둔자의 다른 사람에 대한 자발적 무관심, 물질 중독, 동양의 지혜가 미리 규정한 본능 충동의 통제, 과학과 예술 그리고 아름다움의 향유를 통한 승화 등. 그러나 결과는 실망스러운 것이었는데, 사랑조차도 괴로움과 고통의 근원이기 때문이다. 궁극적 도피처는 신경증이나 정신증이 제공한다. 프로이트는 행복의 추구는 무엇보다도 개인적인 문제라는 결론을 도출한다. "모든 사람에게 적용되는 황금률은 없다. 인간은 누구나 자신을 구할 수 있는 특별한 방식을 스스로 발견해야만 한다"(같은 책: 83). 프로이트는 1927년 『환상의 미래』에서 종교의 해로운 역할에 대해 내렸던 것보다 훨씬 더 신랄한 판단으로 이 장을 마감한다 – 그가 볼 때, 종교는 행복의 추구와 고통의 회피에 있어 큰 장애물이 된다.

> 종교는 삶의 가치를 떨어뜨리고 현실세계의 그림을 망상적으로 왜곡시키는 방법을 쓰는데, 그것은 지성에 대한 위협을 내포한다. 이를 대가로 종교는 강제로 그들을 심리적인 유아상태에 묶어놓음으로써, 그리고 그들을 집단-망상 속으로 몰아넣음으로써 많은 사람들을 신경증으로부터 구하는 데 성공한다. 그러나 거의 그 이상은 하지 못한다(같은 책: 84).

우리가 기대하는 행복을 가져다주지 못하는 문명

왜 인간은 그토록 행복해지기가 어려운가? 문명 그 자체도 한 원인으로 보이는데, 문명은 만일의 사태로부터 우리를 보호해주기로 되어 있음에도 불구하고 우리의 고통을 막아주지 못하기 때문이다. 문명은 끊임없는 진보를 의미하지 않는다. 문화의 발전과 현대의 기술이 그 약속들을 지키지 않기 때문이다. 그것이 현대의 문명화된 인간이 불만을 느끼는 주요 이유이다. "우리는 오늘날의 문명 속에서 편안함을 느끼지 않는다"(같은 책: 89). 어찌 됐든, "문명"이란 말로 우리가 의미하는 바는 무엇인가?

> 그러므로 "문명"[독일어로 Kultur]이라는 단어는 우리의 삶을 우리의 동물 조상들로부터 구별해주며, 인간을 자연으로부터 보호하고 인간의 상호 관계를 조절해주는 두 가지 목적에 이바지하는 성취와 규제의 총체를 나타낸다고 다시 언급하는 정도로 그치겠다(같은 책: 89).

물론 과학과 문화의 많은 진보 속에는 우리가 전형적인 문명의 정복으로 볼 수 있는 것들이 있으나, 그것들이 반드시 인간을 더욱 행복하게 하는 것은 아니다. 그러나 문명은 사회가 집단 전체의 응집성을 유지하기 위해 각 개인의 성적, 공격적 본능 충동의 제한을 강요하는 데 성공했을 때, 결정적인 발걸음을 내딛는다. 그러므로 프로이트에게 있어, 문명은 욕동과 관련된 충동들의 포기 위에 세워지는데, 이러한 "문화적 좌절"(같은 책: 97)은 인간들 사이의 사회적 관계를 지배하며, 동시에 개인이 문명을 향해 느끼는 적대감의 원인이 되기도 한다.

가족과 성욕 : 문명에 대한 찬성과 반대

문명은 태곳적부터 행복의 원형이었던 사랑에 기반을 둔다. 사랑은 남자와 여자를 결합시키고, 아동을 부모와 결속시키는 가족의 근원이다. 가족을 형성하는 사랑은 문명에서 성기적인 성적 만족과 "목적이 금지된 애정"(같은 책:102)을 가능케 함으로써 계속 작용한다. 프로이트는 이 애정이 가족 구성원들을 통합하고, 우정의 기초를 형성하며 공동체 안의 유대를 창출하는 사랑의 일종이라고 말한다. 그러나 진화 과정에서 공동체와 가족 간의 갈등은 어쩔 수 없이 일어난다. 전자는 사람을 한데 묶으려고 하고, 후자는 개인을 포기하지 않으려 한다. 여성은 이러한 갈등에서 결정적인 역할을 한다.

> 더구나 여성들은 곧 문명과 대립하게 되어 [...] 가족과 성생활의 이익을 대변한다. 문명과 관련된 작업은 점점 남자들의 일이 된다. 문명은 늘 남자들에게 어려운 임무를 맡기고, 여자들이 거의 할 수 없는 본능의 승화를 강요한다 (같은 책: 103).

그러므로 뒷전으로 밀려난 여성들은 문명의 요구에 적대적이 된다. 문명은 성생활에 그 이상의 중요한 제한들을 강요한다. 이성에 대한 성기적인 성적 성숙에 도달한 사람의 대상 선택을 제한할 뿐만 아니라, 대부분의 성기-외적인 성적 만족을 금지하고 그것들을 성도착이라고 선언한다. 남은 것은 이성애적인 성기적 사랑이 전부지만, 이것조차 추가적인 규제에 의해 제한된다. 문명은 일부일처제만을 수용하며 "인류의 번식수단"(같은 책:105)으로서의 성욕만을 용인한다. 달리 말해 문명은 인간의 성적 삶을 부당하게 취급했고, 행복의 원천으로서의 사랑과 성욕의 가치를 감소시켰다.

공격성의 역할 : "인간은 인간에게 늑대다"

인간이 행복을 발견하기가 그토록 어렵다면, 그것은 문명이 인간에게 성적 욕동뿐만 아니라 공격적 충동의 만족을 포기하는 무거운 짐을 부과했기 때문이다. 프로이트는 "인간은 사랑 받기를 원하는, 기껏해서 공격을 받아야만 자신을 방어할 수 있는 온순한 동물이 아니므로"(같은 책: 111) 인간은 공격적인 존재라고 지적한다. 모든 인간은 기회가 주어진다면, 자신의 이웃을 공격하고 착취하려는 강한 성향을 지니고 있다. 프로이트는 "인간은 인간에게 늑대다"(같은 책: 111)라는 로마시대의 격언이 있음을 상기시킨다. 이런 공격적 성향을 관찰하기 위해 멀리 갈 필요도 없다. 이것은 우리 각자 안에 존재한다.

> 우리 자신들에게서도 발견할 수 있고 다른 사람들에게도 당연히 존재하리라고 생각되는 이 공격적 성향은, 이웃과 우리들의 관계를 방해하고 문명이 그토록 많은 에너지를 소모하도록 만드는 요인이다(같은 책:112).

문명이 결국 파괴되지 않도록, 인간의 공격적 충동을 제한하는 데 최대한의 노력을 기울이고 윤리적 기준들을 공포해야 하는 이유가 바로 여기에 있다. 이런 연유로, "문명화된" 도덕은 성욕에 제약을 두고, 이웃을 내 몸과 같이 사랑하는 이상을 주창한다. 그러나 이런 제약들에도 불구하고 문명은 결코 법으로 이상적 사회를 펼칠 수도, 혹은 사람들이 이웃에 대해 느끼는 적대감을 제거할 수도 없었다. 예를 들어 인간들은 전적으로 선하다고 주장한 공산주의는 환상에 지나지 않는다. 다른 측면에서도 서로 매우 가까운 공동체–같은 마을에 사는 주민들, 이웃하고 있는 국가들–에서 발견되는 상호적 적대감은 또 다른 사례를 보여준다. 프로이트는 이것을 "사소한 차이들에 대한 자기애"(같은 책: 114)라고 부른다. 당연히 우리는 문명의 변화들이 우리의 욕구를 보다 충분히 만족시키는 방식으로 지속되리라는 희망을 가질 수 있다. 그러나 우리는 또한 "어떤 개혁의 시도에도 굴복하지 않으려는, 문명의 본질과 관련된 어려움들이 있다"는 것을 깨달아야 한다(같은 책: 115).

문명의 발달 : 삶의 욕동과 죽음 욕동 간의 투쟁

문명이 결코 인간을 행복하게 할 수 없다는 사실은 인간의 본성 자체와 많은 관련이 있다. 이를 설명하기 위해 프로이트는 자신의 두 번째 본능 욕동이론으로 되돌아가는데, 거기서 그는 삶과 죽음의 욕동 간의 근본적인 갈등의 존재를 강조한다. 때로는 가설을 다소 잠정적으로 내놓기도 했지만, 이제 그는 자신의 관점들이 타당함을 확신한다고 분명히 말한다. "시간이 흐르면서 이 관점들은, 더 이상 내가 다른 방식으로는 생각할 수 없을 만큼 나를 사로잡았다"(같은 책 :119). 이 관점을 문명의 과정에 적용시키면서, 프로이트는 인간에게 있어서 공격성은 원초적이고 자기 보존적인 본능적 성향이며, 문명의 가장 큰 장애물 중 하나라는 결론을 내린다. 공격적 본능은 항상 에로스와 함께 작용하고 있는 죽음 본능을 표상한다.

> 나는 이제 문명 발달의 의미가 더 이상 모호하지 않다고 생각한다. 그것은 인간들 속에서 벌어지고 있는 것처럼, 틀림없이 에로스와 죽음, 생명 본능과 파괴본능 간의 투쟁을 보여준다. 모든 생명은 본질적으로 이러한 투쟁으로 이루어져 있다(같은 책:122).

외부 권위자의 내면화로서의 초자아

문명이 공격성과 파괴성에 의해 위협받는다면, 이러한 충동을 억제하는 데는 어떤 방법들이 있을까? 프로이트에 따르면, 이것을 행하는 가장 효과적인 방식은 공격성의 내면화와 관련이 있다 – 공격성은 그가 초자아라고 부르는 것을 통해 나왔던 곳으로 돌려보내진다. 그러므로 자아와 초자아 간의 긴장은 "죄책감"이라고 불리며, "처벌에 대한 욕구"로 나타난다. 이 죄책감은 외부 권위자에 대한 불안과, 초자아와 관련된 불안이라는 두 가지 원천에서 발생한다. 후자는 보호해주는 사람의 사랑을 박탈당하는 두려움으로 경험된다. 처음에 초자아의 가혹함은 특히 외부 권위자에 대한 두려움과 관련이 있지만, 후일 발달과정에서 외부 권위자는 내면화되고 개인의 초자아 형성에 기여한다. 외부 권위자로부터 개인의 가장 내밀한 생각을 숨기는 것이 가능하다 해도, 내면화된 초자아로부터 숨길 수 있는 사람은 아무도 없다. "이 두 번째 상황에서는 나쁜 의도가 나쁜 행동과 동일시되기 때문에 죄책감과 처벌에 대한 욕구가 생겨난다. 양심의 공격성은 권위자의 공격성을 지속시킨다"(같은 책 : 128).

자아에 대한 초자아의 공격성은 왜 그리 가혹한가? 프로이트에 따르면, 초자아의 극단적인 가혹성은 부모에 대한 아동의 공격성이 자기에게 되돌아온 결과이다.

> 초자아와 자아의 관계는, 아직 분리되지 않은 자아와 외적 대상 간의 실제 관계가 소망에 의해 왜곡되어 되돌아온 것이다. 그것 역시 전형적이다. 그러나 본질적인 차이는, 초자아의 원래의 엄격함이 그 [대상]으로부터 경험했던 엄격함이나 대상의 탓으로 돌렸던 엄격함을 나타내지 않는다는 것이다. 그것은 오히려 대상에 대한 아동 자신의 공격성을 나타낸다(같은 책 : 129-130).

이것은 부모의 실제 엄격함과 초자아의 엄격함 간에 왜 직접적인 관련이 없는지를 어느 정도 설명해 준다. "경험에 따르면 [...] 아동이 발달시킨 초자아의 엄격함은 그가 받은 대우의 엄격함과 결코 일치하지 않는다"(같은 책 : 130). 이 점에 대해 프로이트는 멜라니 클라인과 다른 영국의 저자들을 분명히 언급한다(같은 책 : 130, 주 1). 초자아로부터 유래한 공격성의 두 가지 형태 – 아버지의 처벌에 대한 두려움과 아버지에게 보복하고 싶은 아동의 소망 – 는 서로를 강화시키며 보완한다. 프로이트는 계통 발생적 요인 또한 고려되어야 한다고 덧붙인다. 왜냐하면 죄책감은 원시부족의 아버지가 아들에게 일깨워 주는 공포에 의해, 그리고 아들이 아버지를 살해한 후 느끼는 후회에 의해 강화된다. 결과적으로 원래의 양가적 갈등은 문명과 개인 사이에서뿐 아니라, 각 개인 안에서 초자아에 대한 자아의 양가감정 – "사랑과 죽음 본능 사이에 벌어지는 영원한 투쟁"(같은 책 : 132)의 표현 – 으로서 재생산된다

현대 문명은 자기-파괴를 막을 수 있는가?

이 연구에서 프로이트의 의도는 죄책감이 문명발달에 있어 가장 중요한 문제임을 보여주는 것이다. 모든 문명의 진보에는 행복을 상실하고 죄책감이 고조되는 대가가 따른다. 그러나 죄책감은 그처럼 인식되지 않는다. 상당부분 무의식 상태로 남아 있거나, "사람들이 그 동기를 다른 데서 찾는, 일종의 불쾌감이나 불만으로 나타난다"(같은 책 : 135-136). 개인에게 초자아가 있듯이, 엄격한 이상들을 요구하는 문화적 초자아(Kultur-überich)가 있다고 프로이트는 말한다. 이러한 이상적 요구들을 충족시키지 못하면, "양심의 두려움"(같은 책 : 142)이라는 처벌을 받는다. 때로는 이런 요구들이, 특히 그것이 공동체의 윤리적 규정으로부터 유래할 때는 너무 가혹해서, 반란이 일어나거나 개인이 신경증을 앓거나 아니면 불행해진다. 이것이 우리가, 문명 자체의 과정 때문에 대부분의 문명 – 그리고 아마 인류 전체 – 이 "신경증적"이 된 게 아닐까 생각하는 이유이다. 프로이트는 자신이 치료적 해결책도, 위안을 줄 만한 것도 갖고 있지 않음을 알고 있다. 의문을 열어 놓은 채, 그는 다소 비관적인 언급으로 책을 마무리한다.

> 인류의 숙명적인 문제는, 문명의 발달이 인간의 공격본능과 자기파괴 본능으로 인한 공동생활에서의 폐해를 다스리는 데 성공할 것인가, 그렇다면 어느 정도인가 하는 문제 같다. 바로 이 점에서 현대라는 시대는 특별한 관심을 받아 마땅하다. 인간들은 자연의 힘들을 지배해 왔으며, 이제는 자연의 힘들을 이용해 별 어려움 없이 최후의 한 사람까지 서로 죽일 수 있을 정도가 되었다. 지금 인간들이 느끼는 초조와 불행, 불안감의 대부분은 그들이 이 사실을 알고 있다는 데서 온다 (같은 책 :145).

후기 프로이트 학파

핵 공포에서 국제 테러리즘으로

『문명 속의 불만』은 즉각적인 성공을 거두면서, 정신분석계와 일반대중 모두에게 많은 반향을 일으켰다. 이 책의 출간은 정신분석가들 사이에 죽음 욕동에 관한 토론을 재개시켰다. 이 글에서 죽음 욕동은 더 이상 단순한 가설이 아니다. 프로이트는 그것이 명백하고 본질적인 어떤 것이라고 말한다. 그러나 그의 가장 가까운 일부 제자들조차 이 점에 대해 동의하지 않았다. 존스는 공격성으로부터 죽음 욕동으로 나아가는 것을 부적절한 일반화로 본 반면, 피스터는 단지 핵심 세력들vital force을 지칭하기 위해 프로이트가 적용한 은유로 보았다.

이 글의 마지막 문단에서 프로이트가 제기했던, 인류가 마지막 한 명까지 자신들을 멸절시킬 수 있다는 가능성은 핵무기의 발달로 특히 중요해졌다. 이 같은 위험성이 높아지자, 다수의 정신분석가들은 목소리를 내기 위해 두 개의 조직을 만들었는데, 그 중 하나는 영국의 PPNW(정신분석과 핵전쟁 방지)이고 다른 하나는 국제적 조직인 IPANW(핵전쟁 반대 국제 정신분석가)이다. 소비에트 연방의 붕괴와 냉전의 종식으로 상황은 바뀌었지만 본질적인 것은 변하지 않았다. 이런 분석가들 중에서 나는 한나 시걸이 취한 태도를 언급해야겠다. 그녀는 우리의 문명을 위협하는 많은 위험들 – 핵무기에 의한 대량학살뿐만 아니라 – 을 둘러싼 침묵을 깨는 데 공헌하였다. 그녀의 생각들은 정신분석이 정신증과 집단의 기능 방식을 이해하는 데 기여한 바를 고려한다. 그녀는 "만약 개인들이 집단처럼 행동한다면, 그들은 미친 사람으로 분류될 것이다"라고 말한다(Segal 2002). 그녀는 또한 냉전 기간 동안의 "기본적 가정"(비온의 관점에서)은, 모든 당사자들이 전면적인 파괴가 뒤따를까 봐 몹시 두려워하기 때문에 전쟁은 불가능하다는 것이었다고 믿는다.

오늘날, 미국의 보호 아래 서방세계와 소비에트 연합 간에 존재했던 유사균형은 붕괴되었고, 천하무적이라는 미국의 신화는 2001년 9월 11일에 심하게 훼손되었다. 그 사건에서 오는 엄청난 불안과 두려움과 죄책감을 우리는 분명히 볼 수 있었다. 시걸은 이렇게 말한다.

> 나는 911이 매우 상징적이었다고 생각한다. 우리는 분열, 완전한 붕괴와 정신증적 공포의 세계에, 그리고 완전한 혼란에 빠지고 말았다. 누가 우리들의 친구인가? 누가 우리들의 적인가? 어디로부터 공격을 예측해야 하는가? [...] 그리고 내부에 우리의 적들이 있는가? [...] 이것은 우리의 개인적 발달에 있어 가장 원시적인 공포이다 – 평범한 죽음이 아니라 가득 찬 적대감으로 개인이 붕괴되는 어떤 환영. 그리고 신의 문제까지 개입되면 상황은 훨씬 더 나빠진다. 아마겟돈*을 열망하는 근본주의 기독교인은 이제 이슬람 원리주의와 맞붙는다. 우리의 온전한 정신은 전능성, 그리고 절대악과 절대선이라는 망상적인 내적 세계의 위협을 받고 있다. 불행히도 우리는 또한 맘몬 신(탐욕의 신)과 씨름해야 한다(Segal 2002 : 35).

* "아마겟돈은 밝고 풍요로운 새 질서를 세우기 위해 세상의 모든 사악함을 씻어내려는 신의 전쟁이다" (Segal 1987).

『새로운 정신분석 강의』(1933a[1932])

페이지 번호는 『지그문트 프로이트 전집 표준판』 vol. 22,1-182를 따른 것이다.

『문명 속의 불만』이 출간된 지 2년 후인 1932년, 프로이트는 1916년과 1917년에 비엔나 대학에서 행했던 연속적인 대중강연을 보충하기 위해 이 글을 썼으며, 이것은 『새로운 정신분석 강의』(1916-1917[1915-1917])라는 제목으로 출간되었다. 강연의 첫 권이 프로이트에게 초창기부터 1915년까지의 정신분석을 돌아볼 기회를 제공했던 것처럼, 그는 『새로운 정신분석 강의』를 통해 "1920년의 전환점" 이후의 발달을 고려한 최신 정신분석 이론을 소개할 수 있었다. 그러므로 프로이트가 1932년에 이 책을 쓴 것은, 새로운 장을 넘기면서 끝이 다가오는 삶을 마무리하는 그의 방식이었다.

1916년과 1917년의 강의시리즈와 1933년에 출판된 이 새로운 강의시리즈의 연속성을 강조하기 위해, 프로이트는 이전 책에서 시작했던 장의 번호를 이어간다. 그러므로 새로운 강의의 첫 장은 "29강"이다. 서두에서 프로이트는 독자들에게, 자신의 병으로 인해 전에 했던 것처럼 대중강연을 하는 것이 불가능했다고 밝히면서, 상상의 청중들에게 이 강의를 한다. 그러나 1933년의 이 책은 1916-1917년의 책과는 다른 독자층의 관심을 끌었다. 1932년의 독자들은 이미 초기의 정신분석적 개념을 알고 있었고, 친숙해 있었다. 이것은 우리의 현재 상황과 아주 비슷하다. 새로운 것을 이해하려면 독자는 정신분석의 발달을 연대순으로 잘 알고 있어야 하는데, 종종 이것은 프로이트 저작을 고도로 상세하게 분석하는 특수한 작업이 된다. 내게 지워진 한계들 때문에, 나는 다음과 같은 점을 언급하는 것으로 그치겠다. 29강은 프로이트의 최근 개념인 자아와 이드 그리고 초자아가 그의 무의식 개념에서 어떻게 자기 자리를 찾았나 하는 것을 다루고 있다. 1933년 이래로, 무의식은 더 이상 전과 같은 "대리자agency"-"무의식 체계"-가 아니라, 의식적이지 않은 독특한 성질을 가진 것이다. 이 책에서 프로이트는 정신분석 치료의 목적을 유명한 표현으로 요약한다. "이드가 있는 곳에 자아가 있게 하라"(1933a[1932] : 80). ["Wo Es war, soll Ich werden" (G. W, vol 15, 86)]. 33강의 "여성성"에서, 프로이트는 어머니에 대한 어린 소녀의 전-오이디푸스적 애착과, 어머니와의 초기 관계의 일부인 신체적(몸의) 돌봄의 중요성을 강조한다. 프로이트는 정신분석학에서 여전히 여성들은 다소 수수께끼로 남아있다는 것을 인정하면서 소론을 마무리한다.

새로운 개념들

공격/공격성 - 문명 - 문화 - 대양감 - 종교, 종교적 관념 - 자기-파괴 - 초자아(아동에게서 보이는 초자아의 가혹성) - 초자아와 문명

현실 부정과 자아의 분열에 관한 논문들
(1924-1938)

「신경증과 정신증」(1924b)
「신경증과 정신증에서 현실의 상실」(1924e)
「부인」(1925h)
「해부학적 성 차이의 심리적 결과」(1925j)
「주물성애」(1927e)
「방어 과정에서 자아의 분열」(1940e[1938])
『정신분석학 개요』(1940a [1938])

현실 부정과 자아의 분열 : 정신증, 도착증 그리고 신경증까지 포함하는 전형적 방어기제

나는 프로이트가 1924년과 1938년 사이에 저술한 것으로, 동일한 주제를 다루고 있고 이 주제들에 관한 사고의 발달을 보여주는 여러 편의 논문들을 이 장에 모아 놓았다. 이 일련의 논문에서 프로이트는 정신증 특유의 방어기제가 어떤 것이고, 신경증과 정신증은 어떻게 다른가를 밝히고자 한다. 그의 탐구가 진행되면서 우리는, 프로이트가 처음에는 차이점을 강조하는 것으로 시작했지만 나중에는 이러한 대조들이 완화되는 것을 보게 된다. 그 예로 「신경증과 정신증」(1924b)에서 그는 지각된 현실과 자아와의 관계가 정신증에서는 신경증의 경우와 정반대라고 말한다. 즉, 정신증의 경우에는 현실에 대한 지각이 거부되는 반면, 신경증의 경우에는 받아들여진다. 그러나 바로 그 다음에 쓴 논문(1924e)에서는 이 견해를 완화시켜, 실제 세계의 지각에 대한 장애가 신경증보다 정신증에서 더욱 현저하기는 하지만 두 장애 모두에서 발견될 수 있다고 지적한다. 그가 정신증의 전형적 특징으로 "현실 부정" 개념을 도입하여 신경증과 구분한 것은 이 때문이다. 그 다음 해에 그는 이미 표현했던 소망을 인정하지 않으려는 '부인negation[verneinung]'과, 외상으로 경험된 현실의 지각을 인정하지 않으려는 '부정disavowal or denial'을 구별한다 (1925h). 프로이트에 의하면 부정의 기제는, 여아가 페니스를 갖고 있지 않다는 지각과 관련해서 남아와 여아가 취하는 다른 태도를 설명하려 할 때 특히 도움이 된다. 이러한 부정의 정도는 개인의 심리성적 발달의 방향을 결정하게 된다(1925j). 나중에 「주물성애」(1927e)에서, 프로이트는 여자들에게 페니스가 없다는 지각을 부정하는 기제와, 주물성애 환자들의 특징인 그로 인한 자아의 분열을 직접 연결시킨다. 그러므로 프로이트는 부정과 자아의 분열을 병리적인 애도 과정뿐만 아니라, 성도착과 정신증의 전형적 특징으로 정의한다. 1938년의 『정신분석 개요』에서 프로이트는 자신의 견해를 어느 정도 다시 수정한다. 현실 부정이 정신증의 특징이라는 주장을 유지하기는 하지만, 이 병리에서도 부정이 결코 전면적인 것은 아니라고 덧붙이면서, 자아의 분열이 정신증과 도착증 특유의 것은 아니라고 주장한다. 왜냐하면 분열은 신경증에서도 발견되며, 따라서 정상적인 마음 상태에서도 발견될 수 있기 때문이다. 결론적으로 우리는 모든 개인에게 두 개의 모순된 태도들이 병존한다고 말할 수 있을 것이다. 그 결과는, 즉 정신증이 우세한가, 신경증이 우세한가는 무엇보다도 비율의 문제이다.

원문 찾아보기

● 「신경증과 정신증」(1924b)

페이지 번호는 『지그문트 프로이트 전집 표준판』 vol. 19, 147-153을 따른 것이다.

이 짧은 글에서 프로이트는 자아, 이드 그리고 초자아에 관한 자신의 최근 생각들을 신경증과 정신증의 개념에 포함시키고 있다. 이 두 병리들을 구분 짓고, 병인적 결과를 구성하는 것은 다음과 같은 사실과 관계가 있다. 신경증에서 "자아는 외부세계에 대한 의존을 여전히 유지하면서, 이드를 잠재우려 애쓴다." 반면에 정신증에서 "[자아는] 이드에 의해 정복당하며, 따라서 현실로부터 떨어져 나온다."(1924b : 151) 이 언급을 좀 더 상세히 검토해보자.

전이 신경증의 예를 들자면, 프로이트는 자아가 욕동과 연관된 바람직하지 않은 충동의 수용을 거부하기 때문에, 즉 자아가 이 충동을 무의식 속으로 억압함으로써 방어하기 때문에 이드와 갈등을 빚는다고 생각한다. 그러나 억압된 것들은 이에 대항하면서 증상으로, 즉 대체 표상으로 다시 출현한다. 증상은 그러므로 타협의 결과이다.

정신증에서 일어나는 것과 관련해, 프로이트는 이 경우에 왜곡되는 것은 자아와 외부세계의 지각과의 관계라고 말한다. 그 예로 급성의 환각 정신증에서는 외부세계가 전혀 지각되지 않을 뿐만 아니라, 기억에 저장된 이전의 지각들로 이루어진 내부세계 또한 의미를 상실한다. 그 결과,

> 자아는 자동적으로 새로운 외부세계와 내부세계를 만들어낸다. 그리고 다음의 두 사실에는 의심의 여지가 없다. 즉, 이 새로운 세계가 이드의 소망 충동에 따라 세워졌다는 사실, 그리고 이렇게 외부세계와 해리하게 된 동기는 현실에 의한 소망의 극심한 좌절, 견딜 수 없는 것으로 여겨지는 좌절이라는 사실이다 (같은 책 : 151).

프로이트에 있어 신경증과 정신증을 유발하는 원인은 항상, "영원히 정복할 수 없는 아동기의 어떤 소망이 충족되지 못한 것, 좌절"(같은 책 : 151)과 관련이 있다. 이 좌절은 대개 외부에서 오는 것이지만 초자아로부터 파생되기도 하는데, 결국 그것은 외적 현실의 요구들을 나타낸다.

이런 점들을 확고히 하면서 프로이트는 자아와 초자아 간의 갈등을 토대로 한 새로운 정신병리인 "자기애적 정신신경증"에 대해 기술하는데, 그 전형적인 예가 멜랑콜리(우울증)이다. 자기애적 정신신경증은 전이 신경증과 정신증의 중간 지점에 있다. 신경증과 정신증은 모두 자아와, 자아를 지배하려 드는 다른 정신적 대리자들인 초자아와 이드 간의 갈등과 관련이 있다. 자아가 병리에 굴복하지 않고 어떻게 이런 갈등들로부터 빠져나올 수 있는가를 이해하는 것은 흥미 있는 일일 것이다. 그 결과는 의심의 여지없이 어떤 경제적 요인, 분투에 몰두해 있는 경향들에 달렸다. 프로이트는 더 나아가 "스스로를 기형으로 만듦으로써, 자신의 통합이 잠식당하는 것을 감수함으로써, 심지어는 자신을 쪼개고 분열시킴으로써"(같은 책. : 152-153) 자아는 붕괴를 피할 수 있을 것이라고 주장한다. 그래서 그는 "인간의 괴팍함이나 우매함"도 성도착증과 마찬가지로 다루어져야 할 것이라고 덧붙인다. 그렇다면 억압과 유사한, 자아가 외부세계로부터 자신을 떼어놓을 수 있게 하는 이 기제는 무엇인가? "[이러한] 기제는, 억압과 마찬가지로, 자아가 내보내는 리비도 집중의 철회로 이루어졌을 것이다"(같은 책 : 153). 이런 방식으로 프로이트는, 「주물성애」(1927e)에서 상세히 정의하게 될 "현실 부정"과 "자아의 분열" 개념이 곧 출현할 것임을 알리고 있다.

● 「신경증과 정신증에서 현실의 상실」(1924e)

페이지 번호는 『지그문트 프로이트 전집 표준판』 vol. 19, 181-187을 따른 것이다.

앞의 논문에서 프로이트는 정신증이 신경증과 다른 점은, 정신증에서는 자아가 외부 현실의 지각을 거부하는 반면, 신경증에서는 외부 현실이 있는 그대로 받아들여진다는 사실이라고 명시한 바 있다. 이 글에서는 두 상태 모두 현실 지각에 왜곡이 있는 것으로 간주하면서, 다소 입장을 완화시키고 있다. 이 둘 사이의 차이점은 왜곡의 성질에 있다는 것이다. 이 논문에서 프로이트는 이러한 차이점을 상세히 설명한다.

처음에 그는 신경증과 정신증이 발병할 때 특징적으로 나타나는 두 단계를 묘사한다. 신경증에서는 첫 단계에 실제로 현실의 상실이 있다. 다음에는 타협 형성, 즉 신경증적 증상이 뒤따른다. 첫 단계에서 억압을 일으킨 것은 회피해야 했던 현실의 파편이다. 프로이트는 형부와 사랑에 빠졌던 한 젊은 여성의 예를 인용한다. 그녀는 언니가 임종하는 자리에서 머리에 떠올랐던 생각에 공포를 느꼈다. "이제 형부는 자유로워졌고, 나와 결혼할 수 있어." 그 장면은 즉각 망각되었고, 히스테리적 고통이 나타났다. 프로이트는 형부에 대한 사랑을 억압한 것이, 그 여성으로 하여금 형부가 곧 자유로워진다는 생각과 관련된 현실을 회피하게 만들었다고 말한다.

> 더구나 바로 이 사례에서, 신경증이 갈등을 해결하기 위해 어떤 경로를 따르는지를 배우게 된다. 신경증은 본능적 요구의 출현, 즉 형부에 대한 사랑을 억압함으로써 현실에 일어난 변화를 평가절하한다. 정신증적 반응은 언니의 죽음이라는 사실을 부정하는 일일 것이다(1924e : 184).

다음에 프로이트는 정신증에서 어떤 일이 일어나는지를 고찰하고, 외적 현실의 지각을 거부하는 정신증의 특징으로서 "현실의 거부denial (또는 부정disavowal)"라는 개념을 도입한다. 그는 정신증의 발병 또한 두 단계의 과정이 있다고 주장한다. 첫 단계에서 자아는 거부로 인해 현실로부터 단절된다. 두 번째 단계에서는 "입었던 손상을 회복"하고 상실한 현실을 보상하기 위해 새로운 현실, 망상이나 환각이 만들어진다. 달리 말하면, 신경증에서는 일종의 도피를 통해 현실의 중요한 일부가 회피되는 반면, 정신증에서는 거부된 일부가 개조된다. "신경증은 현실을 부정하지 않는다. 단지 무시하는 것이다. 정신증은 현실을 부정하고 바꿔놓으려고 애쓴다"(같은 책 : 185). "정상적"행동은 두 반응의 측면들을 조합한다. 신경증에서와 같이 현실의 부정은 없지만, 정신증에서와 같이 현실에서 어떤 변화를 가져오려는 시도가 있다.

신경증과 정신증은 또 다른 특성을 공유하는데, 바로 증상들을 수반하는 불안 반응이다. 신경증에서 불안은 "억압된 것의 회귀"에 의해 생기는 반면, 정신증에서는 거부된 현실이 끊임없이 마음에 압력을 가한다는 사실로부터 온다. 억압된 것의 회귀는 전통적인 프로이트 학파의 개념이지만, 정신증에서 부정된 것과 관련해 유사한 종류의 회귀를 언급한 것은 이번이 처음이다. "아마도 정신증에서는, 마치 신경증에서 억압된 본능이 그러하듯이, 거절된 현실의 조각이 정신에 끊임없이 압력을 가할 것이다. 이것이 두 경우 모두 같은 결과를 얻는 이유이다"(같은 책 : 186). 이 결과란 물론 불안의 출현이다.

끝으로 프로이트는 새로운 현실의 창조와 관련하여, 신경증과 정신증은 사람들이 생각하듯 분명하게 구별되는 것이 아니라고 말한다. 신경증 역시 정신증과 마찬가지로, 받아들일 수 없는 현실에 대한 대체물을 찾으려고 노력한다. 차이점은, 정신증에서는 병리가 망상이나 환각을 통해 새로운 현실을 만들어내는 반면, 신경증에서는 환자가 환상의 세계를 통해 불만족스러운 현실을 대체하려 한다는 사실에 있다. 이 환상 세계는 정신증이나 신경증 환자들이 자신의 환상 자료를 꺼내 쓸 수 있는 일종의 "창고"가 된다. 그러나 신경증 환자의 경우, 자아는 정신증 환자의 경우처럼 현실과 완전히 단절되어 있지는 않다. 정신증 환자 또한 창고에서 자료를 끄집어낸다. 그러나 신경증 환자는 새로운 환상 세계를 노는 아이처럼 사용하면서 그것에 "상징적" 의미를 부여한다. 달리 말해 신경증 환자는 현실과 환상을 구별할 수 있지만, 망상이나 환각이 있는 정신증 환자에게는 이것이 불가능하다.

「부인 negation」(1925h)

페이지 번호는 『지그문트 프로이트 전집 표준판』 vol. 19, 233-239를 따른 것이다.

프로이트는 환자가 회기 중에 올라오는 어떤 생각이나, 소망 또는 감정들이 자신의 것이라는 것을 거부할 때 사용하는 기술이 부인이라고 정의한다. "우리는 이것이 방금 떠오른 관념을 투사에 의해 거부하는 것이라는 것을 알아차린다"(1925h : 235). 예를 들면, "당신은 꿈속의 이 인물이 누구일 것 같으냐고 물으셨죠, 우리 엄마는 아니에요.' 우리는 이것을 다음과 같이 정정한다. 그렇다면 그 인물은 그의 엄마이다"(같은 책 : 235). 그러므로 부인은 억압된 소망이나 느낌, 관념의 내용이 의식으로 들어오는 하나의 수단이다 – 부인된다는 조건 하에. 여기서 전문 용어에 대해 언급할 필요가 있다. 독일어로 Verneinung(부인)이란 말은, 단어의 논리적이고 언어학적 의미에서의 부인과 심리학적 의미에서의 부인을 모두 가리킨다. 즉 이미 진술했던 것에 대한 거절을 의미한다(Bourguignon 등 1989).

부인은 무의식적인 것을 알아차리게 되는 방식이지만, 억압된 것을 받아들이는 것은 아니라고 프로이트는 지적한다. 여기서 판단의 지적 기능은 정서적 과정들과 분리되어 있다. 환자가 판단에서 어떤 것을 부인할 때, 실제로 그것은 '이것은 내가 억압하고 싶은 어떤 것'이라는 걸 뜻한다. 그러므로 "아니"라는 것은 억압의 보증 마크, "말하자면 'Made in Germany'와 같은, 원산지 증명서이다"(같은 책 : 236). 판단 기능의 작동은 "부인의 상징"을 통해서 가능해지는데, 그것은 억압의 결과와 관련해 사고가 어느 정도 자유를 누리도록 허락한다.

판단 기능은 다른 두 개의 특징을 가지고 있다. 첫째는 이런저런 속성이 있는지 아닌지를 결정하는 것이다. 이것은 '나는 이걸 먹고 싶어'라거나 '나는 이걸 뱉어버리고 싶어'와 같은 본능욕동의 언어로 표현될 수 있다. 즉, '그것은 내 속에 있어야 해'라거나 '그것은 내 밖에 있어야 해'와 같은 것으로 이는 "본래적 쾌락 자아"의 임무이다. 판단 기능이 결정하는 두 번째 종류는 표상이 실제로 존재하는가 아닌가를 판가름하는 것인데, 이것은 현실검증과 관계가 있다. 이 두 기능들은 서로 밀접한 관련이 있다. "단지 표상에 불과한 비현실적이고 주관적인 것은 내부적이다. 진짜real는 외부에도 있다"(같은 책 : 237). 표상이 모두 과거의 지각에서 유래되었다는 것을 감안할 때, 표상의 현존은 있었던 현실을 보증하는 것이다. 이런 이유로 "현실검증의 첫 번째, 그리고 즉각적인 목적은 따라서 표상과 부합하는 실제 지각에서 대상을 찾는 것이 아니라, 그것이 여전히 존재한다는 것을 스스로 확신하기 위해 그러한 대상을 재발견하는 것이다"(같은 책 : 237-238). 프로이트에게 있어 판단은 운동 행동을 선택할 것인지를 결정하는, 즉 "사고로부터 행동으로 인도하는" 결정적 요소이다. 마지막으로 프로이트는 "자아 내부로의 포함과 자아로부터의 배제"라는 양극과, 삶의 욕동과 죽음 욕동 간의 갈등을 연결한다.

> 통합의 대체물인 긍정은 에로스에 속한다. 축출의 계승자로서 부인은 파괴본능에 속한다. 부인하려는 일반적 소망, 일부 정신증 환자들이 보이는 부정주의는 아마도 리비도적 구성요소들의 철수를 통해 일어나는, 본능의 탈융합의 신호로 간주되어야 할 것이다(같은 책 : 239).

● 「해부학적 성 차이의 심리적 귀결」(1925j)

페이지 번호는『지그문트 프로이트 전집 표준판』vol. 19, 241-258을 따른 것이다.

부인의 개념은 이 논문의 서두에도 등장하는데, 대부분 남아와 여아의 발달에 있어 거세 콤플렉스의 결과에 중점을 두고 있다. 프로이트는 이 연구의 도입부에서, 유아의 성이 가장 이른 시기에 나타난다는 점에서, 그것을 분석하는 것이 얼마나 중요한지를 강조한다. 그는 또한 정신분석에서 결과를 얻기까지 걸리는 시간을 강조하면서, 정신분석 치료 기간을 줄이려는 사람들에게 동의하지 않는다. "우리가 고려하고 있는 것과 같은 초기 아동기의 분석은, 지루하고 수고스럽고, 의사와 환자 모두의 요구들을 항상 만족시킬 수는 없는 것이다"(1925j : 248).

여아와 남아의 심리성적 발달

프로이트는 남아의 발달에 있어 주요 단계들을 개괄하는 것으로 시작한다. 그는, 남아의 오이디푸스적 태도는 남근기에서 정점에 이르며, 거세에 대한 공포는 프로이트의 용어로 "파괴성"을 불러온다고 말한다. 더구나 심리적 양성성 때문에 어린 소년의 오이디푸스 콤플렉스는 능동적이면서도 수동적이다. 그는 자신의 아버지와 동일시하고, 어머니와 결혼하고 싶어 한다. 그러나 동시에 그는, 어머니와 동일시하면서 아버지를 존경하는 여성적 태도를 취하기도 한다. 프로이트는 또한 오이디푸스 콤플렉스의 "이전 시기prehistory" 동안, 자위의 중요성을 주장하는데, 그것이 성적 흥분의 방출에 기여하기 때문이다.

이와 같이 남아에 대한 상황을 개괄한 다음, 프로이트는 여아들의 오이디푸스 콤플렉스를 고찰하면서 여아는 남아보다 한 가지 문제가 더 있다고 말한다. 여아는 초기 발달의 한 지점에서 대상을 바꿔야만 한다. 양 쪽 모두 원래의 사랑-대상은 어머니이다. 남아는 오이디푸스 콤플렉스에서 자신의 대상을 고수하지만, 여아는 그 대상을 포기하고 아버지를 사랑-대상으로 삼는다. 여아는 어떻게 해서 사랑-대상을 바꾸게 되는 것일까?

프로이트는 자신이 여아의 오이디푸스 콤플렉스 이전 시기라고 부르는 것, 즉 오이디푸스 콤플렉스가 확립되기 이전의 시기에 대해 상세히 검토한다. 이 시기는 주로 남근 선망 그리고 자신의 여성성을 계속 발달시키기 위해 그 선망을 극복하는 능력과 관계가 있다. 프로이트는 여아의 발달에 있어 핵심 지점을 오이디푸스 콤플렉스 이전인 남근기에 놓는다.

> [그들은] 남자 형제나 놀이친구의 페니스가 두드러지게 눈에 띄고 크다는 것을 발견하고는, 즉시, 작고 눈에 띠지 않는 자신의 기관에 비해 우월하다고 인식한다. 그리고 그때부터, 그들은 남근을 선망하는 희생물이 된다 (같은 책 : 252).

이 지점에서 남아의 행동은 여아의 행동과는 다르다. 남아가 여아의 성기 부분을 얼핏 보았을 때, 그는 아무것도 못 보았거나 자신이 본 것을 부정하고는 페니스를 보았다고 생각한다. 그 관찰이 소급해서 충분한 의미를 가지게 되는 것은 나중에, 그가 거세위협에 사로잡혔을 때이다. 그때부터 남아는 여자들은 불구이고 거세되었다고 상상한다. 이것은 왜 남아들이 여아들에게 "공포"를 느끼고, 그들에게 "승리자의 경멸"을 보이는지 설명해준다(같은 책 : 252).

프로이트는, 어린 여아는 달리 행동한다고 말한다. "여아는 순식간에 판단하고 결정을 내린다. 아이는 그것을 보았고, 자신에게 그것이 없다는 것을 알게 되었으며, 그것을 갖고 싶어 한다. 이로부터 여성의 남성 콤플렉스라고 불렸던 길로 접어들게 된다"(같은 책 : 252-253). 어린 여아가 자신의 남성 콤플렉스에 반응하는 방식은, 그것을 빨리 극복하느냐 아니면 굴복하느냐에 따라 미래의 발달을 결정지을 것이다. 그것을 극복한다고 해도, "무슨 일이 있어도 언젠가는 페니스를 획득하고 남자와 같아질 것이라는 희망이 믿기 어려울 정도로 늦은 나이까지 지속된다"(같은 책 : 253). 어린 여아가 남성 콤플렉스를 극복하는 데 실패한다면, 거세에 대한 거부(혹은 부정) 가 발생하고, 여아는 장차 자신이 남자인양 행동하게 된다.

> 또는 내가 "부정"이라고 부르고 싶은 과정이 다시 시작될 수도 있다. 아동기의 정신생활에서 이 과정은 드문 것도 아니고 그리 위험한 것도 아니지만, 성인에게는 정신증의 시작을 의미할 수도 있다 (같은 책 : 253).

여아의 남근 선망

남근 선망은 어린 여아에게 다양한 심리적 결과를 가져온다. 그것은 여아의 열등감을 설명해주는데, 여아는 그것을 "자기애적 상처"로, "자신에 대한 개인적 처벌"로 경험하면서 남성이 여성에 대해 느끼는 경멸을 공유하기 시작한다. 남근 선망은 또한 여성 특유의 질투심을 설명해주며, 매 맞는 아이의 자위 환상(프로이트 1919e)과 연결된다. 또 다른 결과는 "여아와 모성적 대상과의 애정적 관계가 느슨해지는 것"(같은 책 : 254) 으로 보이는데, 대개 어머니는 자신의 남근 부재에 책임이 있다고 생각되기 때문이다. 가장 중요한 영향을 미치는 것은 음핵에 대한 자위가 남성적 행위를 맡는다는 것인데, 그것이 여성성의 발달을 방해하기 때문이라고 프로이트는 말한다. 남근기와 연결된 남근 선망 단계 직후에, 여아는 음핵 자위에 반기를 들기 시작한다. 자신이 남아가 아니라는 사실에 대한 반항은 그녀를 여성성의 방향으로 돌려놓는다. "그러므로 해부학적 성 차이에 대한 어린 여아의 인식은, 남성성과 남성적인 자위로부터 멀어지게 하고, 여성성의 발달로 이끄는 새로운 길로 가도록 만든다"(같은 책 : 256). 오이디푸스 콤플렉스가 여아에게 중요해지는 것은 이 시점에서이다. "남-아이"라는 상징적 등식(독일어로는 "symbolische Gleichung : Penis = Kind" (G.W. vol. 14, 27))의 결과로, 여아는

> 남근 소망을 포기하고 대신 아이에 대한 소망을 갖게 된다. 그리고 그 희망을 이루기 위해 아버지를 사랑-대상으로 삼으며, 어머니는 질투의 대상이 된다. 여아는 작은 여성으로 변한 것이다 (같은 책 : 256).

여기서 프로이트는 그의 모든 글을 통틀어 명백히 언급한 적이 거의 없는, 특별히 여성적인 감각들이 존재할 가능성에 대해 언급한다. 이것은 의심할 나위 없이, 그의 "남근 중심적" 견해가 여성 분석가들뿐 아니라 남성 동료들에게 불러일으킨 반발에 대한 반응이다. "내가 한 분석의 예를 믿는다면, 이 새로운 상황은 여성 성 기관에 대한 조숙한 인식으로 간주되어야 할 신체적 감각을 불러올 수 있다"(같은 책 : 256).

서로 다른, 여아와 남아의 오이디푸스 콤플렉스

프로이트는 이것으로부터 일련의 결론들을 도출한다. 첫째로 오이디푸스 콤플렉스 및 거세 콤플렉스와 관련해 양성 간에는 근본적인 차이가 있다. 남아에 있어 오이디푸스 콤플렉스는 콤플렉스를 사라지게 만드는 거세 위협이 뒤따른다. 여아는 거세가 오이디푸스 콤플렉스보다 앞서고, 오이디푸스 콤플렉스가 뒤이어 출현하는 것을 가능케 한다. "남아에게 있어 오이디푸스 콤플렉스는 거세 콤플렉스에 의해 파괴되는 반면, 여아에 있어서는 거세 콤플렉스에 의해 그것이 시작되고 가능해진다."(같은 책 : 256) 프로이트로서는 이것이, 남자와 여자의 성적 발달은 양성 간의 해부학적 차이, 그리고 거세 문제로 인한 심리적 영향의 결과라는 것을 의미한다. 이것은 "이미 실행된 거세"인 여아의 실제 거세와, "단지 위협받고 있는 거세"인 남아의 거세 환상(같은 책 : 257) 간의 차이와 일치한다. 다시 한 번, 남근의 결여가 남아와 마찬가지로 여아에게도 심리성적 발달의 중요한 측면이라는 것은 사실이지만, 프로이트는 마찬가지로 중요한 다른 측면을 고려하지 않았다. 바로 여성성, 여성 생식기 그리고 이와 관련된 환상들과 연결되어 있는 특정 요소들이 있다는 사실이다.

마지막으로, 프로이트는 오이디푸스 콤플렉스가 남아와 여아에게 어떻게 다른 방식으로 전개되는지를 기술한다. 남아에게 있어 오이디푸스 콤플렉스는 단순히 억압되는 것이 아니라, "거세 위협의 충격에 의해 그야말로 산산이 부서지며"(같은 책 : 257), 부모 대상들은 초자아를 형성하게 된다. 여아의 오이디푸스 콤플렉스는 억압의 결과로서 서서히 포기된다. 프로이트에 의하면 여자들의 초자아가 남자들처럼 그렇게 냉혹하지 않은 것은 이 때문이다. 그러한 사실은 '어느 시대나 여성들이 비판을 받았던"(같은 책 : 257) 많은 성격 특성들을 낳았다. 즉 여자는 남자보다 정의감이 덜하고, 삶의 커다란 요구들을 받아들일 준비가 덜 되어 있고, 판단이 감정에 의해 영향을 받는 경향이 있다는 것 등이다. 그렇지만 프로이트는 여성에 대한 비판에도 불구하고, 대부분의 남자들 또한 남성적 이상에 훨씬 못 미친다는 사실을 인정하였다. 프로이트는 여성주의자들이 요구하는 바와 같은 성적 평등은 받아들여질 수 없으며, 우리 각자에게는 남성적 성격과 여성적 성격이 모두 있다고 말한다. "그래서 순수한 남성성과 여성성은, 불확실한 내용의 이론적 구성물일 뿐"(같은 책 : 258)이라고 주장한다.

「주물성애」(1927e)

페이지 번호는 『지그문트 프로이트 전집 표준판』 vol. 21, 147-157을 따른 것이다.

주물성애에서 현실 지각의 부인

「주물성애」에서 프로이트는 거부(부정)의 개념을 발달시키는데, 그것은 받아들일 수 없는 현실의 지각을 거절하려는 방어이다. 그는 이것을 그 방어의 결과들 중 하나인 자아의 분열과 연결시킨다. 이런 종류의 방어의 원형이 주물성애자인데, 그는 여성이 거세되었다는 지각을 거부하고, 실종된 남근에 대한 대체물로서 주물대상을 갖는다. 이어서 프로이트는 주물성애자의 자아 안에 두 모순된 태도가 공존한다고 말한다. 하나는 여자들에게 페니스가 없다는 지각을 거부하는 것이고 다른 하나는 그 사실을 인정하는 것이다. 마음 안에 두 모순된 태도를 결정하는 자아의 분열이 있을 수 있다는 생각은 프로이트가 이전의 관점, 특히 정신증에 대한 관점들을 수정하도록 만들었는데, 그는 두 연속적인 논문에서 이 주제를 계속 연구한다.

프로이트가 발, 신발, 털, 여성 속옷 등과 같은 주물대상이 그저 페니스가 아니라 페니스의 대체물이라는 결론에 이르게 된 것은 여러 주물성애 사례에 대한 분석을 통해서였다. "주물은 남자아이가 한때 있다고 믿었던, 그리고 우리가 잘 아는 이유로 포기하지 않으려던 여성의 (어머니의) 페니스에 대한 대체물이다"(1927e : 152-153). 「국제정신분석학술지」(1928, 9, 161-166)에 실린 조안 리비에르의 번역은 다음과 같다. "주물은 어린 남자아이가 한때 있다고 믿었던, 그리고 포기하고 싶지 않았던 – 우리는 그 이유를 알고 있다 – 여성의(어머니의) 팔루스 phallus의 대체물이다. "팔루스 phallus"는 프로이트가 명사로는 거의 사용하지 않았던 단어이다. 그는 보통 "남근penis"("남근 선망"에서처럼)이라는 용어나 "phallic"이라는 형용사("phallic phase" 등)를 사용했다. 프로이트는 일부 후기 프로이트 학파 정신분석가들이 구별했던 "팔루스"와 "페니스"를 구분하지 않았다.

> 현대의 정신분석 문헌들은 "phallus"와 "penis"를 점차 구별된 의미로 사용하는 경향이 있다. "penis"는 실제 신체에서의 남성 기관을 가리키고, "phallus"는 페니스의 상징적 의미를 강조한다 (Laplanche와Pontalis 1967 [1973 : 321]).

주물성애자에게로 돌아가 보자. 주물성애자의 무의식적 환상에서 주물대상은 페니스의 상징적 대체물로서 여자의 몸을 나타내는 것으로 여겨진다. 그러므로 주물성애자는 여자들에게 성적 매력을 느끼지 못하고 이후부터 주물대상에 집중하게 되며, 그것만이 유일한 성적 흥분의 원천이 된다. 프로이트는, 주물대상을 만드는 것은 위협적인 지각이 불러일으킬 불안으로부터 주물성애자를 보호하기 위해, 여성들의 거세를 "부정disavowal"하려는 것이라고 말한다. "이러한 대체물을 창조함으로써 거세 공포는 자신에게 추모비를 세워주었다"(1927e : 154). 그러므로 주물성애자는 서로 모순되는 두 역할을 가지고 있는데, 한편으로는 여성들도 페니스를 가지고 있다는 신념을 유지하면서 다른 한편으로는, 여성들의 거세라는 현실을 주물성애자들이 지각하지 못하도록 금지하는 것이다. "그것[주물대상]은 거세 위협을 이겨내고 거세로부터 보호받았다는 표시로 계속 남게 된다"(같은 책 : 154).

병리적 애도에서, 대상 상실의 지각에 대한 부인

프로이트는 이 모순된 심리적 태도를, 여기서는 여성의 거세에 대한 지각과 관련된 또 다른 맥락에서 관찰하였다. 그는 사랑하는 아버지가 죽은 후에 두 청년이 보였던 태도를 예로 든다. 그는 대상을 상실한 것과 관련해 그들의 인격에서 일어났던 "분열"을 기술하면서, 이러한 분열이 주물성애 환자들에서 발견되는 것과 유사하다고 말한다.

> 두 청년들은 여성의 거세에 대한 주물성애자의 태도 못지않게 아버지의 죽음에 대한 "암점 scotoma"을 갖고 있다는 것이 드러났다. 아버지의 죽음을 인식하지 않는 것은 그들의 정신적 삶의 한 경향이었을 뿐이며, 그 사실을 충분히 알고 있는 또 다른 경향이 있었다. 소망에 합치된 태도와 현실에 합치된 태도가 나란히 공존하고 있었다(같은 책 : 156).

프로이트는 형제 중 한명에게서, 자아가 아버지의 죽음이라는 현실을 부정한 결과에 대해 기술한다. "그 환자는 삶의 모든 상황에서 두 가정들 사이를 오갔다. 하나는 아버지가 여전히 살아 있어 그의 행동을 방해한다는 것이고, 다른 하나는 반대로, 그가 자신을 아버지의 후계자라고 여길 자격이 있다는 것이었다"(같은 책 : 156). 이 사례는 주물성애와 같이 병리적인 애도에서도, 상실한 대상의 내사에 따른 자아의 분열이 상실이라는 현실을 지각하는 것과 관련해 두 모순된 태도를 만들어낸다는 것을 보여준다. 하나는 그것을 수용하는 반면, 다른 하나는 그것을 거부한다. 이러한 관찰을 통해 프로이트는 자신이 「애도와 멜랑콜리」(1917e[1915])에서 발전시켰던 가설들을 완성할 수 있었다. 그는 이 논문을 마무리하면서, 정신증에서도 동일한 현상이 일어나지만 여기서는 한 가지 태도만이 현실로부터의 철회로 이끌며, 따라서 철회는 처음에 자신이 생각했던 것만큼 완전하지 않다고 말한다. "그러므로 나는, 정신증에서는 현실에 합치되는 경향이 사실상 부재했으리라는 예상을 고수할 수 있다"(같은 책 : 156).

「방어의 과정에서 자아의 분열」 (1940e[1938])

페이지 번호는 『지그문트 프로이트 전집 표준판』 vol. 23, 271-278을 따른 것이다.

이 논문에서 프로이트는, 아동기에 자아는 자신이 양립할 수 없는 요구들을 다뤄야 한다는 것을 발견하며, 이 갈등에 대해 두 가지 모순된 방식으로 반응한다는 생각으로 되돌아간다. 한편에서 자아는 현실을 거부하고, 욕동과 관련된 요구들의 어떤 금지도 허락하지 않는다. 다른 한편에서 자아는 현실로부터 오는 위협을 자각하고, 그것을 증상으로 변형시킴으로써 그 위험에 대한 공포를 다룰 수도 있다. 그러나 이 기발한 해결책은 대가를 치러야 하고 자아 분열은 해가 갈수록 깊어진다. "[이러한] 성공은, 치유되기보다는 시간이 지날수록 깊어지는 자아의 균열을 대가로 얻어진다. 갈등에 대한 두 상충된 반응들은 자아 분열의 핵심으로서 계속 유지된다" (1940e[1938] : 276). 프로이트는, 자아의 이런 장애가 우리에게는 낯설어 보이는데, 우리는 자아가 통합적인 기능을 하리라고 예상하기 때문이라고 말한다. 그는 3세에서 4세 사이에 있는 어린 소년의 예를 논하면서 이 논문을 끝맺는다. 이 사례는 자아의 분열 그리고 여성의 페니스에 대한 환상적 대체물로서의 주물대상의 역할에 대한 프로이트의 관점을 더욱 분명히 해주었다.

『정신분석학 개요』 (1940a[1938])

생애와 역사

미래에 맡겨진 유고

이 책은 프로이트가 이 논문 시리즈에 가했던 마지막 손질을 포함하고 있기 때문에, 그의 저작들의 연대기적 순서를 마음대로 바꾸는 것이 된다 해도, 나는 이 책을 이들 가운데 놓는 것이 옳다고 생각한다. 이 책은 프로이트가 런던에 도착한 직후인 1938년 7월과 9월 사이에 쓰였는데, 당시 그는 82세였다. 이 저술 작업은 그를 오래 괴롭혔던 암이 재발하여 수술을 받아야 했기 때문에 중단될 수밖에 없었다. 이 개요는 그가 사망한 이듬해인 1940년에 출판되었다.

오랫동안 미완성 원고로 생각되었던 이 66쪽의 글은 일부 편집상의 문제를 일으킨다. 사실상 프로이트 자신이 온전히 그리고 축약되지 않은 방식으로 쓴 것은 가장 최근의 혁신적 사고들뿐이었다. 그런 점에서, "이론적 산출"이라는 제목이 붙은 세 번째 부분은 무엇보다 우리의 관심을 끈다. 거기서 프로이트는 자아와 외부세계 간의 관계를 논의하면서, 부정과 자아 분열 같은 주제에 대한 최근의 작업을 보고한다. 대조적으로 책의 첫 부분은 서둘러 쓰였는데, 원래의 원고는 프로이트가 많은 축약형을 사용해 전코 형식으로 썼다는 사실을 증명해 준다. 프로이트 사후에, 당시 독일인 편집자들이 원본에 작업을 가했다. 원고에 이렇게 변경된 부분이 있는 것은 확실하지만, 그들은 세 번째 부분을 프로이트가 썼던 그대로 놓아두었다 (Grubrich-Simitis 1985).

『정신분석학 개요』는 일반 대중을 위한 요약서나 단순한 안내서에 그치는 것이 아니다. 글 자체는 읽기가 쉽지 않다. 그것은 프로이트가 발견한 주요 주제들의 윤곽을 폭넓게 개략하면서 새로운 연구들을 위한 창을 열어놓고 있다. 프로이트는, "당분간" 우리는 그 한계에도 불구하고 정신분석을 치료 방법으로 사용해야 한다고 말한다. 그러나 그는 다른 치료방법, 특히 정신약리학적 치료법의 발견을 예상하고 있다.

> 미래에 우리는 특수 화학물질을 사용해, 정신기구에서 에너지의 양과 그 분배에 직접적인 영향을 주는 법을 알게 될 것이다. 아직 꿈도 꾸어보지 못한 다른 치료법이 가능할지 모른다. 그러나 지금으로서는, 우리에게 정신분석 기법보다 더 나은 것이 없다. 그런 이유로, 그 한계에도 불구하고, 정신분석을 경시해서는 안 될 것이다 (1940a[1938] : 182).

방금 언급했던 내용으로 인해, 『정신분석학 개요』는 정신분석가들에게 보내는 일종의 유언으로 여겨지고 있다.

원문 찾아보기

페이지 번호는 『지그문트 프로이트 전집 표준판』 vol. 23, 139-207을 따른 것이다.

개요의 1부와 2부는 주요 정신분석적 발견들을 당시 그대로 압축한 내용인 반면, "이론적 산출"이라는 표제를 단 3부에서 프로이트는, 불안과 자아의 분열에 관한 새로운 생각들을 자아분열이 가져오는 결과와 함께 소개하고 있다.

정신생활에서 자아의 역할을 설명하면서 프로이트는, "자아를 지배하는 것은 안전에 대한 고려"(같은 책 : 199)라고 말한다. 이어서 그는 자신의 불안 이론의 핵심에 대해 기술하면서, 특히 불안은 자아의 통합을 위협하는 위험에 대한 경고 신호임을 언급한다. 그러므로 이러한 위험들은 자아의 파편화와 관련이 있는, 억압의 기제와는 상당히 다른 기제이다. "자아는 자신의 통합을 위협하는 위험들에 대해 경고하는 신호로서 불안이라는 느낌을 사용한다"(같은 책 : 199).

좀 더 나아가 프로이트는 현실로부터의 분리를 주된 특징으로 하는, 정신증에 관한 보다 초기의 견해로 되돌아간다. 여기서 다시 한 번, 그는 자신이 처음에 생각했던 것과는 반대로, 이런 분리가 완전하지 않다고 주장한다. 그는 가장 심각한 정신증 사례에서도 정신의 건강한 일부가 여전히 존재한다는 사실이 이에 대한 증거라고 본다.

> 환각적인 혼돈 상태와 같이 외부세계의 현실로부터 그토록 멀리 떨어져 있는 상태에서 조차, 우리는 회복한 환자들로부터 당시 그들의 마음 한 구석에는 (그들의 표현대로) 떨어져 있는 구경꾼처럼, 병리가 그를 한바탕 휩쓸고 지나가는 것을 지켜보는 정상적인 사람이 숨어 있었다는 것을 알게 된다 (같은 책 : 201-202).

이러한 관찰은, 많은 다른 유사한 관찰들과 함께, 프로이트가 정신증에서는 분열된 마음으로 인해 두 모순된 태도들을 일으키는 자아의 분열이 있음을 증명하기에 충분했다. "단일한 태도 대신 두 개의 심리적 태도들이 형성된다. 하나는 현실을 고려하는 정상적인 태도이고, 다른 하나는 본능의 영향 아래 자아를 현실로부터 분리하는 태도이다"(같은 책 : 202). 이러한 두 태도들이 공존하는데, 비정상적인 태도가 우세할 때 정신증이 발병하기 좋은 상황이 된다.

프로이트는 이러한 관점들을 더 탐구한다. 그의 초기 견해가 정신에서 두 모순된 태도, 병리적인 것과 정상적인 것의 공존이 정신증만의 특징이라는 것이었다면, 이제 그는 자아의 분열이 주물성애와 같은 비정신증적 상태뿐만 아니라 신경증에서도 일어난다고 주장한다.

> 모든 정신증에는 자아의 분열이 있다고 가정하는 견해가 보다 신경증에 가까운 다른 상태, 그리고 결국은 신경증 자체에까지 적용될 수 있음이 드러나지 않았다면, 이 견해가 그토록 주의를 끌지는 못했을 것이다 (같은 책 : 202).

프로이트는 정상적인 상태와 병리적인 마음 상태는, 하나는 현실을 수용하고 다른 하나는 현실을 거부하는 서로 독립적인 두 모순된 태도들 간의 힘의 균형에 따른 결과라는 결론을 내린다.

> 부정은 항상 인정에 의해 보충된다. 모순된 두 독립적인 태도들이 늘 생겨나며, 그 결과 자아가 분열되는 상황이 만들어진다. 다시 한 번, 문제는 둘 중 어느 것이 더욱 큰 힘을 장악하느냐에 달렸다(같은 책 : 204).

프로이트는 그러한 정신 현상들의 존재를 인식하는 것이 얼마나 어려운가를 상기시키면서 이 논의를 마무리한다. "결론적으로, 이러한 모든 과정들은 거의 우리의 의식적 지각을 통해 알려진 것이 아니라는 점을 꼭 지적해야겠다"(같은 책 : 204).

후기 프로이트 학파

자아의 분열 : 프로이트와 클라인의 개념 차이

자아의 분열 : 프로이트의 관점

보다 초기의 논문에서 프로이트는 신경증의 발병을 주로 억압 기제에 의해 설명했지만, 그는 곧 정신 안에 동시에 병리적 분할이 있음을 깨닫게 되었다. 처음에 그는 이러한 분할들을 가리키기 위해 다양한 용어들을 사용하였는데, 특히 분열 splitting, 또는 해리 dissociation, 이중성 dualism, 분리 seperation 등과 같이, 밀접한 관련이 있는 다른 표현들을 사용하였다. 1917년「애도와 멜랑콜리」에서 그는 상실한 대상을 "자아의 분열된 부분" 속으로 내사한다는 개념을 소개하였으며, 1923년에는 자아, 이드와 초자아라는 개념을 발전시켰다. 이로써 그는 자아의 분열이라는 개념과 함께, 상실이라는 현실에 대한 지각의 부정이 하는 역할을 기술할 수 있었다. 그가 자아의 분열을 본격적인 정신분석적 개념으로 언급한 것은「주물성애」(1927e)에 관한 논문에서였다. 1930년대에 쓰인 그의 마지막 논문들에서 그는 자아의 분열을 일으키는 두 모순된 태도들이 각 개인의 마음속에 다양한 정도로, 정신증으로부터 정상에 이르기까지, 광범위한 상태로 존재한다고 덧붙인다.

자아의 분열 : 클라인의 관점

수많은 정신분석가들, 특히 클라인 학파와 후기 프로이트 학파에 속하는 사람들은 분열 개념을 더욱 발전시켰고 다양하게 이해하였다. 프로이트와 클라인에게 분열은 같은 것을 의미하지 않는다는 것을 이해하는 것이 중요하다 (Canestri 1990). 프로이트에게 자아의 분열은 현실을 부정한 데 따른 갈등의 결과이다. 이를테면, 자아는 자신이 수동적으로 분열된 것을 발견한다. 반면에 클라인 학파와 후기 클라인 학파에 따르면, 분열은 많은 방식으로 작용할 수 있는 능동적인 방어 기제이다.

상실한 대상의 내사에 관한 프로이트의 논의(Freud 1917e [1915])를 출발점으로 삼은 칼 아브라함과 멜라니 클라인의 자아 발달 개념은, 자아발달이 처음에는 내사의 결과로써 그 다음에는 자아의 일부가 내적 대상들과 동일시함으로써 수정된다는 것을 토대로 하고 있다. 초기 논문에서 클라인은 대상의 분열에 관해 다루고 있다. 그녀는 어떻게 대상이 객관적으로 지각되는지, 그리고 이러한 지각들이 어떻게 사랑과 증오의 감정에 영향을 받는지에 관해 기술한다. 이것의 결과로서 대상은 처음에 좋은 측면과 나쁜 측면으로 분열된다. 이러한 좋은 측면과 나쁜 측면의 점진적 통합은 대상에 대한 보다 현실적인 지각과 연합하여 우울적 자리의 확립으로 이끌고, 인격 발달에서 결정적인 역할을 한다. 내적 대상의 형성과 자아의 형성이 상호의존적인 것으로 보아, 대상의 분열은 자아의 분열과 일치한다.

1946년 이후부터 클라인은 분열에 대한 자신의 생각을 더욱 발전시켜, 그것이 작용할 수 있는 다양한 방식을 기술하기 시작한다. 예를 들면 투사적 동일시에서, 그녀는 "나쁜" 것으로 경험되는 자기의 일부를 분리시켜 대상에게 투사하는 과정을 기술하면서 "분열시킨다"고 말한다. 정신분열증에서 그녀는 대상이 아주 작은 파편들로 조각나는, 그녀가 '미세한 분열 minute splitting'이라고 부르는 것에 대해 기술한다. 이는 자아의 파편화("와해")로 이끄는데, 이것은 정신분열증 환자의 멸절 불안 기저에 있는 과정이다. 로버트 D. 힌쉘우드 Rovert Hinshelwood(1989 : 435)에 따르면 여러 가능한 분열들 중 네 가지 종류의 분열은 뚜렷이 구분할 수가 있는데, 그것은 "대상의 응집적 분열 coherent split, 자아의 응집적 분열, 대상의 파편화, 그리고 자아의 파편화"이다. 이런 다양한 종류의 분열이 공존할 수 있다.

프랑스 판 『클라인 개념 사전』 서문에서 힌쉘우드(2002)는, 영어의 다양한 어휘들이 분열이 작용하는 다른 방식들(헤어지다splitting up, 떼어내다splitting off, 쪼개지다splitting apart...)의 섬세한 구분을 용이하게 해주었으며, 종종 불어에는 그에 해당하는 용어가 없다고 지적한다. 계속해서 그는 "나는 불어가 가진 제약들이 특히 이 근본적인 개념 [분열]과 관련해, 멜라니 클라인의 사고가 불어권 독자에게 덜 미묘하게 보이도록 만들었고 따라서 그녀의 개념에 별 흥미를 느끼지 못하도록 만든 게 아닌가 싶다"(Hinshelwood 2002 : 3).

새로운 개념들 성별 간의 해부학적 차이 – 거세 콤플렉스 – (거세의) 부정 – (현실의) 부정 – 자기애적 신경증 또는 정신신경증 – 부인negation – 팔루스 – 억압된 것의 회귀, 분열된 부분들의 회귀 – 자아의 분열 – 상징적 등식

「끝낼 수 있는 분석과 끝낼 수 없는 분석」
(1937c)

「분석의 구성」
(1937d)

기법에 관한 마지막 논문들

「끝낼 수 있는 분석과 끝낼 수 없는 분석」에서 프로이트는, 정신분석 기법의 어떤 측면을 수정하더라도 – 예를 들면 분석 기간을 단축하는 것 – 유사한 결과를 얻을 수 있을 것으로 기대했던 랑크와 페렌치에게 응답하는 것으로 시작한다. 그러나 프로이트는 몇 달이라는 기간 동안 신경증을 모두 제거하기란 불가능하다고 주장한다. 경험으로 보아 더 좋은 결과를 희망할수록, 기간을 단축한다는 것은 더욱 부당하기 때문이라는 것이다. 계속해서 그는 환자의 회복을 저해하고 분석에 한계를 가져다주는 다양한 저항을 대략적으로 설명하는데, 이런 저항들 중 일부는 실제로 분석을 끝낼 수 없게 만든다. 프로이트는 넘을 수 없는 두 가지 장애물인 여성의 남근 소망과 남성의 수동적 태도가 전이의 해소를 방해한다고 말한다. 페렌치는 이 두 가지 콤플렉스가 치료 과정에서 극복되어야 성공적인 분석이라고 생각했지만, 제자보다 더 비관적이었던 프로이트는 이 목표가 너무 야심적이라고 생각했다. 프로이트는, 모든 분석이 마침내 "기반암 bedrock"에 도달해야 한다고 생각했는데, 그것은 본질상 생물학적이면서 심리적인 여성의 남근 선망과 남성의 수동적 태도이다. 더구나 임상 작업에서 정신분석가를 위협하는 위험들이 있기 때문에, 프로이트는 그들에게 주기적으로 좀 더 개인 분석을 받으라고 조언한다.

「분석의 구성」에서 무엇보다도 프로이트는, 분석가가 해석을 통해 자신의 생각을 환자의 머릿속에 집어넣는다고 비난하는 사람들에게 자신의 의견을 피력한다. 그는 이를 기회로, 분석 과정에서 이루어지는 구성과 재구성의 타당성을 검토한다. 아동기 사건의 재구성에 대한 문제는, 원색 장면의 꿈과 관련해 "늑대인간"(Freud 1918b)의 분석에서 이미 전면에 부각되었다. 그것은 순전히 환상인가 아니면 환자가 실제로 아동기에 목격했던 기억인가? 프로이트는 1937년에 다시 그 문제로 돌아가 분석가의 해석은 환자에게 제공되는 가설이며, 환자는 마지막에 그 해석이 옳은지 그른지를 결정한다고 설명한다. 그런 확증은 억압된 유아기 기억의 회귀로부터 오거나, 혹은 해석이 적절한 것이라는 환자의 굳은 믿음으로부터 온다.

생애와 역사

히틀러의 집권과 반유대주의

1929년의 대공황은 미국뿐 아니라 유럽과 다른 나라들에게도 극적인 결과를 가져왔다. 특히 독일과 오스트리아에서 실업률은 걱정스러울 정도로 높아졌다. 정치 상황은 급격히 악화되었고, 1933년에는 히틀러가 나치 독일의 수상으로 정권을 잡았다. 반유대주의는 유대인들에 대한 박해로 변질되었으며, "유대인 문헌"으로 간주된 프로이트의 저작들은 1933년 5월 10일, 독일 여러 도시의 광장에서 불태워졌다. 지옥과 같은 고통 속에서 이를 지켜보던 프로이트는, 나치라는 현실에 눈 감고 싶은 소망과 일어나고 있는 일을 똑바로 보고 판단하고 싶은 소망 사이를 오갔다.

프로이트와 로멩 롤랑

1936년에 프로이트는 80회 생일을 맞았지만 두 번의 수술을 받아야 했기 때문에 공식적인 기념행사를 포기했다. 그러나 그는 로멩 롤랑, H. G. 웰스H. G. Wells 그리고 스테판 츠바이크Stefan Zweig와 같이 유명한 저술가와 예술가들을 포함해 많은 방문객들을 맞았다. 프로이트보다 10살 아래였던 로멩 롤랑의 생일에, 프로이트는 축하 편지와 함께 「아크로폴리스에서 일어난 기억의 혼란」(Freud 1936a)이라는 제목의 소논문을 그에게 보냈다. 이 소논문은 프로이트의 자기-분석의 일부였는데, 여기서 프로이트는 처음으로 파르테논을 방문했을 때 느꼈던 경이로움을 이야기한다. "진실이기에는 너무 아름답다"는 말은 두려운 낯섦의 감정이 섞여 있었다. 프로이트는 로멩 롤랑을 1924년에 단 한 번 만났음에도 불구하고, 그들은 13년 동안 정기적이지만 단속적으로 서신을 주고받았다. 두 사람 간에는 아주 강한 친밀관계가 형성되어, 그들은 문학과 신비주의적 주제에 대한 관심을 나누었다. 프로이트는 로멩 롤랑이 서술한 "대양감"을 『환상의 미래』(Freud 1927c)의 토대로 사용했다.

1937년 초에, 루 안드레아스-살로메가 사망했다. 같은 해에 프로이트는, 마리 보나파르트 공주가 자신이 플리스에게 쓴 편지들을 베니스의 골동품상에게서 구입했다는 것을 알고 파기할 것을 요청했지만 거절을 당했다. 암이 악화되었음에도 불구하고, 프로이트는 몇 편의 논문을 더 출간하였다.

마리 보나파르트 공주(1882-1962)

프로이트와 그의 가족은 마리 보나파르트 공주를 매우 좋아했다. 그녀는 이제 싹트기 시작한 프랑스 정신분석학계에서 그의 주요 대리인이었고, 파리정신분석학회(SPP)가 발전하는 데 매우 중요한 역할을 했다.

나폴레옹 보나파르트의 형제들 중 한 명의 직계 자손인 마리는 1882년에 생 클루(프랑스)에서 태어났는데, 태어난 지 한 달 만에 어머니가 사망하였다. 아동기와 청소년기를 어렵게 보냈던 마리는 1907년에 그리스와 덴마크의 왕자인 죠지와 결혼해 두 자녀를 두었다. 르네 라포르그에 따르면 그녀는 강박신경증에 시달렸고, 늘 자살을 생각했다. 그녀는 1925년에 프로이트에게 의뢰하여 분석을 시작했다. 치료는 1938년까지, 잠깐씩 정기적으로 지속되었다. 프로이트와 처음 만난 순간부터 정신분석을 수호하는 데 전념했던 마리 보나파르트 공주는 더없이 후한 후원자였다. 1926년에 그녀는 파리정신분석학회의 창립에 참여했고, 프랑스 정신분석 저널Revue Françaies de Psychanalyse을 설립한 사람들 중 하나였다. 더구나 그녀는 프로이트의 많은 저서와 논문들을 프랑스어로 번역했으며, 자신도 정신분석을 응용한 몇 편의 논문을 썼는데, 에드가 포의 저서와 사회 문제에 관한 것들이었다. 여성 성욕에 대한 그녀의 관점은 많은 논쟁을 일으켰는데, 그녀는 정신분석보다는 해부학과 유형학에 기초를 두고 있었다. 그리고 그녀는 클리토리스의 수술을 제안하면서 자신이 수술을 받기까지 하였다. 이 점에 대한 그녀의 견해가 심한 논쟁을 불러일으켰기 때문에, 쟈닌 샤스케-스미르겔 등(1964)은 정신분석적 관점에서 여성 정체성 고유의 특징들을 강조하게 되었다.

1939년에 미국 대사 윌리엄 뷸릿William Bullitt과 어네스트 존스의 도움으로 마리 공주가 나치 당국에서 요구한 몸값을 지불한 후, 프로이트와 그의 가족은 비엔나를 떠나 런던으로 가도 좋다는 허락을 받았다. 1953년에 자크 라캉이 파리 학회에서 첫 번째 분립을 선언했을 때, 그녀는 샤샤 나흐트Sasha Nacht(당시 파리정신분석학회 회장으로 라캉 그룹과 대립하였음-역주) 집단에 가담했다. 이듬해에 그녀는 파리정신분석 연구소와 생 자크가의 도서관 설립에 재정적인 지원을 했다. 마리 보나파르트 공주는 1962년에 생 트로페즈에서 사망했다.

원문 찾아보기

「끝낼 수 있는 분석과 끝낼 수 없는 분석」(1937C)

페이지 번호는 『지그문트 프로이트 전집 표준판』 vol. 23, 211-253을 따랐다.

정신분석 치료는 시간이 걸리는 작업이다

매우 특별한 의미가 있는 이 논문은 방어적으로 시작되고 있는데, 신경증 증상과 억제에서 놓여나기 위해서는 정신분석 치료가 "시간 소모적 작업"(1937c : 216)이 될 수밖에 없다고 주장한다. 프로이트는 분석 기간을 단축하려는 많은 시도들, 특히 출생 외상의 후유증과 뒤이은 신경증을 단지 몇 개월의 분석만으로 제거할 수 있다고 기대한 랑크의 시도에 반대한다. 프로이트에 관한 한, 랑크가 "이 약간의 분석 작업이 모든 나머지 분석의 필요성을 줄여 줄 것"으로 생각한 것은 잘못된 것이다(같은 책 : 216). 프로이트는 랑크의 주장이 단지 "분석 치료의 속도를 조급한 미국식 삶에 맞춘 것"(같은 책 : 216)이라고 느낀다. 그러고서 프로이트는, 더 이상 진전이 없어 보이는 분석에 시간-제한을 설정하고, 어떤 파장이 있든 간에 일단 설정한 날짜를 고수했던 자신의 경험을 회상한다. 그것은 "늑대 인간"(Freud 1918b) 사례였는데, 프로이트 자신도 인정했듯이 그것은 일종의 도박이었다. 시간-제한을 두는 것은 적시에 이루어지기만 한다면 효과적일 수 있다고 프로이트는 말한다. 그러나 거기에 일반적인 원칙은 없기 때문에, 우리는 무엇보다 우리의 직관을 믿어야 한다고 그는 덧붙인다.

자연스럽게 끝나는 분석이 있는가?

우리는 흔히 동료들이 "그의 분석은 끝나지 않았어" 또는 "그는 끝까지 분석되지 않았어"(1937c : 219)라고 하는 말을 듣는다. 그러나 "분석의 끝"은 무엇을 의미하는가? 분석은, 한편으로는 환자가 분석에 오게끔 만들었던 증상, 불안 또는 억제에 더 이상 시달리지 않게 되었을 때, 다른 한편으로는 억압된 자료가 충분히 의식화되어 병리적 과정의 재발을 두려워할 필요가 없어졌을 때 종결될 수 있다고 프로이트는 말한다. 그 목표가 달성되지 않았다면 분석은 "불완전한" 것이다(같은 책 : 219). 보다 양호한 사례들의 경우, 신경증 장애는 완전히 제거되어 다시 발병하지 않을 것이다. 프로이트는 병인이 외상적인 종류의 것이라면 단연코 정신분석에 가장 유리한 장을 제공한다는 데 의심의 여지가 없다고 말한다. 왜냐하면 환자의 초기 아동기로 거슬러 올라가는, 미숙한 자아가 다룰 수 없었던 외상적 상황을 성공적으로 해결할 수 있기 때문이다. 그러나 본능 욕동들이 지나치게 강할 때, 욕동들을 "길들이려는" 자아의 시도는 어려움을 겪게 된다. 그 결과 분석은 막다른 골목에 이르게 되는데, 욕동들의 힘이 자아의 변질을 가져오기 때문이다. 이러한 변형들은 "자아가 전위轉位되고 제한되었다는 의미에서"(같은 책 : 221), 자아의 방어적인 투쟁 과정에서 이루어진 것이다. "전위dislocation"와 "제한restriction"이라는 개념은, 프로이트의 현실 부정과 자아 분열에 관한 최근의 작업과 관련이 있다. 이 주제에 대한 그의 논의는 당시 정신분석계를 일깨웠지만 별 관심을 받지 못한 것으로 보인다.

> 사실, 이들 문제에 대한 우리의 지식이 아직 불충분하다는 것을 인정해야겠다. 그것들은 이제야 겨우 정신분석 연구의 주제가 되기 시작했다. 내게는 이 영역에서 분석가들이 관심의 방향을 잘못 잡은 것처럼 보인다(같은 책 : 221).

다음에 프로이트는 두 임상 사례를 들어, 분석 치료가 만족스런 결과를 가져왔더라도 나중에, 때로는 몇 년이 지난 다음에도 다른 요인들 때문에 재발할 수 있음을 보여준다. 첫 번째 사례는 프로이트에게 분석을 받던 남자의 사례인데, 프로이트가 그의 이름을 언급하지는 않았지만 피분석자가 페렌치임을 쉽게 알 수 있다. 겉보기에 분석은 성공적이었다. 그러나 몇 년 후 피분석자는 프로이트에게 적대적이 되기 시작했고, 그가 부정적 전이를 분석하는 데 실패했다고 비난했다.

> 그[환자]는, 분석가는 전이-관계가 순전히 긍정적일 수만은 없다는 사실을 알고 있어야 하고, 그것을 고려했어야 한다고 말했다. 분석가가 부정적 전이의 가능성에 주의를 기울여야 했었다는데 그러지 않았다는 것이다. 분석가는, 분석할 당시에는 부정적 전이의 기미가 없었다고 말하면서 자신을 방어했다는 것이다(같은 책 : 221).

다른 사례는 분석이 성공적이었던 한 여성의 사례이다. 그녀는 여러 번의 불운한 사건들과 수술로 인해 재발했고, 그 때문에 분석이 어렵게 되어버렸다. 우리는 재발을 결코 배제할 수 없는데, "회복 이후의 삶이 어떤 것이 될지 예측할 방법이 없기 때문이다"(같은 책 : 223). 그렇다면 결론은 명백해진다. 우리가 긍정적인 결과를 원할수록, 분석 치료의 단축은 정당화되기 어렵다!

● "본능 길들이기"의 한계

프로이트에 따르면, 분석의 성공 여부는 기본적으로 외상의 영향, 욕동의 타고난 강도 그리고 환자의 자아의 변형이라는 세 가지 요인에 달려 있다. 욕동의 강도와 관련해, 환자의 자아가 욕동과 관련된 갈등을 영구히, 확실히 해소하기 위해서는 어떤 방법들을 쓸 수 있을까? 이것을 설명하기 위해 프로이트는, 우리가 "마녀 같은 초심리학"에 의존해야 한다고 말한다. "초심리학적인 사색과 이론화 없이는 [...] 우리는 한 걸음도 나아갈 수 없을 것이다”(같은 책 : 225). 예를 들어, 정상적인 개인에게 있어 욕동과 관련된 갈등의 해소는 “자아의 강화”와 “본능의 힘”간의 특정한 관계에서만 유효하다. 만일 자아의 힘이 약해지거나 욕동들이 지나치게 강해지면, 결과적으로 그 불균형은 병리적인 효과를 낳을 것이다. 이러한 대립적인 힘들 간의 균형이라는 관점을 고려하여, 프로이트는 여기서 병리의 원인으로 ‘양적quantitative’ 혹은 ‘경제적economic’ 요인의 중요성을 언급한다. 이 문제에 있어 프로이트는 분석 치료의 독창성을 주장하는데, 그것만이 환자가 본능욕동에서 세력이 강화되는 것을 통제할 수 있도록 해주기 때문이다. 그 과정은 자연스럽게 일어나는 것이 아니라 분석 작업의 도움을 받아서만 이루어진다. 그러나 본능 욕동에 대한 통제가 항상 보장되는 것은 아닌데, 그것은 결코 총체적인 것도 확실한 것도 아니기 때문이다. 프로이트는, 미래의 결과에 대한 불확실함은 또 하나의 논의거리라고 하면서, 자아가 욕동들을 길들이는 능력을 강화시키기 위해서는 분석 작업이 진정으로 “심층적”인 것이어야 한다고 주장한다. “분석 치료 기간을 단축하는 것이 바람직하다는 데는 이견의 여지가 없다. 그러나 자아를 지원하려는 우리의 치료 목적은 분석의 힘을 강화함으로써만 성취될 수 있다”(같은 책 : 230).

분석 치료의 한계

분석 과정에서 또 다른 의문들이 제기된다. 우리가 미래의 욕동과 관련된 갈등들로부터 환자를 보호할 수 있는가? 예방하는 차원에서 현재 드러나지 않은 갈등을 일깨워야 하는가? 프로이트는 이 두 질문들이 밀접하게 관련되어 있으며, 분석 치료의 한계와 연관이 있다고 말한다. 갈등이 현재 활성화되어 있지 않다면 분석가는 그것에 영향을 미칠 수가 없다. 우리가 그것을 전이로 가져올 수 있을 때에만 활성화된 갈등을 치료할 수 있다고 프로이트는 말한다. 만일 예방 차원에서 새로운 전이 갈등을 인위적으로 만들어내려고 한다면, 이것은 분석 작업이 진전하는 데 필수적인 긍정적인 전이에 해로운 영향을 미칠 것이다. 그런 갈등들을 활성화시켜 작업하려는 목적으로 그 갈등에 대해 말하는 것은 아무 소용이 없다. 환자는 그저 “‘매우 흥미롭기는 한데, 그에 대해 아무런 느낌이 없어요’ 라고 말할 것이다. 이렇게 하면 그의 지식만 늘려줄 뿐 어떤 변화도 가져오지 못한다”(같은 책 : 233).

회복에 대한 자아의 저항

계속해서 프로이트는 자아로부터 오는 회복에 대한 저항을 논의한다. 그는 먼저 환자의 자아와 분석가 간의 동맹의 필요성을 다루고, 이어 회복에 대한 자아의 저항에 대해 탐구한다.

우선 첫 번째 관점에 있어 프로이트의 견해는, "정상적" 자아란 "이상적인 허구"에 불과하기 때문에 분석가와 동맹을 맺게 되는 자아는 "대략적으로만 정상적"이라는 것이다. 이런 관점에서 볼 때, 분석의 목표는 "[환자의] 통합하는 자아 안에 통제되지 않는 이드의 부분"을 포함시키는 것이다. 훈습 working-through이라는 개념은 단순히 억압을 제거하는 것 이상을 의미한다. 그것은 분열 가능성이 있는 자아의 모든 부분들을 한데 모으는 자아의 "통합"을 의미한다. 프로이트에게 있어 자아 안에는 두 가지 측면들이 공존하는데, 하나가 "정신증적"인 것에 가깝다면 다른 하나는 "정상적인" 것에 가깝다.

> 사실, 정상적인 사람들은 모두 대략적으로만 정상적이다. 그의 자아는 더 하거나 덜 하거나의 차이는 있지만, 어떤 부분에서는 정신증 환자의 것과 유사하다. 그리고 한쪽 끝에서 얼마나 멀리 있고 다른 한쪽 끝에서 얼마나 가까이 있느냐의 정도는, 우리가 막연히 "자아의 변질"이라고 명명한 것을 잠정적으로 가늠하게 해줄 것이다 (같은 책 : 235).

여기서 프로이트가 제기한 문제는 나중에 『정신분석학 개요』(1940a[1938])에서 보다 상세히 개념화된다.

자아가 저항의 분석과 환자의 회복에 대항하는 것과 관련해, 프로이트는 방어 기제의 역할을 상기시킨다. 안나 프로이트(1936)가 기술한 방어기제들의 목적은 내부의 위험들로부터 자아를 보호하는 것이다. 그러나 방어기제들이 과도하게 발달하면, 그것들 자체가 자아를 위협하고 자아의 능력을 제한하는 손상을 입힐 수 있다. 간단히 말해, 정신분석 치료의 효과는 억압된 것을 의식화하는 데 달려 있다고 프로이트는 말한다. 이것은 환자의 저항을 약화시키는 분석가의 해석이나 구조화에 의해 촉진된다. 그러나 이런 작업 도중에, 환자가 더 이상 저항과 방어기제를 벗어던지려는 노력을 보이지 않고 부정적 전이가 우세해져서 분석의 성공을 위협하는 상황이 자주 발생한다.

> 이제 환자에게 분석가는 불쾌한 요구나 하는 이방인에 지나지 않는다. 환자는 이방인을 좋아하지도 않고 그가 하는 말도 전혀 믿지 않는, 그야말로 어린아이처럼 행동한다 (Freud 1937c : 239).

● 보다 근본적인 갈등에서 오는 저항

자아에는 많은 종류들이 있는데, 각기 개별적인 성질을 띠고 있다. 어떤 것들은 초기 아동기에 획득되는 반면, 다른 것들은 선천적이며 태곳적 유산에서 비롯된다. 이런 성질들은, 분석 관계에서 반복되는 경향이 있는 자체적 저항 및 방어와 더불어, 각 개인의 인격을 구성한다. 우리가 인격의 복잡성을 고려할수록, 저항의 위치를 파악하는 것이 더욱 어려워진다. 단순히 그것들을 자아나 이드에 위치시키는 것은 더 이상 불가능한데, 다른 근본적인 요인들이 개인의 마음 속에서 작용하고 있기 때문이다.

이런 보다 깊은 저항의 예는 "리비도의 점착성adhesiveness of the libido"이 과도한 사람들에게서 볼 수 있다고 프로이트는 말한다. 리비도의 점착성은 치료가 작용하는 과정을 상당 정도로 늦추어버린다. 또한 반대 유형의 사람들도 있는데, 그들의 리비도는 유난히 유동적이어서 어느 것에도 깊이 집중하는 법이 없이 이 대상에서 저 대상으로 옮겨 다닌다. 또 다른 환자들은, 아직 젊은데도 매우 나이 든 사람들에게서 자주 발견되는 일종의 관성인 "정신적 엔트로피psychical entropy"를 보인다.

다른 사례 군에서는 저항의 근원들이 삶의 욕동과 죽음 욕동 간의 갈등에 놓여 있는데, 우리는 죽음 욕동이 피학증, 부정적 치료반응, 그리고 신경증 환자에게 나타나는 죄책감에 작용하고 있는 것을 본다.

> 이러한 현상들은 정신적 삶 안에 우리가 그 목표에 따라 공격 본능이나 파괴 본능이라고 부르는 세력이 있다는 움직일 수 없는 증거이다. 그리고 그것은 생명체 안에 있는 원래의 죽음 본능으로까지 거슬러 올라간다 (같은 책 : 243).

최근 경험을 통해 프로이트는 에로스와 파괴 욕동 간의 갈등이 병리적 상황에만 국한되는 것이 아니라, 정상적인 정신적 삶의 한 요소라는 것을 알게 되었다. 프로이트는 이런 관점에 대한 그의 생각이 별 지지를 못 받는 점을 아쉬워한다.

> 나는 죽음 본능이나 파괴본능 혹은 공격성이 리비도에서 나타나는 에로스의 짝으로서, 동등한 권리를 갖고 있다는 이원론이 거의 아무런 공감도 받지 못했고, 정신분석가들조차 실제로 인정하지 않는다는 것을 매우 잘 알고 있다 (같은 책 : 244).

그러나 아크라가스 태생의 그리스 철학자인 엠페도클레스는 프로이트에게 뜻밖의 지지를 제공했는데, 그는 서로 끊임없이 싸우고 있는 두 가지 원칙인 *Φιλια*(사랑)와 *νειζοσ*(투쟁)가 세상사를 지배한다고 가르쳤다. 이러한 이원론은 프로이트의 본능 욕동에 관한 두 번째 이론과 매우 흡사하다.

분석가는 반드시 분석을 받아야 한다

다음에 프로이트는 정신분석가 자신들에 대한 주제를 꺼내면서, 분석에 성공하려면 분석가는 "자신의 '잘못과 실수'로부터 충분히 배워야 하며, [...] '자신의 인격이 가진 약점'을 이겨내야 한다"(같은 책 : 247)는 페렌치(1928)의 논문에 대해 언급한다. 물론 분석가들도 여느 사람과 같은 인간이며, "논란의 여지없이, 그들 자신의 인격도 환자들이 배웠으면 하는 정신적인 정상성의 기준에 늘 도달하는 것은 아니다"(같은 책 : 247)라고 프로이트는 말한다. 그러나 환자의 유익을 위해서 분석가에게 "상당한 정도의 정신적 정상성과 올바름"(같은 책 : 248)을 요구하는 것은 정당한 것이다. 프로이트가 정신분석가의 개인 분석을 장래의 수행을 준비하는 데 필요한 조건으로 보는 것은 이 때문이다. 더구나 분석가 자신이 작업 도중에 만나게 되는 다양한 위험들을 가능하면 피하기 위해, 프로이트는 모든 분석가가 주기적으로, "이런 단계를 밟는 것을 수치스럽게 여기지 말고"(같은 책 : 249), 약 5년 간의 간격을 두고, 추가적인 분석을 받을 것을 권한다.

분석의 종결과 근본적인 기반암

이 마지막 부분은 아마 전체 논문 중에서 가장 잘 알려져 있는 부분일 것이다. 프로이트는 극복할 수도 없고 분석의 종결을 가져오지도 못하는 두 가지 장애물, 즉 여성의 남근선망과 남성의 수동적 태도와의 투쟁에 대해 서술한다.

분석의 종결을 방해하는 이 두 형태의 저항은 성별의 차이 때문에 다르게 나타나지만, 거세 콤플렉스와 관련된 양성의 태도에는 공통점이 있다. 프로이트에 의하면 거세 콤플렉스가 양쪽성에게 동일한 의미를 갖는 것은 아니다. 남성에게 있어 남성적이 되려는 노력은 자아의 소망과 완전히 일치한다. 수동적 태도는 거세를 예상하기 때문에 적극적으로 억압되며, 따라서 종종 지나친 과보상을 통해서만 모습을 드러낸다. 반면에 여성에게 있어 남성적이 되려는 노력은 "여성성으로의 발달이 시작되기 전"(같은 책 : 251)인, 남근기 동안에만 정상적이다. 그러므로 페니스에 대한 선망은 억압되고, 이후 여성성의 운명은 이러한 억압의 결과에 달렸다. 만일 "남근적인" 여성의 경우와 같이 여성성이 적절히 발달하지 못한다면 남성 콤플렉스가 우위를 차지하게 되고, 그녀의 성격에 영구적인 영향을 끼치게 된다. 그러나 이런 발달이 순조롭게 진행된다면, 남근 선망은 아기를 갖고 싶은 소망으로 대체된다고 프로이트는 말한다. 그러면서도 프로이트는 남성 콤플렉스가 여성들의 정상적인 정신적 삶을 계속해서 방해한다고 주장한다: 남성성에 대한 소망이 무의식 속에 남아 있어, 이 억압된 상태가 혼란스러운 영향을 미친다"(같은 책 : 251).

프로이트는, 페렌치가 생각하는 성공적인 분석이란 이 두 콤플렉스, 즉 여성의 남근 선망과 남성의 수동적 태도에 대한 반란을 극복했었을 경우라고 언급한다. 프로이트 자신은, 분석가들이 이 두 현상을 극복하도록 환자를 격려하려 할 때마다 넘을 수 없는 저항에 부딪치기 때문에 이 목표가 너무 야심찬 것이라고 느낀다.

> 분석 작업에서, 여성에게 페니스 소망은 실현가능성이 없으니 포기하라고 설득하거나, 남성의 수동적 태도가 꼭 거세를 의미하는 것은 아니며 삶의 많은 관계에 필수적이라고 설득하는 일보다 더, 반복적인 노력들이 허사라는 느낌이 들고 "우이독경"이라는 회의가 든 적은 없다 (같은 책 : 252).

프로이트는, 남성들의 거만한 남성적 과보상은 가장 강력한 전이 저항을 만들어낸다고 말한다. "그는 대리-아버지에게 복종하거나, 그에게 조금이라도 빚지는 것을 거절한다. 따라서 그는 의사로 인해 자신이 회복되는 것을 받아들이지 않는다"(같은 책 : 252). 여자 환자의 경우 페니스에 대한 소망이 유사한 전이를 만들어내지는 않지만, 페니스가 없다는 실망감은 "분석이 아무런 소용도 없고 자신을 도와주지 못할 것이라는 내적 신념 때문에 심각한 우울증의 발병 원인이 된다"(같은 책 : 252). 프로이트의 생각에 우울증은, 무슨 일이 있어도 남성 기관을 갖고 싶다는 소망이 좌절된 데서 오는 것일 수밖에 없는데, "그녀에게는 그것의 부재가 너무도 고통스러운 것이었다". "그녀가 치료를 받는 가장 강력한 동기"(같은 책 : 252)는 이런 희망이었다. 프로이트는, 여성 환자가 그녀가 가진 것이 여성 고유의 것이라는 것을 분석가가 받아들이지 않는다고 느끼기 때문에, 그리고 여성 기관이 훼손되었다고 느끼는 불안 때문에 우울할 수도 있다는 생각을 하지 못한 것 같다. 이것은 남성의 거세불안과 동등한 것이다. 프로이트는 "여성의 성"이 여성에게 긍정적인 함축을 갖고 있음을 깨닫지 못한 것으로 보인다. 페렌치의 경우 여성 환자의 여성성에 대한 접근과 남성 환자의 남성성에 대한 접근은 모든 분석의 끝에 가서 획득되어야 하는 목표들이다. 비록 프로이트가 페렌치의 관점에 동의하지는 않았지만, 그는 페렌치의 논문에서 관련 있는 것들을 발췌하여 빠짐없이 각주에 인용하고 있다.

> 모든 남성 환자는 거세 공포를 극복했다는 신호로서 의사와 동등한 관계라는 느낌을 반드시 획득해야 한다. 모든 여성 환자는, 신경증이 완전히 처리되었다고 간주되려면 그녀의 남성 콤플렉스가 완전히 제거되어야 하며, 원한의 흔적을 남기지 않고 정서적으로 여성적 역할의 의미를 받아들여야 한다 (페렌치 1928, 프로이트가 1937c : 251, 주 3에서 인용).

달리 말해 프로이트는 자신의 "남근적 일원론"을 변함없이 신봉했는데, 모든 분석은 끝에 가면 반드시 프로이트가 생물학적 영역으로 간주했던, 정신적 생활의 토대인 "기반암bedrock"에 직면해야 한다는 결론에 이르러서는 여지없이 비관적이다.

> 이것은 아마도 진실일 것이다. 심리적인 영역에 있어 생물학적인 영역이야말로 근본적인 기반암의 역할을 하기 때문이다. 여성성의 거부는 성이라는 커다란 수수께끼의 일부인 생물학적 사실에 지나지 않는다 (같은 책 : 252).

원문 찾아보기

「분석의 구성」(1937d)

페이지 번호는 『지그문트 프로이트 전집 표준판』 vol. 23, 256-269를 따른 것이다.

고고학자와 유사한 과제

먼저 프로이트는 분석 작업이, 아동기에 일어났던 그리고 신경증적 증상과 억제들의 근원인 억압들을 포기하도록 환자를 유도하는 것이라고 말한다. 이런 치료 목표를 달성하기 위해 환자는 초기의 정서적 경험들을 회상해야 하는데, 이런 것들은 자유 연상, 꿈 그리고 전이 관계에서 어떤 정서 상태가 재연되는 것을 통해 엿볼 수 있다. 피분석자의 과제가 경험되고 억압된 것을 회상하는 것이라면, 분석가의 과제는 이런 단서들의 도움으로 환자가 잊어버린 시간들의 상황을 가능한 한 충실히 재구성하는 것이다. "그의 과제는 뒤에 남겨진 흔적으로부터 잊혀진 것을 알아내는 것, 보다 정확히는 그것을 구성해내는 것이다"(1937d : 258-259). 이런 구성 작업, 또는 혹자가 말하는 재구성 작업은 어느 정도 고고학자의 작업과 유사하지만 두 가지 중요한 차이가 있다. 하나는 "심리적인 대상들이 발굴자의 물질적 대상들과는 비교가 안 될 만큼 복잡하다"는 것이고, 다른 하나는 "고고학자에게는 재구성이 최종 목적인 반면 분석가에게는 단지 예비적인 작업일 뿐"(같은 책 : 260)이라는 것이다.

정신분석적 구성에 어떤 가치를 두어야 하는가?

프로이트는 우리의 재구성이 정확하다는 것을 어떻게 확신하는지 묻는다. 예를 들어, 분석가가 실수를 했다면 어떻게 할 것인가? 그런 재구성들은 단지 암시 덕분에 작용하는가? 프로이트는 이러한 이의들을 논박한다. 물론 분석가는 환자에게 부정확한 구성을 마치 그것이 역사적 사실인 양 제시할 가능성이 있다.

> 한 번의 이런 실수는 해가 되지 않는다. 사실상 그런 일이 일어날 때 오히려 환자는 그 말에 아무런 영향도 받지 않은 듯이 "예"도 "아니오"도 아닌 반응을 한다(같은 책 : 261).

프로이트는 또한 구성이라는 미명하에 분석가가 암시를 남발한다는 비난을 일축한다.

이러한 이의들을 거부하면서, 프로이트는 분석 과정에서 분석가가 구성을 제공할 때 환자가 보이는 반응을 계속 탐구한다. 그는 환자가 어떻게 대답을 해도 정신분석가들은 항상 옳다는 농담 속에는 일말의 진실이 있다고 인정한다. 만일 환자가 "예"라고 말하면 그것은 해석이 받아들여졌다는 뜻이다. 만일 환자가 "아니오"라고 대답을 한다면 그것은 저항의 표시이고 다시 분석가가 옳다! 그러나 프로이트는 분석가가 "아니오"보다 "예"에 더 절대적 가치를 두는 것은 아니라는 점을 분명히 하는데, 이 대답들은 각기 양가적이기 때문이다. 피분석자의 "예"는 구성에 동의한다는 것을 의미할 수도 있지만, 또한 저항의 표현일 수도 있다. "아니오"라는 반응은 "예"와 마찬가지로 양가적인데, 비록 의견이 다름을 나타내지만 대개는 그것 역시 저항의 표현이다. 그렇다면 분석가는 어떻게 이 모든 것을 이해하는가? 프로이트에 따르면, 전적으로 신뢰할 만한 간접적 형태의 확증이 있는데, 바로 구성에 대한 환자의 연상으로부터 파생된 것들이다. "마찬가지로 가치 있는 확증(이번에는 긍정적으로 표현된다)은, 환자가 구성의 내용과 유사하거나 비유적인 어떤 것을 담고 있는 연상과 함께 대답을 할 때 암시되어 있다"(같은 책: 263). 간접적인 확증의 다른 형태는 착오행위나 부정적인 치료반응으로 표현될 수 있다. 후자의 경우, 만일 해석적 재구성이 옳다면 환자는 증상이 악화되는 것으로 반응한다. 달리 말해 정신분석을 비판하는 사람들의 주장과는 대조적으로 분석가들은 환자의 반응에 각별한 관심을 기울이며, 종종 그것으로부터 가치 있는 정보를 얻어낸다.

> 그러나 환자 쪽에서의 이러한 반응들은 대개 양가적이며, 최종 판단을 할 기회를 주지 않는다. 오직 보다 깊은 분석 과정만이 우리의 구성이 정확한 것인지 아니면 쓸모없는 것인지를 결정할 수 있게 해준다. 우리는 한 개인에 대한 구성이 검토, 확증 혹은 거절을 기다리는 추측 그 이상이라고 주장하지 않는다(같은 책: 265).

분석의 구성에 해당하는 망상

분석가의 추측이 어떻게 환자의 확신으로 변형되는가? 분석가의 일상 경험이 이것을 보증하지만, 한 가지 중요한 문제가 남아 있다. 일반적으로 말해서 우리는, 적어도 이론상으로는, 환자에게 제공된 구성이 분석 과정에서 그에 해당하는 기억을 회상하게 해줄 것이라고 기대한다. 그러나 실제에서는 환자가 의미 있는 어떤 억압된 자료도 떠올리지 못하는 일이 흔히 일어난다. 이것은 중요하지 않다고 프로이트는 말한다. 구성이 정확한 것임을 환자가 확신하게 될 때, 이것은 기억을 다시 떠올리는 것과 똑같은 치료 효과를 가져오기 때문이다. 왜 그럴까? 지금으로서는 이것은 여전히 수수께끼로 남아 있으며 더 연구가 필요한 문제이다.

프로이트는 어떤 경우에 구성의 의사소통은 환자에게 많은 생생한 회상들을 불러일으키는데, 그것들은 의미 있는 기억과 매우 유사한 자료들이라고 말한다. 프로이트는 이 현상을, 기억을 결정적인 기억으로부터 멀리 떼어놓고 사소한 기억들로 이끄는 저항의 탓으로 돌린다. 그는 그것들이 생생함에도 불구하고 이러한 회상들은 환각이 아니라고 지적한다. 그러나 예외가 있는데, 프로이트는 그로부터 예기치 않은 어떤 결론들을 이끌어낸다. 그는 때로 진정한 환각들이 정신증 환자들뿐만 아니라 "분명 정신증이 아닌 다른 환자들의 경우에도 일어난다"(같은 책 : 267)는 것을 알아차렸다. 매우 의미심장한 이런 관찰로 인해, 프로이트는 환각이 잊혔던 아동기 기억의 결과일 수 있다고 주장하기에 이른다.

> 아마도 그것은 이제까지 충분한 관심을 얻지 못했던 환각의 일반적인 특성일 수 있다. 유아기에 경험되었다가 잊혀진 어떤 것, 어린 아이가 아직 거의 말을 하지 못했을 때 보거나 들었던 어떤 것이 되돌아온 것일 수 있다(같은 책 : 267).

한 걸음 더 나아가 프로이트는, 종종 환각을 동반하는 망상조차도, 꿈 형성과 유사한 기제를 따라 "무의식이 위로 솟구쳐 올라온, 그리고 억압된 것이 되돌아온"(같은 책 : 267) 결과라고 주장하면서, "인류가 태곳적부터 광기와 똑같이 여겨왔던"(같은 책 : 267) 것이라고 말한다.

이러한 유추 과정을 더욱 심화시키면서, 프로이트는 광기 자체가 "한 조각의 역사적 진실"을 담고 있으며, 망상에 부착된 믿음은 어떤 유아적인 원천 같은 것으로부터 그 힘을 얻는다고 주장한다. 그것이 사실이라면, 정신치료 작업의 목적은 망상에 담긴 진실의 핵을 확인하고 그것을 왜곡으로부터 풀어주는 일일 것이다. 달리 말하자면, 프로이트는 환자들의 망상이 우리가 분석 작업에서 구축하는 구성과 동등한 것이라는 결론을 내린다. 그것들은 전에 그가 많은 경우에서 보여주었던 것처럼, 회복과 치유에 대한 시도이다. 그러나 "정신증 상황에서는, [망상이] 현재 부인된 현실의 조각을 먼 과거에 이미 부인했던 다른 조각으로 대치하는 것에 지나지 않는다"(같은 책 : 268)고 덧붙인다. 그러므로 부인과 억압 간의 관계를 밝히는 것이 바람직해 보인다. "현재 부인된 자료와 원래의 억압된 자료 간의 밀접한 연관성을 밝히는 것은 각 개인이 탐구해야 할 과제일 것이다"(같은 책 : 268). 프로이트가 그 문제에 명확한 대답을 제공하지는 않았지만, 그 문제를 제기한 공로를 인정해야 할 것이다.

프로이트는 정신증과 히스테리를 훌륭히 비교하면서 논문을 끝맺는다.

> 우리의 구성이 잃어버린 경험의 단편을 회복했기 때문에 효과적인 것처럼, 망상의 설득력 있는 힘은 거절된 현실의 자리에 끼워 넣은 역사적 진실의 요소로부터 온다. 이런 식으로, 원래 내가 오직 히스테리에서 주장했던 암시가 망상에도 적용될 수 있을 것이다. 즉 그 대상이 되는 사람들은 자신의 기억으로 고통 받는 사람들이다(같은 책 : 268).

후기 프로이트 학파

분석의 종결 : 분석가만큼이나 많은 의견들...

1937년에 『끝낼 수 있는 분석과 끝낼 수 없는 분석』이 출간되자마자 수많은 논평이 쏟아져 나왔다. 독자들에게 그들이 피력했던 다양한 의견들을 정확히 보여주기 위해, 나는 다른 학파들에 속한, 그리고 세계 각지의 정신분석가들의 관점을 간략히 설명하겠다. 1991년에 런던의 조셉 샌들러Joseph Sandler는 그들의 의견들을 모아, 『프로이트의 「끝낼 수 있는 분석과 끝낼 수 없는 분석」에 대하여』라는 제목으로 국제정신분석학회(IPA)의 특수 연구서로 출간하였다.

제이콥 A. 알로우(뉴욕)는 정신분석적 접근의 한계를 주장함으로써 논의의 장을 열었다. 이런 한계들은 기법뿐 아니라 인간의 본성에 내재된 것인데, 갈등은 피할 수 없는 삶의 현실이기 때문이다. 그는 정신분석을 통해 "완벽한" 인간을 만든다는 환상에 대해 경고한다. 하랄트 로이폴트-뢰벤탈Harald Leupold-Löwenthal(비엔나)은, 프로이트는 분석의 종결을 성문화하여 엄격한 기법적 원칙과 요구조건으로 만들고 싶어 했던, 당대의 몇몇 정신분석가들 사이에서 출현하기 시작한 경향을 아주 분명히 피하려고 했다. 데이비드 짐머만과 모스타르데이루Mostardeiro(포르투 알레그레)에 의하면, 일단 환자가 분석가와의 관계에서 분리와 독립의 능력을 충분히 획득하면 분석의 종결이 가능해진다. 이러한 수정들은 정신분석 과정과 발달 과정 사이의 상호작용과 관련이 있다. 테르투 에스켈리넨 데 폴츠 Terttu Eskelinen de Folch(바르셀로나)는, 우리도 프로이트처럼 어떤 분석도 결코 완벽하지 않다는 것을 알고 있지만, 최근에 이론과 기법의 발달로 인해 우리가 오늘날 정신분석 치료의 영역을 확장할 수 있었고, 프로이트 시대에는 분석이 불가능하다고 생각되었던 환자들을 다룰 수 있게 되었다고 언급한다. 아놀드 M. 쿠퍼(뉴욕)는 현대 분석의 초점이 프로이트가 1937년에 언급했던 "본능 길들이기"로부터, 대상관계를 포함하는 보다 대인 관계적interpersonal 관점으로 옮겨갔다고 생각한다. 그는 또한 프로이트가 여성성의 거부를 정당화하기 위해 생물학을 끌어들인 것은 잘못이었다고 말한다. 앙드레 그린(파리)은 프로이트의 마지막 논문에서 본능 욕동에 부여된 역할을 연구하면서, 분석의 종결과 관련해 욕동과 대상을 대립시킨 것, 대상이 존재하고 부재하기를 반복하기 때문에 대상이 욕동들을 드러낸다는 것은 오류라고 주장한다. 다비드 로젠펠드David Rosenfeld(부에노스 아이레스)는 자신의 결론에서, 분석의 종결과 관계된 그런 복잡한 문제들에 대해 정신분석가들이 갖고 있는 많은 관점들을 부각시키면서, 동료들에게 새로운 생각이 제시될 때마다 마음을 열어둘 것을 요청한다.

새로운 개념들

"기반암" – 구성/재구성 – 망상 – 분석의 종결 – 환각 – 남성의 수동적 태도 – 여성의 남근 선망 – 주기적인 분석 – 분석가 자신의 분석

『모세와 유일신교』

(1939a [1934-1938])

프로이트의 유산 : 해답보다 질문을 더 많이 제기한 작업

유대교의 창시자인 모세는 프로이트의 흥미를 가장 많이 불러일으킨 역사적 인물 중 한 사람이다. 1914년에 그는 「미켈란젤로의 모세」(1914b)를 출간했는데, 저 유명한 조각상의 특이한 세부 양식에 영감을 받은 정신분석적 연구였다. 1930년대 초에 프로이트는 정신분석이 내부, 그리고 반유대주의 모두에게서 위협을 받고 있다는 인상을 받았다. 자신이 읽었던 책들에서 놀라운 결론을 얻은 그는 그 결과에 대해 연구하기로 마음을 먹었는데, 결론은 유대교의 창시자인 모세가 유대인이 아니라 히브리인들에게 아텐Aten 숭배를 강요했던 이집트인이라는 것이었다. 1934년에 쓰기 시작한 이 책은 1939년, 프로이트가 죽기 몇 달 전에 출간되었다. 『모세와 유일신교』는 『토템과 타부』뿐만 아니라 – 프로이트는 히브리인들의 모세 살해에 원시부족의 아버지 살해와 유사한 중요성을 부여한다 – 『환상의 미래』를 발전시킨 것인데, 그는 모세 살해에서 기독교의 희생적 차원과 더불어 기독교의 머나먼 기원을 보았기 때문이다. 역사적인 관점에서 볼 때, 프로이트가 논의한 가설들은 다소 토대가 부실한 것이 사실이다. 나중에 이 책을 논평한 사람들은 어렵지 않게 이 점을 인정한다. 그럼에도 불구하고 우리는 프로이트가 제기한 문제들의 중요성을 폄하해서는 안 된다. 그것들은 종교의 영역 안에 있건, 과학의 영역 안에 있건, 우리 자신들의 문제이기 때문이다.

생애와 역사

런던으로의 망명

1938년 3월, 오스트리아는 히틀러가 이끄는 독일에 의해 합병되었다. 몇 주 후에 헤아릴 수 없이 많은 정신분석 출판사 건물들이 공습으로 파괴되었다. 프로이트의 친구들 모두, 특히 어네스트 존스와 마리 보나파르트 공주는 그에게 조국을 떠나라고 종용했다.

특히 영국과 미국의 외교관들을 위시한 국제적 캠페인은, 독일과 오스트리아 당국에 그가 비엔나를 떠날 수 있도록 허락하라는 압력을 넣었다. 사실 가장 큰 장애물은 프로이트 자신이었다. 그는 조국을 떠나고 싶지 않았는데, 그런 이주는 조국을 버리는 것과 마찬가지라고 느꼈기 때문이었다. 존스는 타이타닉 호의 이등 항해사의 비유를 들어 마침내 그의 이주를 설득할 수 있었다고 말한다. 이들 항해사는 보일러의 폭발로 인해 가라앉는 배를 떠났는데, 조사관이 그에게 어떤 상황에서 배를 버렸는지 묻자 그는 이렇게 대답했다. "내가 배를 버린 것이 아닙니다, 배가 나를 버렸습니다!" 오스트리아 당국이 결국 프로이트와 그의 가족이 떠나도록 허락하자 관료주의적 절차들이 시작되었다. 프로이트의 은행 계좌들이 몰수되었기 때문에, 당국이 요구했던 상당한 액수의 돈을 지불한 것은 마리 보나파르트 공주였다. 이들 관리들은 프로이트가 마지막 굴욕을 당하게 만들었다. 그들은 프로이트에게 어떤 식으로든 학대를 받지 않았다는 취지의 진술서에 서명하라고 요구했다. 존스에 의하면 프로이트는 그 필수적인 서류에 풍자적인, 그러나 그 상황에서는 위험한 언급을 덧붙였다. "나는 게슈타포를 진심으로 누구에게나 추천하는 바입니다." 1938년 6월 3일, 비엔나를 떠난 그의 아내 마르타와 딸 안나는 오리엔트 특급 열차를 타고 파리를 경유하여 런던으로 갔다. 그들은 파리에 있는 마리 보나파르트 공주의 집에서 멋진 하루를 보내고, 런던에 도착하여 따뜻한 환대를 받았다. 프로이트는 출국 허가를 받지 못한 네 명의 누이들을 비엔나에 두고 떠났는데, 그들은 몇 년 후 나치의 아우슈비츠 수용소에서 죽음을 맞았다.

자유로이 '모세'를 끝마치다

런던에 정착한 직후 프로이트는 모세를 마무리하는 작업에 착수하여, 1938년 7월에 세 번째 부분과 마지막 부분을 집필하였다. 모세와 이집트인들을 다룬 첫 두 부분은, 1937년에 제한된 수의 사람들만이 구독했던 「이마고」라는 정신분석잡지에 실렸다. 보다 광범위한 독자를 겨냥했던 그 책은 그의 가까운 친구들뿐 아니라 그를 아는 많은 사람들의 우려를 자아내기 시작했다. 영국으로 떠나기 전, 프로이트는 그 당시 나치에 반대하던 오스트리아의 가톨릭교회를 자극하지 않기 위해, 모세를 출간하려던 생각을 포기했었다. 그러나 그의 표현대로 "자유로이 죽기 위해"(프로이트가 어네스트 존스에게 쓴 1938년 5월 12일자 편지[E. Freud 1975]) 건너왔던 런던에 정착하자 그는 생각들을 최대한 발전시켜 되도록 빨리 책을 출간할 수 있었다. 말하자면 양측 모두 프로이트의 모세 출간을 만류하려 했지만 소용이 없었다. 유대인들은 그들의 조상을 빼앗겼다고 느꼈고, 기독교인들은 프로이트가 그리스도에 대한 그들의 믿음을 망상처럼 취급한다고 보았다. 어떤 논쟁도 그의 결심을 돌리지 못했는데, 사실상 그는 그럴 때마다 자신의 연구 과제를 진행시키려고 더욱 다짐하는 것 같았다. 프로이트는 왜 일부 사람들이 자신의 노력의 순수한 과학적 특성을 계속 고려하지 않는지, 그리고 왜 그에게 자신의 저술들을 비난하라고 요구하는지 이해할 수가 없었다. 이 책은 1939년에 독일의 암스테르담과 뉴욕에서(영문 번역으로) 동시에 발간되었다.

1939년 9월 23일 : 프로이트의 죽음

1939년은 침울한 분위기에서 시작되었다. 독일에서 수천 명의 유대인들이 약탈당하고 체포되었다는 소식이 들려왔다. 더구나 프로이트의 건강은 계속 악화되고 있었다. 방사선 치료 과정은 그를 일시적으로 안정시켜 주었다. 건강이 좋지 않은데도 불구하고 그는 7월 말까지 분석 작업을 계속했다. 9월 말에 그는 자신의 주치의인 막스 슈르에게, 슈르가 처음 프로이트의 주치의가 되었을 때 동의했던 대로, 모르핀으로 자신의 고통을 끝내달라고 부탁했다. 1939년 9월 23일, 프로이트는 매우 기품 있게 죽음을 맞았다.

원문 찾아보기

페이지 번호는 『지그문트 프로이트 전집 표준판』 vol. 23, 3-140을 따른 것이다.

"모세는 이집트 귀족이었다"

유대 민족의 해방자이자 율법의 제정자이며 가장 위대한 아들인 모세가 사실은 이집트 출신이라고 주장할 때, 프로이트는 특히 "자신이 유대인 중 한 사람"일 경우 그 주장이 대담한 것임을 걸 알고 있었다. 처음에 우리의 관심을 모세라는 이름의 기원으로 이끈 프로이트는, 그 이름의 어원이 이집트임을 보여주는 언어학적 논증들을 제시한다. 그런 다음 그는 랑크의 작업, 특히 『영웅 탄생의 신화』(Rank 1909)의 도움을 받아, 모세의 탄생을 영웅의 기원에 관한 다양한 신화들과 비교한다. 이러한 비교는 모든 신화에 공통적으로 하나의 중요한 특징이 있음을 보여준다. 영웅은 대개 최고 귀족인 부모의 아이 – 왕의 아들이나 딸 – 이며, 아버지에 의해 죽음을 선고받는다. 그러나 유아는 비천한 사람에 의해 구조되고 양육되면서 죽음으로부터 벗어난다. 청소년기의 어느 시점에서 영웅은 아버지에게 복수를 하고 마침내 승리를 거둔다. 모세 신화에서 비천한 태생인 아이는 이집트 여인에게 구조된다. 프로이트는 모세가 사실은 이집트의 왕족 출신이라고 주장한다. 모세가 비천한 태생이며, 그를 떠내려 보낸 것은 신분이 낮은 부모였다고 전해지는 것은 신화를 따르기 위한 것이라는 것이다. 따라서 프로이트는 다음과 같이 가정한다.

> 그렇다면 갑자기 모든 것이 분명해진다. 모세는 전설이 그를 유대인으로 바꾸어 놓도록 계획된 이집트인, 아마도 귀족이었을 것이다. [...] 보통 영웅은 삶의 과정에서 비천한 출생을 뛰어넘는 데 반해, 인간 모세의 영웅적 삶은 고위층의 지위에서 내려와 이스라엘 백성의 수준으로 전락하는 것으로 시작되었다 (Freud 1939a : 15).

"모세가 이집트인이라면..."

히브리인에게 강요된 아텐 숭배

귀족 출신의 이집트인이 외국인 이주자 집단의 우두머리가 되고, 그들과 함께 고향을 떠나도록 만든 강력한 동기는 무엇이었을까? 프로이트가 보기에는 모세가, 이집트에 정착한 히브리인들이 자신의 종교로 개종하기를 원했을 확률이 가장 높았는데 그것은 다 똑같은 평범한 종교가 아니라 유일신교였다. 당시에는 그런 종교가 오직 하나 있었는데, 기원전 1375년에 왕위에 오른 파라오 아케나텐이 도입했던 종교였다. 이 젊은 파라오는 이집트인들이 자신이 보기에는 너무 강력한 아문 숭배를 떠나, 태양신인 아텐을 숭배하도록 이끌었다. 그러나 아케나텐은 태양을 물질적 대상이 아닌, 고유하고 보편적인 신성한 존재의 상징으로서 숭배한 것이었다. 그는 아문이 군림하는 테베를 떠나 자신이 아케타텐으로 명명한 새로운 도시를 세웠다. 이 수도의 폐허가 1887년에 발견되었는데, 지금은 텔 엘-아마르나로 알려져 있다. 우리는 아케나텐이 어떻게 죽었는지 알지 못한다. 그러나 억압 받던 사제들 가운데서 반란이 일어나 아문 숭배를 부활시켰으며, 아텐 숭배를 폐지하고 그 모든 흔적을 지워버렸다는 것만 알고 있다.

아텐 숭배를 보다 면밀히 조사해보면 우리는 유대 종교와 공통되는 많은 요소들을 발견할 수 있다고 프로이트는 말한다. 예를 들면 마술과 관련된 모든 것이 배제되고, 태양신 아텐은 빛살이 뻗어 나와 인간의 손에 닿는 둥근 원반의 상징적 형태를 제외하고는 어떤 표상도 없다. 할례의 관행 또한 여기에 추가되어야 하는데, 할례는 당시 중동의 다른 민족에게서는 볼 수 없는 전형적인 이집트인 풍습이었다. 그러므로 모세는 히브리인들에게 이런 풍습을 받아들이도록 강요한 것으로 보인다. 그렇게 함으로써 모세는 자신의 이집트인 혈통의 연속성을 강조하려 했다고 프로이트는 말한다.

> 그는 성경에 분명히 언급된 대로 그들을 "성스러운 민족"으로 만들고자 했다. 그리고 이러한

신성화의 증거로, 그는 적어도 그들을 이집트인과 동등하게 해주는 풍습 또한 도입하였다(같은 책 : 30).

야훼 숭배 : 원시적인 신으로의 회귀

성서 이야기는 계속해서 히브리인들의 역사와 관련되는데, 사람들은 이집트로부터 탈출한 이후에 그러나 약속된 땅에 이르기 전인 어떤 시점에 새로운 종교를 받아들인다. 그들은 바알 신과 유사한, 원시적이고 무시무시한 신적 존재인 야훼 신을 숭배하기로 결정하였다. 그러므로 이러한 에피소드는 모세 종교 전도의 연속성이 깨졌음을 시사한다. 프로이트는, 이집트인 모세는 반란을 일으켜 그가 도입했던 이집트 종교를 폐지했던 히브리인들에 의해 살해되었다고 주장하는 구전口傳을 빌어 이를 설명한다. 프로이트가 가설을 빌려왔던 역사가인 에른스트 젤린Ernwt Sellin(1922)에 의하면, 이러한 구전은 이후 모든 메시아적 기다림의 바탕이 되었다.

모세 종교의 회귀와 야훼 숭배의 쇠퇴

정신분석에서 Entstellung disfigurement(왜곡, 전치, 어떤 것을 다른 장소에 놓아두기)로 알려진 현상을 토대로, 프로이트는 우리가 부인하려 애쓰는 것이 결국 변형된 방식으로 다시 출현한다는 것을 보여준다. 그는 이런 개념을 예전의 모세 종교가 다시 출현하는 것에 적용시킨다.

모세는 그의 백성들에 의해 살해되었는데, 그의 살해는 그가 히브리인들에게 자신의 종교를 받아들이도록 강요하기 위해 사용했던 권위에 대한 반란의 결과였다. 이에 대한 증거는 황금 송아지에 대한 경배와 그 사건으로 인한 모세의 격노가 나오는 성서 이야기속에서 찾아볼 수 있다. 프로이트가 말한 바와 같이, 이집트인 모세는 일부 사람들에게 원시적이고 무시무시한 신인 야훼보다 훨씬 더 영적으로 고양된 신의 표상을 제공하였다. 모세의 이집트 종교는 이 매우 영성화된 사람들에게 "전능하면서도 만물을 사랑하고, 제의적이고 마술적인 모든 것을 혐오하며, 인간들에게 진실과 정의를 삶의 최고의 목표로 제시하는, 모든 세계를 포괄하는 유일한 신적 존재의 개념"(Freud 1939a : 50)을 제공하였다.

모세를 살해하고 그의 신을 거절했음에도 불구하고 모세 교리의 전통은 그 후 수세기에 걸쳐 살아남았는데, 아마도 출애굽 때 모세를 수행했던 매우 교화된 이집트인들의 직계 후손인 레위 사람들 덕분이었을 것이라고 프로이트는 주장한다. 그들의 가르침은 세대에서 세대로 이어져 내려갔을 것이다. 그러므로 다시 나타나 야훼 숭배를 완전히 물러나게 한 것은 모세 종교였다.

"모세, 그의 백성 그리고 유일신교"

종교의 발생에서 억압된 것의 회귀

프로이트는 서문 역할을 하는 짤막한 글로 이 절을 시작한다. 처음에 그는, 아직 오스트리아에 있는 동안에는 이 책의 세 번째 부분을 출간할 의도가 없었다고 말한다. 왜냐하면 가설들의 대담성으로 보아 가톨릭교회의 보호를 잃을까 봐 염려되었기 때문이었다. 그는 그 결과 정신분석이 금지될 것을 우려했다. 그러나 이제 그는 런던에 살고 있기 때문에 그 점에 관해 자유롭다고 느꼈다. 게다가 사실 가톨릭교회 자체도 오스트리아에 대한 독일의 침공 이후 "믿을 게 못 되는 것"으로 드러났기 때문이었다 (같은 책 : 57).

잠재기와 전승

모세의 교리들이 어떻게 다시 부상하게 되었을까? 정신분석적 경험은 우리에게 "잠재기"가 있음을 가르쳐주는데, 그것은 심리적 외상과 증상의 출현 사이에 임상적으로 관찰될 수 있다. 프로이트는 종교의 역사에서 모세 종교로부터의 변절과 훨씬 이후의 유대 유일신교의 부활, 그리고 이것 사이의 유사점을 보여준다. 프로이트는 이러한 시간적 간격을, 사건이 수 세기에 걸쳐 세대에서 세대로 전해지는 데서 "전승"의 결정적인 역할이라는 측면에서 설명한다.

> 그리고 여전히 작용하는 것은 (이를테면, 배후에서) 위대한 과거의 이러한 전승이다. 그것은 점차 사람들의 마음을 지배하는 힘을 점점 더 획득해 마침내 야훼 신을 모세 신으로 바꾸어 놓고 또 수 세기 전에 도입되었다 폐기되어 버렸던 모세교를 다시 일깨우는데 성공한다 (같은 책 : 70).

신경증에서의 잠재기

정신분석은 신경증이 아동기의 첫 다섯 해 동안 일어난 외상성 장애 때문에 발생한다는 것을 우리에게 가르쳐 주었다. 이러한 외상적 경험들은 대개 성적, 공격적 성질의 인상들과 관련이 있다. 그 후에 그것들은 잊혀지는데, 우리가 그것들이 자각되지 못하도록 우리 자신을 방어하기 때문이다. 그러나 어느 정도 시간이 지나면 그것들은 "억압된 것의 회귀"로서 우리의 성인의 삶에 다시 출현한다. 그리고 신경증은 강박적인 통제, 금지 혹은 공포증과 같은 다양한 방식의 하나로 최종적으로 나타나게 된다. 프로이트는 아동기에 심리성적 외상을 입었던 한 남자를 간략히 예로 든다. 그 사건 자체는 "망각", 즉 억압되었지만 잠재기 이후 성인기에 나타난 차후 결과는 성적 불능이었다.

인류 역사에 적용된 잠재기

자신의 가설들을 집단 심리학에 적용하면서 프로이트는, 아주 오래전에 일어났다가 그 후 잊혀진, 성적 공격적 성질의 외상 경험이 특정 집단의 사람들에게 각인되어 있다고 주장한다. 이러한 집단적 외상 경험들은 잠재기 이후 다시 표면화되는데, 그 영향들은 훨씬 나중에 감지된다. 이것은 종교 현상에서도 마찬가지라고 프로이트는 말한다. "우리는 우리가 이러한 사건들을 유추할 수 있다고 믿는다. 그리고 우리는 그 사건들의 증상 같은 결과들이 종교 현상이라는 것을 주장하고자 한다"(같은 책: 80).

프로이트는 『토템과 타부』(1912-1913)에서 제시했던, 원시부족의 아버지가 반기를 든 아들들에게 살해당한다는 가설을 불러온다. 형제들은 단결하여, "당시의 풍습대로 그를 산 채로 먹어치운다"(같은 책: 81). 나중에 이상화된 죽은 아버지를 대신해 토템 동물을 숭배하는 기념 축제가 제정되었다. 그러므로 원시부족 사람들은 인류 역사상 최초의 종교 형태인 토템 신앙을 도입하였다. 모든 종교적 가르침과 제의에서, 우리는 긴 시간적 간격 후에 오래 잊혔던 원시 조상들의 과거 역사의 어떤 요소들이 출현하는 것을 본다고 프로이트는 말한다. 비슷한 현상을 정신증 환자들의 망상에서 볼 수 있다.

> 우리는 종교적 교리의 역사적 진실이라고 불리는 것 역시 이런 종류의 내용으로 구성되어 있음을 인정해야만 하는데, 집단 현상을 통해 고립화의 저주를 면하고는 있지만 정신증적 증상의 성격을 띠고 있는 것이 사실이다 (같은 책: 85).

프로이트가 유일신론이 유대주의에 도입되고 또 기독교로 이어졌을 것이라고 생각한 것은 잊혔던 역사적 과거의 이러한 회귀 패턴을 바탕으로 한 것이다. 점차 커지는 죄책감 – 나중에 "원죄"라고 불린 – 은 유대교로부터 떨어져 나온, 유대인에 속하는 그리스도를 믿는 새로운 종교의 출현을 가져왔다. 원죄는 신에 대한 범죄이기 때문에 오직 죽음으로써만 속죄할 수 있다. 프로이트에 따르면 이 범죄란 원시 아버지를 살해한 것이다.

> 사실상 죽어 마땅한 이러한 범죄란 나중에 신성시된 원시 아버지의 살해였다. 그러나 이 살해는 기억되지 않고 대신 속죄의 환상으로 나타난다. 그런 연유로 이 환상은 구원(복음)의 메시지로 묘사될 수 있을 것이다. 신의 아들은 죄 없이 죽임을 당함으로써 모든 인간의 죄를 짊어졌다 (같은 책: 86).

여기에서 그 유명한, "유대교는 아버지의 종교였지만 기독교는 아들의 종교가 되었다"(같은 책 : 88)는 말이 나온다.

프로이트에 의하면 우리는 기독교에서 영웅 신화, 그리고 영성체 의식으로 표현되는 고대의 토템적 향연을 모두 볼 수 있다. 프로이트는 또한 기독교가 유대교의 높은 영적 수준을 유지하지 못했다고 주장한다. 왜냐하면 기독교는 "위대한 모성신"의 숭배를 다시 확립하였고 "다신교의 많은 신적 인물들"(같은 책 : 88) – 성모 마리아와 성인들에 대한 암시 – 을 위한 자리를 마련해 놓았으며, 마술적이고 미신적인 요소들을 다시 들여왔기 때문이었다. 달리 말해 프로이트에게 기독교의 도래는 단지 부분적인 발전일 뿐이었다.

> 기독교의 승리는 아문 성직자들이 천 오백년이라는 시간을 넘어 보다 넓은 무대에서 거둔, 아케나텐의 신에 대한 신선한 승리였다. 종교의 역사에 있어서 – 억압된 것의 회귀와 관련하여 – 기독교는 하나의 진보였으며 그때 이래로 유대 종교는 다소 화석화 되어버렸다 (같은 책 : 88).

일관되게 자신의 가설을 따라가면서, 프로이트는 모세 살해로 인한 회한이 의심의 여지없이 구세주를 갈망하는 환상을 자극했다고 말한다. 그러나 유대 민족은 여전히 아버지의 살해를 부인했는데, 반유대주의가 일부에서, 특히 그들을 비난하는 기독교인들에 의해 나타났다. "너희들은 우리의 신을 죽였다 !"(같은 책 : 90). 프로이트는 이런 말이 덧붙어져야 한다고 말한다. "우리들도 분명히 같은 짓을 했다. 그러나 우리는 그것을 인정했고 그때부터 우리는 죄를 용서받았다"(같은 책 : 90).

전승 : 계통 발생에 의한 주요 전달 수단

태곳적 유산 : 기질적 요인

이 장에서 프로이트는 어느 때보다도 확고하게, 그의 저술 내내 거론되는 현상인 계통발생을 통한 전승에 대한 신념을 주장한다. 프로이트에 따르면 개인의 삶은 과거에 경험했던 것과 무의식 속에 억압된 것뿐 아니라 내재된 요소들, 즉 모세교의 전승이 보여주는 바와 같이 "계통발생적 근원을 가진 요소들 – 태곳적 유산"(같은 책 : 98)에 의해서도 영향을 받는다. 그렇다면 의문이 떠오른다. 이런 유산은 무엇으로 이루어져 있는가? 그것은 무엇을 담고 있는가? 그 증거는 무엇인가? 프로이트에게 있어 이 태곳적 유산은 우리가 개인의 "기질적 요인"이라고 부르는 것과 일치한다. 모든 인간이 공통적으로 가지고 있는 어떤 소인들이 있는데 이것들은 특히 삶의 초기에 뚜렷이 나타난다. 이런 태도들은 개인적 차이와 함께 태곳적 유산으로 볼 수 있다. 프로이트는 언어에서의 상징의 보편성 – 언어의 차이들을 초월하는 근원적인 앎 – 으로부터 이에 대한 증거를 발견한다. 그는 자신의 가설을 뒷받침하는 또 다른 주장을 덧붙인다. 오이디푸스와 거세 콤플렉스에서 부모를 향한 아이들의 행동은 "개인적인 상황에서는 그 근거를 찾을 수 없고 오직 계통 발생적으로만 – 과거 선조들의 경험과 연결됨으로써 – 이해할 수 있다"(같은 책 :99).

태곳적 유산의 역할은 경시되어 왔다

프로이트는 자신이 계통발생을 통해 남아있는 기억 흔적의 유산에 충분한 주의를 기울이지 않았으며, 습득된 혹은 학습된 영향들을 강조하는 경향이 있었음을 인정한다.

> 더 깊이 생각해보니, 오랫동안 나는 우리 선조들의 경험에 대한 기억흔적들의 유산이, 직접적 의사소통이나 전례를 통한 교육의 영향과는 당연히 무관하게 형성된 듯한 태도를 취해왔음을 인정해야겠다. 내가 민족 안에서의 전승의 생존이나 민족의 성격형성에 대해 이야기할 때 나는 주로 이런 종류의 물려받은 전승을 말하고 있는 것이지 의사소통에 의해 전달되는 것을 염두에 둔 것은 아니다. 아니면 적어도 나는 그 둘 사이를 구분하지 않았으며, 그 구분을 무시하는 나의 무모함을 분명히 자각하지도 못했다(같은 책 : 99-100).

분석 작업 안에서의 관찰이나 계통 발생으로 돌리는 것 외에, 선조의 기억이 존재한다는 확실한 증거를 가져오는 일이 더 이상 불가능함에도 불구하고, 프로이트는 여전히 자신의 이론을 뒷받침할 만한 충분한 증거가 있다고 생각한다.

동물적 본능 : 이것은 태곳적 유산인가?

아마도 추가할 수 있는 한 가지 증거는, 단순히 선조들이 경험했던 것에 대한 기억인 동물들의 본능과 인간의 태곳적 유산 사이에서 이끌어낼 수 있는 유사점일 것이라고 프로이트는 말한다. 프로이트는 다음과 같이 가정한다.

> [우리는] 고대 인간의 오만으로 인해 인간과 동물 사이에 너무 멀리 벌어진 격차를 좁히려 하고 있다. 동물들이 새로운 삶의 상황에서 처음부터 마치 오래되고 익숙한 것처럼 행동할 수 있도록 하는 동물의 본능이라고 부르는 것을 우리가 설명할 수 있다면, 적어도 동물들의 이러한 본능적 삶을 설명할 수 있는 것이 있다면, 그것은 동물들은 자신의 새로운 존재 속으로 그들 종種의 경험을 가져오기 때문이라는 것이 될 수밖에 없다. 즉, 동물들이 조상들이 경험한 것에 대한 기억을 보유하고 있기 때문이라는 것이 된다. 인간이라는 동물의 입장도 실제로는 다를 것이 없다. 그 범위와 내용은 다를지라도, 인간의 태곳적 유산은 동물의 본능과 일치한다(같은 책 : 100).

원시부족 아버지의 살해 : 무시할 수 없는 요소

자신이 방금 발전시킨 논의들에 힘을 얻어, 프로이트는 원시부족 아버지의 살해가 계통발생을 통해 태곳적부터 전해 내려온다는 굳은 신념을 한 번 더 강조한다. "이러한 논의 끝에 나는 인류가 (이런 독특한 방식으로) 그들이 한때 원시 아버지를 소유했었으며 또 그를 살해했다는 사실을 알고 있었을 것이라고 주저없이 단언한다"(같은 책 : 101) 여기서 두 가지 질문들이 생겨난다. 첫째, 원시 아버지의 살해와 같은 사건이 어떻게 태곳적 유산으로 입력되는가 ? 이렇게 되려면 그 사건이 매우 중요하고도 반복되는 것이어서 신경증에서 일어나는 것과 유사하게 기억에 외상적인 흔적을 남겨야 한다. 둘째, 어떤 상황에서 그 사건이 재활성화될 수 있는가 ? 프로이트에게 있어 촉발요인은 문제의 그 사건이 실제로 반복되는 것이다. 그것이 잊혔던 기억을 되살려낸다. 그러므로 우리는 재판에 의한 그리스도의 살해로 이어지는 모세의 살해는, 최초의 원인을 드러내는 사건이라고 추정할 수 있다. 더구나 또 다른 심리학적 논쟁이 있는데, 그것은 억압된 것의 회귀가 잇따르는 억압과 관련이 있다.

> 오직 의사소통에만 토대를 둔 전승은 종교적 현상에서 볼 수 있는 강박적 특성을 지니지 못한다. 사람들은 그것을 외부로부터 유입된 여느 정보처럼 듣고, 판단하고, 그러고는 아마도 잊을 것이다. 그것은 결코 논리적 사고의 억제로부터 해방되는 특권을 얻지 못할 것이다. 그것이 대중들을 사로잡으며 그토록 강력한 효과들을 발휘하려면, 먼저 억압되어 무의식 상태에 머무는 운명을 거쳐야 한다. 지금까지 우리는 종교적 전승을 이해하지 못한 채 놀라운 눈으로 바라보아왔다(같은 책 : 101).

● 요약과 무신론적 신념의 재확인

책의 마지막에서 프로이트는 자신의 주장을 대체적으로 다시 요약하면서, 유대 민족의 독특한 성격 특질의 기원에 관한 새로운 생각들을 내놓는다. 불필요한 반복을 피하기 위해 - 프로이트가 이 책에서 자신의 가설들을 요약한 것은 이번이 두 번째이다 - 나는 추가적인 자료를 언급하는 것으로 그치겠다. 무엇보다 그는 유대인들이 자신들을 다른 민족보다 우월하다고 여기는 경향이 있으며, 사실상 신이 선택한 민족으로 간주한다는 사실을 설명하고자 했다. 그는 이러한 자부심이, 그들을 신이 선택한 민족이라고 실제로 언급했던 모세에게로 거슬러 올라간다고 말한다. "우리는 유대인을 창조한 것은 이 모세라는 한 인간이라고 감히 주장할 수 있다"(같은 책 : 106).

모세 종교 : 의심의 여지없는 우월성

어떻게 한 인간이 홀로 그들에게 그토록 엄청난 영향을 미치는 것이 가능했을까? 프로이트는 여기서 아동기 이래 우리 각자가 지니고 있는 아버지에 대한 갈망의 흔적을 본다.

"우리가 위대한 인물에게 부여하는 모든 특성들이 아버지의 특성"인 이유는 그것이다 (같은 책 : 109). 프로이트는 다시 개략해가면서, 모세 종교가 유대인들에게 훨씬 더 위대한 신의 개념을 가져왔음을 환기시킨다. 신의 형상을 만드는 것을 금지한 것은 유대인들이 그들의 신에 대한 추상적 표상을 구축하도록 고무했는데, 이것은 정신성에 있어서 상당한 진보를 암시한다.

> (금지한다는 것은) 감각적 지각이 추상적 관념이라고 불릴 수 있는 것으로부터 밀려났다는 뜻이기 때문이다. 이것은 감성에 대한 지성의 승리, 혹은 엄격히 말해서 모든 필연적인 심리적 결과들과 함께 본능을 포기한다는 것을 뜻한다(같은 책 : 113).

프로이트에게 있어 모성적 사회질서에서 부성적 사회질서로의 변화는 비슷한 함축을 갖는다.

> 그러나 어머니로부터 아버지로의 이러한 전환은 또한 감성에 대한 지성의 승리를 가리킨다. 즉, 이것은 문명의 진보인데 모성은 감각들의 증언에 의해 증명될 수 있는 반면, 부성은 추론과 전제를 바탕으로 한 가정이기 때문이다(같은 책 : 114).

유일신의 개념 : 억압된 사실에 대한 기억의 회귀

프로이트는 자신은 유일신의 존재를 믿지 않는다는 것을 분명히 밝히면서, 이러한 믿음은 원시 시대에 그 어떤 사람들보다도 높은 지위에 있던 한 인물로부터 유래한 것이라고 덧붙인다. 나중에 그 인물은 인류의 기억 속에서 신성으로 되돌아온다. 억압된 것이 회귀하는 현상은 왜 그러한 인물의 역사적 현존이 잊히는지, 그리고 그럼에도 불구하고 인간의 마음에 왜 전승에 필적하는 영원한 흔적들을 남기는지를 설명해준다. 그러므로 유일신 개념은 신경증적인 개인에게서 억압된 것이 회귀하는 것과 유사한 방식으로, 인류 역사 속에서 강박적인 방식으로 재출현했을 것이다. 따라서 유일한 신성에 대한 믿음은 오래 잊혔던 역사적 진실에 대한 기억이 부활한 것에 지나지 않는다.

> 이러한 작용들 중 하나가 위대한 유일신 개념의 출현일 것이다. 이 개념은 왜곡된 것이 사실일지라도, 완전히 정당한 기억으로 인정되어야만 한다. 이런 식의 개념은 강박적 특성을 지닌다. 그것은 믿어져야만 한다. 왜곡된 범위 내에서 그것은 망상(독일어의 Wahn은 환상과 망상 모두를 의미할 수 있다 –저자 주)으로 불릴 수 있을 것이다. 과거의 회귀를 불러오는 한, 그것은 진실이라고 불려야 한다. 정신병적 망상에도 한 조각 진실이 있다. 그리고 환자의 신념은 이러한 진실로부터 망상적 포장으로 확대된다(같은 책 : 130).

이 책의 두 번째 부분은 프로이트가 이전의 저작에서 발전시켰던 가설들을 거의 그대로 반복하는 것으로 끝난다.

후기 프로이트 학파

마지막 도전 – 또 다른 격렬한 항의

『모세와 유일신교』의 출간은 특히, 유대교와 기독교를 막론하고 종교계에 큰 물의를 일으켰다. 프로이트가 그들로부터 모세를 제거하려 한다고 생각했던 유대인 동료들은 이것이 불러올 장기적 결과를 우려했다. 이 책에서 프로이트는 『환상의 미래』에서 했던 것보다 더 심하게 기독교를 비판했기 때문에 기독교인들은 더욱더 격렬한 반응을 보였다. 여기서 그는 기독교가 망상과 가장 유사하다고 말했을 뿐 아니라, 기독교를 유대인의 영적 교리에 관한 퇴행, 사실상 우상숭배로의 회귀로 간주했다. 그러나 이 격렬한 논쟁은 1939년의 전쟁 공포로 인해 곧 뒷전으로 밀려났다. 게다가 정치적인 이유와 나치의 박해로 인해 유대계들은 프로이트 논제의 중요성을 애써 평가절하하려 했는데, 모세를 유대교의 창시자로 바라보는 전통으로 복귀할 문을 열어두기 위해서였다.

오늘날 프로이트의 모세가 남긴 것

나중에 보면 프로이트의 글은 복잡하면서도 모순된 것처럼 보인다는 것을 깨닫게 된다. 그것은 상당히 많은 논평들을 불러일으켰는데, 대다수가 매우 열띤 것이었다. 그러나 최근의 연구는 우리가 프로이트의 『모세와 유일신교』를 보다 비판적인 눈으로, 그리고 동시에 보다 목적을 갖고 읽도록 해준다. 물론 프로이트의 논제는 특히 종교적, 역사적, 그리고 인류학적 관점에서 볼 때 의심스러운 것이다. 그러나 그것은 프로이트 자신에게 매우 귀중한 빛을 던져주었으며 아직 만족스러운 답을 찾지 못한 근본적인 물음들을 제기하고 있다. 주요 논평자들로부터 발췌한 다음 글들은 독자들이 그들의 입장을 이해하는 데 도움이 될 것이다.

정신분석계는 프로이트가 인간 모세와 동일시했음을 바로 알 수 있었는데, 프로이트는 매우 독특한 상황에서 이 책을 저술했다. 그는 정신분석이 사라질까 봐, 그리고 그것을 창시한 아버지인 자신이 나치뿐만 아니라 자신의 추종자들에 의해 모세처럼 죽임을 당할까 봐 두려워했다. 이 책은 실제로 이 책에서 완벽한 사례를 발견한 정신분석적 전기의 저자들에게서 호평을 받았다. 한편 프로이트가 주장한 실제 내용과 관련해, 현대 정신분석가들은 『모세와 유일신교』를 『토템과 타부』와 같은 관점에서 보는 경향이 있는데, 이 일련의 대담한 가설들은 과학적 정당성의 확립과는 거리가 멀다. 예를 들면, 프로이트가 개인의 발달과 인류의 역사적 발달 사이에 이끌어낸 유비에 대해, 집단적 퇴행 그리고 잠복기 이후 억압된 것의 회귀라는 주장에 대해 동의하기는 어려운 것 같다. 그러나 정신분석가들이 세대 간의 계통발생적 전승이라는 문제를 간과하는 경향이 있음은 인정해야 하는데, 이 문제는 오늘날까지도 열린 채로 남아 있다. 프로이트는 이 책의 끝 부분에서 이에 대한 자신의 관점을 분명히 설명하고 있다.

대부분의 현대 인류학자들은 프로이트의 원시 부족 가설을 거의 혹은 전혀 인정하지 않지만, 일부는 그의 관점을 받아들인다는 점도 언급해야 할 것이다. 역사적인 관점에서 볼 때, 최근의 연구는 메소포타미아에서 발원한 유대인 전통을 이집트의 기원보다 더 중요한 것으로 보기 때문에 모세가 이집트인이라는 프로이트의 가설은 상당히 심각한 의문을 제기한다.

종교적 차원에서 프로이트의 관점들은 다양한 반응을 불러일으켰다. 프로이트와 유대인과의 관계와 관련하여 『모세와 유일신교』는 유대인의 정체성, 그로부터 파생된 성격-기질, 그리고 반-유대주의의 기원을 반영한다고 볼 수 있다. 이러한 주제들을 탐구한 많은 연구들 중에서, 요세프 H. 예루샬미Yosef H. Yerushalmi(1991)의 책은 특별히 언급될 만하다. 저자는 프로이트의 글이 당시 그의 삶의 그토록 많은 부분을 차지하던 방식을 연구하였는데, 신을 부인한다는 의미에서 프로이트는 자신이 쓴 글을 통해 유대교를 "끝이 없는" 어떤 것으로 바꾸어 놓았다고 주장한다.

프로이트는 또한 종교의 기원에 관한 그의 언급 때문에, 그리고 그의 논제를 뒷받침하기 위해 제시한 주장들의 약점 때문에 신랄한 비판을 받았다. 예를 들면, 그가 강박 증상과 종교적 제의가 동등한 것이라고 언급했을 때, 마이스너와 마이스너 Meissner & Meissner(2002)에게 그것은 사실상 종교적 표현의 병리적 측면에 국한된 것이었다. 프로이트가 주장한 것의 영향력은 결과적으로 매우 축소되었다. "따라서 그 비유는 최악의 의미에서 환원주의적이다. 그리고 결국 진정한 신앙과 종교적 실천에 대한 이해에 거의 공헌하지 못한다"(2002 : 475). 폴 리쾨르의 관점도 유사한데, 그는 정신분석적 접근은 우상숭배와 관련된 종교적 측면만을 설명해준다고 말한다(Ricoeur 1965). 일반적으로 말해서, 프로이트가 모든 형태의 조직적인 신앙 – 기독교나 유대교 – 에 대해 반감을 가진 이유는 여기서 내가 다룰 수 없는 많은 요소들과 관련이 있다. 그러나 엠마뉴엘 라이스(2002)가 지적한 바와 같이, "적대감에 눈이 먼" 프로이트라는 인물 너머를 본다면, 우리는 매우 다른 그림이 출현하는 것을 볼 수 있다.

> 그[프로이트]는 기독교를 아케나톤 이전에 이집트에 성행했던 우상숭배와 등일한, 전-유일신적인 이교도 시대가 회귀한 것이라고 느꼈다. 프로이트가 추구한 것은 예언적인 종교였으며, 개인적 책임과 사회 정의의 중요성을 바탕으로 한 숭배였다. 신을 중심으로 한 우주관은 그러한 성취를 방해할 뿐이었다(Rice 2002 : 297-298).

결론적으로 나는 프로이트가 종교 문제에 관해 언급했던 것들의 중요성을 과소평가하지 않도록 주의해야 한다고 말하고 싶다. 그의 주장의 약점, 개인적 갈등, 그리고 그의 무신론에도 불구하고, 그는 마이스너와 마이스너(1984)가 지적한 바와 같이 아직도 답을 얻지 못한 많은 문제들을 제기하였다. 리쾨르 역시 정신분석이 우상파괴라는 선입견에 대해 동의하지 않는다. 그에게 있어 종교의 "파괴"는 모든 우상숭배를 추방한 믿음에 대한 비판적 표현일 뿐이며, 종교적 믿음에 관한 정신분석가의 견해와는 무관한 것이다. 더구나 종교적 믿음이라는 관점에서 볼 때, 정신분석은 한계가 있다. 리쾨르에 의하면 정신분석은 이 문제에 관해 어떤 선언도 해서는 안 된다.

> 정신분석은, 정신분석가가 신앙이 있고 없고를 떠나서, 필연적으로 우상파괴적이다. 이러한 종교의 "파괴"는 모든 우상숭배를 추방한 믿음의 대응물일 수 있다. 보통 말하는 그런 정신분석은 우상파괴의 필연성을 넘어설 수 없다. 이러한 필연성은 믿음과 불신이라는 이중의 가능성을 향해 열려있지만, 이 두 가능성에 관한 결정권이 정신분석에 있는 것은 아니다(Rice 1965 : [1970 : 230]).

나는 정신분석과 종교적 믿음이 매우 독립된 영역에 속한다고 생각한다. 그러나 서로 간의 상호작용이 불가피함을 감안할 때, 나는 이들이 서로를 방해하지 않도록 이 두 영역 간에 분명한 경계를 세우는 일이 중요하다고 느낀다.

새로운 개념들

태곳적 유산 – 전치(Entstellung) – 아버지 살해 – 잠재(기) – 유일신교 – 계통발생 – 종교, 종교적 관념 – 전통

오늘날 왜 프로이트를 읽는가?

"아직도 정신분석을 이해하는 가장 좋은 방법은, 정신분석의 생성과 그 발전을 추적하는 것이다."

– S. Freud, Résultats, idées, problèmes, 1923a, p.51 –

프로이트는 여전히 살아있는가? 그의 사고들은 여전히 보편적 가치를 지니는가? 그의 생각들에서 비롯된 치료 방법인 정신분석은 우리 시대에 어떤 의미를 갖는가?

이런 질문을 던지는 사람들에게 나는, 정신분석은 살아있다고 답한다. 마르트 로베르Marthe Robert(1964)의 표현인 "정신분석의 혁명"은 아직도 현재진행형이다. 그렇다는 것을 보여주기 위해 나는 프로이트의 생각과 정신분석이 살아 있음을 명백하게 보여주는 책으로서, 이 『리딩 프로이트』를 착안하였다.

나는 프로이트가 독일어로 그렇게 썼듯이, 가능한 한 일상적인 용어를 사용하면서도 프로이트 사상의 복잡성은 훼손하지 않았다. 나는 누구에게나 쉽게 프로이트의 글과 사상에 접근하도록 함으로써 그의 저작을 읽는 것이 개인적으로 와 닿는 경험이 되게 하는 것이 중요하다고 생각되었다. 프로이트의 글을 읽는 것은 우리 존재의 가장 깊은 곳을 건드리기 때문에, 자기 자신의 탐구에 중요한 출발점이 된다.

이런 관점에서 볼 때, 프로이트는 자신이 자가-분석을 통해 무의식을 발견했던 것과 동일한 여정을 우리에게도 경험하도록 초청한다. 프로이트는 일생 동안 단 하나의 발견을 한 것이 아니라, 하나의 발견이 다른 발견을 불러오는 방식으로 발견을 계속해왔다. 바로 이 점 때문에 프로이트의 저술을 연대순으로 읽는 것은 역사적 흥미 이상의 가치가 있다. 이것은 한 인간의 탐구에 관한 기록이며, 이 탐구는 우리 자신의 내면을 탐구함으로써 우리 자신만의 탐구 방법을 발견하는 데 지침이 되어줄 수 있기 때문이다.

『리딩 프로이트』를 읽으면서 독자들은 프로이트가 강한 진화의 잠재력을 가진 유산을 우리에게 물려주었다는 것과, 이러한 잠재력이 후기 프로이트학파 정신분석가들에 의해 발굴되었다는 점을 깨닫게 될 것이다. 이러한 잠재력은 아직도 무궁무진하며 우리에게 다음과 같은 질문을 던진다: 이제 우리는 이 유산을 가지고 무엇을 해야 하는가? 대답은 분석가마다 다를 것이며, 우리가 유산을 물려받는 방식은 프로이트의 죽음에 대해 우리가 어떤 애도 작업을 하는가에 달렸다. 어떤 사람들에게는 프로이트의 유산에 신의를 지킨다는 것은, 그 유산을 박제화 시킬 위험에도 불구하고, 그것을 있는 그대로 보존하는 것을 뜻한다. 이러한 예를 다니엘 키노도즈는 "마치 조상에게서 물려받은 귀한 도자기를 식기세척기에 넣어 돌리면 망가질 것을 우려해 찬장에 모셔두는 것처럼 프로이트의 소중한 텍스트를 유리관에 넣어 안전하게 보존하는 사람"(2002 : p.183-184)으로 표현했다. 또 어떤 사람들에게는 프로이트에게 신의를 지킨다는 것이, 프로이트의 유산의 일부를 장악하여, 프로이트 이론 전체를 훼손하거나 분석가의 수만큼이나 다양한 정신분석이 생기는 위험성을 감수하더라도, 자신이 장악한 프로이트 이론의 일부를 독자적으로 발전시켜나가는 것을 의미한다.

시간의 흐름 속에서 오늘날 우리는 예기치 않은 암초들을 어떻게 피해갈 것인가? 개인적으로 나는 프로이트가 남긴 유산을 생생히 간직하는 최고의 방법은, 그가 우리에게 물려준 것을 통해 그와 대화를 나눔으로써 그 유산의 역동성을 고스란히 후세에 전달하는 일이라고 생각한다. 나는 독자에게 『리딩 프로이트』가 프로이트를 만나는 계기가 되어줌과 동시에, 나아가 프로이트의 원전을 접함으로써 프로이트와 직접 대화를 나누도록 이끌어주는 길잡이가 되기를 바란다.

프로이트는 이미 죽고 없다. 그러나 그는 저술을 통해서 뿐만 아니라, 우리에게 물려준 정신분석치료를 통해 여전히 살아 있다. 프로이트의 글을 읽는 것과 정신분석을 하는 것은 서로 구별되는 두 가지 절차다. 정신분석을 함으로써도, 프로이트와의 대화의 연속성은 이어진다. 그러나 정신분석을 하면, 분석가와 피분석자 사이의 전이와 역전이를 통해 프로이트를 만나게 되는데, 이는 책으로 프로이트를 만나는 것과는 전혀 다른 이야기임을...

BIBLIOGRAPHIE

Abraham K. (1908), « Les différences psychosexuelles entre l'hystérie et la démencc précoce», trad. I. Barande, in *Œuvres complétes*, t. I, 1907-1914, Paris, Payot, 1965, p. 36-47.

– (1911), « Préliminaire à Investigation et au traitement psychanalytique de la folic maniaco-dépressive et des états voisins», trad. I. Barande, in *Œuvres completes*. 1.1, 1907-1914, Paris, Payot, 1965, p. 99-113.

– (1924], « Esquisse d'une histoire du developpement de la libido fondec sur la psychanalysc dcs troubles mentaux», trad. I. Barande, in *Œuvres complétes*, t. II, 1913-1925, Paris, Payot, 1965, p. 255-313.

Andreas-Salomé L, (1912-1936), *Correspondence avec Sigmund Freud, suivie du Journal d'une anneé (1912-1913)*, trad. L. Jumel, Paris, Gallimard, 1970

Andreassen N. C. (1998), << Understanding schizophrenia : A silent spring?>>, Editorial, Amer. J. Psychiat., 155, 1657-1659.

Anzieu D. (1959), *L'auto-analyse de Freud*, Paris, PUF.

– (1988a), préface, in S. Freud (1901), *Sur les réves*, Paris, Gallimard, 1988.

– (1988b), *L'auto-analyse de Freud et la découverte de la psychanalyse*, Paris, puf.

Bnlint M. (1952), Amour primaire et technique psychanalytique, trad. J. Dupont, R. Gelly et S. Kadar, Paris, Payot, 1972.

Bellemin-Noel J. (1983), Gradiva au pied de la lettre, Paris, PUF.

Bion W. R. (1957), « Différentiation des parties psychotiques et non psychotiques de la personnalite», trad. F. Robert, in *Réflexion faite*, Paris, PUF, 1983, p. 51-73.

– (1959), « Attaques contre le lien» trad. F. Robert, in *Réflexion faite*, Paris, PUF, 1983, p. 105-123.

– (1961), *Recherches sur les petits groupes*, trad. L. Herbert, Paris, PUF, 1965.

– (1962), *Aux sources de l'expérience*, trad. F. Robert, Paris, PUF, 1979.

– (1967), *Réflexion faite*, trad. F. Robert, Paris, PUF, 1983.

Birksted-Breen D. (1993), *The Gender Conundrum. Contemporary Psychoanalytic Perspectives on Femininity and Masculinity*, London - New York, Routledge.

Blacker K. H. et Abraham R. (1982), « The Rat Man revisited: Comments on maternal influences», *Int. J. Psychoanal. and Psychother.*, 9, 267-285.

Bleger J. (1967), « Psychoanalysis of the psycho-analytic frame», Int. J. Psycho-Anal., 48. 511-519.

Blum H. P. (1976), « Masochism, the ego ideal, and the psychology of women», *J. of the American Psychoanalytic Association*, 24 (5), 157-193,

Bonaparte M. (1951), *La sexualité la femme*, Paris, PUF.

–, Freud A. et Kris E. (1956), « Note des éditeurs» (note n° 5), in S. Freud, *La naissance de la psychanalyse*, Paris, PUF, p. 91-92.

Bourguignon A., Cotet P., Laplanche J. et Robert F. (1989), Traduire Freud, Paris, PUF.

Bowlby J. (1969, 1973, 1980), *Attachement et perte*, 3 vol., trad. J. Kalmanovitch, Paris, PUF, 1978, 1984.

Braunschweig D, (1991), « Fantasmes originates et Snrmoi : la phylogen°èse>> *Rev. franç. psychanal.*, 55, 1251-1262.

Breuer J., Freud S. (1893), « Le mécanisme psychique de l'hystérie: communication préliminaire-, in S. Freud, J. Breuer, *Études sur l'hystérie*, trad. A. Bermann, Paris, PUF, 1956, p. 1-13.

Britton R. (2003), « Sex death and superego», in Experiences in Psychoanalysis, London-New York, Karnac.

Canestri J. (1990), « Quelques réponses», in J. Amati-Mehlcr, S. Argentieri, J. Canestri, *La Babel de l'inconscient. Langue maternelle, langues étrangéres et psychanalyse*, Paris, PUF.

Carson R. L. (1962), *Silent Spring*, Boston-Cambridge, Houghton & Mifflin - Riverside Press.

Chasseguet-Smirgcl J. (1976), « Freud and female sexuality. The consideration of some blind spcts in the exploration of the "dark" continent», *Int. J. Psycho-Anal.*, 57, 275-286.

–, et coll. (1964), *Recherches psychanalytiques nouvelles sur la sexualité féminine*, Paris, Payot.

Chiland C. (2003), *Robert Jesse Stoller*, Paris, PUF.

Cooper S. H. (1998), « Countertransference disclosure and the conceptualisation of analytic technique», *Psychoanal. Quart.*, 67, 128-154.

Devereux G. (1972), *Ethnopsychanalyse complémentariste*, trad. T. Jolas et H. Gobard, Paris, Flammarion, 2e éd., 1985.

Diatkine G. (1997), *Jacques Lacan*, Paris, PUF.

Dolto F. (1981), *La foi au risque de la psychanalyse IDialogue avec G. Séverin)*, Paris, Le Seuil.

Dolto F. et Séverin G. (1977-1978), *L'Évangile au risque de la psychanalyse*, Paris, J.-P. Delarge.

Dor J. (1985), *Introduction a la lecture de Lacan*, Paris, Denoël.

Duparc F. (2001), « The countertransference scene in France», *Int. J. Psycho-Anal.*, 82, 151-169.

Eissler K. R. (1961), *Léonard de Vinci*, Paris, PUF, 1980.

Erikson E. H. (1950), *Enfance et société*, trad. A. (i.e. Jean) Cardinet, Neuchâtel, Delachaux & Niestlé, 1959.

Etchegoyen R. H. (1991), The Fundamentals of Psychoanalytic Technique, London-New York, Karnac.

Fairbairn R. D. (1956), « Considerations arising out of the Schreber case», *Brit. J. Med.*. Psychol., 19, 113-127.

Fédération européenne de psychanalyse (1986), *La pulsion de mort. Symposium (Marseille 1984),* Paris, puf.

Fedem P. (1943), « Psychanalyse des psychoses», in *La Psychologie du moi et les psychoses,* trad. A. Lewis-Loubignac, Paris, PUF, 1979, p. 125-174.

Fenichel o. (1941), *Problémes de technique psychanalytique,* trad. A. Berman, Paris, PUF, rééd. Tchou, 2001.

Ferenczi S. (1909), «Transfert et introjection», trad. J. Dupont, M. Wiliker et Ph. Gamier, in *Psychanalyse, I. Œuvres complètes,* Paris, Payot, 1968-1983, p. 93-125.

– (1913), « Développement du sens de la réalité et ses stades », trad. J. Dupont, M. Wiliker et Ph. Garnier, in *Psychanalyse,* II. CEuvres completes, Paris, Payot, 1970, p. 51-65.

– (1928), «Le problème de la fin de l'analyse », trad. J. Dupont et al., in Psychanalyse. IV. *Œuvres completes.* Paris, Payot, 1982, p. 43-52.

– **et Rank O.** (1924), *Perspectives de la psychanalyse,* Paris, Payot, 1994.

Ferro A. (2000), *La psychanalyse comme oeuvre ouverte,* trad. P. Faugeras, Ramonville-Saint-Agne, Érès.

Flanders S. (1993), « Introduction», in *The Dream Discourse today,* London, Routledge.

Foulkes S. H. (1964), *Psychothérapie et analyse de groupe,* trad. G. Rinzeler, Paris, Payot, 1970.

Frankiel R. V. (1991), « A note on Freud's inattention to the negative œdipal in little Hans », *Int. Rev. Psycho-Anal.,* 18. 181-184.

Freeman D, (1967), «"Totem et tabou" : une nouvelle évaluation » trad. J. Kalmanovitch, in W. Muenster-berger (ed.) (1969], L'anthropologie psychanalytique depuis - « *Totem et tabou* », Paris, Payot, 1976, p. 57-81,

Freud A. (1923), «Ein hysterisches Symptom bei einem zweieinvierteljährigen Kind», *Imago* 9, 264-265.

– (1927), «Introduction à la psychanalyse des enfants », *Rev. franç, psychanal.,* 4, 428-239, 610-633, 1930 1931.

– (1936), *Le moi et les mecanismes de defense,* trad. A. Berman, Paris, puf, 1949.

– (1965), *Le normal et le pathologique chez l'enfant,* trad. D. Widlöcher, Paris, Gallimard 1968.

– et Burlingham D. (1943), *War and Children,* New York, Int. Univ. Press, 1943.

Freud S. (1887-1902), « Lettres à Wilhelm Fliess», trad. A. Berman, in *La naissance de la psychanalyse.* Paris, PUF, 1956, p. 47-306. Pas dans les *GW SE* 1, p. 175-280.

– (1894a), « Les psychonévroses de defense» , in Névrose, *psychose et perversion,* trad. J. Laplanche, Paris, PUF, 1973, p. 1-14; OCF.P III, p. 1-18 ; *GW* 1, p. 59-74 ; *SE* 3, p. 41-61.

– < Manuscrit E >>, in *La naissance de la psychanalyse,* trad. A. Berman, éd. M. Bonaparte, A. Freud et E. Kris, Paris, PUF, 1956, p. 80-85.

– << Manuscrit G >>, in *La naissance de la psychanalyse,* trad. A. Berman, éd. M. Bonaparte, A. Freud et E. Kris, Paris, PUF, 1956, p. 91-97.

– << Manuscrit H >>, in *La naissance de la psychanalyse.* trad. A. Berman, éd. M. Bonaparte, A. Freud et E. Kris, Paris, PUF, 1956, p. 98-102.

– << Manuscrit K >>, in *La naissance de la psychanalyse,* trad. A. Berman, éd, M, Bonaparte, A. Freud et E. Kris, Paris, PUF, 1956, p. 129-137.

– (1895b [1894]), << Qu'il est justifié de séparer de la neurasthénie un certain complexe symptomatique sous le nom de "névrose d'angoisse" >>, in *Névrose, psychose et perversion,* trad. J. Laplanchc et al., Paris, PUF,1973, p. 15-38 ; OCF.P III, p. 29-58 ; *GW* 1, p. 315-342 ; *SE* 3, p. 85 115.

– (1895c), << Obsessions et phobies. Leur mécanisme psychique et leur étiologic >> (publié en français), in *Névrose, psychose et perversion,* trad. j. Laplanchc et al.. Paris, PUF, 1973, p. 39-45 ; OCF.P III, p. 19-28 ; *GW* 1, p. 345-353 (en français); *SE* 3, p. 69-82.

– (1895h), << Mécanisme des représentations de contrainte et des phobies>>, OCF.P, III, p. 79-91 ; *GW Nachtr.,* p. 352-359. N'existe pas en anglais.

– (1896b), << Nouvelles remarques sur les psychonévroses de defense >> in *Névrose, psychose et perversion,* trad. J. Laplanche *et al.* Paris, puf, 1973, p. 61-81 ; OCF.P III, p. 121-146, *GW* 1, p. 379-403 ; *SE* 3, p. 157-185.

– (1897b), << Résumé des travaux scientifiques du Dr Sigm. Freud Privatdocent, 1877-1897 >>., OCF.P 111, p. 183-213 ; *GW* 1, p. 463-488 ; *SE* 3, p. 223-257.

– (1898a), << La sexualité dans l'étiologie des névroses >>, in *Résultats, idées, problémes I,* trad, f. Altounian *et al.*, Paris, PUF, 1984, p. 75-97; OCF.P III, p. 215-240; *GW* 1, p. 491-516; *SE* 3, p. 259-285.

– (1898b), << Sur le mecanisme psychique de 1'oubli », in Resultats idees, problemes I, trad. J. Altounian et al., Paris, puf, 1984, p. 99-107 ; OCF.P III, p. 241-252; *GW* 1, p. 519-529; *SE* 3, p. 287-297.

– (1899a), << Sur les souvenirs-écrans », in *Névrose, psychose et perversion,* trad. D. Anzieu et A. Berman, Paris, PUF, 1973, p. 113-132 , OCF.P III, p. 253-276 ; *GW* 1, p. 531-554 ; SE 3, p. 299-322.

– (1900a), *L'interprétation des rêves,* trad. I. Meyerson, rév. D. Berger, Paris, PUF, 1967 ; *GW* 2-3 ; *SE* 4-5.

– (1901a), *Sur le rêve,* preface de D. Anzieu, trad. C. Heim, Paris, Gallimard, 1988 ; *GW* 2-3, p. 643-700 ; SE 5, p. 633-686.

– (1901b), *Psychopathologie de la vie quotidienne,* trad. S. Jankélévitch, Paris, Payot, 1922, 1967, *GW* 4 ; *SE* 6.

– (1904a), << La méthode psychanalytique de Freud >> , trad. A. Berman, in *De la technique psychanalytique,* Paris, PUF, 1970, p. 1-8 ; *GW* 5, p. 3-10 ; *SE* 7, p. 247-254,

– (1905a), << De la psychothérapie >> , trad. A. Berman, in De la technique *psychanalytique,* Paris PUF, 1970, p. 9-22 ; *GW*

5, p. 13-26 ; *SE* 7, p. 255-268.
- (1905c), *Le mot d'esprit et sa relation à l'inconscient,* trad. D. Messier, Paris, Gallimard, 1988 ; *GW* 6 ; *SE* 8.
- (1905d), *Trois essais sur la théorie sexuelle,* trad. P. Koeppel, Paris, Gallimard 1987 ; *GW* 5, p. 29-145 ; *SE* 7, p. 123-243.
- (1905e), << Fragment d'une analyse d'hystérie (Dora) >>, trad. M. Bonaparte et R. Loewenstcin, in *Cinq psychanalyses,* Paris, PUF, 1954, p. 1-91 ; *GW* 5, p. 163-286 ; *SE* 7, p. 1-122.
- (1907a), Le délire et les rêves dans la << *Gradiva* >> *de Jensen,* trad. J. Bellemin-Noël, Paris, Gallimard 1986 ; *GW* 7, p. 31-125 ; *SE* 9, p. 1-95.
- (1907b), << Actions compulsionnelles et exercices religieux >>., trad. D. Guérineau, in *Névrose, psychose et perversion.* Paris, Gallimard, 1973, p. 133-142 ; *GW* 7, p. 129-139; *SE* 9, p. 115-127
- (1907c), << Les explications sexuelles donnees aux enfants >>, trad. D. Berger, in *La vie sexuelle,* Paris, PUF, 1969, p. 7-13 ; *GW* 7, p. 19-27 ; *SE* 9, p. 129-139.
- (1908b), << Caractère et érotisme anal >>, trad. D. Berger et al., in *Névrose, psychose et perversion,* Paris, puf, 1973, p. 143-148 ; *GW* 7, p. 203-209 ; *SE* 9, p. 167-175.
- (1908c), << Les théories sexuelles infantiles >>, trad. (,-B. Pontalis, in La vie sexuelle. Paris, PUF, 1969, p. 14-27 ; *GW* 7, p. 171- 188 ; *SE* 9, p. 205-226.
- (1908d), << La morale sexuelle civilisée et la maladie nerveuse des temps modernes >>, trad. D. Berger, in *La vie sexuelle,* Paris, PUF, 1969, p. 28-46 ; *GW* 7, p. 143-167 ; *SE* 9, p. 177-204.
- (1909b), << Analyse de la phobie d'un garçon de cinq ans (le petit Hans) >>, trad. M. Bonaparte et R. Loewenstein, in *Cinq psychanalyses,* Paris, PUF, 1954, p. 93-198 ; OCF.P IX, p. 1-130 ; *GW* 7, p. 243-377; *SE* 10, p. 1-147.
- (1909d), << Remarques sur un cas de névrose obsessionnelle (L'Homme aux rats), trad. M. Bonaparte et R. Loewenstein >>, in Cinq psychanalyses, Paris, PUF, 1954, p. 199-261 ; OCF.P IX, p. 131-214 ; *GW* 7, p. 381-463 ; *SE* 10, p. 151-249,
- (1910c), Un souvenir d'enfance de *Leonard de Vinci,* trad. J. Altounian *et al.,* Paris, Gallimard, édition bilingue, 1991 ; OCF.P X, p. 79-164 ; *GW* 8, p. 128-211 ; *SE* 11, p. 57-137.
- (1910d), << Perspectives d'avenir de la therapeutique psychanalytique >>, trad. A. Berman, in *De la technique psychanalytique,* Paris, puf, 1970, p. 23-34 ; OCF.P x, p. 61-74 ; *GW* 8, p. 104-115 ; *SE* 11, p. 139-151.
- (1910h), << D'un type particulier de choix objectal chez l'homme >>, trad. J. Laplanche, in *La vie sexuelle,* Paris, PUF, 1969, p. 47-55 ; OCF.P X, p. 187-200 ; *GW* 8, p. 66-77; *SE* U, p. 163-175.
- (1910k), << À propos de la psychanalyse dite "sauvage">>, trad. A. Berman, in *De la technique psychanalytique,* Paris, PUF, 1970, p. 35-42 ; OCF.P X, p. 205-214 , GW 8, p. 118-125; SE 11, p. 219-227.
- (1911 b), << Formulations sur les deux principes du cours des événements psychiques >> , trad. J. Laplanche, in *Névrose, psychose et perversion,* Paris, PUF, 1973, p. 135-143 ; OCF.P XI, p. 12-21 ; *GW* 8, p. 230-238 ; *SE* 12, p. 213-226.
- (1911 c), << Remarques psychanalytiques sur l'autobiographie d'un cas de paranoïa *(Dementia paranoides)* (Le Président Schreber) >>, trad. M. Bonaparte et R. Loewenstein, in Cinq psychanalyses, Paris, PUF, 1954, p. 263-321 ; OCF.P X, p. 225-304; *GW* 8, p. 240-316 ; *SE* 12, p. 1-79.
- (1911 d), << La signification de l'ordre des voyelles >>, trad. J. Altounian et al., in *Résultats, idées, problèmes I.* Paris, PUF, 1984, p. 169 ; *GW* 8, p. 348 ; *SE* 12, p. 341.
- (1911e) << Le maniement de l'interprètation des rêves en psychanalyse >>, trad. A. Berman, in *De la technique psychanalytique,* Paris, PUF, 1970, p.43-39; OCF.P XI P.41-48; *GW* 8,P.350-357; *SE* 12,P.89-96
- (1912b), << La dynamique du transfert >>, trad. A. Berman, in *De la technique psychanalytique.* Paris, PUF, 1970,p. 50-60 ; OCF.P XI, p. 105-116 ; *GW* 8, p. 364-374 ; *SE* 12, p. 97-108.
- (1912d), < Considérations sur le plus conunun des ravalements de la vie amoureuse (Contributions à la psychologic de la vie amoureuse II) >>, trad. J. Laplanche, in *La vie sexuelle,* Paris, PUF, 1969, p. 55-65 ; *GW* 8, p. 78-91 ; *SE* 11, p. 177 190.
- (1912e), << Conseils aux medecins sur le traitement psychanalytique >>, trad. A. Berman, in De *la technique psychanalytique,* Paris, PUF, 1970, p. 61-71 ; OCF.P XI, p. 143-154 ; *GW* 8, p. 376-387 ; *SE* 12, p. 109-120.
- (1912-1913a), *Totem et tabou,* trad. S. Jankélévitch, 1923, rév., 1965, Paris, Payot, 1923, 1965; OCF.P XI, p. 189-386; *GW* 9 ; *SE* 13, p. 1-161.
- (1913b), << Introduction.à O. Pfistei >>, *Psychoanalytische Methode; GW* 10, p. 448-450 ; *SE* 12, p. 327-331. (N'existe pas en frangais.)
- (1913c), << Le début du traitement >>, trad. A. Berman, in *De la technique psychanalytique,* Paris, PUF, 1970, p. 80-104 ; *GW* 8, p. 454-478 ; *SE* 12, p. 121-144.
- (1913i), << La disposition à la névrose obsessionnelle. Une contribution au problème du choix de la névrose >>, trad. D. Berger et al., in *Névrose, psychose et perversion,* Paris, PUF, 1973, p. 189-197 ; *GW* 8, p. 442-452; *SE* 12, p. 311 -326.
- (1914b), << Le Moïse de Michel-Ange >> trad. E, Marty, in Essais *de psychanalyse appliquiée,* Paris, Galli-mard, 1971, p. 9-41 ; *GW* 10, p. 171-201 , *SE* 13, p. 209-236.
- (1914c), << Pour introduire le narcissisme >>, trad, D. Berger, J. Laplanche et al., in *La vie sexuelle,* Paris, PUF, 2e éd., 1970, p, 81-105 ; *GW* 10, p. 138-170 ; *SE* 14, p. 67-102.

- (1914d), « Contribution à l'histoire du mouvement psychanalytique », trad. S. Jankélévitch, in *Cinq leçons sur la psychanalyse,* Paris, Payot, 1973, p. 69-155 ; *GW* 10, p. 44-113 ; *SE* 14, p. 1-66.
- (I914g), « Remémoration, répétition et élaboration », trad. A. Berman, in *De la technique psychanalytique,* Paris, PUF, 1970, p. 105-115 ; *GW* 10, p. 126-136 ; *SE* 12, p. 145-156.
- (1915-1917), *Métapsychologie,* Paris, Gallimard, 1968.
- (1915a [1914]), « Observations sur l' amour de transfert », trad. A. Berman, in *De la technique psychanalytique,* Paris, PUF, 1953, 1970, p. 116 130; *GW* 10, p. 306 321 ; *SE* 12, p, 159-171.
- (1915b), « Considérations aetuelles sur la guerre et la mort », trad. S. Jankélévitch, rev. A, Hesnard, in *Essais de psychanalyse.* Paris, Payot, 1970, p. 235-267 ; *OCF.P* XIII, p. 127-155 ; *GW* 10, p. 324-355; *SE* 14, p. 273-300.
- (1915c), « Pulsions et destins des pulsions », trad, J, Laplanche et J.-B. Pontalis, in *Métapsychologie,* Paris, Gallimard, 1968, p. 11-43 ; *OCF.P* XIII, p. 163-188 ; *GW* 10, p. 210-232 ; *SE* 14, p. 109-140.
- (1915d), « Le refoulement », trad. J. Laplanche et J.-S. Pontalis, in Métapsychologie. Paris, Gallimard, 1968, p. 45-63; *OCF.P* XIII, p. 189-204; GW 10, p. 248-261 ; SE 14, p. 141-158.
- (1915e), « L'inconscient », trad. J. Laplanche et J.-B. Pontalis, in Métapsychologie. Paris, Gallimard, 1968, p. 65-121 ; *OCF.* P XIII, p. 205-244; *GW* 10, p 264-303 ; *SE* 14, p. 159-215.
- (1916-1917 [1915-1916]), *Leçons d'introduction à la psychanalyse, trad, S, Jankélévitch,* Paris, Payot 1973 ; *OCF.P* XIV, p. 1-516; *GW* 11 ; *SE* 15-16.
- (1917c), « Sur les transformations des pulsions particulièrement dans l'érotisme anal », trad. D. Berger, in *La vie sexuelle,* Paris, PUF, 1969, p, 106 112 ; *GW* 10, p. 402-410; *SE* 17, p. 125-133.
- (1917d), « Complément métapsychologique à la théorie du rêve», trad. J. Laplanche et J.-B. Pontalis, in *Métapsychologie,* Paris, Gallimard, 1968, p. 123-143; *GW* 10, p. 421-426; *SE* 14, p. 217 235,
- (1917e[1915]), « Deuil et mélancolie », trad. J. Laplanche et J.-B. Pontalis, in *Métapsychologie,* Paris, Gallimard, 1968, p. 145-171 ; *GW* 10, p, 428-446 ; *SE* 14, p. 237-258.
- (1918b [1914]), << Extraits de l'histoire d'une névrose infantile (L'Homme aux loups) >>, trad. M. Bonaparte et R. Loewenstein, in *Cinq psychanalyses,* Paris, PUF, 1954, p. 325-420; *OCF.P* XIII, p. 1-118; *GW* 12, p. 29-157 ; *SE* 17, p. 1-122.
- (1919a), « Les voies nouvelles de la thérapeutique psychanalytique », trad. A. Berman, in *De la technique psychanalytique.* Paris, PUF, 1953, p. 131-141, *OCF.P* XV, p. 97-108; *GW* 12, p. 183-194; *SE* 17, p. 157-168.
- (1919e), << Un enfant est battu. Contribution à la genèse des perversions sexuelles >>, trad. D, Guérineau, in *Névrose, psychose et perversion,* Paris, PUF, 1973, p, 219-243; OCF.P XV, p. 115-146; GW 12, p. 197-226; SE 17, p. 175-204.
- (1919h), *L'inquiétante étrangeté, in L'inquiétante étrangeté et autres essais,* trad. B. Féron, Paris, Gallimard, 1985, p. 209-263.
- (1920a), « Sur la psychogenèse d'un cas d'homosexualité féminine », trad. G. Guerineau, in *Névrose, psychose et perversion,* Paris, PUF, 1973, p. 245-270 ; *OCF.P* XV, p. 233-262 ; *GW* 12, p. 271-302; *SE* 18, p. 145-172.
- (1920g), *Au-delà du principe de plaisir,* trad. J. Laplanche et J.-B. Pontalis, in *Essais de psychanalyse,* Paris, Payot, 1981, p, 41 115 ; *OCF.P* XV, p. 273 338 ; *GW* 13, p. 3-69 ; *SE* 18, p. 1-64.
- (1921c), *Psychologic des foules et analyse du moi.* trad. P. Cotet et al., Paris, Payot, 1981, p 117-217 ; *OCF.P* XVI, p, 1-83 ; *GW* 13, p. 73-161 ; *SE* 18, p, 65-143.
- (1921c), « Extrait d'une lettre à Claparede », trad. Y. Le Lay. Genéve, Sonor, 1921, p. 69-70 ; *OCF.P* XV, p. 347- pas en allemand); *SE* 11, p. 214-215.
- (1923a), « "Psychanalyse" et "Théorie de la libido" », trad. J. Altounian et al., in *Résultats, idées, problemes II.* Paris, PUF, 1985, p. 51-77 ; *GW* 13, p. 211-233 ; *SE* 18, p. 235-259.
- (1923b), *Le moi et le ça,* trad. J. Laplanche, in *Essais de psychanalyse,* Paris, Payot, 1981, p. 219-274; OCF.P XVI, p. 255-302 ; *GW* 13, p. 237-289 ; *SE* 19, p. 1-59,
- (1923e), « L'organisation génitale infantile », trad. J. Laplanche, in *La vie sexuelle,* Paris, PUF, 1969, p. 113-116 ; OCF.P XVI, p. 303-310 ; *GW* 13, p. 293-298 ; *SE* 19, p. 139-145.
- (1924b), « Névrose et psychose », trad, D. Guérineau, in *Névrose, psychose et perversion,* Paris, PUF, 1973, p. 283-286; *OCF.P* XVII, p. 1-7; *GW* 13, p. 387-391 ; *SE* 19, p. 147-153.
- (1924c), « Le problème économiquc du masochisme », trad. J. Laplanche, in *Névrose, psychose et perversion,* Paris, PUF, 1973, p. 287-297 ; *GW* 13, p. 371-383; *SE* 19, p. 155-170.
- (1924d), « La disparition du complexe d'œdipe », trad. D. Berger, in *La vie sexuelle,* Paris, PUF, 1969, p. 117-122; *OCF.P* XVll, p. 27-33 ; *GW* 13, p. 395-402; *SE* 19, p. 171-179.
- (1924e), « La perte de la réalité dans la névrose et dans la psychose », trad. D. Guérineau, Paris, PUF, 1973, p. 299-303 ; *OCF.P* XVII, p. 35-41 ; *GW* 13, p. 363-368 ; *SE* 19, p. 181-187.
- (1925d), *Sigmund Freud présenté par lui-même,* trad. F. Cambon, Paris, Gallimard 1984 ; OCF.P XVⅡ, p. 51-122 ; *GW* 14, p. 33-96; *SE* 20, p. 1-70.
- (1925h), « La négation », trad. J. Laplanche, in *Résultats, idées, problemes II,* Paris, PUF, 1985, p. 135-139; *OCF.P* XVII, p. 165-171 ; *GW* 14, p. 11-15; *SE* 19, p. 233-239.
- (1925j), << Quelques conséquences psychologiques de la différence anatomique entre les sexes >> , trad. D. Berger, J.

Laplanche et at., in *La vie sexuelle,* Paris, PUF, 1970, p. 123-132 ; *OCF.P* XVII, p. 189-202 ; *GW* 14, p. 19-30 ; *SE* 19, 241-258.
– (1926b), «Karl Abraham », (n'existe pas en frangais); *GW* 14, p. 564 ; *SE* 20, p. 277-278.
– (1926d [1925]), *Inhibition symptôme et angoisse,* trad. M. Tort, Paris, PUF, 1951, 1968 ; *OCF.P* XVII, p. 203-286 ; *GW* 14, p. 113-205 ; *SE* 20, p. 75-174.
– (1926e), *La question de l'analyse laïque,* trad. J. Altounian, Paris, Gallimard, 1985 ; *OCF.P* XVIII, p. 1-92 ; *GW* 14, p. 209-286 ; *SE* 20, p. 177-250.
– (1927c), *L'avenir d'une illusion,* trad. M. Bonaparte, Paris, PUF, 1971 , *OCF.P* XVIII, p. 141-197 ; *GW* 14, p. 325-380 ; *SE* 21, p. 1-56.
– (1927d), « L'humour », trad. M. Bonaparte et M. Nathan, in *Le mot d'esprit et ses rapports avec l'inconscient.* Paris, Gallimard, 1969, p. 367-376 ; *OCF.P* XVIII, p. 133-140 ; *GW* 14, p. 383-389 ; *SE* 21, p. 159-166.
– (1927e), « Le fétichisme », trad. D. Berger, J. Laplanche et al., in *La vie sexuelle,* Paris, PUF, 1970, p. 133-138; *OCF.P* XVIII, p. 123-132 ; *GW* 14, p 311-317 ; *SE* 21, p. 147-157.
– (1928a [1927]), « Un événement de la vie religieuse », trad. M. Bonaparte, in *L'avenir d'une illusion.* Paris, PUF, 1971, p. 95-100 ; *OCF.P* XVIII, p. 199-204 ; *GW* 14, p. 393-396 ; *SE* 21, p. 167-172,
– (1930s [1929]), *Malaise dans la civilisation,* trad. R. M. Zeitlin, Paris, Callimard, 1984 ; *OCF.P* XVIII, p. 245-333 ; *GW* 14, p. 421-506 ; *SE* 21, p. 57-145.
– (1931b), « De la sexualité féminine », trad. D. Berger, in *La vie sexuelle,* Paris, PUF, 1969, p. 139 155 ; *OCF.P* XIX, p. 7-28 ; *GW* 14, p. 517-537 ; *SE* 21, p. 221-243.
– (1933a [1932]), *Nouvelles conférences d'introduction à la psychanalyse,* trad. R. M. Zeitlin, Paris, Gallimard 1984 ; *OCF.P* XIX, p. 83-268 ; *GW* 15, p. 6-197 ; *SE* 22, p. 1-182,
– (1933b), « Pourquoi la guerree », trad. J. G. Delarbre et A. Rauzy, in *Résultats, idées, problèmes II,* Paris, PUF, 1985, p. 203-215 ; *OCF.P* XIX, p. 61-82 ; *GW* 16, p. 13-27 ; *SE* 22, p. 203-215.
– (1933c), « Sándor Ferenczi † »; *OCF.P* XIX, p. 309-314 ; *GW* 16, p. 267-269 ; *SE* 22, p. 225-229.
– (1936a), Un trouble de mémoire sur l'Acropole (lettre à Romain Rolland), trad. M. Robert, in *Résultats, idées, problèmes II,* Paris, puf, 1985, p. 221-230 ; *OCF.P* XIX, p. 325-338 ; *GW* 16, p. 250-257 ; *SE* 22, p. 237-248.
– (1937a), « Lou Andreas-Salomé » (n'existe pas en franç ais) ; *GW* 16, p. 270 ; *SE* 23, p. 297-298.
– (1937c), « L'analyse avec fin et l'analyse sans fin », trad. J. Altounian et al., in *Résultats, idées, problémes II,* Paris, PUF, 1985, p. 231-268 ; *GW* 16, p. 59-99 ; *SE* 23, p. 209-253.
– (1937d), « Constructions dans l'analyse » trad. E. R. Hawelka et al.. in *Résultats, idées, problèmes II,* Paris, PUF, 1985, p. 269-281 ; *GW* 16, p. 43-56 ; *SE* 23, p. 255-269.
– (1939a), *L'homme Moïse et la religion monothéiste,* trad. C. Heim, Paris, Gallimard, 1986.
– (1940a [1938]), *Abrégé de psychanalyse,* trad. A. Berman, Paris, PUF, 1949, 1967 ; *GW* 17, p. 67-138 ; *SE* 23, p. 139-207.
– (1940e [1938]), « Le clivage du moi dans le processus de défense », trad. R. Lewinter et J.-B. Pontalis, in *Résultats, idées, problèmes II,* Paris, PUF, 198S, p. 283-286 ; *GW* 17, p. 59-62 ; *SE* 23, p. 271-278,
– (1942a [1905-1906]), « Personnagcs psychopathiqucs à la scène », trad. J. Altounian et al., in *Résultats, idées, problèmes I,* Paris, PUF, 1984, p. 123-129. Ne se trouve pas dans les *GW*; *SE* 7, p. 303-310,
– (1950a [1887-1902]), *La naissance de la psychanalyse. Lettres à Fliess, Notes et plans (1887-1902),* trad. A. Berman, Paris, PUF, 1956.
– (1950c [1895]), « Esquisse d'une psychologic scicntifique » trad. A. Berman, in *La naissance de la psychanalyse. Lettres à Wilhelm Fliess. Notes et plans (1887-1902),* Paris, PUF, 1956, p. 307-396,
– (1965a), *Correspondence Sigmund Freud - Karl Abraham, 1907-1926,* éd. H. Abraham et E. Freud, trad. F. Cambon et J.-P. Grossein, Paris, Gallimard, 1969.
– (1968a), *Correspondence Sigmund Freud - Arnold Zweig, 1927-1939,* éd. E. Freud, trad. L. Weibei, Paris, Gallimard, 1973.
– (1985a [1915]), *Vue d'ensemble sur les nevroses de transfert. Un essai métapsychologique,* éd. I. Grubrich-Simitis, trad. P. Lacoste, Paris, Gallimard, 1986.
– (1985c [1887-1904]), *The Complete Letters of Sigmund Freud to Wilhelm Fliess 1887-1904,* trad. et éd. J.-M. Masson. Cambridge (Mass.) - London, 1985.
– (1987c [1908-1938]), *Correspondance Sigmund Freud - Stefan Zweig, trad.* G. Hauer et D. Plassard, éd. H. U. Lindken, Paris, Rivages, 1991.
– (1992 [1908-1938]), *Correspondance Sigmund Freud - Ludwig Binswanger,* éd. G. Fichtner, trad. R. Menahem et M. Strauss, Paris, Calmann-Lévy, 1995.
– et Abraham K. (2003), *The Complete Correspondence of Sigmund Freud and Karl Abraham, 1907-1925,* éd. E. Falzeder, trad. C. Schwarzacher, C. Trollope et K. Majthényi King, London, Karnac.
– et Breuer J. (1893a [1892]), « Les méanismes psychiques des phénomènes hystériques: communication préliminairc » , trad. A. Berman, in S. Freud, J, Breuer, *Études sur l'hystérie,* Paris, PUF, 1956, p. 1-13 ; *GW* 1, p. 83-98 ; *SE* 2, p. 1-17.
– et Breuer J. (1895d), *Études sur l'hystérie.* trad. A. Berman, Paris, PUF, 1956 ; *GW* 1, p. 77-312 ; *SE* 2, p. 1-309.
– et Ferenczi S. (1992), *Correspondance, t. 1 : 1908-1914,* éd. E. Brabant, E. Falzeder et P. Giampieri-Deutsch, trad. Équipe du

Coq-Héron, Paris, Calmann-Lévy.
– et Jones E. (1993), *Correspondance complète (1908-1939),* éd. R. A. Paskauskas, trad. P.-E. Dauzat et al., Paris, PUF, 1998.
– et Pfister O. (1963a), *Correspondance de Sigmund avec le pasteur Pfister, 1909-1939,* èd. E. Freud et H. Meng, trad. L. Jumel, Paris, Gallimard, 1966.
– et Zweig A. (1968a), *Correspondance, 1927-1939,* èd. E. Freud, trad. L. Weibel, Paris, Gallimard, 1973.
Gabbard G. O. et Lester E. (1995), *Boundaries and Boundary Violations in Psychoanalysis,* New York, Basic Books.
Gardiner M. (dir.) (1971), *L'Homme aux hups par ses psychanalystes et par lui-même,* trad. L. Weibel, Paris, Gallimard, 1981, p. 268-313.
Gay P. (1988), *Freud. Une vie,* trad. T. Jollas, Paris, Hachette, 1991.
Geissman C. et Geissman P. (1992), *Histoire de la psychanalyse de 1'enfant,* Paris, Bayard.
Glover E. (1955), *Technique de la psychanalyse, trad. C. Laurin,* Paris, PUF, 1958 ; rééd., Paris, Tchou, 2000.
Graf H. (1972), Mémoires d'un homme invisible, supplement au n° 3 de l'*Une bévue,* 1993.
Gibeault A. (2000), « In response to Otto F. Kernberg "Psychoanalysis, psychoanalytic psychotherapy and supportive psychotherapy : Contemporary controversies" », *Int.l. Psycho-Anal., 81,* 379-383.
Green A. (1972), « De l' "Esquisse" à *L 'interprétation des rêves* : coupure et cloture », *Nouv. rev. psychanal.,* n° 5, p. 155-180.
– (1973), *Le discours vivant,* Paris, PUF.
– (1983), *Narcissisme de vie et narcissisme de mort,* Paris, Minuit.
– (1986), « Pulsion de mort, narcissisme négatif et fonction désobjectalisante », in *La pulsion de mort,* 1er Symposium de la Fédération européenne de psychanalyse, Paris, PUF, p. 49-59.
– (1992), « La psychanalyse et la science », *Médecine et Hygiène,* 50, 2350-2377.
Greenson R. R. (1967), *Technique et pratique de la psychanalyse,* trad. F. Robert, Paris, PUF, 1977.
Grinberg L. (1962), « On a specific aspect of countertransference due to the patient's projective identificaton » *Int. J. Psycho-Anal.,* 43, 436-440.
– Sor D. et Bianchedi E. de (1973), *Nouvelle introduction à la pensée de Bion, Lyon,* Césura, 1996.
Groddeck G. W. (1921), *Le chercheur d'âme,* Paris, Gallimard, 1982.
– (1923), *Le livre du ça.* trad. L. Jumel, Paris, Gallimard, 1963.
Grosskurth Ph. (1986), *Melanie Klein, son monde et son oeuvre,* trad. C. Anthony, Paris, PUF, 1989.
Grubrich-Simitis I. (1985), *Retour aux manuscrits,* trad. P. Lacoste, Paris, Gallimard, 1986 ; rééd., Paris, PUF, 1997.
Grunberger B. (1971), *Le narcissisme,* Paris, Payot.
Hanly C. (1986), « Book review of The assault on truth : Freud's suppression of the seduction theory », by Jeffrey M. Masson, 1984, *Int. J. Psycho-Anal.,* 67, 517-519.
Hartmann H., *La psychologie du moi et le problème de l'adaptation,* Paris, puf, 1958.
–, Kris E. et Loewenstein R. M. (1969), << Notes psychanalytiques sur "culture et personnalite">> in W. Munsterberger (6d.) (1969), L'anthropologie psychanalytique depuis « *Totem et tabou* », trad, J. Kalmanovitch, Paris, Payot, 1976, p. 181-211.
Hawelka E. R. (1974), << Introduction et commentaire >> , in *L'Homme aux rats : Journal d'une analyse,* Paris, PUF, 1974
Haynal A. (1986), *La technique en question. Controverses en psychanalyse,* Paris, Payot.
– (2001), *Un psychanalyste pas comme un autre. La renaissance de Sándor Ferenczi.* Neuchâtel - Paris, Delachaux & Niestlé.
– et Falzeder E. (2002), « Introduction », in *The Complete Correspondence of Sigmund Freud and Karl Abraham, 1907-1925,* London-New York, Kamac, p. XIX-XXX.
Heimnnn P. (1950), « À propos du contre-transfert », *in* P. Heimann, M. Little, A. Reich et L. Tower (eds), *Le contre transfert,* trad. C. Garrigues et N. Katan-Beaufils, Paris, Navarin, 1987, p. 23-29.
Hinshelwood R. D. (1989), *Dictionnaire de la pensée kleinienne,* trad. G. Nagler, Paris, PUF, 2002.
– (2002), « Introduction », in *Dictionnaire de la pensée kleinienne,* Paris, PUF, p. 1 -3.
Hirschmüller A. (1978), *Joseph Breuer,* trad. M. Weber, Pans, PUF, 1991.
Homey K, (1922), *La psychologie de la femme,* trad. G. Rinzeler, Paris, Payot, 1969 ; rééd., 1971.
Hug-Hellmuth H. (1912a), « Analyse eines Traumes eines Fünfeinhalbjährigen », *Zentralbl. Psychoanal. und Psychother.,* 2/3, 122-127, trad. George Mac Lean, in *Psychiat. J. Univ. Ottawa.* 11/1 (1986), p. 1-5.
– (1921), « propos dela technique de l'analyse des enfants », Psychiatrie infantile, << Reflets 1958-1985 >> , numéro spécial, 1988, p. 3-22.
Israels H. (1981), *Schreber. père et fils,* trad. N. Sels, Paris, Le Seuil, 1986.
Jackson M. et Williams P. (1994), *Unimaginable Storms. A Search for Meaning in Psychosis,* London, Karnak, trad. E. Baranger, *mpensables tourmentes, Paris,* Éd. du Hublot, 2004.
Jcanneau A. (1990), *Les délires non psychotiques,* Paris, puf.
Jones E. (1916), « La théorie du symbolisme », in *Théorie et pratique de la psychanalyse,* trad, A. Stronk, Paris, Payot, 1969, p. 82-131.
– (1927), « Le développement précoce de la sexualité féminine », in *Théorie et pratique de la psychanalyse.* trad. A. Stronk,

Paris, Payot, 1969, p. 399-411.
– (1935), « Sexualité féminine primitive », in *Théorie et pratique de la psychanalyse,* trad. A. Stronk, Paris, Payot. 1969, p. 442-452.
– (1953-1957), *La vie et l'oeuvre de Sigmund Freud.* 3 vol., Paris, PUF, 1958-1969.
– (1959), *Free Associations. Memories of a Psychoanalyst,* New York, Basic Books.
Joseph B. (1985), « Transference : A total situation », Int. J. Psycho-Anal., 66, 447-454.
Jung C. G. (1902), « Phénomènes occultes », trad. É. Godet et Y. Le Lay, Paris, Aubier, 1939.
– (1907), *Über die Psychologie der « Dementia praecox »:* ein Versuch, Halle, Marhold.
– (1911-1912), *Métamorphoses et symboles de la libido,* Paris, Montaigne, 1931.
– (1921), *Types psychologiques,* trad, et préface de Y. Le Lay, Genève, Georg, 1950.
Kardiner A. (1939), *L'individu dans la société. Essai d'anthropologie psychanalytique,* trad. T. Prigent, Paris, Payot, 1969.
Kemberg O. (1975), *Borderline Conditions and Pathological Narcissism.* New York, Jason Aronson.
King P. et Steiner R. (1991), *Les controverses Anna Freud - Melanie Klein,* 1941-1945, trad. E. Prado de Oliveira, Paris, PUF, 1996.
Klein M. (1921), << Le développement d'un enfant >>, trad, M. Derrida, in Essais de *psychanalyse.* Paris, PUF, 1967, p. 29-89.
– (1928), « Les stades pr»coces du conflit oedipien », trad. M. Derrida, in *Essais de psychanalyse,* Paris, Payot, 1967, p. 229-241.
– (1930), « L'importance de la formation du symbole dans le développement du moi », trad. M. Derrida, in *Essais de psychanalyse,* Paris, PUF, 1967, p. 263-278.
– (1932), *La psychanalyse des enfants,* trad. J.-B. Boulanger, Paris, PUF, 1959.
– (1935), « Contribution à la psychogenès des états maniaco-dépressifs », trad. M. Derrida, in *Essais de psychanalyse,* Paris, PUF, 1968, p. 311-340.
– (1940), « Le deuil et ses rapports avec les états maniaco-dépressifs », trad. M. Derrida, in *Essais de psychanalyse,* Paris, PUF, 1968, p. 341-369.
– (1946), « Notes sur quelques m?canismes schtzoïdes », trad. W. Baranger, in *Développements de la psychanalyse,* Paris, Payot, 1968, p. 274-300.
– (1957), *Envie et gratitude et autres essais,* trad. V. Smirnoff et al., Paris, Gallimard, 1968.
Kohut H. (1971), *Le Soi. Psychanalyse des transferts narcissiques,* trad. M.-A. Lussier, Paris, PUF, 1974.
Kris E. (1956), « The recovery of childhood memories in psycho-analysis », *Psychoanal. Study Child, 11,* 54-88.
Kroeber A. L. (1920), << *Totem et tabou :* une psychanalyse ethnologique >>, *Rev. franq. psychanal,* 57, 773-785, 1993.
Lacan J. (1949), << Le stade du miroircomme formateur de la fonctionde Je >>, in *Écrits,* Paris, Le Seuil, 1966, p. 93-100.
– (1953), « Fonction et champ de la parole et du langage en psychanalyse >>, in *Écrits,* Paris, Le Seuil, 1966, p. 237-322.
– (1955), « La Chose freudienne ou Sens du retour à Freud en psychanalyse >>, in *Écrits,* Paris, Le Seuil, 1966, p. 406-436.
– (1957), « L'instance de la lettre dans l'inconscient ou la raison depuis Freud >>, in *Écrits,* Paris, Le Seuil, 1966, p. 493-528.
– (1981), *Le Séminaire,* livre III : *Les psychoses (1955-1956),* Paris, Le Seuil.
Ladame F. (1991), « L'adolescence, entre rêve et action », Rev. franç. psychanal., 55, 1493-1542.
Lansky M. R. (1992), *Essential Papers on Dreams,* New York - London, New York University Press.
Laplanche J. (1980), *Problématique,* I, L'angoisse, Paris, PUF.
– (1987), « La séduction généralisée aux fondements de la théorie et à l'horizon de la pratique psychanalytique », Conférence à Genève, 9 mai 1987 (Compte rendu par J.-M. Quinodoz, *Bull. Soc. suisse psychanal., 24,* 98-99).
– et Pontalis J.-B. (1967), *Vocabulaire de la psychanalyse,* Paris, PUF.
Lax R. (1992), « A variation on Freud's theme in "A child is being beaten" - Mother's role : Some implications for superego development in women », *J. Amer. Psychoanal. Assn., 40,* 455-473.
Le Bon G. (1895), *Psychologic des foules,* Paris, Alcan, rééd. Paris, PUF, 2002.
Lipps T. (1898), *Komik und Humor. Eine psychologish-ästetische Untersuchung,* Hamburg, L. Voss.
Lipton S. D. (1977), « The advantage of Freud's technique as shown in his analysis of the Rats Man», *Int. J. Psycho-Anal., 58,* 255-273.
Little M. (1951), « Le contre-transfert et la réponse qu'y apporte le patient», in P. Heimann, M. Little, A. Reich et L. Tower (eds), *Le contre-transfert, trad. C. Garrigues et N. Katan-Beaufils,* Paris, Navarin, 1987, p. 30-47.
Lothane Z. (1992), *In Defense of Schreber: Soul Murder and Psychiatry,* Hillsdale-London, The Analytic Press.
Luquet P. (1985), Introduction à la collection « Le Fait psychanalytique », Paris, PUF.
Macalpine I. et Hunter R. A. (1955), « Préface », in D. P. Schrcber (1903), *Mémoires d'un névropathe, trad,* P. Duquenne, Paris, Le Seuil, 1975.
Mack-Brunswick R. (1928), « The analysis of a case of paranoia. Delusion and jealousy », *J. Nerv. Ment. Dis.,* 70, 1-22, 155-178.
– (1928-1971), Supplément à « Extrait de l'histoire d'une nevrose infantile » de S. Freud, trad. M. Bonaparte, *in M. Gardiner, L' Homme aux loups par ses psychanalystes et par lui-même,* Paris, Gallimard, 1981, p. 268-313.
Mahler M., Pine F. et Bergman A. (1975), *La naissance psychologique de l'être humain,* trad. J. Garon Léonard, Paris, Payot,

1980.

Mahony P. (1986), *Freud et l'Homme aux rats,* trad. B. Vichyn, Paris, PUF, 1991.

– (1993), « The dictator and his cure » *Int. J. Psycho-Anal., 74,* 1245-1251.

– (2002), « Remarques sur un cas de névrose obsessionnelle », in A. de Mijolla (éd.), *Dictionnaire international de la psychanalyse,* Paris, Calmann-Lévy.

Manzano J. (1989), « La séparation et la perte d'objet chez l'enfant », *Rev. franç. psychanal., 53,* 241-272.

Masson J.-M. (1984), *Le réel escamoté,* trad. C, Monod, Paris, Aubier-Montaigne, 1985.

Masters W. et Johnson V. (1966), *Human Sexual Response,* Boston, Little, Brown.

McDougall W. (1921), *The Group Mind, Cambridge,* Univ. Press.

Messier D. (1988), « Notice terminologique du traducteur », *in S. Freud, Le mot d'esprit et ses rapports avec l'inconscient,* Paris, Gallimard, p. 413-424.

Meissner W. W. S.J. (1984), *Psychoanalysis and Religious Experience,* New Haven, Conn., Yale University Press.

– (2002), « Religion and Psychoanalysis », in E. Edward (éd.), *The Freud Encyclopedia. Theory, Therapy, and Culture,* London New York, Routledge.

Mijolla A. de (éd.) (2002), *Dictionnaire de la psychanalyse,* Paris, Calmann-Lévy.

Miller J. A. (2003), « L'avenir de la psychanalyse. Débat entre Daniel Widlöcher et Jacques-Alain Miller », *Psychiatrie, Sciences humaines, Neurosciences,* 1/1, 10-18.

Mitchell J. (1972), *Psychoanalysis and Feminism,* Hardsmondsworth, Penguin Books.

Münsterberger W. (1969), *L'anthropologie psychanalytique depuis « Totem et tabou »* trad. J. Kalmanovitch, Paris, Payot, 1976.

Neyraut M. (1974), *Le transfert,* Paris, PUF.

Niederland W. G. (1963), « Further data and memorabilia pertaining to the Schreber case », *Int. J. Psycho-Anal., 44,* 208-212.

Obholzer K. (1980), *Entretiens avec l'Homme aux loups : une psychanalyse et ses suites,* trad. R. Dugas, Paris, Gallimard, 1981.

Oraison M. (1950), *Vie chrétienne et problème de la sexualité,* Paris, Fayard, 1970.

Palacio Espasa F. (2003), *Dépression de vie, depression de mort,* Ramonville-Saint-Agne, Eres.

Parin P. et Morgenthaler F. (1969), « L'analyse du caractère basée sur les schèmes du comportement des "primitifs" africains », in W. Münsterberger (éd.) (1969), *L'anthropologie psychanalytique depuis « Totem et tabou »* trad. J. Kalmanovitch, Paris, Payot, 1976, p. 157-178.

Perelberg R. J. (éd.) (2000), *Dreaming and Thinking, London,* Institute of Psychoanalysis.

– (2002), << fémmisme et psychanalyse >>, in A, de Mijolla (éd.), *Dictionnaire de la psychanalyse.* Paris, Calmann-Lévy.

Pfister O. (1928), « L'illusion d'un avenir », *Rev. franç. psychanal., 41.* 503-545, 1977.

Pragier G. et Faurc-Pragier, S. (1990), « Un siècle après l' « Esquisse »: nouvelles metaphores e Métaphores du nouveau? », *Rev. fianç. psychanal., 54.* 1395-1529.

Quinodoz D. (1994), *Le vertige, entre angoisse et plaisir,* Paris, PUF.

– (1999), « Deux grands méconnus : les parents adoptifs d'Œdipe. Du dédoublement des imagos parentales au dédoublement des affects », Rev. franç. psychanal., 63, 103-122.

– (2001), << The psychoanalyst of the future : Wise enough to dare to be mad at times?, *Int. J. Psycho-Anal., 82,* 235-248.

– (2002), *Des mots qui touchent. Une psychanalyste apprend à parler,* Paris, puf.

Quinodoz J.-M. (1989), « Female homosexual patients in psychoanalysis », *Int. J. Psycho-Anal., 70,* 57-63.

– (1991), *La solitude apprivoisée. L'angoisse de séparation en psychanalyse,* Paris, puf.

– (1997a), << Transitions in psychic structures in the light of deterministic chaos theory >>, *Int. J. Psycho-Anal., 78,* 699-718.

– (1997b), « "A child is being beaten". A seminar with Candidates from the Perspective of Contemporary Psychoanalysis » *in On Freud's "A child is being beaten",* International Psychoanalytical Association Monograph, 5th Volume, edited by E. Spector Person, 112-132, New Haven - London, Yale University Press.

– (2000), « Melancolie maniaque : quelle issue? », *Rev. frang. psychanal., 64,* 1825-1835,

– (2001), *Les rêves qui toument une page,* Paris, PUF,

– (2002), « L'identification projective : qu'en pensent les psychanalystes de langue frangaise? >>, *Bull. Féd. européenne psychanal., 56,* 148-156.

Racamier P.-C. et Chasseguet-Smirgel J. (1966), « La révision du cas Schreber », *Rev. franç.psychanal., 30,* 3-26.

Racker H. (1953), « A contribution to the problem of countertransference », int. J. Psycho-Anal., 34, 313-324.

Rank O. (1909), *Le mythe de la naissance du héros,* trad E Klein, Paris, Payot, 1983

– (1924), *Le traumatisme de la naissance,* trad, S. Jankélévitch, Paris, Payot, 1928.

Rice E, (2002), « Religion and Psychoanalysis », *in* E. Edward led.), The Freud Encyclopedia, London - New York, Routledge.

Ricœur P. (1965), *De l'interprétation. Essai sur Freud,* Paris, Le Seuil.

RiesenbergMalcom R. (1988), « The mirror: A perverse sexual phantasy in a woman seen as a defence against a psychotic

breakdown », in E. Bott Spillius (éd,), *Melanie Klein today,* London - New York, Routledge.
Robert M. (1964), *La révolution psychanalytique,* Paris, Payot, 2 vol.
Robbins T., Cotran R. S., Kumar V. (1974), *Pathologic Basis of Disease,* Philadesphia, Saunders, 6e éd., 1999.
Rodrigué E. (1996), *Freud. Le siécle de la psychanalyse,* trad. P. Rey, Paris, Payot, 2000.
Roiphe J. (1995), « The conceptualisation and communication of clinical facts », *Int. J. Psycho-Anal., 76,* 1179-1190.
Roheim G. (1950), *Psychanalyse et anthropologie,* trad. M. Moscovici, Paris, Gallimard, 1967.
Rosenfeld H. (1964), *États psychotiques. Essais psychanalytiques,* trad. G. Diatkine, A, et M. Gibeault, Paris, PUF, 1976.
– (1971), « Les aspects agressifs du narcissisme : un abord clinique de la théorie des instincts de vie et de mort *Nouv. rev. psychanal.*, n° 9, 1974, p. 205-221,
Roudinesco E. et Plon M. (1997), *Dictionnaire de la psychanalyse,* Paris, Fayard.
Sandler J. (éd.) (1991), *Freud aujourd'hui. L'analyse sans fin et l'analyse avec fin,* Monographic de l'Association psychanalytique internationale, Paris, Bayard, 1994.
Sandler A. M. (1966), « The psychoanalytic legacy of Anna Freud », *The Psychoanalytic Study of the Child,* vol. 51, p. 11-22.
Sandler A. M. (2004), Communication personnelle.
Schaeffer J, (1986), « Le rubis a horreur du rouge. Relation et contre-investisscmcnt hystérique », *Rev. franç.* psychanal., 50, 923-944.
Schappi R. (2002), *La femme est le propre de l'homme,* Paris, Odile Jacob.
Schapiro M. (1956), « Léonard et Freud », *in Style, artiste et société,* trad. B. Allan et al., Paris, Gallimard, 1982, p. 93-138.
Sherfey M. J. (1966), « The evolution and nature of female sexuality in relation to psychoanalytic theory », *J. of the American Psychoanalytic Association,* 14, 28-128.
Schmidt W. (1929), « Der OEdipus-K der freudschen Psychoanalyse und die Ehegestaltung des Bolschevismus. Eine kritische Prüfung ihre ethnologischen Grundlagen », *Nationalwirtschaft, 2,* 401-436.
Schreber D. (1903), *Mémories d'un névropathe,* trad. P. Duquenne, Paris, Le Seuil, 1975.
Schur M. (1972), *La mort dans la vie de Freud,* trad. B. Bost, Paris, Gallimard, 1975.
Segal H. (1957), « Note sur la formation du symbole » in *Délire et créativité,* trad. J. Vincent-Cham brier et C. Vincent, Paris, Des Femmes, 1987, p. 93-111,
– (1979), Melanie Klein : *développement d'une pensée,* trad. J. Goldberg et G. Petit, Paris, PUF, 1982.
– (1986), « De l'utilité clinique du concept de pulsion de mort » in *La pulsion de mort.* Ier Symposium de la Fédération européenne de psychanalyse, Paris, PUF, p. 27-37.
– (1991), *Rêve, art, phantasme,* trad. A. Comby, Paris, Bayard, 1993
– (1995), Comments on Ruth Riesenberg Malcom's paper UCL Conference on Projective Identification, London, October 1995 (unpublished).
– (2002), « Ne rien avoir tiré de l'expérience : Hiroshima, guerre du Golfe et 11 septembre », Intenat. *Psychoanalysis, 11,* 33-35.
Sellin Ed, (1922), *Mose und seine Bedeutung für die israelitish jüdische Religionsgeschichte,* Leipzig.
Sharpe E. F. (1937), *Dream Analysis, London,* Hogarth, 1978.
Silverman M. (1980), « A fresh look at the case of Little Hans », in M. Kanzer et J. Glenn (eds), *Freud and his Patients,* New York, Jason Aronson, p. 95-120,
Solms M. et Kaplan-Solms K. (2000), *Clinical Studies in Neuro-Psychoanalysis. An Introduction to Depth Neuropsychology,* New York - London, The Other Press - Karnak.
Spitz R. A. (1957), *Le non et le oui,* Paris, PUF, 1962.
– (1965), *De la naissance à la parole,* Paris, PUF, 1968.
Steiner R. (2002), « Ernest Jones (1879-1958) », in A. de Mijolla (éd.), *Dictionnaire international de la psychanalyse,* Paris, Calmann-Lévy,
Stoller R. J. (1968), *Recherches sur l'identité sexuelle,* trad. N.Novodorski, Paris, Gallimard, 1978.
Strachey J. (1957), « Editor's introduction (to "Mourning and Melancholia") », *SE* 14, p.239-242.
– (1959), « Editor's introduction ("Inhibitions symtoms and anxiety") », *SE,* p.77-86.
Sullivan H. S. (1944-1945), *The Psychiatric Interview,* New York, W. W. Norton, 1954.
Taylor E. (2002), « Jung, Carl Gustav (1875-1961) », in *The Freud Encyclopedia,* London-New York, Routledge, p.298-300.
This B. (2002), « Dolto-Marette Françoise », *in* A. de Mijolla (éd.), *Dictionnaire international de la psychanalyse,* Paris, *Calmann*-Lévy.
Tous J. M. (1996), « Hysteria one hundred years on. Panel report », *Int. J. Psycho-Anal., 77,* 75-78.
Vallet O. (2002), « Religion et psychanalyse », in A. de Mijolla (éd.), *Dictionnaire international de la psychanalyse,* Paris, Calmann-Lévy.
Vassali G. (2001), « The birth of psychoanalysis from the spirit of technique », *Int. J. Psych-Anal., 82,* 3-25.
– (2002), « *Erraten ou verraten :* deviner ou trahir », trad. M. Gribinski, *Pense/Rêver,* 2002, p.211-256.
Vermorel H. Et Vermorel M. (1993), *Sigmund Freud et Romain Rolland, Correspondance,* 1923-1936, Paris, PUF.
Weber K. (2002), « Suisse alémanique », in A. de Mijolla (éd.), *Dictionnaire international de la psychanalyse,* Paris, Calmann-Lévy.
Widlöcher D. (2003), « L'avenir de la psychanalyse. Débat entre Daniel Widlöcher et Jacques-Alain Miller », *Psychiatrie, Sciences humaines, Neurosciences,* 1/1, 10-18.

Winnicott D. W. (1947), « La haine dans le contre-transfert », in *De la pédiatrie à la psychanalyse,* trad. J. Kalmanovitch, Paris, Payot, 1969, P. 48-58.

– (1955-1956), « Les forms cliniques du transfert », in *De la pédiatrie à la psychanalyse,* trad. J. Kalmanovitch, Paris, Payot 1969, p. 185-190.

– (1958), « La capacité d'être seul », in *De la pédiatrie à la psychanalyse,* trad. J. Kalmanovitch, Paris, Payot 1969, p. 205-213.

Wollheim R. (1971), *Freud,* Glascow, Fontana/ Collins.

Yerushalmi Y. H. (1991), *Moïse de Freud. Judaïsme terminable et interminable,* trad, J, Carnaud, Paris, Gallimard, 1993.

Young-Bruehl E. (1988), *Anna Frued,* Trad. J.-P Ricard, Paris, Payot, 1991.

Zilboorg G. (1942), « The catholic doctor », *Psychoanal. Quart.,* 11, 419-421.

The Name Index

주제어 색인

ㄱ

ㄴ

ㄷ

ㄹ

ㅁ

ㅂ

ㅇ

ㅊ

ㅋ

ㅌ

ㅍ

ㅎ